Grupp

Handbuch Technische Dokumentation

Josef Grupp

Handbuch Technische Dokumentation

Produktinformationen rechtskonform aufbereiten, wirtschaftlich erstellen, verständlich kommunizieren

HANSER

Der Autor:

Josef Grupp,
freiberuflicher Technischer Redakteur.
Beratung, Schulung, Erstellung und Archivierung
Technischer Dokumentation.

Bibliografische Information Der Deutschen Bibliothek
Die Deutsche Bibliothek verzeichnet diese Publikation in der Deutschen Nationalbibliografie;
detaillierte bibliografische Daten sind im Internet über <http://dnb.d-nb.de> abrufbar.

ISBN: 978-3-446-40426-7

www.hanser.de
Gesamtlektorat: Dipl.-Ing. Volker Herzberg
Herstellung: Der Buch*macher*, Arthur Lenner, München
Coverconcept: Marc Müller-Bremer, Rebranding, München,
Titelillustration: Atelier Frank Wohlgemuth, Bremen
Umschlaggestaltung: MCP · Susanne Kraus GbR, Holzkirchen
Satz: Mitterweger & Partner, Plankstadt
Druck und Bindung: Druckhaus „Thomas Müntzer“ GmbH, Bad Langensalza
Printed in Germany

Vorwort

Das Einfache ist kompliziert. Das Komplizierte ist nur ein Erklärungsversuch für das Einfache.
Die einfache Lösung schafft Kompliziertes. Die komplizierte Lösung versucht die Vereinfachung.
Meine Vermutung

Ein fiktives Gespräch zwischen Leser und Verfasser

L: Was ist neu an diesem Werk?

V: Die Betrachtungsweise der Technischen Dokumentation.

L: Worin unterscheidet sich Ihre Betrachtungsweise von der üblichen?

V: Ich behaupte, Technische Dokumentation ist ein Teil der Kommunikation zwischen Hersteller und Verwender.

L: Was verstehen Sie unter Kommunikation?

V: Der Hersteller bietet dem Verwender ein technisches Produkt an, liefert es, pflegt, repariert und entsorgt es gegebenenfalls. Beim Anbieten setzt er bekanntlich Prospekte, Filme und vergleichbare Informationsmittel ein, auch teilweise das technische Produkt. Mit dem Liefern des Produkts versorgt er den Verwender mit Anleitungen und weiterem Informationsmaterial in Papierform, auf elektronischen Datenträgern oder als Film.

L: Das ist nicht neu.

V: Neu ist, dass diese Unterlagen ebenso wie das technische Produkt selbst als eine Art Gesprächsstücke des Herstellers an den Verwender zu betrachten sind. Und diese Quasi-Äußerungen des Herstellers sind der Wahrnehmungszufälligkeit des Verwenders vollständig ausgeliefert. Nimmt der Verwender die „Äußerungen" des Herstellers wahr, dann kann das unter dem Gesichtspunkt des Nutzens geschehen oder auch nicht.

L: Sie wollen also behaupten, dass sich der teilweise große Aufwand, den man für die Erstellung einer Technischen Dokumentation betreibt, nicht lohnt, da es offenbar dem Zufall überlassen ist, ob und wann der Verwender diese nutzt.

V: Ganz im Gegenteil! Gerade weil es so ist, muss dieses erwartbare Verwenderverhalten der bestimmende Faktor bei der Konzeption der Technischen Dokumentation sein.

L: Für viele Hersteller und auch für Entwicklung und Konstruktion gilt die Technische Dokumentation als notwendiges Übel, das nebenher erledigt werden kann und das man nur wegen der Rechtekeule im Schadensfall fürchtet.

V: Es haben sich in den letzten Jahren immer wieder größere Unglücke beim Umgang mit technischen Produkten ereignet. Und immer stand das Verwenderverhalten im Brennpunkt und an zweiter Stelle die Technische Dokumentation, zusammen mit dem Produkt. Das heißt, sowohl der Gesetzgeber wie auch die verbrauchersensibilisierte Öffentlichkeit fordern vom Hersteller eine integrierte Betrachtungsweise von Technischer Dokumentation, technischem Produkt und dem erwartbaren nutzenbestimmten Verwenderhandeln.

L: Das heißt, Sie fordern eine Abkehr von dem Bishergings-auch seitens der Hersteller zu einem bewusst integrativen Zusammenarbeiten aller an der Produkterstellung beteiligten Kräfte. Ist das nicht eine Verbürokratisierung und Überdimensionierung eines einfachen Produktionsschrittes, der damit überbewertet wird?

V: Im Gegenteil. Gerade durch das gemeinsame Zusammenarbeiten werden Produktschwächen und auch Produktstärken gemeinsam wahrgenommen, und zwar in Bezug zu den Verwenderinteressen. Gemeinsame Zusammenarbeit bedeutet ja nicht vertane Arbeitszeit, wenn die Zielsetzung und das Verfahren produkt- und organisationsgerecht klar definiert sind. Im Übrigen endet die Konzeption nicht bei der Produkterstellung, sondern erst, wenn man so will, mit der Produkteinstellung. Und auch dann bleiben die Erkenntnisse und Erfahrungswerte als Gewinn übrig – eine unerlässliche Quelle für jede Innovation. Und diese Quelle ist einerseits die Technische Dokumentation und andererseits der Mensch.

L: Wer soll diesen Kommunikationsvorgang der Produkterstellung und Erstellung der Technischen Dokumentation führen und verantworten? Was kommt auf

den Technischen Autor beziehungsweise den Technischen Redakteur zu, der bisher gewohnt war, seine Informationen von der Entwicklungsabteilung oder einem Hersteller zu bekommen, um sie in eine mehr oder weniger gesetzeskonforme und möglichst kostengünstige Fassung zu bringen?
V: An der Organisation und den Verantwortlichkeiten muss sich grundsätzlich nichts oder nicht viel ändern. Viele Unternehmen pflegen heute ein Qualitätssicherungs- und Qualitätsmanagementsystem. Die Mitarbeiter sind weitestgehend mit den Begriffen Kundenanforderungen und Kundenzufriedenheit vertraut. Datenmanagement und Mess-, Bewertungs- und Beurteilungsverfahren sind bekannt, sodass dieses Instrumentarium genutzt werden kann.
L: Viele Firmen stöhnen gerade unter dieser Bürokratisierung. Und was ändert sich nun für den Technischen Autor oder Technischen Redakteur?
V: Wenn QM-Verfahren zum Problem werden, liegt das wahrscheinlich an der Unangemessenheit der gepflegten Verfahrensweisen und nicht am methodischen Ansatz. QM-Verfahren sind ja gerade dazu da, um Prozesse zu ökonomisieren. Der Technische Autor sollte durch die kommunikationsbasierte Betrachtungsweise an Ansehen gewinnen. Seine Verantwortung wird grundsätzlich gleich bleiben. Aber er wird seine Kommunikationskompetenz besser ins Spiel bringen können.
L: Erfährt er das Wie in diesem Buch?
V: Nicht nur das. Ich habe den sogenannten Alltag des Technischen Autors als Leitfaden gewählt. Anhand alltäglicher Beispiele wird er in die Denkweise des kommunikativen Betrachtens und Handelns eingeführt. Er sieht sich als verantwortlicher Mittler und kreativer Innovator im Kommunikationsfeld zwischen Verwender, Hersteller, Öffentlichkeit und Gesetzgeber. Das Produkt ist für ihn ebenso lebendiger Kommunikationspartner wie seine Arbeitsergebnisse.
L: Na, dann los.

Josef Grupp
Dezember 2007

Inhaltsverzeichnis

Teil 1

Die Technische Dokumentation

–

Der Kommunikationsprozess vom Hersteller zum Verwender

1

Spricht man von Technischer Dokumentation, versteht vermutlich jeder etwas Bestimmtes darunter, aber die einzelnen Vorstellungen sind sicherlich unterschiedlich und an persönliche konkrete Ereignisse und Erfahrungen gebunden.
Betrachte ich Technische Dokumentation als ein Kommunizieren zwischen dem Hersteller eines technischen Produkts und einem tatsächlichen oder möglichen Verwender desselben, dann muss ich mich zwangsläufig mit den unterschiedlichen Vorstellungen von dem Begriff Technische Dokumentation befassen. Mehr noch: Ich muss die allgemeine Definition prüfen, gegebenenfalls ändern und ich muss das Kommunizieren modellhaft darstellen, damit es für Sie als LeserIn leicht wahrnehmbar, verständlich, nachvollziehbar und geplant anwendbar wird.
Der rote Faden in diesem Kapitel heißt deshalb „Vom Begriff Technische Dokumentation zum Kommunikationsmodell Technische Dokumentation und zur Rolle des Technischen Autors".
Parallel zum Begriff *Technischer Autor* wird in der Öffentlichkeit der Ausdruck *Technischer Redakteur* verwendet, zum Beispiel in Stellenanzeigen, in Fortbildungsangeboten und in der Literatur.
Ich ziehe den erstgenannten Begriff in diesem Buch vor, weil er die Tätigkeit des Verfassens und Produzierens besser zum Ausdruck bringt. Problematisch könnte die Begriffswahl dann sein, wenn sich jemand als reiner Textverfasser verstanden wissen will und nicht als Ersteller von Dokumenten und Dokumentationen. Dieses Verstehen sei aber hier ausgeschlossen.

1.1 Unterschiedliche Erwartungshaltungen als Grundlage für eine Begriffsdiskussion

Technische Dokumentation – Ein Begriff mit breitem Bedeutungsspektrum

Der Begriff Technische Dokumentation begegnet uns wortgemäß im Zusammenhang mit technischen Geräten, technischen Gegenständen und technischen Einrichtungen. Dabei ist dem einzelnen Leser oder Hörer dieses sprachlichen Ausdrucks ungefähr klar, was er zu erwarten hat. Es kann auch sein, dass er für seinen Bedarf genau benennen kann, was er erwartet und was er darunter versteht. Aber muss man immer das Gleiche darunter verstehen? Die folgenden Beispiele sollen veranschaulichen, wie breit das Bedeutungsspektrum dieses Begriffes ist.

Erwartungen eines Bauherrn

Ein Bauherr zum Beispiel erwartet von der technischen Dokumentation, dass sie alle Daten über sein Bauobjekt enthält. Also Daten über die Größe des Bauobjekts, über seine Beschaffenheit, die verwendeten Materialien, die Beanspruchbarkeit des Bauobjekts und seiner Materialien, die Ausstattung usw.

Erwartungen eines Maschinenkäufers

Der Käufer einer Maschine, die er zur Bearbeitung von Werkstücken benötigt, erwartet von der technischen Dokumentation, dass sie alle Informationen enthält, die er für die bestmögliche Nutzung der Maschine benötigt. Dabei ist ihm möglicherweise im Augenblick der Anschaffung und auch der Entgegennahme nicht bis in alle Einzelheiten bewusst, welche Informationen er tatsächlich benötigt oder einmal benötigen könnte. Ihm ist möglicherweise auch nicht bekannt, dass er auf eine Betriebsanleitung und bestimmte Inhalte dieser Anleitung einen rechtlichen Anspruch hat. Er setzt voraus, dass diese Informationen mit der Technischen Dokumentation vorhanden sind.

Erwartungen einer Privatperson

Die Käuferin einer Waschmaschine kennt möglicherweise den Begriff Technische Dokumentation nicht. Sie erwartet aber, dass mit der Maschine Informationen mitgeliefert werden, die sie in die Bedienung der Maschine einweisen. Sie wäre vermutlich erbost, wenn sie von dem Installateur, den sie mit dem Anschließen der Maschine beauftragt, erfahren würde, dass ihrer Maschine die nötigen Unterlagen dafür fehlen.

Erwartungen eines Sachverständigen

Der Sachverständige, der einen Schadensfall beim Umgang mit einem technischen Gerät oder mit einem Alltagsgegenstand untersuchen soll, erwartet von der Technischen Dokumentation, dass sie die Anforderungen der gesetzlichen Bestimmungen erfüllt. Er erwartet bestimmte Unterlagen, erwartet in den Unterlagen bestimmte Informationen, erwartet, dass die Unterlagen in einer bestimmten Form zu seiner Verfügung stehen, usw.

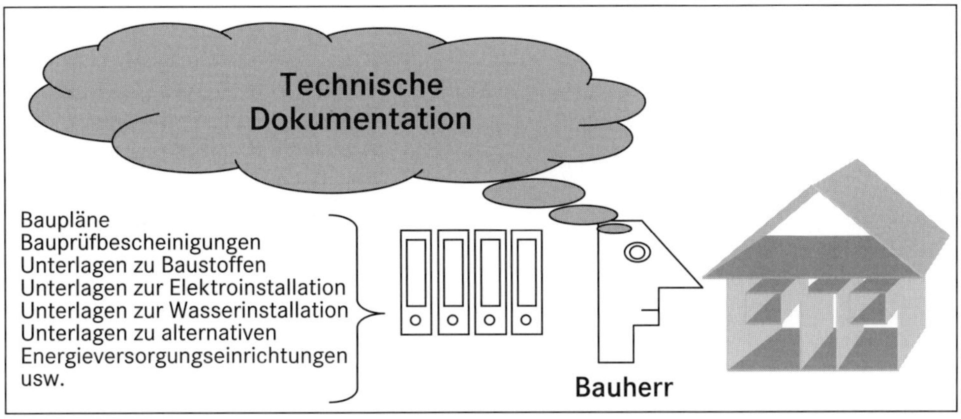

Abb. 1-1: *Erwartungshaltung eines Bauherrn*

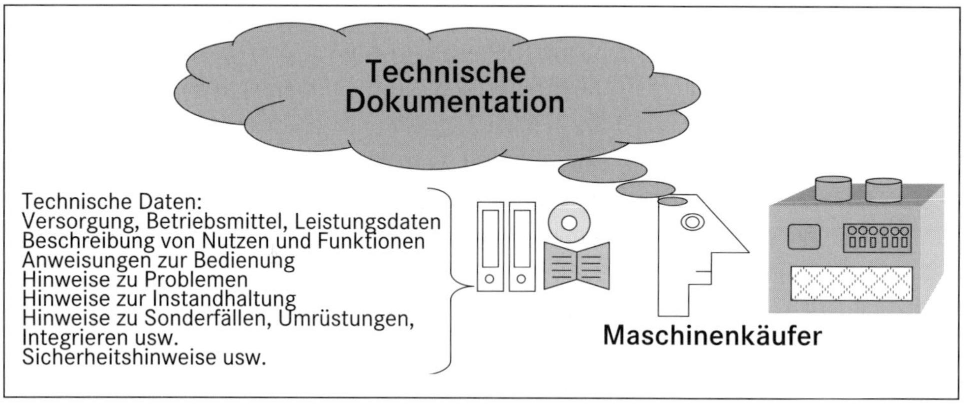

Abb. 1-2: *Erwartungshaltung eines Maschinenkäufers*

1.1.1 Erwartungshaltungen der Verwender und Handlungsweisen des Herstellers

Betrachtet man die unterschiedlichen Erwartungshaltungen unter dem Gesichtspunkt des Kommunizierens zwischen Hersteller und Verwender, dann ergibt sich folgendes Bild:
Der Bauherr bekommt aus seiner Sicht vom beauftragten Architekten oder von den beauftragten Baufirmen die für ihn verwendungsrelevanten Unterlagen ausgehändigt. Aus der Sicht des Bauherrn ist dies die Technische Dokumentation, mittels der ihn sein vertraglicher Kommunikationspartner informiert.

Handlungsweisen des hauptverantwortlichen Architekten oder Bauunternehmers

Aus der Sicht des Architekten oder der Baufirmen ist die Technische Dokumentation jedoch anders zusammengestellt. Sie überlassen dem Bauherrn das, was unbedingt vorgeschrieben ist, und nicht, was für ihn verwendungsrelevant in Bezug auf die Nutzung des Bauobjekts ist.

Den Käufer einer Bearbeitungsmaschine interessieren als Technische Dokumentation Unterlagen, aus denen hervorgeht, wie der Aufstellungsort beschaffen sein muss, welche Energieversorgungs- und Betriebsmittel sichergestellt sein müssen, mit welcher maximalen Auslastung die Maschine betrieben werden kann und wie sie bedient werden muss. Diese Unterlagen sind für ihn die Technische Dokumentation. Er betrachtet die Informationen in diesen Unterlagen als verwendungserforderliche Aussagen des Maschinenherstellers.

Handlungsweise des Maschinenherstellers

Aus der Sicht des Maschinenherstellers sind die vom Käufer erwarteten Unterlagen nur ein Teil der Technischen Dokumentation, nämlich die externe oder produktbegleitende Dokumentation. Der andere Teil der Technischen Dokumentation befindet sich bei ihm im Hause bzw. bei einer Prüforganisation, wenn diese

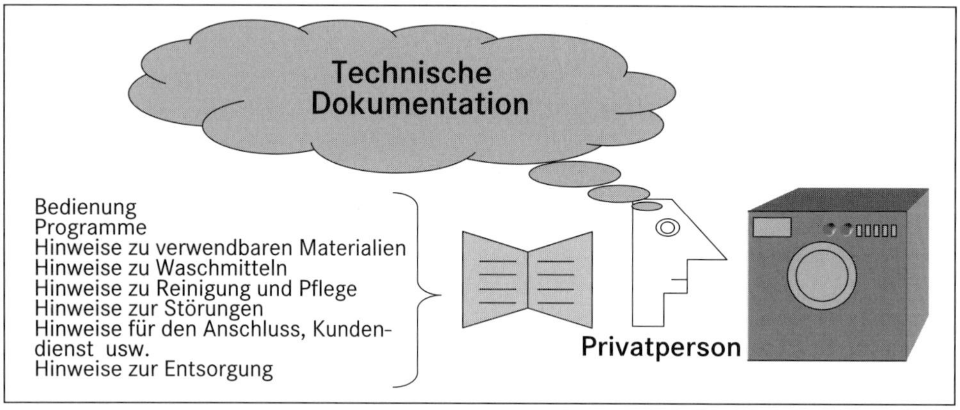

Abb. 1-3: *Erwartungshaltung einer Privatperson*

für das Feststellen der Einhaltung gesetzlicher und normativer Anforderungen vom Hersteller beauftragt worden ist. Dieser andere oder interne Teil der Technischen Dokumentation enthält neben den produktbegleitenden Dokumenten, die der Verwender mit der Maschine erhalten hat, alle Unterlagen, anhand derer der Hersteller nachweisen kann, dass er die gesetzlichen Anforderungen hinsichtlich Konzeption, Bau, gegebenenfalls Fertigung und Inverkehrbringung der Maschine erfüllt hat.

Die Käuferin der Waschmaschine sieht in den mitgelieferten Unterlagen notwendiges Informationsmaterial, das ihr den richtigen Umgang mit der Waschmaschine bezüglich des gewünschten Waschergebnisses zeigen soll. Und natürlich will sie erfahren, was sie tun soll oder an wen sie sich wenden kann, wenn die Maschine nicht richtig arbeitet. Für sie sind die Unterlagen bei der Maschine eine persönliche Kundeninformation des Herstellers.

Handlungsweise des Waschmaschinenherstellers

Für den Waschmaschinenhersteller ist die Käuferin eine Kundin von vielen. Wie der oben beschriebene Maschinenhersteller, so verfügt auch der Waschmaschinenhersteller zusätzlich noch über eine interne Technische Dokumentation zum Nachweis der erfüllten Sorgfaltspflicht hinsichtlich der geltenden gesetzlichen Vorschriften.

Der Sachverständige hat klare Vorstellungen von der zu prüfenden Technischen Dokumentation. Diese Vorstellungen sind definiert in Gesetzen und Verordnungen. Er kennt die Geltungsräume, die Gültigkeitsbedingungen und die regionalen Besonderheiten sowie die anwendungsbezogenen Ermessensspielräume. Und er kennt die rechtswirksamen Folgen und Widerspruchsregelungen. Für ihn ist die Technische Dokumentation das Bemühen des Herstellers, den Verwender mit einem möglichst sicheren Produkt zu versorgen und ihm mittels der produktbegleitenden Unterlagen einen gefahrlosen Umgang mit dem Produkt zu ermöglichen.

Handlungsweise des betroffenen Herstellers

Der betroffene Hersteller kennt wie der Sachverständige die Anforderungen an die Technische Dokumentation seiner technischen Produkte oder weiß im Allgemeinen, dass er eine klare Vorstellung von der Technischen Dokumentation haben sollte. Für ihn stellen die Verordnungen und Gesetze Handlungsrahmen dar, innerhalb derer er sich unternehmerisch bewegen kann.

1.1.2 Über die Erwartungshaltungen und Handlungsweisen zu einer vorläufigen Definition von Technischer Dokumentation

Jeder versteht das, was er braucht

Vergleicht man die Gegenüberstellungen der Erwartungshaltungen der Verwender und die Handlungsweisen der Hersteller miteinander, gewinnt man

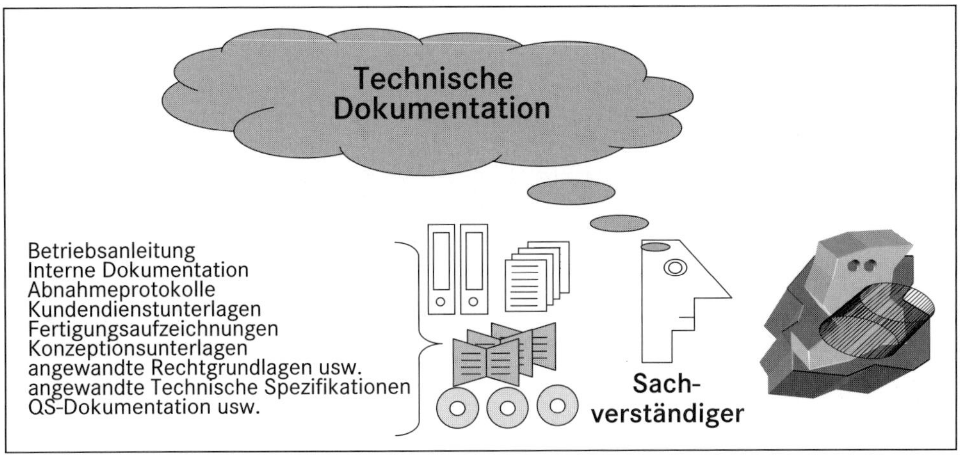

Abb. 1-4: *Erwartungshaltung eines Sachverständigen*

den Eindruck, dass jede Seite unter Technischer Dokumentation das versteht, was sie braucht. Der Verwender erwartet die individuelle bedarfsgerechte Informationsversorgung und der Hersteller die wirtschaftlich günstigste rechtskonforme Lösung.

Begleitunterlagen vs. gesetzlich geforderte Unterlagen

Materiell könnte man zu zwei Definitionen kommen: Der Verwender versteht unter Technischer Dokumentation die *Begleitunterlagen zu einem technischen Produkt.* Der Hersteller findet in Gesetzen und Verordnungen Definitionen zu dem, was er unter Technischer Dokumentation zu verstehen hat. Für ihn sind also die *gesetzlich geforderten Unterlagen* zu einem von ihm erstellten Produkt die Technische Dokumentation.
Beiden Definitionen ist aber gemein, dass unter Technischer Dokumentation Unterlagen zu verstehen sind, die im Zusammenhang mit der Verwendung eines technischen Gegenstandes stehen.

Eine vorläufige kommunikative Definition

Immateriell oder besser kommunikativ betrachtet kommt man zu der Definition: Technische Dokumentation wird als *notwendige Äußerung eines Herstellers bezüglich eines durch ihn erstellten technischen Erzeugnisses* verstanden, sei sie vom Verwender erwartet, vom Hersteller beabsichtigt oder vom Gesetzgeber gefordert. Ich nenne sie *vorläufige Definition.*

1.2 Die neue Definition für Technische Dokumentation

Der vorhergehende Abschnitt besagt, dass der Ausdruck Technische Dokumentation bei Verwender und Hersteller bekannt ist und verwendet wird, dass sich aber dahinter verwender- und herstellerspezifische Vorstellungen verbergen, die ähnlich, aber nicht gleich sind.

Forderung nach einer eindeutigen, einheitlichen und anwendungsgerechten Definition

Gerade weil der Begriff so häufig gebraucht und unterschiedlich verstanden wird, ist es für ein reibungsloses Kommunizieren zwischen Hersteller und Verwender erforderlich, eine eindeutige, einheitliche und anwendungsgerechte Definition anzustreben.

Verwendung des normalsprachlichen Wortschatzes

Weil wir uns mit den Wörtern *Technische* und *Dokumentation* noch im normalsprachlichen Wortschatz befinden, ist es naheliegend, sich dieses Wortschatzes zu bedienen. Da beide Ausdrücke Fremdwörter in der deutschen Sprache sind, verwende ich zur Begriffserklärung die Wörterbucheinträge aus dem DUDEN-Fremdwörterbuch.

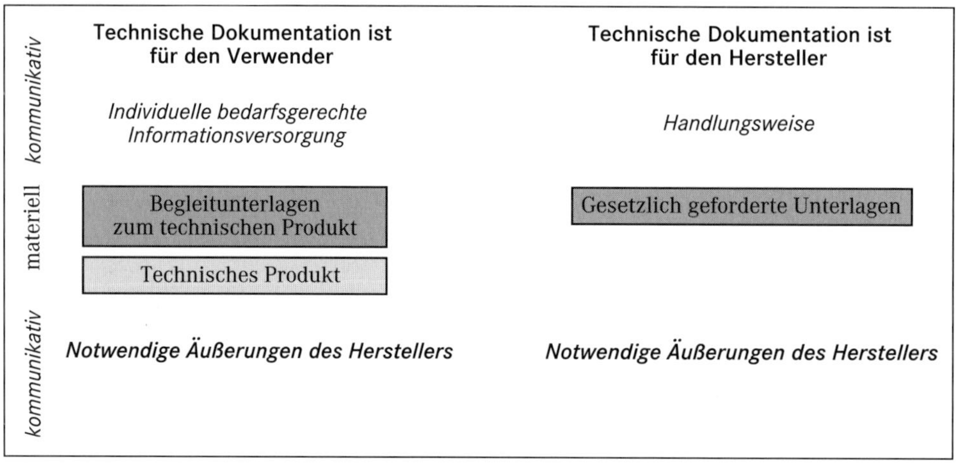

Abb. 1-5: *Vorläufige Definition zum Begriff Technische Dokumentation auf der Grundlage von Erwartungshaltungen des Verwenders und der Handlungsweise des Herstellers*

Ziel einer Begriffsanalyse

Die folgende Begriffsanalyse und Definitionsarbeit soll zum Verschmelzen der vorläufigen Definition mit einer allgemeinsprachlichen Definition führen und in einer neu formulierten Definition ausdrücklich den Akt des Kommunizierens aufnehmen.

1.2.1 Allgemeinsprachliche Definitionen aus dem DUDEN

Der folgende Satz gibt eine umfassende allgemeinsprachliche Erklärung zu dem Begriff Technische Dokumentation.

Technische Dokumentation ist eine, die Technik betreffende, nach einer bestimmten Reihenfolge geordnete Zusammenstellung von Dokumenten und Sprachmaterialien jeder Art, die dadurch einem Nutzen dient und die dazu geeignet ist, dass sie wie ein Beweis bewertet werden kann oder dass sie ein gut und allgemein verständlicher oder bildhaft vorstellbarer Beweis sein kann.

Dieser Satz ist das Ergebnis einer Zusammenführung aus Erklärungen zu den Wörtern *Technisch* und *Dokumentation.*

Zusammenführen von Technisch und Dokumentation

Die Zusammenführung ergibt sich folgendermaßen: Für *technische* findet man die Erklärung *die Technik betreffend* [1]. Der Begriff *Technik* wiederum wird definiert als *Gesamtheit der Maßnahmen, Einrichtungen und Verfahren, die dazu dienen, naturwissenschaftliche Erkenntnisse praktisch nutzbar zu machen* [1].
Für *Dokumentation* werden folgende Erklärungen angeboten [1]:
1.a): Zusammenstellung, Ordnung u. Nutzbarmachung von Dokumenten und [Sprach]materialien jeder Art (z. B. Akten, Zeitschriftenaufsätzen)
b) das Zusammengestellte
c) aus dokumentarischen Texten, Originalaufnahmen bestehende Sendung o. Ä.
2. beweiskräftiges Zeugnis, anschaulicher Beweis.

Kombiniert man die Erklärungen zu *Dokumentation* mit der bereits vorliegenden Erklärung *die Technik betreffend*, fällt es relativ leicht, die Erklärung c) für den in diesem Buch behandelten Sachzusammenhang als unzutreffend auszuschließen. Was bleibt, sind die Erklärungen 1a) und 1 b) sowie 2.
Hier aber sind unterschiedliche Dinge in Zusammenhang gebracht und bedeutungsgleich nebeneinandergestellt. Darauf ist einzugehen.
Das Zusammengestellte und *Zusammenstellung* nach 1.a) und 1.b) sind in etwa gleichbedeutende Ausdrücke. Auf den genauen Unterschied muss hier nicht eingegangen werden. Der Sachzusammenhang Dokumente ist mit erwähnt.
Die vorgestellte Reihenfolge der Ausdrücke *Zusammenstellung, Ordnung u. Nutzbarmachung* in 1.b) soll wohl als Vorgangsbeschreibung verstanden werden. Grundsätzlich sind sie auch als Aufzählung gleichwertiger Begriffe verstehbar.
Wenn wir beim Verfasser des Wörterbucheintrags die Absicht der Vorgangsbeschreibung unterstellen, dann muss noch auf die Begriffe *Ordnung* und *Nutzbarmachung* eingegangen werden.

Der Begriff Ordnung

Eine *Ordnung* setzt eine Erklärung zu einer getroffenen oder beabsichtigten Reihenfolge voraus. Und eine Ordnung ist das Umsetzen der Erklärung zu einer Reihenfolge, bezogen auf einige vorhandene oder mögliche Gegenstände. Das können Schriftstücke sein, Bücher, Geräte, Wörter usw. Hier sind es *Dokumente und Sprachmaterialien jeder Art.*

Der Begriff Nutzbarmachung

Eine *Nutzbarmachung* ist ein Vorgang, der damit beschrieben werden kann, dass irgendetwas zu einem Nutzen bereit gemacht wird oder nützlich gemacht wird. Dies setzt voraus, dass das, was zu einem Nutzen bereit gemacht wird, zuvor nicht nützlich oder in einer vorausgesetzten Absicht nicht nutzbar war. Bezogen auf die Worterklärung sind es wiederum Dokumente und Sprachmaterialien jeder Art, die zu einem Nutzen bereit gemacht werden. Einem Nutzen, dem sie vorher nicht gedient haben.

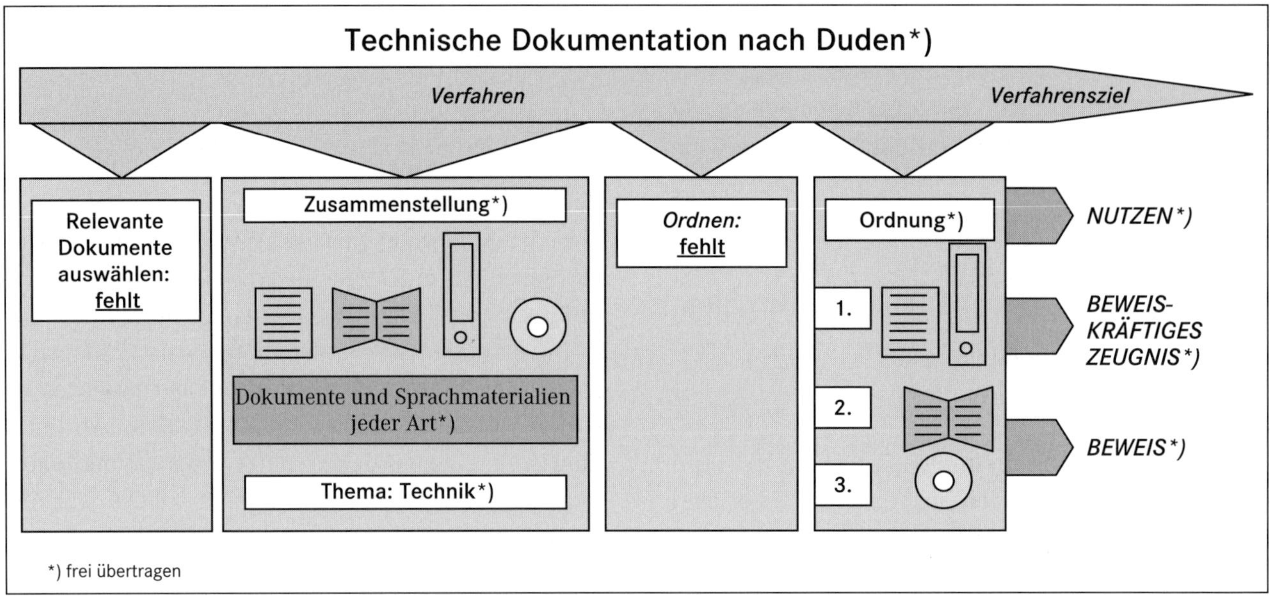

Abb. 1-6: *Allgemeinsprachliche Definition von Technischer Dokumentation nach DUDEN*

Verbindet man die Begriffe *Zusammenstellung, Ordnung* und *Nutzbarmachung* in ihrer Bedeutung und wendet diese Verbindung auf *Dokumente und Sprachmaterialien jeder Art* an, ergibt sich eine Erklärung, die so lauten könnte:

> *Dokumentation* ist die nach einer bestimmten Reihenfolge geordnete Zusammenstellung von Dokumenten und Sprachmaterialien jeder Art, die dadurch einem Nutzen dient bzw. nützlich ist.

Nicht in die Erklärung eingeflossen sind die unter 2. genannten Begriffe *beweiskräftiges Zeugnis* und *anschaulicher Beweis.* Auch diese beiden Erklärungen unterscheiden sich, obwohl sie zunächst bedeutungsgleich erscheinen.

Der Begriff beweiskräftiges Zeugnis

Ein *beweiskräftiges Zeugnis* ist grundsätzliches etwas Wahrnehmbares. Das kann ein wahrnehmbarer und begreifbarer Gegenstand sein: zum Beispiel eine abgerissene Schraube, ein Ölfleck oder eine verschlossene Tür. Es können auch Dokumente und Sprachmaterialien jeder Art sein. Entscheidend ist, dass dieses Wahrnehmbare dazu geeignet ist, dass es wie ein Beweis bewertet werden kann oder genauer, dass das Wahrnehmbare als ein Teil angesehen wird, das eine Beweisführung bestätigen soll. Vorausgesetzt wird, dass etwas bewiesen werden soll.

Der Begriff anschaulicher Beweis

Ein *anschaulicher Beweis* unterscheidet sich vom beweiskräftigen Zeugnis dadurch, dass es sich um etwas handelt, das bereits als Beweis anerkannt ist und als Beweis für eine Sache dient. Und dieses Etwas ist anschaulich, das heißt, es kann entweder angeschaut werden oder man kann es sich gut und allgemein verständlich oder bildhaft vorstellen.
Wendet man nun diese beiden Erklärungen auf den oben bereits formulierten Satz an, und berücksichtigt man auch noch den Ausdruck *technisch*, lässt sich die bereits eingangs vorgestellte Definition formulieren.

1.2.2 Verschmelzung der vorläufigen Definition aus Erwartungshaltungen und der allgemeinsprachlichen Definition

Ziel der Begriffsanalyse ist die Gewinnung einer eindeutigen, einheitlichen und anwendungsgerechten Definition von Technischer Dokumentation, damit die

Hersteller technischer Produkte und die Verwender in einer Sprache miteinander kommunizieren können.

Aufdecken des kommunikativen Gehalts der Definitionen

Zu diesem Zweck will ich die vorliegenden Definitionen miteinander vergleichen und ihren kommunikativen Gehalt aufdecken. Auf diese Weise kann anschließend das Kommunizieren als Handlung in eine anwendungsgerechte Definition aufgenommen werden.
Sowohl die vorläufige Definition wie auch die erweiterte DUDEN-Definition enthalten einen materiellen Bestandteil und einen immateriellen Bestandteil.

Die materiellen Bestandteile der Definitionen

Die materiellen Bestandteile der vorläufigen Definition heißen *produktbegleitende Unterlagen* für Verwender und *gesetzlich geforderte Unterlagen* für den Hersteller. Die materiellen Bestandteile der erweiterten DUDEN-Definition heißen *die Technik betreffende zusammengestellte geordnete Dokumente* und *Sprachmaterialien jeder Art.*

Die nicht materiellen Bestandteile der Definitionen

Der nicht materielle Bestandteil der vorläufigen Definition wird von mir als *notwendige Äußerungen des Herstellers* bezeichnet. Die nicht materiellen Bestandteile der erweiterten DUDEN-Definition lauten *Nutzen*, *beweiskräftiges Zeugnis* und *anschaulicher Beweis.*

Vergleich der materiellen Bestandteile beider Definitionen

Vergleicht man nun die materiellen Bestandteile miteinander, so fällt auf, dass sich die erweiterte DUDEN-Definition ziemlich gut auf den Hersteller anwenden lässt, da dieser seine auf das Produkt bezogene Unterlagen geordnet zusammenstellen muss.
Auf den Verwender lassen sich die materiellen Bestandteile der erweiterten DUDEN-Definition nur beschränkt anwenden, denn beim Verwender entfällt der Verfahrenscharakter des Zusammenstellens, Ordnens zum Zwecke der Nutzbarmachung. Er erhält bereits das Verfahrensergebnis.

Vergleich der nicht materiellen Bestandteile beider Definitionen

Vergleicht man die nicht materiellen Bestandteile, stellt man fest, dass auch hier die erweiterte DUDEN-Definition für den Hersteller vollständig anwendbar ist, während auf den Verwender nur der *Nutzen* übertragen werden kann, der sich auch als *Verwendernutzen* bezeichnen lässt.
Für den Hersteller dienen die Unterlagen als *anschaulicher Beweis* bzw. als *beweiskräftiges Zeugnis* für die Erfüllung der gesetzlichen Anforderungen.

Vergleich des nicht materiellen Bestandteils Nutzen bei Hersteller und Verwender

Der *Nutzen* lässt sich hier allerdings nicht eindeutig festlegen. Dies hängt jedoch nicht mit dem konkreten Sachverhalt Hersteller – Technische Dokumentation zusammen, sondern mit dem Wort *Nutzen* selbst. Es setzt einerseits die Bindung an eine Person voraus, hier der Hersteller, und andererseits verlangt es einen Bezug zu einem Gegenstand – Gegenstand nicht im körperlichen Sinne, sondern im abstrakten Sinne verstanden.
Als Bezugsgegenstand zu *Nutzen* lassen sich für den Hersteller mehrere Dinge ausmachen: das von ihm erstellte *technische Produkt* und die Personen *Verwender* und *Gesetzgeber.* Den *Nutzen*, den ihm die Technische Dokumentation besorgt, ist, auf das technische Produkt bezogen, dessen bestimmungsgemäße Verwendung; auf den Verwender bezogen, dessen Zufriedenheit und auf den Gesetzgeber bezogen, die reibungslose unternehmerische Tätigkeit aufgrund der Erfüllung der gesetzlichen Anforderungen.
Wenn diese Betrachtungsweise für den Hersteller gilt, muss sie auch auf den Verwender angewandt werden können. So lassen sich ohne Weiteres für den Verwender die Bezugsgegenstände *technisches Produkt* und seine Person selbst nennen. Die Technische Dokumentation *nützt* ihm in beiden Bezügen – beim sicheren Umgang mit dem technischen Produkt und bei der Erzielung eines gewünschten Arbeitsergebnisses durch das technische Produkt.

Etwas leichtfüßig stelle ich oben fest, dass die Unterlagen dem Hersteller als *anschaulicher Beweis* bzw. als *beweiskräftiges Zeugnis* für die Erfüllung der gesetzlichen Anforderungen dienen. Leichtfüßig deshalb, weil in der erweiterten DUDEN-Definition nur die Begriffe *anschaulicher Beweis* bzw. *beweiskräftiges Zeugnis* verwendet werden. Diese Begriffe verlangen aber in der gleichen Weise wie das Wort *Nutzen* einen Bezug und setzen einen Gegenstand voraus. Der Gegenstand sind die Unterlagen, also die Technische Dokumentation.

Schließen des Kommunikationskreises vom Hersteller zum Verwender über das Thema Sicherheit im Umgang mit technischen Produkten

Als Bezugsgegenstände zu *beweiskräftiges Zeugnis* und *anschaulicher Beweis* lassen sich einerseits das vom Hersteller erstellte technische Produkt und andererseits die Technische Dokumentation nennen. Als Person ist der Gesetzgeber anzuführen. Diese beiden Bezugsgegenstände – materielle wie personelle – stehen wiederum im thematischen Zusammenhang *Sicherheit für Verwender im Umgang mit technischen Produkten*, sodass hier der Kommunikationskreis vom Hersteller zum Verwender über das technische Produkt und die Technische Dokumentation geschlossen ist.

1.2.3 Eine Zwischenbilanz zur Definitionenverschmelzung, auf den Verwender bezogen

Anleitungen als geordnete Zusammenstellung von Dokumenten und Sprachmaterialien jeder Art

Als Zwischenbilanz lässt sich bisher für den Verwender feststellen: Materiell definiert sich für den Verwender Technische Dokumentation als *geordnete Zusammenstellung von Dokumenten und Sprachmaterialien jeder Art* zu dem vom Hersteller erstellten technischen Produkt. Das entspricht der Alltagserfahrung. Je nach Produkt lässt sich die Technische Dokumentation als Montageanleitung, Gebrauchsanleitung, Bedienungs- oder Betriebsanleitung bezeichnen.

Keine kommunikative Entsprechung für Nutzen und notwendige Äußerungen des Herstellers

Nicht materiell liefert die erweiterte DUDEN-Definition nur das Wort *Nutzen* und die aus den Erwartungshaltungen gewonnene vorläufige Definition *notwendige Äußerungen des Herstellers*. Beide Ausdrücke verweisen auf einen Akt des Kommunizierens, ohne ihn zu benennen. Das heißt, hier offenbart sich im sprachlichen Ausdruck eine Lücke, die aber gefüllt werden muss, will man eine neue Definition formulieren, die gerade den Akt des Kommunizierens enthalten soll.

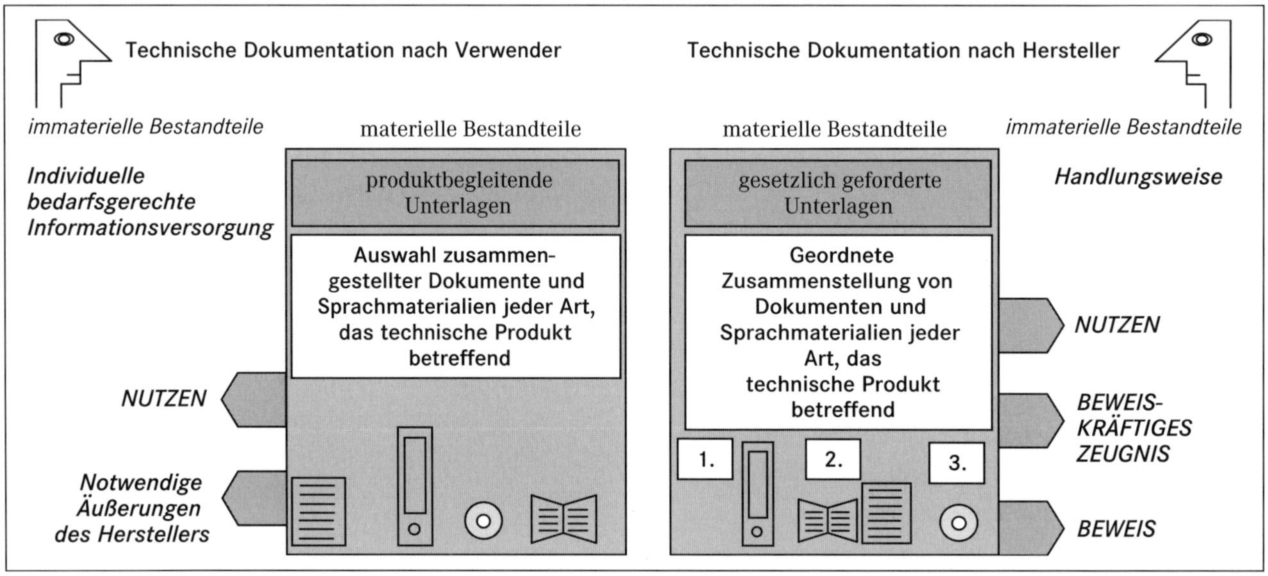

Abb. 1-7: *Verschmelzen der vorläufigen Definition und der allgemeinsprachlichen DUDEN-Definition für Verwender und Hersteller*

Suche nach kommunikationsbeschreibenden Verben für Nutzen

Ich habe oben bei der Betrachtung des Wortes *Nutzen* im Zusammenhang mit dem Verwender erwähnt, dass die Technische Dokumentation beim sicheren Umgang mit dem technischen Produkt und bei der Erzielung eines gewünschten Arbeitsergebnisses durch das technische Produkt dem Verwender *nützt*. Zu diesem Tatbestand sind jetzt also die angemessenen Verben zu finden, die beschreiben, auf welche Weise der Hersteller mittels der Technischen Dokumentation mit dem Verwender kommuniziert, damit dieser den genannten *Nutzen* erzielt.

Verben mit einem Akkusativ- und einem Dativobjekt

Da es Verben sein müssen, die einen Bezug zu dem materiellen Bestandteil des Begriffes der Technischen Dokumentation herstellen, die aber andererseits auch eine Verknüpfung zu einem personalen Objekt verlangen, dem dieser materielle Bestandteil zugeordnet werden soll, kommen nur Verben infrage, die ein Akkusativobjekt (durch Wen? oder Was? zu erfragen) für den materiellen Bestandteil und ein Dativobjekt (durch Wem? oder Was? zu erfragen) für das personale Objekt verlangen.

Das Verb ***tun*** lässt sich als Platzhalter stellvertretend für alle Tätigkeitsverben mit dieser geforderten grammatischen Ausstattung verwenden.
Die Probefrage lautet also:
Wen oder Was tut der Hersteller dem Verwender mit der Technischen Dokumentation?
Für **(Wen oder) Was** soll *sicherer Umgang mit dem technischen Produkt* und *Erzielung eines gewünschten Arbeitsergebnisses durch das Produkt* eingesetzt werden können und für ***tut*** benötigen wir das gesuchte Verb.

Der 1. Baustein einer neuen Definition

Eine sehr einfache und doch treffende Lösung bietet das Verb **vermitteln**. Es verlangt nach einem Akkusativobjekt sowie einem Dativobjekt und es beschreibt einen kommunikativen Akt.
Das Verb in die Probefrage eingesetzt ergibt den Fragesatz:
Wen oder Was vermittelt der Hersteller dem Verwender mit der Technischen Dokumentation?
Die folgerichtige Antwort lautet:
Der Hersteller vermittelt dem Verwender mit der Technischen Dokumentation den sicheren Umgang mit dem technischen Produkt und die Erzielung eines gewünschten Arbeitsergebnisses durch das Produkt.

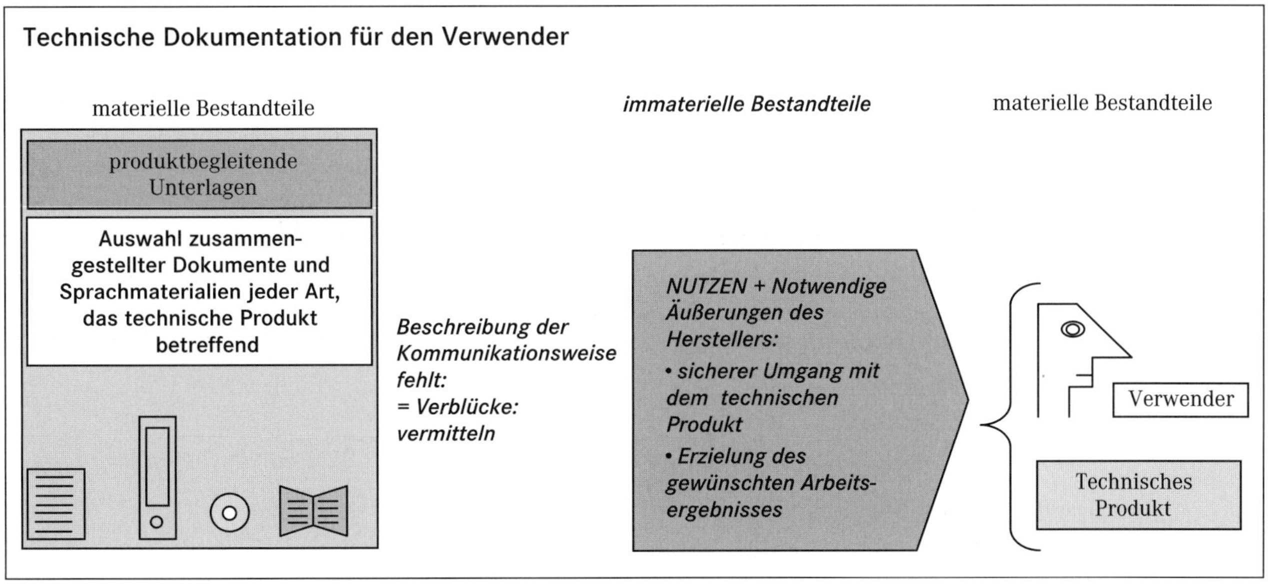

Abb. 1-8: *Kommunikative Erweiterung der verschmolzenen Definition in Bezug auf den Verwender*

1

1.2.4 Eine Zwischenbilanz zur Definitionenverschmelzung, auf den Hersteller bezogen

Produktbegleitende und Interne Dokumentation als geordnete Zusammenstellung von Dokumenten und Sprachmaterialien aller Art

Für den Hersteller lässt sich folgende Zwischenbilanz aufstellen. Materiell definiert sich die Technische Dokumentation als nach *gesetzlichen Anforderungen ausgewählte und geordnete Zusammenstellung von Dokumenten und Sprachmaterialien jeder Art* zu einem von ihm erstellten technischen Produkt. Das entspricht der aktuellen Situation für den Hersteller. Für ihn sind sowohl die produktbegleitenden Dokumente, wie sie der Verwender erhält, wie auch die Interne Dokumentation mit ihren Plänen, Fertigungs- und Prüfaufzeichnungen, Maßnahmeentscheidungsprotokollen und Normendokumenten zum Nachweis der erfüllten gesetzlichen Bestimmungen enthalten.

Keine kommunikative Entsprechungen für Nutzen, beweiskräftiges Zeugnis und anschaulicher Beweis

Nicht materiell stoßen wir, wie schon beim Verwender, auf das Wort *Nutzen*. Es offenbart sich auch hier die gleiche Verblücke, die es zu füllen gilt, um eine neue Definition schaffen zu können. Zusätzlich müssen wir aber noch die nicht materiellen Ausdrücke *beweiskräftiges Zeugnis* und *anschaulicher Beweis* nach ihrer Verbfähigkeit untersuchen.
Doch zunächst zur Verblücke des Wortes *Nutzen*. Oben habe ich behauptet, dass der Nutzen, den die Technische Dokumentation dem Hersteller für das von ihm erstellte technische Produkt besorgt, dessen bestimmungsgemäße Verwendung ist und, auf den Verwender bezogen, dessen Zufriedenheit. Auf den Gesetzgeber bezogen liegt der *Nutzen* der Technischen Dokumentation für den Hersteller im reibungslosen Fortgang seiner unternehmerischen Tätigkeit.

Es sind drei Verblücken zu füllen

Die Verblücke für das Wort *Nutzen* tut sich an drei Stellen auf:

- beim kommunikativen Handeln des Herstellers mit dem technischen Produkt
- beim kommunikativen Handeln des Herstellers zum Verwender
- beim kommunikativen Handeln des Herstellers gegenüber dem Gesetzgeber.

Das technische Produkt scheidet als kommunizierender Betrachtungsgegenstand aus, da es nicht über die menschlichen Kommunikationsfähigkeiten und entsprechende Nutzungsmöglichkeiten der Technischen Dokumentation verfügt. Vielleicht könnte man vorbeugend sagen: noch nicht.

Die 1. Verblücke lässt sich durch „vermitteln" füllen

Im Fall des Kommunizierens des Herstellers mit dem Verwender über die Technische Dokumentation lässt sich das bereits erfolgreich eingesetzte Verb ***vermitteln*** verwenden. Auch der Produktbezug kann vollständig übernommen werden.
Dass der Hersteller den Verwender zufriedenstellt, darf zwar angenommen, sollte aber nicht als zwingend in eine allgemeine Definition aufgenommen werden. Ebenso wenig sollte der Nutzen des Herstellers, seine unternehmerische Tätigkeit reibungslos fortführen zu können, der sich aus der Erfüllung der gesetzlichen Anforderung ergibt, in eine allgemeine Definition aufgenommen werden. Schließlich liefert die Praxis auch Gegenbeispiele.

Das Verb beweisen könnte die 2. Verblücke schließen

Was bleibt, sind die Ausdrücke *beweiskräftiges Zeugnis* und *anschaulicher Beweis*. Sie enthalten bereits das kommunikationsbeschreibende Verb **beweisen**. Es verlangt einerseits einen personalen Objektbezug (Dativobjekt), also wem etwas bewiesen wird und andererseits einen materiellen Gegenstandsbezug (Akkusativobjekt), also wen bzw. was bewiesen wird. Die Probefrage lautet:
Wem beweist der Hersteller mit der Technischen Dokumentation wen oder was?
Als personaler Bezug bzw. Dativobjekt kann problemlos *Gesetzgeber* eingesetzt werden und als materieller Bezugsgegenstand bzw. als Akkusativobjekt

lässt sich *Erfüllung der gesetzlichen Anforderungen* einsetzen.
Die folgerichtige Antwort lautet also:
Der Hersteller beweist dem Gesetzgeber mit der Technischen Dokumentation die Erfüllung der gesetzlichen Anforderungen.
Nun lässt sich an dem Verfahren kritisieren, dass ich das Verb ***beweisen*** verwendet habe, obwohl die Definition die Ausdrücke *beweiskräftiges Zeugnis* bzw. *anschaulicher Beweis* vorgibt. Und ***beweisen*** lässt sich mit diesen beiden Ausdrücken nicht kombinieren.

Die Verben liefern und geben schließen endgültig die 2. und 3. Verblücke

Nehmen wir also diese beiden Ausdrücke als Vorlage und suchen dazu treffende zweiwertige transitive Verben. Da bietet sich für den Ausdruck *beweiskräftiges Zeugnis* das Verb ***liefern*** an und für den Ausdruck *anschaulicher Beweis* das Verb ***geben***. Beide Verben erfüllen die erforderlichen grammatischen Bedingungen. Angewandt lauten die Aussagen dann:
Der Hersteller liefert dem Gesetzgeber mit der Technischen Dokumentation ein beweiskräftiges Zeugnis für die Erfüllung der gesetzlichen Anforderungen.
Beziehungsweise:
Der Hersteller gibt dem Gesetzgeber mit der Technischen Dokumentation einen anschaulichen Beweis für die Erfüllung der gesetzlichen Anforderungen.

1.2.5 Zusammenfassung der Zwischenbilanzen und Formulierung der neuen Definition von Technischer Dokumentation

Von vier Definitionen zu einer

Die Zwischenbilanzen haben als Ergebnis Sätze gebracht, die eine Definition zum Begriff Technische Dokumentation darstellen und die alle den Akt des kommunikativen Handelns enthalten:
Definition 1:
Der Hersteller vermittelt dem Verwender mit der Technischen Dokumentation den sicheren Umgang mit dem technischen Produkt und die Erzielung eines gewünschten Arbeitsergebnisses durch das Produkt.
Definition 2:
Der Hersteller beweist dem Gesetzgeber mit der Technischen Dokumentation die Erfüllung der gesetzlichen Anforderungen.
Definition 3:
Der Hersteller liefert dem Gesetzgeber mit der Technischen Dokumentation ein beweiskräftiges Zeugnis für die Erfüllung der gesetzlichen Anforderungen.

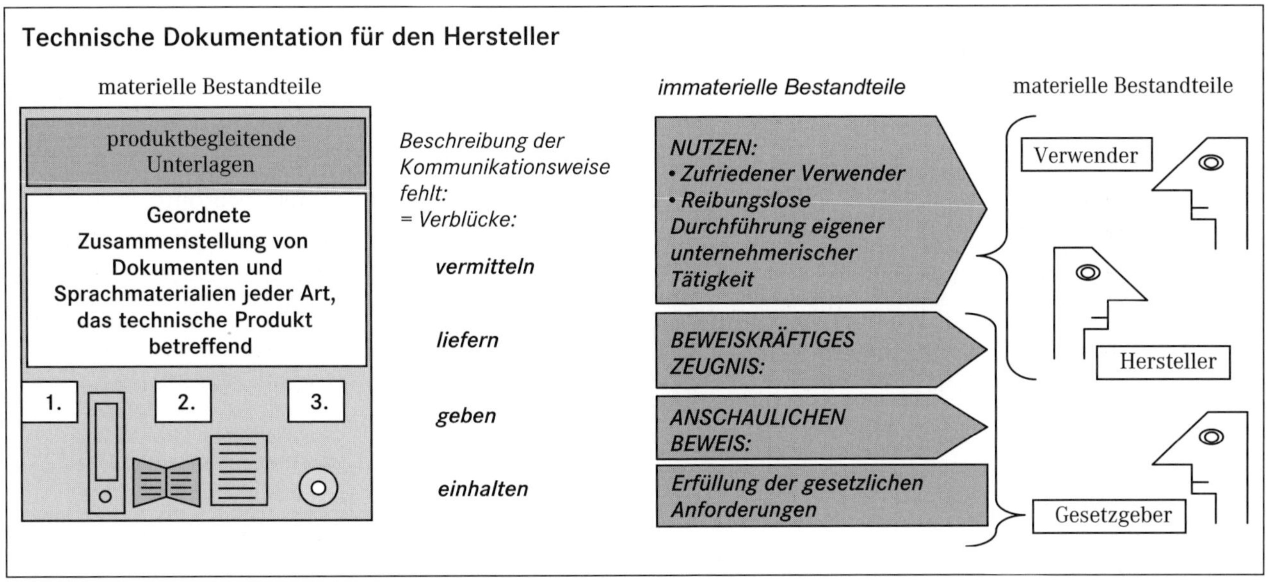

Abb. 1-9: *Kommunikative Erweiterung der verschmolzenen Definition in Bezug auf den Hersteller*

1

Definition 4:
Der Hersteller gibt dem Gesetzgeber mit der Technischen Dokumentation einen anschaulichen Beweis für die Erfüllung der gesetzlichen Anforderungen.
Es gilt nun, aus den vier Definitionen eine zu bilden, die aber keinen inhaltlichen Verlust aufweisen sollte. Die Definitionen 2 bis 4 beschreiben das kommunikative Handeln des Herstellers gegenüber dem Gesetzgeber. Damit lassen sie sich auf eine Definition zurückführen. Zu klären ist, für welches Verb man sich entscheiden sollte. Definition 2 stellt die kommunikative Handlung in den Vordergrund, während die Definitionen 2 und 3 die kommunikative Funktion der Technischen Dokumentation in den Vordergrund rückt.

Zum Beweisen gehört neben dem Kommunizieren auch das Erfüllen

Was gegen die Definition 2 spricht, ist, dass zum Beweisen der Erfüllung der gesetzlichen Anforderungen nicht nur das Vorweisen der Technischen Dokumentation zählt, sondern in gleicher Weise die genaue Umsetzung der Inhalte am technischen Produkt. Nur mit beiden Tatsachen kann der Hersteller die Erfüllung der gesetzlichen Anforderungen beweisen.
Bleiben also noch die Definitionen 3 und 4. Beide sagen Ähnliches, aber nicht Gleiches aus, wie oben bei der Betrachtung der DUDEN-Definition erläutert. Sowohl den Ausdruck *beweiskräftiges Zeugnis* wie auch den Ausdruck *anschaulicher Beweis* halte ich für nennenswert. *Beweiskräftiges Zeugnis* ist die Technische Dokumentation grundsätzlich, im konkreten Rechtsfall kann sie dann zum *anschaulichen Beweis* werden.
Damit sind die letzten Hürden genommen für die Bildung einer neuen eindeutigen, einheitlichen und anwendungsgerechten Definition mit einem ausgesprochenen Bezug zum kommunikativen Akt vom Hersteller zum Verwender. Mehr noch: Es konnte über die Begriffsanalyse der Gesetzgeber als dritter Kommunikationspartner ermittelt werden und auch diesem gegenüber ist die Art des Kommunizierens wörtlich zum Ausdruck gebracht.
Die neue Definition lautet in ihrer Zusammenfassung wie folgt:

> Technische Dokumentation ist die geordnete Zusammenstellung ausgewählter Dokumente und Sprachmaterialien des Herstellers zu einem von ihm erstellten technischen Produkt, mit der er dem Verwender des Produkts den sicheren und nützlichen Umgang vermittelt und mit der er dem Gesetzgeber ein beweiskräftiges Zeugnis für die Erfüllung der gesetzlichen Anforderungen liefert bzw. ihm einen anschaulichen Beweis für die Erfüllung dieser Anforderungen gibt.

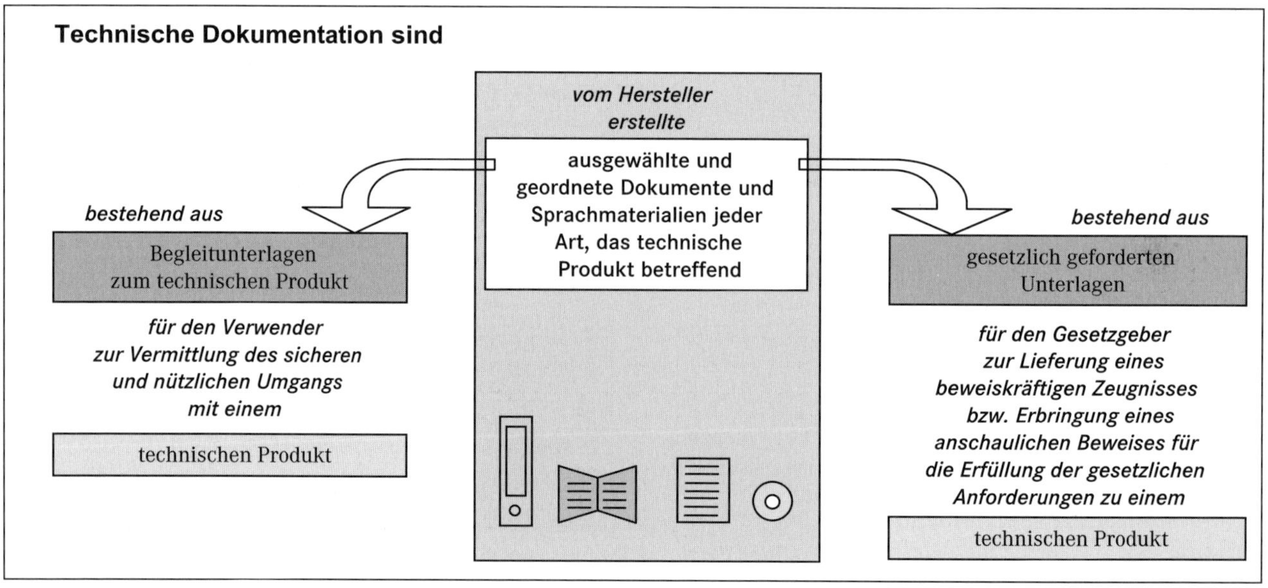

Abb. 1-10: *Neue Definition für Technische Dokumentation mit Einbeziehung des Kommunikationsaktes zwischen Hersteller und Verwender*

Diese Definition stellt den aktuellen Sachverhalt dar, wie er sich für den Hersteller nach Europäischem Recht ergibt.

Keine allgemeingültige Definition für alle Bereiche

Das heißt, diese Definition ist nicht gültig für alle privaten, wirtschaftlichen und öffentlichen Bereiche. Aber sie könnte eine gewisse Grundlage bilden, da sie eben Kommunikationspartner und Kommunikationsweisen benennt, was bisher nicht üblich ist, siehe DUDEN-Definitionen.

1.2.6 Wie weit reicht die inhaltliche Bedeutung von Technischer Dokumentation?

Wenn in der Definition von *ausgewählten Dokumenten und Sprachmaterialien des Herstellers* gesprochen wird, mit denen er *dem Verwender des technischen Produkts den sicheren und nützlichen Umgang vermittelt,* dann stellt man sich wahrscheinlich gerne Anleitungen und vergleichbare Dokumente und Sprachmaterialien vor, denn wir gehen nur von technischen Produkten aus, also von konkreten Gegenständen wie Maschinen, Gerüsten und Ähnlichem.
Mit den Anleitungen und vergleichbaren Textsorten kommt der Verwender jedoch erst in Kontakt, wenn er das technische Produkt hat, also nachdem ihm der Hersteller das Produkt zur Nutzung überlassen hat. Aber man muss sich fragen, ob das der erste Zeitpunkt ist, in dem ihm der Hersteller *den sicheren und nützlichen Umgang* mit dem Produkt *vermittelt.* Geschieht dies nicht schon mit der ersten Nennung des Produkts bzw. der werblichen Anbietung des Produkts?

Produktpräsentierende Dokumente lassen sich auch mit der neuen Definition erfassen

Bevor ein Verwender sich zur Verwendung eines technischen Produkts entschließt, schätzt er vermutlich dessen Wirksamkeit und Nutzen ab und wählt, wenn möglich, zwischen mehreren Produkten aus. Zwangsläufig greift er auf die Gestaltung der Produkte zurück, die ihm dazu Informationen liefern, aber oft auch auf Mitteilungen des Herstellers, dessen unternehmerisches Interesse darin besteht, seine Produkte in Verkehr zu bringen.

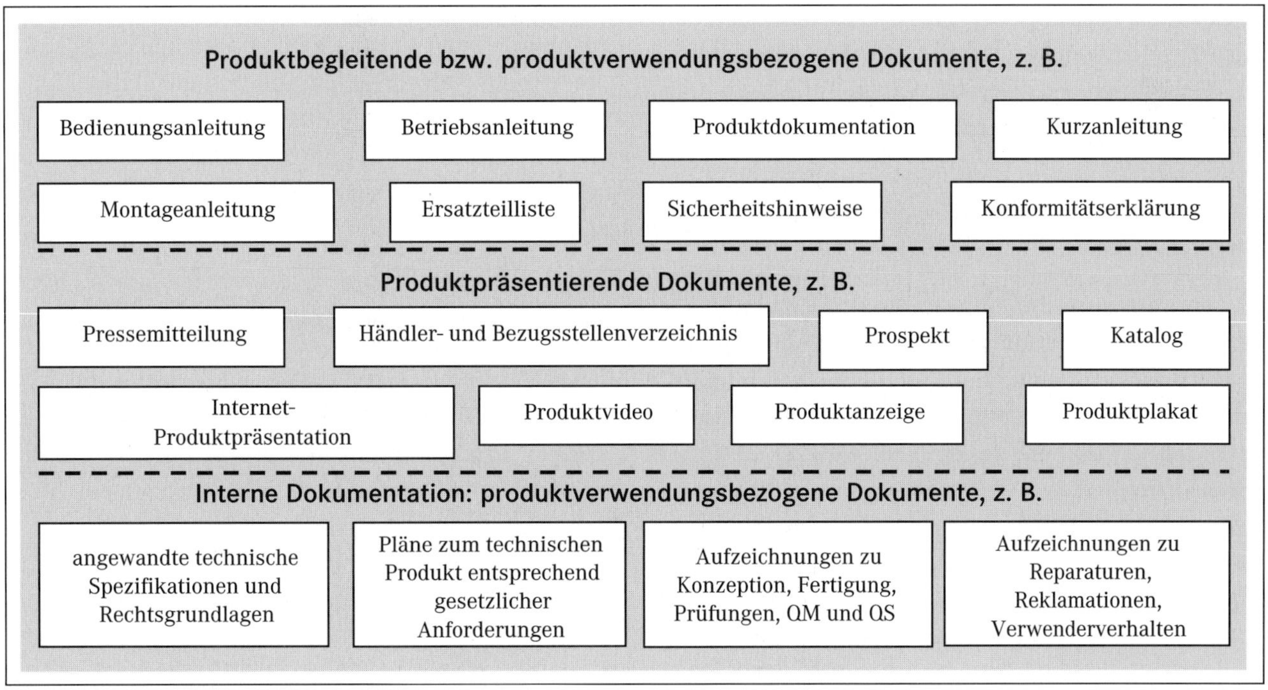

Abb. 1-11: *Teile der Technischen Dokumentation*

1

Deshalb zählen zu der Technischen Dokumentation auch Prospekte und andere produktpräsentierende Dokumente und Sprachmaterialien, wenn sie für den Verwender erwartbar Informationen zum sicheren und oder zum nützlichen Umgang mit einem technischen Produkt enthalten.
Ein Hersteller hat also bei der neuen Definition darauf zu achten, dass die *geordnete Zusammenstellung ausgewählter Dokumente und Sprachmaterialien* auch produktpräsentierende Unterlagen enthalten kann.
In den folgenden Kapiteln wird dieser Sachverhalt noch mehrfach angesprochen. Er muss hier mit genannt werden, um der Gefahr der verständlichen, aber nicht tolerierbaren Bedeutungsverengung von Technischer Dokumentation auf Anleitungen und Nachweisdokumentation bzw. Interner Dokumentation vorzubeugen.

1.3 Das Kommunikationsmodell Technische Dokumentation

Die gefundene Definition benennt Dokumente, Sprachmaterialien sowie Kommunikationspartner wie Hersteller, Verwender und Gesetzgeber. Weiterhin beschreibt sie noch die Arten des Kommunizierens und die Kommunikationsziele. Ist das nicht schon ein Kommunikationsmodell? Was könnte bei einem Kommunikationsmodell anders sein?

Die neue Definition beschreibt keine Kommunikationsprozesse

Die Antwort ist relativ einfach: Die Definition gibt generell eine Antwort auf die Frage nach Kommunikationspartner, Kommunikationsmittel und Kommunikationsziel, aber sie gibt keine Antworten auf die Fragen nach den Größen, die an der Erstellung der Technischen Dokumentation und der Pflege derselben beteiligt sind. Ebenso gibt sie keine Antworten auf Fragen nach dem Zusammenwirken der beteiligten Kräfte.
Die Antworten sind aber wesentlich, will man die Erstellung von Technische Dokumentation betrachten. Es führt also kein Weg an der Entwicklung eines Kommunikationsmodells vorbei.

1.3.1 Aufbau des Kommunikationsmodells

Bestandteile des Kommunikationsmodells

Wie schon angedeutet, gehören zu einem Kommunikationsmodell Kommunikationsgegenstände und Kommunikationspartner. Ich nenne diese Dinge Bestandteile. Sie lassen sich im konkreten Fall allgemein als Personen, Körperschaften und Erzeugnisse bzw. Einrichtungen bezeichnen. Die Personen und Körperschaften nenne ich personale Bestandteile. Die Erzeugnisse und Einrichtungen bezeichne ich als nicht personale Bestandteile, wohl wissend, dass man darunter auch nicht gegenständliche Dinge verstehen kann.

Kommunikative Kräfte im Kommunikationsmodell

Diese Bestandteile sind mit Kräften ausgestattet, die sie zielführend einsetzen oder die in bestimmten Situationen wirksam werden. Bei Personen und Körperschaften, also definierten Personengruppen, nenne ich die ihnen innewohnenden Kräfte *Interessen*. Bei Erzeugnissen und Einrichtungen bezeichne ich die Kräfte als *Erfordernisse*.
Als nicht personale Bestandteile lassen sich aus der Definition *Dokumente und Sprachmaterialien aller Art* übernehmen. Für das Kommunikationsmodell nennen wir sie einfach Technische Dokumentation, allerdings eingeschränkt auf den gegenständlichen Gehalt des Begriffs. Hinzu kommt noch das technische Produkt als Erzeugnis und damit auch als nicht personaler Bestandteil.

Prozesse im Kommunikationsmodell

Damit das Kommunikationsmodell in Bewegung gerät und lebt, also dynamisch wird, benötigt man einen Prozess bzw. eine Prozessabfolge. Prozesse stellen das lebendige oder dynamische Zusammenwirken von Bestandteilen und Kräften dar.
Streng terminologisch betrachtet, ließen sich die Kräfte und die Prozesse zu den nicht personalen Bestandteilen hinzuzählen, aber ich erlaube mir hier diese Unterscheidung, um eine gewisse Vorstellbarkeit zu erleichtern.

1.3.1.1 Personale Bestandteile

Personen und Körperschaften als Funktionsgrößen

Für den Aufbau eines Kommunikationsmodells ist es erforderlich, die Personen als Funktionsgrößen zu nennen, damit man später ihre Kraftrichtung und ihre Prozesswirkung darstellen kann.
Als personale Bestandteile haben wir den Hersteller, den Verwender, den Gesetzgeber und die Öffentlichkeit.

Der Hersteller als personaler Bestandteil

Der Hersteller muss weiter aufgeschlüsselt werden nach den funktionalen Kommunikationspartnern, die bei der Erstellung und Erhaltung des technischen Produkts und der Technischen Dokumentation beteiligt sind.
Das sind im Allgemeinen Mitarbeiter oder Beauftrage der Bereiche Technik (Entwicklung und Konstruktion), Marketing/Vertrieb, Service/Kundendienst, Organisation und Verwaltung. In einer dieser Funktionseinheiten befindet sich der Technische Autor. Ebenso müssen auch externe Prüforganisationen, die im Auftrag des Herstellers arbeiten, in einer der Funktionseinheiten angesiedelt werden.

Der Verwender als personaler Bestandteil

Der Verwender kann streng genommen nicht aufgeschlüsselt werden, da er sich letzten Endes immer auf eine selbstverantwortliche Person zurückführen lässt.

Der Gesetzgeber als personaler Bestandteil

Der Gesetzgeber definiert sich selbst als funktional gegliederte Personengruppe. Grob und für das Kommunikationsmodell ausreichend lassen sich die Funktionseinheiten Bundesbehörden, Landesbehörden, Kommunalbehörden und öffentlich beauftragte Körperschaften aufführen.

Die Öffentlichkeit als personaler Bestandteil

Die Öffentlichkeit lässt sich auch in verschiedene Funktionseinrichtungen gliedern. Da sind zunächst die bei der Produktverwendung unmittelbar oder mit-

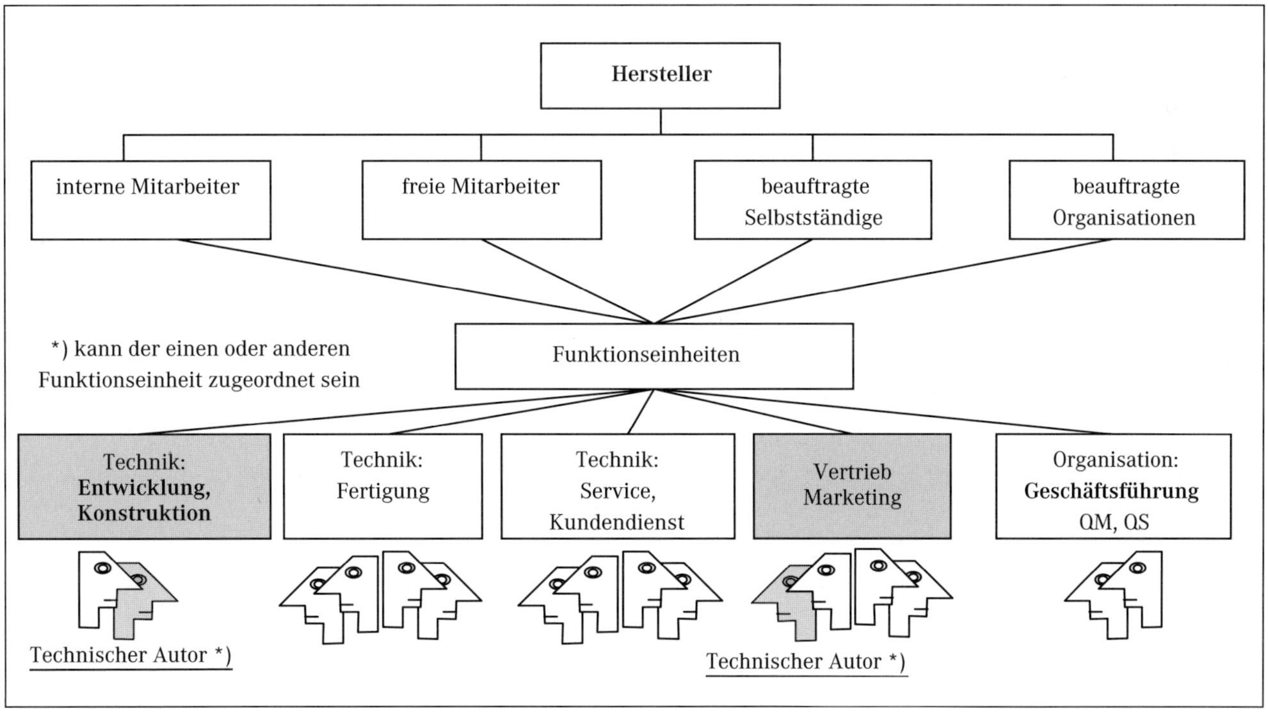

Abb. 1-12: *Der Hersteller als personaler Bestandteil*

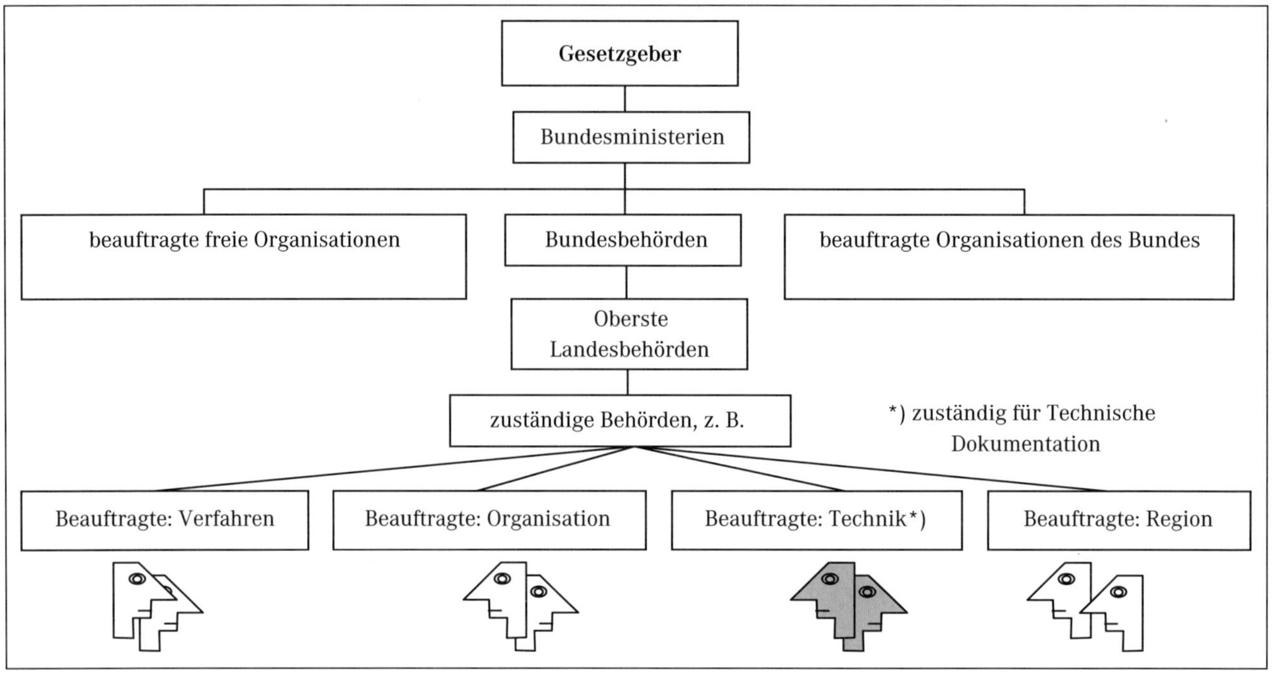

Abb. 1-13: *Der Gesetzgeber als personaler Bestandteil*

telbar Betroffenen. Dann sind noch die Vereinigungen und Interessensverbände von Produktverwendern, von Produktbetroffenen, von Herstellern und von beauftragten Prüforganisationen zu nennen. Weiterhin kommen noch die Normenorganisationen hinzu. Diese sind allerdings eine Mischgruppe, da ihre Mitglieder sowohl aus dem Lager der Verwender wie auch aus dem Lager der Hersteller, des Gesetzgebers und verschiedener anderer wirtschaftlicher, politischer und wissenschaftlicher Interessensgruppen stammen.

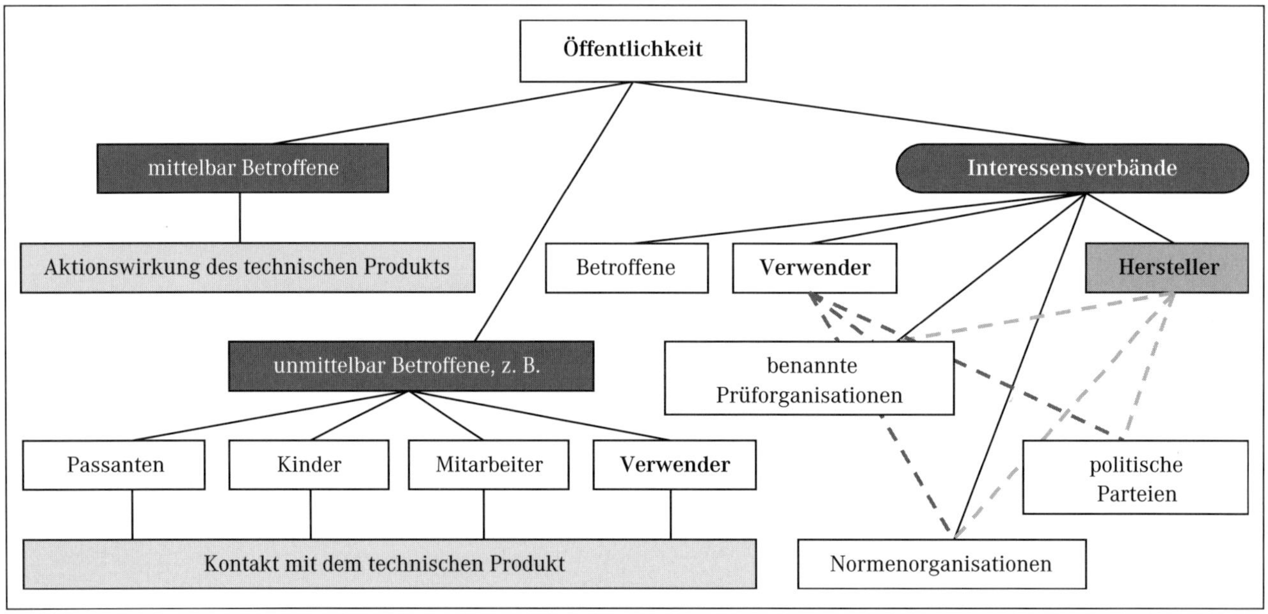

Abb. 1-14: *Die Öffentlichkeit als personaler Bestandteil*

1.3.1.2 Nicht personale Bestandteile

Technisches Produkt und Technische Dokumentation als nicht personale Bestandteile

Die nicht personalen Bestandteile technisches Produkt und Technische Dokumentation sind ebenso wie die Personen und Körperschaften in ihre funktionalen Einzelteile zu gliedern. Diese Einzelteile lassen sich funktional zusammenfassen in Produktionseinrichtungen, Materialien und Prüfeinrichtungen. Das heißt, man hat sowohl für das technische Produkt wie für die Technische Dokumentation Materialien und Produktions- bzw. Prüfeinrichtungen vorzusehen.

1.3.1.3 Die kommunikativen Kräfte der personalen Bestandteile

Nachdem die Bestandteile des Kommunikationsmodells *Technische Dokumentation* bekannt sind, muss man an die Betrachtung der kommunikativen Kräfte dieser Bestandteile gehen.
Die kommunikativen Kräfte der Personen und Körperschaften lassen sich als Interessen angemessen beschreiben. Betrachten wir zunächst diese kommunikativen Kräfte, sprich ihre Interessen, als Kommunikationsfaktor.

Die kommunikative Kraft des Gesetzgebers

Ich beginne mit dem Gesetzgeber, weil seine Interessen die mächtigste kommunikative Kraft darstellen. Er legt den Umfang und die Form der Technischen Dokumentation sowie den gegenständlichen wie gestalterischen und inhaltliche Bezug zwischen technischer Dokumentation und technischem Produkt fest. Er bestimmt die relativen Kommunikationsarten, die Kommunikationsweisen sowie die Kommunikationszeiträume und -zeitpunkte. Ferner definiert er die Kommunikationspartner.
Die Stärke seiner kommunikativen Kraft zeigt sich auch in den Vollzugsrechten im Absoluten sowie in der Delegation dieser Rechte.
Diese kommunikativen Kräfte sind, personenbezogen, hauptsächlich auf den Hersteller gerichtet. Aber auch der Verwender und die Öffentlichkeit sind dieser kommunikativen Kraft ausgesetzt. Gegenstandsbezogen richten sich die kommunikativen Kräfte des Gesetzgebers auf das technische Produkt und die Technische Dokumentation.

Die kommunikative Kraft des Verwenders

Eine weit geringere kommunikationsbestimmende Kraft besitzt der Verwender, da er kein unmittelbares Weisungsrecht besitzt. Allerdings darf trotzdem seine

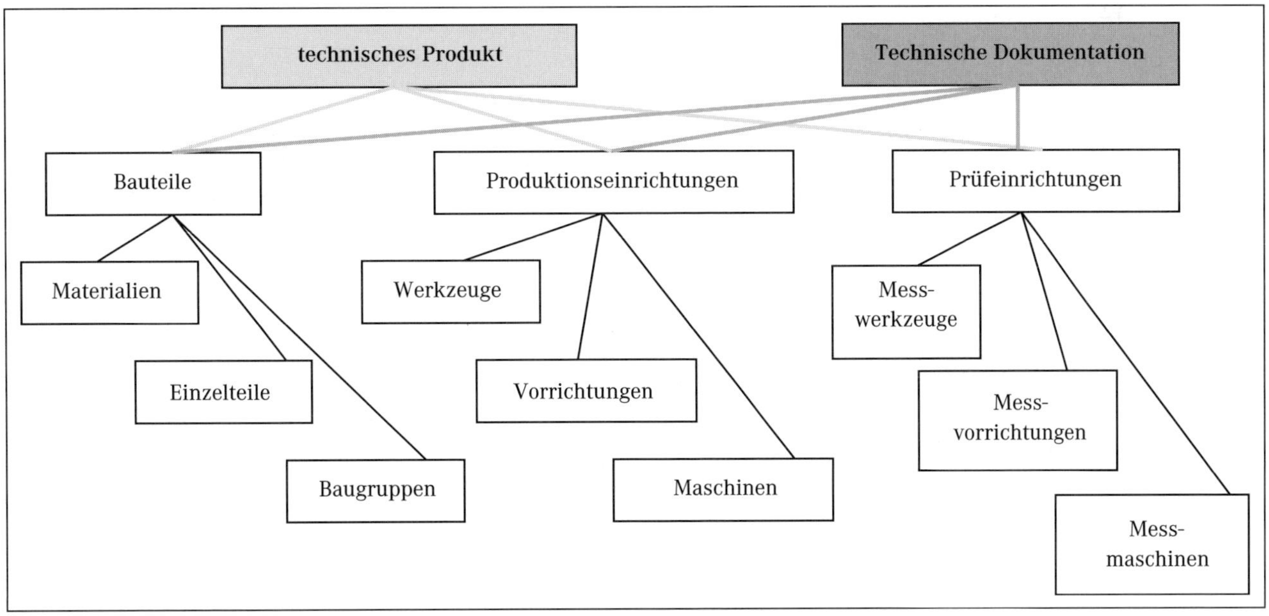

Abb. 1-15: *Das technische Produkt und die Technische Dokumentation als nicht personale Bestandteile*

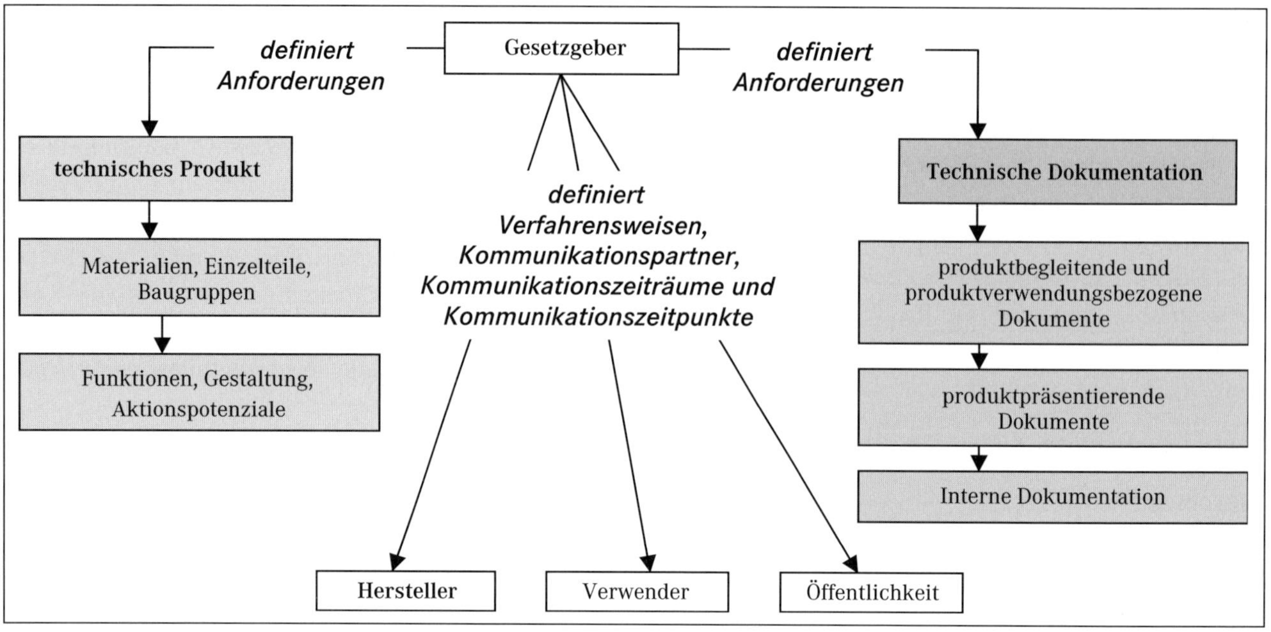

Abb. 1-16: *Die kommunikativen Kräfte des Gesetzgebers*

kommunikative Kraft vom Hersteller, dessen erstrangiger Kommunikationspartner er ist, nicht unterschätzt werden. Der Verwender bestimmt mit seinem unmittelbaren Bedarfsinteresse die Kommunikation mit dem technischen Produkt und über seine Handlungen an den produktpräsentierenden Dokumenten bzw. den produktbegleitenden Dokumenten die Kommunikationsfähigkeit der Technischen Dokumentation.

Das Bedarfsinteresse als kommunikative Kraft

Der Verwender bestimmt mit seinem Bedarfsinteresse auch die Kommunikation mit dem Hersteller und die

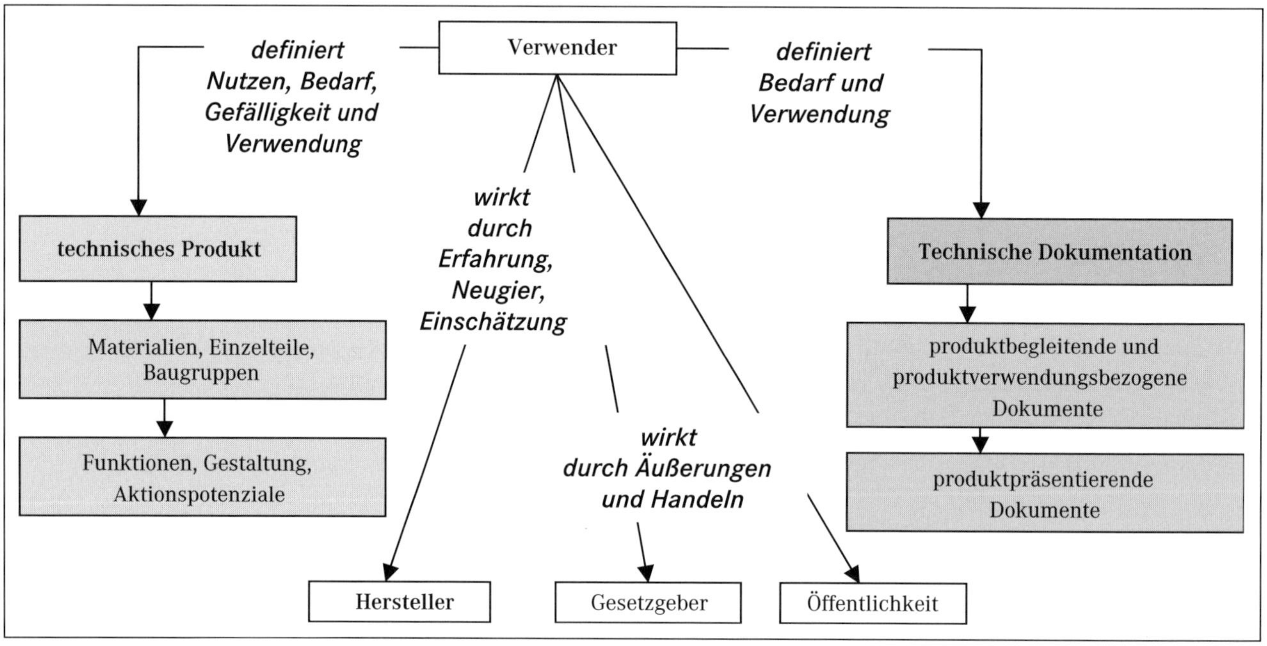

Abb. 1-17: *Die kommunikativen Kräfte des Verwenders*

Kommunikation mit Gesetzgeber und Öffentlichkeit. Die kommunikative Kraft gegenüber dem Hersteller äußert sich in der Entscheidung für oder gegen das technische Produkt sowie in der Verwendungsweise der produktbegleitenden Dokumente. Die kommunikative Kraft des Verwenders gegenüber dem Gesetzgeber und der Öffentlichkeit zeigt sich meist durch den nicht bestimmungsmäßigen Gebrauch des technischen Produkts und der produktbegleitenden Dokumente.

Die kommunikativen Kräfte der Öffentlichkeit

Die kommunikative Kraft der Öffentlichkeit ist abhängig von der jeweiligen Personengruppe. Nehmen wir zunächst die unmittelbar und mittelbar durch die Verwendung des technischen Produkts Betroffenen.

Die kommunikative Kraft der Betroffenen

Ihre kommunikative Kraft hängt ab von dem Maß des Betroffenseins und von der Zahl der Betroffenen, bezogen auf ein Ereignis, und wohl auch von der gesellschaftlichen Bedeutung des Ereignisses wie auch der Betroffenen.
Die Kräfte dieser Personengruppe wirken relativ stark positiv oder negativ auf den Hersteller, auf den Verwender bei einem negativen Kommunikationsereignis und, je nach Ereignis, relativ spät, aber meist nachhaltig auf den Gesetzgeber.

Die kommunikative Kraft der Interessensverbände

Als weitere kommunikativ recht kräftige Personengruppe sind die Vereinigungen und Interessensverbände von Produktverwendern, Produktbetroffenen, Herstellern und beauftragten Prüforganisationen anzusehen. Auch die Normenorganisationen sind dazuzuzählen. Diese Kraft äußert sich meist nicht öffentlich wahrnehmbar, sondern in Fachgesprächen, Fachforen, in der Literatur und in den Print- und audiovisuellen Medien.
Die kommunikative Kraft dieser Personengruppen ist sowohl auf den Gesetzgeber wie auf den Hersteller, den Verwender und die Gruppe der Betroffenen gerichtet. Aufgrund der Verschiedenartigkeit der Interessen lassen sich weder die Verwender noch die Hersteller oder der Gesetzgeber als besonders Begünstigte oder Benachteiligte bezeichnen.

Die kommunikative Kraft des Herstellers

Was noch bleibt, ist der Hersteller mit seiner kommunikativen Kraft. Oben habe ich bereits festgestellt, dass der Hersteller als Begriff für die Funktionsgruppen Entwicklung/Konstruktion, Marketing/Vertrieb,

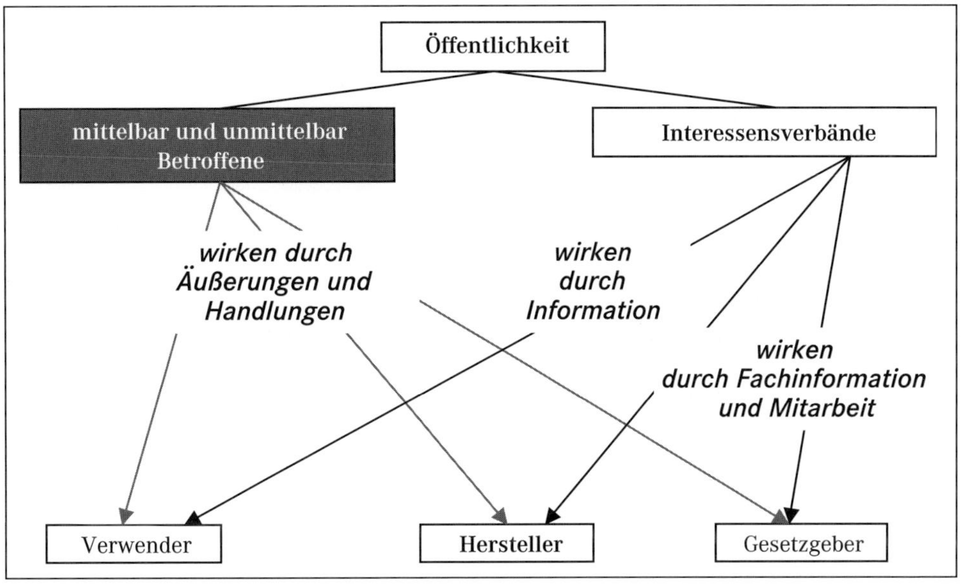

Abb. 1-18: *Die kommunikativen Kräfte der Öffentlichkeit*

1

Service/Kundendienst sowie Organisation/Verwaltung steht. Auch habe ich festgelegt, dass sich der Technische Autor in einer der genannten Funktionseinheiten befindet. Das sollte nicht wörtlich verstanden werden, denn Technische Autoren sind vielfach externe Dienstleister, die im Auftrag des Herstellers arbeiten. Aber ihre Arbeit wird einer der genannten Funktionsbereiche zugerechnet.

Nach außen wird die kommunikative Kraft des Herstellers durch entsprechende Verantwortliche des Herstellers dargestellt. Nach innen sind es verantwortliche Funktionsträger. Das müssen nicht Abteilungsleiter oder Geschäftsfeldleiter sein. Bei einer sehr flachen Unternehmensstruktur kann es jeder Mitarbeiter sein.

Zu fragen ist, wie stark diese kommunikativen Kräfte des Herstellers sind und in wessen Richtung sie wirken.

Die kommunikative Kraft nach außen ist das Spiegelbild der Schwäche der anderen

Nach außen definiert sich die kommunikative Kraft des Herstellers im Wesentlichen über die Schwäche seiner Kommunikationspartner. Das trifft sowohl für den Verwender wie für die Gruppe der Betroffenen und die Öffentlichkeit zu. Ausnahme bleibt der Gesetzgeber – wobei auch hier der Hersteller durch seine Mitgliedschaft in entsprechenden Interessensverbänden eine enorme kommunikative Kraft äußern kann. Als Hinweis sei nur an die erfolgreiche Lobbyarbeit großer Unternehmen erinnert.

Die kommunikative Kraft nach innen ist der Spiegel der Persönlichkeiten

Nach innen wird kommunikative Kraft durch die Persönlichkeiten der aktuellen Funktionsträger bestimmt. Das Spiel der Kräfte ist auf diesem Feld relativ undefiniert.

Das heißt, der Technische Autor ist als selbstständiger Funktionsträger zu betrachten, der dank seiner Funktion über eine eigene kommunikative Kraft verfügt. Sie geschickt einzusetzen, ist seine Aufgabe.

Mittelbar äußern sich die kommunikativen Kräfte der inneren Funktionsträger auch nach außen – durch die Arbeitsergebnisse. Der Technische Autor ist dafür ein anschauliches Beispiel. Aber auch die Fertigung, das Marketing, der Vertrieb und der Kundendienst bilden eine bedeutende kommunikative Kraft nach außen, auf den Verwender, den Gesetzgeber oder die Öffentlichkeit gerichtet.

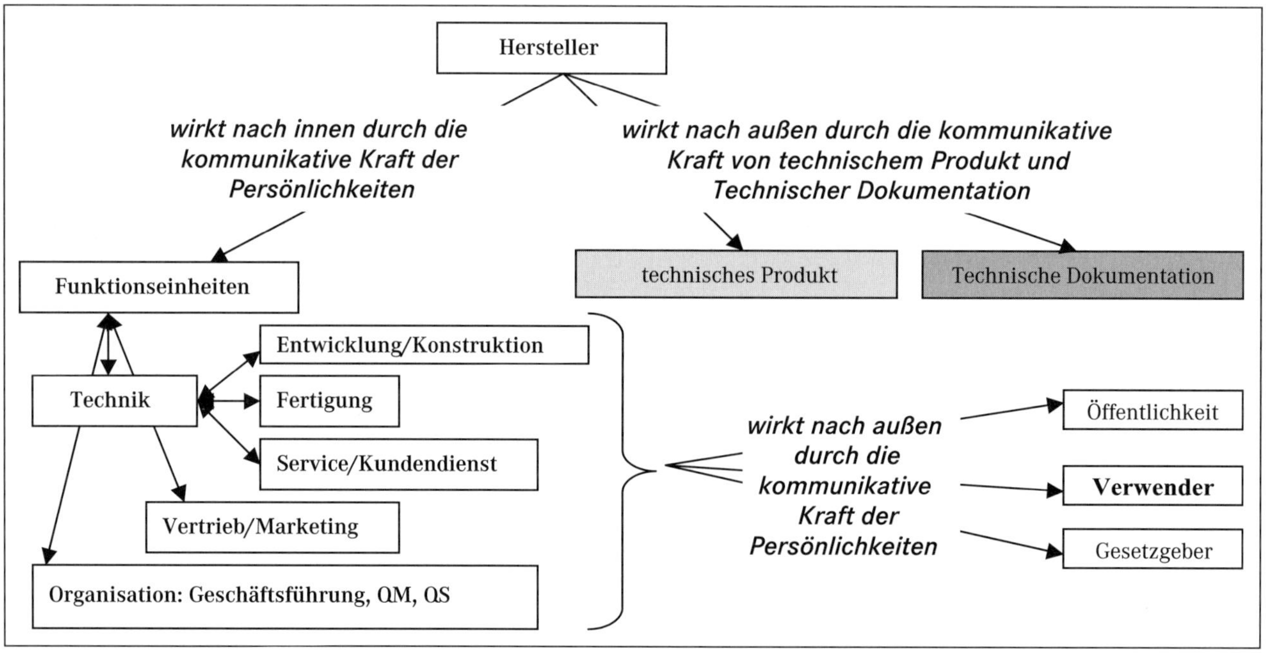

Abb. 1-19: *Die kommunikativen Kräfte des Herstellers*

1.3.1.4 Die kommunikativen Kräfte der nicht personalen Bestandteile

Erfordernisse von technischem Produkt und Technischer Dokumentation als kommunikative Kraft

Die kommunikativen Kräfte des technischen Produkts und der Technischen Dokumentation sind die Erfordernisse, die zu ihrer Herstellung und Pflege nötig sind.
Diese Erfordernisse zwingen die personalen Bestandteile Hersteller, Verwender, Gesetzgeber und Öffentlichkeit in all ihrer Differenziertheit zur Kommunikation. Und genau darin liegt die kommunikative Kraft des technischen Produkts und der Technischen Dokumentation.

Differenzierung nach Einzelteilen und Gesamtheit

Für eine angemessene Betrachtung der kommunikativen Kräfte müssen sowohl die Einzelteile von technischem Produkt und Technischer Dokumentation wie auch ihre Gesamtheit herangezogen werden. Wie aber soll das in einer übersichtlichen Darstellung möglich sein? Schließlich gibt es so vielerlei technische Produkte und entsprechend unterschiedliche Ausführungen von Technischen Dokumentationen, dass sich eine Gemeinsamkeit fast nicht herstellen lässt.

Aufschlüsselung von Erfordernissen nach Bedürfnisarten

Die Antwort ist relativ einfach: Man schlüsselt die Erfordernisse nach Bedürfnisarten auf, die man auch als Anforderungen verstehen kann. Das heißt, man bleibt auf einer oberbegrifflichen Benennungsebene und vermeidet so das Versinken in die produktabhängige Informationsflut konkreter Gegebenheiten.

Die kommunikative Kraft des technischen Produkts – ein Anforderungsbündel von Einzelteilen, Material, Produktions- und Prüfeinrichtungen

Das technische Produkt lässt sich als eine bewusste Zusammensetzung von Einzelteilen und Baugruppen verstehen. Diese Komponenten bestehen aus Materialien und sie kooperieren miteinander. Zu diesem technischen Produkt sind noch die Materialien und Einrichtungen zu seiner Herstellung sowie die Prüfeinrichtungen zu zählen. Denn erst diese Gesamtheit bildet die kommunikative Kraft. Dieses materiale und

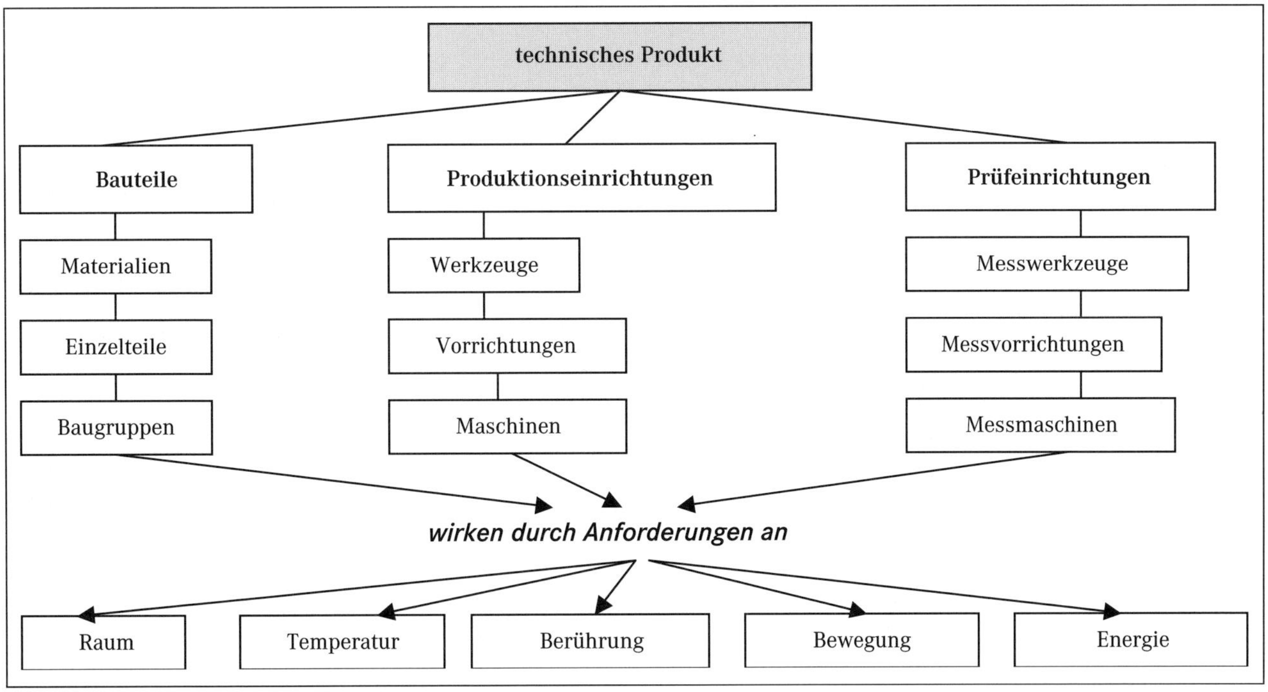

Abb. 1-20: *Die kommunikativen Kräfte des technischen Produkts*

funktionale Gefüge stellt für sein reibungsloses Funktionieren definierte Anforderungen an seine Umgebung. Das sind Raumanforderungen, Temperaturanforderungen, Berührungsanforderungen, Bewegungsanforderungen und Energieanforderungen. Also die Größen, die meistens in den Technischen Daten von Anleitungen aufgeführt sind und die untersucht werden, wenn es zu einem Schadensfall gekommen ist.

Die kommunikative Kraft der Technischen Dokumentation – auch ein Anforderungsbündel von Einzelteilen, Material, Produktions- und Prüfeinrichtungen

Was für das technische Produkt gilt, gilt ebenfalls für die Gegenständlichkeit der Technischen Dokumentation. Auch sie besteht aus materialen Einzelteilen, die zusammengefügt sind. Selbst wenn es nur ein Beipackzettel ist, der dem technischen Produkt beigelegt ist. Auch er fordert Raumbedingungen, Temperaturbedingungen, Berührungsbedingungen, Bewegungsbedingungen, Energiebedingungen und Zeitbedingungen für seine beabsichtigte bestimmungsgemäße Verwendung. Für umfangreichere Dokumente gilt das Gleiche.

Ebenso wie beim technischen Produkt sind bei der gegenständlichen Technischen Dokumentation die Materialien sowie Produktions- und Prüfeinrichtungen als Komponenten hinzuzuzählen, will man von der kommunikativen Kraft der Technischen Dokumentation sprechen. Auch die Materialien, Produktions- und Prüfeinrichtungen stellen definierte Anforderungen an Raum, Temperatur, Berührung, Bewegung, Energie und Zeit.

Die kommunikativen Kräfte von technischem Produkt und Technischer Dokumentation beeinflussen sich gegenseitig – intern und im Ganzen

Bisher habe ich streng getrennt zwischen der kommunikativen Kraft des technischen Produkts und der kommunikativen Kraft der gegenständlichen Technischen Dokumentation. Ferner habe ich beide Teile als Gesamtheiten dargestellt.
Ganz so einfach darf man das aber nicht sehen, denn die kommunikative Wirklichkeit sieht anders aus.
Wenn beispielsweise eine Anleitung in Form eines mehrsprachigen DIN-A4-Blattes einem technischen Produkt fest hinzugefügt wird, fordert dieses Blatt Papier entsprechende materiale und funktionale Bedin-

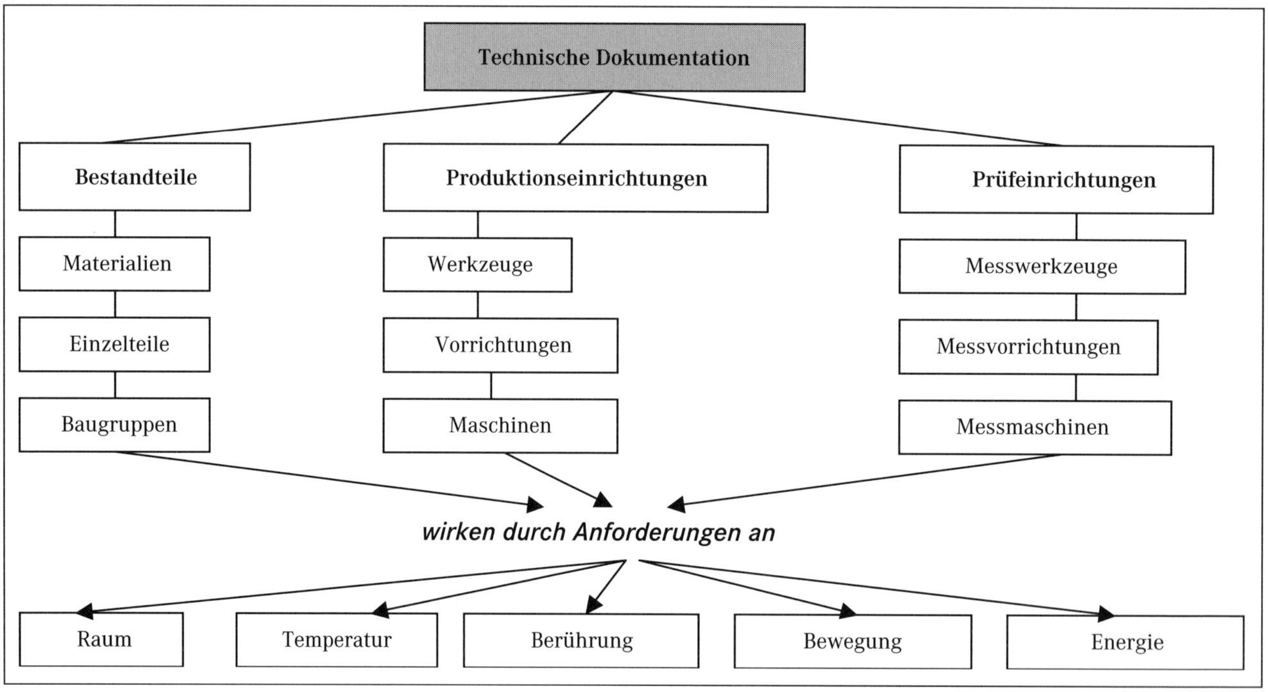

Abb. 1-21: *Die kommunikativen Kräfte der Technischen Dokumentation*

gungen der oben benannten Art. Lassen sich diese Bedingungen vom technischen Produkt nicht sicherstellen, fordert dies wiederum eine angemessene materiale Umgestaltung der Anleitung.
Das heißt, wir müssen auch die kommunikativen Kräfte beachten, welche die nicht personalen Bestandteile gegeneinander richten. Und wir müssen auch kommunikative Kräfte berücksichtigen, die von den Einzelteilen und Baugruppen auf das Gesamte wirken und umgekehrt – und das sowohl beim technischen Produkt wie bei der Technischen Dokumentation.
Nachdem ich die Bestandteile und ihre kommunikativen Kräfte vorgestellt habe, fehlt noch die Betrachtung der Prozesse, die dem Kommunikationsmodell *Technische Dokumentation* eine Dynamik verleihen. Prozesse sind das Wirksamwerden der kommunikativen Kräfte der Bestandteile.

1.3.2 Prozesse im Kommunikationsmodell

Chronologische vs. objektbezogene Prozessdarstellung

Nun kann man die Prozessdarstellung grundsätzlich chronologisch oder objektbezogen vornehmen. Die chronologische Darstellung hat den Vorteil, dass sie einen definierten Prozessbeginn und meist auch ein definiertes Prozessende hat. Und im aktuellen Sachzusammenhang kann der alltägliche Kommunikationsverlauf beispielhaft nachgebildet werden. Die chronologische Prozessdarstellung hat aber den Nachteil, dass sie an ein konkretes Produkt gebunden ist und dadurch gegebenenfalls die Beschreibung der kommunikativen Kräfte für sich betrachtet nicht ermöglicht, was aber für eine umfassende Beschreibung des Kommunikationsmodells notwendig ist.

Vorzug der objektbezogenen Prozessdarstellung

Mit der objektbezogenen Darstellungsweise kann ich das so auch nicht leisten. Sie hat aber einen anderen Vorteil gegenüber der chronologischen Prozessdarstellung:
Man kann mit der objektbezogenen Darstellungsweise unabhängig von einem Kommunikationsverlauf zeigen, welcher Bestandteil welche Kommunikationsprozesse bewirkt, durch seine Funktion, durch seine kommunikative Kraft und durch seine Verknüpfung mit den anderen Bestandteilen. Das ist besonders für Planungsvorbereitungen oder Kommunikationsoptimierungen vorteilhaft. Ferner erlaubt die objektbezogene Darstellungsweise die vollständige Beschreibung des Kommunikationsmodells.

Ein praktischer Kompromiss

Ich entscheide mich für einen Kompromiss und spiele im weiteren Sinne das Inverkehrbringen eines technischen Produkts durch. Das heißt, ich behalte einerseits eine gewisse Reihenfolge von Prozessschritten im Auge und lasse andererseits alle wesentlichen kommunikativen Kräfte der relevanten Bestandteile wirksam werden.

1.3.2.1 Kommunikationsprozesse in der Konzeptionsphase

Das Einwirken personaler Bestandteile

Beginnen wir mit der Konzeptionsphase. Ein Hersteller konzipiert für eine Zielgruppe ein technisches Produkt. Die Zielgruppe sind die Verwender bzw., allgemein ausgedrückt, ist der Verwender. Zur Markterforschung erstellt er mittels seiner Mitarbeiter einen Prospekt und eine Website. Gleichzeitig informiert er sich in Branchenkreisen und bei Verbraucherverbänden sowie bei der Bundesanstalt für Arbeitsschutz und Arbeitsmedizin, also dem Gesetzgeber, nach Wettbewerbsprodukten. Er lässt also die kommunikativen Kräfte der verschiedenen Teile der Öffentlichkeit und des Gesetzgebers auf sich wirken und erfährt dadurch nötige technische und gestalterische Grenzwerte für sein technisches Produkt.

Die Prozessbestimmung durch nicht personale Bestandteile

Bei der Erstellung von Prototypen tauchen Probleme bezüglich der konzipierten Materialwahl und der Auswahl an Einzelteilen und Baugruppen auf. Dies zwingt zu Konzeptionsänderungen, was wieder Auswirkungen auf die Produktionseinrichtungen und erforderlichen Prüfvorrichtungen hat.

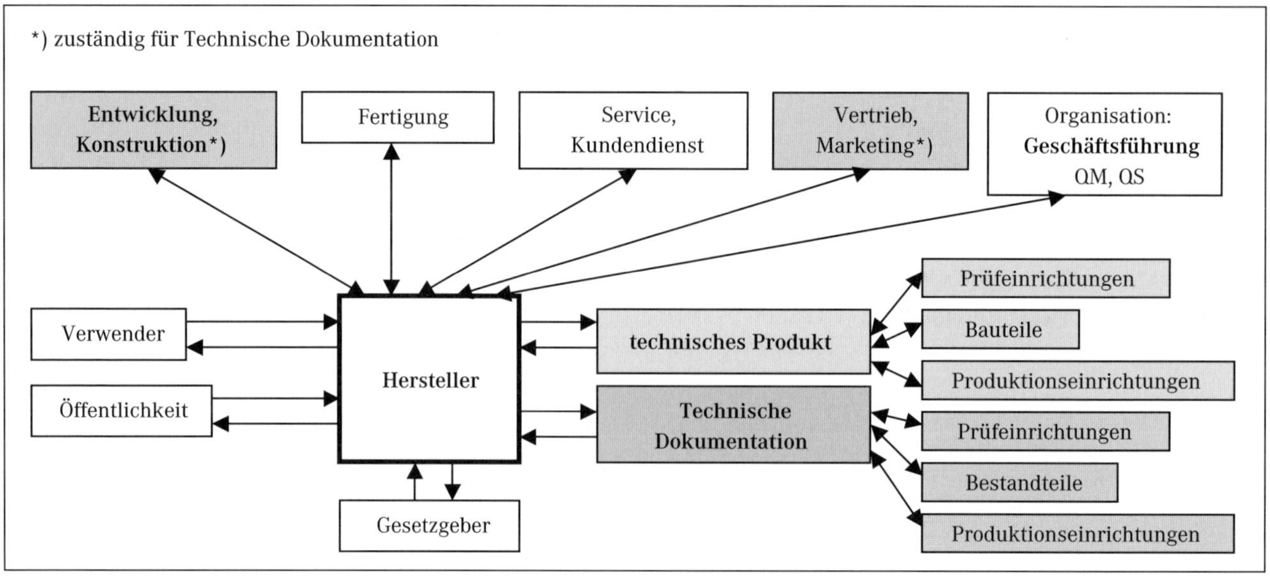

Abb. 1-22: *Kommunikation in der Konzeptionsphase*

Die parallel mit dem Prototyp erstellte Gebrauchsanleitung kann aufgrund der Änderungen am technischen Produkt nicht konzeptionskonform verwirklicht werden. Da der Verwenderwunsch nach einer integrierten Anleitung marktentscheidend ist, muss das technische Produkt nochmals verändert werden, damit dieser Teil der Technischen Dokumentation verwendergerecht untergebracht werden kann. Diese Änderungen wirken sich auch auf die Prüfeinrichtungen der Technischen Dokumentation aus, insofern hier ebenfalls Anpassungen vorgenommen werden müssen.

Das Beispiel zeigt, wie die kommunikativen Kräfte der gegenständlichen Konstituenten, das technische Produkt und die Technische Dokumentation sowohl als Gesamtheit wie auch mit ihren Einzelteilen aufeinander wirken.

Die skizzierten Änderungen lassen auch die herstellerinternen Kräftespiele zwischen den einzelnen Funktionseinheiten erahnen.

Aufeinander Einwirken von personalen und nicht personalen Bestandteilen

Insgesamt haben in der Konzeptionsphase die personalen Bestandteile Hersteller mit seinen Teilbereichen, Verwender, Öffentlichkeit mit ihren Teilbereichen und der Gesetzgeber kommunikativ gewirkt. Zusätzlich entfalteten auch das technische Produkt und die Technische Dokumentation ihre kommunikative Kraft und dynamisierten das Kommunikationsmodell.

1.3.2.2 Kommunikationsprozesse in der Produktionsphase

Seltene bis keine Einwirkungen des Verwenders

Setzen wir unsere Betrachtungen mit der Produktionsphase fort. Den Verwender kann man für eine generelle Betrachtung ausschließen. Es gibt zwar besonders im Anlagen- oder Großanlagenbau mannigfaltige Beispiele, bei denen der Verwender auch in der Produktionsphase kräftig mitmischt. Im Mengenverhältnis zu allen technischen Produkten ist das dennoch die Ausnahme.

Seltene bis keine Einwirkungen der Öffentlichkeit

Auch die Öffentlichkeit kann man als personale Konstituente in dieser Phase ausschließen. Hier gibt es ebenfalls Ausnahmen, so zum Beispiel in Fällen, in denen Interessensverbände oder Normenorganisationen im Rahmen von Forschungsvorhaben die Produktionsphase beeinflussend begleiten. Auch bei öffentlich interessanten innovativen technischen Produkten kann hin und wieder eine die Öffentlichkeit repräsentierende Einrichtung oder Organisation mit ihrer kommunikativen Kraft den Produktionsprozess beeinflussen. Aber auch hier gilt: Die Regel ist das nicht. Also blende ich das im Kommunikationsmodell aus. Übrig bleiben der Hersteller in seiner Differenziertheit, der Gesetzgeber und die nicht personalen Bestandteile *technisches Produkt* und *Technische Dokumentation.*

Einwirkungen des Herstellers sowie des technischen Produkts und der Technischen Dokumentation in ihrer Differenziertheit und Einwirken des Gesetzgebers

Der Gesetzgeber ist sozusagen stiller Teilhaber, da er nur durch seine Aufforderung als kommunikative Kraft mitwirkt. Das heißt, in der Produktionsphase finden im Wesentlichen nur Kommunikationsprozesse zwischen den einzelnen Teilbereichen des Herstellers und dem technischen Produkt und der Technischen Dokumentation einschließlich ihrer Teilbereiche Material, Produktionseinrichtungen und Prüfeinrichtungen statt.

1.3.2.3 Kommunikationsprozesse beim Inverkehrbringen

Wann beginnt der Kommunikationsprozess Inverkehrbringen?

Die dritte und damit die von mir willkürlich definierte Zielphase ist das Inverkehrbringen. Nun taucht hier das Problem des Definierens auf. Gehört dem Hersteller noch das technische Produkt oder ist es bereits dem Verwender überlassen? Bedeutet Inverkehrbringen das Übergeben als eigener Prozess zwischen Produktion und Nutzung durch den Verwender?
Der Gesetzgeber drückt es so aus: „Soweit ein Produkt einer Rechtsverordnung ... unterfällt, darf es nur in Verkehr gebracht werden, wenn ..." Daraus ist klar zu entnehmen, dass mit „Inverkehrbringen" das Überlassen des technischen Produkts zum bestimmungsgemäßen Verwenden verstanden wird. Das heißt, es „gehört" dem Verwender.

Einwirken aller personalen Bestandteile

Damit treten nun wieder alle personalen Bestandteile in Aktion: der Hersteller, der Verwender, der Gesetzgeber und die Öffentlichkeit mit all ihren Differenzierungen.

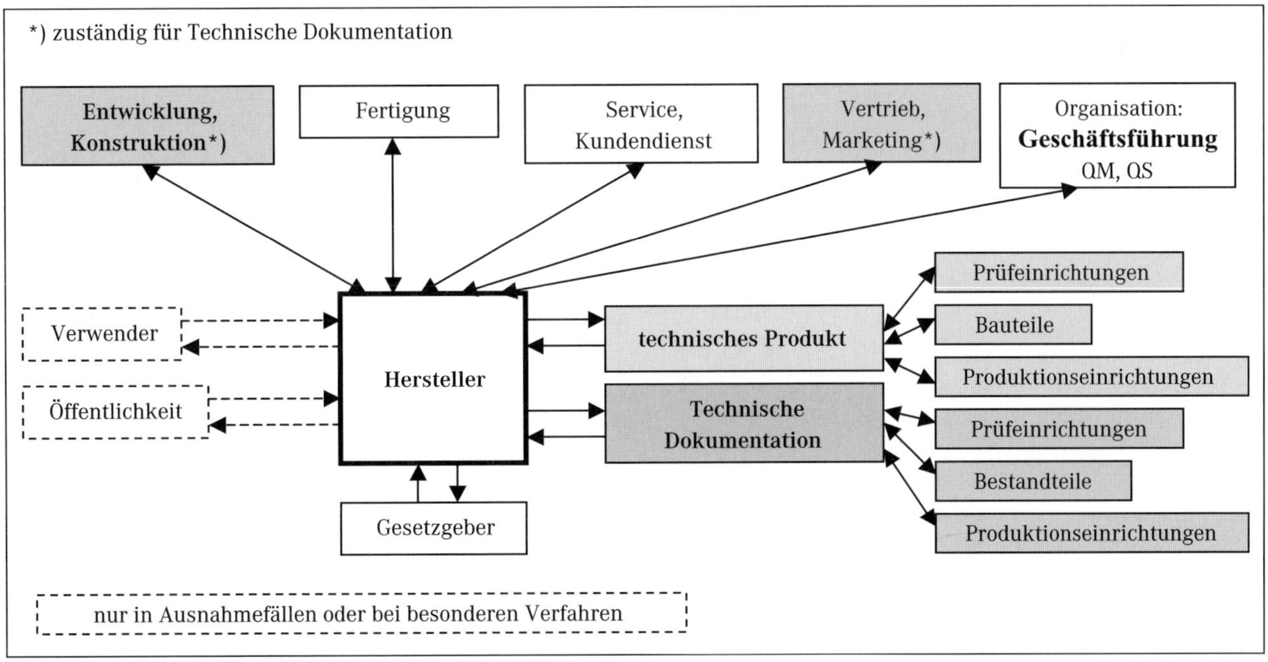

Abb. 1-23: *Kommunikation in der Produktionsphase*

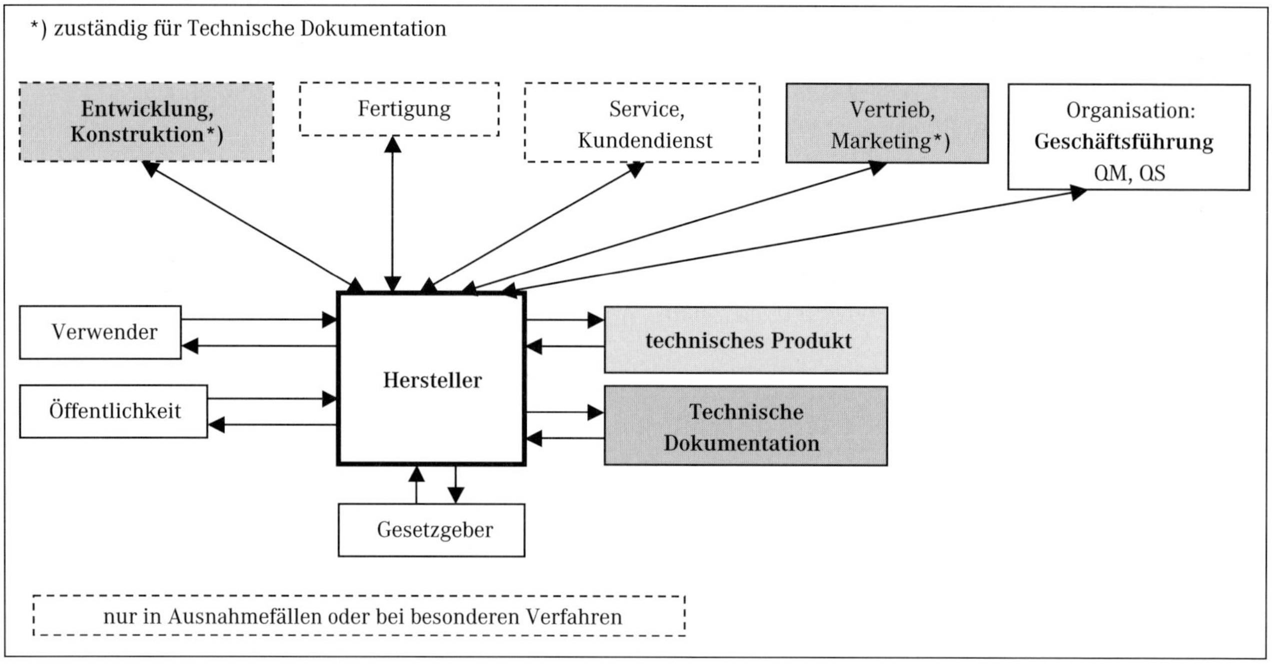

Abb. 1-24: *Kommunikation beim Inverkehrbringen*

Das technische Produkt und die Technische Dokumentation wirken nur noch als Gesamtheiten

Das technische Produkt und die Technische Dokumentation sind nun nur noch als Gesamtheiten wirksam. Der interne nicht personale Kommunikationsprozess durch die Erfordernisse der Einzelteile und Baugruppen, wie ich ihn in der Konzeptions- und der Produktionsphase beschrieben habe, entfällt hier. Das soll nicht heißen, dass kein Einzelteil mehr kommunikativ

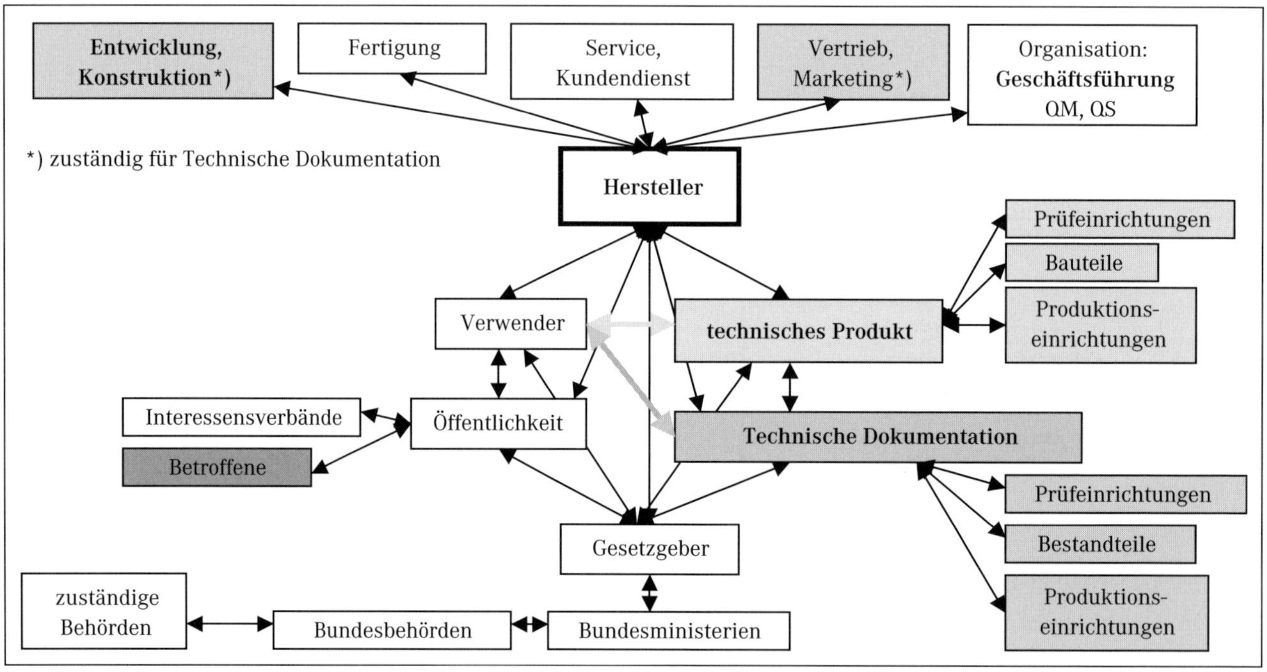

Abb. 1-25: *Das Kommunikationsmodell der Technischen Dokumentation*

wirksam wird. Ganz im Gegenteil: Oft sind es die Einzelteile, die einen Kommunikationsprozess, in den möglicherweise alle involviert werden, auslösen. Aber eben nicht als Einzelteile für sich, sondern als Teile eines Gesamten.

Das dynamische Zusammenwirken der Bestandteile des Kommunikationsmodells mit ihren kommunikativen Kräften bei den stattfindenden Kommunikationsprozessen wäre damit in groben Zügen und allgemein beschrieben.

1.3.3 Das sollte der Hersteller bis jetzt erkannt haben

Die Technische Dokumentation ist elementarer Bestandteil der Kommunikation mit dem Verwender

Der Hersteller sollte bis jetzt erkannt haben, dass seine Technische Dokumentation ein elementarer Bestandteil der Kommunikation mit dem Verwender seines technischen Produktes ist. Er sollte auch bemerkt haben, dass viele Augenpaare auf die Technische Dokumentation gerichtet sind.

Argumentation zur Gliederung dieses Kapitels

Dieses Kapitel lautet „Die Technische Dokumentation – Der Kommunikationsprozess vom Hersteller zum Verwender“. Zunächst habe ich auf die unterschiedlichen Erwartungshaltungen und Vorstellungen aufmerksam gemacht, die mit dem Begriff Technische Dokumentation verbunden sein können. Dann bin ich dazu übergegangen, eine dem Sachbezug dieses Werkes angemessene allgemeine Definition zu entwickeln, welche die Kommunikation als dynamischen Bestandteil enthält. Anschließend habe ich mit dem Argument, dass die Definition nicht das Zustandekommen und Wirken der Kommunikation beschreibt, ein Kommunikationsmodell entworfen, das diesem Anspruch genügt.

Überleitung zum Technischen Autor

Und bei allem bisher Geäußerten stand der Hersteller im Vordergrund. Wer aber hat die Technische Dokumentation zu erstellen? Wer hat sie fachlich zu verantworten? Der Technische Autor.

War der Hersteller der falsche Ansprechpartner? Natürlich nicht! Schließlich ist er hauptverantwortlich für die Technische Dokumentation.

1.4 Der Technische Autor – seine Rolle, seine Aufgaben und seine Verantwortung

Der Technische Autor hat als fachverantwortliche Person all das, was ich bisher geäußert habe, als geistige Arbeitsgrundlage zu beherzigen und kritisch reflektierend zu beachten.

1.4.1 Die Rolle des Technischen Autors

Die aktiv bestimmende Kommunikationsfachkraft

Der Technische Autor ist schlichtweg die Kommunikationsfachkraft, die aktiv verantwortlich den Kommunikationsprozess Technische Dokumentation bestimmt. Und zwar durch seine Arbeitsergebnisse oder Mitwirkung bei der produktpräsentierenden Dokumentation, durch die von ihm oder unter seiner Verantwortung erstellten produktbegleitenden Dokumentation und durch die von ihm oder unter seiner Verantwortung erstellten Internen Dokumentation.

Mitbestimmung bei der Produktgestaltung durch Beraten und Optimieren

Das heißt, der Technische Autor ist mehr als derjenige, der „ja nur die Anleitungen erstellt, die sowieso keiner versteht oder die bestenfalls nur Kosten verursachen“. Er kennt die kommunikativen Zusammenhänge zwischen Hersteller, Produkt und Verwender und kann in diesem Zusammenhang den internen Informationsaustausch beratend mitbestimmen und optimieren. Er kann nach außen nachhaltig durch die verwendergemäße Gestaltung der Benutzerinformationen am technischen Produkt und durch die angemessene Gestaltung der produktbegleitenden Dokumente für ein positives Image des Herstellers sorgen. Aber selbstverständlich nur dann, wenn auch das technische Produkt entsprechend verwendertauglich ist.

1

Doch dazu kann auch der Technische Autor beitragen, indem er sich zum Beispiel zum Vertreter des „naiven“ oder „cleveren“ Verwenders macht bzw. durch Planung und Auswertung von Verwendungstests zur verwenderfreundlichen Gestaltung des technischen Produkts beiträgt.

1.4.2 Die Aufgaben des Technischen Autors

Oft genügt das Wissen um die Aufgaben

Aus dieser kurzen Darstellung möglicher Aufgaben des Technischen Autors kann man ersehen, dass seine Aufgaben und Arbeiten sehr vielfältig sein können. Das soll nun nicht heißen, dass jeder Technische Autor diese Arbeiten und Aufgaben auch lösen muss. Das lassen in vielen Betrieben die Strukturen der Arbeitsaufteilung und der Kompetenzverteilung nicht zu. Aber der Technische Autor sollte zumindest von den Aufgaben wissen, besser noch, er sollte diese Aufgaben kennen und können.

Eine solide und stetige Aus- bzw. Weiterbildung

Das geht nicht von jetzt auf gleich. Dazu bedarf es einer soliden Ausbildung, die an vielen Fachhochschulen, an Universitäten, aber auch an privaten Institutionen wie der tekom, dem Fachverband für Technische Kommunikation e. V., und häufig in Zusammenarbeit mit Industrie- und Handelskammern angeboten wird.

1.4.3 Aus- und Weiterbildung des Technischen Autors

Das Rahmencurriculum der tekom zur Orientierung

Im Folgenden werden zwei Ausbildungssysteme vorgestellt.
Da ist zunächst das Rahmencurriculum zur Aus- und Weiterbildung für Technische Redakteure der tekom. Es bietet einen Themenrahmen mit Lernzielen und Lerninhalten, die Bildungsträgern zur Vorlage und Orientierung dienen. Der folgende Auszug gibt die Gliederungssystematik in Anlehnung an den Erstellungsvorgang der Technischen Dokumentation wieder.

Auszug aus dem Rahmencurriculum zur Aus- und Weiterbildung Technischer Redakteure der tekom, Gesellschaft für Technische Kommunikation e. V. 04.1994

Die Technische Dokumentation entsteht durch die kreative Tätigkeit des Technischen Redakteurs. Im Verlauf der Erstellung von Technischer Dokumentation durchläuft der Technische Redakteur Phasen, in denen er inhaltlich und zeitlich abgrenzbare Tätigkeiten ausführt.
Die Tätigkeiten des Technischen Redakteurs lassen sich wie folgt gliedern und gruppieren:

- erzeugende Tätigkeiten im Produktionsprozess: recherchieren, konzipieren, formulieren, visualisieren, gestalten
- vermittelnde Tätigkeiten im Vermittlungsprozess: lektorieren, redigieren
- produzierende, verwaltende und kontrollierende Tätigkeiten im Produktionsprozess: Arbeitsmittel verwalten, organisieren, planen, setzen, übersetzen, produzieren, vermarkten.

Den einzelnen Entstehungsprozessen sind zu erwerbende Fähigkeiten zugeordnet. Und diese Fähigkeiten soll der Technische Redakteur durch Erfüllen praxisbezogener und objektorientierter Grobziele erwerben. Den Grobzielen sind Richtziele vorgelagert, die allgemeine Anwendungsaspekte benennen.

Fähigkeiten lassen sich nicht auf Prozesse einschränken

Kritisch ist bei dieser Gliederung anzumerken, dass zum Beispiel die Fähigkeiten Recherchieren, Konzipieren, Formulieren, Visualisieren und Gestalten des Entstehungsprozesses im Vermittlungsprozess ebenso gefragt sind wie das Organisieren und Planen aus dem Produktionsprozess. Umgekehrt fallen sowohl im Entstehungsprozess wie auch im Produktionsprozess noch Lektorats- und Redaktionsaufgaben an.

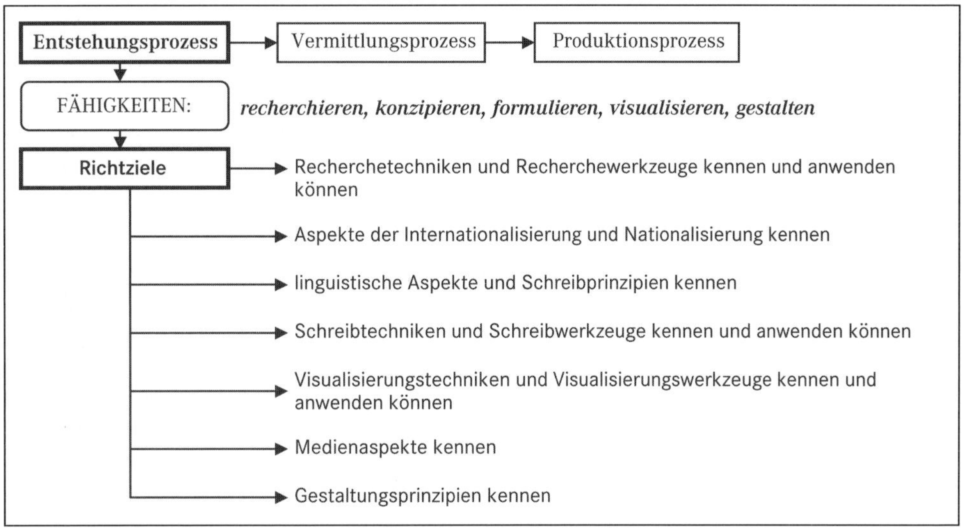

Abb. 1-26: *tekom – Rahmencurriculum: Fähigkeiten und Richtziele für den Entstehungsprozess Technischer Dokumentation*

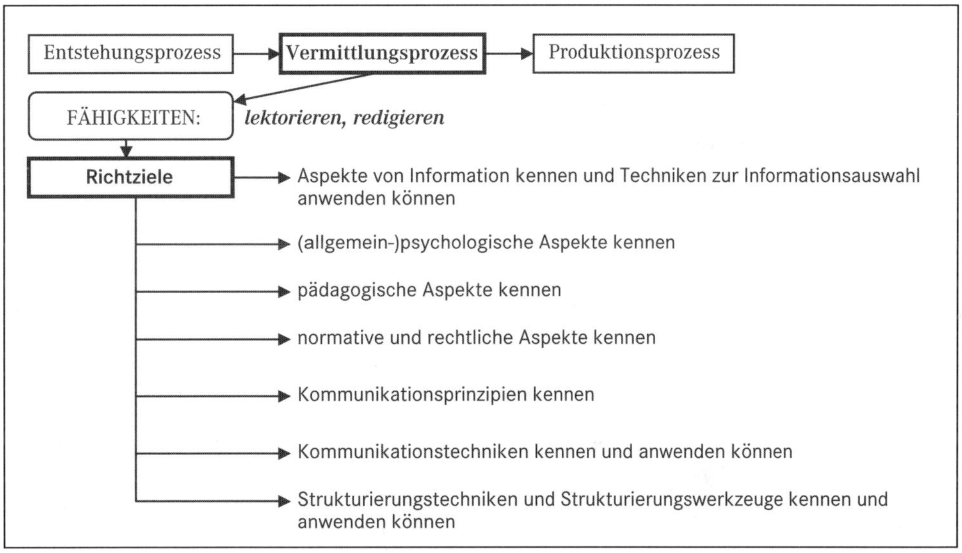

Abb. 1-27: *tekom – Rahmencurriculum: Fähigkeiten und Richtziele für den Vermittlungsprozess Technischer Dokumentation*

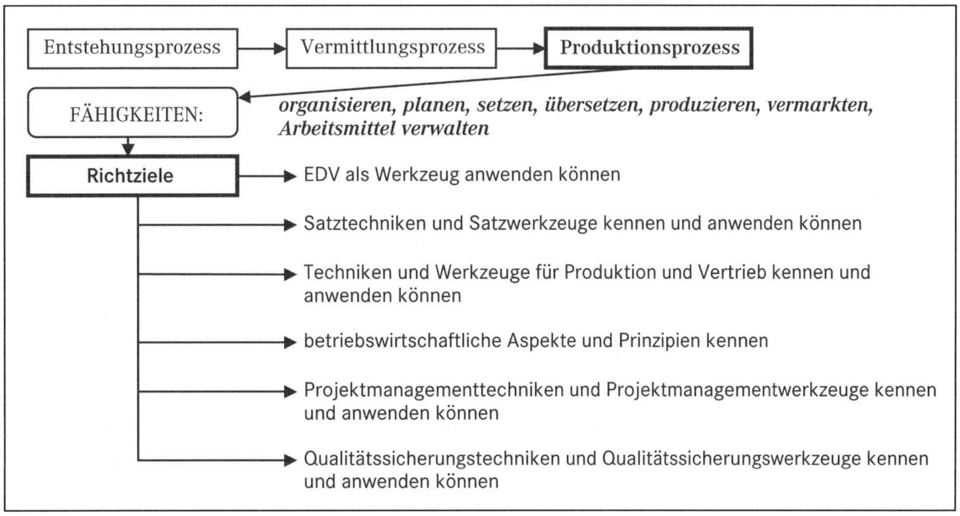

Abb. 1-28: *tekom – Rahmencurriculum: Fähigkeiten und Richtziele für den Produktionsprozess Technischer Dokumentation*

1

Prozessuale Gliederung hilft beim Erkunden der eigenen Fähigkeiten und Fertigkeiten

Die Grobziele sind da etwas eindeutiger zuzuordnen, obwohl es auch hier viele Überschneidungen zwischen den Prozessen gibt. So sind Projektmanagementtechniken und Qualitätssicherungstechniken bereits oder, besser noch, gerade schon im Entstehungsprozess von entscheidender Bedeutung, will man ein wirtschaftliches Ergebnis erzielen. Aus Sicht des Lernenden bietet die vorgelegte Staffelung der Prozesse den Vorteil, dass er zunächst das substanziell Stoffliche erfährt und erlebt und seine eigene Handschrift kennenlernt.

Eine Hochschulausbildung

Als zweites Ausbildungssystem stelle ich das Studienbild des Ausbildungsziels „Technische Redaktion" an der Hochschule Aalen vor.

Auszug aus der Homepage der Hochschule für Technik und Wirtschaft Aalen: Stand Januar 2007
Technische Redaktion – Studium Aktuell
Technische Redakteure sind Wissens- und Technikvermittler, sowohl im Unternehmen als auch nach außen. Nicht nur die klassische Bedienungsanleitung, auch der Einleger im Ü-Ei, die CD mit dem Ersatzteilkatalog, das Video zur Mitarbeiterschulung, die Animation zur Präsentation des neuen Automodells bei der Presse, all dies wird von Technischen Redakteuren ausgedacht und umgesetzt.

Eine breit angelegte Ausbildung mit grundlegenden Bezügen zu Technik, Verwaltung, Organisation, Produktion und Gestaltung

Schon die Beschreibung des Berufsbildes ist bemerkenswert und deutet auf meinen Hinweis hin, dass die Grenzen der Technischen Dokumentation nicht bei Anleitungen liegen, sondern durchaus auch produktpräsentierende Dokumente und Sprachmaterialien aller Art mit einbeziehen.
Die Ausbildungsmodule, nach Semestern vorgestellt, lassen die Vielfältigkeit der späteren Einsatzgebiete erahnen. Auch geht daraus hervor, wie breit das Wissen und wie umfangreich die Fähigkeitspalette angelegt sind, damit die ausgebildete Fachkraft im Berufsalltag bestehen kann.

Starke Differenzierbarkeit in Ausbildung und Beruf

Es ist sichtbar, welches Differenzierungspotenzial in den einzelnen Arbeitsgebieten noch vorhanden ist, sei es durch die stetige Entwicklung neuer Werkzeuge, durch die Weiterentwicklung der technischen Produkte oder durch die Zunahme weiterer Erkenntnisse im Forschungsfeld Kommunikation.

1.4.4 Die Verantwortung des Technischen Autors

In Verantwortung mitteilen, anweisen, motivieren und warnen

Wir sehen also, Technischer Autor sein ist weit mehr, als Bedienungsanleitungen verfassen. Und Bedienungsanleitungen verfassen ist weit mehr, als einfache Befehls- oder Anweisungssätze formulieren. Technischer Autor heißt Verantwortung durch Mitteilen, Anweisen, Motivieren und Warnen übernehmen.

Verlässlichkeit zeigen und Verantwortung schaffen

Der Technische Autor muss einem Eindruck der Beliebigkeit im Umgang mit Informationen entgegenwirken und durch seine Arbeitsergebnisse bei seinen Kommunikationspartnern ein Gefühl der Verlässlichkeit und Sicherheit erzeugen. Dies geht aber nur durch die Kenntnis von vorhandenen Kommunikationskräften und stattfindenden Kommunikationsprozessen mit der Technischen Dokumentation. Womit wir wieder beim Kommunikationsmodell angekommen sind.

Und so geht es weiter

Die weiteren Kapitel sind nun der Arbeit des Technischen Autors gewidmet – aber immer unter dem Aspekt der Kommunikation und im Hinblick auf das Kommunikationsmodell und der Zielsetzung einer möglichst verwendergerechten Technischen Dokumentation.

1. Semester
Allgemeine BWL
Einführung in die Medienwissenschaften
Elektrotechnik (Grundlagen)
Gestaltung (Grundlagen)
Informatik Einführung
Mathematik (Grundlagen)
Mechanik (Grundlagen)
Medientechnik
Physik (Grundlagen)
Professionelle Textverarbeitung
Sprachliche Gestaltung (Grundlagen)
Technische Dokumentation I
Werkstoffe

2. Semester
Fotografie, Grafik und Bildbearbeitung
Informatik (Grundlagen)
Kommunikation und Didaktik
Konstruktionslehre (Grundlagen)
Layoutsysteme
Visuelle Wahrnehmung und Gestaltung

3. Semester
Animationstechnik
Cross Media Publishing
Digitale Medien und ihre Gestaltung
Dokumentations-Projekt I
Elektronik (Grundlagen)
Konstruktionselemente (Grundlagen)
Redaktionssysteme
Sprachliche Gestaltung (Vertiefung)
2D-CAD
Wahl-Block I:
Geometrische Optik
Grundlagen der Chemie
Marketing

4. Semester
Fertigungstechnik (Grundlagen)
Informationsmanagement
Konstruktionslehre (Vertiefung I)
Publikationsprojekt
Satz- und Drucktechnik (Grundlagen)
Technische Dokumentation II
Technisches Englisch
Technisches Recht
Wahl-Block II:
Getriebelehre
Kunststoffe
Wahl-Block III:
Automatisierungstechnik (Grundlagen)
BWL II
Oberflächentechnik
3D-CAD
Wahl-Block IV:
BWL III
Umweltmanagement

5. Semester
Begleitveranstaltung Praxissemester

6. Semester
BWL I
Dokumentations-Projekt II
Informatik (Vertiefung)
Projektmanagement
Qualitätsmanagement
Technische Dokumentation II
Videotechnik
Wahl-Block V:
Fächer aus HTW-Angebot
Wahlfächer Soft-Skills
Englisch oder andere Fremdsprache
Führungsstile
Rhetorik
Wirtschaftsenglisch

7. Semester
Autorensysteme
Dokumenten- und Datenmanagement
Kostenrechnung
Sprachliche Gestaltung (Pressearbeit)
Wahl-Block V (s. o.)
Wahlfächer Soft-Skills (s. o.)
Bachelor-Arbeit

Abb. 1-29: *Modulbeschreibung – Technische Redaktion der Hochschule Aalen – Hochschule für Technik und Wirtschaft*

Teil 2

Der Technische Autor – Kommunikationsbeziehungen bestimmen seine Arbeitsergebnisse

2

Der Technische Autor tritt nur durch seine Arbeitsergebnisse als offener Bestandteil im Kommunikationsmodell in Erscheinung. Als Kommunikationspartner bleibt er für den Verwender und die Öffentlichkeit meist im Hintergrund. Aber er ist derjenige, der die möglichen personalen und nicht personalen Bestandteile des Kommunikationsmodells und ihre kommunikativen Kräfte kennt.
Von ihm wird erwartet, dass er seine Arbeitsergebnisse auf der Grundlage eines Kommunikationskonzeptes erstellt. Dies kann er aber nur, wenn er zusätzlich zu den bisher bekannten Bestandteilen, Kräften und Prozessen des Kommunikationsmodells auch die Beziehungen zwischen den Bestandteilen beachtet. Aber was sind Kommunikationsbeziehungen im Gegensatz zu kommunikativen Kräften? Und in welcher Weise müssen Kommunikationsbeziehungen vom Technischen Autor beachtet werden bzw. in welchem Zusammenhang werden sie für den Technischen Autor bedeutsam?
Diesen Fragestellungen gehe ich in diesem Kapitel nach. Dementsprechend heißt der rote Faden dieses Kapitels „Von den Sichtweisen des Technischen Autors und von den Kommunikationsbeziehungen einerseits zwischen Verwender und technischem Produkt, Technischer Dokumentation, Hersteller, Gesetzgeber und Öffentlichkeit und andererseits zwischen Technischem Autor und Verwender, Hersteller, Gesetzgeber und Öffentlichkeit".
Das Kapitel enthält eine Reihe von alltäglichen Beispielen, welche die Komplexität der Technischen Dokumentation als Kommunikationsereignis offenbaren. Nur über die bewusste Wahrnehmung und Analyse dieser Komplexität ist es meiner Meinung nach möglich, relativ berechenbare gute Arbeitsergebnisse zu verwirklichen.
In den meisten Fällen lasse ich den Beispielen eine verallgemeinerte Darstellung der Kommunikationsbeziehungen folgen, dann eine Auswertung der Kommunikationsereignisse und praktische Hinweise und Empfehlungen für den Technischen Autor. Diese Hinweise und Empfehlungen sollen zu einem kommunikativen und kreativen Berufsdenken motivieren.

2.1 Der Unterschied zwischen Kommunikationsbeziehungen und kommunikativen Kräften

Kommunikative Kräfte, das haben wir im vorhergehenden Kapitel gesehen, sind auf Personen bezogen Interessen und auf Gegenstände bezogen Erfordernisse. In beiden Fällen sind es Beweggründe, eine Kommunikation zustande bringen zu lassen und ein bestimmtes Kommunikationsziel zu verfolgen.

Kommunikative Kräfte lassen sich jedem Bestandteil im Kommunikationsmodell zuordnen. Sie sind einfach da und vergleichbar mit einer elektrischen Ladung oder der potenziellen Kraft eines Felsvorsprungs, der in schwindelnder Höhe weit über eine Gesteinswand hinausragt.

Kommunikationsbeziehungen sind wirkliche oder gedachte bzw. mögliche aktuelle Verhältnisse zwischen den Bestandteilen des Kommunikationsmodells. Das heißt, einerseits sind sie genauso wie die kommunikativen Kräfte nur da und noch an keine Prozesse in Form von wahrnehmbaren Handlungen mit entsprechenden Auswirkungen auf andere Gegenstände oder Personen usw. gebunden. Andererseits sind Kommunikationsbeziehungen nicht jedem Bestandteil zuzuordnen. Kommunikationsbeziehungen können zustande kommen, können ausbleiben, sind manchmal zwingend, manchmal wechselweise. Ferner gibt es Kommunikationsbeziehungen zwischen nur zwei Bestandteilen, manchmal zwischen drei und noch mehr Bestandteilen.

2.1.1 Der Unterschied der kommunikativen Kraft des Verwenders und seiner Kommunikationsbeziehungen am Beispiel eines technischen Produkts

Die kommunikative Kraft des Verwenders auf das technische Produkt besteht darin, dass er diesem seinen Nutzen, seinen Bedarf, seinen Gefallen und seine Verwendung definiert.

Die kommunikative Kraft des technischen Produkts ist definiert in seinen Anforderungen bezüglich seiner Verwendung. Hinzu kommt im Zusammenhang mit der Betrachtung von Kommunikationsbeziehungen noch eine weitere kommunikative Kraft: *die ästhetische Kraft*! Das technische Produkt besitzt diese ästhetische Kraft durch seine Gesamtheit von Form und Funktion.

Diese *ästhetische Kraft* ist in ihrer Stärke abhängig vom Betrachter bzw. Verwender. Sie ist also keine Anforderung, die den personalen oder nicht personalen Kommunikationspartner zu einem definierten Verhalten zwingt. Aus diesem Grunde habe ich sie im letzten Kapitel auch nicht behandelt.

Jetzt aber, da sich das Kapitel um Kommunikationsbeziehungen dreht, ist es erforderlich, diesen Sachverhalt aufzunehmen.

Wie anders wäre sonst die Wirkung des Produktdesigns als wahrnehmbare und messbare Komponente bei der Konzeption von technischen Produkten und von Technischer Dokumentation in seiner jeweiligen gegenständlichen Verwirklichung in Form von Prospekten, Katalogen, Produktvideos, Technischen Datenblättern, Anlageplänen, Formularen zum Aufzeichnen von Mess- und Prüfergebnissen usw. zu erklären.

Entstehung einer Kommunikationsbeziehung

Die Kommunikationsbeziehung zwischen Verwender und technischem Produkt entsteht just in dem Augenblick, wo der Verwender das technische Produkt wahrnimmt. Das heißt aber nicht, dass er es tatsächlich sehen muss. Es genügt, wenn er es gedanklich wahrnimmt, also daran denkt, während er Auto fährt, sich mit jemandem unterhält, davon träumt. Das meine ich unter wirklichem oder gedachtem aktuellen Verhältnis zwischen den Bestandteilen des Kommunikationsmodells.

Das mögliche aktuelle Verhältnis zwischen den Bestandteilen des Kommunikationsmodells besteht dann, wenn der Technische Autor oder ich an einem gedachten Beispiel die verschiedenen Kommunikationsbeziehungen überlegt.

In dem Moment also, in dem der Verwender das technische Produkt wahrnimmt, stehen die kommunikativen Kräfte des Verwenders und die des technischen Produkts in einem, vom situativen Kontext definierten Verhältnis.

Wenn dann dieses Verhältnis eine wirkliche Handlung des Verwenders oder des Produkts in Gang setzt, haben wir es mit einem Kommunikationsprozess zu tun, wie er von mir im Kommunikationsmodell definiert ist. Schlussfolgernd bedeutet das: Ein Kommunikationsprozess offenbart sowohl kommunikative Kräfte als auch Kommunikationsbeziehungen.

Nun tritt häufig das technische Produkt für den Verwender nicht allein auf sondern in Gemeinschaft mit einem Prospekt, einer Präsentation oder einem Video. Das heißt, dass in einer solchen Situation, zum Beispiel in einem Kaufhaus, der Verwender zu zwei oder drei Bestandteilen Kommunikationsbeziehungen aufbaut und unterhält, ohne es zu wollen oder verhindern zu können.

Sowohl er verfügt über seine kommunikative Kraft wie seine nicht personalen Kommunikationspartner auch. Und jeder steht mit jedem in einer Kommunikationsbeziehung. Aber nur so lange, wie der jeweilige Kommunikationspartner zur Verfügung steht.

Entfernt sich der Verwender, hat er die Kommunikationsbeziehungen gelöst. Kommt ein anderer Kunde und nimmt vielleicht das technische Produkt weg – angenommen, es war das letzte seiner Art, dann hat der andere Kunde für den Abbruch dieser Kommunikationsbeziehung gesorgt. Und so weiter.

Damit dürfte verständlich geworden sein, worin der Unterschied zwischen kommunikativer Kraft und Kommunikationsbeziehungen sowie der zwischen Kommunikationsbeziehungen und Kommunikationsprozessen liegt.

Für den Technischen Autor sind die Kommunikationsbeziehungen deshalb wichtig, weil er mit seiner Arbeit einerseits die kommunikative Kraft des technischen Produkts und der Technischen Dokumentation mitbestimmt und andererseits bei der Konzeption eines Prospekts oder einer Anleitung die erwartbaren Kommunikationsbeziehungen zwischen den nun bekannten personalen und nicht personalen Bestandteilen des Kommunikationsmodells berücksichtigen muss.

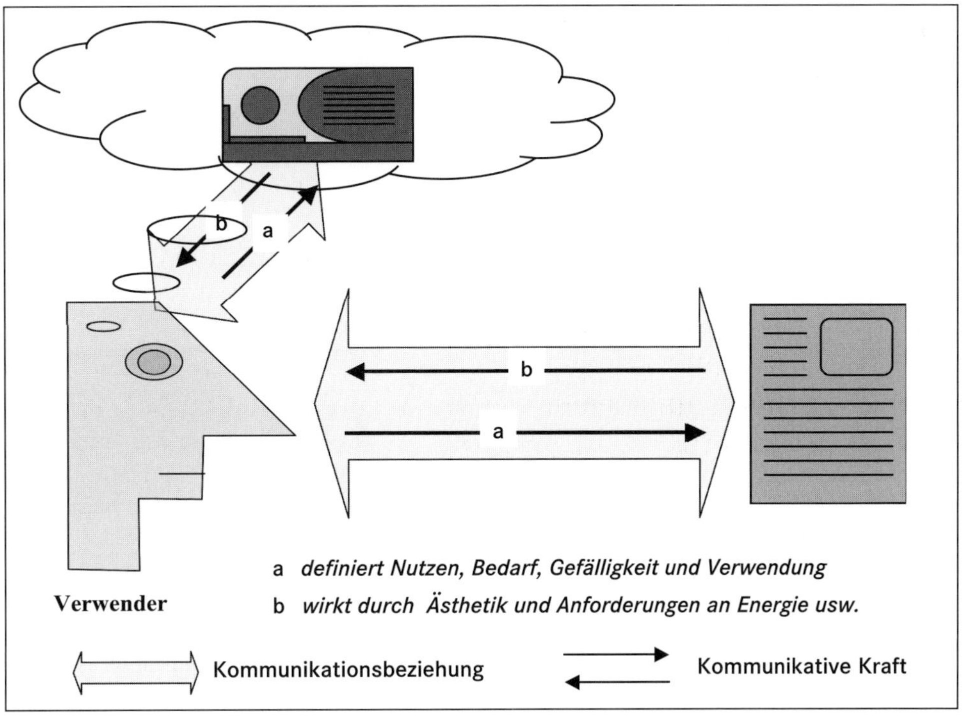

Abb. 2-1: *Kommunikative Kräfte und Kommunikationsbeziehungen*

2

2.2 Die notwendigen Sichtweisen des Technischen Autors

Die Kommunikationsbeziehungen, die sich im Zusammenhang mit der Technischen Dokumentation ergeben, lassen sich praktischerweise für den Technischen Autor auf zwei Sichtweisen beschränken:

- auf die Sichtweise des Verwenders
- auf seine eigene Sichtweise.

Es ist hinzuzufügen, dass seine Sichtweise stellvertretend für die Sichtweise des Herstellers steht, in dessen Auftrag er arbeitet.

2.2.1 Die Sichtweise des Verwenders aus dem Blickwinkel des Technischen Autors

Die Sichtweise des Verwenders ist notwendig, weil dieser das technische Produkt gegebenenfalls anders nutzt, als er es nach den Vorstellungen des Herstellers nutzen und verwenden soll.
Das Gleiche gilt für produktbegleitende bzw. produktpräsentierende Dokumente. Auch die sollen vom Verwender so wahrgenommen und verstanden werden, wie sich der Hersteller das wünscht, und nicht so, wie sie der Verwender verstanden wissen will.
Also muss sich der Technische Autor in die Rolle des Verwenders versetzen und aus dessen Interessenlage heraus, also scheinbar mit dessen kommunikativer Kraft, das technische Produkt und die Technische Dokumentation einschätzen und „verwenden".
Die Blickrichtung des Verwenders ist bestimmt durch den Zweck, für den er das Produkt benötigt, oder das Empfinden, das er dem Produkt entgegenbringt. Es kann ein ästhetisches Empfinden sein, es kann ein reines Besitzenwollen sein oder etwas anderes. Unter diesen Aspekten betrachtet und bewertet bzw. empfindet der Technische Autor als der Verwender die Kommunikationsbeziehungen zum technischen Produkt und auch zu den produktbegleitenden oder produktpräsentierenden Dokumenten.

2.2.2 Die eigene Sichtweise des Technischen Autors

Andererseits hat der Technische Autor seine eigene Sichtweise zu definieren und anzuwenden. Das heißt, er muss die Anforderungen des Gesetzgebers,

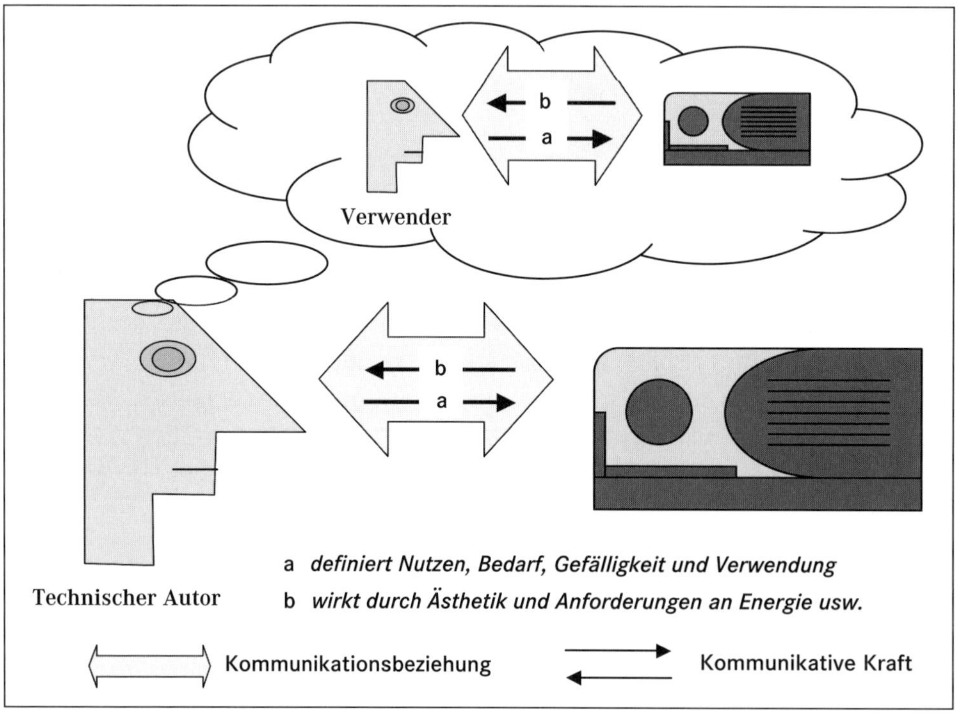

Abb. 2-2: *Sichtweise des Verwenders durch den Technischen Autor*

des Herstellers und der Öffentlichkeit als kommunikative Kräfte übernehmen und ihnen „eine Stimme" verleihen, die der Verwender so wahrnimmt, dass er mit dem technischen Produkt und den produktbegleitenden Dokumenten so umgeht bzw. die produktpräsentierenden Dokumente so wahrnimmt, wie es der Hersteller bzw. die Anforderungen der anderen personalen Bestandteile definieren.

Das bedeutet für den Technischen Autor: Er muss das, was er als „Verwender" mit dem technischen Produkt und den genannten Dokumenten macht und erfährt, selbst als Technischer Autor beobachten und in sein Kommunikationskonzept einbauen bzw. in diesem angemessen berücksichtigen.

Es ist ein bisschen wie beim Gegeneinander – Spielen: Man denkt sich in die Spielstrategie des Gegners hinein und unterstellt ihm, dass er ebenso wie man selbst gewinnen will. Fast gleichzeitig arbeitet man mit diesen Überlegungen weiter: Man macht sich die scheinbar gegnerische Strategie zunutze und entwickelt daraus die eigene Gewinnstrategie.

2.2.3 Alltägliches Beispiel zur Darstellung der unterschiedlichen Sichtweisen

Das Ganze lässt sich an folgendem Beispiel veranschaulichen:

Ein Verwender will sich einen Gartengrill anschaffen. Er hat bestimmte Vorstellungen bezüglich Energieart, Größe, Funktionalität, Aussehen und Preis, möglicherweise auch Hersteller. Er sucht und wählt aus.

Sichtweise des Technischen Autors

Aus der Perspektive des Technischen Autors betrachtet, trifft der Verwender auf menschliche wie gegenständliche Kommunikationspartner. Die menschlichen sind zum Beispiel der Verkäufer oder der Hersteller direkt im Rahmen einer Messepräsentation. Die gegenständlichen sind das technische Produkt, also die angebotenen Grills, und die produktpräsentierenden Dokumente wie Prospekte, Kataloge, Produktvideos, Websites usw.

Der Verwender sucht im Internet nach Angeboten, geht dann zu verschiedenen Händlern, schaut sich ein Produktvideo an, lässt sich von einem Verkäufer von der Zweckmäßigkeit eines elektrischen Gartengrills, der ihm in Form und Farbe gefällt, überzeugen, erwirbt wegen des günstigen Preises diesen Grill und erhält das Produkt und die produktbegleitende Dokumentation.

Sichtweise des Verwenders

Aus der Sicht des Verwenders ist zum Beispiel ausschlaggebend, dass es ein elektrischer Gartengrill ist, der leicht ist, sich handlich verpacken lässt und somit auch für seine Campingzwecke infrage kommt. Preis und Leistung stimmen für ihn auch.

Er entscheidet sich außerdem für den Grill, weil ihm die Form und die Farbe gefallen. Zudem kann er sich noch an die lustige Website des Herstellers erinnern. Für ihn sind die Kommunikationsbeziehungen zum technischen Produkt und zu den produktpräsentierenden Dokumenten zweck- und gefühlsbestimmt.

Sichtweise des Verwenders aus dem Blickwinkel des Technischen Autors

Aus der Perspektive des Technischen Autors erlebt der Verwender zwei Beziehungsphasen mit teilweise unterschiedlichen Kommunikationspartnern. Während der Produktauswahl befindet er sich in der Kontaktnahmephase. Er betrachtet das technische Produkt und testet es gegebenenfalls. Mit den produktpräsentierenden Dokumenten kommuniziert er durch Lesen, Hören und Betrachten.

Nachdem der Verwender den Gartengrill erworben hat, befindet er sich in der Besitz- und Verwendungsphase. Er steht wie folgt im Kontakt mit folgenden Kommunikationspartnern: mit dem technischen Produkt und der Öffentlichkeit durch die Benutzung; mit der produktbegleitenden Dokumentation durch Lesen, Betrachten und gegebenenfalls Hören; mit dem Gesetzgeber durch Benutzung des Produktes und gegebenenfalls einem Schadensfall; mit dem Hersteller über das durch Kauf abgeschlossene Vertragsverhältnis und mit dem Technischen Autor über dessen Arbeitsergebnisse.

Schlussbetrachtung des Beispiels

Ausschlaggebend für den Technischen Autor ist bei dem angeführten Fallbeispiel, dass er „als Verwender"

2

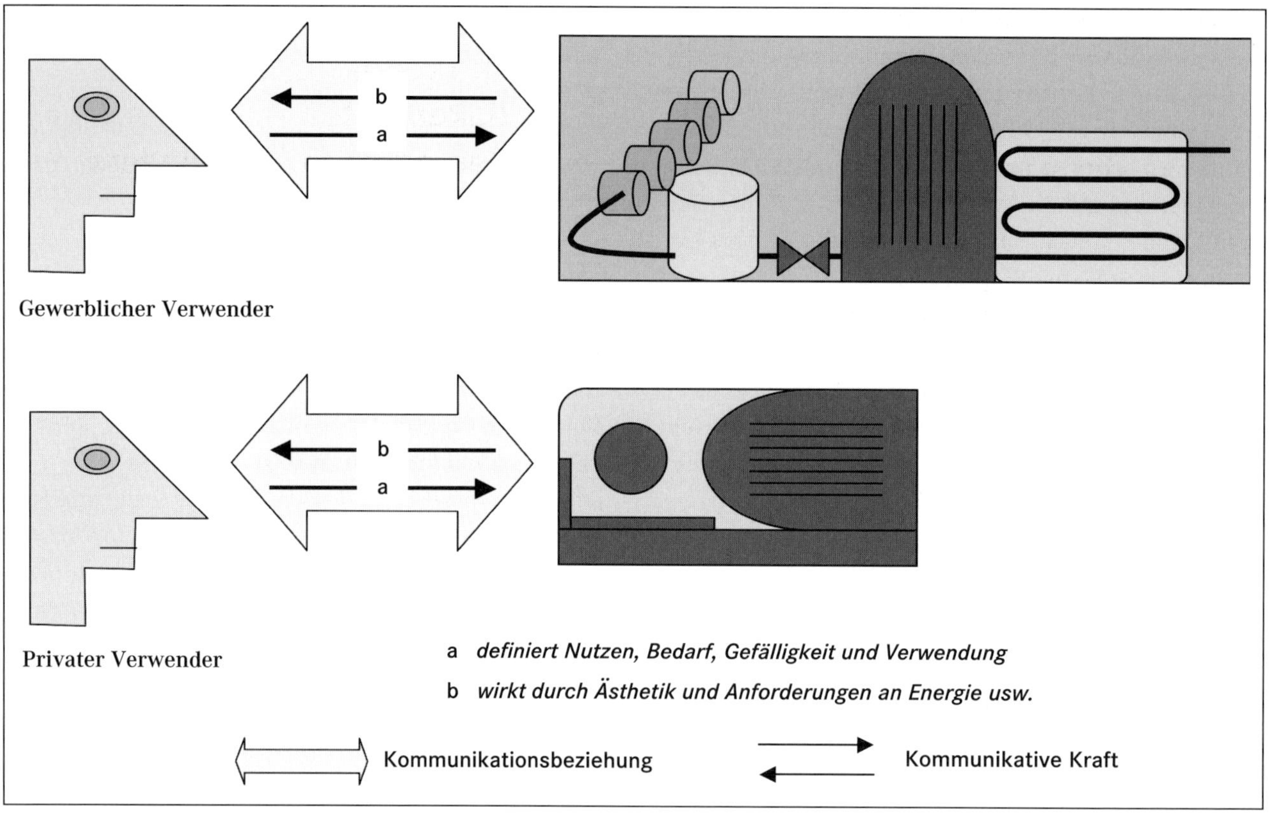

Abb. 2-3: *Unterschied zwischen privatem und gewerblichem Verwender*

dessen relative Beliebigkeit bei der Entscheidungsfindung bezüglich des technischen Produkts bedenkt. Wiederum hat er als Technischer Autor die Interessen des Herstellers, des Gesetzgebers und der Öffentlichkeit zu vertreten und seine Arbeitsergebnisse entsprechend zu erstellen.

Die Beliebigkeit des Verwenders nimmt er in seiner Funktion als Technischer Autor als Chance wahr, indem er durch entsprechende Präsentation des technischen Produkts im Prospekt oder Video die Kommunikationsbeziehungen des Verwenders in seinem Sinne bzw. im Sinne des Herstellers beeinflusst.

2.3 Unterscheidung von Verwendern

Zu Beginn des vorhergehenden Kapitels habe ich verschiedene Erwartungshaltungen bezüglich Technischer Dokumentation vorgestellt. Darunter waren eine private Person, die eine Waschmaschine gekauft hat, und ein Maschinenkäufer.

Der Maschinenkäufer verwendet sein technisches Produkt zu gewerblichen Zwecken, die Hausfrau ihre Waschmaschine zum privaten Gebrauch.

Der Maschinenkäufer ist für den Technischen Autor ein gewerblicher Verwender, die Hausfrau ein privater Verwender. Der Unterschied zwischen den beiden Verwendern liegt zunächst in der erwartbaren unterschiedlichen Qualifikation der beiden Personen.

Während der Technische Autor bei der Hausfrau keine besondere Fachausbildung voraussetzen kann, kann er das beim Maschinenkäufer sehr wohl – kraft Gesetz. Denn der Maschinenkäufer unterliegt definierten rechtlichen Bestimmungen bei der Verwendung der Maschine für gewerbliche Zwecke; gleichgültig, ob er die Maschine selbst bedient oder sie einem Mitarbeiter zur Nutzung überlässt.

Neben den unterschiedlichen Qualifikationsvoraussetzungen, die der Technische Autor bei den Kommunikationsbeziehungen aus Sicht des Verwenders beach-

ten muss, sind es noch die unterschiedlichen Umgebungen, in denen die beiden Verwenderarten handeln. Auch diese spielen bei den Kommunikationsbeziehungen eine wichtige Rolle.
So sind bei privaten Verwendern in der Regel in ihrem Verhalten unkalkulierbare Personengruppen wie Kinder mitzubedenken. Auch Tiere können eine besondere unkalkulierbare Störgröße darstellen.
Beim gewerblichen Verwender sind es oft andere Mitarbeiter, die in ihren Funktionen als Störgrößen zu bedenken sind. Es können zum Beispiel Kompetenzzuordnungen sein, die das Betätigendürfen eines Schalters definieren oder die Arbeitsbereiche neu definieren und dadurch für Komplikationen sorgen können.

2.4 Reihenfolge der Betrachtung von Sichtweisen zum Thema Kommunikationsbeziehungen in diesem Kapitel

Aus Gründen der Übersichtlichkeit und des allmählichen Vertrautwerdens mit dem Thema Kommunikationsbeziehungen stelle ich zuerst die Sichtweisen des Verwenders und dann die Sichtweisen des Technischen Autors dar.
Bei der Betrachtung der Sichtweisen des Verwenders beginne ich mit dem privaten Verwender und schließe daran die Sichtweisen des gewerblichen Verwenders an.
Als Bestandteile für die Kommunikationsbeziehungen wähle ich zunächst das technische Produkt und die produktbegleitenden Dokumente bzw. produktpräsentierenden Dokumente.
Anschließend betrachte ich die Kommunikationsbeziehungen der beiden Verwender zum Hersteller, zum Gesetzgeber und zur Öffentlichkeit.
Im Anschluss daran behandle ich die Sichtweisen des Technischen Autors – und da auch wieder zunächst in Bezug auf den privaten Verwender und dann in Bezug auf den gewerblichen Verwender. Anschließend betrachte ich die Kommunikationsbeziehungen des Technischen Autors mit dem Hersteller, dem Gesetzgeber und mit der Öffentlichkeit.

2.5 Kommunikationsbeziehungen zu Produkt und Produktdokumenten mit den Augen des privaten Verwenders betrachtet

Zweck und Nutzen als Entscheidungs- und Handlungsmotiv

Der private Verwender erfährt bzw. sieht die Kommunikationsbeziehung zu einem technischen Produkt unter seiner privaten Zweckbestimmtheit. Diesem Zweck ordnet er einen Nutzen zu.
Das Produkt wird von ihm als zweckmäßig angesehen, wenn es aufgrund seiner Gestaltung bzw. seiner Beschreibung tauglich erscheint. Die Informationen über das Produkt erfährt er aus produktpräsentierenden oder aus produktbegleitenden Dokumenten.

Fallbeispiel 1

Kommunikationsbeziehungen eines privaten Verwenders unter dem Gesichtspunkt des Zwecks

Das folgende Fallbeispiel zeigt eine Reihe von Kommunikationsbeziehungen, wie sie jeder als privater Verwender erfährt. Es soll die unterschiedlichen und wechselnden Zweckbestimmungen zeigen und darauf hinweisen, dass der Technische Autor stets in diese Kommunikationsbeziehungen eingebunden ist und dass er sie beeinflussen kann.

Privater Verwender auf Produktsuche im Kaufhaus
Ein privater Verwender ist auf der Suche nach einer Kaffeemaschine. Da er gerne auch mal eine Tasse Tee trinkt oder den Kaffee ab und zu von Hand aufgießen möchte, sucht er vornehmlich nach solchen Ausführungen von Kaffeemaschinen, die zusätzlich zur eigentlichen Kaffeemaschine noch einen Heißwasserbehälter haben. Diese Ausführungen sind gewöhnlich optisch leicht von anderen zu unterscheiden.
Auf der Suche nach der Kaffeemaschine schaut sich der Verwender ein Produktpräsentationsvideo zu einem Universalküchengerät an. Für den Verwender ist solch ein Gerät nur dann sinnvoll, wenn es Rotkohl als ganzen Kopf verarbeiten kann. Das Video zeigt, wie nach dem

Vierteilen des Rotkohls von Hand mit einem Messer einer weiteren Verarbeitung mittels der Maschine nichts mehr im Wege steht. Der Verwender ist von der Präsentation angetan und betrachtet das Gerät als zweckmäßig, obwohl es nicht seinen ursprünglichen Anforderungen entspricht. Die Präsentation hat ihn von der Unerfüllbarkeit seiner Forderung überzeugt und ihm die bedarfsweise geringe Anstrengung von zwei Schnitten als akzeptabel erscheinen lassen.
Unser privater Verwender hält noch Ausschau nach einem Rasenmäher. Dieser soll leise sein, der Auffangkorb für den Schnitt soll abnehmbar und auswechselbar sein, das Schneidmesser soll sich leicht aus- und einbauen lassen. Er hat bereits Erfahrungen mit einem älteren Gerät, bei dem er solche „Kleinigkeiten" vermisst hat. Er kann dem Prospekt zwar einige Details entnehmen, aber Genaues erfahre er nur aus der Bedienungsanleitung, sagt ihm der Verkäufer. Die Bedienungsanleitung informiert ihn nicht nur über die elektronisch geregelte Leistungsanpassung und die Bestellmöglichkeiten von Zubehör, sondern er kann sich aufgrund der anschaulichen Abbildungen vorstellen, wie einfach und bequem das Auswechseln des Schneidmessers sein muss.

Verallgemeinerte Darstellung der Kommunikationsbeziehungen

Der Verwender geht mit einer Zielsetzung auf die Suche nach einem technischen Produkt – einer bestimmten Ausführung einer Kaffeemaschine.
Ein produktpräsentierendes Dokument zu einem anderen technischen Produkt erregt durch seine Gestaltung, die Zweckmäßigkeit darstellt und Nutzen verspricht, die Aufmerksamkeit des Verwenders. Dieses Dokument bewirkt sogar eine Gesinnungsänderung beim Verwender bezüglich seiner Vorstellungen von Bedienungsanforderungen an dieses technische Produkt.
Im dritten Schritt zeigt sich ein anderes produktpräsentierendes Dokument als weniger zweckmäßig. Dieser Mangel wird jedoch durch die Bedienungsanleitung, also ein produktverwendungsbezogenes Dokument, mehr als ausgeglichen.

Auswertung der Kommunikationsereignisse

- Neben der Kommunikationsleistung der technischen Produkte wird bei dem Fallbeispiel deutlich, wie die Arbeitsergebnisse des Technischen Autors die Kommunikationsbeziehung zwischen Verwender und technischem Produkt beeinflussen.
- Sowohl die Kommunikationsbeziehung Verwender – Produkt als auch die Kommunikationsbeziehung Verwender – produktpräsentierende Dokumente werden über die Zweckmäßigkeit und den Nutzen des technischen Produkts aus der Sicht des Verwenders bestimmt.

Das Fallbeispiel enthält nun verschiedene Möglichkeiten, wie Technische Dokumentation das Verhalten des Verwenders aktiv beeinflussen und verändern kann. Wie aber sind die vielen Fälle zu verstehen, in denen trotz vielfältigem Einsatz von Dokumentationsmitteln das Verhalten des Verwenders nicht unmittelbar aktiv beeinflusst worden ist?

Fallbeispiel 2

Kommunikationsbeziehungen eines privaten Verwenders unter dem Gesichtspunkt des Zwecks

Erfährt der Verwender, dass das Produkt für seine Zwecke geeignet erscheint, ist bereits die Beziehung für eine potenzielle Nutzung aufgebaut. Stellt sich im Detail bei Erhalt des Produkts heraus, dass der beabsichtigte Zweck nicht vorgesehen ist, muss das nicht heißen, dass der Verwender auf den Einsatz des Produktes zu dem vorgesehenen Zweck verzichtet.

Privater Verwender zu Hause handelt zweckorientiert fahrlässig

Aus dem Internet hat jemand einen Koffer mit einem Werkzeugset bestellt, nachdem er sich zuvor in einem Fachgeschäft einen Prospekt zu dem Set besorgt und diesen ausführlich gelesen hat. Die Ware wird ihm geliefert und er stellt fest, dass die im Set enthaltenen Schraubendreher am Schaft nicht isoliert sind. Diese Isolierung wäre aber gerade für seinen Einsatzzweck Voraussetzung. Es liegt eine Begleitinformation im Koffer, die ausdrücklich den Gebrauch der Schraubendreher für elektrisch aktive Teile untersagt.
Der Verwender ist fachkundig und vertraut auf sein Können. Er verwendet einen der Schraubendreher ohne

Schaden. Ein anderes Mal verwendet er wieder einen Schraubendreher aus dem Kofferset und kommt zu Schaden. Die Begleitinformation hat er zur Kenntnis genommen, das Vertrauen in die eigene Aufmerksamkeit und die geglaubte Zweckerfüllung des Werkzeugs waren stärker.

Verallgemeinerte Darstellung der Kommunikationsbeziehungen

Der Verwender lässt sich durch die sprachlichen Informationen des Technischen Autors nicht von seinem Handlungsziel abbringen. Sein Handlungswille ist zweck- und nutzenbestimmt. Seine Selbsteinschätzung bezüglich des für ihn gefahrlosen Umgangs mit dem technischen Produkt bestimmt seine Handlungsweise trotz schriftlicher Warnung.

Auswertung der Kommunikationsereignisse

- Es stellen sich bei diesem Fallbeispiel für den Technischen Autor mindestens die Fragen nach der wirkungsvollsten Gestaltungsweise der Information und des Informationsträgers.
- Gerade die ausgewiesene Fachkundigkeit veranlasst den Verwender zu einer selbstgefährdenden Produktverwendung.
- Der bestehende Handlungswille – die Nutzung des Produkts – dominiert den Aspekt: Gefährdung der eigenen Person.

Auf das beabsichtigte Wirkungsziel der Verwenderwarnung bezogen, kann im äußersten Fall die Frage lauten: Kann man überhaupt mit Informationsmitteln einen bestehenden Handlungswillen beeinflussen? Muss man solche Fälle überhaupt so konsequent unter die Lupe nehmen und solche Überlegungen anstellen, wenn rechtliche Vorgaben von dem Verwender ein eigenverantwortliches und sicherheitsbewusstes Handeln fordern?

Hinweise und Empfehlungen für den Technischen Autor

Grundsätzlich muss sich der Technische Autor immer die Frage nach der erwartbaren Wirksamkeit der dem Verwender zur Verfügung gestellten Information stellen. Grundsätzlich sind zumindest Möglichkeiten zu suchen bzw. zu testen, dass solche Fälle wie das Schraubendreher-Fallbeispiel vereitelt werden.

Im Fallbeispiel 2 wäre vermutlich eine Strichzeichnung, die eine Person darstellt, wie sie schmerzhaft einem elektrischen Stromdurchfluss ausgesetzt ist, eine wirkungsvolle Informationsvermittlung. Hinzukommen müsste noch eine entsprechende sprachliche Information, welche die Information der Strichzeichnung bestätigt und darüber hinaus noch eindeutige Anweisungen vermittelt.

2

Fallbeispiel 3

Kommunikationsbeziehungen eines privaten Verwenders unter dem Gesichtspunkt des Informationsbedarfs

Die Kommunikationsbeziehung Verwender – produktbegleitende Dokumente wird im Allgemeinen bestimmt durch die augenblickliche oder potenzielle Notwendigkeit des Informationsbedarfs bei der Nutzung des Produkts.
Die Notwendigkeit bestimmt der Verwender in seiner augenblicklichen Situation. Sieht er keine Notwendigkeit im Augenblick des Verwendens, wird er erwartbar auf bestehende Informationsangebote verzichten.
Dies war im oben genannten Fall so. Eine ähnliche Sachlage beschreibt auch das folgende Fallbeispiel.
Der Unterschied liegt im Handlungskontext. Das Ignorieren des Gefahrenhinweises im Fallbeispiel 2 beruhte auf der eigenen Kompetenzeinschätzung.
Im folgenden Fallbeispiel ist die Gestaltung des Produktes und die Zweckbestimmung des Produktes bestimmend für den fehlenden Informationsbedarf des Verwenders.

Privater Verwender verletzt sich zu Hause am Allesschneider

Ein Verwender bestellt im Versandhandel einen elektrischen Allesschneider.
Nach Erhalt packt er die Maschine aus, steckt den Netzstecker ein und schaltet die Maschine per Knopfdruck an. Das Schneidmesser dreht sich. Mit der rechten Hand schiebt er ein Baguette gegen das Schneidmesser, mit der linken Hand stellt er die Schneiddicke auf Maximalstellung.

2

Unglücklicherweise bemerkt er nicht, dass der Zeigefinger der rechten Hand bereits leicht angeschnitten ist. Als er den Schnitt erkennt, will er die Maschine ausschalten. Statt die Hand wegzuziehen, verharrt er in der Stellung, das Brot fest umklammert, und die Schnittwunde vertieft sich noch etwas. Erst nach einer Schrecksekunde zieht er die Hand nach hinten. Die Maschine läuft immer noch.

Im Karton befindet sich immer noch die Bedienungsanleitung. Sie ist mit zwei weiteren Broschüren, einem Händler- und Serviceverzeichnis und einem Prospekt zu weiteren Produkten des Herstellers in einem transparenten Plastikbeutel verpackt. Der Beutel befindet sich in einem eigens dafür vorgesehenen Fach des Innenkartons, damit er vom Verwender beim Auspacken der Maschine unmittelbar wahrgenommen werden kann.

Die Maschine ist übersichtlich und ergonomisch gestaltet – es gibt nur einen Knopf zum Ein- und Ausschalten und einen mechanischen Drehknopf zum Einstellen der Schneiddicke. Die Farbgebung ist dezent. Auch der Ein- und Ausschalter ist in Gehäusefarbe, eben in der Gehäuseoberfläche im ausgeschalteten Zustand.

Die Bedienungsanleitung hat ein handliches DIN-A5-Format. Auf dem Titelblatt steht rot und fett gedruckt der Hinweis: „Sicherheitshinweis! Bitte lesen Sie diese Bedienungsanleitung vor Inbetriebnahme des Gerätes."

Verallgemeinerte Darstellung der Kommunikationsbeziehungen

Das Fallbeispiel steht stellvertretend für viele alltägliche Verbraucherhandlungen – nicht bezüglich des Schadensfalles, sondern bezüglich des Nichtbeachtens der produktbegleitenden Dokumentation, vornehmlich der Bedienungsanleitung.

Das Produkt erscheint aufgrund seiner einfachen und übersichtlichen Gestaltung unmittelbar verwendungsfähig. Für den Verwender besteht grundsätzlich kein Grund, mit den produktbegleitenden Dokumenten eine Kommunikationsbeziehung aufzubauen. Die Zweckmäßigkeit des Produktes ist eindeutig.

Auswertung der Kommunikationsereignisse

- Der beschriebene Fall zeigt den fehlenden Informationsbedarf aus der Sicht des Verwenders und lässt unter anderem folgende Erklärungsmöglichkeiten und Rückschlüsse zu:
- Der Handlungswille des Verbrauchers ist zweck- und nutzenbestimmt. Er will möglichst rasch durch bzw. mit dem Produkt sein Zweckziel erreichen. Eine Verletzungsgefahr wird ignoriert, obwohl sie offensichtlich ist.
- Dies kann mit der Gestaltung des Produktes zusammenhängen – die Schneidescheibe ist weitestgehend verdeckt. Dies kann auch mit der Fixierung auf das angestrebte Handlungsziel zusammenhängen – die abgeschnittenen Baguettescheiben.
- Die gestalterisch eindeutige Zweckbestimmung des technischen Produkts hat mit zur Nichtbeachtung der besonders bedachten Gestaltung und Aufbewahrungsweise der produktbegleitenden Dokumente geführt.

Hinweise und Empfehlungen für den Technischen Autor

Um eine Beachtung der produktbegleitenden Dokumente zu bewirken, muss ein entsprechender Informationsbedarf beim Verwender erzeugt werden. Der Informationsbedarf entsteht in der Regel erst im Konfliktfall. Bei der Kommunikation mit dem Produkt heißt das: Handelt das Produkt wahrnehmbar nicht oder handelt es wahrnehmbar anders als vorgestellt, so verhält es sich gegen seinen Kommunikationspartner gerichtet.

Im vorliegenden Fall wäre dies durch eine mechanische „Transportsicherung" oder „Erstinbetriebnahmesicherung" zu erreichen. Gepaart mit dem Hinweis, sich in der Bedienungsanleitung zu informieren, entsteht für den Verwender ein Informationsbedarf und die Wahrscheinlichkeit ist sehr groß, dass die produktbegleitenden Dokumente in der beabsichtigten Weise vom Verwender zur Kenntnis genommen werden.

Fallbeispiel 4

Kommunikationsbeziehungen eines privaten Verwenders unter dem Gesichtspunkt der persönlichen Herausforderung

Bei den bisherigen Fallbeispielen 2 und 3 waren es die Selbsteinschätzung aufgrund einer beruflichen Qualifikation oder die Gestaltung des technischen Produkts,

die für den Verwender kein Informationsbedürfnis entstehen ließen.
Der folgende Fall ist ähnlich gelagert. Auch hier ist die Selbsteinschätzung ausschlaggebend für das Ignorieren des Informationsangebots durch den Technischen Autor – allerdings wieder aus einem anderen Motiv: die persönliche Eitelkeit oder der Spieltrieb.

Händler als zusätzlicher personaler Kommunikationsbestandteil

Das Fallbeispiel enthält noch einen anderen Beziehungsaspekt, der gerade bei privaten Verbrauchsprodukten unbedingt zu beachten ist: das unmittelbare und mittelbare Händlerwesen.
In diesem Fall spielt dieser Beziehungsaspekt zwar keine Rolle, da er zu keinen unmittelbaren Veränderungen an der Konstellation von Verwender, technischem Produkt und Technischer Dokumentation führt. Aber er weist für den Technischen Autor auf die Möglichkeit hin, dass mit dem Händler ein weiterer personaler Bestandteil zwischen die Kommunikationsbeziehung von Hersteller bzw. Technischem Autor und dem Verwender tritt.
Damit steigt grundsätzlich die Gefahr, dass bei der Produktübergabe produktbegleitende Dokumente verloren gehen.

Privater Verwender überlässt sich zu Hause seinem Spieltrieb

Ein Verbraucher ersteigert bei einer Auktion ein Dampfreinigungsgerät. Das Gerät befindet sich teilweise zerlegt in der Originalverpackung. Die Gebrauchsanleitung liegt bei. In der Gebrauchsanleitung ist die ordnungsgemäße Montage in Abbildungen dargestellt.
In den Sicherheitshinweisen wird der Benutzer aufgefordert, die Schlauch- und Rohrleitungen vor Benutzung des Gerätes auf Beschädigungen zu prüfen, da austretender Dampf zu schweren Verletzungen führen kann. Ferner wird darauf hingewiesen, dass Kinder von dem Gerät fernzuhalten sind.
Der Verbraucher ist von dem Gerät so angetan, dass er sich sofort daran macht, die Bauteile zusammenzufügen, den Wassertank zu füllen und das Gerät einzuschalten. Die Gebrauchsanleitung sieht er zwar, beachtet sie aber nicht. Er bemerkt auch, dass der Schlauch an einer Stelle mit einem Klebeband umwickelt ist. Er misst dem aber keine Bedeutung bei. Das Arbeitsziel steht für ihn im Vordergrund. Hierzu gesellt sich auch noch die Freude, einen längst gehegten Wunsch erfüllt bekommen zu haben.
Das Gerät funktioniert nicht. Dies regt den „Spieltrieb" des Verwenders an. Er greift nicht zur Gebrauchsanleitung, sondern sucht das Gerät nach Fehlermöglichkeiten ab. Dabei stellt er fest, dass das Gerät einen Ein-Aus-Schalter besitzt. Die Schaltstellung ist AUS. Er schaltet ein, eine Kontrolllampe leuchtet rot, eine zweite ist aus. Zum Verwender gesellt sich sein Kind. Nach längerer Zeit wird der Verwender unruhig, befühlt das Gehäuse und bemerkt nur eine leichte Erwärmung. Etwas genervt öffnet er schnell den Tankdeckel. Nach einigen Umdrehungen tritt ein feiner Dampfstahl aus dem Schraubgewinde. Das Kind, das in Hockestellung zuschaut, wird von dem Strahl im Gesicht getroffen.

Verallgemeinerte Darstellung der Kommunikationsbeziehungen

Der Verwender stellt den nicht ordnungsgemäßen Zustand des technischen Produkts fest. Dennoch bzw. erst recht lässt er sich nicht von der Inbetriebnahme des technischen Produkts abhalten. Er hat zwar einen Informationsbedarf, aber er stillt ihn nicht durch das dafür bestimmte und bekannte Instrument, die Gebrauchsanleitung, sondern, aus Gründen der persönlichen Herausforderung stellt er sich dem Mensch-Maschine-Wettbewerb und operiert ohne Anweisungen. Der „Forschungsdrang" ist so ausgeprägt, dass der Verwender eine mögliche eigene Schädigung und eine Schädigung Dritter nicht bedenkt.

Auswertung der Kommunikationsereignisse

- Das Handlungsinteresse verhindert ein vorsichtiges sicherheitsbedachtes Umgehen mit dem technischen Produkt.
- Die Sicherheitshinweise werden vom Verwender ignoriert, obwohl sie besonders auf die gerätetypischen Unfallgefahren hinweisen.
- Während des Umgangs mit dem technischen Produkt kommen Dritte, genauer Kinder, hinzu und begeben sich in den Aktionsbereich des technischen Produkts.

Hinweise und Empfehlungen für den Technischen Autor
Gerade bei privaten Verwendern hat der Technische Autor verstärkt mit „nicht bestimmungsgemäßem Verhalten", ja bewusst selbstschädigendem, unvernünftigem Verhalten zu rechnen. Eine wirksame Maßnahme gegen das Ignorieren von Bedienungsanleitungen ist die Informationsanbringung am Ort der Gefährdungsauslösung. In diesem Fall wäre das der Ein-Aus-Schalter.
Der Technische Autor muss bei technischen Produkten, für private Verwender in besonderer Weise, das mögliche unerwartete Auftauchen von Kleinkindern und Schutzbedürftigen allgemein bei der Inbetriebnahme und dem Umgang mit dem technischen Produkt bedenken.
Viele technische Produkte werden durch Händler vertrieben und wechseln nach einer bestimmten Verweil- und Nutzungsdauer den Erstverwender. Gerade bei Auktionen finden solche Produktweitergaben statt. Der Technische Autor sollte diese Möglichkeiten bei seiner Kommunikationsplanung mit berücksichtigen.

2.6 Kommunikationsbeziehungen zu Produkt und Produktdokumenten mit den Augen des gewerblichen Verwenders betrachtet

Auch für den gewerblichen Verwender sind Zweck und Nutzen ein Entscheidungs- und Handlungsmotiv

Die Fallbeispiele bisher haben Sichtweisen und Handlungsweisen sowie das Handlungsumfeld des privaten Verwenders beschrieben. Es stellt sich die Frage: Wie verhält es sich mit gewerblichen Verwendern, die im Rahmen einer gewerblichen Tätigkeit das technische Produkt nutzen? Gelten da andere Handlungsstrategien, andere Verantwortlichkeiten? Muss der Technische Autor hier weniger Kommunikationsplanung investieren, weniger Rollenspiel berücksichtigen?
Es gelten die gleichen Erfordernisse, die gleichen Investitionen zur Kommunikationsplanung und die gleichen Verantwortlichkeiten. Dies sollen die folgenden Fallbeispiele zeigen.

Fallbeispiel 5

Kommunikationsbeziehungen eines gewerblichen Verwenders unter dem Gesichtspunkt der Produktauswahl

Wichtig ist bei dem folgenden Fallbeispiel die Ähnlichkeit mit dem Fallbeispiel 1 zum privaten Verwender. Der gewerbliche Verwender tritt nicht als unmittelbarer Benutzer eines technischen Produkts auf sondern als potenzieller Nutzer.

Gewerblicher Verwender auf Produktsuche bei einer Messe
Ein verantwortlicher Meister/Techniker/Facharbeiter eines Bauunternehmens sucht auf einer Fachmesse nach einer Vibrationswalze zur Verfestigung von Boden-, Schotter- und anderen Materialkörpern.
Die Anbieter stellen ihre Produkte durch Mustermaschinen, Filmvorführungen, Produktbeschreibungen in Form von Technischen Datenblättern und Prospekten sowie durch Bedienungs- und Betriebsanleitungen vor. Zwei Anbieter kommen für den Verwender als mögliche Lieferanten infrage.
Der eine Anbieter präsentiert eine fernsteuerbare Walze mit automatischer Radabstandsverstellung und Schnellwechseleinrichtung für Walzenpaare. Der andere Hersteller bietet eine preisgünstige Weiterentwicklung einer bestehenden Baureihe an. Die Weiterentwicklung beinhaltet die Option einer nachträglichen Umrüstung auf Fernsteuerung.
Die fernsteuerbare Walze des ersten Anbieters kann von den Besuchern auf einem abgesicherten Testgelände gefahren werden. Ein dezentes Schild weist darauf hin, dass die Maschine entsprechend GPSG § 4 Abs. 5 im gezeigten Zustand nicht für den Verkauf bestimmt ist. Zusätzlich gibt es ein Prospektblatt mit Anwendungsbeispielen und Technischen Stammdaten.
Die Weiterentwicklung des anderen Herstellers ist nur auf einem Videoclip als Animation zu sehen. Es gibt für den Besucher zum Mitnehmen ein technisches Datenblatt mit einer aufgeklebten CD-ROM, auf der sich die Animation und ein Katalog mit den Messeneuheiten befinden sollen.

Entscheidungsfindung

Der verantwortliche Meister/Techniker/Facharbeiter des Bauunternehmens steht vor der Alternative: Soll er sich für das neuartige, ferngesteuerte Gerät entscheiden, das er selbst gefahren hat, oder für die Weiterentwicklung eines Modells, das bereits in der Firma verwendet wird und dessen Hersteller bekannt ist?

Er entscheidet sich für die ferngesteuerte Walze, da er in ihr mehrere Vorteile vereinigt findet und das unmittelbare Fahrerlebnis sich eingeprägt hat.

Zum einen ermöglicht die Fernsteuerung ein bedienerfreundliches Arbeiten in tieferen Gräben. Der Bediener befindet sich außerhalb des gefährlichen Aktionsraumes der Maschine, der durch schädliche Abgase entsteht. Ferner liefert die automatische Radabstandsverstellung ein gleichmäßiges und gutes Arbeitsergebnis bei kürzerer Betriebsdauer und letztlich erlaubt die Walzenwechseleinrichtung eine größere Anwendbarkeit der Maschine sowie verkürzte Montagezeiten.

Diese Vorteile lassen den deutlich höheren Preis gegenüber dem anderen Angebot für den Meister/Techniker/Facharbeiter akzeptabel erscheinen.

Verborgene Informationen

Das Schild mit dem Hinweis, dass die Maschine nicht für den Verkauf bestimmt ist, hat er gesehen, hat ihm aber keine Bedeutung geschenkt, da der Verweis auf eine Rechtsquelle unverständlich war und es aus seiner Erfahrung selbstverständlich ist, dass eine benutzte Ausstellungsmaschine nicht verkauft wird.

Die Vorteile des nicht gewählten Angebots bestehen aus Sicht des Meister/Techniker/Facharbeiter darin, dass vorhandene eingespielte Beziehungen zum Beispiel bei der Wartung, bei unvorhersehbaren Reparaturmaßnahmen und Ersatzteilbeschaffungen auch unter sehr schwierigen Bedingungen weiterhin genutzt werden können. Und diese Vorteile könnten gegebenenfalls beim „Umsteigen" auf einen neuen Hersteller mit einem neuartigen technischen Produkt wegfallen oder in Gefahr geraten wegzufallen.

Verallgemeinerte Darstellung der Kommunikationsbeziehungen

Der gewerbliche Verwender sucht nach einem technischen Produkt mit bestimmten Funktionsmerkmalen. Er nutzt das angebotene Präsentationsspektrum. Dabei trifft er sowohl auf unterschiedliche produktpräsentierende Dokumente als auch auf ausgestellte technische Produkte.

Der gewerbliche Verwender testet eines der technischen Produkte und nimmt damit eine unmittelbare Kommunikationsbeziehung mit dem technischen Produkt auf. Dieses verfügt über verschiedene technische Merkmale, die in den Augen des Verwenders den Nutzen des technischen Produkts erhöhen.

Ein anderes vergleichbares technisches Produkt mit erwartbar weiteren Vorteilen im Servicebereich ist nur als Information in Form einer Animation und in Form von gedruckten Daten und einem elektronischen Datenträger für den Verwender präsent. Es wird vom gewerblichen Verwender nicht gewählt.

Auswertung der Kommunikationsereignisse

- Eher unterbewusst, aber eigentlich bestimmend ist für den Verwender das Erlebnis des Fahrens.
- Der einschränkende Verweis auf die Rechtsbeziehung wird vom Verwender als bewusst nicht relevant für seine Wahl bewertet.
- Das Alternativangebot ist für ihn nur Fiktion, nichts Konkretes, trotz wesentlicher möglicher Vorteile in der späteren Besitz- und Verwendungsphase.
- Der Verwender handelt und denkt für seinen Bedarf zweck- und nutzenbestimmt. Ausschlaggebend ist die persönliche nachhaltige Erfahrung.
- Im Einzelnen lässt sich die persönliche Erfahrung aufteilen in folgende Kommunikationsereignisse:
  - das haptische Erlebnis
  - das kognitive Erfolgserlebnis mit der Maschine
  - die visuelle wie sprachliche Repräsentanz durch den Prospekt als Verstärkung des Erlebten.

Alle Kommunikationserlebnisse sind aus der Sicht des Verwenders produktbezogen.

Hinweise und Empfehlungen für den Technischen Autor

Aus Sicht der Technischen Autors ist die Kommunikation zwischen dem Prospekt und dem Verwender geglückt.

Der Prospekt hat durch die bildlichen und textlichen Darstellungen eine beständige Brücke zwischen der individuellen Erfahrung des Verwenders mit dem technischen Produkt und den im Prospekt plausibel dargestellten Anwendungsmöglichkeiten hergestellt.

Berichtet der Meister/Techniker/Facharbeiter über das Erlebte, wird der Wahrheitsgehalt der im Prospekt beschriebenen Anwendungsmöglichkeiten bestätigt und umgekehrt:
Die Anwendungsmöglichkeiten werden vom Meister/Techniker/Facharbeiter in Verbindung mit dem Erlebten dargestellt, besprochen, kommentiert. Im genannten Fallbeispiel ist diese Wirkung handlungsentscheidend.
Der Technische Autor, der für den Hersteller der fernsteuerbaren Vibrationswalze gearbeitet hat, freut sich einerseits, dass sein Kommunikationskonzept aufgegangen ist. Andererseits hat er Skrupel: Schließlich hat er mit einem „Trick“ die kalkulierte zweckbestimmte Handlungsstrategie des potenziellen Verwenders ausgenutzt, um über eine entscheidende Informationslücke hinwegzutäuschen.
Die Abkürzung GPSG steht für „Gesetz über technische Arbeitsmittel und Verbraucherprodukte“. Der Verweis auf § 4 Absatz 5 bezieht sich auf die Forderung, dass ein Produkt, das die Voraussetzungen für das Inverkehrbringen nicht erfüllt, ausgestellt und vorgeführt werden darf, wenn „ein sichtbares Schild deutlich darauf hinweist, dass es diese Voraussetzungen nicht erfüllt und erst erworben werden kann, wenn die entsprechende Übereinstimmung hergestellt ist“.

Fallbeispiel 6

Teil 1

Kommunikationsbeziehungen eines gewerblichen Verwenders unter dem Gesichtspunkt der Produktnutzung

Das Vibrationswalzen-Fallbeispiel zeigt, dass bei gewerblichen Verwendern in gleicher Weise wie bei den privaten Verwendern eine zweck- und nutzenbestimmte Handlungsstrategie vom Technischen Autor beachtet und in die Kommunikationsplanung für die Erstellung produktpräsentierender Dokumente einbezogen werden sollte.
Gilt das aber auch für das Erstellen produktverwendungsbezogener Dokumente wie Anleitungen?
Man könnte schließlich sagen: Gewerbliche Verwender stehen in einer bewussteren Eigenverantwortung, als es bei privaten Verwendern zu erwarten ist – gerade was die Benutzung von Maschinen und Geräten angeht.
Warum sollte da noch eine besondere Kommunikationsplanung nötig sein? Was sollen da Überlegungen zu Handlungsstrategien des Verwenders bringen?
Hierzu ein Fallbeispiel in drei Teilen. Im ersten Teil wird eine Arbeitssituation mit einem Unfallereignis geschildert. Im zweiten Teil wird über den zeitlich vorgelagerten Kontext berichtet. Im dritten Teil wird eine Problemlösungsvariante vorgestellt, an welcher der Technische Autor bestimmend mitwirkt.
Die zeitliche Umkehrung wähle ich deshalb, weil sie auch ein Stück Wirklichkeit abbildet. Häufig wird erst im Nachhinein ermittelt, was im Vorfeld hätte getan werden oder woran im Vorfeld hätte gedacht werden müssen.

Gewerblicher Verwender arbeitet auf einer Mischerbühne

Ein Arbeiter erhält von seinem Vorarbeiter den Auftrag, einen Mischer zu bedienen.
Der Arbeiter steht auf der Arbeitsbühne des Mischers und beobachtet den Arbeitsvorgang. Im Mischerraum befindet sich ein Sand-Splitt-Gemisch, dem zeitweise von dem Arbeiter ein Strahl Emulsion aus einem Kanister und Feinsubstrat aus einem Papiersack hinzugefügt werden. Das fertige Mischprodukt wird über eine Förderschnecke auf dem Grund des Mischbehälters auf ein Transportband gebracht. Die Durchmischung erfolgt durch Mischerwellen, die vollständig mit Substrat bedeckt sind.
Während des Mischvorgangs kommt es vereinzelt zu Brückenbildungen, die ein gleichmäßiges Durchmischen verhindern. Der Arbeiter versucht mit einer Schaufel eine Brücke aufzubrechen. Die Schaufel rutscht ab, gerät zwischen die Mischerwellen und der Schaufelstiel schlägt dem Arbeiter ins Gesicht. Dabei wird ein Auge des Arbeiters schwer getroffen.
In der Betriebsanleitung steht in den Sicherheitshinweisen, dass es verboten ist, während des Betriebs mit Schaufeln oder anderen Gegenständen in den Mischerraum zu greifen. Ebenso ist es verboten, den Mischerraum zu betreten. Bei etwaigen Verklumpungen und Brückenbildungen ist der Mischer abzuschalten. Erst dann darf der Mischerraum betreten und dürfen die

Brücken beseitigt werden. Der Sicherheitshinweis ist abgesetzt vom anderen Text und zusätzlich mit einem Piktogramm „Allgemeine Gefahrenstelle" gekennzeichnet.

Verallgemeinerte Darstellung der Kommunikationsbeziehungen

Der Arbeiter hat zweck- und nutzenbestimmt gehandelt. Für ihn steht der reibungslose Ablauf des Arbeitsprozesses im Zentrum seines Handelns – und damit auch das zeit- und qualitätsgerechte Zustandebringen des Arbeitsergebnisses.

Der Hinweis in der Betriebsanleitung ist deshalb für ihn im Augenblick unbedeutend. Die persönliche Unversehrtheit ist nicht Gegenstand seines Problemkreises.

Auswertung der Kommunikationsereignisse

- Der Fall unterscheidet sich insofern von den vergleichbaren Fällen mit privaten Verwendern (Fallbeispiele 2 und 4), als dass der Arbeiter im Auftrag seines Arbeitgebers handelt.
- Das Wissen um die bestimmungsgemäße Bedienung wird vorausgesetzt.

Teil 2:
Vorarbeiter berät Verwender

Sowohl der Vorarbeiter als auch der Arbeiter bekamen die Betriebsanleitung zu lesen. Weiterhin wurde ihnen der Standort, an dem sich die Betriebsanleitung befindet und an den sie wieder zurückzugeben ist, mitgeteilt. Beide mussten per Unterschrift bestätigen, dass sie die Betriebsanleitung vollständig gelesen und verstanden haben. Das ist zum Zeitpunkt des Unfallgeschehens ein Jahr her.

Der Vorarbeiter rät dem Arbeiter zum Griff nach der Schaufel für den Fall, dass das Material im Mischer Brücken bildet. Denn dadurch lasse sich dieses Problem am einfachsten und wirtschaftlichsten lösen.

Er mahnt aber auch zur Vorsicht, da die Schaufel kaputtgehen könne, wenn sie von den Mischerwellen erfasst werde. Und niemals dürfe der Arbeiter während des Betriebs in den Mischerraum treten oder von einer anderen Stelle aus mit der Schaufel eingreifen.

Verallgemeinerte Darstellung der Kommunikationsbeziehungen

Sowohl dem Vorarbeiter als mittelbarer verantwortlicher Verwender, als auch dem Arbeiter als unmittelbarer Verwender, ist der Inhalt der Betriebsanleitung zu einem früheren Zeitpunkt einmal bekannt gewesen.

Aufgrund der alltäglichen Berufserfahrung und dem weitestgehend problemlosen Arbeiten mit der Maschine besteht für die Verwender kein Informationsbedarf bezüglich der Gefährdungsmöglichkeiten des technischen Produkts. Man beschränkt sich auf die unmittelbar erwartbaren lebensbedrohlichen Bedienungssituationen und auf sachbeschädigende bzw. prozessablaufstörende Verwendungsfehler.

Auswertung der Kommunikationsereignisse

- Das Kennen der Betriebsanleitung beschränkt sich auf einen relativ kurzen Zeitraum, wenn kein nachhaltiger Informationsbedarf besteht.
- Es werden nur lebensbedrohliche Gefährdungssituationen als ernst zu nehmend sicherheitsrelevant betrachtet.
- Dem Informationsbedürfnis zu sachbeschädigenden und produktionsstörenden Situationen wird ein gleichbedeutender Stellenwert eingeräumt wie dem Informationsbedarf bezüglich lebensbedrohlicher Gefährdungssituationen.
- Es darf vermutet werden, dass der selbst eingeräumte Informationsbedarf des Verwenders bezüglich sachbeschädigenden und produktionsstörenden Situationen größer ist als der bezüglich lebensbedrohlicher Gefährdungssituationen – und grundsätzlich größer als der Informationsbedarf bezüglich kleiner und mittlerer Verletzungsgefahren.

Hinweise und Empfehlungen für den Technischen Autor

Der gewerbliche Verwender, sei er mittelbarer vorgesetzter Verwender oder unmittelbarer Verwender, weiß im Regelfall, dass es eine Betriebsanleitung gibt, aber nicht unbedingt, was sie alles enthält. Dieser Sachverhalt wird auch dadurch nicht nennenswert beseitigt, dass der Verwender zur Lektüre der Betriebsanleitung bzw. der produktverwendungsbezogenen Dokumente verpflichtet wird.

2

Besteht erwartbar eine Gefährdung des Verwenders beim bestimmungsgemäßen Umgang mit dem technischen Produkt oder auch beim erwartbar nicht bestimmungsgemäßen Umgang, dann muss der Technische Autor den Verwender am Gefahrenort angemessen informieren.

Ist das nicht möglich, müssen entweder konstruktive Maßnahmen für eine „sichere" Lösung sorgen oder es müssen entsprechende angemessene Informationsalternativen entwickelt und angewendet werden.

Fallbeispiel 6 Fortsetzung

Teil 3:
Kommunikationsbeziehungen des Technischen Autors mit seinen herstellerinternen Kommunikationspartnern

Der Technische Autor des Herstellers bekam erst durch den Arbeitsunfall Kenntnis von der üblichen Verfahrensweise der Verwender.

Die fiktive Geschichte der Problemlösung hat sich wie folgt zugetragen:

Konstruktion und Technischer Autor erarbeiten eine gemeinsame Lösung

Konstruktiv war dem Problem der Brückenbildung letztlich auch bei hohem technischem und wirtschaftlichem Aufwand nicht beizukommen. Es blieb also nur die Möglichkeit des manuellen Eingriffs und das hieß, der Technische Autor hatte ein Kommunikationskonzept zu entwickeln, das auf den zweckorientierten Handlungsbedarf aus Sicht des Arbeiters eingeht und gleichzeitig das Handlungskonzept des Arbeiters so verändert, dass dieser seine persönliche Unversehrtheit als oberstes Handlungsziel ausweist.

Die verwirklichte Lösungsmöglichkeit sah im Wesentlichen so aus:

Die Konstruktion gestaltete die Mischerwellen und die Innenseite des Mischbehälters so, dass die Möglichkeit einer Brückenbildung stark verringert wurde.

Zusätzlich wurde ein spezieller Betriebsschalter mit Sicherheitsfunktion für die Unterbrechung des Mischerbetriebs installiert.

Am Schalter wurde ein schlagfestes Hinweisschild angebracht mit der Anweisung: *„Erst ausschalten – dann eingreifen! Sonst!"* und einem Piktogramm, das eine schreiende, von einer Welle erfasste, im Material versinkende Person darstellt.

Zusätzlich wurde im Rahmen einer Zertifizierung nach DIN EN ISO 9001 Qualitätsmanagementsystem eine Gesprächsrunde installiert, die sich einmal im Monat trifft. Als ein fester Tagungsordnungspunkt (TOP) wurde die Besprechung von Arbeitsunfällen und Problemen beim Umgang mit Maschinen im eigenen Hause und bei Kunden festgelegt.

Dieses Verfahren wurde auch den Kunden mitgeteilt und ihnen die Mitwirkung bei der Produktverbesserung angeboten.

Ferner wird alle zwei Jahre im Rahmen einer Hausmesse ein Sicherheitstraining angeboten.

Verallgemeinerte Darstellung der Kommunikationsbeziehungen

Zunächst steht die Suche nach einer technischen Lösung des Sicherheitsproblems im Vordergrund. Die spezifischen Materialeigenschaften lassen aber eine solche Lösung nicht zu. Deshalb bleibt nur eine Lösung durch eine möglichst wirkungsvolle Informationsvermittlung.

Diese informelle Lösung besteht aus einer sprachlichen und bildlichen Botschaft an den Verwender. Der sprachliche Hinweis besteht aus Kurzanweisungen mit einem Handlungs- und Zeitbezug und einer ebenso klaren Reihenfolge. Der bildliche Hinweis stellt dem Verwender die schmerzhafte, unumkehrbare, todbringende Lebenslage in Aussicht für den Fall, dass er die Anweisung missachtet.

Für den erwartbaren Fall, dass der Arbeiter zur mechanischen Bearbeitung der Materialbrücken in den Mischer einsteigen muss, hat er einen Sicherheitsschalter zum zuverlässigen Stillsetzen des Bewegungssystems.

Um Unfallpotenzialen auf die Spur zu kommen, wird eine regelmäßige Besprechung eingerichtet. Darüber hinaus wird die Kundschaft, das heißt die außerbetriebliche Personengruppe der Verwender, zur Mitarbeit eingeladen.

Als zusätzliche sicherheitsfördernde Maßnahme wird für jedes zweite Jahr ein Sicherheitstraining initiiert.

Auswertung der Kommunikationsereignisse

- Eine ursächlich technische Lösung wird einer spezifisch technischen Sicherheitslösung und erst recht einer informellen Lösung vorgezogen.
- Die technische Sicherheitslösung wird eingesetzt, um das erwartbare und notwendige Handeln des Verwenders gefährdungsfrei zu ermöglichen. Damit wird das zweck- und nutzenbestimmte Handlungskonzept des Verwenders unterstützt.
- Die sprachliche Anweisung an den Verwender erfolgt ohne direkte Ansprache – es wird nur die Reihenfolge der Handlungsschritte genannt. Damit wird bewusst die nicht personale Kommunikationsbeziehung zwischen Verwender und technischem Produkt thematisiert und nicht eine in diesem Fall irrelevante personale Kommunikationsbeziehung zwischen Verwender und Hersteller bzw. Arbeitgeber, Gesetzgeber, Öffentlichkeit usw.
- Die Abbildung lässt beim Verwender eine Assoziation zu, die den Überlebenswillen anspricht. Ihr Informationsgehalt ist schnell wahrnehmbar und verstehbar.
- Mit dem innerbetrieblichen Informationsaustausch wird die Kommunikationsbeziehung Verwender – technisches Produkt und Technische Dokumentation als fester und produktbezogener Verfahrensschritt etabliert und gegebenenfalls entkrampft.
- Durch die Einbeziehung der Kundschaft gelangt mehr Wissen über die Handlungsstrategien der Verwender zum Hersteller.
- Durch das jährliche Sicherheitstraining verfestigt sich bei den Verwendern sicherheitsgerechtes Verhalten und gefährdendes Verhalten wird bewusst wahrgenommen und erkannt.

Hinweise und Empfehlungen für den Technischen Autor

Der Fall zeigt, wie wichtig es ist, dass der Technische Autor schon bei der Produktentwicklung als Kommunikationsfachkraft beteiligt ist.

Dadurch, dass er erst nach dem Vorfall von der üblichen Handlungsstrategie des Arbeiters und dessen Vorarbeiters erfahren hat, konnte er auch erst danach Gegenmaßnahmen entwickeln – und das auch nicht allein, sondern im Verbund mit seinen Kollegen aus der Technik und aus dem Vertrieb. Denn die Ansprache der Kunden auf ihr Mitwirken für die Entwicklung von verbesserten Sicherheitskonzepten obliegt dem Marketing bzw. Vertriebsbereich und gegebenenfalls noch dem Service bzw. Kundendienst.

Der Technische Autor hat durch die gezielte Auswahl von sprachlichen und bildlichen Informationsmitteln erreicht, dass der Verwender sein Handlungsziel etwas verschieben kann: weg vom Arbeitsprozess hin zu seiner eigenen Unversehrtheit.

Entscheidend bei dem Fall sind auch die nachhaltigen und langfristigen Lösungsstrategien. Für den Technischen Autor bedeuten sie eine Aufwertung seiner Fachkompetenz im Verbund mit den anderen herstellerinternen Fachkollegen bzw. Funktionseinheiten.

Der Technische Autor überprüft zusammen mit Technik, Vertrieb und Kundendienst die möglichen erwartbaren und tatsächlich nötigen Handlungsstrategien der Verwender. Dadurch kann er sein Kommunikationskonzept erstellen und wiederum in Zusammenarbeit mit den Kollegen das technische Produkt und die Technische Dokumentation angemessen daraufhin abstimmen und optimieren.

2.7 Fazit aus den beispielhaft behandelten Kommunikationsbeziehungen zu Produkt und Produktdokumenten mit den Augen des privaten und des gewerblichen Verwenders betrachtet

Zusammenfassend ist festzustellen: Sowohl bei technischen Produkten für den privaten Verwender wie auch bei solchen für den gewerblichen Verwender hat der Technische Autor mit gleicher Sorgfalt und Intensität das Kommunikations- und Rollenspiel zwischen Verwender, technischem Produkt einerseits und produktpräsentierenden wie produktverwendungsbezogenen Dokumenten andererseits sowohl in der Präsentationsphase wie in der Besitz- und Verwendungsphase zu durchleuchten und in die Planung seiner Arbeitsergebnisse fest zu integrieren.

Die genannten Fallbeispiele beschreiben Fälle, bei denen der Verwender als zweck- und nutzenorientiert handelnder Verwender auf Informationsangebote in Form der produktpräsentierenden Dokumente oder der produktverwendungsbezogenen Dokumente nur nach individueller Bedarfslage zurückgreift.

Dass daraus für ihn Schäden entstehen können, ist dargestellt worden. Und es wurde auch dargelegt, dass der Technische Autor mit seiner Arbeit als Informationsvermittler nur dann kalkuliert besonders wirksam sein kann, wenn er die zweckbestimmte Kommunikationsbeziehung zwischen Verwender und technischem Produkt in den Vordergrund seiner Planungen stellt.

Das heißt, dass er die Kommunikationsbeziehungen zwischen Verwender, dem technischen Produkt und den das technische Produkt präsentierenden und den Gebrauch des Produktes beschreibenden und anweisenden Dokumente im Einzelnen und in der Gesamtheit als eine Art Rollenspiel zu betrachten, zu bewerten und zu beurteilen hat.

Der Technische Autor sollte bzw. darf erst im Konfliktfall beim Verwender einen notwendigen Informationsbedarf voraussetzen. Das heißt, er sollte beim Verwender ein taktisches Handlungsverfahren am Produkt annehmen, das den Griff nach der Dokumentation entbehrlich macht. Denn erst, wenn die taktischen und auf Erfahrung beruhenden Handlungsweisen für den Verwender erfolglos ausgereizt sind, ist mit dem Griff nach den produktbegleitenden Dokumenten zu rechnen.

Der Technische Autor kann diesem allgemeinen Verwenderverhalten dadurch entgegenwirken, dass er die erforderlichen sicherheitsrelevanten Informationen so anordnet, dass sie für den Verwender im erwartbaren Handlungsverlauf wahrnehmbar werden und auch wahrnehmbar sind.

2.8 Kommunikationsbeziehungen zum Hersteller mit den Augen des Verwenders betrachtet

Bisher sind nur die Kommunikationsbeziehungen zum technischen Produkt und zur Technischen Dokumentation, wie sie für den Verwender bestimmt ist, besprochen worden. Technisches Produkt und Technische Dokumentation sind nichtpersonale Bestandteile des Kommunikationsmodells.

Was noch fehlt sind die Kommunikationsbeziehungen des Verwenders zu den personalen Bestandteilen, also zu Hersteller, Gesetzgeber und Öffentlichkeit. Da ist es naheliegend, mit der Betrachtung der Kommunikationsbeziehung zum Hersteller zu beginnen, da er für den Verwender, nach dem technischen Produkt und der produktpräsentierenden und produktbegleitenden Information, am nächsten steht.

2.8.1 Kommunikationsbeziehungen mit dem Hersteller in der Kontaktnahmephase

Bei der Betrachtung dieser Kommunikationsbeziehungen ist es wichtig, dass man zwischen Kontaktnahmephase und der Besitz- und Verwendungsphase mit dem technischen Produkt unterscheidet.

Die Kommunikationsbeziehung Verwender – Hersteller ist vor Anschaffung des technischen Produkts eine andere als danach.

Vor der Anschaffung ist sie in vielen Fällen bestimmt durch produktunabhängige Faktoren wie Bekanntheitsgrad, Werbung, Mundpropaganda usw. Die Kommunikation selbst beschränkt sich aus Sicht des Verwenders auf das Wahrnehmen des Herstellernamens. Wobei der Name als solcher nicht immer zu verstehen ist. Oft sind es Symbole, Logos, Abkürzungen oder Redewendungen, mit denen der Hersteller vom Verwender identifiziert wird.

Ist der Hersteller dem Verwender bekannt, so verbindet der Verwender im Allgemeinen auch eine Erwartungshaltung mit der Kontaktnahme.

Für den Technischen Autor kann dies bedeuten, dass er sich um diese Erwartungshaltungen kümmern und diese in sein Gestaltungs- und Informationskonzept einplanen muss. Dabei sind die Äußerlichkeiten genauso entscheidend wie die Inhalte.

Die hierbei vom Technischen Autor zu beachtenden Konventionen erfährt er im Allgemeinen durch die Marketing- bzw. Vertriebsabteilung bzw. im Besonderen die Werbeabteilung. Die Bezeichnungen und organisatorische wie funktionelle Unterscheidung der genannten Abteilungen sind unternehmensspezifisch. Meine Namensgebung will nur die verschiedenen Wirklichkeitsformen für eine Funktion wiedergeben. Die Konventionen bezüglich des Auftretens am Markt finden sich unter den Begriffen CI (Corporate Identity) wieder.

Ist dem Verwender der Hersteller unbekannt, haben meist die produktpräsentierenden Dokumente die Aufgabe, den Hersteller für den Verwender wahrnehmbar zu machen. Im Allgemeinen geschieht dies durch eine immer wiederkehrende Wahrnehmung des Herstellerlogos oder des Namenszuges.

Es ist selten die Aufgabe des Technischen Autors, sich direkt um diese unmittelbaren kommunikativen Belange zu kümmern.

Seine Aufgabe besteht in der zuverlässigen Wahrnehmbarkeit der vollständigen Herstellerdaten, die den Verwender zu einer Kontaktnahme mit dem Hersteller befähigen. Seine Aufgabe kann allerdings in Einzelfällen auch darin bestehen, dass er prüft, ob Herstellerlogos und Typkennzeichen mit Rechtssymbolen wie dem CE-Kennzeichen verwechselt werden können. Ist dies der Fall, muss er auf eine Änderung des Herstellerzeichens hinweisen bzw. bestehen. Mehr zu diesem Sachverhalt findet sich im Kapitel „Hinweise zu Rechtsgrundlagen für die Technische Dokumentation und relevante rechtliche Begriffe“.

2.8.2 Kommunikationsbeziehungen mit dem Hersteller in der Besitz- und Verwendungsphase

Nach der Anschaffung des Produkts ist die Beziehung zwischen Verwender und Hersteller bestimmt durch die vertragliche Bindung, die zwischen den beiden Kommunikationspartnern besteht.

Aus Sicht des Verwenders ist der Hersteller zunächst jener, dessen Name er als Herstellername wahrnimmt. Auch hier gilt wieder das Prinzip des Informationsbedarfs nach aktueller Zweckmäßigkeit. Sieht der Verwender die Notwendigkeit, mit dem Hersteller in Kontakt zu treten, wird er nach weiteren Daten suchen. Damit berührt er das Arbeitsfeld des Technischen Autors, der dafür zu sorgen hat, dass die Herstellerdaten in den produktbegleitenden Dokumenten vollständig, eindeutig und widerspruchsfrei sind.

Der Verwender wird als Hersteller vorrangig denjenigen betrachten, dessen Namen und Adresse er in den produktbegleitenden Dokumenten findet. Hierbei kann es allerdings zu „Irritationen“ kommen: Tritt ein Händler zwischen Hersteller und Verwender, dann übernimmt er bei entsprechender Vertragsgestaltung und Rechtslage die Rolle des Herstellers.

Es ist im Rahmen der zunehmenden internationalen wirtschaftlichen Verflechtung schwierig, den eigentlichen Hersteller, sprich den verantwortlichen „Konstrukteur und Entwickler“ sowie „In-den-Verkehr-Bringer“ ausfindig zu machen. Dem muss sich der Technische Autor insofern beugen, als er dem Hersteller und Auftraggeber vertraglich verpflichtet ist. Allerdings ist es seine Aufgabe, darauf zu achten, dass der nach dem Gesetz zu definierende Hersteller mit der vollständigen Adresse genant wird, sodass dem Verwender die Kontaktnahme mit dem Hersteller möglich ist.

Für klare Kontaktnahmemöglichkeiten sorgen

Für den Verwender ist es gegebenenfalls hilfreich, wenn er oberflächlich über die Vertriebsverhältnisse informiert wird. Auf diese Weise kann er sich die für ihn günstigere Kontaktnahmemöglichkeiten auswählen, zum Beispiel den direkten Kontakt mit dem Hersteller, den Kontakt mit der nächstliegenden Vertriebsniederlassung oder den Kontakt zum nächstliegenden Händler usw. Allerdings erfordern all diese genannten Lösungen oft komplexe innerbetriebliche sowie außerbetriebliche Entscheidungsprozesse.

Grundsätzlich sollte sich der Technische Autor diesem Problemkreis widmen, denn er sollte die Kommunikationsfachkraft sein, die für eine schnelle und zuverlässige Kommunikationsbeziehung zwischen Verwender und Hersteller sogt.

Es ist für den Verwender frustrierend, wenn er mit seinem technischen Produkt Probleme hat und keinen Ansprechpartner findet. Seine Problemlösung ist meist eindeutig und nachhaltig: der Weg zu einem anderen Hersteller und das Weitergeben der schlechten Erfahrung. Nicht nur der schlechten Erfahrungen mit dem Hersteller sondern auch mit der Technischen Dokumentation, das heißt mit dem Technischen Autor.

Der Name des Herstellers und weitere Adressdaten sowie der Name des verantwortlichen Vertreters des Herstellers, soweit es sich um eine juristische Person handelt, sind der EG-Konformitätserklärung zu entnehmen.
Diese Erklärung ist bei vielen technischen Produkten, sowohl für private Verwender wie für gewerbliche Verwender, Bestandteil der produktbegleitenden Unterlagen. Häufig ist sie in die Bedienungsanleitungen integriert.

2

Fallbeispiel 7

Kommunikationsbeziehungen eines privaten Verwenders mit einem Hersteller unter dem Gesichtspunkt des Informationsangebots

Das folgende Fallbeispiel zeigt eine Möglichkeit, wie man für Irritation beim Verwender sorgen kann. Es ist nicht, wie bei den oben aufgeführten Beispielen, ein Fall, der im Detail von mir beschrieben wird, aber er ist aus dem Alltag genommen.

Privater Verwender wird vom Hersteller auf gesetzliche Bestimmungen verwiesen
Zitat aus einer Gebrauchsanleitung:
„CE-Zeichen
Dieses Gerät erfüllt die Anforderungen der EU-Richtlinie 1999/5/EG über Funkanlagen und Telekommunikationsendeinrichtungen und die gegenseitige Anerkennung ihrer Konformität.
Die Konformitätserklärung kann unter folgender Adresse eingesehen werden
...“

Verallgemeinerte Darstellung der Kommunikationsbeziehungen
Der Hersteller weist den Verwender darauf hin, dass das technische Produkt mit dem CE-Kennzeichen versehen ist und dass es den Anforderungen europäischer Richtlinien entspricht.
Er verweist weiterhin auf eine gegenseitige Anerkennung der Konformität und erklärt den Sachverhalt nicht näher.
Ferner weist der Hersteller den Verwender auf die Möglichkeit der Einsichtnahme in die genannte Konformitätserklärung hin.

Auswertung der Kommunikationsereignisse

- Die Anzeige der Erfüllung der Konformitätsanforderungen bei entsprechenden technischen Produkten ist gesetzlich vorgeschrieben und gilt für Mitgliedsländer des EU-Binnenmarktes und für vertraglich assoziierte Länder. Dabei ist zu beachten, dass nicht die EU-Richtlinie direkt gilt, sondern das im jeweiligen Mitgliedstaat geltende Recht, also das jeweilige nationale Gesetz.
- Bei vielen technischen Produkten für gewerbliche Verwender steht der volle Wortlaut der Konformitätserklärung in den Anleitungen bzw. ist die EU-Konformitätserklärung als Dokument Bestandteil der produktbegleitenden Dokumentation.
- In diesem Fall hat sich der Hersteller diese Mühe nicht gemacht und hat dem Verwender für den Fall des Informationsbedarfs eine Holschuld aufgebürdet.
- Es ist anzunehmen, dass der Hersteller versucht, Kosten zu sparen – Druckkosten und Kosten für das Informationsmanagement. Denn es könnte sein, dass das technische Produkt einer starken Änderungsfrequenz unterliegt und entsprechend müssten auch die korrekten Daten in die produktbegleitenden Dokumente eingepflegt werden. Dies ist aber im Verhältnis zum Informationsnutzen für den Verbraucher bezüglich der bestimmungsgemäßen Verwendung wirtschaftlich nicht zwingend.

Hinweise und Empfehlungen für den Technischen Autor
Die Verfahrensweise ist zwar nicht gerade verwenderfreundlich, aber für den Verwender nachvollziehbar. Allerdings wäre hier ein erklärender Hinweis entgegenkommender und würde vermutlich vom Verwender auch positiv aufgenommen.
Grundsätzlich ist aber zu beachten: Die EG-Konformitätserklärung enthält nicht nur den Namen und die Kommunikationsdaten des Herstellers, sondern auch die Hinweise auf angewandte weitere EU-Richtlinien, auf angewandte harmonisierte Normen und gegebenenfalls auf weitere technische Spezifikationen

wie internationale Normen, nationale Normen oder firmen- und branchenspezifische Normen und Richtlinien.

Der Technische Autor sollte die Angaben zur EU-Konformität und vergleichbare Erklärungen aus der Sicht des aufmerksamen Verwenders betrachten.

Zum einen erzeugt er ein gewisses Maß an Vertrauen und Kompetenz. Zum anderen erleichtert und verkürzt er gegebenenfalls im Reklamationsfall oder gar Schadensfall die Dauer des zwangsläufigen Kommunikationsprozesses zwischen Verwender, Hersteller und Gesetzgeber.

2.8.3 Kommunikationsbeziehung vom Verwender zum Hersteller aus Gründen der Informationsbefriedigung

Neben der Kommunikationsbeziehung aufgrund der vertraglichen Bindung steht für den Verwender die aktuelle Zweckmäßigkeit und der Produktnutzen im Vordergrund seiner Kommunikationsbeziehung zum Hersteller.

Das heißt, die Aufnahme seiner Kommunikationsbeziehung zum Hersteller kann bestimmt sein durch die gewollte Anschaffung von Zusatzausrüstungen, durch gewünschte Umbauten am technischen Produkt, durch Wartungs- oder Reparaturmaßnahmen, durch Störungen und andere Fehlfunktionen oder durch Schäden, die bei der Verwendung des technischen Produkts entstanden sind. Es kann auch sein, dass der Verwender Verständnisfragen bezüglich der Anweisungen oder zu Hinweisen in den produktbegleitenden Dokumenten hat.

Diese Aufzählung nennt positive und negative Beziehungsverstärker. Fragen zu Zusatzausrüstungen oder gar Verbesserungsvorschläge zählen zu den positiven Rückmeldungen des Verwenders. Kontaktaufnahmen wegen Störungen, Fehlfunktionen und Schäden gehören oberflächlich betrachtet zu den negativen Rückmeldungen. Aber stimmt das so? Lässt sich nicht aus solchen negativen Kommunikationsmomenten auch „Kapital" schlagen?

Sorgfältige Endkontrolle

Der Technische Autor kann durch eine sorgfältige Endkontrolle seiner Arbeitsergebnisse in hohem Maß dazu beitragen, dass der Verwender keine oder nur wenige negative Beziehungserlebnisse erfährt.

Diese Endkontrolle umfasst nicht nur eine Fehlerprüfung am fertiggestellten Dokument, sondern eine umfassende Überprüfung der Handlungsfolgen, wie sie erwartbar von den Zielgruppenvertretern vorgenommen werden.

Die Arbeit des Technischen Autors umfasst so gesehen nicht allein das Konzipieren und Erstellen der Dokumente, der Informationen und Informationsträger, sondern auch das kommunikative Wirken dieser Arbeitsergebnisse im Verbund mit dem technischen Produkt und den erwartbaren zweckbestimmten Handlungsstrategien des Verwenders.

An den positiven Beziehungserlebnissen kann der Technische Autor auch insofern mitwirken, als er durch möglichst wirklichkeitsgetreue Nachspielungen von Handlungsstrategien prüft, ob und wie die angebotenen Informationen, zum Beispiel zu Serviceleistungen, der Wirklichkeit standhalten.

Das heißt, er sorgt dafür, dass ein als positives Beziehungsmoment gedachtes Angebot an den Verwender nicht zu einem negativen Beziehungserlebnis für den Verwender wird.

Der Verwender sieht seine Kommunikationsbeziehung zum Hersteller vergleichbar zweckbezogen und nutzenorientiert wie zum technischen Produkt.

Die Kommunikationsbeziehung ist wohl ähnlich rationalen und gefühlsbetonten Handlungsmotiven unterworfen, wie es zu technischen Produkten der Fall ist.

Der Technische Autor kann durch sorgfältiges Sicherstellen von Informationen an den Verwender dazu beitragen, dass sich der Verwender bei dem Hersteller „wohlfühlt".

2.9 Kommunikationsbeziehungen zum Gesetzgeber mit den Augen des Verwenders betrachtet

2

Die Kommunikationsbeziehung Verwender – Gesetzgeber wird insgeheim schon mit der Kommunikationsbeziehung des Verwenders mit den produktpräsentierenden Dokumenten aufgebaut. Mit dem Übertritt des technischen Produkts in den Besitz- bzw. Verwendungsstand des Verwenders ist die Kommunikationsbeziehung zweifelsfrei auch vertraglich definiert.
Aus Sicht des Verwenders dürfte seine Kommunikationsbeziehung zum Gesetzgeber zunächst aber auf die Besitz- und Verwendungsphase beschränkt erscheinen, was vordergründig betrachtet auch so stimmt.

2.9.1 Kommunikationsbeziehungen vom Verwender zum Gesetzgeber in der Kontaktnahmephase

Videoclips, Prospekte, Kataloge, Technische Datenblätter und Anwendungsbeschreibungen, Anzeigen, Fachartikel und vergleichbare Dokumente dienen dem Hersteller dazu, einen möglichen Verwender über die Einsatzmöglichkeiten des Produkts so zu informieren, dass dieser das Produkt für seinen persönlichen Bedarf als zweckmäßig bewertet. Damit wird der Verwender in seinem Handeln beeinflusst und im positiven Fall zur Anschaffung des Produkts angeregt, auf der Basis von Treu und Glauben.
Dieser Ausdruck und dieser Sachverhalt ist Gegenstand des Bürgerlichen Gesetzbuches und wird im Zusammenhang einer Warenanbietung wirksam.
Aus Sicht des Verwenders sind diese Informationen relativ beliebig und haben keine rechtliche Relevanz. Es ist eher wahrscheinlich, dass er dahinter keine Kommunikationsbeziehung mit dem Gesetzgeber sieht.
Offensichtlich wird für den Verwender seine Kommunikationsbeziehung mit dem Gesetzgeber erst, wenn die produktpräsentierenden Dokumente inhaltliche Fehler enthalten, die einen Schaden herbeiführen oder gegebenenfalls auch herbeiführen können.

Der Gesetzgeber als Helfer

Dies kann bei einem Video die falsch gezeigte Handhabung eines Produktes sein, eine Darstellung mit fehlender oder falscher Schutzausrüstung oder verfälschte akustische Wiedergaben und Äußerungen. Bei Prospekten können es falsche Daten und Wertangeben sein, auch unangemessene Anwendungsbilder. In Katalogen können es falsche bildliche Darstellungen sein, eventuell hervorgerufen durch Bildvertauschungen oder durch unangemessene Vergrößerungen oder Verkleinerungen.
Kommt es zu einer rechtlich relevanten Handlung zwischen Verwender und Hersteller – das kann ein individuelles Angebot sein, eine Anfrage usw. –, ist der Gesetzgeber für beide Seiten der „Dritte im Bunde". Veranlasst der potenzielle Verwender weitere Geschäftstätigkeiten auf der Grundlage der fehlerhaften produktpräsentierenden Dokumente und es entsteht für ihn ein Schaden, wird er sich des Gesetzgebers als Kommunikationspartner bedienen.
Dieses kommunikative Beziehungsfeld sollte der Technische Autor beachten. Alle Informationen für den potenziellen Verwender werden vom Verwender als wahr und sinnvoll bewertet, auch wenn er sich über die Informationen lustig macht oder sie ungläubig zur Kenntnis nimmt. Er richtet sein Handeln in seinem Sinne zweck- und nutzenentsprechend an dem Wahrgenommenen aus.

2.9.2 Kommunikationsbeziehungen vom Verwender zum Gesetzgeber in der Besitz- und Verwendungsphase

Mit dem Übergeben eines Produktes zur Verwendung ist zweifelsfrei die Kommunikationsbeziehung zwischen Verwender und Gesetzgeber zustande gekommen. Aber auch hier ist der Gesetzgeber aus Sicht des Verwenders keine konkrete, sondern eine abstrakte Größe. Üblicherweise wird er diesen erst im Konfliktfall erkennen – und dann oft ohne Konsequenzen, soweit es sich um die private Nutzung von Produkten handelt.
Bei der gewerblichen Nutzung ist das grundsätzlich anders. Hier wirkt das öffentlich-rechtliche und

betriebliche Netzwerk, sodass zumindest Personenschäden relativ zuverlässig geahndet werden.
Aus Sicht des Verwenders ist seine Kommunikationsbeziehung zum Gesetzgeber häufig undurchschaubar und nebulös – und dies mit Grund. Schließlich handelt er als Verwender unscharf zweckbestimmt und mehr oder weniger lauter.

Die andere Sicht des Gesetzgebers

Der Gesetzgeber aber sieht die Handlungen des Verwenders als Ereignisse in einem Spielregelwerk mit relativen Gewichtungen. Bewertungsgrundlage sind die Regeln, also die Gesetze. Diese wiederum enthalten Ausschlüsse für bestimmte Ereignisse und bestimmte Handlungszusammenhänge.
Diese Ausschlüsse verbergen sich zum Beispiel hinter Begriffen wie „Technisches Versagen“, „Höhere Gewalt“, „Fehlende Rechtsgrundlage“ usw. Änderungen in den Spielregeln herbeiführen war lange Zeit aus Sicht des Verwenders ebenso wenig durchschaubar und nebulös wie der Gesetzgeber als Kommunikationspartner selbst.
Inzwischen hat sich hier einiges geändert. Zum einen wird durch die verstärkte Thematisierung des Verbraucherschutzes und weit häufiger durch das Anprangern der Verstöße gegen den Verbraucherschutz in den Medien ein Selbstbewusstsein bei den Verwendern geschaffen, das den Gesetzgeber als existente Größe wahrnimmt und auch von diesem Rechenschaft fordert. Dies zeigen zum Beispiel die hohen Besucherzahlen bei Prozessen zu Unfällen, bei denen durch bzw. mittels technischer Einrichtungen katastrophale Schäden entstanden sind.
Zum anderen wird der Gesetzgeber als möglicher Kommunikationspartner ins Bewusstsein gerückt, weil der Themenkreis Verbraucherschutz durch eine eigene exekutive Stelle vertreten ist und dies durch die mediale Präsenz der Politik bekannt gemacht und gehalten wird.
Für den Technischen Autor hat diese Bewusstseinsveränderung bei den Verwendern erhebliche Auswirkungen auf seine Arbeit. Wird doch dadurch auch seine Arbeit immer häufiger in das nutzenbestimmte Handlungskonzept des Verwenders einbezogen – nicht unmittelbar im Zusammenhang mit der Produktverwendung, sondern später, wenn Kommunikationskonflikte auftreten.
In der Konsequenz bedeutet dies, dass der Technische Autor in dem Handlungskonzept aus Sicht des Verwenders auch den Gesetzgeber, als Kommunikationspartner für den Verwender, berücksichtigen muss.

2.10 Kommunikationsbeziehungen zur Öffentlichkeit mit den Augen des privaten Verwenders betrachtet

Die Kommunikationsbeziehung Verwender – Öffentlichkeit ist im Wesentlichen beschränkt auf die Besitz- und Verwendungsphase des Produkts.
Da die Kommunikationsbeziehungen des gewerblichen Verwenders komplexer sind als die des privaten Verwenders, werde ich zunächst die Kommunikationsbeziehungen aus der Sicht des privaten Verwenders betrachten.
Für den privaten Verwender ist Öffentlichkeit großzügig und grob gesagt die Welt außerhalb seines Privatraumes.
Wenn der Verwender mit der Öffentlichkeit in Kommunikationsbeziehungen tritt, dann ist das immer im Zusammenhang mit der Nutzung des technischen Produkts – auch wenn der Verwender nur die Bedienungsanleitung liest; vorausgesetzt, das Lesen ist kein Selbstzweck oder ein sachfremder Zweck. Aber solche Fälle sind irrelevant.
Das bedeutet, dass der Verwender bei der Produktnutzung die Öffentlichkeit in sein Handlungskonzept einbezieht oder die Öffentlichkeit ignoriert, mehr oder weniger bewusst.

Fallbeispiel 8

Kommunikationsbeziehungen eines privaten Verwenders mit der Öffentlichkeit unter dem Gesichtspunkt der Produktnutzung

Aus diesem Umstand erwachsen Probleme in den Kommunikationsbeziehungen und es entstehen Betroffene. Wie, das zeigt das folgende Fallbeispiel.

2

Privater Verwender belastet Öffentlichkeit durch Produktverwendung

Ein Verbraucher mäht mit seinem Rasenmäher mit Verbrennungsmotor frühmorgens Rasenflächen vor und hinter seinem Haus. Der Zeitpunkt ist aus seiner Sicht günstig, da später die starke Sonneneinstrahlung ein Arbeiten nicht sinnvoll erscheinen lässt.

Die Geräuschentwicklung ist hoch und der Schall kann ungehindert zu den umliegenden Häusern und dort in die offenen Fenster dringen. Die Abgase des Rasenmähers verbreiten sich ebenfalls stetig und wahrnehmbar. Der Rasenmäher arbeitet in einem normalen Betriebszustand.

In den umliegenden Gebäuden schlafen Kinder und Erwachsene. Einige wenige sind krank.

Der Verwender wird von Nachbarn angesprochen und getadelt.

Verallgemeinerte Darstellung der Kommunikationsbeziehungen

Der Verwender nutzt das technische Produkt in seinem Privatraum aus – für ihn – guten Gründen. Die Geräusch- und Abgasemissionen des technischen Produkts dringen in die Privaträume der angrenzenden Bewohner und verursachen dort Geräuschbelästigung, später auch Geruchsbelästigung.

Die Betroffenen beschweren sich beim Verwender.

Auswertung der Kommunikationsereignisse

- Der Verwender setzt das technische Produkt zweck- und nutzenbestimmt ein.
- Er weiß zwar um die Öffentlichkeit, erkennt aber keinen Zusammenhang oder ignoriert den Zusammenhang zwischen seinem Handeln und der damit verbundenen Belästigung der Betroffenen.
- Die Betroffenen aktivieren ihre kommunikative Kraft und beschweren sich beim Verwender.

Hinweise und Empfehlungen für den Technischen Autor

Der Verwender erkennt sein belästigendes bzw. möglicherweise schädliches Einwirken auf die Öffentlichkeit nicht, da er sich ja in seinem Privatraum aufhält. Außerdem ist für den Verwender kein unmittelbarer Zusammengang zwischen dem technischen Produkt und den in der Umgebung sich aufhaltenden Personen gegeben, da er niemanden wahrnimmt und damit keiner in unmittelbarem Kontakt mit dem technischen Produkt steht.

Der Technische Autor hat in solchen und vergleichbaren Fällen als „Aufsichtsperson“ den Verwender auf die störende bzw. schädigende Wirkung durch die Benutzung des technischen Produkts hinzuweisen und ihn entsprechend zu warnen.

Mögliches Beispiel

Im konkreten Beispiel könnte das so aussehen:

In einem Vorwort bzw. bei den allgemeinen Sicherheitshinweisen weist er den Verwender auf die Möglichkeiten der Belästigung durch das Motorengeräusch sowie durch Abgase hin.

In freundlicher Weise werden Möglichkeiten aufgezeigt, wie diese Problematik von vornherein gelöst werden könnte, zum Beispiel durch ein Cartoon: Ein personifizierter Rasenmäher weigert sich zu arbeiten, da es noch sehr früh oder schon sehr spät ist und aus den geöffneten Fenstern umstehender Häuser Schlafgeräusche, durch Sprechblasen dargestellt, zu hören sind.

Es kann auch ein schlichter Text sein: *„Denken Sie immer an Ihre Nachbarn – an die lieben alten Menschen von nebenan, an die Träume der Kinder und an sich. Denn auch Sie wissen Ruhe und abgasfreie Luft im Schlaf zu schätzen. Oder?“*

Es kann aber auch nüchtern und formal gesagt werden: *„Erkundigen Sie sich bei Ihrer Gemeinde oder in der Hausordnung, zu welchen Zeiten das Betreiben eines Rasenmähers gestattet ist.“*

Es gibt sicherlich noch mehr standardisierte Hinweistexte.

Eine fast zwingende Quelle sind gerade bei technischen Geräten für den privaten Gebrauch die entsprechenden harmonisierten Normen.

Fallbeispiel 9

Teil 1
Kommunikationsbeziehungen eines privaten Verwenders mit der Öffentlichkeit unter dem Gesichtspunkt der Produktnutzung

Im folgenden Fallbeispiel handelt es sich ebenfalls um die Verwendung eines weitverbreiteten technischen Produkts, mit dem man schnell die Öffentlichkeit tangiert, ohne es gewahr zu werden.
Im vorliegenden Fall nehmen wir als privaten Verwender einen als zuverlässig und umsichtig handelnden erwachsenen Menschen an. Der Beweggrund, warum der Verwender das technische Produkt der Öffentlichkeit preisgibt, könnte auch ein anderer sein – zum Beispiel Lustlosigkeit, Achtlosigkeit, Bedürfnisse irgendwelcher Art.

Privater Verwender schädigt Öffentlichkeit durch Produktvernachlässigung

Während ein Verbraucher mit einer elektrischen Heckenschere vom Gehweg aus eine Hecke schneidet, wird er durch einen Telefonruf unterbrochen. Er lässt die Heckenschere auf dem Gehweg liegen und eilt ins Wohnzimmer.
Inzwischen kommen einige Kinder vorbei und sehen die Heckenschere auf dem Boden liegen. Neugierig betrachten sie zunächst das Gerät. Allmählich regt sich die kindliche Neugier und eines der Kinder betätigt den Schalter, während ein anderes die Messer befühlt. Das kurze Laufen der Maschine führt dazu, dass dem Kind am Messer der Zeigefinger einer Hand abgetrennt und an der anderen Hand ein Schnitt zwischen Daumen und Zeigefinger zugefügt wird.
Durch das erschreckte Brüllen der Kinder aufmerksam geworden, eilt der Verwender herbei, sieht den Schaden, ruft den Krankenwagen usw.

Verallgemeinerte Darstellung der Kommunikationsbeziehungen

Der Verwender lässt sich während der Nutzung des technischen Produkts durch eine andere, von ihm so verstandene, Handlungsaufforderung von einem anderen Ort aus stören.
Die räumliche Trennung der Handlungsorte und das Bewusstsein, dass der Zweck der Produktnutzung noch nicht abgeschlossen ist, führen dazu, dass der Verwender das technische Produkt unbeaufsichtigt und öffentlich zugänglich allein lässt.
Eine Gruppe von Kindern lässt sich von dem technischen Produkt anziehen. Die kommunikative Kraft des technischen Produkts wirkt. Die Kinder „verwenden" das technische Produkt gruppen- und alterserwartbar und kommen zu Schaden.
Die Schmerz- und Schreckensäußerungen erregen die Aufmerksamkeit des eigentlichen bestimmungsgemäßen Verwenders des technischen Produkts. Er kehrt an den ursprünglichen Handlungsort zurück, erkennt den entstandenen Schaden und holt Hilfe für die Betroffenen.

Auswertung der Kommunikationsereignisse

- Der Verwender hat durch einen unerwarteten Impuls seine Handlungsstrategie spontan geändert und unreflektiert eine andere Handlung begonnen.
- Die kommunikative Kraft des technischen Produkts als nicht personalem Bestandteil konnte ungehindert auf empfängliche personale Bestandteile im gegebenen Kommunikationskontext wirken.
- Die Betroffenen haben entsprechend ihrer noch eingeschränkten Erkenntnis- und Einsichtsfähigkeit das technische Produkt „zweckentsprechend" betätigt.
- Der Verwender ist unerwartet auf die schädlichen Folgen seines Verhaltens aufmerksam gemacht worden.

Hinweise und Empfehlungen für den Technischen Autor

Ist der Technische Autor für das unbedachte Handeln des Verwenders verantwortlich zu machen? Primär wohl nicht.
Aber in zweiter Linie wird sicherlich in einem Schadensfall wie dem beschriebenen geprüft, inwieweit der Technische Autor in seinem Kommunikationskonzept ein solches erwartbares, nicht bestimmungsgemäßes Handeln eines Verbrauchers berücksichtigt hat. Was kann er tun?
Ein einfaches, aber vermutlich etwas teureres Verfahren zur möglichen Vermeidung des im Fallbeispiel beschriebenen Schadens wäre es, wenn direkt auf der

2

Maschine die Aufforderung für den Verwender stünde *„Lassen Sie die Maschine nicht unbeaufsichtigt liegen!“* Man könnte gegebenenfalls noch hinzusetzen *„Mehr dazu in der Bedienungsanleitung“.*
Teurer wäre das Verfahren deswegen, weil Schriftsprache immer übersetzt werden muss. Und bei Produkten für den privaten Bedarf im Rahmen der Vielsprachigkeit der erwartbaren Benutzergruppen ist es schwierig, dem Verwender die richtige Sprache zur Verfügung zu stellen.

Fallbeispiel 9 Fortsetzung

Teil 2
Kommunikationsbeziehungen eines Technischen Autors mit dem Normensetzer unter dem Gesichtspunkt der normgerechten Benutzerinformation

Harmonisierte Normen zu technischen Produkten sind Hilfsmittel für den Hersteller. Sie enthalten Produktanforderungen und Anforderungen an die Technische Dokumentation sowie teilweise auch Prüfanforderungen für die Feststellung erfüllter Produkt- und Dokumentationsanforderungen.
Weiterhin besagt eine vom Hersteller erklärte Anwendung einer harmonisierten Norm, dass das technische Produkt und die dazugehörende Technische Dokumentation die gesetzlichen Bestimmungen der zutreffenden EU-Richtlinien erfüllen.
Das folgende Fallbeispiel soll auf einen neuralgischen Punkt in Normen aufmerksam machen, den der Technische Autor beachten sollte.

Scheinbare normgerechte Problemlösung
In der Betriebsanleitung der elektrischen Heckenschere werden in einem eigens angelegten Sicherheitskapitel die auf der Maschine befindlichen Piktogramme erklärt. Ferner werden in einzelnen übersichtlich angeordneten Punkten die Sicherheitshinweise der zutreffenden harmonisierten Norm aufgeführt.
Der Technische Autor hält sich streng an die für diese Heckenschere bestimmte harmonisierte Norm „DIN EN 774 (1997) Gartengeräte. Tragbare motorbetriebene Heckenscheren. Sicherheit“.
Er nimmt die Zitate in die Betriebsanleitung unter der Rubrik „Wichtige Sicherheitshinweise – unbedingt beachten!“ auf. Ferner fordert er den Verwender auf dem Titelblatt der Betriebsanleitung auf, vor der Benutzung der Heckenschere die Betriebsanleitung vollständig zu lesen.
Ferner veranlasst er, dass die Heckenscheren auf der Geräteoberseite das Pictogramm *„Achtung! Gebrauchsanweisung lesen!“* tragen. Das Piktogramm wird aufgeklebt.
Die Lesbarkeit und Dauerhaftigkeit des Piktogramms wird im Rahmen des für die Heckenscheren festgelegten Prüfverfahrens festgestellt.

Zitate einer harmonisierten Norm

Die oben zitierte harmonisierte Norm DIN EN 774 (1997) Gartengeräte bemerkt bezüglich Gefährdungsfällen, wie in Fallbeispiel 9 Teil 1 beschrieben in Abschnitt „5.2 Betriebsanleitung“ Folgendes:
„Sofern zutreffend, muss die Betriebsanleitung sinngemäß folgendes beinhalten:

a) DIESE MASCHINE KANN ERNSTHAFTE VERLETZUNGEN VERURSACHEN! Lesen Sie sorgfältig die Gebrauchsanweisung zum korrekten Umgang, zur Vorbereitung, zur Instandhaltung, zum Starten und Abstellen der Maschine. Machen sie sich mit allen Stellteilen und der sachgerechten Benutzung der Maschine vertraut;
b) Kinder dürfen die Heckenschere niemals benutzen;
c) Der Gebrauch der Heckenschere ist zu vermeiden, wenn sich Personen, vor allem Kinder, in der Nähe befinden“

Die Normenverfasser beachten auch die Informationsvermittlung vor Ort. Sie fordern unter Punkt „5.1 Maschinenangaben/Kennzeichnung unter anderem:
„Zusätzlich muss jede Maschine eindeutig mit dem(n) folgenden Warnhinweis(en) oder geeignetem(n) Bildzeichen in Übereinstimmung mit ISO 3864 versehen sein:

a) Achtung! Gebrauchsanweisung lesen!
b) Tragen Sie einen Gehörschutz (falls erforderlich).
ANMERKUNG: Beispiele zulässiger Bildzeichen sind im Anhang B angegeben.“

Der Technische Autor prüft in der Verpackungsstelle den Inhalt und die Art und Weise der Beilage von produktbegleitenden Dokumenten und die Kennzeichnungen an der Maschine. Er sieht alle Festlegungen verwirklicht.

Verallgemeinerte Darstellung der Kommunikationsbeziehungen

Der Technische Autor erfüllt die Anforderungen der zum technischen Produkt gehörenden harmonisierten Normen. Er übernimmt die vorgeschriebenen Benutzerinformationen sowohl in die Betriebsanleitung als auch auf dem technischen Produkt selbst. Er prüft darüber hinaus die ordnungsgemäße Verwirklichung der Normanforderungen.

Die für das technische Produkt zutreffende harmonisierte Produktnorm schreibt sprachliche Äußerungen für die Betriebsanleitung vor sowie bildliche bzw. grafische Informationen in der Betriebsanleitung und auf dem technischen Produkt.

Auswertung der Kommunikationsereignisse

- Vergleicht man die Informationsanforderungen der Norm mit dem beschriebenen Fallbeispiel, bleibt festzustellen:
  - Die Norm fordert vom Technischen Autor, dass er in der Betriebsanleitung den Verwender mit Worten auf die Gefährdungsmöglichkeit von Kindern hinweist.
  - Sie verlangt ferner, dass der Technische Autor den Verwender zum entsprechenden gefährdungsvermeidenden Verhalten auffordert.
  - Und sie fordert vom Technischen Autor, dass er den Verwender mittels eines Schriftzuges oder des entsprechenden Piktogramms zum Lesen der „Gebrauchsanleitung“ auffordert.
- Die Norm berücksichtigt nicht, dass das zweckbestimmte Handlungskonzept des Verwenders das Lesen der Betriebsanleitung erwartbar gar nicht vorsieht.
- Die Normenverfasser stellen das Unterrichten des Verwenders ins Blickfeld ihres Interesses und nicht die Kommunikationsbeziehung Verwender – Öffentlichkeit.
- Sie blenden ebenso das erwartbar zweckorientierte Handlungskonzept des Verwenders aus. Und dieses Handlungskonzept sieht für den Verwender einen Informationsbedarf erst dann gegeben, wenn das Produkt anders handelt als erwartet.
- Das Benutzen des Produktes durch Dritte ist in diesem Handlungskonzept des Verwenders nicht vorgesehen. Ebenso ist das vorbeugende Lesen der Betriebsanleitung nicht vorgesehen.
- Mit dem Piktogramm „Vor Inbetriebnahme Gebrauchsanweisung lesen“ verlangen die Normensetzer aus der Sicht des Verwenders eine Fremdsprache – hier ein Bildzeichen.
- Das Zeichen zeigt ein in der Mitte aufgeschlagenes Buch auf einem kreisrunden blauen Grund.
- Zwar lässt sich daraus schließen, dass in der Betriebsanleitung wichtige Informationen zur Bedienung der Maschine stehen. Aber was sind wichtige Informationen? Wichtig sind sie doch erwartbar nur für den Verwender, aber nicht in Bezug auf die Öffentlichkeit! Wie viele Verbraucher übersetzen dieses Zeichen „richtig“?

Hinweise und Empfehlungen für den Technischen Autor

Kann der Technische Autor zumindest theoretisch für das schadenbringende Verhalten des Verwenders mitverantwortlich gemacht werden? Wo er doch alle Anforderungen der Norm eingehalten hat? Im Prinzip ja. Dem Technischen Autor ist grundsätzlich für diesen und für vergleichbare Fälle zu raten: Er hat sich als Vertreter der durch das technische Produkt gefährdeten Öffentlichkeit zu verstehen.

Deshalb muss er mit seinen Mitteln angemessene und erwartbar wirkungsvolle Maßnahmen suchen, die den privaten Verwender zum einen auf diese Kommunikationsbeziehung mit der Öffentlichkeit hinweisen und zum anderen die Handlungsstrategien und Handlungsziele beim Verwender so verändern, dass die Öffentlichkeit durch den Verwender bei dessen Umgang mit dem Produkt keinen Schaden erleidet.

Grundlage für die Mittelauswahl ist ein Kommunikationskonzept, das die Handlungsstrategien und Handlungsziele des privaten Verwenders, hier unter dem Beziehungsaspekt Öffentlichkeit, durchleuchtet und berücksichtigt.

Die Normen sind nicht als absolut rechtsverbindliche Forderungen, sondern nur als quasi rechtsverbindliche Arbeitsvorlagen zu verstehen, auch wenn sie europaweit gültig sind und die „Sicherheit im Umgang mit technischen Produkten“ erwartbar erhöhen sollen. Das zeigen auch die teilweise zahlreichen nationalen Einsprüche und Einschränkungen bei der Anwendung der harmonisierten Normen.

Der Technische Autor muss die Angemessenheit und Wirksamkeit der in den Normen geforderten Äußerungen an den Verwender im konkreten Produktfall prüfen und beurteilen. Maßgebend ist hier die Kommunikationsbeziehung zur Öffentlichkeit.

Es muss noch auf ein wichtiges Pseudoinformieren durch das geforderte Piktogramm hingewiesen werden. Der Verwender sieht von seinem zweck- und nutzbestimmten Denken ausgehend keinen Grund, die Bedeutung des Piktogramms in der Betriebsanleitung zu entschlüsseln, für den Fall, dass ihm das Zeichen unbekannt ist. Und kennt er es, dann sieht er erst recht keinen Grund, die Betriebanleitung zur Hand zu nehmen, wenn die Maschine funktioniert.

2.11 Kommunikationsbeziehungen zur Öffentlichkeit mit den Augen des gewerblichen Verwenders betrachtet

Der gewerbliche Verwender unterscheidet sich bezüglich seines zweck- und nutzenbestimmten Handlungsinteresses und Handlungszieles nicht vom privaten Verwender. Das haben die Fallbeispiele zu den Kommunikationsbeziehungen mit dem technischen Produkt und den Produktdokumenten gezeigt.

Der wesentliche Unterschied von privatem und gewerblichem Verwender bei der Betrachtung der Kommunikationsbeziehungen zur Öffentlichkeit geht vom technischen Produkt aus.

Öffentlich relevante technische Produkte

Es sind technische Produkte, die der gewerbliche Verwender entweder als Werkzeuge gebraucht, um damit andere technische Produkte zu bearbeiten oder es sind technische Produkte in Form von Einzelteilen oder Baugruppen, die der gewerbliche Verwender zu einem funktionierenden Ganzen zusammenfügt. Ein alltägliches Beispiel für ein Werkzeug ist das elektrische Schweißgerät. Als typische Beispiele für Einzelteile lassen sich Schrauben nennen und eine elektrische Füllstandsmesseinrichtung kann ein Beispiel für eine Baugruppe sein.

Technische Produkte für einen gewerblichen Verwender können aber auch bereits zusammengebaute funktionierende technische Einheiten sein, die in ein anderes technisches Produkt eingebaut oder diesem hinzugefügt werden, damit es als Ganzes funktioniert. Häufig sind es Antriebseinheiten oder Transporteinrichtungen.

Unterschiedliche Verwendungsweisen

Die Aufgabe des gewerblichen Verwenders kann das Montieren und Instandhalten der Technischen Produkte sein oder auch deren Bedienung.

Wiederum kann ein technisches Produkt für einen gewerblichen Verwender eine komplexe, aus vielen einzelnen Teilanlagen bestehende und diese Teilanlagen als Gruppe zusammengefügte oder zu einem Netzwerk verknüpfte Funktionseinheit sein, die räumlich, zeitlich und funktional in viele Einzelsegmente zu gliedern ist. Das wäre zum Beispiel ein Kraftwerk oder eine Produktionseinrichtung, die sich räumlich über mehrere hundert Hektar erstrecken kann und die sich in verschiede Funktionsbereiche wie Energiegewinnung, Betriebsmittelaufbereitung, Fertigungsbereiche und Lagerbereiche gliedern lässt. Die Aufgabe des gewerblichen Verwenders kann im Bedienen der Gesamtanlage sowie der Einzelanlagen bestehen. Seine Aufgabe kann aber auch sein, einzelne Funktionseinheiten zu pflegen, umzurüsten und einzustellen.

Der gewerbliche Verwender kann jeweils eine Person sein. Es können aber auch eine Vielzahl von gewerblichen Verwendern sein, die an den technischen Produkten tätig werden können, das heißt, mit ihm in Kommunikationsbeziehung treten können.

Die folgenden Fälle befassen sich mit der Kommunikationsbeziehung des gewerblichen Verwenders zur Öffentlichkeit unter Beachtung seiner möglichen Aufgaben.

Fallbeispiel 10

Teil 1

Kommunikationsbeziehungen der Öffentlichkeit mit einem Erzeugnis eines technischen Produkts

Das folgende Fallbeispiel zeigt die Komplexität der Kommunikationsbeziehungen zwischen gewerblichem

Verwender und Öffentlichkeit. Es ist deshalb nach Ereignis- und Entwicklungsstadien gegliedert.
Zunächst wird die Geschichte von der schädlichen Kontaktaufnahme der Öffentlichkeit mit einem Enderzeugnis des technischen Produkts und einem kleinen Einblick in den firmeninternen Kontext erzählt.

Gewerblicher Verwender schädigt Öffentlichkeit durch „kleine" Wartungsfehler

Schwimmer in einem kleinen Fluss klagen über Hautreizungen und gereizte, tränende Augen. Der Sache wird behördlicherseits nachgegangen und festgestellt, dass aus einem nahe gelegenen Betrieb Abwasser mit einem unzulässig hohen pH-Wert in den Fluss eingeleitet wird. Der Betrieb trat bisher nicht negativ in Erscheinung – ja, er genießt als größter Arbeitgeber ein besonderes Ansehen in seiner Gemeinde.
Bei Untersuchungen der Anlagen stellt man fest, dass die pH-Endkontrolle nicht ordnungsgemäß funktioniert. Grund ist ein Zahlendreher bei der Festlegung des Maximalwertes der Leitfähigkeitsprüfung, erfolgt in der Steuerungs-Eingabemaske. Diesem wiederum ist eine falsche Behandlung der Glaselektrode zur Messung des pH-Wertes vorausgegangen.
Die Wartung der Gesamtanlage wird nicht vom Personal des Herstellers der Abwasserbehandlungsanlage, sondern vom Betreiber selbst durchgeführt.
Der Betreiber verlässt sich auf die Fachkenntnis seiner Mitarbeiter und diese bedienen sich bei der Durchführung der Wartungs- und Reparaturarbeiten nicht der Betriebsanleitung für die Abwasserbehandlungsanlage gesamt, wie sie der Hersteller mitgeliefert hat, sondern suchen ihre fehlenden Informationen bei Bedarf aus den Produktbeschreibungen und Anleitungen der einzelnen Bauteile und Geräte. Weitere wesentliche Informationsmittel sind noch die Elektrodokumentation und die Bildschirmmasken, in die auch die Absolutwerte eingegeben werden.
Die Abwasserbehandlungsanlage ist Teil einer Produktionskette und steuerungstechnisch mit Nachbaranlagen so verkettet, dass ein Stillstand der Abwasserbehandlungsanlage eine ungestörte Produktionszeitstrekke von nur einer Stunde erlaubt.
Eine Betriebsanleitung für die steuerungstechnisch zu betrachtende Gesamtanlage gibt es nicht. Allerdings existieren zu allen gekauften Anlagenbereichen die gesetzlich vorgeschriebenen Dokumentationen.

Verallgemeinerte Darstellung der Kommunikationsbeziehungen

Die Zufuhr gesundheitsschädlichen Abwassers in ein öffentliches Gewässer führt bei Betroffenen zu Hautreizungen. Dies hat das Eingreifen des Gesetzgebers zur Folge. Im Verlauf der Ermittlungen stellen sich als Ursachen eine falsche Zahlenwerteingabe in der Steuerung und ein Behandlungsfehler eines Messwertaufnehmers heraus.
Unternehmensintern beruhen die beiden Fehlerursachen auf einer mehrstufigen Kompetenz-, Erwartungs-, Erfahrungs- und Handlungsstruktur seitens der Verwender, der als gemeinsames Merkmal zweck- und nutzenorientiertes Handeln zugrunde liegt.
Als Verwender sind zu nennen:

- der Betreiber des technischen Produkts, dessen Erzeugnis, das behandelte Abwasser, zum Schadensfall geführt hat. Er ist der Hauptverantwortliche und in diesem Fall sogar der Hersteller, obwohl er die Anlage gekauft hat.
- der Mitarbeiter, dem der Zahlendreher passiert ist und der die Glaselektrode falsch behandelt hat.

Auswertung der Kommunikationsereignisse

- Schaden und Ursache liegen räumlich, zeitlich und funktional weit auseinander.
- Die Öffentlichkeit in Person der Betroffenen und Verwender sowie das technische Produkt mit der Technischen Dokumentation stehen in keiner direkten Kommunikationsbeziehung zueinander.
- Als personale Bestandteile im Kommunikationsmodell sind zu nennen:
  - die Schwimmer als unmittelbar Betroffene
  - alle durch die Gesundheitsschädigung der Schwimmer mittelbar Betroffenen
  - die über den Vorfall Informierten als Vertreter der Öffentlichkeit
  - der Gesetzgeber in Person seiner Vertreter
  - der Betreiber als Verwender
  - der Mitarbeiter als Verwender
  - der Hersteller der Abwasserbehandlungsanlage einschließlich aller an der Erstellung des technischen Produkts beteiligten Funktionsträger

  - der Hersteller der Steuerung einschließlich aller an der Erstellung des technischen Produkts beteiligten Funktionsträger
  - der Hersteller des Messwertaufnehmers einschließlich aller an der Erstellung des technischen Produkts beteiligten Funktionsträger.
- Als nicht personale Bestandteile im Kommunikationsmodell sind zu nennen:
  - die Eingabe- und Informationseinheit der Steuerung
  - der Messewertaufnehmer in Form der Glaselektrode.
- Die unternehmensinterne Kompetenzstruktur wird bestimmt durch die Verantwortlichkeit des Betreibers als höchstem Weisungsbefugten und des Mitarbeiters als Weisungsnehmender mit Fachkompetenz.
- Die Erwartungsstruktur wird bestimmt durch die kommunikativen Kräfte der jeweils in einer Kommunikationsbeziehung stehenden Personen, Produktteile und Teile der Technischen Dokumentation:
  - Der Betreiber erwartet vom Mitarbeiter die fachgerechte Ausführung der erforderlichen Wartungs- und Reparaturarbeiten.
  - Der Mitarbeiter erwartet von der Steuerung eine Fehleingabeerkennung und eine Fehlererkennungsinformation an den Verwender, also ihn.
  - Der Mitarbeiter erwartet ferner von den produktbegleitenden Dokumenten der Glaselektrode eine Aussage über die einzelnen Behandlungsschritte und die dazu erforderlichen Werkzeuge und Materialien.
  - Der Mitarbeiter erwartet vom Betreiber, dass dieser von ihm eine rasche Durchführung der Wartungsarbeiten erwartet, damit kein Produktionsstillstand auftritt.
- Die Erfahrungsstruktur wird bestimmt durch die erfolgreich durchgeführten Tätigkeiten über einen langen Zeitraum. Und da hat der Betreiber bislang keine schlechten Erfahrungen gemacht. Auch dem Mitarbeiter fehlen bemerkenswerte Fehlererfahrungen.

Hinweise und Empfehlungen für den Technischen Autor

Zunächst soll der Technische Autor durch diese analytische Betrachtung angeregt werden, Kommunikationsbeziehungen nach ihrer Wirksamkeit zueinander und in ihrer Wirksamkeit auf die Öffentlichkeit zu durchdenken.

Entscheidend ist hierbei das möglichst schriftliche Skizzieren des Kommunikationsmodellausschnitts. Auf diese Weise lassen sich Lücken, Fehler oder Widersprüche bezüglich personaler und nichtpersonaler Kommunikationspartner, ihre kommunikativen Kräfte, ihrer Kommunikationsbeziehungen zueinander und auch die raum-zeitlichen Verhältnisse offenlegen.

Fallbeispiel 10 Fortsetzung

Teil 2

Kommunikationsbeziehungen des Verwenders (Mitarbeiter) mit den technischen Produkten *Steuerung* und *Glaselektrode* sowie den produktbegleitenden Dokumenten

Oberflächlich kennen wir jetzt das weite Auseinanderliegen von Ursache und Wirkung. Wir kennen auch die Vielzahl der Beteiligten. Für eine gewinnbringende, dem Technischen Autor hilfreiche Betrachtung des Falles müssen wir noch die näheren Umstände kennenlernen, unter denen die Fehler entstanden sind.

Innerbetriebliche Ursachenbetrachtung

Wartungsfachkraft verwendet nur Gerätedokumente

In der Betriebsanleitung zur Abwasserbehandlungsanlage ist das Problem der falschen Behandlung der Glaselektroden eigens beschrieben, an zwei Stellen: in den allgemeinen Sicherheitshinweisen zum Thema „Durchführung von Wartungs- und Reparaturarbeiten“ und in dem jeweiligen Kapitel in Einzelheiten.

Es ist sogar ein Fallbeispiel aufgeführt, wie sich eine falsche Behandlung auswirken kann – mit wörtlichem Bezug zur Verunreinigung öffentlicher Gewässer und gesundheitsschädlicher Wirkung auf Mensch und Tier.

Ebenso wird auf die sorgfältige Eingabe und Überprüfung der Steuerwerte anhand einer Aktualitätsliste hingewiesen. Der Standort dieser Aktualitätsliste in der umfangreichen Produktdokumentation ist ebenfalls eindeutig angegeben.

Der Mitarbeiter hat vor Beginn der Wartungsarbeiten an den Messwertaufnehmern und der Steuerung nicht die

Betriebsanleitung der gesamten Abwasserbehandlungsanlage verwendet, sondern bei Bedarf auf die jeweilige Produktanleitung der Steuerung und des Messwertgebers mit der Glaselektrode zurückgegriffen.

In den Produktanleitungen der Messwertaufnehmer und Steuerungskomponenten sind zwar die Möglichkeiten der Einstellungen ausführlich beschrieben; es finden sich auch Anweisungen zum Ein- und Ausschalten, Hinweise zum Ein- und Ausbau, zur Fehlersuche usw.

Aber einen Hinweis darauf, dass mit den Produkten keine Plausibilitätsprüfung durchgeführt werden kann, enthalten die Produktanleitungen nicht.

Allerdings verrät ein Hinweis in den allgemeinen Sicherheitshinweisen dem Verwender, dass bei jeder Einstellung die eingegebenen Werte zu prüfen sind.

Und es steht auch geschrieben, dass alle Hinweise der Betriebsanleitung der Anlage zu beachten sind, in die dieses Produkt eingebaut wird bzw. ist.

Es steht ferner in diesen Anleitungen, dass der Hersteller nur für Fehler des Gerätes haftet, nicht für die Eingabe der Werte und Daten, soweit sie nicht in der Produktdokumentation aufgeführt sind.

Ein Hinweis auf eine mögliche Gefährdung der Öffentlichkeit durch Eingabefehler bei entsprechender Verwendungsumgebung des Produktes fehlt.

Ein kleines Versehen mit Folgen

Dass die Glaselektrode falsch behandelt worden ist, ist für den Mitarbeiter ein Versehen, das aufgrund des „geringen Fehlers" von ihm nicht als bedrohlich bewertet wird: „Schließlich kann so etwas jedem passieren!"

Der Mitarbeiter verwendet die Produktdokumentation nur, um sich zu vergewissern, dass sein Wissen über die Ab- und Einschaltprozedur sowie die Behandlungsweise der Glaselektrode auch stimmt.

Den Hinweis, dass höhere Temperaturen bei den Glaselektroden eine Verschiebung des Wahrnehmungs- und Anzeigebereiches des Messwertgebers zur Folge hat, liest der Mitarbeiter zwar, aber er nimmt den Hinweis nicht bewusst wahr.

Der Zahlendreher bei seiner Werteingabe in die Steuerung ist ebenfalls für den Mitarbeiter eine kleine Unachtsamkeit.

Er kann sich nicht vorstellen, dass ihm so etwas passiert. Er geht davon aus, dass das Steuerungsprogramm so gesichert ist, dass Referenzwerte abgelegt sind, die eine unzulässige Werteingabe als Fehler melden. So kennt er es von anderen Anlagensteuerungen.

Ein früherer Kollege wusste, dass dem nicht so ist – aber der ist ausgeschieden und hat dieses Wissen nicht an seinen Kollegen weitergegeben, als er ihn in die Pflege- und Wartungsarbeiten der Anlage eingewiesen hat.

Der Griff zur erforderlichen Betriebsanleitung der Abwasserbehandlungsanlage, in der alle zulässigen Werte stehen, erscheint dem Mitarbeiter als nicht lohnenswert, weil unbequem und zeitaufwändig. Die Eingabewerte glaubt er auswendig zu kennen.

Die Produktdokumentation zu den Eingabemasken benötigt er nicht, da die erforderlichen Menüpunkte festgelegt sind.

Der Mitarbeiter sieht seine Arbeit und sein Tun als Auftragserledigung und begreift sich in einer Kommunikationsbeziehung zu seinem Auftraggeber.

Verallgemeinerte Darstellung der Kommunikationsbeziehungen

Die dem Mitarbeiter zur Verfügung stehenden und für eine bestimmungsgemäße Durchführung der Arbeiten am technischen Produkt erforderlichen Dokumente werden vom Mitarbeiter aus persönlichen zweck- und nutzenorientierten Gründen nicht verwendet.

Selbstverschuldete Fehler werden nachträglich vom Mitarbeiter als erwartbare bzw. mögliche Bagatellen bewertet. Relevante Informationen in den Dokumenten werden unaufmerksam übergangen.

Die bestimmungsgemäßen Dokumente enthalten alle erforderlichen Informationen für die bestimmungsgemäße Durchführung aller Arbeiten, auch mit besonderen Hinweisen zu erwartbaren Fehlhandlungen der Verwender.

Auswertung der Kommunikationsereignisse

- Der Mitarbeiter bestimmt seinen Informationsbedarf auf der Grundlage seines wahrgenommenen Zweifels oder Misserfolgs. Bestehen für ihn keine Zweifel an der Richtigkeit seiner Handlungen, hat er auch keinen Informationsbedarf.
- Fehler werden als tolerierbar angesehen, soweit sie keine unmittelbar wahrnehmbaren Folgen hervorrufen bzw. die Folgen eine bestimmte „Größe" nicht übersteigen.

- Die bestimmungsgemäß ausgestaltete und auf die besonderen technischen Schwachstellen eingehende Dokumentation bleibt wirkungslos.
- Die Kommunikationsbeziehung des Verwenders zur Öffentlichkeit wird weder vom Verwender erkannt noch in den Dokumenten angesprochen.

2

Hinweise und Empfehlungen für den Technischen Autor
Aus dem genannten Fall lassen sich für den Technischen Autor die bereits bekannten Lehren ziehen:
Der Verwender verwendet Produktdokumente nur im für ihn bestehenden Bedarfsfall. Und wenn er glaubt, das Nötige ungefähr oder ziemlich sicher zu wissen und zu können, vor allem gar zu kennen, dann lässt er erwartbar von einer Informationssuche ab. Er vertraut auf sich und dass „es nicht so schlimm sein wird".
Das Bewusstsein einer Kommunikationsbeziehung zur Öffentlichkeit ist bei Verwendern noch kaum vorauszusetzen. Bei Herstellern und Technischen Autoren wohl auch noch nicht in genügendem Ausmaß.
Das lässt mich zu einem für den Technischen Autor zentralen Punkt und einer wichtigen Frage dieses Fallbeispiels 10 kommen: Wer ist der Technische Autor bzw. von welchem Technischen Autor sprechen wir? Und hier kommen wir zum dritten Teil des Falles: den einzelnen technischen Produkten, die im Spiel sind.

Fallbeispiel 10 Fortsetzung

Teil 3

Kommunikationsbeziehungen des Verwenders „Betreiber" mit der Gesamtanlage und Kommunikationsbeziehungen der Hersteller der Abwasserbehandlungsanlage und der Einzelkomponenten mit den technischen Produkten und der Technischen Dokumentation

Wie wir bisher wissen, kommen in dem Fall der Betreiber, der firmeninterne Mitarbeiter sowie der Hersteller der Gesamtanlage in Personalunion mit dem Betreiber, der Hersteller der Abwasserbehandlungsanlage und die Hersteller von Messwertgeber und Steuerungskomponente als Akteure vor.
Damit nicht genug, denn hinter jedem Hersteller stehen ein Technischer Autor und seine Technische Dokumentation.

Im Folgenden wird auf diese Sachlage eingegangen und es werden generelle und spezielle Betrachtungen, Hinweise und Empfehlungen für die betreffenden Technischen Autoren dargelegt.

Unterschiedliche technische Produkte im Verbund
Der Betreiber darf nur neutrales Abwasser in Trinkwasserqualität in das öffentliche Gewässernetz einleiten. Das schreibt der Gesetzgeber vor.
Zu diesem Zweck kauft er eine Abwasserbehandlungsanlage von einem Hersteller. Um einen Drei-Schicht-Betrieb in seiner Produktion fahren zu können, lässt er die Abwasserbehandlungsanlage mit der Produktionsanlage steuerungstechnisch verketten, sodass beide Anlagenteile in gegenseitiger Abhängigkeit arbeiten. Die Verkettung lässt er durch eigenes Personal vornehmen.
Das Angebot des Herstellers der Abwasserbehandlungsanlage, einen Service- und Wartungsvertrag abzuschließen, um ohne eigene Mittel und Risiken die gesetzlichen Instandhaltungs- und Prüfungsanforderungen zu erfüllen, lehnt der Betreiber ab. Er vertraut darauf, diese Leistung mit eigenen Leuten zu schaffen bzw. günstiger durch die Beauftragung unabhängiger Wartungsunternehmen wegzukommen.
Der Hersteller der Abwasserbehandlungsanlage kauft die Einzelkomponenten entsprechend den Konstruktionsvorgaben ein. Die Konstrukteure bestimmen die erforderlichen technischen Leistungsdaten und Grenzdaten. Der Einkauf sucht die Lieferanten.
Im Rahmen der Konstruktions-, Entwicklungs- und Fertigungsphase hat sich eine selbstreflektierende Routine ergeben, auch verstärkt durch ein QMS-Verfahren. Ergebnis dieser Routine ist die Übernahme der Leistungsdaten in die Verfahrenspläne und die Aufnahme von erwartbarem Fehlverhalten von Verwendern, gegliedert nach Qualifikation und Betriebs- bzw. Lebensphasen der Anlage und ihrer Einzelteile.
Als Ergebnis wurden entsprechende Eigenerfahrungen der Mitarbeiter und ihre Erfahrungen bei Inspektionen und Regelungen von Schadensfällen gesammelt.
Der Technische Autor hat die produktbegleitenden Dokumente der relevanten Einzelkomponenten gesichtet und seine Produktdokumentation einschließlich der Betriebsanleitung dem erwartbaren Fehlverhalten angepasst.

Die Hersteller der Einzelkomponenten haben von dem Verfahren nichts erfahren, stehen aber dennoch mit dem Hersteller in Kontakt, da dieser immer wieder Speziallösungen anfragt und bestellt.

Verallgemeinerte Darstellung der Kommunikationsbeziehungen

Der Betreiber wird für den Fall der Einleitung von Abwasser in das öffentliche Gewässernetz vom Gesetzgeber gezwungen, gewisse Qualitätsanforderungen des Abwassers sicherzustellen.

Aus diesem Grund wird eine entsprechende Abwasserbehandlungsanlage vom Betreiber gekauft und mit einer Produktionsanlage verknüpft, damit die Einrichtungen wirtschaftlich optimiert genutzt werden können. Der gesetzlichen Verpflichtung zur Erstellung einer Technischen Dokumentation für die Gesamtanlage kommt der Betreiber nicht nach.

Mit der Pflege und Instandhaltung der Abwasserbehandlungsanlage betraut der Betreiber seine eigenen Mitarbeiter und behält sich als wirtschaftliche Option vor, freie Wartungsfirmen mit der Pflege und Instandhaltung der Abwasserbehandlungsanlage zu beauftragen. Den Hersteller beauftragt er dafür nicht.

Die Abwasserbehandlungsanlage pflegt und wartet ein firmeninterner Mitarbeiter. Er wird von einem anderen erfahrenen Kollegen in die durchzuführenden Arbeiten eingewiesen. Der informiert ihn aber nicht vollständig über die sachgerechte Behandlung der Messwertgeber mit Glaselektrode und die Eingabe von entsprechenden Steuerungsdaten.

Der firmeninterne Mitarbeiter verursacht letztlich durch nicht bestimmungsgemäße Behandlung bzw. Betätigung zweier Einzelkomponenten, einer Steuerungskomponente als Informations- und Eingabeeinheit und einer Glaselektrode als Messwertaufnehmer eines Messwertgebers, die Verletzung von Unbeteiligten außerhalb des Firmengeländes. Er wird vor Beginn seiner Arbeiten und auch während der Durchführung der Arbeiten nicht auf mögliche gefährdende bzw. gefährliche Folgen hingewiesen, die durch nicht bestimmungsgemäßes Verhalten seinerseits erwartbar sind.

Auswertung der Kommunikationsereignisse

- Betreiber und firmeninterner Mitarbeiter handeln bezüglich ihrer nicht personalen Kommunikationspartner zweck- und nutzenbestimmt.
- Weder der Betreiber noch der Mitarbeiter messen der Technischen Dokumentation als wichtiges Informationsinstrument die bestimmungsgemäße Beachtung bei.
- Der Betreiber verlässt sich auf das persönliche Fachkönnen des firmeninternen Mitarbeiters und erwartet dessen bestimmungsgemäße Verwendung der betroffenen Anlagenbereiche und Einzelkomponenten.
- Der firmeninterne Mitarbeiter verlässt sich auf die Vollständigkeit der Informationen seines Kollegen und auf seine eigenen Erfahrungen im für ihn ähnlichen gerätetechnischen und funktionstechnischen Kontext.

Hinweise und Empfehlungen für den Technischen Autor

In dem Fallbeispiel treten drei Verwender auf:

- der Hersteller der Abwasserbehandlungsanlage
- der Betreiber
- der firmeninterne Mitarbeiter.

Alle drei Verwender handeln zweck- und nutzenbestimmt und nach einem persönlichen Handlungskonzept, das uns ungefähr bekannt ist.

Und alle drei Verwender greifen auf dreierlei Technische Dokumentationen bzw. produktbegleitende Dokumente zu bzw. können darauf zugreifen:

- der Hersteller der Abwasserbehandlungsanlage auf die produktbegleitenden Unterlagen des Steuerungsteil-Herstellers und des Herstellers des Messwertgebers
- der Betreiber auf die Produktdokumentation des Herstellers der Abwasserbehandlungsanlage
- der firmeninterne Mitarbeiter des Betreibers auf die Produktdokumentation des Herstellers der Abwasserbehandlungsanlage und auf die produktbegleitenden Unterlagen des Steuerungsteil-Herstellers und des Herstellers des Messwertgebers.

Drei Technische Autoren

Daraus folgt, dass bisher dreierlei Technische Autoren mit ihren Arbeitsergebnissen vertreten sind: der des Herstellers der Abwasserbehandlungsanlage, der des Herstellers der Steuerungskomponente und der des Herstellers des Messwertgebers.

Weiterhin steht fest, dass ein vierter Technischer Autor mit seinem Arbeitsergebnis fehlt – nämlich der Technische Autor, der vom Betreiber beauftragt werden müsste, die Betriebsanleitung für die Gesamtanlage zu erstellen.

Diese Aufzählung ist idealisiert! Im Normalfall sind es einige Kollegen mehr, weil es auch mehrere Hersteller als die genannten sind und weil pro Hersteller mehr als ein Technischer Autor tätig sein kann. Für unsere Betrachtung genügen aber diese vier.

Wieder einmal aus Gründen der Übersichtlichkeit – Kommunikation ist nun mal eine komplexe Angelegenheit – teile ich die „Empfehlungen für den Technischen Autor" nach den vier Herstellern bzw. den viererlei technischen Produkten auf.

Ich beginne mit der ersten Produktebene, den Einzelkomponenten.

Hinweise und Empfehlungen für den Technischen Autor des Messwertgebers mit Messwertaufnehmer und Steuerungskomponente

Der Messwertgeber mit Messwertaufnehmer ist ein technisches Produkt, das die erste Stelle einer Informationskette ist. Das heißt, sie stellt „Wahrheit" oder „Tatsächlichkeit" in Form bestimmter technischer Zustände und Zustandsveränderungen fest und schickt diese Informationen weiter bis zum Ende der Informationskette, an dem diese Informationen verarbeitet werden.

Die Steuerungskomponente ist als Eingabe- und Informationseinheit beschrieben. Das heißt, für den Verwender ist es ein Bildschirmarbeitsplatz, an dem er über bestimmte Formularmasken Daten betrachten und Daten eingeben bzw. ändern kann. Ändern und eingeben wird in diesem Fall ausnahmsweise bedeutungsgleich verwendet.

Der Technische Autor, der die Technische Dokumentation für solche Einzelkomponenten erstellt, hat also bereits über die Verwendung und den Verwender folgende Stichpunkte für sein Handlungskonzept:

- Der Verwender ist ein gewerblicher Verwender und verfügt daher über besondere Fachkenntnisse im Umgang mit dem technischen Produkt.
- Der Verwender wird sich in erster Linie über die unmittelbar notwendigen Daten informieren: Hardwaredaten für den Einbau und das Verknüpfen mit anderen Komponenten; Einstellungsmöglichkeiten; gegebenenfalls Grenzdaten bezüglich der Verwendungsgrenzen.
- Der Verwender wird sich nicht ohne Anlass über Fehlermöglichkeiten beim Einbau, bei der Einstellung und bei den Grenzwerten informieren.
- Der Verwender wird sich nicht ohne Aufforderung über gefährdende Folgen für Betroffene aufgrund von seiner nicht bestimmungsgemäßen Verwendung oder der nicht bestimmungsgemäßen Verwendung durch einen anderen Verwender informieren.

Nach allem, was wir jetzt kennen, wissen wir, dass der Technische Autor bis an das erwartbare Ende der Produktkette denken muss und dass „sein" technisches Produkt in mindestens ein weiteres technisches Produkt als Bauteil eingebaut wird.

- Der Technische Autor weiß ferner, dass „sein" technisches Produkt erwartbar nicht nur von dem Verwender verwendet wird, der es einsetzt, sondern von einem nächsten oder übernächsten Verwender.

Empfehlungen zur Gestaltung produktbegleitender Dokumente

Diese Aufstellung an Überlegungen zu Verwender und technischem Produkt liefert dem Technischen Autor Grenzwerte bezüglich der Gestaltung der produktbegleitenden Dokumente und ihres Inhalts.

Sie liefert ihm auch weitere Daten für die Inhalte und gegebenenfalls die Gestaltung der Internen Dokumentation. Doch diesen Aspekt lasse ich absichtlich offen.

Folgende gestalterische Empfehlungen für die produktbegleitenden Dokumente lassen sich formulieren:

- Die produktbegleitenden Dokumente müssen sich unbeschadet in die Produktdokumentation einer Anlage integrieren lassen.
- Die produktbegleitenden Dokumente müssen sich vor Ort entnehmen lassen – unter den erwartbaren Standortbedingungen.

- Diese Maßnahmen erleichtern den unmittelbaren und mittelbaren Verwendern und den Autor-Kollegen das Umgehen mit den Dokumenten.

Bezüglich der inhaltlichen Gestaltung ist Folgendes zu empfehlen:

- Die direkte Ansprache der verschiedenen Verwender sollte möglichst übersichtlich und auffallend erfolgen: zum Beispiel auf dem Deckblatt mit Seitenangabe.
- Inhaltlich sollte kurz und überzeugend dargestellt werden, dass Fehler bei der Behandlung der Einzelteile bzw. bei der Eingabe von Daten zu schwerwiegenden Folgen führen können, die auch die Öffentlichkeit in Mitleidenschaft ziehen können.
- Als kleines Beispiel kann man ein Szenario beschreiben, das zeigt, wie ein Eingabefehler von der Steuerung nicht bemerkt wird und deshalb zu einem weitreichenden Umweltschaden führt – z. B. Luftverschmutzung oder Gewässerverunreinigung.
- Typografisch lassen sich solche Botschaften ohne besonderen Aufwand wirkungsvoll gestalten – wobei zu beachten ist, dass auch hier weniger mehr ist.

Empfehlungen zur Gestaltung von Informationen am technischen Produkt

Neben der äußeren und inhaltlichen Gestaltung der Dokumente hat der Technische Autor das technische Produkt zu bedenken. Auch auf diesem sind Informationen für den Verwender anzubringen.
Die folgenden Empfehlungen beziehen sich ausschließlich auf den hier betrachteten Aspekt der Kommunikationsbeziehung zwischen Verwender und Öffentlichkeit. Sie sind nicht als Ersatz für die vom Gesetzgeber bzw. von relevanten Normen vorgeschriebenen Benutzerinformationen zu verstehen!
Der Technische Autor könnte zum Beispiel eine Kabelfahne oder eine Aufschrift anbringen. Entscheidend ist die zuverlässige und anhaltende Wahrnehmbarkeit.
Diese Hinweise vor Ort erleichtern dem Konstrukteur die Arbeit, da er als Verwender den Hinweis an dieser Stelle benötigt, damit er sein zweckbestimmtes Handeln anpassen kann.

Der Technische Autor hat ebenfalls einen Vorteil: Er kann in seiner Dokumentation auf diese Hinweise am Gerät verweisen und daran weitere Hinweise und Anweisungen knüpfen.

Hinweise und Empfehlungen für den Technischen Autor der Abwasserbehandlungsanlage

Der Technische Autor für die Abwasserbehandlungsanlage wird ein etwas anderes Kommunikationskonzept erstellen als seine Kollegen mit den Einzelkomponenten.

- Er sieht als Verwender seine Firmenkollegen, die als Wartungs- und Reparaturpersonal agieren und mit entsprechender Fachkenntnis und den aktuellen Informationen ausgestattet sind. Zusätzlich verfügen sie teilweise über eine vielfältige Erfahrung.
- Daneben sieht er als Verwender auch Mitarbeiter von eigenständigen Wartungsfirmen, die nicht vom Hersteller der Abwasserbehandlungsanlage betreut werden und deshalb auf ihre erarbeitete Fachkenntnis und die Produktdokumente vor Ort angewiesen sind.
- Auch sie greifen auf Erfahrungen zurück, aber erwartbar nicht auf kontinuierliche und herstellerbezogene wie die Firmenkollegen.
- Er sieht auch noch die Mitarbeiter des Betreibers, die mit der Pflege, Wartung und Reparatur der Abwasserbehandlungsanlage beauftragt sind.
- Diese Mitarbeiter wurden zwar während der Inbetriebnahmephase der Anlage vom Hersteller eingewiesen, mehr aber auch nicht.

Empfehlungen zur nachhaltigen Kundenbetreuung

Wie die Informationen an spätere Kollegen weitergegeben werden, ist nicht mehr von Belang – oder doch?

- Der Technische Autor sieht auch noch den Betreiber als Bestandteil seines Kommunikationskonzeptes.
- Er könnte ihm gefährlich werden, wenn er oder in seinem Auftrag andere feststellen, dass die Informationen in der Produktdokumentation und an den Bauteilen bzw. Anlageteilen der Abwasserbehandlungsanlage unzutreffend, falsch oder unvollständig wären.

- Er hinterlässt dem Betreiber ein Empfehlungsschreiben mit dem Angebot der fachkundigen Pflege und Instandhaltung der Anlage und dem Hinweis auf die rechtlichen und technischen Probleme, die bei nicht fristgerechter bzw. fachunkundiger Durchführung der vorgeschriebenen Pflege und Instandhaltungsarbeit erwartbar sind.

Der Technische Autor hat bereits das Kommunikationskonzept in der Produktdokumentation umgesetzt. Die Betriebsanleitung enthält klare und eindeutige Hinweise und Warnungen bezüglich einer erwartbaren gesundheitlichen Gefährdung der Öffentlichkeit bei nicht bestimmungsgemäßer Verwendung der Anlage.

Empfehlungen zur fachübergreifenden Zusammenarbeit

Der Technische Autor sollte aber noch etwas weiter gehen. Schließlich ist er derjenige, der das Kommunikationskonzept am weitesten überblicken sollte und der um die erwartbaren Handlungsstrategien der verschiedenen Verwender weiß oder wissen sollte.

- Er könnte in Zusammenarbeit mit den Kollegen aus der Technik, dem Vertrieb, dem Service, der Verwaltung bzw. der Personalabteilung, dem Qualitätsmanagement und der Geschäftsleitung ein entsprechendes Schulungsangebot einschließlich einem Anschreiben entwickeln, das den Kunden zum Beispiel jährlich zugeschickt wird.
- Bei solchen „Hausmessen" könnten auch relevante Einzelkomponenten-Hersteller beteiligt sein. Auf diese Weise hätten sowohl Hersteller als auch Verwender sowie die Betroffenen der Öffentlichkeit etwas davon.
- Diese Maßnahme kann auch wirtschaftlich interessant sein, indem sie Kunden bindet.
- Sie ist außerdem rechtlich vorteilhaft, indem nachweisbar ist, dass Erfahrungen aus dem Instandhaltungsgeschäft unmittelbar in die Produktverbesserung einfließen.

Hinweise und Empfehlungen für den Technischen Autor der Gesamtanlage

Der Betreiber hat sich den Aufwand erspart, eine Betriebsanleitung für die Gesamtanlage erstellen zu lassen.

Tatsächlich ist er verpflichtet, bei einer verketteten Anlage wie der beschriebenen eine Technische Dokumentation über die Gesamtanlage zu haben. Bestandteil dieser Technischen Dokumentation ist auch die Betriebsanleitung, in der die funktionalen Verkettungen sprachlich angemessen und für die Zielgruppen verständlich dargestellt sind. Diese Betriebsanleitung muss alle Angaben, Hinweise und Anweisungen zur bestimmungsgemäßen und erwartbar nicht bestimmungsgemäßen Verwendung der Gesamtanlage enthalten, nach dem Motto „Das Ganze ist mehr als die Summe seiner Teile".
Angenommen, der Betreiber beauftragt einen fremden oder seinen Technischen Autor, dann hat dieser ein ähnliches Kommunikationskonzept zu erstellen wie sein Kollege von der Abwasserbehandlungsanlage.
Auch er muss die Handlungskonzepte von Fachkräften der Herstellerfirma, von selbstständigen Wartungsfirmen bzw. von den Mitarbeitern des Betreibers beachten.

Die Kenntnis vom Überblick ...

Sein Vorteil gegenüber den bisher besprochenen Technischen Autoren liegt darin, dass er sich auf die gegebenen Standortverhältnisse beschränken kann.
Allerdings muss er seine Standortverhältnisse auch in besonderem Maße bedienen. Folgende Empfehlungen oder eher Anforderungen sind angebracht:

- Für die vorhandenen Dokumentationen ist eine übersichtliche und transparente Sammeleinrichtung zu schaffen.
- Diese Sammeleinrichtung ist folgendermaßen zu gestalten:
  - Der Verwender soll „auf einen kurzen Blick" feststellen können, welche Dokumente zu der Gesamtdokumentation gehören
  - wo und in welcher Form die Einzeldokumente vorliegen
  - für wen die Einzeldokumente in welcher Tiefe bestimmt sind.
- Die Verantwortlichkeiten der Verwender sind klar und deutlich zu benennen.
- Die Überblicksanleitung muss eine Anlagen- und Funktionsbeschreibung enthalten, die das Gesamtsystem und ihre wesentlichen Teilbereiche beschreibt.

- Der Verwender muss sich nach der Lektüre ein gutes Bild über die räumliche Verteilung der Anlage, die Hauptbaugruppen und ihre Funktionen, die Arbeitsplätze sowie die wichtigen Sicherheitseinrichtungen, ihre Funktionen und ihre Verteilung machen können.
- Auch die neuralgischen Gefährdungspunkte müssen klar und unmissverständlich in Abhängigkeit der Lebensphasen sprachlich, bildlich oder kombiniert dargestellt sein.
- Die Verwendung der Betriebsanleitung mit ihren Verweiskonventionen muss transparent dargestellt sein.

... verpflichtet

Der Technische Autor hat darüber hinaus den Betreiber von der Gesetzmäßigkeit und Notwendigkeit dieser Maßnahmen zu unterrichten.
Als Folge könnte der Technische Autor folgende Vorschläge machen:

- Im Rahmen der Qualitätssicherung oder des Qualitätsmanagements wird für die Mitarbeiter eine jährliche Schulung organisiert, bei welcher der jeweilige Anlagenbestand vorgestellt wird und die Kommunikationsbeziehungen zur Öffentlichkeit verdeutlicht werden.
- Eine solche Veranstaltung kann die Identifikation der Mitarbeiter mit ihrem Arbeitsplatz verstärken und gleichzeitig das Verantwortungsgefühl steigern.
- Darüber hinaus werden auch gesetzliche Sicherheitsanforderungen nachweisbar erfüllt.
- Entscheidend ist, dass bei solchen Veranstaltungen die zweckbezogenen Handlungsstrategien diskutiert und bewusst gemacht werden können.
- Und es lassen sich vor Ort oder an Modellen Gegenstrategien zeigen und erleben.

2.12 Kommunikationsbeziehungen aus der Sicht des Technischen Autors

Bisher sind die Kommunikationsbeziehungen des Verwenders Gegenstand der Betrachtungen gewesen. Es ist deutlich geworden, dass und wie der Technische Autor mit im Spiel ist.
Man hat gesehen, dass der Technische Autor als Beobachter und als „Regisseur“ diese Kommunikationsbeziehungen beeinflussen kann. Es geschieht über Gespräche, Befragungen, Entscheidungen und das gemeinsame Suchen nach technischen wie informellen Lösungen, den Verwender zum gewünschten Handeln zu bewegen.
Die Kommunikationsbeziehungen des Technischen Autors zu den Bestandteilen, wie sie im Kommunikationsmodell *Technische Dokumentation* vertreten sind, unterscheiden sich von denen des Verwenders in einem wesentlichen Punkt: Der Verwender findet mit dem technischen Produkt und den produktpräsentierenden bzw. produktverwendungsbezogenen Dokumenten fertige Dinge vor, während der Technische Autor diese Dinge nicht oder so nicht vorfindet. Im Gegenteil: Er soll ja die Dokumente schaffen.
Dieser Unterschied ist so grundsätzlich, dass er sich auch auf die Betrachtungsweise und Darstellung der Sichtweisen und der Kommunikationsbeziehungen auswirkt.

Verhältnisse von kommunikativen Kräften und Kommunikationsbeziehungen

Zunächst möchte ich auf den Anfang des Kapitels zurückkommen. Thema ist dort der Unterschied zwischen kommunikativer Kraft und Kommunikationsbeziehung. Dieser Unterschied wird am Fallbeispiel des Verwenders und einem technischen Produkt erklärt.
Die kommunikative Kraft des Verwenders besteht in seiner Möglichkeit, dem technischen Produkt einen Zweck oder Nutzen zuzugestehen. Die kommunikative Kraft des technischen Produkts besteht in seiner ästhetischen Kraft auf den Verwender und in seinen Anforderungen bezüglich seiner Verwendung.

Die Kommunikationsbeziehung wird als Verhältnis zwischen zwei Bestandteilen definiert. Das heißt, es ist ein Verhältnis, bei dem die kommunikativen Kräfte der beiden Bestandteile aufeinander einwirken. Und es wird festgestellt, dass das Verhältnis nur so lange besteht, wie beide Bestandteile einander wahrnehmen. Das Verhältnis zwischen Verwender und technischem Produkt besteht also nur so lange, wie der Verwender das technische Produkt wahrnimmt, das heißt, solange er sich mit dem Produkt auseinandersetzt. Es kann auch heißen, solange das technische Produkt ihn beschäftigt.

Genau diese letzten beiden Sätze sind der Anknüpfungspunkt zur Betrachtung von Kommunikationsbeziehungen des Technischen Autors mit den Bestandteilen – und da vornehmlich den nicht personalen Bestandteilen des Kommunikationsmodells Technische Dokumentation.

Der Technische Autor soll schließlich zu einem technischen Produkt eine Technische Dokumentation erstellen. Wenn das technische Produkt schon existiert und er es wahrnehmen kann, dann ist seine Kommunikationsbeziehung schon recht konkret.

Ist das technische Produkt aber erst ein Plan oder gar erst eine Idee, dann muss wohl oder übel seine Kommunikationsbeziehung zu dem technischen Produkt abstrakt sein. Dennoch ist er in der Lage, eine Kommunikationsbeziehung zu dem technischen Produkt zu halten und zu pflegen. Das technische Produkt seinerseits wirkt durch seine kommunikativen Kräfte wie Funktionsmerkmale, Leistungsmerkmale, Größe usw. auf den Technischen Autor und hält so „seine" Kommunikationsbeziehung zu ihm aufrecht.

In gleicher Weise, wie der Technische Autor eine konkrete oder abstrakte Beziehung zu dem technischen Produkt hat, kann er sie auch zu der noch zu erstellenden Technischen Dokumentation haben.

Abstrakte Kommunikationsbeziehung

Soll er ein produktpräsentierendes Dokument erstellen, kann er sich ein solches zunächst vorstellen. Er baut sich also eine abstrakte Kommunikationsbeziehung zu dem Dokument auf. Er kann sich aber auch eines bereits bestehenden Dokuments bedienen und dieses ändern oder als Vorlage verwenden. Dann hat er zwar zu dem noch zu erstellenden Dokument weiterhin eine abstrakte Kommunikationsbeziehung, zu der Vorlage oder dem Muster jedoch eine konkrete. Was sagt uns das? Und warum so komplizierte Überlegungen? Wo wir doch diese Vorgänge alle kennen und tagtäglich anwenden?

Ich benötige diesen begrifflichen Kunstgriff abstrakter und konkreter Kommunikationsbeziehung, um nicht nur die Vorteilswirkung von Gegebenem (vorhandene Unterlagen) und Gedachtem (geplantes Ergebnis) für die Arbeit des Technischen Autors anschaulicher und systematisch anwendbar zu machen, sondern auch um die Fehlerträchtigkeit von Gegebenem und Gedachtem aufzuzeigen. Und gerade die Fehler sind es doch, die den Wert eines Arbeitsergebnisses bestimmen. Wenn Fehler verfahrenstechnisch etwas reduziert werden können, dann ist auch etwas gewonnen. In den folgenden Betrachtungen der Kommunikationsbeziehungen des Technischen Autors wird es also um den Entstehungsprozess von Technischer Dokumentation in Verbindung mit dem technischen Produkt gehen. Aber nicht in dem Sinne, dass mit den geäußerten Hinweisen und Empfehlungen schon mit der Erstellung eines Dokuments begonnen werden kann oder soll. Es werden Betrachtungsmuster und Verfahrensempfehlungen vermittelt, die später an x-beliebigen konkreten Aufträgen angewandt werden können.

Statt zweck- und nutzendefinierte Anforderungen

War beim Betrachten der Kommunikationsbeziehungen des Verwenders noch dessen zweck- und nutzenorientiertes Handeln wichtig, so sind jetzt vom Technischen Autor Anforderungen des Herstellers, des Gesetzgebers und der Öffentlichkeit zu bedienen, die ein Soll für den Technischen Autor definieren. Andererseits wird er sich auch mit dem zweck- und nutzenorientierten Handeln seitens des Herstellers und seiner selbst auseinander zusetzen haben, die zu einem Ist-Ergebnis führen, das nicht unbedingt dem Soll entspricht.

Bei der Betrachtung der Kommunikationsbeziehungen des Technischen Autors zu den personalen Bestandteilen im Kommunikationsmodell spare ich die Kommunikationsbeziehungen zum Verwender aus, da diese schon ausführlich genug in den Kommunikationsbeziehungen des Verwenders besprochen worden sind.

2.12.1 Reihenfolge der Betrachtungsgegenstände und der Kommunikationsbeziehungen zum Technischen Autor

Zunächst werden die Kommunikationsbeziehungen des Technischen Autors zu den nicht personalen Bestandteilen des Kommunikationsmodells betrachtet: zuerst die Kommunikationsbeziehung zum technischen Produkt, dann die Kommunikationsbeziehungen zu den produktpräsentierenden Dokumenten und schließlich zu den produktbegleitenden Dokumenten.

Anschließend werden die Kommunikationsbeziehungen zu den personalen Bestandteilen betrachtet, zum Hersteller, zum Gesetzgeber und am Ende des Kapitels zur Öffentlichkeit.

Innerhalb eines Betrachtungsgegenstandes diktieren die jeweiligen Bestandteile den Themenverlauf.

Da hier beträchtliche Unterschiede auftreten können, ist vor jede Betrachtung einer Kommunikationsbeziehung des Technischen Autors eine kurze „Vorschau" gesetzt, damit man sich auf die Themen einstellen kann. Davon abgesehen hat man so auch die Möglichkeit, die unterschiedlichen Aspekte bestandteilbezogen zu vergleichen.

2.13 Kommunikationsbeziehungen des Technischen Autors mit dem technischen Produkt

Vorschau

Es werden das technische Produkt für den privaten Verwender, die Einzelkomponente für den gewerblichen Verwender und die komplexe Produktionsanlage als nicht personale Kommunikationsbestandteile betrachtet.

Wirklichkeits- und Möglichkeitsformen technischer Produkte

Die Art der Kommunikationsbeziehung des Technischen Autors zum technischen Produkt wird im Berufsalltag häufig durch die Verfügbarkeit des Produkts definiert.

Oft findet er kein konkretes Produkt vor, sondern nur eine vorläufige Idee zu einem Produkt; gegebenenfalls schon Zeichnungen, Modelle, Pflichtenhefte und andere vergleichbare Aufzeichnungen.

Es kann aber auch sein, dass er das technische Produkt vorliegen hat, dass dieses Produkt aber schnellstmöglich dem Verwender ausgehändigt werden soll. Damit verfügt er nicht in ausreichendem Maße über das Produkt.

Ferner sind Fälle alltäglich, bei denen er zwar auf Produkte zurückgreifen kann, die aber geändert wurden und so nur bedingt als Anschauungsmaterial verwendbar sind.

Weiterhin kommt sicherlich der Fall vor, dass ein Produkt für neue unbekannte Anwendungsfälle eingesetzt werden soll und es somit noch keine verlässlichen Informationen über die erwartbaren Verwendungsweisen gibt.

Und schließlich dürfen die Situationen nicht vergessen werden, bei denen das Produkt vor Ort entsteht und der Technische Autor dieses Produkt bearbeitend im Entstehungsprozess begleitet.

Das Lebendige an der Beziehung zwischen Technischem Autor und technischem Produkt ist die Vorstellung von Möglichkeiten, wie es erwartbar verwendet werden kann bzw. könnte, und welche Verwender dafür infrage kommen. Und hier bietet sich eine anschauliche Schnittstelle zu den bereits geschilderten Fällen.

Fallbeispiele beschreiben Möglichkeiten

Die Fallbeispiele beschreiben Erlebnisse von Verwendern und Betroffenen mit einem Produkt oder auch durch ein Produkt. Die Hinweise und Empfehlungen für den Technischen Autor beziehen sich auf die Situation, dass es schon ein technisches Produkt gibt, das aber geändert werden soll.

Und damit haben wir die Ausgangssituation für den Technischen Autor, der eine Kommunikationsbeziehung zu einem „Neuprodukt" aufbaut, zu dem er die Technische Dokumentation erstellen soll.

2

Fallbeispiel 11

Kommunikationsbeziehung des Technischen Autors mit einem technischen Produkt für private Verwender unter dem Aspekt der Produktverbesserung

Das folgende Fallbeispiel ist ein szenischer Rückgriff zum Fallbeispiel 1. Der Verwender informiert sich über einen Rasenmäher mit einigen technischen Neuheiten.
Das vorliegende Fallbeispiel 11 spielt sich also vor dem Kontakt des Verwenders mit dem Rasenmäher ab, denn die folgende Geschichte schildert die Entwicklungsgeschichte des Rasenmähers und seiner Technischen Dokumentation.

Technischer Autor betreibt Verbesserung eines Produktes für private Verwender
Im Rahmen einer Aktion zur Messung der Kundenzufriedenheit hat ein Rasenmäher-Hersteller festgestellt, dass seine Geräte als veraltet gelten. Die Gründe dafür erschienen beliebig, ließen sich aber dann doch auf das Fehlen moderner technischer Attribute wie Elektronik und interessanter außergewöhnlicher Ausführung zurückführen.
Dem Technischen Autor blieb die Aufgabe, die Bedienungsanleitung an die neuen Produktgegebenheiten anzupassen. Die Maschine ist jetzt mit einem abnehmbaren Hartschalen-Auffangbehälter für das Schnittgut ausgestattet. Die Motorleistung wird je nach Mähverhältnissen elektronisch angepasst. Zum Wechseln des Messers gibt es ein Spezialwerkzeug, das einen einfachen, bequemen und gefahrlosen Messerwechsel ermöglicht.
Der Autor machte sich sogleich ans Werk. Er suchte die „Produktverbesserung“ und fand sie in der Versuchsabteilung. Es war noch eine Versuchsreihe zur genauen Regulierung der elektronischen Leistungsanpassung erforderlich. Bei diesem Besuch fiel ihm auf, dass der Hartschalenbehälter beschädigt auf einer Werkbank lag: Einer der Haltebügel war abgebrochen. Auf sein Nachfragen erklärte man ihm, dass der Behälter beim Abnehmen geklemmt habe und der Monteur „etwas nachgeholfen“ habe. Da sei es passiert. Nun schon etwas aufmerksam geworden, erkundigte sich der Technische Autor nach dem Spezialwerkzeug für den Messerwechsel. Das lag noch unbenutzt herum. Seine Funktionstüchtigkeit wurde bis jetzt noch nicht geprüft – man hielt es sowieso für eine Schnapsidee, denn welcher Verwender mache sich die Mühe, das Messer zu wechseln?

Eine Entscheidung steht an

Der Technische Autor stand am Scheideweg: Sollte er warten, bis die Dinge von der Technik geregelt werden würden und er ihre Aufzeichnungen an die entsprechende Stelle in der Bedienungsanleitung einfügen konnte, oder sollte er in das laufende Verfahren eingreifen und das Verfahren in Richtung qualitätsbezogen und angemessen für den Verwender steuern?
Er entschied sich für die zweite Möglichkeit und griff sich das überarbeitete Gerät. Zusammen mit einem erfahrenen Kundendienstkollegen probierte er die Möglichkeiten aus, die private Verwender haben. Diese Arbeiten und die Ergebnisse wurden mit einfachen Mitteln protokolliert und kommentiert: mit Fotos, Videoaufzeichnungen, Skizzen und Notizen. Am Ende des gesamten Prozesses kannte er das Gerät bezüglich seiner Verwendungsfähigkeiten sehr gut. Er kannte auch die neuralgischen Stellen und sorgte für deren Entschärfung.
Die Überarbeitung der Bedienungsanleitung wurde eine Neuerstellung. Denn es zeigte sich, dass auch das alte inhaltliche und gestalterische Konzept nicht mehr zum verbesserten Produkt passte – also hier ebenfalls in gewisser Weise ein Facelifting.

Verallgemeinerte Darstellung der Kommunikationsbeziehungen
Ein technisches Produkt wird technisch überarbeitet.
Der Technische Autor wird beauftragt, eine bestehende Bedienungsanleitung den neuen Gegebenheiten anzupassen.
Im Rahmen seiner Recherchearbeiten entdeckt er Mängel an der überarbeiteten Version des technischen Produkts und sorgt selbst für die gründliche Überprüfung der Verwendertauglichkeit.
Er macht zusammen mit einem erfahrenen Kundendienstkollegen Aufzeichnungen und erreicht eine verwenderfreundliche Ausführung des technischen Produkts.

In der Folge gestaltet er auch die Bedienungsanleitung neu, sodass technisches Produkt und Bedienungsanleitung dem Verwender neu und zeitgemäß ansprechend erscheinen.

Auswertung der Kommunikationsereignisse

- Der Technische Autor kann eine konkrete Kommunikationsbeziehung zum technischen Produkt und zum produktverwendungsbezogenen Dokument herstellen.
- Das technische Produkt unterliegt zunächst einem Änderungsverfahren, auf das der Technische Autor keinen Einfluss hat.
- Der Technische Autor greift eigenverantwortlich in das Verfahren ein und sorgt mithilfe eines Kollegen für wesentliche verwenderfreundliche Verbesserungen.
- Der Technische Autor überarbeitet auch das technische Dokument zu einer verwenderfreundlichen und zeitgemäßen Ausführung.
- Er erreicht damit ein ästhetisches Gesamtkonzept, das der Verwender auch so wahrnimmt.

Hinweise und Empfehlungen für den Technischen Autor

Das Verhalten des Technischen Autors wird sicherlich nicht überall als beispielhaft oder vorbildlich beurteilt. Hier soll nur gezeigt werden, dass sich der Technische Autor etwas trauen sollte, wenn es die betriebliche Struktur erlaubt.

Häufiger wird der Fall so verlaufen, dass der Technische Autor mitgeteilt bekommt, dass das neue technische Produkt fertig ist. Die Bilder bekommt er möglicherweise von der Werbeabteilung und die technischen Daten und Beschreibungen stellt ihm die Konstruktions- und Entwicklungsabteilung zur Verfügung.

Der Technische Autor sollte, wenn immer möglich, das technische Produkt selbst begreifen, alle bestimmungsgemäßen Verwendungen selbst durchführen und sorgfältig aufzeichnen, wenn etwas nicht funktioniert, zu kompliziert oder zu anstrengend ist.

Mit diesen Aufzeichnungen ist die verantwortliche Konstruktionsabteilung zu konfrontieren.

Und wenn immer möglich, sollten gerade bei Produkten für den privaten Verwender Vertrieb, Kundendienst, Konstruktion und Technischer Autor an einem Tisch sitzen, um ein einvernehmliches verwenderfreundliches Ergebnis zu erzielen.

Dass die produktive Mitarbeit des Technischen Autors als Vertreter für untalentierte und auch sonst in der Handhabung technischer Produkte ungeschickte Personen nicht immer besonders willkommen ist, wundert sicherlich niemanden. Wenn aber dadurch ein verwender- und herstellerfreundliches Ergebnis erzielt wird, hat auch keiner etwas dagegen.

2

Fallbeispiel 12

Kommunikationsbeziehung des Technischen Autors mit einem technischen Produkt für gewerbliche Verwender unter dem Aspekt der Produktneuheit

Die Kommunikationsbeziehungen zu einem technischen Produkt für gewerbliche Verwender können für den Technischen Autor bestimmt sein durch die komplexe und komplizierte Technik, die es für ihn zu verstehen und dem gewerblichen Verwender einfach, verständlich und dennoch kompetent zu vermitteln gilt.

Dies gilt vor allem dann, wenn es sich um innovative technische Produkte handelt. Da muss schließlich dem fachkundigen Verwender noch etwas beigebracht werden, das er nicht mit Erfahrung und Fachwissen gänzlich erfassen kann.

Das folgende Fallbeispiel beschreibt ein solches Szenario.

Technischer Autor überarbeitet Betriebsanleitung für ein Neuprodukt für gewerbliche Verwender

Ein selbstständiger Technischer Autor erhält den Auftrag, die Betriebsanleitung zu einer Pumpenbaureihe zu überarbeiten. Durch Anwendung eines patentierten Konstruktionsprinzips erreichte der Hersteller, dass die Fördermenge gesteigert und mediumabhängig reguliert werden konnte. Durch die Verwendung neuer Werkstoffe kann die Pumpe jetzt auch für sogenannte Gefahrstoffe eingesetzt werden. Das Aussehen der Pumpe hat sich nicht wesentlich verändert.

Die Pumpe wird bereits in Serie gefertigt. Der Technische Autor erhält ein Exemplar der neuen Pumpe einschließlich Werkzeugen, die ihm ermöglichen, die vor-

geschriebenen Wartungsarbeiten nachzuspielen. Es handelt sich um das Wechseln von einigen Dichtungen, das Justieren eines Stellglieds und das Montieren und Demontieren von Transportsicherungen.
Zusätzlich überlässt man ihm ein Exemplar einer Betriebsanleitung einer bauähnlichen Pumpe, ein mit Korrekturen versehenes Datenblatt mit einer Ersatzteiltabelle und einer Explosionszeichnung mit der Darstellung der Bau- und Ersatzteile.

Eine wortreiche Begeisterung türmt sich auf

Der Konstrukteur beschreibt ihm begeistert und wortreich in großer Ausführlichkeit das neue Konstruktionsprinzip. Er möchte, dass diese technische Innovation mit in die Betriebsanleitung aufgenommen wird. Der Technische Autor macht sich dürftig Notizen im Vertrauen darauf, dass er zu Hause in aller Ruhe schon noch begreifen werde, was ihm sein Gegenüber erzählt hat, und bittet um etwas Informationsmaterial zu der Neuerung. Er erhält einen Prospekt.
Zu Hause überdenkt der Technische Autor seine Situation. Seine Aufgabe besteht darin, eine bestehende Betriebsanleitung mit möglichst geringem Aufwand so zu überarbeiten, dass die wesentlichen Änderungen dem Verwender angemessen vermittelt werden.
Er muss sich an die vorgegebene Dokumentgestaltung halten. Er konzentriert sich auf die Pumpe und versetzt sich in ihre Lage: „Was wird mit mir gemacht? Ich werde verpackt und so transportiert; werde gegebenenfalls gelagert und irgendwann entpackt; werde eingebaut, eingestellt und arbeite; schließlich zeigen sich Verschleißerscheinungen; vielleicht werde ich auch beschädigt; man wird mich warten und irgendwann ausbauen. Wenn ich repariert werden soll, schickt man mich wieder zum Hersteller zurück oder nimmt die Reparaturarbeiten vor Ort vor; am Ende entsorgt man mich."

Entwurf eines Kommunikationskonzepts

Darauf aufbauend entwirft er sein Kommunikationskonzept in Bezug auf die zu erwartenden Verwender, prüft daraufhin die vorliegende Betriebsanleitung und arbeitet die geänderten und neuen Informationen ein.
Neu hinzugekommen sind Sicherheitshinweise im allgemeinen Teil und in den Abschnitten Wartung und Reparatur. Die restlichen Änderungen konnte der Technische Autor weitestgehend auf das Ersetzen von Texten beschränken. Auch im Bereich Einstellung und Wartung musste nicht viel geändert werden. Es kam eine Abbildung für die Justierung hinzu und die Ersatzeilzeichnung musste ausgetauscht werden. Für die Beschreibung des neuartigen Konstruktionsprinzips reicht die Übernahme und Anpassung eines Prospekttextes.
Neu hinzugekommen ist auch die EG-Konformitätserklärung mit einer Liste der angewandten EG-Richtlinien sowie angewandter harmonisierter Normen und anderer technischer Spezifikationen.
Ebenso wurde eine spezielle Service-Telefonnummer aufgenommen. Diese Nummer ist ausschließlich für diese Pumpenreihe reserviert worden. Man will die Kundenzufriedenheit bzw. das Produktverhalten kanalisiert erfassen, um entsprechend schnell reagieren zu können.

Verallgemeinerte Darstellung der Kommunikationsbeziehungen

Ein selbstständiger Technischer Autor wird beauftragt, die Bedienungsanleitung für ein konstruktiv innovativ verändertes Serienprodukt zu überarbeiten, sich dabei an bestehende Vorgaben zu halten und dennoch die innovative Neuerung in den Vordergrund zu rücken.
Zur Bearbeitung des Auftrags erhält er diverse produktbegleitende Dokumente und technische Unterlagen. Er erhält auch ein Exemplar einer bauähnlichen Ausführung.
Von der innovativen Produktneuerung erfährt er ausführlich und in der Fachsprache des Entwicklers. Er hat Probleme, das Mitgeteilte zu verstehen.
Für die verwenderfreundliche und sicherheitsrelevante Ausarbeitung der Betriebsanleitung wendet der Technische Autor das Verfahren des Perspektivwechsels an: Er schlüpft in die Rolle des technischen Produkts. In dieser Rolle spielt er die erwartbaren Lebensphasen des technischen Produkts durch. Dann formuliert er dessen Anforderungen in der Betriebsanleitung.
Für eine angemessene Darstellung der innovativen Leistung bedient sich der Technische Autor eines bereits vorliegenden Werbetextes. Der Rest der Arbeiten beschränkt sich auf das Ersetzen bzw. die Übernahme von Daten und Zeichnungen.

Auswertung der Kommunikationsereignisse

- Der Technische Autor nutzt alle zur Verfügung stehenden Informationsmöglichkeiten für eine rationelle Bearbeitung des Auftrags.
- Für die sicherheitsrelevante und angemessene Würdigung des erwartbaren Handlungskonzepts des gewerblichen Verwenders versetzt er sich in die Rolle des Produkts und ermittelt dessen Anforderungen bezüglich einer bestimmungsgemäßen und erwartbar nicht bestimmungsgemäßen Verwendung durch den gewerblichen Verwender.
- Mit dem Perspektivwechsel lernt der Technische Autor die kommunikativen Kräfte des technischen Produkts kennen und kann sie so dem gewerblichen Verwender angemessen vermitteln.

Hinweise und Empfehlungen für den Technischen Autor

Bei der Übernahme eines Auftrags als selbstständiger Technischer Autor ist es wichtig, so viele Daten wie möglich und auch Materialien zu erhalten, sodass man sich ein möglichst vollständiges Bild vom technischen Produkt machen kann.

Dazu gehört es, gezielt zu fordern und zu fragen. Ziel muss es sein, die Rolle des technischen Produkts ebenso sicher übernehmen zu können wie die Rolle der erwartbaren und bestimmungsgemäßen Verwender.

Der Perspektivwechsel bietet ein relativ zuverlässiges Verfahren, Schwachstellen sowohl beim technischen Produkt als auch in der Technischen Dokumentation aufzuspüren.

Fallbeispiel 13

Kommunikationsbeziehung des Technischen Autors mit einer komplexen Produktionseinheit für gewerbliche Verwender unter dem Aspekt eines umfassenden Kommunikationssystems

Bisher konnte der Technische Autor die Produkte handhaben. Das entfällt bei Anlagen: Sie sind aufgrund ihrer Dimensionen, ihrer steuerungstechnischen Verkettung und des erforderlichen Fachwissens für die Bedienung in der Regel für den Technischen Autor als Testobjekt ausgeschlossen.

Bezüglich des Vollständigkeitsstatus bieten sich zweierlei Betrachtungsweisen an: Entweder die Anlage wird entworfen und der Technische Autor arbeitet parallel mit der Fertigstellung der Anlage oder eine bestehende Anlage wird geändert und der Technische Autor hat die Dokumentation anzupassen.

In beiden Fällen ist der Technische Autor weitestgehend auf Informationen aus Dokumenten angewiesen. Den Rest an Informationen muss er erfragen.

Das folgende Fallbeispiel beschreibt einen Fall, bei dem es nicht nur um die Erstellung einer Technischen Dokumentation zu einer Produktionsanlage geht, sondern auch noch um ein Kommunikationskonzept, das auf den Ergebnissen der Technischen Dokumentation aufbaut.

Technischer Autor konzipiert Dokumentationssystem für Produktionsneuanlage

Das geplante Objekt

Eine Firma richtet eine neue Produktionsstraße ein. Diese Produktionsstraße enthält Anlagen zur Herstellung und Bereitstellung von Materialkomponenten, verfügt über verschiedene Verarbeitungsanlagen mit Zuführ- und Abnahmeeinrichtungen, Prüf- und Sortieranlagen und schließt mit einer Verpackungsanlage. Verbunden werden die einzelnen Bereiche durch ein Transportsystem.

Der Technische Autor soll für die Gesamtanlage sowie für die selbst gefertigten Einzelkomponenten die gesetzlich vorgeschriebene Dokumentation erstellen. Zusätzlich soll er ein umfassendes Kommunikationskonzept entwerfen, das als Grundlage für Schulungen, Präsentationen und Beratungen dienen soll. Die Dokumentation soll zur Abnahme der Produktionsstraße durch die zuständigen Behörden vorliegen, da sie Bestandteil der Gesamtanlage ist und ebenso der Abnahme unterliegt wie die Anlagenteile selbst.

Vorhandene Unterlagen

Dem Technischen Autor stehen zunächst nur Planungsunterlagen und eigene bzw. Fremdaufzeichnungen von Gesprächen zur Verfügung. Allmählich kommen Dokumentationsunterlagen von gekauften Maschinen, Teilanlagen, Einzelkomponenten, Betriebsstoffen und Verarbeitungsstoffen hinzu. Auf seine Bitte hin erhält er

Zugang zur Korrespondenz mit den Vertretern der Gemeinde, der gewerblichen Aufsicht, der öffentlichen Ordnung und den selbst bestellten Prüforganisationen. Um den Wust an Informationsmaterial sinnvoll ordnen zu können, damit man weitere neue Dokumente gezielt ablegen kann und er bei der Bearbeitung sofortigen Zugriff auf die Unterlagen hat, bedient sich der Technische Autor eines Systematisierungsprinzips der Norm DIN 6779: Kennzeichnungssystematik für technische Produkte und technische Produktdokumentation. Seine Hauptdokumente sind der Aufstellungsplan und das Produktionsflussdiagramm.

Produktionsanlage als Organismus betrachtet

Für ihn ist das Produkt ein Organismus, dem Stoffe zugeführt werden, der Stoffe aufnimmt, verarbeitet, verbraucht und ausstößt. Dabei befindet sich dieser Organismus im Ganzen wie in seinen Teilbereichen in unterschiedlichen „Lebenszuständen". Diese Lebenszustände sind das zweite Gliederungsprinzip des Technischen Autors. Hier bedient er sich der Begrifflichkeit der harmonisierten und internationalen Norm DIN EN ISO 292: Sicherheit von Maschinen. Grundbegriffe, Allgemeine Gestaltungsleitsätze, seit April 2004 als DIN EN 12100 veröffentlicht.
Der Organismus arbeitet einerseits nach einer erwartbaren Eigendynamik, andererseits wird er von Menschen gesteuert und in seinem Verhalten beeinflusst. Damit sein „Leben" nicht gefahrvoll für alle erwartbar Betroffenen verläuft, ist er gewissen Prüfmaßnahmen unterworfen. Diese werden nach entsprechenden Prüfbestimmungen durchgeführt. Die Prüfbestimmungen werden einerseits vom Gesetzgeber durch seine behördlichen Vertreter und andererseits vom Betreiber und seinen Vertretern, den beauftragten Mitarbeitern, festgelegt.

Informationsmanagement

Auf dieser Beziehungsgrundlage beschafft, sammelt und verarbeitet der Technische Autor die erforderlichen Informationen. Aus Zeit- und Kapazitätsgründen erhält der Technische Autor Mitarbeiter. Sie werden von ihm in das Denkprinzip eingewiesen und erhalten klare und gezielte Arbeitsaufträge: Recherchieren, Erfassen von Informationen, Planen von Informationsvermittlungsmöglichkeiten für die unterschiedlichen Personengruppen und Lebensphasen wie auch Lebenszuständen der Anlage.
Die Informationen für die Interne Dokumentation, das heißt die lückenlose dokumentarische Darstellung der Umsetzung der gesetzlichen Produktanforderungen, erfasst der Technische Autor mit einem Programm. Er weist auch seine Mitarbeiter entsprechend ein, sodass sowohl die selbst gefertigten Anlagenkomponenten wie auch das gesamte Anlagensystem einheitlich erfasst und dokumentiert sind.
Durch die Einheitlichkeit der Informationsrecherche und -erfassung ist es dem Technischen Autor möglich, ein einheitliches Kommunikationskonzept zu verfassen. Es berücksichtigt die Anlage einschließlich ihrer Teile in den definierten Lebenszuständen und Lebensphasen und es bezieht die erwartbaren und definierten menschlichen Kommunikationspartner mit ein. Dazu zählen die unmittelbar tätigen Verwender, die erwartbaren unberechtigten Verwender, Personen im Wirkbereich von Anlagenteilen und ihrer Komponenten, Betriebssicherheitspersonal wie Feuerwehr und Sanitäter, den Betreiber und seine Stellvertreter sowie die Vertreter betroffener öffentlicher Einrichtungen wie Gewerbeaufsicht, Polizei und Feuerwehr.

Zeitgleiche Fertigstellung

Zum Zeitpunkt der Abnahme ist auch die Technische Dokumentation fertig. Sie umfasst die Interne Dokumentation, die Betriebsanleitung der Gesamtanlage sowie die Dokumentationen der Anlagenteile einschließlich der Einzelkomponenten.
Darüber hinaus existieren Betriebsanweisungen zur Datenerfassung bei Prüfgängen und bei verschiedenen betrieblichen Tätigkeiten wie zum Beispiel das Befüllen von Behältern oder das Ansetzen von Verarbeitungsmaterialien. Für die jährliche Mitarbeiterschulung ist ein Themenplan erarbeitet. Es sind Überlegungen vorhanden, Prüfungsaufgaben zu Sicherheitsaspekten zu erarbeiten.

Verallgemeinerte Darstellung der Kommunikationsbeziehungen

Der Technische Autor bedient sich bei der Planung und Durchführung seines Auftrag dreier Hilfsmittel: einer harmonisierten Norm – die zitierte Norm ist seit April 2004 zurückgezogen und ersetzt durch

die ebenfalls harmonisierte internationale Norm DIN EN ISO 12100 mit dem gleichen Titel, einer nationalen Norm und eines Softwareprogramms.
Ferner arbeitet er hauptverantwortlich mit Mitarbeitern zusammen.
Die Auftragsbearbeitung erledigt er in mehreren Schritten:

- Entwicklung und Festlegen einer Informationsgliederungsmethode mithilfe normierter Kriterien;
- Anlegen von systematisierten und für die Verwender transparenten Dokumentablagen und -sammeleinrichtungen;
- Einweisen von Mitarbeitern in das Informationsgliederungsprinzip für ein selbstständiges eigenverantwortliches Zuarbeiten;
- Gezieltes Sammeln von Informationen zu den Bestandteilen nach dem Kommunikationsmodell Technische Dokumentation;
- Verallgemeinerung des technischen Produkts zu einem Organismusmodell zur transparenten und vollständigen Erfassung aller räumlichen, zeitlichen und handlungsbezogenen bestimmungsgemäßen und erwartbar nicht bestimmungsgemäßen Verwendungsmöglichkeiten bzw. Kommunikationsbeziehungen zwischen den relevanten personalen und nicht personalen Bestandteilen;
- Durchführung der Einzelarbeiten bezüglich der Anlagenteile, Teilanlage und Gesamtanlage auf der Grundlage eines genormten Lebensphasenmodells der relevanten Norm und aller anzuwendenden technischen Spezifikationen und rechtlichen Anforderungen unter Zuhilfenahme eines Softwareprogramms;
- Erstellung eines einheitlichen transparenten Kommunikationskonzepts;
- Erstellung eines Themenplans für jährliche Mitarbeiterschulungen.

Das aufgebaute Informations- und Kommunikationssystem soll noch um Prüfungsmöglichkeiten erweitert werden.

Auswertung der Kommunikationsereignisse

- Der Technische Autor bedient sich aufgrund der Komplexität und des Umfangs des Auftrags ordnender Hilfsmittel: Normen und Softwareprogramm.
- Er führt eine sorgfältige Arbeitsvorbereitung durch und bezieht alle relevanten Kommunikationsbestandteile mit ihren jeweiligen kommunikativen Kräften und erwartbaren Kommunikationsbeziehungen in seine Planung ein.
- Er entwickelt ein Organismusmodell, das heißt ein Lebendmodell für das technische Produkt. Auf diese Weise kann er gezielt alle bestimmungsgemäßen und erwartbar nicht bestimmungsgemäßen Handlungskonzepte der Verwender zeit- und raumbezogen ermitteln und zuordnen.
- Das Organismusmodell dient ihm als Grundlage für die Erstellung eines umfassenden Kommunikationskonzepts und als Arbeitsvorlage für die Themenstellung zu jährlichen Mitarbeiterschulungen.

Hinweise und Empfehlungen für den Technischen Autor

Was hier als reibungslos dargestellt ist, zieht sich „im wahren Leben“ teilweise über Monate hin.
Da geht vieles nicht so wie geplant: Termine platzen, die Prozesskette wird verändert, es müssen Alternativen zu bestimmten konstruktiven Lösungen gefunden werden, Fluchtwege und Arbeitsplatzmindestvorgaben verlangen zusätzliche Anlagen usw.
Ein nicht zu unterschätzender Punkt sind die möglichen personellen Veränderungen während des Erstellungsprozesses. Plötzlich müssen Personen überzeugt werden, muss um erforderliche Kompetenzen und Datenzugriffsrechte gerungen werden usw.
Und gerade deshalb kommt es auf eine tragfähige Beziehung des Technischen Autors zum Produkt an, damit dieser auch in stürmischen Zeiten den Überblick behält: dass die Kommunikationskonzeption auch bei Änderungen stimmt, dass die veränderten Inhalte sach- und standortgerecht aufgenommen und verarbeitet werden und dass der Zeitplan eingehalten wird.
Anlass für das Fallbeispiel und das Thema ist die Beziehung des Technischen Autors zu einem technischen Produkt, an dem er nicht mehr selbst testen kann, das erst allmählich und in einer Dimension und Komplexität entsteht, sodass der Technische Autor zwangsläufig zur Modellbildung gezwungen ist, damit er das Ganze und seine Teile auftrags- und bestimmungsgemäß erfasst.

2.13.1 Fazit aus den beispielhaft behandelten Kommunikationsbeziehungen des Technischen Autors mit dem technischen Produkt

2

Die Kommunikationsbeziehung zwischen Technischem Autor und technischem Produkt sind am Fallbeispiel eines technischen Produktes für den privaten Verwender und, an technischen Produkten für den gewerblichen Verwender, behandelt worden.

Bei beiden Produkt/Verwendergruppen hat sich gezeigt, dass der Technische Autor die Möglichkeit hat, durch Kreativität produktgestalterisch mitzuwirken. Die Fallbeispiele haben auch gezeigt, dass der Technische Autor nicht immer die Möglichkeit hat, das technische Produkt unmittelbar „zu testen“, das heißt, mit ihm in direkte Kommunikation zu treten.

Ist dies jedoch möglich, kann er, empfehlenswerterweise unter Mithilfe eines Fachmannes aus dem Kundendienst- oder Servicebereich, das technische Produkt auf der Grundlage bekannter und erwartbar möglicher Handlungsstrategien benutzen, damit er kritische Beziehungsmomente zwischen technischem Produkt und Verwender wie auch zwischen technischem Produkt und Betroffenen oder unbefugten Verwendern kennenlernt.

Ist die direkte Kontaktnahme mit dem technischen Produkt nicht möglich oder scheitert sie an der mangelnden Fachkenntnis des Technischen Autors oder der erforderlichen gerätetechnischen Umgebung, dann gibt es für den Technischen Autor die methodische Möglichkeit, mithilfe des Perspektivwechsels die kritischen Beziehungsmomente zu ermitteln und zu finden. Auch in diesen Fällen empfiehlt es sich, erfahrene Fachleute hinzuzuziehen.

Die folgende Aufstellung soll nochmals auf die wesentlichen Ergebnisse hinweisen:

- Bei Einzelprodukten sollte der Technische Autor, soweit es seine Kompetenz erlaubt, zu dem Produkt eine unmittelbare Erlebnisbeziehung aufbauen. Ist diese nicht möglich, sollte er als unmittelbarer Beobachter einer Produktverwendung beiwohnen.
- Die anschauliche Verwendung bzw. Benutzung von Einzelprodukten sollte aus der Sicht des unwissenden, des unbeholfenen, des unaufmerksamen sowie des cleveren und des trickreichen Verwenders „durchgespielt“ werden.
- Bei komplexen Produkten, die nicht verwendbar sind und die über das Einzelprodukt hinausgehen, empfiehlt es sich, das Gesamtsystem als lebenden Organismus zu begreifen. Der Technische Autor sieht sich als kompetenter Beobachter und Informationsvermittler zwischen dem Gesamtsystem mit seinen Teilsystemen und den Verwendern wie auch erwartbar Betroffenen durch Aktionen und Reaktionen des Organismus.
- Der Technische Autor erstellt ein den Erfahrungen mit dem Produkt gemäßes Kommunikationskonzept auf der Grundlage des „kompetenten Beobachters und verwendungsfreundlichen Produktgestalters“ oder auf der Grundlage des „Selbst-das-Produkt-sein“ oder als Informationsvermittler des „Organismus“.
- Anhand dieses Kommunikationskonzepts entwirft, gestaltet und erstellt er die geforderten Dokumente – produktpräsentierende Dokumente, produktverwendungsbezogene Dokumente, Interne Dokumentation, Benutzerinformationen vor Ort.
- Soweit es in seinen Möglichkeiten steht, stellt der Technische Autor seine fachliche Kompetenz bei der Produktgestaltung zur Verfügung – im eigenen Interesse.

Diese Aufzählung zeigt, wie wichtig und grundlegend die Beziehung des Technischen Autors zum Produkt ist und wie weitgehend sie nicht nur seine Arbeit beeinflussen kann. Es wird auch deutlich, dass sie nicht die Betrachtungen der Beziehung zwischen Produkt und Verwender ersetzt. Beide Betrachtungsweisen sind für die Qualität der Technischen Dokumentation bzw. der einzelnen technischen Dokumente wichtig.

2.14 Kommunikationsbeziehungen des Technischen Autors mit produktpräsentierenden Dokumenten

Vorschau

Es werden produktpräsentierende Dokumente nach ihrer möglichen Anwendung durch den Technischen Autor betrachtet: als Arbeitsergebnis des Technischen Autors, als Informationsmittel für den Technischen Autor, als vom Technischen Autor nicht beeinflussbares Dokument.

Die produktpräsentierenden Dokumente sind zur Technischen Dokumentation hinzuzuzählen, soweit aus ihnen erwartbar ein Einfluss auf das zweck- und nutzenbestimmte Handeln des Verwenders mit dem technischen Produkt herzuleiten ist. Diese Dokumente fallen auch in den Arbeitsbereich und Aufgabenbereich des Technischen Autors. Also sind sie neben dem technischen Produkt weitere nicht personale Bestandteile und Kommunikationspartner des Technischen Autors.

Grundsätzlich lassen sich die produktpräsentierenden Dokumente nach ihrer Erscheinungsform und ihrer Art der Informationspräsentation bzw. Informationsvermittlung unterteilen:

- Der Videoclip ist anschaulich, vermittelt aber im Allgemeinen keine Schriftinformationen.
- Die Animation ist einerseits anschaulich, reduziert aber die Wirklichkeit auf grafische Modelle. Sie enthält im Gegensatz zum Film schriftliche Äußerungen.
- Der Prospekt vermittelt Inhalte mit Bild und Schrift, ihm fehlt aber die Anschaulichkeit des vertonten bewegten Bildes.

Diese produktpräsentierenden Dokumente können für den Technischen Autor in folgender Weise und in folgenden Funktionen von Belang sein:

- Sie sind als Arbeitsergebnis von ihm zu erstellen, zu konzipieren oder zu beurteilen.
- Sie dienen ihm als Informationsmittel bei der Erstellung einer Technischen Dokumentation.
- Sie sind produktpräsentierende Informationsmittel für den Verwender und können vom Technischen Autor in Verwendung und Gestaltung bzw. Inhalt nicht beeinflusst werden.

Bei der Untersuchung der Kommunikationsbeziehungen der produktpräsentierenden Dokumente aus der Sicht des Technischen Autors ist zu unterscheiden zwischen einer Soll-Sichtweise und einer erwartbaren Sichtweise oder Ist-Sichtweise.

2.14.1 Soll- und Ist-Sichtweisen des Technischen Autors bezüglich produktpräsentierender Dokumente

Die Unterschiede zwischen Soll und Ist sind die Unterscheide zwischen dem Ideal oder der bestimmungsgemäßen Sichtweise und einer nach Zweck- und Nutzenaspekten gewählten Sichtweise.

Doch welche Beweggründe können dazu führen, dass vom Technischen Autor nicht die Soll-Sichtweise gewählt wird? Und was ist jeweils die Soll-Sichtweise?

Definition der Soll-Sichtweise

Grundsätzlich lässt sich die Soll-Sichtweise so definieren:

> Es ist die Sichtweise auf ein produktpräsentierendes Dokument, die der erwartbaren Nutzung durch den Verwender am nächsten kommt bzw. die dem Technischen Autor den größtmöglichen Informationswert für seine bestimmungsgerechte Informationsvermittlung an den Verwender liefert.

In dieser Definition sind die dreierlei Möglichkeiten enthalten, wie produktpräsentierende Dokumente Anwendung finden können.

Soll-Sichtweise bei Erstellung von produktpräsentierenden Dokumenten durch den Technischen Autor

- Sind produktpräsentierende Dokumente vom Technischen Autor zu erstellen, dann ist seine Soll-Sichtweise diejenige, welche die erwartbare Nutzung des produktpräsentierenden Dokuments durch den Verwender am weitgehendsten berücksichtigt.

- Das heißt, schaut sich der Verwender den Produktgebrauch erwartbar vom Video ab, so hat dies der Technische Autor bei der Konzeption des Videos zu berücksichtigen.
- Wird das Video erwartbar vom Verwender nur zur Produktauswahl benutzt, dann hat dies der Technische Autor ebenfalls in seiner Konzeption zu berücksichtigen.
- Dieser Unterschied kann zum Beispiel dann zum Problem werden, wenn die Darstellungen von Bedienungsweisen verwendet werden, um Unterschiede zwischen Ausführungsvarianten zu zeigen.

Soll-Sichtweise bei Verwendung produktpräsentierender Dokumente als Informationsquellen

- Werden produktpräsentierende Dokumente vom Technischen Autor als Informationsmaterial zum Produkt-Kennenlernen verwendet, dann ist die Soll-Sichtweise diejenige, die benutzungsrelevante Informationen sucht, erkennt, bewertet und beurteilt.
- Liefert zum Beispiel ein Prospekt Informationen über Anwendungsmöglichkeiten des Produkts, so schließt die Soll-Sichtweise ein, dass der Technische Autor sich um das Recherchieren weiterer Informationen bemüht, um erwartbaren Unterschieden bei verschiedenen Produktausführungen auf die Spur zu kommen und diese Informationen richtig und vollständig in seine Arbeit zu integrieren.
- Dies wird meist im Zusammenhang mit Technischen Daten, aber auch mit Baugrößen und zubehörabhängigen Ausführungen bedeutsam.

Soll-Sichtweise bei Einsatz produktpräsentierender Dokumente, auf die der Technische Autor keinen Einfluss hat

- Die Soll-Sichtweise auf produktpräsentierende Dokumente, die der Verwender zu Gesicht bekommt, auf deren Inhalt und Gestaltung der Technische Autor keinen Einfluss hat, besteht darin, dass der Technische Autor diese Informationsquelle auf ihren „Wahrheitsgehalt" überprüft und gegebenenfalls entsprechende Korrekturinformationen in seine Arbeiten aufnimmt.
- Ferner hat der Technische Autor beim Aufdecken solcher Widersprüche, vor allem bei solchen, die erwartbar auf eine Gefährdung hinweisen, die Pflicht, den Hersteller des Dokuments sowie den Hersteller des Produkts nachweisbar über den oder die Widersprüche zu informieren.
- Es ist allerdings eine gewisse verantwortbare Verhältnismäßigkeit vorauszusetzen. Weiß der Technische Autor nichts von der Existenz solcher produktpräsentierender Dokumente und ist es nicht Gegenstand seines Auftrags, sich darum zu kümmern, dann ist die Soll-Sichtweise gegebenenfalls forderungsmäßig nach unten zu korrigieren.
- Allerdings sollte der Technische Autor bei seinen Recherchen die Standardfrage nach existierenden und geplanten produktpräsentierenden Dokumenten integriert haben.

2.14.2 Erwartbare zweckbestimmte Sichtweisen

Nachdem die Kommunikationsbeziehungen des Technischen Autors zu produktpräsentierenden Dokumenten in den verschiedenen Bearbeitungsweisen in ihrer Sollvariante bekannt sind, kann man daran gehen, auch seine erwartbaren zweckbestimmten und nutzbringenden Sichtweisen zu untersuchen. Das setzt die Vermutung voraus, dass der Technische Autor erwartbar nicht die Soll-Sichtweise anwendet.
Hierzu können die bereits geschilderten Fallbeispiele als Vorlagen dienen. Das heißt, es sollen Möglichkeiten gezeigt werden, in denen der Technische Autor erwartbar alltäglich nutzen- und zweckbestimmt handelt und sich dadurch eventuell Probleme schafft.

Fallbeispiel 14

Kommunikationsbeziehung des Technischen Autors mit einem zu erstellenden produktpräsentierenden Dokument unter dem Aspekt des Zeitdrucks

Zunächst soll der Sachverhalt betrachtet werden, bei dem ein Technischer Autor produktpräsentierende Dokumente erstellen soll. Dazu bietet sich Fallbeispiel 1 an, das Rasenmäher-Ereignis des Verwenders: Der

Verwender schaut sich im Kaufhaus nach einem besonders leisen Rasenmäher mit abnehmbarem Schnittkorb und leicht auswechselbarem Messer um. Er entnimmt dem Prospekt Details, ist damit aber nicht zufrieden.
Hierzu folgender szenischer Rückgriff:

Technischer Autor erstellt Messeprospekt unter Zeitdruck

Der Technische Autor steht unter Stress, weil sich der Messetermin nicht verschieben lässt und zu dem verbesserten Rasenmäher unbedingt noch ein Prospekt erstellt werden muss.
Er besorgt Bilder von den Kollegen der Werbeabteilung, Technische Daten von der Entwicklung, die Bestellnummern und Angaben zu den Neuerungen vom Vertrieb. Daraus erstellt er einen zweiseitigen DIN-A4-Prospekt. Damit die Neuerungen besser zu Geltung kommen, wird der Auffangkorb als Fotomontage an das Gerät gesetzt. Um das bequeme Wechseln der Messer zu zeigen, wird eine Fotografie von der Unterseite des Gerätes gemacht und das Messer von Hand an die Maschine gehalten.
Nach der Messe gehen ziemlich viele Händleranfragen zum Thema Messerwechseln ein. Zudem wird reklamiert, dass im Prospekt Angaben zur elektronischen Leistungsanpassung fehlen.
Die Aktion kostete neben der Überarbeitung des Prospekts auch noch eine beträchtliche personelle Kapazitätsbindung. Der Technische Autor wurde für das Ist-Ergebnis mitverantwortlich gemacht.

Verallgemeinerte Darstellung der Kommunikationsbeziehungen

Der Technische Autor greift wegen Zeitmangel und Auftragsdruck für die Erstellung des Prospekts auf einen Datenbestand aus anderen Abteilungen zurück. Mangels vollständigem technischen Produkt lässt er die besonders umworbenen technischen Merkmale per Fotomontage wirklichkeitsgetreu nachstellen.
Das Ist-Ergebnis führt zu Irritationen bei den Händlern und zu einem wirtschaftlichen Nachteil wegen Überarbeitungsmaßnahmen und „Zurechtrücken" des Ergebnisses.
Ferner hat der Technische Autor noch persönliche Nachteile in Kauf zu nehmen.

Auswertung der Kommunikationsereignisse

- Der Technische Autor orientiert sich an den firmenaktuellen Sachzwängen.
- Er arrangiert einen Prospekt mit gegebenen dürftigen Mitteln.
- Das Arrangement bewirkt nachteilige und kostenaufwendige Folgen für den Hersteller sowie nachteilige persönliche Konsequenzen für den Technischen Autor.

Hinweise und Empfehlungen für den Technischen Autor

Nun kann man sagen, das sind keine Arbeiten eines Technischen Autors.
Dabei denkt man vielleicht an aufwendige mehrfarbige Hochglanzprospekte mit werbetextlichen Äußerungen und interessanten Grafiken. Doch auch hinter diesen Prospekten können Technische Autoren stecken. Grundsätzlich zählt das Entwerfenkönnen von produktpräsentierenden Dokumenten zu den Kompetenzen des Technischen Autors. Und nicht nur das Entwerfen, sondern auch das Beurteilen solcher Dokumente in Bezug auf die bestimmungsgemäße Verwendung des Produkts.
Doch was ist im gegebenen Fall nicht sollgerecht gelaufen? Die Zweckerfüllung verdrängte zumindest die Qualitätssicherung.
In diesem Fall wäre das im einfachsten Fall das Gegenlesen und die Freigabe oder Mitfreigabe der informationsliefernden Abteilungen gewesen.
Der Technische Autor wollte mit dem Bild zum Messerwechseln möglichst verwendernah argumentieren.
Hier wäre möglicherweise eine Beschreibung ohne Bild besser, denn diese Darstellung könnte Benutzer dazu bringen, das Gerät tatsächlich so zu stellen und dabei eine ausgesprochen gefährliche Situation zu schaffen.

Fallbeispiel 15

Kommunikationsbeziehung des Technischen Autors mit produktpräsentierenden Dokumenten unter dem Aspekt der Informationsrecherche

Ähnlich wie im Fallbeispiel 14 bietet sich auch hier der Rückgriff auf ein bereits bekanntes Fallbeispiel an. Ich

wähle hierfür das Fallbeispiel 10 Teil 3 und dort den Bezugspunkt „Hinweise und Empfehlungen für den Technischen Autor".
Ich muss allerdings auf einen wesentlichen Unterschied aufmerksam machen!
Im Fallbeispiel 10 hat der Technische Autor sorgfältig gearbeitet und gehandelt.
Im folgenden Fallbeispiel handelt es sich also um eine andere Geschichte, aber um ein vergleichbares technisches Produkt.

Technischer Autor verwendet Produktinformationen aus Prospekt und Katalogen

Für die Erstellung der Betriebsanleitung zu der Abwasserbehandlungsanlage bedient sich der Technische Autor teilweise des von der Technik zur Verfügung gestellten Prospektmaterials.
Für die Beschreibung und die Hinweise des Messwertgebers erhält er vom Kollegen der Konstruktion einen Katalog sowie eine CD-ROM. Aus dem Katalog soll er die technischen Daten und Anwendungshinweise entnehmen; auf der CD-ROM ist die Bedienung des Messwertgebers als Video gespeichert.
Der Technische Autor erkennt den Nutzen der Informationsquellen. Sie liefern ihm die erforderlichen Informationen.
Die Technischen Daten übernimmt er, die Bedienung schaut er sich an und formuliert sie als Text aus, geordnet nach der Reihenfolge der nötigen Handlungsschritte. Er lässt den Text vom Konstrukteur gegenlesen. Der findet nichts Fehlerhaftes und gibt sein O.K.
Nach etwa einem halben Jahr kommen vermehrt Reklamationen von Kunden ins Haus, dass die Anlagen nicht zuverlässig arbeiten würden und dass die Abgabewerte an die öffentlichen Vorfluter (z.B. Bach, Fluss, See) außerhalb des Toleranzbereiches lägen.
Mitarbeiter des Kundendienstes finden heraus, dass die Konditionierung der Messelektroden mit dem falschen Mittel und auf falsche Weise durchgeführt wird.
Grund dafür war der fehlende Hinweis in der Betriebsanleitung, dass die Verwendung eines anderen als des angegebenen Konditionierungsmittels zu falschen Messwerten und zu einer dauerhaften Beschädigung des Messsystems führt.
Ebenso fehlte der Hinweis auf eine erwartbare Verschiebung des Messwertbereiches und den möglichen Folgen, wenn die Messelektroden höheren Temperaturen ausgesetzt werden.
Folgende Fehlerquellen konnten ermittelt werden:

- Die CD-ROM war eine veraltete Version; sie enthielt noch keine Hinweise auf die falschen Behandlungsmöglichkeiten.
- Der strikte Hinweis auf die Verwendung des vorgeschriebenen Konditionierungsmittels stand nur in den allgemeinen Sicherheitshinweisen zu Beginn der Betriebsanleitung.

Verallgemeinerte Darstellung der Kommunikationsbeziehungen

Der Technische Autor verwertet das ihm von der technischen Fachabteilung zur Verfügung gestellte Informationsmaterial.
Sein Arbeitsergebnis lässt er bezüglich inhaltlicher Richtigkeit und Vollständigkeit von den Fachkollegen prüfen und erhält eine Freigabe.
Nach längerer Zeit reklamieren Kunden wegen technischer Fehler und gefährdenden Folgen durch nicht bestimmungsgemäßes Arbeiten des technischen Produkts.
Als Fehlerquellen werden veraltete Informationsmittel und die unvollständige bzw. nicht verwenderfreundliche Informationsvermittlung in der produktbegleitenden Dokumentation ermittelt.

Auswertung der Kommunikationsereignisse

- Der Technische Autor vertraut auf den aktuellen Kenntnisstand seines Fachkollegen; dieser Fachkollege sieht sich auf dem aktuellen Kenntnisstand.
- Die Informationsfehler werden erst durch Reklamationen der Kunden offenbar. Die Fehler führen möglicherweise zu einer Belastung der Öffentlichkeit.
- Als Fehlerquellen stellen sich veraltetes Informationsmaterial sowie eine nicht verwendergemäße Platzierung von Informationen in der produktbegleitenden Dokumentation heraus.

Hinweise und Empfehlungen für den Technischen Autor

Es gibt in diesem Fallbeispiel zwei wesentliche Dinge, die besser hätten laufen müssen.
Zum einen muss sich der Technische Autor von der Aktualität der Informationsquelle überzeugen.

Aktualität ist aber ein relativer Begriff und bedeutet nicht immer neuester Ausführungsstand. Die Aktualität wird immer vom Bezugsobjekt bestimmt. Ist dies „veraltet", dann ist die aktuelle Informationsquelle diejenige, die den Stand des Bezugsobjektes wiedergibt. Im geschilderten Fall war die Informationsquelle gegenüber dem Bezugsobjekt veraltet und deshalb nicht aktuell.

Zum anderen ist es gerade bei der Kalibrierung von Messmitteln wichtig, dass auf messwertbeeinflussende Faktoren im Zusammenhang mit den entsprechenden Handlungsanweisungen hingewiesen wird.

Hier ist es sogar ratsam, ein angemessenes Fallbeispiel zu bringen und daran die Folgen von Fehlbehandlungen anzudeuten.

Dies dürfen keine langen Geschichten sein. Sie müssen aber nachvollziehbar und einprägsam sein. Gegen diesen Grundsatz hat der Technische Autor verstoßen – eine alltägliche Situation

Doch was ist im gegebenen Fall nicht sollgerecht gelaufen? Die Zweckerfüllung verdrängte zumindest die Qualitätssicherung.

Fallbeispiel 16

Kommunikationsbeziehung des Technischen Autors mit produktpräsentierenden Dokumenten unter dem Aspekt der nicht verfolgbaren Einflussnahme

Für den folgenden Fall greife ich auf das Fallbeispiel 5 zurück. Es handelt sich um das Datenblatt zu der angebotenen Vibrationswalze. Auf dem Datenblatt ist eine CD-ROM aufgeklebt.

Auch dieses Fallbeispiel stellt einen szenischen Rückgriff dar.

Technischer Autor erstellt Prospekt, andere Personen verändern und fertigen

Ein Technischer Autor hat zu einer Messeneuheit ein Datenblatt zu fertigen, das zu einer Vibrationswalze gehört, die in veränderter Version auf den Markt gebracht werden soll.

Er bekommt die Neuerungen von der Marketingabteilung mitgeteilt. Ferner sagt man ihm, dass dem Datenblatt noch eine CD-ROM beigefügt werde.

Er selbst ist der Konstruktions- und Entwicklungsabteilung zugeordnet. Er überträgt die geänderten und neuen Daten in die Datei des noch aktuellen Modells und speichert die Datei.

Anschließend wird das Datenblatt vervielfältigt und der Marketingabteilung zugestellt.

Beim Verteilen des fertigen Dokuments stellt sich heraus, dass ein wichtiger Tabellenteil mit Ausführungs- und Bestellangaben durch die Klebestelle verdeckt ist und beim Entfernen der CD-ROM unleserlich wird.

Verallgemeinerte Darstellung der Kommunikationsbeziehungen

Der Technische Autor arbeitet nicht in der Abteilung, von der er die Informationen erhält. Auf die Informationswahl hat er keinen Einfluss.

Er verarbeitet die ihm zur Verfügung gestellten Informationen in einem bereits existierenden elektronischen Dokument, das die informationsliefernde und verwendende Abteilung kennt. Ein wichtiger Hinweis auf eine CD-ROM, die dem Dokument beigefügt werden soll, ist unspezifisch und wird deshalb vom Technischen Autor nicht weiterverfolgt.

Auf den Fertigstellungsprozess hat der Technische Autor keinen Einfluss mehr.

Das Arbeitsergebnis weist in der Handhabung wesentliche Mängel auf. Grundlegende Bestelldaten werden durch die Verwendung der CD-ROM für den Verwender unbrauchbar gemacht.

Auswertung der Kommunikationsereignisse

- Der Technische Autor arbeitet nach Anweisung einer fachfremden Abteilung.
- Unklare Hinweise werden vom Technischen Autor nicht hinterfragt.
- Das produktpräsentierende Dokument verhindert die problemlose Nutzung des angedachten Zwecks.

Hinweise und Empfehlungen für den Technischen Autor

Nun kann man sich fragen, wem der Fehler anzulasten ist: der Fachabteilung, die für das Aufkleben der CD-ROM verantwortlich ist, oder dem Technischen Autor?

Sagen wir mal, der Technische Autor ist mit im Spiel. Mag sein, dass es die andere Abteilung war, die bei ihm für etwas Nachlässigkeit gesorgt hat, oder es

war die aktuelle Situation, die eine rasche Auftragsbearbeitung gebot.
Jedenfalls wäre es notwendig gewesen, dass er sich nach der genauen Befestigungsweise und der gedachten Befestigungsstelle auf dem Datenblatt erkundigt hätte.
Ein Gespräch hätte dann vermutlich ergeben, dass das Layout des Datenblattes so verändert werden muss, dass die aufgeklebte CD keine Daten verdeckt. Möglicherweise hätte das Gespräch dazu geführt, dass eine völlig neue Gestaltung notwendig ist, damit die CD und die wesentlichen Kerninformationen für den Verwender optimal zur Geltung kommen.
Gegebenenfalls hätte sich die andere Abteilung bereit erklärt, das Datenblatt mit den Angaben des Technischen Autors neu zu erstellen. Dann hätte er es zur Korrektur bekommen – und da kann man sich in der Regel besser auf die Funktion des Produkts, in diesem Fall des Datenblatts, besinnen.

2.14.3 Fazit aus den beispielhaft behandelten Kommunikationsbeziehungen des Technischen Autors mit produktpräsentierenden Dokumenten

Zusammenfassend lässt sich feststellen: Die Betrachtung der Kommunikationsbeziehungen von produktpräsentierenden Dokumenten und Technischem Autor ist erforderlich, weil sie auf die Arbeitsergebnisse des Technischen Autors Einfluss nehmen können.
Dabei ist zwischen Soll-Sichtweisen und zweck- und nutzenbestimmten Sichtweisen zu unterscheiden. Arbeitsbedingte oder auftragsgebundene Handlungsstrategien des Technischen Autors, seines Auftraggebers oder anderer Kräfte können zu Fehlern führen, die sich erst später zeigen, die aber in ihrer Wirkung nachhaltig sein können.
Um solchen Fehlern vorzubeugen, ist es wichtig, dass sich der Technische Autor ausführlich darüber informiert, ob der Inhalt des produktpräsentierenden Dokuments gültig ist und welche Aufgabe das produktpräsentierende Dokument bei der Informationsvermittlung übernehmen soll.

Folgende Empfehlungen bzw. Notwendigkeiten und Hinweise ergeben sich:

- Bei der Erstellung produktpräsentierender Dokumente hat der Technische Autor die erwartbare Nutzung der Dokumente durch den Verwender weitestgehend zu berücksichtigen.
- Soll das produktpräsentierende Dokument nur zur Produktauswahl genutzt werden, sollten möglichst keine bedienungsrelevanten Informationen enthalten sein.
- Werden produktpräsentierende Dokumente vom Technischen Autor als Informationsgrundlage verwendet, muss er die Aktualität bezogen auf das bearbeitete Produkt (Gerät, Gegenstand) prüfen.
- Kennt der Technische Autor produktpräsentierende Dokumente zu einem Produkt, auf die er keinen Einfluss hat, sollte er, wenn möglich, deren Wahrheitsgehalt überprüfen und gegebenenfalls auf eine Korrektur hinwirken – am produktpräsentierenden Dokument, an seinem Arbeitsergebnis oder am Produkt.

2.15 Kommunikationsbeziehungen des Technischen Autors mit produktverwendungsbezogenen Dokumenten

Vorschau
Es werden produktverwendungsbezogene Dokumente nach ihrer möglichen Anwendung durch den Technischen Autor betrachtet: als Informationsmittel für den Technischen Autor und als vom Technischen Autor nicht beeinflussbare Dokumente.

Wie bei den produktpräsentierenden Dokumenten sind auch hier Soll- und Ist-Sichtweisen bezüglich der Kommunikationsbeziehung zu unterscheiden. In diesem Fall sind es nur zwei Anwendungsmöglichkeiten: produktverwendungsbezogene Dokumente, die der Technische Autor als Informationsmaterial verwendet, und solche, auf die er keinen Einfluss hat, die er aber in seine Technische Dokumentation aufnehmen muss.

Da die Soll-Sichtweisen für den zweiten Anwendungsfall sehr vielfältig und umfangreich sind, muss ich hier das Ordnungsmuster im Vergleich zu den Sichtweisen bezüglich produktpräsentierender Dokumente ändern. Ich werde nach der folgenden allgemeinen Soll-Sichtweise zuerst die Soll- und Ist-Sichtweisen zu produktverwendungsbezogenen Dokumenten, die vom Technischen Autor als Informationsmaterial verwendet werden, betrachten und erst dann auf die Soll- und Ist-Sichtweisen zu produktverwendungsbezogenen Dokumenten eingehen, auf die der Technische Autor keinen Einfluss hat.

Definition der Soll-Sichtweise produktverwendungsbezogener Dokumente

Die Soll-Sichtweise lässt sich wie folgt definieren:

> Es ist die Sichtweise auf ein produktverwendungsbezogenes Dokument, die der erwartbaren Nutzung durch den Verwender am nächsten kommt bzw. die dem Technischen Autor den größtmöglichen Informationswert für seine bestimmungsgerechte Informationsvermittlung an den Verwender liefert.

In dieser Definition sind die oben genannten zwei Möglichkeiten enthalten, wie produktverwendungsbezogene Dokumente durch den Technischen Autor Anwendung finden können.

Soll-Sichtweise bei der Verwendung produktverwendungsbezogener Dokumente als Informationsquellen durch den Technischen Autor

Verwendet der Technische Autor produktverwendungsbezogene Dokumente als Informationsmaterial, so ergeben sich aus der Soll-Sichtweise folgende Handlungsstrategien:

- Überprüfen der Aktualität der Inhalte, bezogen auf das Produkt, für welches das verwendungsbezogene Dokument erstellt wird;
- angemessenes Zitieren der Textstellen;
- vollständiges Zitieren der Textquelle und des Produktes zu der Textquelle.

Erst durch diese Informationen ist eine spätere Klärung bei Fehlern oder ein wirkungsvoller und lückenloser Änderungsdienst möglich. Und ein Änderungsdienst muss immer mit berücksichtigt werden.

2.15.1 Grundsätzliche Hinweise und Empfehlungen für das Zitieren von produktverwendungsbezogenen Dokumenten als Informationsquellen

2

Das Fallbeispiel 15 liefert hier eine anschauliche Anwendung.

Angenommen, der Technische Autor hat Anweisungen sowie Gefahrenhinweise und Empfehlungen zur Behandlung von Messelektroden und zum Kalibrieren des Messwertgebers aus der Betriebsanleitung des Messwertgebers in seine Betriebsanleitung für die Abwasserbehandlungsanlage übernommen und diese Texte und gegebenenfalls auch Piktogramme, Abbildungen und Tabellen an unterschiedlichen Stellen eingefügt, dann hat er „streng genommen“ diese Stellen mit Zitierhinweisen zu versehen.

In der wissenschaftlichen Fachliteratur geschieht dies meistens durch Fußnoten. In der betrieblichen Praxis ist diese Zitierweise bzw. das Zitieren überhaupt ungewöhnlich. Ausgenommen sind technische Spezifikationen wie zum Beispiel Normen.

Man wird sich fragen können, warum man überhaupt Zitate anderer produktverwendungsbezogener Dokumente verwenden soll. Dazu gibt es eine relativ einfache Antwort.

Notwendige Zitate

Wenn vorzugsweise vom Verwender nur ein produktverwendungsbezogenes Dokument benutzt wird, wenn eine Handlungsweise gleichbleibend durchgeführt werden soll oder wenn eine Komponente in mehrfacher Ausfertigung und an verschiedenen Standorten eingebaut ist, dann ist das Zitieren eine wirtschaftliche Verwendungsweise von Informationen – für den Technischen Autor wie für den Verwender. Dies gilt besonders bei technischen Standardprodukten. Der Technische Autor kann die verwendeten Text- und Bildinformationen in einer Datenbank unter der Bezeichnung oder der Identnummer des jeweili-

gen Bauteils ablegen und bei Bedarf ändern und anpassen.
Der Verwender muss nicht unbedingt auf das Quelldokument zurückgreifen. Damit wird er von übermäßiger Informationsfülle verschont.
Wird auf das sachgerechte Zitieren verzichtet und werden dennoch Zitate übernommen, dann kann das bei Änderungen – entweder des Bauteils oder der Gesamtanlage oder von beiden, zu Problemen führen. Man sollte sich dabei immer die Lebensdauer der technischen Produkte und ihre Instandhaltungsdauer vor Augen halten.
Zum einen ist nicht immer sicher, dass die Produktdokumentationen auf dem aktuellen Stand sind. Zum anderen können sich die Suche und das Vergleichen von Zitat und Quelltext für den Technischen Autor als recht langwierig gestalten; vor allem dann, wenn verschiedene Zitate und verschiedene Quellen verwendet worden sind.

Fallbeispiel 17

Kommunikationsbeziehung des Technischen Autors mit produktverwendungsbezogenen Dokumenten unter dem Aspekt der verarbeitbaren Informationsquelle

Der Fall schildert eine relativ alltägliche Verfahrensweise bei Anlagen, die in einer Art Serienproduktion hergestellt werden.

Der Technische Autor bleibt vom Änderungsdienst ausgeschlossen
Der Technische Autor überarbeitet die Betriebsanleitung zu einer Produktionsanlage, die im Wesentlichen ein Serienprodukt ist und nur an den Schnittstellen kundenspezifische Anpassungen erfährt.
Als Grundlage verwendet er unter anderem für einen Anlagenteil die Standard-Produktdokumentation, die alle Dokumente der Bauteile und Baugruppen zu diesem Anlagenteil enthält.
Um dem Verwender das mühsame Suchen, Entnehmen und das ordnungsgemäße Einlegen der Quelldokumente zu ersparen, übernimmt er Inhalte verschiedener Art als Zitate in die Betriebsanleitung.
Er vergleicht die verwendeten Zitate mit den Quellen und zitiert die Quellen nach einer von ihm festgelegten Konvention, die er dem Verwender im allgemeinen Teil der Betriebsanleitung beschreibt und erklärt.
Nachdem die ersten Anlagen in Betrieb sind, kommen verhältnismäßig oft Anfragen zum Einstellen eines bestimmten Füllstandanzeigers.
Als Ursache wird eine falsche Quellenangabe ermittelt. Die angegebene Quelle ist nicht in der Produktdokumentation enthalten.
Der Grund dafür liegt in der Verwendung eines anderen Fabrikats des Füllstandanzeigers, der zu günstigeren Konditionen beschafft werden konnte.
Diese Änderung erfolgte stillschweigend. Das heißt, die Änderung in der Stückliste drang nicht zum Technischen Autor durch. Man hielt es nicht für erforderlich, den Technischen Autor zu benachrichtigen, da sich funktional keine Änderungen ergeben.

Verallgemeinerte Darstellung der Kommunikationsbeziehungen
Der Technische Autor verwendet bei der Überarbeitung der Betriebsanleitung Zitate aus Quelldokumenten zu einzelnen serienmäßig verwendeten Einzelkomponenten, damit dem Verwender der Informationsumweg über das jeweilige Quelldokument erspart bleibt.
Der Technische Autor nimmt in die Betriebsanleitung ein Quellenverzeichnis für die Zitate auf und erklärt dieses dem Verwender.
Häufige Nachfragen von Kunden zur bestimmungsgemäßen Bedienung eines Bauteils bringen zutage, dass ohne Kenntnis des Technischen Autors das Bauteil gegen ein anderes ersetzt worden war.
Der Grund für die fehlende Informationsvermittlung ist die Annahme der austauschenden Abteilung, dass der Technische Autor keinen Informationsbedarf habe.

Auswertung der Kommunikationsereignisse
- Der Technische Autor vertraut bei der Zitatverwendung auf den von ihm geprüften aktuellen Stand und Inhalt der Produktdokumentation.
- Aus Kostengründen wird ein funktional gleiches Bauteil durch ein günstigeres Fabrikat ersetzt.
- Die Unkenntnis über den Aufbau der Betriebsanleitung und über die Verwendung von Zitaten aus Quelldokumenten in der Betriebsanleitung führt

dazu, dass der Technische Autor über den Fabrikatwechsel nicht informiert wird.

- Erst häufige Kundenanfragen führen zu der Fehlerquelle.

Hinweise und Empfehlungen für den Technischen Autor

Es gibt in diesem Fall zwei wesentliche Dinge, die besser hätten laufen müssen.

Zum einen muss der Technische Autor den Kollegen sein Verweisverfahren firmenintern mitteilen. Damit regt er auch die Mitarbeiter an, seine Belange bei ihrer Arbeit besser zu berücksichtigen.

Zum anderen hätte der firmeninterne Informationsfluss den Technischen Autor mit der geänderten Stückliste versorgen müssen. Das setzt jedoch eine Kenntnis von dem Aufgabenbereich des Technischen Autors als Kommunikationsfachkraft voraus.

Der Fall ist alltäglich, auch deshalb, weil unter Insidern nicht leicht nachvollziehbar ist, dass sich Fabrikatänderungen auf das Verwenderverhalten auswirken können.

Das Problem ist einfach zu umgehen mit einer Kopplung der Stücklistendaten des technischen Produkts mit den „Stücklistendaten" der Dokumentation.

Besitzt der Technische Autor eine entsprechende Datei oder eine Datenbank mit entsprechenden Informationen, erkennt er relativ schnell Änderungen und kann darauf reagieren.

Verfügt er nicht über entsprechende Werkzeuge, muss er sich die Mühe machen, die Daten manuell zu prüfen und entsprechend abzugleichen.

2.15.2 Integration von produktverwendungsbezogenen Dokumenten, auf die der Technische Autor keinen Einfluss hat

Die zweite Kommunikationsbeziehung des Technischen Autors zu produktverwendungsbezogenen Dokumenten bezieht sich auf ihre Verwendung in der Technischen Dokumentation, ohne dass der Technische Autor auf die Gestaltung und den Inhalt dieser Dokumente einen Einfluss hat.

Der Fall, dass ein verwendungsbezogenes Dokument, das zum technischen Produkt gehört und auf dessen Inhalt und Ausführung der Technische Autor keinen Einfluss hat, ohne sein Wissen dem technischen Produkt hinzugefügt wird oder dem Verwender überlassen wird, soll hier nicht beachtet werden.

Soll-Sichtweise bei der Verwendung produktverwendungsbezogener Dokumente als integrierte Bestandteile durch den Technischen Autor

Geht man wieder von der Soll-Sichtweise produktverwendungsbezogener Dokumente aus, bedeutet das für den Technischen Autor Folgendes: Er muss

- den Verwender darauf hinweisen, dass das Dokument Bestandteil der Technischen Dokumentation ist;
- für die angemessene Verwendbarkeit des Dokuments sorgen;
- Handlungsanweisungen bezüglich des Umgangs mit diesem Dokument geben.

Diesen allgemeinen Soll-Sichtweisen sind zwangsläufig zu ihrer verwendertauglichen Umsetzung besondere Soll-Sichtweisen zu einzelnen Aspekten hinzuzufügen.

Soll-Sichtweise zum Informieren und Einführen des Verwenders in die Gliederungs- und Ordnungssystematik durch den Technischen Autor

Bezieht man diese Soll-Sichtweisen auf das Fallbeispiel 13, dann heißt das:

- Der Technische Autor muss das Inhaltsverzeichnis der Produktdokumentation so gestalten, dass für den Verwender ersichtlich ist, welche Dokumente in welchem Sachzusammenhang Bestandteile der Betriebsanleitung sind.
- Er sollte ferner in der Betriebsanleitung und in der Produktdokumentation in einem einführenden allgemeinen Teil das Gliederungs- und Ordnungssystem der Produktdokumentation erklären.
- Er sollte auch den Verwender anweisen, dafür zu sorgen, dass entnommene Dokumente wieder ordnungsgemäß abgelegt werden.
- Bezüglich baulicher Veränderungen am technischen Produkt ist der Verwender anzuweisen, dass er entsprechende zusätzliche Dokumente entweder in eigener Verantwortung nach dem vorgegebenen Gliederungs- und Ordnungssystem hin-

2

zufügt oder den Technischen Autor damit beauftragt.

- Werden Bauteile ausgetauscht, so sind auch die entsprechenden verwendungsbezogenen Dokumente auszutauschen.
- Der Austausch der Dokumente muss mit der Datumsangabe vermerkt werden.

Soll-Sichtweise für den Technischen Autor hinsichtlich der Einordnung produktverwendungsbezogener Dokumente

Hinsichtlich der angemessenen Verwendbarkeit der Dokumente hat der Technische Autor zwei Aspekte zu beachten:

– die Einordnung in die Gesamtdokumentation und
– die möglichst beschädigungsfreie Benutzung.

Die Einordnung wird durch eine praxisbezogene wie auch plausible und transparente Gliederung gewährleistet.

Hier bieten sich mehrere Ordnungssysteme an:

– die alphabetische Ordnung,
– die standortbezogene Ordnung und
– die funktionsbezogene Ordnung.

2.15.2.1 Alphabetische Ordnung

Die alphabetische Ordnung hat den Nachteil, dass sie die Kenntnis des Namens beim Verwender voraussetzt. Beim Nachschlagen zu einem Produkt ist dieser Name zwar als bekannt vorauszusetzen, da er am technischen Produkt ablesbar ist, aber es kann dennoch zu Zweifelsfällen kommen, wenn der Name Artikel oder Adjektive enthält wie „der" oder „ein" bzw. „groß" oder „neu", die dann eine alphabetische Buchstabenzuordnung schwierig machen.

2.15.2.2 Standortbezogene Ordnung

Die standortbezogene Ordnung setzt voraus, dass die Standorte eindeutig und durchgehend gleich benannt sind.

Häufig wird für die Benennung ein Nummern- bzw. Ziffernschlüssel verwendet.

Parallel dazu werden aber in der mündlichen Kommunikation meistens Namen verwendet, welche die aktuelle Funktion des Bauteils oder Anlagenteils beschreiben oder die auf eine frühere Funktion verweisen, die aktuell nicht mehr relevant ist. So kann es sein, dass sich in einem Gebäude früher eine Schmiede befand und das Gebäude jetzt als Befüllstation von bestimmten Betriebsstoffen verwendet wird. Im Sprachgebrauch bleibt das Gebäude beispielsweise die „alte Schmiede" und die firmeninternen Mitarbeiter wissen, dass mit „alte Schmiede" das Gebäude mit der entsprechenden Befüllstation gemeint ist.

Hier hat der Technische Autor darauf zu achten, dass die Benennungen im Anlagenplan oder in der Aufbauzeichnung identisch sind mit den Benennungen in der Betriebsanleitung und dem Register der Produktdokumentation. Möglicherweise ist er genötigt, auf die Parallelität von Bezeichnungen hinzuweisen.

Ein weiteres Problem bei einer standortbezogenen Ordnung ist neben der Parallelbenennung noch die Reihenfolge.

Hier versagen meist Ordnungskriterien wie „von unten nach oben" oder „von vorne nach hinten" oder „von West nach Ost" usw.

Meistens greift man da auf die Reihenfolge des Produktionsprozesses zurück.

2.15.2.3 Funktionsbezogene Ordnung

Die funktionsbezogene Ordnung erscheint am einfachsten. Allerdings bringt auch sie Schwierigkeiten mit sich. Es ist die Verteilung der Funktionen im Gesamten.

Zum Beispiel enthält die Gesamtanlage des Fallbeispiels 12 viele Dosierpumpen. Die Produkte sind in ihrer Ausführung und Funktion ähnlich, aber nicht gleich; die Hersteller unterscheiden sich auch.

Wählt man eine funktionelle Gliederung, zum Beispiel „Pumpen", hat man Mühe, das passende Dokument zu finden. Legt man die Dokumente alphabetisch innerhalb der Funktion ab, bleibt immer noch eine gewisse Vielfalt und damit Verwechslungsmöglichkeit übrig.

Entnimmt man das oder die Dokumente, ist die falsche Einordnung fast vorbestimmt. Das heißt, es wäre besser, man würde eine andere Ordnungssystematik wählen.

2.15.2.4 Prozessbasierte funktionsbezogene Ordnung

Bleibt man bei der funktionsbezogenen Ordnung, bietet sich der Produktionsprozess als Benennungsgrundlage an.
Diese Möglichkeit wird bei Großanlagen häufig gewählt, da meist auch eine standörtliche Differenzierung damit einhergeht. Ferner werden vom Betreiber oft Anlagenteile und Teilanlagen als komplette Einheiten gekauft, die nur noch steuerungstechnisch aufeinander abgestimmt werden.
Diese technischen Produkte werden mit einer vollständigen Produktdokumentation geliefert, die nicht selten mehrere Ordner umfasst. Ihre Einordnung gestaltet sich meist sehr einfach durch die funktionale Benennung der Anlage, zum Beispiel „Sortieranlage für ...“.
Die Anwendung der prozessbasierten funktionalen Gliederung setzt voraus, dass der Verwender die Prozessschritte und ihre Reihenfolge kennt.
Das heißt, dieses Wissen ist ihm im Zusammenhang mit der Erklärung der Gliederungssystematik zu vermitteln. Bei einer weiträumigen Verteilung der Anlagenbereiche sind die Standortdaten mit zu vermitteln. Dieser Aufwand ist relativ gering und die Informationen sind platzsparend unterzubringen.

2.15.2.5 Anlagengröße als Merkmal für die Ordnungswahl

Bei relativ kleinräumigen Anlagen ist zu überlegen, ob die prozessbasierte funktionale Gliederung oder eine rein funktionale Gliederung angemessen ist.
In Zweifelsfällen sollte sich der Technische Autor, wenn möglich, an die Fachkräfte wenden, die Einstellungs-, Wartungs- und Reparaturarbeiten durchführen. Er darf sich jedoch nicht wundern, wenn sich deren Aussagen widersprechen. Er muss dann letztlich in eigener Verantwortung das Gliederungssystem wählen, das seinem Kommunikationskonzept am besten entspricht.

2.15.2.6 Beschädigungsfreie Benutzbarkeit

Bisher ging es um die Festlegung der Ordnung der verwendungsbezogenen Dokumente, damit sie vom Verwender nicht nur schnell gefunden werden, sondern nach Entnahme auch wieder richtig zurückgelegt werden können.
Ein weiterer Aspekt für eine angemessene Verwendbarkeit ist die möglichst beschädigungsfreie Benutzung.
Es stellt sich hier die Frage: Wie kann der Technische Autor die beschädigungsfreie Benutzung eines verwendungsbezogenen Dokuments, auf dessen Gestaltung er keinen Einfluss hat, bestimmen?

Soll-Sichtweise für den Technischen Autor hinsichtlich der beschädigungsfreien Benutzung der produktverwendungsbezogenen Dokumente

Die Möglichkeiten des Technischen Autors beschränken sich in diesem Zusammenhang auf zwei Punkte:

- auf die Standortfrage und
- auf die Handhabung durch den Technischen Autor.
  - Ist das verwendungsbezogene Dokument vom Hersteller beim, am oder im technischen Produkt abgelegt, sollte der Technische Autor dieses Dokument dort belassen.
  - Wenn dies nicht möglich ist, weil es erwartbar beschädigt wird oder verloren geht, dann muss er an der Stelle, an der es bestimmungsgemäß gelagert wurde, einen Standorthinweis anbringen oder hinterlegen, der dem Verwender den aktuellen Standort angibt.
  - Er hat dann das Dokument an dem genannten Standort zu platzieren.
  - Wird das verwendungsbezogene Dokument vom Technischen Autor in die von ihm erstellte Produktdokumentation integriert, hat er darauf zu achten, dass das verwendungsbezogene Dokument zum Beispiel durch Lochen, Klammern oder andere Bindemaßnahmen nicht beschädigt wird.
  - Ferner muss er sicherstellen, dass das Dokument vollständig bleibt und seine innere Ordnung nicht verändert wird.
  - Dies ist nicht immer selbstverständlich. Es gibt Anwendungsfälle, bei denen die Gliederung der

Produktdokumentation so festgelegt ist, dass eine Trennung unumgänglich erscheint. In solchen Fällen ist es unter Umständen nötig, mit dem Hersteller in Kontakt zu treten und von ihm eine andere, an die festgelegte Ordnung angepasste Dokumentation zu verlangen.

- Der Technische Autor hat für einen entsprechenden Schutz zu sorgen, wenn er feststellt,
  - dass das eine oder andere produktverwendungsbezogene Dokument besonderen mechanischen, thermischen oder chemischen Belastungen ausgesetzt ist oder,
  - dass zum Beispiel die Papierqualität erwartbar nicht in ausreichendem Maße diesen Belastungen standhält.
- Dieser Schutz kann wieder in Abstimmung mit dem Hersteller festgelegt werden.
- Dieser Schutz kann aber auch darin bestehen, dass das Dokument vom Technischen Autor entsprechend
  - nachbehandelt wird,
  - auf einen anderen Informationsträger kopiert wird,
  - mit einem angemessenen Schutzumschlag versehen oder in eine Schutztasche gesteckt wird.

Wichtig bei all diesen Maßnahmen ist, dass die Originalfassung erhalten bzw. erkenntlich bleibt. Es darf kein Informationsverlust entstehen. Beim Kopieren ist unbedingt vorher die Rechtserlaubnis vom Herausgeber in erforderlicher Weise sicherzustellen.

Fallbeispiel 18

Kommunikationsbeziehung des Technischen Autors mit produktverwendungsbezogenen Dokumenten unter dem Aspekt der zu integrierenden Informationsquelle

Wie könnte sich eine zweck- und nutzenbestimmte Kommunikationsbeziehung und Sichtweise ungünstig im Vergleich zum Soll darstellen und auswirken?
Die folgende Schilderung soll eine Möglichkeit beschreiben. Sie bezieht sich auf das Fallbeispiel 12.

Der Technische Autor konzipiert ein Gliederungssystem einer Produktdokumentation und die gewerblichen Verwender ignorieren das System
Der Technische Autor gliedert die Produktdokumentation wie folgt: Er vergibt für jede Produktionseinheit eine alphanumerische Schlüsselbezeichnung. Der numerische Teil gibt den Standort an und ist dem Anlageplan entnommen. Der alphabetische Teil beschreibt die erst- und zweitgeordnete Funktion der Produktionseinheit. Diese Kennzeichnung befindet sich auch an den Anlagen selbst. Der Schlüssel wird in der Betriebsanleitung für die Gesamtanlage erklärt, die Aufstellung ist dort auch wiedergegeben – als Grafik und als Tabelle.
Da ein Großteil der Anlagen später von dem Personal des jeweiligen Herstellers gewartet werden soll und die jeweiligen Dokumentationen in Ordnern nach dem Design des Herstellers geliefert wurden, entschloss sich der Technische Autor, die Bauteile- und Teilanlagendokumentationen alphabetisch nach Herstellernamen zu ordnen. Dies hatte zur Folge, dass die Monteure der größeren Teilanlagen schnell ihre Unterlagen fanden. Auf die Ordnerrücken wurde von Hand mit wasserfestem Faserstift die alphanumerische Schlüsselbezeichnung der Produktionseinheit geschrieben.

Hinzufügen eigener Anlagen

Zwischen den zugekauften Teilanlagen hat der Betreiber selbst Anlagenteile gebaut und mit den Nachbaranlagen verkettet. Die Komponentendokumentation dieser Anlagenbereiche wird allgemein sachlich nach Art der Komponenten und alphabetisch nach Herstellernamen abgelegt. Da mehrere Bauteile und Baugruppen an mehreren Standorten und in unterschiedlichen Funktionseinheiten eingesetzt werden, wird den entsprechenden Dokumenten ein Tabellenblatt hinzugefügt mit Angabe der Identnummer des Teils in der Stückliste, der alphanumerischen Schlüsselbezeichnung der Produktionseinheit und gegebenenfalls der Kurzbezeichnung des Teils in der Elektrodokumentation. Damit will man einer Mehrfachbelegung und auch erhöhtem Raumbedarf der Dokumentation entgegenwirken.
Während der Inbetriebnahmephase stellt sich heraus, dass einige Komponenten wegen Überbeanspruchung durch größere Ausführungen ersetzt werden müssen.

Zusätzlich stellt sich das Problem, dass Antriebseinheiten und Frequenzverstärker funktionstechnisch zusammengehören und die Betriebsanleitungen und Datenblätter zusammen für die Durchführung von Einstellungs- und Prüfarbeiten an den Komponenten der Produktdokumentation entnommen werden. Die Dokumente sind wegen der unterschiedlichen Art und Funktion der Komponenten in unterschiedlichen Ordnern abgelegt. Ferner stammen sie von unterschiedlichen Herstellern.

Innerhalb weniger Wochen während der Inbetriebnahmephase kam die Dokumentation ziemlich durcheinander, weil die Dokumente der ersetzten Bauteile nicht entnommen wurden. Die Dokumente der neuen Bauteile wurden zwar alphabetisch und sachlich richtig zugeordnet, aber nicht in das Tabellenblatt aufgenommen und Dokumente von unmittelbar zusammenwirkenden Einheiten, hier von Motoren und Frequenzumrichtern, wurden zusammen teils bei den Motoren, teils bei den Frequenzumrichtern abgelegt. Die Frustration der suchenden Monteure nahm langsam zu, weil sie nach kurzer Zeit die selbst abgelegten Dokumente kaum mehr fanden. Sie lösten das Problem, indem sie die häufig benutzten Dokumente den Ordnern der Produktdokumentation entnahmen und ihren Unterlagen hinzufügten. Der Ärger des Technischen Autors nahm ebenfalls zu, weil er seine durchdachte Ordnung zerstört bzw. ignoriert sah. Zudem lastete man ihm die lückenhafte Dokumentation an.

Verallgemeinerte Darstellung der Kommunikationsbeziehungen

Der Technische Autor wählt für die umfangreiche und vielfältige Produktdokumentation ein Gliederungssystem, das einerseits die einfache Pflege und Änderbarkeit von Fremddokumentationen erlaubt und andererseits die noch relativ einfache komponentenorientierte Eigendokumentation ermöglicht. Erforderliche Eigenleistung der Verwender sind die Eintragungen bei Veränderungen der Bauteilzusammensetzung.

Oberstes und objekt-raum-bezogenes Ordnungsinstrument ist ein alphanumerischer Dokumentenschlüssel. Er kombiniert Ortsangabe und zweierlei Funktionsangaben.

Die komponentenorientierte Eigendokumentation erweist sich als nicht verwenderfreundlich. Sie verlangt von den Verwendern notwendige Eintragungen bei Bauteiländerungen. Dies widerspricht den zweck- und nutzenbestimmten Handlungsstrategien der Verwender. Ferner entspricht die komponentenbasierte Ordnungssystematik nicht der angewandten funktionalen Ordnungssystematik bestimmter Bauteile zueinander.

Die Ordnung der Produktdokumentation bricht zusammen und die Verwender sichern sich nach individuellem Bedarf die erforderlichen Dokumente durch anonyme Entnahme aus der Ordnerablage.

Auswertung der Kommunikationsereignisse

- Was von dem Technischen Autor ordnungssystematisch angemessen richtig gedacht war, erwies sich in der Anwendung als nicht durchführbar.
- Die Gesamtordnungssystematik enthält zwei konkurrierende Ordnungsprinzipien: die funktionale Gruppenordnung und die Einzelobjektordnung.
- Die Verwender bevorzugen in diesem Fall die funktionale Gruppenordnung, weil sie der bestimmungsgemäßen Bauteilverwendung entspricht.
- Im Ausnahmefall wird der erwartbare Informationsbedarf nach persönlichen zweck- und nutzenbestimmten Handlungsstrategien gesichert.

Hinweise und Empfehlungen für den Technischen Autor

Die Ursache für die entstandene Unordnung ist die nachvollziehbare Verfahrensweise, dass Mehrfachbelegungen vermieden und Raum gespart wird.

Was bei diesem Denken nicht berücksichtigt wurde, waren die ebenso nachvollziehbaren Handlungsstrategien der Monteure.

Letztlich heißt das, dass das Kommunikationskonzept in diesem Punkt nicht sorgfältig durchdacht, geprüft und besprochen wurde.

Das Fallbeispiel ist alltäglich und weist auf das generelle Kernproblem einer von mehreren „Einsparmöglichkeiten" im Bereich der Dokumentation hin. Es ist auch unter dem Begriff „Redundanz" bekannt. Entscheidend ist das Kommunikationskonzept, das die Verwendung der Dokumente bzw. Informationen beschreibt. Es nennt die Kommunikationspartner, die erwartbaren Kommunikationsereignisse und die erwartbaren Bedingungen für die Kommunikationsereignisse.

Ist eine relativ hohe Zugriffsrate auf Dokumente erwartbar oder eine häufige Änderung, dann sollten diese Dokumente nicht „sparsam“ geordnet werden. Und dieser Fall ist im Anlagenbereich fast als Standard anzunehmen. Bei reinen Serienprodukten, möglichst in großen Stückzahlen, kann man „sparsamer“ vorgehen. Doch auch hier sollte immer das Kommunikationskonzept als Richtschnur gelten.

2.15.3 Fazit aus den beispielhaft behandelten Kommunikationsbeziehungen des Technischen Autors mit produktverwendungsbezogenen Dokumenten

Fasst man die behandelten Betrachtungen bezüglich der Kommunikationsbeziehung des Technischen Autors mit produktverwendungsbezogenen Dokumenten zusammen, lässt sich Folgendes feststellen:

- Bei der Verwendung von produktverwendungsbezogenen Dokumenten als Zitatquellen sind die Dokumente mit Bezug auf das zugeordnete technische Produkt zu zitieren.
- Es ist die Aktualität von produktverwendungsbezogen Dokumenten als Informationsquellen in Bezug auf das zu bearbeitende technische Produkt zu prüfen.
- Wird ein produktverwendungsbezogenes Dokument, auf das der Technische Autor keinen Einfluss hat, in eine Dokumentation integriert, sind seine Einordnung und seine Verwendungsbedingungen zu berücksichtigen.
- Bei der Beurteilung der Einordnung und den Verwendungsbedingungen sind die erwartbaren Handlungsstrategien der Verwender zugrunde zu legen.
- Die gute Einordnung setzt eine kommunikationsgemäße Ordnung der Produktdokumentation voraus, die auch eine nachträgliche Erweiterung oder Reduzierung berücksichtigt.
- Bei räumlich komplexen Anlagen empfiehlt sich eine prozessbasierte funktionale Gliederungsweise.
- Bei räumlich geschlossenen Anlagen und Produkten kann eine funktionale Gliederungsweise vorteilhafter sein als eine prozessbasierte funktionale Gliederung.
- Wird auf produktverwendungsbezogene Dokumente, auf die der Technische Autor keinen Einfluss hat, häufig zugegriffen, sollte der Technische Autor durch entsprechende Maßnahmen einem starken Verschleiß der Dokumente entgegenwirken.

2.16 Kommunikationsbeziehungen des Technischen Autors mit dem Hersteller

Vorschau

Es werden die möglichen vertraglichen und arbeitsorganisatorischen Kommunikationsbeziehungen aus der Sicht des Herstellers und aus der Sicht des Technischen Autors betrachtet.

Neben den Kommunikationsbeziehungen des Technischen Autors mit produktbezogenen Dokumenten sind noch seine Beziehungen zum Hersteller, zum Gesetzgeber und zur Öffentlichkeit zu betrachten. Zunächst soll die Kommunikationsbeziehung zum Hersteller erörtert werden.

Zusammenarbeit als Grundlage der Kommunikationsbeziehung von Technischem Autor und Hersteller

Der Begriff Hersteller wird hier im Sinne des „Gesetzes über technische Arbeitsmittel und Verbraucherprodukte (GPSG)“ verwendet. Es besagt, dass darunter jede natürliche und juristische Person verstanden wird, die ein Produkt herstellt, ein Produkt wiederaufbereitet oder wesentlich verändert und erneut in Verkehr bringt.
Hersteller und Technischer Autor stehen über das technische Produkt in einer Arbeitsbeziehung zueinander. Die Kommunikationsbeziehung soll nur in diesem Zusammenhang verstanden werden. Das heißt, es soll nur der Fall betrachtet werden, bei dem ein Hersteller einen Technischen Autor mit der Erstellung einer Technischen Dokumentation beauftragt.

2.16.1 Kommunikationsbeziehung unter dem Aspekt der Erfüllung vertraglich festgelegter Verantwortlichkeiten

Für den Technischen Autor bedeutet dies, dass er einerseits für die Benutzerinformationen zum technischen Produkt verantwortlich sein kann und andererseits für die Interne Dokumentation, anhand derer der Hersteller nachweist, dass sein Produkt die gesetzlichen Anforderungen erfüllt.
Er kann aber auch für beide Teile verantwortlich sein, wie es für den Technischen Autor oft wünschenswert ist, aber durch Arbeitsteilungsprinzipien oft nicht erforderlich ist.
Die „Kann-Verantwortlichkeit" weist bereits auf die Eigenartigkeiten der Kommunikationsbeziehung zwischen Technischem Autor und Hersteller hin. Es geht bei dieser Kommunikationsbeziehung vor allem um die Erfüllung vertraglich festgelegter Verantwortlichkeiten. Diese Verantwortlichkeiten sind aber nicht beschränkt auf Technischen Autor und Hersteller, sondern erstrecken sich auch auf die noch zu betrachtenden Kommunikationspartner Gesetzgeber und Öffentlichkeit.
Kommunikationsbeziehungen im Zusammenhang mit der Internen Dokumentation wurden bisher nicht eingehend behandelt. Dies hat folgenden Grund: Die Interne Dokumentation spiegelt den Produkterstellungsprozess im Sachzusammenhang mit der Erfüllung der rechtlichen Anforderungen an das Produkt wider. Der Verwender ist im Erstellungsverfahren kein unmittelbar betroffener Kommunikationspartner.
Ich will aber mit dem Thema Kommunikationsbeziehungen gerade das Wirkungsfeld vom Verwender als unmittelbarem Kommunikationspartner zum Produkt beschreiben und untersuchen. Und dies entfällt bei der Internen Dokumentation.

Unterschiedliche Sichtweisen zur Verantwortlichkeit

Betrachtet man die Verantwortlichkeiten, so lassen sie sich sowohl aus der Sichtweise des Herstellers wie auch aus der Sichtweise des Technischen Autors beschreiben und bewerten.

Die Verantwortlichkeiten wirken sich unmittelbar auf die Auftragsbearbeitung aus. Sie bestimmen die Auftragsgestaltung, die Auftragsbearbeitung und die Abwicklung von Folgen durch die Auftragserledigung, sprich durch die Arbeitsergebnisse.
Neben der Betrachtung der Verantwortlichkeiten ist zu prüfen, in welcher verantwortlichen Wertigkeit die beide Kommunikations- und Vertragspartner zueinander stehen. Hier sollen nur kurz und skizzenhaft beide Sichtweisen und die gängigen Verantwortlichkeitsverhältnisse dargestellt werden.

2

2.16.2 Kommunikationsbeziehung aus der Sicht des Herstellers – in sechs Fragen

Die Kommunikationsbeziehung zum Technischen Autor aus der Sichtweise des Herstellers lässt sich kurz gesagt auf folgende Fragen reduzieren:

1. Verfügt der Technische Autor über das erforderliche Wissen, die erforderlichen Fähigkeiten und Fertigkeiten sowie die Zeit-, Ausrüstungs- und gegebenenfalls Personal- und Kontaktressourcen?
2. Welcher Aufwand ist mit der Beauftragung und Durchführung der Erstellung der Technischen Dokumentation zum technischen Produkt X verbunden?
3. Wie umfangreich (Zeit, Aufwand, Dokumentationsumfang usw.) wird der Auftrag sein?
4. Wie lassen sich die Arbeitsergebnisse zusätzlich nutzen?
5. Wie viel darf die Beauftragung und Ergebniserstellung kosten und wie viel wird sie kosten?
6. Wie viel Verantwortung muss ich durch die Beauftragung übernehmen, wie viel kann ich delegieren und mit welchen Konsequenzen?

Die meisten Fragen der Aufzählung werden nicht ohne Weiteres von einem Hersteller beantwortet werden können.
So setzt zum Beispiel die Frage nach den Kompetenzen des Technischen Autors in Bezug auf die Erstellung einer Technischen Dokumentation zum technischen Produkt X Fachwissen voraus.

2

Ebenso werden Fragen nach Aufwand, Umfang und Verantwortung immer noch auf der Grundlage theoretischer Überlegungen oder von Vorurteilen beantwortet. Die eigentliche Grundlage ist häufig die enge Kostenbemessung.

2.16.2.1 Änderung der Sichtweise durch Generationswechsel

Dass Fragen nach Aufwand, Umfang und Verantwortung „immer noch" auf der Grundlage theoretischer Überlegungen und Vorurteilen beantwortet werden, liegt teilweise am noch nicht vollzogenen Generationswandel in den Unternehmen.
Für die jüngere Generation ist Technische Dokumentation in vielen Fällen schon Gegenstand der Ausbildung, beginnend bei der allgemeinen Schulausbildung bis zum Studium. Dieser Trend wird sicherlich zunehmen, was nicht heißt, dass die Hersteller deshalb zu Technischen Autoren heranwachsen.
Es geht lediglich um das Verständnis für die Bedeutung der Technischen Dokumentation als Teil des Produkts und der Kommunikationsfähigkeit des Produkts sowie um das Einschätzen des Aufwands für die Erstellung einer Technischen Dokumentation sowie der Möglichkeiten und Grenzen des Einsatzes eines Technischen Autors.

2.16.2.2 Bestimmung des Vertragsverhältnisses zwischen Technischem Autor und Hersteller

Besonders die Antworten auf die ersten drei Fragen werden das Vertragsverhältnis zwischen Hersteller und Unternehmer weitestgehend bestimmen. Es gibt für den Hersteller drei Varianten:

1. Der Technische Autor wird als Arbeitnehmer eingestellt bzw. beauftragt.
2. Der Technische Autor wird als freier Mitarbeiter bzw. als arbeitnehmerähnliche Persönlichkeit beauftragt.
3. Der Technische Autor wird als Selbstständiger bzw. Freiberufler beauftragt.

Der Technische Autor als Arbeitnehmer

Beauftragt der Hersteller den Technischen Autor als Arbeitnehmer, hat er die Möglichkeiten, diesen im Rahmen des Arbeitsrechtes anzuweisen und ihn entsprechend der betrieblichen und betriebsrechtlichen Freiheiten zu nutzen.
Das heißt, der Technische Autor ist an Orts-, Zeit- und innerbetriebliche Organisation- und Kommunikationsweisungen gebunden.
Für den Hersteller ist dies bei sehr lang dauernden bzw. ständigen Auftragsbearbeitungen vorteilhaft. Er hat auch die Möglichkeit, das Know-how des Technischen Autors weitreichend zu nutzen.
Der Nachteil liegt gegebenenfalls in der Bereitstellung des Arbeitsplatzes und der angemessenen Arbeitsbedingungen sowie der weitestgehenden Übernahme der Verantwortlichkeit bezüglich der Arbeitsergebnisse und ihrer Folgen (Produkthaftung). Andererseits profitiert er von den guten Folgen der Arbeitsergebnisse.

2.16.2.3 Der Technische Autor als freier Mitarbeiter

Beauftragt der Hersteller den Technischen Autor als freien Mitarbeiter, entledigt er sich wesentlicher Verpflichtungen, die ihm das Arbeitsrecht bei einem Arbeitnehmer auferlegt.
So muss er keinen Kündigungsschutz beachten; er hat keine Zahlungsverpflichtung bei Urlaub, im Krankheitsfall, an Feiertagen, bei Verhinderung der Arbeit aus persönlichen Gründen, während des Erziehungsurlaubs, bei Krankheit eines Kindes; der Betriebsrat kann sich nicht für die betrieblichen Belange des freien Mitarbeiters einsetzen.
Das heißt, ihn kommt der freie Mitarbeiter recht günstig. Aber nur oberflächlich. Zeigt sich, dass er den freien Mitarbeiter in gleicher oder annähernd ähnlicher Weise „bindet" wie einen Arbeitnehmer, kann dies im Streitfall dazu führen, dass er den Technischen Autor nachträglich wie einen Arbeitnehmer zu behandeln hat. Damit verfallen auch Freiheiten der Verantwortlichkeit bezüglich der Arbeitsergebnisse. Juristisch ist dieser Bereich nicht eindeutig beschrieben und geklärt.

Für den Hersteller bietet sich bei wirklich einvernehmlicher Vertragsgestaltung der freie Mitarbeiter an, wenn periodisch Auftragsbedarf bzw. Auftragsspitzen vorkommen und auf ein betrieblich abgestimmtes Fachwissen sowie gegebenenfalls auf Vor-Ort-Präsenz und eingespielte persönliche Kommunikationsbeziehungen zurückgegriffen werden sollte.

2.16.2.4 Der Technische Autor als Selbstständiger bzw. Freiberufler

Beauftragt der Hersteller den Technischen Autor als Selbstständigen, hat er keine arbeitsrechtlichen Pflichten diesem gegenüber zu erfüllen.
Er ist auch bezüglich der Übernahme von Verantwortung bezüglich der Arbeitsergebnisse und ihrer ungünstigen Folgen weitestgehend entbunden oder kann sie an den Technischen Autor weiterreichen.
Allerdings hat er auch keine Weisungsbefugnis. Und er geht selbst die Verpflichtungen ein, die der Vertrag zwischen dem Technischen Autor und ihm enthält. Diese Verpflichtungen können sich auf die Zurverfügungstellung von Arbeitsplatzbedingungen, von Kommunikationsmöglichkeiten und Kommunikationspartnern, von Informationen in bestimmter Form, von der Übernahme bestimmter Zusatzkosten, von der Weiternutzung der Arbeitsergebnisse in anderen Sachzusammenhängen, von der letztgültigen Übernahme der Verantwortung der Folgen der Arbeitsergebnisse durch seine Gültigkeits- und Freigabeerklärung usw. beziehen.
Der Hersteller wird den Technischen Autor als Selbstständigen dann besonders vorteilhaft nutzen können, wenn er selbst nicht über die erforderlichen Werkzeuge und die Kompetenzen des Technischen Autors verfügen möchte; sei es aus persönlichen Gründen (Tradition, Abneigung), aus wirtschaftlichen Erwägungen (fehlender Raum, Wirkungsgrad von Personal- und Gerätekosten) oder aus Bedarfsgründen.
Ferner bietet sich die Beauftragung von einem selbstständigen Technischen Autor an, wenn es um komplexe und häufig auch beratungsintensive Aufträge geht. Auch für „Liftings“ der bestehenden Dokumentation sind selbstständige Technische Autoren eine wertvolle Quelle, da sie gewöhnlich durch die Vielfalt ihrer Fachkenntnisse und Anwendungserfahrung neue Impulse nicht nur bei der Überarbeitung von Dokumenten, sondern auch bei der Überdenkung der innerbetrieblichen Kommunikationsstrukturen mit Blick auf die Verwenderanforderungen bezüglich der Produktgestaltung und Produktnutzung bringen. Das „Zauberwort“ wäre Kommunikationskonzept.

2.16.2.5 Erscheinungsformen des selbstständigen Technischen Autors

Wichtig ist in diesem Zusammenhang auf die Vielgestaltigkeit der Arbeitsfelder des Technischen Autors und der verwandten Berufsfelder hinzuweisen.
Der Begriff Technischer Autor ist von mir deshalb durchgängig gewählt, um den schaffenden bzw. erschaffenden Charakter seiner Arbeit hervorzuheben. Parallel bzw. gleichbedeutend zum Technischen Autor wird der Begriff Technischer Redakteur verwendet. Redigieren ist aber grundsätzlich keine primär erschaffende Tätigkeit, sondern eine verarbeitende und steuernde. Bleibt man bei der primär schaffenden Tätigkeit, so sind neben dem Technischen Autor die Fotografen, die Bildbearbeiter, die Illustratoren, die Programmierer, die Medienaufbereiter usw. zu nennen.
Der Technische Autor als Selbstständiger kann in Form einer Einzelperson auftreten, als Personengruppe oder als juristische Person. Das heißt, dahinter kann sich statt einer Einzelperson auch ein kleines oder ein mittelständisches Unternehmen verbergen. Ja, sogar Großunternehmen sind auf dem Markt anzutreffen.
Die Kommunikationsbeziehung aus Sicht des Herstellers lässt sich zusammengefasst als Kosten-Nutzen-Verhältnis beschreiben, bei dem der Hersteller als Auftraggeber über das Vertragsverhältnis entscheidet.

2.16.3 Kommunikationsbeziehung aus Sicht des Technischen Autors

Wie sieht nun diese Kommunikationsbeziehung aus der Sicht des Technischen Autors aus? Welche Freiheiten hat er bei der Ausführung seiner Arbeit und wie kann er sie nutzen? Mit welchen Beschränkungen muss er gegebenenfalls zurechtkommen? Welche Ver-

pflichtungen geht er ein? Welche und wie viel Verantwortung kann er delegieren?
Nachdem der Hersteller als Auftraggeber das Vertragsverhältnis bestimmt, bleibt dem Technischen Autor rein theoretisch die Möglichkeit, aus den drei Vertragsverhältnissen das für ihn passendste bzw. günstigste auszuwählen.

2

2.16.3.1 Die Wahl des Vertragsverhältnisses – für den Technischen Autor eine Grenzabwägung

Die rein theoretische freie Wahlmöglichkeit endet an zwei Grenzen:

- dem eigenen Vermögen
- dem Markt.

Das eigene Vermögen wird zum einen bestimmt durch

- das Fachwissen
- die eigenen Fertigkeiten
- die eigene Fähigkeit, Wissen und Fertigkeit in angemessener Weise bei der Auftragsdurchführung zu verwirklichen.

Zum anderen wird das eigene Vermögen bestimmt durch

- die Persönlichkeit, die man ist und als die man begriffen wird.

Beide Bestimmungsgrößen, die fachliche Qualifikation und die Persönlichkeit, haben unmittelbaren Einfluss auf die Auftragsdurchführung.
Der Markt als Bestimmungsgröße entscheidet vermutlich mehr über das mögliche Vertragsverhältnis als das fachliche Können. Er ist eine abstrakte Größe, die in diesem Zusammenhang als „Möglichkeit der Verwirklichung des eigenen Vermögens" umschrieben werden kann.
Es ist gerade im Zusammenhang mit der zunehmenden Arbeitsteilung und der zunehmenden technischen Differenzierung bei gleichzeitiger Vernetzungstendenz von Informationen und Arbeitsprozessen eine theoretisch gute Möglichkeit, mit Spezialkompetenzen Nischenplätze zu schaffen, zu finden und zu pflegen.
Andererseits erschwert die zunehmend auf großer Breite fortschreitende Globalisierung manche solide Arbeitsmöglichkeit aus Kostengründen.

2.16.3.2 Marktüberlegungen des Technischen Autors

Der selbstständige Technische Autor muss sich möglichst seine Stammkundschaft erarbeiten mit dem Ziel, den Sockel so zu verbreitern, dass der Wegfall von Stammkunden nicht zum Krisenfall wird.
Der freie Mitarbeiter hat seinen Auftraggeber zufriedenzustellen und sich parallel durch weitere Engagements gegen einen plötzlichen Auftragsabbruch zu schützen. Der angestellte Technische Autor hat sein Qualifikationsprofil zu verbreitern und zu schärfen, um seine Bedarfsquote zu erhöhen, um für etwaige Umstrukturierungsanforderungen gewappnet zu sein.

2.16.3.3 Unterschiedliche Sichtweisen zur Verantwortlichkeit seitens des Technischen Autors

Die Auftragsdurchführung beginnt bei dem selbstständigen Technischen Autor mit dem Entschluss, einen Auftrag zu akquirieren, das heißt einen beauftragenden Hersteller zu suchen und zu finden.
Für den freien Mitarbeiter beginnt die Auftragsdurchführung entweder wie beim selbstständigen Autor oder mit der beauftragenden Anweisung des Herstellers.
Für den angestellten Technischen Autor beginnt die Auftragsdurchführung unter den aktuellen arbeitsrechtlichen und betrieblichen Bedingungen und Sachzwängen.

2.16.3.4 Wahl des günstigsten Vertragsverhältnisses – keine Patentlösung

Nachdem die Grenzen bezüglich der Wahl des Vertragsverhältnisses als Arbeitsgrundlage zwischen Technischem Autor und Hersteller etwas skizziert sind, will ich die drei Vertragsverhältnisse aus der Sicht des Technischen Autors betrachten.

Welches Vertragsverhältnis das beste oder das bessere ist, lässt sich allgemein nicht definieren, weder nach fachlichen Gesichtspunkten noch nach wirtschaftlichen, persönlichen oder auftragserfüllenden.
Alle drei Vertragsverhältnisse können zu bestimmten Zeitpunkten oder Zeiträumen die besten sein.
Nach einer Ausbildung zum Technischen Autor oder nach autodidaktischen Maßnahmen kann es hilfreich sein, als Angestellter unter Führung das Erlernte bzw. einen Teil des Erlernten zu üben, Erfahrung zu gewinnen und das eigene Tun in einem größeren Zusammenhang zu begreifen. Das kann in einem Unternehmen der Branche sein oder bei einem Gerätehersteller.
Bei guter und erweiterter Grundlage kann man es eventuell, bei entsprechender solider wirtschaftlicher Vorausplanung und gründlicher Information über die „Nichtverdienstmöglichkeiten“ sowie einer kritischen Selbstprüfung, wagen, die Selbstständigkeit zu versuchen.
Den Status des freien Mitarbeiters sollte man dann für sich in Betracht ziehen, wenn sonst nichts läuft bzw. wenn man die „Spielregeln“ beherrscht.
Diese empfehlenden Überlegungen sind im einen Fall, zum einen Zeitpunkt, bei der einen Persönlichkeit, bei den einen gesamtwirtschaftlichen Verhältnissen, bei den einen regionalen Beschäftigungsmöglichkeiten richtig, bei den anderen plausibel, bei den nächsten falsch.
Die Aufzählung soll zeigen, wie vielfältig das Thema zu sehen ist und wie jeder für sich gegebenenfalls doch die eine oder andere Entscheidungsmöglichkeit hat.

2.16.4 Sechs Fragen zur Kommunikationsbeziehung aus Sicht des Technischen Autors

Der Technische Autor sollte seine Kommunikationsbeziehung in ähnlicher Weise wie der Hersteller auf Fragen reduzieren:

1. Verfüge ich über das erforderliche Wissen, die Fähigkeiten und Fertigkeiten für die Auftragsdurchführung?
2. Verfüge ich gegebenenfalls über die erforderlichen Zeitreserven sowie über Ausrüstungs-, Personal- und Kontaktressourcen?
3. Welcher Zeit-, Material-, Personal- und Kostenaufwand ist mit der Auftragsdurchführung verbunden?
4. Welcher Zeit-, Material-, Personal- und Kostenaufwand ist vom Hersteller zur Auftragsdurchführung erforderlich?
5. Wie und durch welche Maßnahmen lassen sich die Arbeitsergebnisse für andere Aufträge und zur Neukundengewinnung nutzen?
6. Welche Verantwortung muss ich mit der Auftragsdurchführung übernehmen und welche bzw. wie viel Verantwortung kann ich weiterreichen bzw. ablehnen?

Die meisten Fragen kann und muss der Technische Autor für sich beantworten.
Die ersten beiden Fragen sind sogenannte „K.o.-Fragen“. Sie sind entweder sehr schnell beantwortet oder können erst nach Besprechung und Abklärung des Auftragsumfangs mit dem Hersteller bzw. Auftraggeber beantwortet werden.

2.16.4.1 Auftragsbesprechung – Voraussetzung und Kosten-Nutzen-Angelegenheit

Die Beantwortung, gegebenenfalls schon der zweiten, auf jeden Fall der dritten und vierten Frage erfordert eine sorgfältige Auftragsbesprechung.
Die Durchführung der Auftragsbesprechung richtet sich nach dem Vertragsverhältnis zwischen Technischem Autor und Hersteller.
Ist es ein klares Arbeitgeber-Arbeitnehmer-Verhältnis, kann und „muss“ sich der Technische Autor beratend und informierend im Rahmen seines definierten Tätigkeitsbereichs umfassend einbringen.
Ist es ein arbeitnehmerähnliches Verhältnis, kommt es auf die definierten Vertragsbedingungen an. Auch hier ist der Technische Autor gut beraten, konstruktiv zu informieren.
Ist der Technische Autor selbstständig, obliegt es seinem „unternehmerischen Gespür“, bei einer Auftragsbesprechung zu beraten und beratend zu informieren. Hier gibt es auch unternehmerische Varianten, die eine Auftragsbesprechung kostengebunden

2

vorsehen. Doch auch in diesem Fall sollte Aufwand und gegebenenfalls „Nichtnutzen“ in einem angemessen Verhältnis stehen.
Für die Beantwortung der vorletzten Frage bedarf es der gegenseitigen Abklärung der Vertragsinhalte. Ist der Technische Autor Arbeitnehmer, ist die Frage irrelevant, da er zur Vertraulichkeit nach Arbeitsrecht verpflichtet ist. Ausgenommen sind abweichende Einzelvereinbarungen mit dem Arbeitgeber.
Ähnliches gilt für den freien Mitarbeiter. Hier kommt es auf die vertraglich festgelegten Vereinbarungen an. Der selbstständige Technische Autor hat hier relativ große Freiheit bzw. kann entsprechende Freiheiten zu dieser Frage aushandeln.
Die letzte Frage ist vom Technischen Autor selbst zu beantworten und Teil seiner beruflichen Sachkenntnis. Hinweise findet er in den Rechtsgrundlagen wie Bürgerliches Gesetzbuch (BGB), Betriebsverfassungsgesetz (BetrVerfG), Produkthaftungsgesetz (ProdhaftG), Gesetz über technische Arbeitsmittel und Verbraucherprodukte (GPSG), das sogenannte Geräte- und Produktsicherheitsgesetz und relevante weitere Gesetze und Verordnungen.

2.16.5 Systematischer Gegensatz der Sichtweisen von Hersteller und Technischem Autor

Fasst man die Betrachtungen der Kommunikationsbeziehung zum Hersteller aus der Sicht des Technischen Autors zusammen, lässt es sich als ein Aufwand-Nutzen-Verhältnis beschreiben. Das heißt, der Auftragsgegenstand tritt scheinbar in den Hintergrund, wobei er die Voraussetzung und der Arbeitsgegenstand der Kommunikationsbeziehung ist.
Hier zeigt sich auch das noch zu großen Teilen vorhandene gesellschaftlich systembedingte, gegebenenfalls zum Problem heranwachsende, fehlende Kommunikationsbewusstsein für die durchgängigen Beziehungen zwischen Verwender, Produkt, produktbezogenen Dokumenten, Hersteller und Technischem Autor.
Es wird wohl Teilaufgabe des Technischen Autors sein, den Hersteller auf diese Problematik hinzuweisen und ihn so zu einer wohlwollenden, konstruktiven und produktiven Zusammenarbeit zu bewegen.
Die sachbezogen grundsätzlich unterschiedlichen Sichtweisen von Hersteller und Technischem Autor führen für den Technischen Autor zur Notwendigkeit, vor Auftragsbearbeitung die fachlichen, materiellen, kommunikativen und finanziellen Grenzen möglichst klar zu bestimmen.
Wobei Klarheit nicht mit einer Absolutheit von Werten verwechselt werden darf. Im Gegenteil, Klarheit sollte über die gegebenenfalls nötige Toleranz und das gegenseitige Zugestehen für die Inanspruchnahme von Toleranzen herrschen.
Dabei sind die Vergütungsleistungen mit dem niedrigsten Toleranzwert zu bestimmen. Sind die Grenzwerte festgelegt, steht im Normalfall einer guten Zusammenarbeit nichts mehr im Wege.

2.16.6 Kommunikationsbeziehungen während der Auftragsdurchführung – Holschuld und Bringschuld

Während der Abwicklung des Auftrags stehen Hersteller und Technischer Autor in einer Kommunikationsbeziehung, die sich abwechselnd mit den Begriffen Holschuld und Bringschuld beschreiben lässt.
Gleichgültig, ob es um die Erstellung bzw. Beratung zu einem produktpräsentierenden Dokument, einer Bedienungsanleitung für ein Haushaltsgerät, einer Betriebsanleitung für eine Maschine, einer Produktdokumentation für eine Anlage, einer Internen Dokumentation für eine der genannten Produktarten oder eine komplette Technische Dokumentation mit Schulungsleistung und Komplementärprodukten wie Schulungsunterlagen, vertriebsfördernden Unterlagen usw. geht.
So benötigt zum Beispiel der Technische Autor vom Hersteller bei Erstellung einer Betriebsanleitung bzw. Bedienungsanleitung und vergleichbaren produktverwendungsbezogenen Dokumenten die kompletten Unterlagen der Gefahrenbeurteilung, sprich die Interne Dokumentation, entsprechend den gesetzlichen Anforderungen zu dem entsprechenden Produkt.
Ferner benötigt er Aussagen bzw. Unterlagen zum erwartbaren Verwenderverhalten, falls diese Daten existieren.

Gegebenenfalls benötigt er fachliche Unterstützung bei der Erfassung der Informationen zum bestimmungsgemäßen Gebrauch des Produkts. Er erledigt damit seine Holschuld, während der Hersteller mit der Lieferung der Daten bzw. der Gewährung der Datenerfassung seiner Bringschuld nachkommt.
Die Abgabe des Korrekturentwurfs und nach Freigabe durch den Hersteller die Abgabe des Fertigprodukts ist die Erfüllung der Bringschuld seitens des Technischen Autors. Der Hersteller übernimmt die Bringschuld der Korrektur- bzw. Freigabeerklärung und der Bezahlung.

2.16.7 Fazit zu den Kommunikationsbeziehungen zwischen Technischem Autor und Hersteller

Damit sind die Kommunikationsbeziehungen zwischen Technischem Autor und Hersteller im Grundsatz genannt und umrissen.
In der folgenden Aufstellung werden nochmals die wesentlichen Punkte zusammengefasst:

- Die Kommunikationsbeziehung zwischen Technischem Autor und Hersteller wird aus der Sicht des Herstellers als Kosten-Nutzen-Verhältnis verstanden.
- Der Hersteller beurteilt das Verhältnis auf der Grundlage von Qualifikation des Technischen Autors, eigenem Aufwand während der Auftragsdurchführung, Wiederverwertbarkeit des Arbeitsergebnisses und Reduzierung der Eigenverantwortung.
- Der Hersteller bestimmt das Vertragsverhältnis als rechtliche Grundlage für die Beauftragung des Technischen Autors.
- Der Hersteller hat grundsätzlich die Möglichkeit, den Technischen Autor als Arbeitnehmer, als freien Mitarbeiter oder als Selbstständigen zu beauftragen.
- Die Kommunikationsbeziehung zwischen Technischem Autor und Hersteller wird aus der Sicht des Technischen Autors als Aufwand-Nutzen-Verhältnis verstanden.
- Der Technische Autor hat bei der Auftragsannahme die eigenen Grenzen von Persönlichkeit und fachlicher Kompetenz sowie die Grenzen des Marktes zu berücksichtigen.
- Je nach Vertragsverhältnis haben persönliche, materielle, kommunikative, personelle und rechtliche Mittel bestimmenden Einfluss auf seine Auftragsdurchführung.
- Vor Auftragsdurchführung ist für beide Vertrags- und Kommunikationspartner die gegenseitige angemessene Toleranzgewährung ein gutes Mittel für eine gute und gewinnbringende Zusammenarbeit.
- Die Auftragsdurchführung bedeutet für beide Seiten die Übernahme von Bringschuld und Holschuld.

Was bleibt, sind noch Betrachtungen zu den Kommunikationsbeziehungen zwischen Technischem Autor und dem Gesetzgeber sowie zwischen Technischem Autor und der Öffentlichkeit.

2.17 Kommunikationsbeziehungen des Technischen Autors mit dem Gesetzgeber

Vorschau
Es werden Kommunikationsmöglichkeiten und Kommunikationsanlässe mit dem Gesetzgeber betrachtet.

Die Kommunikationsbeziehung zwischen Technischem Autor und Gesetzgeber erfolgt mittelbar durch die Lektüre der entsprechenden Rechts- und Quasirechtsdokumente.
Die unmittelbare Kommunikationsbeziehung geschieht während der Produkterstellungsphase im mündlichen und schriftlichen Kontakt mit den Vertretern des Gesetzgebers. Das sind gegebenenfalls Mitarbeiter der Gewerbeaufsicht oder Mitarbeiter von notifizierten Stellen. Solche Einrichtungen sind privatrechtliche Organisationen, die mit öffentlicher Zulassung (z. B. akkreditierte Prüflaboratorien) Produktprüfungen und Produktabnahmen durchführen können.
Eine andere Möglichkeit der unmittelbaren Kommunikationsbeziehung ist die mündliche und schriftliche Kontaktnahme beauftragter Personen des Gesetzge-

bers im Schadensfall, der sich durch die oder bei der Verwendung des Produkts ereignet hat. Der Technische Autor ist sachbezogen in beide Kommunikationsphasen einbezogen.

2

2.17.1 Kommunikationsbeziehungen durch Erstellen, Prüfen und Bewerten von Dokumenten

Die zu erstellenden, zu prüfenden und zu beurteilenden Dokumente können eine produktpräsentierende oder eine produktverwendungsbezogene Funktion haben oder sie können zum Nachweis der Erfüllung der rechtlichen Produktanforderungen dienen, also Bestandteil der Internen Dokumentation sein.
Ein Fallbeispiel für ein Dokument mit produktpräsentierender Funktion ist das Schild auf dem Testgelände der Vibrationswalze im Fallbeispiel 5. Es verweist unmittelbar auf ein Gesetz und ist ein Ergebnis der mittelbaren Kommunikation des Technischen Autors mit dem Gesetzgeber.
Fallbeispiele für produktverwendungsbezogene Dokumente sind die Begleitinformation im Koffer in Fallbeispiel 2 und die Normauszüge im Fallbeispiel 9, Teil 2.
Die Begleitinformation im Koffer (Fallbeispiel 2) ist ein Ergebnis der mittelbaren Kommunikation des Technischen Autors mit der ersten Verordnung des Gerätesicherheitsgesetzes über elektrische Betriebsmittel (1.VOGSG).
Die Normauszüge zu geforderten Texten in der Bedienungsanleitung und den Aufschriften am Gerät (Fallbeispiel 8) sind eine Vorlage für den Technischen Autor aus einer Quasirechtsgrundlage, wie sie eine harmonisierte Norm darstellt (DIN EN 774).
Diese Anforderung gilt, wenn der Hersteller erklärt, dass er das Produkt, in diesem Fall die Heckenschere, nach dieser Norm konzipiert und gefertigt hat. Die Erklärung selbst, es ist die EG-Konformitätserklärung, ist auch ein Ergebnis der Kommunikationsbeziehung zwischen Technischem Autor und Gesetzgeber.
Zwischen der EG-Konformitätserklärung, der Betriebsanleitung und dem Produkt liegt der Weg der Erstellung der Internen Dokumentation.

Fallbeispiel 19

Kommunikationsbeziehung des Technischen Autors mit dem Gesetzgeber im Rahmen der Dokumenterstellung

Der folgende Fall ist ein fiktiver historischer Rückgriff auf Zeitumstände, in denen es das europäische Rechtssystem in seiner heutigen Ausprägung nicht gab.
Ich halte dieses Fallbeispiel für den hier betrachteten Sachzusammenhang dennoch für angemessen, weil sich grundsätzlich in der Abfolge der Kommunikationsereignisse und der Sachthemen bezüglich der Kommunikationsbeziehungen zwischen Technischem Autor und Gesetzgeber nicht viel geändert hat.

Technischer Autor einigt sich mit Gesetzgeber auf annehmbare Bedienungsanleitung

Der Technische Autor wird beauftragt, zu einer neu entwickelten elektrischen Heckenschere eine Bedienungsanleitung zu erstellen.
Es gibt noch keine Europäische Union und keine harmonisierten Normen, aber es gibt nationale Normen bezüglich der Elektrik und Mechanik und es gibt Gesetze für die sichere Geräteausführung und Gestaltung.
Zu den Gesetzen gibt es Verordnungen und Technische Spezifikationen für die bessere und allgemeine Umsetzung der Gesetze. Der Hersteller ist selbst Mitglied eines Normenausschusses und verfügt deshalb über ein gewisses Verwenderwissen.
Vor der Konzipierung der Bedienungsanleitung recherchiert der Technische Autor in den produktrelevanten Gesetzesvorlagen und in den Unterlagen der infrage kommenden Normenausschüsse nach Verwenderdaten und Hinweisen zum Inhalt von Bedienungsanleitungen.
Er stößt auf Vorschläge zur Gliederung, zur Gestaltung von Sicherheitshinweisen und zu Textbeispielen für die Formulierung von Handlungsanweisungen.
In Anlehnung an gesetzliche Anforderungen, an Informationen zu typischem Benutzerverhalten und an Hinweise zu Aufbau und Formulierung erstellt er einen Rohentwurf und lässt ihn von der Technik, dem Vertrieb und dem Kundendienst prüfen.

Unterschiedliche Forderungen

Die Entwicklungsabteilung fordert eine bessere Erklärung zum technischen Funktionieren, der Vertrieb möchte eine persönliche werbewirksame Ansprache des Verbrauchers in einem Vorwort hinzugefügt wissen und der Kundendienst meint, es fehle an Adressen von Kundendienstbüros.

So ausgestattet überarbeitet der Technische Autor seinen Entwurf und stellt ihn im Rahmen eines Verkaufssymposiums vor. Der Entwurf wird bis auf wenige Korrekturwünsche angenommen und zur Fertigstellung freigegeben.

Nachdem die ersten Serien in Verkehr gebracht worden sind, stellt der Hersteller fest, dass es zunehmend weitere Anbieter auf dem Markt gibt.

Parallel nimmt allmählich die Verletzungsrate durch den Umgang mit Heckenscheren zu. Um diesem sich abzeichnenden Trend entgegenzuwirken, beschließt man, den Ursachen der Verletzungen nachzugehen und diese zu erforschen.

Nach den ersten wichtigen Erkenntnissen beschließt der Hersteller, einige konstruktive Korrekturen vorzunehmen und besonders die Bedienungsanleitung zu überarbeiten.

Der Gesetzgeber hat sich ebenfalls des Problems der Unfallzunahme angenommen und konkretisiert und verschärft deshalb die bestehende Gesetzesvorlage. Er schreibt eine behördliche Prüfung der Produkte vor Inverkehrbringen vor. Die Bedienungsanleitung wird darin als integraler Bestandteil des Produktes angesehen und ist deshalb ebenfalls Prüfungsgegenstand. Es wird den Herstellern nur ein kurzer Übergangszeitraum gewährt, innerhalb dessen sie ihre bereits gefertigten, aber noch nicht in Verkehr gebrachten Produkte noch auf den Markt bringen können.

Aufgrund der geänderten Rechtsgrundlage vergleicht der Technische Autor die Bedienungsanleitung mit den neu aufgestellten Forderungen, die er in einer Druckschrift vom Branchenverband vorliegen hat. Diese Druckschrift enthält kommentierte Auszüge der Verordnung.

Bei der Lektüre stellt er fest, dass er mit seiner Version auf dem aktuellen Stand ist, und legt sie den Prüflingen, das heißt, den für die Produktprüfung vom Hersteller zur Verfügung gestellten Heckenscheren, bei.

Unterschiedliche Bewertungen

Das Prüfergebnis ist nicht zufriedenstellend. So fehlt laut Prüfbericht eine Erklärung zu den verwendeten Symbolen in der Bedienungsanleitung und am Gerät, es fehlen eine allgemeine Auflistung der Sicherheitshinweise zu Beginn der Anleitung und eine gesonderte Darstellung der besonderen Sicherheitsvorkehrungen und -einrichtungen sowie klare und unmissverständliche Anweisungen an den Verwender für den Fall, dass diese Sicherheitseinrichtungen fehlen oder unwirksam sind. Zusätzlich wird die Schriftgröße als zu klein empfunden.

Der Technische Autor ist von dem Prüfergebnis ziemlich überrascht, hat er sich doch um die neuen Forderungen gekümmert.

Er kontaktiert den entsprechenden Prüfer und erfährt, dass seine Literaturquelle unvollständig war und dass er sich doch in Zukunft an die Originalfassung halten soll, auch wenn diese etwas schwer verständlich bzw. schwer zu lesen sei.

Im gegenseitigen Erfahrungs- und Gedankenaustausch findet man eine von beiden Seiten gebilligte Lösung.

Das Produkt wie auch die Bedienungsanleitung werden für die Inverkehrbringung freigegeben.

Kurze Zeit nach der Prüfungsfreigabe entwickelt der Hersteller eine völlig neue Konstruktion, die auch auf die Instandsetzung Einfluss nimmt. Instand gesetzt werden die Geräte von eigenen oder vom Hersteller autorisierten Fachkräften und Händlern, nicht von den Verwendern.

Wieder werden der Behörde Prüflinge eingereicht, diesmal ohne Bedienungsanleitung, mit der Begründung, dass sich für den Verwender nichts ändern würde.

Der Hersteller bekommt eine Aufforderung, dass er die Bedienungsanleitung nachreichen müsse; sie sei integraler Bestandteil des Produkts und müsse wegen der geänderten Bedingungen bezüglich der Instandhaltung entsprechende Hinweise enthalten.

Verallgemeinerte Darstellung der Kommunikationsbeziehungen

Der Technische Autor wird mit der Erstellung einer Bedienungsanleitung zu einem neu entwickelten technischen Produkt beauftragt.

Er sucht zunächst nach relevanten gesetzlichen Bestimmungen und nach relevanten Veröffentlichungen der bekannten Normenorganisationen. Er findet entsprechende Rechtsgrundlagen und Hinweise zu Gliederung und Gestaltung und stößt auch auf Formulierungsvorlagen.

Nach der Einarbeitung der Informationen in einen Rohentwurf lässt er diesen von den Kollegen der Entwicklungsabteilung, der Vertriebsabteilung und dem Kundendienst prüfen und arbeitet deren Vorschläge ein. Das Endergebnis wird freigegeben.

Die allgemeine Marktsituation ändert sich durch das verstärkte Auftreten von Wettbewerbern. Die Verletzungsrate bei den Verwendern nimmt signifikant zu. Der Hersteller nimmt am technischen Produkt konstruktive Änderungen vor. Der Gesetzgeber verschärft für die Hersteller die Produktanforderungen und die Anforderungen an die Benutzerinformationen.

Der Technische Autor verlässt sich bei der weiteren Recherche nach geänderten gesetzlichen Bestimmungen auf eine kommentierende brancheneigene Wiedergabe der aktuell gültigen Rechtsgrundlagen.

Bei einer vom Gesetzgeber überwachten Prüfung wird die Bedienungsanleitung nicht akzeptiert wegen Mängeln, die auf die ungenaue Wiedergabe der gesetzlichen Bestimmungen in der brancheneigenen Vorlage zurückzuführen sind.

Bei einer anderen Produktprüfung ohne beigelegte Bedienungsanleitung wird diese als Teil des technischen Produktes und wegen Änderungen der Instandsetzungsbestimmungen durch den Hersteller nachgefordert.

Auswertung der Kommunikationsereignisse

- Die Kommunikationsbeziehung zwischen Gesetzgeber und Technischem Autor erfolgt zunächst, ausgehend vom Technischen Autor, über seine Lektüre rechtlicher und rechtlich relevanter Veröffentlichungen.
- Die nächste wesentliche Belebung der Kommunikationsbeziehung geht vom Gesetzgeber aus. Er verpflichtet den Technischen Autor zur Erfüllung neuer Anforderungen bezüglich Gestalt und Inhalt der Bedienungsanleitung.
- Der Technische Autor tritt nur scheinbar mit dem Gesetzgeber in eine Kommunikationsbeziehung, indem er sich nicht mit dessen Originaläußerungen auseinandersetzt, sondern kommentierende Meinungen Dritter, in diesem Fall brancheneigene Kenner des Sachverhalts, als Informationsgrundlage für die Erfüllung der rechtlichen Anforderungen verwendet.
- Der Gesetzgeber geht fordernd und reaktiv mit dem Technischen Autor eine Kommunikationsbeziehung ein, indem er den Technischen Autor anweist, die originalen gesetzlichen Bestimmungen als Informationsmittel zu verwenden bzw. die Anforderungen entsprechend einzuhalten.
- Der Technische Autor hat den wesentlichen Handlungsaspekt des Gesetzgebers als Vertreter der möglicherweise betroffenen Öffentlichkeit durch nicht bestimmungsgemäßen Umgang des Verwenders mit dem technischen Produkt nicht erkannt.

Hinweise und Empfehlungen für den Technischen Autor

Die geschilderten mittelbaren und unmittelbaren Kommunikationsereignisse und -beziehungen zwischen Technischem Autor und Gesetzgeber wie auch die Kommunikationsanlässe gehören zum Berufsalltag des Technischen Autors.

Für den Technischen Autor ist die Kenntnis der relevanten Rechtsgrundlagen unerlässlich. Er soll sich selbstverständlich auch um die aktuellen Kommentierungen und Meinungen kümmern. Er darf diese aber auf keinen Fall als seine „Rechtsquelle“ betrachten, auch wenn die Kommentare Empfehlungen des Gesetzgebers selbst sind.

Denn der Gesetzgeber bedient nie den Einzelfall. Und das Arbeitsergebnis des Technischen Autors wie auch das entsprechende technische Produkt ist immer der Einzelfall. Will heißen: Der Verwender macht das technische Produkt und die Technische Dokumentation zum Einzelfall!

Technisches Produkt und Technische Dokumentation sind zusammen ein Ganzes. Das heißt, das technische Produkt ohne Technische Dokumentation ist unvollständig und damit fehlerhaft!

Änderungen, welche die bestimmungsgemäße Verwendung des technischen Produktes betreffen, sind in die produktverwendungsbezogenen Dokumente einzuarbeiten.

2.17.2 Fazit zu den Kommunikationsbeziehungen zwischen Technischem Autor und dem Gesetzgeber

Fasst man die Betrachtungen der Kommunikationsbeziehungen zwischen Technischem Autor und Gesetzgeber zusammen, lässt sich Folgendes feststellen:

- Die mittelbare Kommunikationsbeziehung zwischen Technischem Autor und Gesetzgeber erfolgt über Rechtsdokumente und Äußerungen über diese Rechtsdokumente.
- Die unmittelbare Kommunikationsbeziehung zwischen Technischem Autor und Gesetzgeber erfolgt durch gesetzlich definierte Prüfverfahren bzw. durch das Inverkehrbringen von technischen Produkten und damit auch der zugehörigen Technischen Dokumentation.
- Der Technische Autor darf bei seiner Informationssuche bezüglich der Erfüllung der gesetzlichen Anforderungen die Äußerungen des Gesetzgebers nicht übergehen und gegebenenfalls durch Meinungen Dritter zu den Äußerungen des Gesetzgebers ersetzen.
- Allgemeine Empfehlungen des Gesetzgebers dürfen vom Technischen Autor nicht als auf den Einzelfall bezogene Anweisungen verstanden werden.

Was bei der Betrachtung zur Kommunikationsbeziehung nicht behandelt worden ist, ist die Rolle der Normen. Hier nimmt der Gesetzgeber grundsätzlich eine für den Technischen Autor und damit auch für den Hersteller nicht befriedigende ambivalente Haltung ein.
Zum einen verpflichtet er die Hersteller im Rahmen der Rechtsbestimmungen für den freien Warenverkehr innerhalb des Europäischen Binnenmarktes zur Einhaltung bestimmter harmonisierter Normen bzw. verschafft bei Einhaltung dieser Normen Erleichterungen im Warenverkehr. Zum anderen bleiben die harmonisierten Normen „freiwillige Anforderungen" und gelten nicht als gesetzliche Anforderung.

2.18 Kommunikationsbeziehungen des Technischen Autors mit der Öffentlichkeit

Vorschau
Es werden mittelbare und unmittelbare Kommunikationsmöglichkeiten und Kommunikationsanlässe mit der Öffentlichkeit und durch die Öffentlichkeit betrachtet.

Den Begriff Öffentlichkeit habe ich zunächst mit der Entwicklung des Kommunikationsmodells ins Spiel gebracht. Es wurde festgestellt, dass die Öffentlichkeit ein personaler Bestandteil im Kommunikationsmodell Technische Dokumentation ist und dass sich dieser Bestandteil grundsätzlich teilen lässt nach Betroffenen und Interessensverbänden.
Darauf will ich wieder Bezug nehmen, da es um die Betrachtung der Kommunikationsbeziehungen des Technischen Autors mit der Öffentlichkeit geht.

Fragen zur Kommunikationsbeziehung des Technischen Autors mit der Öffentlichkeit

Die folgenden zwei Fragen können als Leitfaden bei der Betrachtung des Themas dienen:

1. Mit welchem Teil der Öffentlichkeit tritt der Technische Autor in Kommunikationsbeziehung und zu welchen Anlässen?
2. Sind die Kommunikationsbeziehungen mittelbarer oder unmittelbarer Art und welche Folgen bzw. welchen Nutzwert haben sie für den Technischen Autor?

Beginnen wir mit der ersten Frage: Mit welchem Teil der Öffentlichkeit tritt der Technische Autor in Kommunikationsbeziehung und zu welchen Anlässen?
Da bietet sich die Gruppe der Betroffenen an. Und hier lassen sich für den privaten Bereich die Fallbeispiele 8 und 9 anführen.
In beiden Fallbeispielen tritt der Verwender durch nicht betstimmungsgemäße Verwendung mit der Öffentlichkeit in Kommunikationsbeziehung. Der Technische Autor ist an dem Beziehungsakt mittelbar über sein Arbeitsergebnis, die Benutzerinformationen

2

in der Bedienungsanleitung und am technischen Produkt, beteiligt.
Im einen Fall war es der Rasenmäher, den der Verwender zur falschen Zeit am falschen Ort verwendet hatte; im zweiten Fall war es die elektrische Heckenschere, die der Verwender auf öffentlichem Gelände unbeaufsichtigt liegen gelassen hatte.
Das Fallbeispiel 10 beschreibt eine mittelbare Kommunikationsbeziehung des Technischen Autors mit der Gruppe der Betroffenen durch das nicht bestimmungsgemäße Verhalten eines gewerblichen Verwenders. Wieder tritt der Technische Autor über sein Arbeitsergebnis in diese Kommunikationsbeziehung. Der Verwender dachte bei seinem Handeln nicht an die Folgen für die Öffentlichkeit. Es waren die falsche Behandlung eines Messwertaufnehmers und eine falsche Dateneingabe in die Anlagensteuerung.

Eine Antwort zu mittelbaren Kommunikationsbeziehungen des Technischen Autors mit der Öffentlichkeit

Nimmt man die Fallbeispiele als Informationsgrundlage für die Beantwortung der oben gestellten Fragen, lässt sich folgende Teilantwort auf die erste Frage geben:

- Der technische Autor tritt immer dann mit der Öffentlichkeit in Kontakt, wenn der Verwender das technische Produkt nicht bestimmungsgemäß verwendet und dabei Personen zu Betroffenen seines Handelns macht.

Die zweite Frage kann auch schon mit Bezug auf die erwähnten Fallbeispiele beantwortet werden:

- Die dabei aufgebaute Kommunikationsbeziehung erfolgt mittelbar durch die Benutzerinformation, das heißt, durch das Arbeitsergebnis des Technischen Autors.
- Die Folgen für den Technischen Autor können gegebenenfalls nachteilig sein.
- Der Nutzwert der mittelbaren Kommunikationsbeziehung mit Betroffenen kann darin liegen, dass erwartbares nicht bestimmungsgemäßes Verwenderverhalten erkannt wird und der Technische Autor sein Kommunikationskonzept ergänzen bzw. anpassen kann. Dies wiederum ermöglicht in Zusammenarbeit mit den Fachkollegen eine verwenderfreundlichere Produktgestaltung.

Die Fallbeispiele haben dazu geführt, dass nur „nachteilige“ mittelbare Kommunikationsbeziehungen festgestellt werden konnten.
Das provoziert förmlich die Frage:

- Gibt es auch „vorteilhafte“ mittelbare Kommunikationsbeziehungen des Technischen Autors mit der Öffentlichkeit? Und bei welchen Anlässen?

Kreative Lösungen

Im Grunde genommen lassen sich die beiden Fallbeispiele weiterspinnen.
Der Verwender des Rasenmähers könnte zum Beispiel die Darstellung eines „personifizierten“ Rasenmähers ganz lustig und ansprechend finden, der sich wehrt, frühmorgens in Aktion zu treten, nur weil sich sein Verwender dies einbildet.
Ebenso könnte der gewerbliche Verwender froh darüber sein, dass er im Rahmen einer Schulung erfahren hat, was er alles anrichten würde, wenn er so wie beschrieben handelte, und wäre womöglich stolz auf sich, wenn er bei einer entsprechenden Testaktion seinem Vorgesetzten ein gutes Testergebnis vorweisen könnte.
Bei den beiden Fallbeispielen wird vorausgesetzt, dass der jeweilige Verwender nur mit den Arbeitsergebnissen des Technischen Autors Kommunikationsbeziehungen aufnehmen könnte bzw. würde.
Auf ein drittes Fallbeispiel möchte ich noch Bezug nehmen: Auf das Fallbeispiel 1. Dort ist eine Szene beschrieben, in der sich der Verwender überzeugen lässt, dass sich Kohlköpfe zur maschinellen Verarbeitung mit einem Universal-Küchengerät ohne Anstrengung vierteilen lassen. Diese Erkenntnis ist für ihn neu und widerlegt seine Auffassung, dass das Verarbeiten auch mit dem unzerteilten Kohlkopf gehen müsse.
Aus dem Fallbeispiel lässt sich relativ einfach folgende Antwort ableiten:

- Der technische Autor kann vorteilhaft eine mittelbare Kommunikationsbeziehung mit der Öffentlichkeit aufbauen, indem er durch sein Arbeitsergebnis den Verwender bewusst überzeugt, dass er, der Verwender, durch das Arbeitsergebnis „etwas hinzugewonnen hat“, das ihn vor Nachteilen bewahrt bzw. ihm noch mehr Nutzen beschert.

Damit sind die wesentlichen mittelbaren Kommunikationsbeziehungen des Technischen Autors mit der Öffentlichkeit betrachtet – oder nicht?

2.18.1 Mittelbare Kommunikationsbeziehungen des Technischen Autors mit der Öffentlichkeit mit unmittelbarer Rückkopplung

Wie verhält es sich mit dem Negativ-Image, das Bedienungsanleitungen in der Öffentlichkeit genießen? Und wem werden diese „Bedienungsanleitungen" angelastet?
Es sind Klischees. Und es sind sozusagen mittelbare Kommunikationsbeziehungen des Technischen Autors mit der Öffentlichkeit mit unmittelbarer Rückkopplung in direkter Kommunikationsbeziehung der Öffentlichkeit mit dem Technischen Autor.
Wie könnte das zustande kommen?

Kommunikative Brücke zur Öffentlichkeit

Verwender erzählen Dritten von ihren Erfahrungen mit dem technischen Produkt. Das können Angehörige, Bekannte, Arbeitskollegen, der „Stammtisch" und viele andere sein.
Diese Personenkreise wirken wiederum als Verstärker der Selbsterfahrung ihrerseits und als Multiplikatoren durch das Weiterleiten des Gehörten und Besprochenen andererseits. Und diese Personenkreise sind bereits die Öffentlichkeit. Ein Mythos oder ein Klischee ist dabei, zu entstehen.
Auf die genannten Fallbeispiele bezogen kann das zum Beispiel heißen:

- Der Verwender ist von dem Cartoon so angetan, dass er anderen davon erzählt. Es ist nicht erwartbar, dass er berichtet, wie er sich durch dieses Hinweismittel beeinflussen ließ. Aber er nennt erwartbar den Hersteller und spricht über die gute Bedienungsanleitung und die guten Geräteeigenschaften.
- Oder der Verwender macht seinem Ärger über die „Bezichtigung" Luft, dass er nicht die Belange der Öffentlichkeit in sein Handlungskonzept einbeziehen würde, oder über die „Einschränkung seiner persönlichen Freiheit", dass er das Produkt nicht so nutzen soll und darf, wie es ihm gefällt.
- In beiden Fällen erfahren Dritte von der Wirkung der Arbeitsergebnisse des Technischen Autors durch diesen Verwender. Und damit kommuniziert der Technische Autor über die Wirkung seiner Arbeitsergebnisse mit der Öffentlichkeit.

Die wahrscheinlich nachhaltigere Wirkung auf die Öffentlichkeit dürften Negativerlebnisse des Verwenders erzeugen.
Noch scheint es so, dass der Berufsstand des Technischen Autors und Technischen Redakteurs sowie viele in der Branche der sachlichen Mitteilungsproduktion arbeitenden Berufe einem Negativ-Image ausgesetzt sind.
Stellvertretendes Fallbeispiel ist die „für den Akademiker unverständliche Bedienungsanleitung" zu einem Videorekorder, den es wohl bald in der zitierten Form nicht mehr geben wird. Dieser Videorekorder könnte bald durch Fahrkartenautomaten oder Telefone abgelöst werden und die Bedienungsanleitung in Papier durch das Display.

2.18.2 Unmittelbare Kommunikationsbeziehungen des Technischen Autors mit der Öffentlichkeit durch Aus- und Weiterbildung

Dem dargestellten Negativ-Image, das der Technische Autor und die anderen Mitglieder dieser Branche genießen, wird entgegengewirkt durch zunehmend systematische Ausbildungsgänge, allgemein und im Besonderen der Berufsausbildung.
Ein Blick in die Lehrbücher der allgemeinbildenden Schulen sowie der Berufsschulen und in die Vorlesungsverzeichnisse der Fachhochschulen und Universitäten zeigt, dass Anleitungen verfassen und Prospekte entwerfen erlernt werden muss und erlernt werden kann.
Der Sachzusammenhang des Dadurch-Miteinander-Kommunizierens ist in der Regel als Motiv erkennbar.
An dieser Stelle ist unbedingt auf die Anstrengungen des Berufsverbandes für Technische Autoren, Technische Redakteure und vergleichbare Berufe hinzu-

2

weisen – die „tekom – Gesellschaft für technische Kommunikation e. V.“.
Der Verband veröffentlicht Schriften zum Thema, fördert durch Mitgliederinformation, Verbandszeitschrift, Messen und Schulungen das Ansehen des Berufszweigs und sorgt für stetige Weiterbildung und wachsenden Bekanntheitsgrad in der Öffentlichkeit.
Diese Aktivitäten sind Beispiele für die unmittelbare Kommunikation des Technischen Autors mit der Öffentlichkeit. Der Technische Autor tritt dabei als „juristische“, „semantische“ oder tatsächliche Person auf.

2.18.3 Fazit zu den Kommunikationsbeziehungen des Technischen Autors mit der Öffentlichkeit

Die Betrachtungen zu den Kommunikationsbeziehungen zwischen Technischem Autor und Öffentlichkeit lassen sich wie folgt zusammenfassen:

- Die Kommunikationsbeziehung zwischen Technischem Autor und Öffentlichkeit besteht mittelbar über die Wirkung der Arbeitsergebnisse des Technischen Autors auf den Verwender.
- Die Äußerungen des Verwenders gegenüber Dritten über die Erfahrungen mit den Arbeitsergebnissen ist die Brücke zwischen den Kommunikationspartnern Technischer Autor und Öffentlichkeit.
- Die Wirkungen auf den Verwender können vorteilhaft und nachteilig sein.
- Nachteilige Kommunikationserlebnisse des Verwenders mit den Arbeitsergebnissen des Technischen Autors sind besonders nachhaltig und können ein negatives Image für den Berufsstand wie auch für den betroffenen Hersteller bewirken.
- Maßnahmen seitens der Technischen Autoren und der verwandten Berufsstände zur Aufklärung der Öffentlichkeit über die Arbeitsinhalte der Berufsausübung sind Teil der unmittelbaren Kommunikationsbeziehung zur Öffentlichkeit.

Mit dieser Zusammenfassung der Ergebnisse zu Betrachtungen der Kommunikationsbeziehung zwischen Technischem Autor und Öffentlichkeit ist das Kapitel „Kommunikationsbeziehungen“ abgeschlossen.
Beim folgenden Thema „Zielgruppen“ geht es darum, wie der Technische Autor Kommunikationspartner als Informationsquellen nutzen kann.

Teil 3

Die Zielgruppen
–
Informationsquellen und Entscheidungsträger für die Erstellung der Technischen Dokumentation

3

3

Damit der Technische Autor sein Handlungskonzept für eine verwendergemäße und rechtmäßige Technische Dokumentation erstellen kann, benötigt er von allen und über alle personalen und nicht personalen Bestandteile Informationen.
Diese Informationen sind zum einen das Rohmaterial für seine Arbeitsergebnisse, zum anderen notwendige und bestimmende Angaben zum Verfahrensverlauf bei der Erstellung der Technischen Dokumentation.
Der Technische Autor erhält durch gezielte Fragen die von ihm benötigten Informationen von seinen Kollegen, Mitarbeitern und externen Kommunikationspartnern. Diese sind also seine Zielgruppen oder seine operativen Informationsquellen.
Der rote Faden des Kapitels heißt entsprechend „Mit zielgruppengerechten und bearbeitungsschrittgenauen Fragen zur optimalen rationalen Informationsgewinnung".
Das Kapitel enthält Fragen für produktpräsentierende Dokumente und für produktverwendungsbezogene Dokumente. Bei produktpräsentierenden Dokumenten sind die Dokumentformen *Prospekt*, *Film* und *Animation* behandelt; für produktverwendungsbezogene Dokumente habe ich als Beispiel die *Bedienungsanleitung eines Allesschneiders* und die *Betriebsanleitung einer Produktionsanlage* gegenübergestellt.
Es sind jeweils fünf Bearbeitungsschritte betrachtet. Die Zielgruppen sind allgemein bezeichnet mit *Beauftragende Stelle*, *Entwicklung/Konstruktion*, *Marketing/Vertrieb*, *Service/Kundendienst*, *Bild- und Textlieferanten*.
Auszugsweise befinden sich Fragetabellen zu den einzelnen Bearbeitungsschritten auf der beiliegenden CD.

3.1 Grundkonzept zur Zielgruppenbestimmung und Zielgruppennutzung

Der Technische Autor findet seine Informanten oder besser, seine Zielgruppen beim Hersteller, dem er selbst ja auch zuzurechnen ist, wie die Kommunikationsbeziehungen gezeigt haben. Zu sehen ist das auch im Kommunikationsmodell Technische Dokumentation.

Für ein gezieltes Sich-Informieren bedarf es einer Informationsstrategie.

Die Informationsstrategie des Technischen Autors orientiert sich an zwei Größen: dem Arbeitsergebnis und dem termingerechten Zur-Verfügung-Stehen des Arbeitsergebnisses.

Das Arbeitsergebnis fordert Informationen zum technischen Produkt und zum Verwender. Das termingerechte Zur-Verfügung-Stehen des Arbeitsergebnisses fordert Informationen zu Prozesszuständen, Terminen und Entscheidungen.

In beiden Fällen stehen dem Technischen Autor die gleichen Zielgruppen zur Verfügung. Es sind die unter dem Begriff Hersteller aufgeführten personalen Bestandteile im Kommunikationsmodell Technische Dokumentation.

3.1.1 Zielgruppen

Verallgemeinert lassen sich aus Sicht des Herstellers technischer Produkte und aus Sicht des Technischen Autors folgende Zielgruppen oder auch Arbeits- und Verantwortungsbereiche definieren:

- Beauftragende Stelle
- Entwicklung/Konstruktion (Technik)
- Marketing/Vertrieb
- Service/Kundendienst
- Bildlieferanten
- Textlieferanten

Diese verallgemeinerte Darstellung kann sich im einen oder anderen Fall in anderer Form zeigen. Aber grundsätzlich enthält diese Aufstellung alle Zielgruppen, die der Technische Autor benötigt, um seine erforderlichen Informationen zu erhalten.

Die Vertreter der genannten Zielgruppen besitzen in unterschiedlichem Maße und zu verschiedenen Zeiten Informationen über das technische Produkt, zu Dokumenten, zu Verfahren.

Um die Fülle und Möglichkeiten erwartbarer Informationen abschätzen zu können, bedarf es einer groben Funktionsbestimmung der Abteilungen.

Die folgende *Kompetenzzuweisung* ist zum größten Teil ein Erfahrungswert. Er deckt sich aber mit der allgemeinen betrieblichen Aufgabengliederung in weiten Teilen.

So setze ich voraus, dass die *Beauftragende Stelle* über die Konzeption, die Durchführung und die Gesamtverantwortung entscheidet. Sie kann im konkreten Fall die Geschäftsführung sein, die für das technische Produkt verantwortliche Entwicklungs- bzw. Konstruktionsabteilung oder die Marketing- bzw. Vertriebsabteilung.

Der *Entwicklung/Konstruktion (Technik)* ordne ich die technische Gesamtverantwortung, die mitbestimmende Entscheidungsgewalt sowie das gesetzlich zugemutete erforderliche technisches Produktwissen und den Besitz aller technisch relevanten Produktunterlagen zu.

Beim Bereich *Marketing/Vertrieb* setze ich Kompetenz im Wissen um den Verwender und seine Nutzinteressen bezüglich des technischen Produktes voraus. Ich ordne ihm Verantwortung und Entscheidungsgewalt in der zielgruppenbestimmten gestalterischen Ausführung der Arbeitsergebnisse (z.B. Anleitung oder Prospekt) sowie der zielgruppenbestimmten Verteilung der Arbeitsergebnisse zu.

Den *Service/Kundendienst* sehe ich als erfahrenen Informationslieferanten bei Fragen zu beliebten Handlungs- und Nutzungsstrategien des Verwenders mit und am Produkt. Ebenso ist es in meiner Definition die kompetente Zielgruppe bei Fragen zu technischen Mängeln und Erschwernissen im Umgang mit dem Produkt.

Bildlieferanten und *Textlieferanten* werden als Zulieferer verstanden. Sie besitzen die Fachkompetenz, die vom Technischen Autor beabsichtigten „Botschaften“ beim Verwender wirkungsvoll „unterzubringen“ und ihn in seinem Handeln in beabsichtigter Weise zu bestimmen.

Auf die Festlegung der Zielgruppen folgt die Festlegung der Zeitpunkte oder Zeiträume, zu denen die Zielgruppen dem Technischen Autor erwartbar die erforderlichen Informationen liefern können.

3.1.2 Bearbeitungsschritte

Für die optimale Festlegung der Zeitpunkte oder Zeiträume einer gewinnbringenden Kontaktaufnahme mit den Zielgruppen eignen sich die elementaren Bearbeitungsschritte für die Erstellung eines Dokuments im Kleinen und der Technischen Dokumentation im Allgemeinen.

Die Bearbeitungsschritte bei der Erstellung der Technischen Dokumentation sind:

1. Informationsbeschaffung
2. Informationserfassung
3. Informationsverarbeitung
4. Informationsprüfung
5. Informationsvervielfältigung
6. Informationsverteilung.

Ich definiere diese Bearbeitungsschritte wie folgt:

Die *Informationsbeschaffung* reicht von der bloßen Kontaktnahme mit einer Zielgruppe bis zum eigenen Heranschaffen von Informationsmaterial.

Die *Informationserfassung* ist das Fixieren der beschafften Information. Das kann aufschreiben bedeuten, fotografieren, eine Tonaufzeichnung durchführen. Aber auch Quellenangaben erstellen, beschaffte Informationen katalogisieren usw.

Der grundsätzliche Unterschied zwischen Informationsbeschaffung und Informationserfassung besteht darin, dass die Informationserfassung bereits das Vorhandensein von Informationen bedingt, während umgekehrt das Informationsbeschaffen das Fehlen von Informationen voraussetzt.

Mit *Informationsverarbeitung* ist alles an Arbeiten abgedeckt, was zwischen der Erfassung und der Vervielfältigung liegt. Das kann sowohl das Einlegen eines Datenblattes eines technischen Produktes in eine Produktdokumentation sein, als auch das Einscannen eines Fotos oder das Aufnehmen von Literaturhinweisen in die Interne Dokumentation.

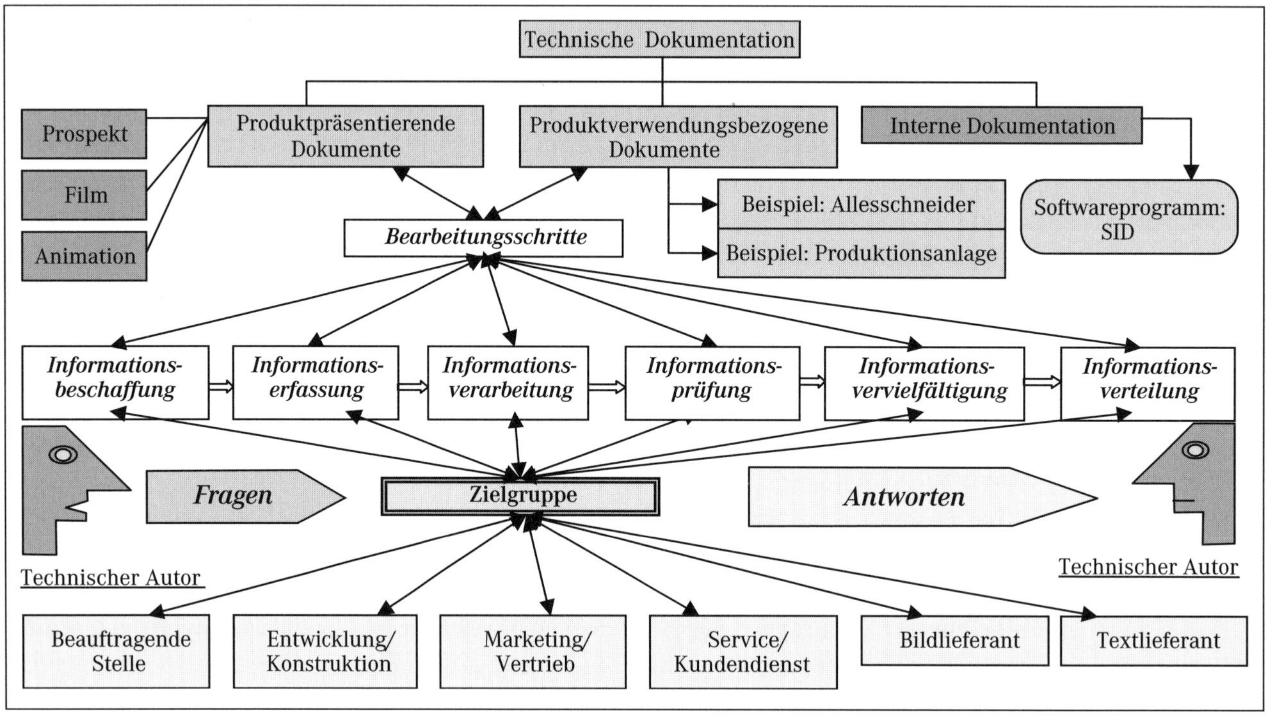

Abb. 3-1: *Überblick über das Informationssystem für die Zielgruppennutzung*

Unter *Informationsprüfung* ist sowohl das Vergleichen von Arbeitsergebnissen mit den vorgegebenen Sollwerten zu verstehen wie das grundsätzliche Gegenüberstellen von aktuellen Soll- und Istgrößen mit der Grundkonzeption.
Die *Informationsvervielfältigung* läuft im Berufsalltag unter Kopieren und Drucken.
Informationsverteilung ist das Ausbringen der Dokumente an die Verwender. Das kann das Verschicken mit der Post sein, das Auslegen auf einem Messestand, die Übergabe einer Datei an die Homepage zum Ansehen bzw. Downloaden oder die direkte persönliche Übergabe an den Verwender.

3.1.3 Fragetechnik und Fragestrategie

Die Zielgruppen zu den aufgeführten Bearbeitungsschritten sind für den Technischen Autor in unterschiedlicher Weise bedeutsam. Entsprechend gestaltet er auch seine Informationsstrategie. Und diese spiegelt sich in der Anwendung seines wichtigsten Werkzeugs wider – der Sprache.
Mit ihr kann er zum einen genau seine Zielinformation bestimmen und zum anderen die Art der Antwort oder der Beantwortungsweise bei seinem Kommunikationspartner beeinflussen.
Nun mag man sagen, das Entscheidende für eine schnelle und angemessen genaue Informationsgewinnung ist nicht die Sprache, sondern sind nicht sprachliche Faktoren wie Anwesenheit des Kommunikationspartners, Wissensstand oder Kompetenz des Kommunikationspartners oder das Vorhandensein der nötigen Kommunikationsmittel wie Handy, Fax, E-Mail usw.
Diese kontextuellen Faktoren sind zwar wichtig für das Zustandekommen eines Kommunikationsereignisses, bestimmen aber nicht die Qualität und Quantität der gewonnenen Informationen. Hierzu bedarf es einer bewussten Formulierungsstrategie eben mit der Maßgabe, eine bewusste und gezielte Informationsstrategie zu verwirklichen.
Der Technische Autor verwendet zur Informationsgewinnung die Frage als Schlüssel zu den vielen Tresoren, in denen seine Informationen schlummern.
Nun lässt unsere Sprache grundsätzlich zwei Frageformen zu: die Ja/Nein-Frage und die Gruppe der W-Fragen. Da Fragen immer einen Kommunikationspartner voraussetzen, der die Fragen auch wahrnehmen kann, der weiß, dass sie an ihn gerichtet sind und sie auch versteht und wünschenswerterweise auch beantworten können sollte, will ich die genannten zwei Frageformen unter diesen Aspekten kurz betrachten.
Ja/Nein-Fragen bieten dem Gefragten, sagen wir dem Adressaten, eine Information an mit der Aufforderung, diese Information zu bestätigen, als unzutreffend zu bezeichnen oder seine Unkenntnis mitzuteilen. Das heißt, wir lassen, logisch betrachtet, dem Adressaten keine Möglichkeit, der Information Einzelheiten hinzuzufügen.
Die Folge von Ja/Nein-Fragen für den Frager ist, dass er nicht mehr zu der Information erfährt als eben die drei Möglichkeiten: die erhaltene Information bestätigt oder als unzutreffend bezeichnet zu bekommen oder die Unkenntnis des Befragten zu erfahren. Will er aber mehr erfahren, muss er wieder fragen.
Der Technische Autor will dies aber in den wenigsten Fällen. Sein Ziel ist vielmehr, mit möglichst wenig Fragen möglichst viele genaue und angemessene Informationen zu erhalten – und das erreicht er mit W-Fragen.
W-Fragen verbieten einerseits Ja/Nein-Anworten und fordern andererseits zu den Inhalten, die dem Gefragten bzw. Adressaten indirekt mit der Frage vermittelt werden, neue Inhalte – und die lassen sich ganz genau benennen.
Der Vorteil von W-Fragen besteht auch darin, dass man in einer W-Frage Ws addieren kann. Damit mutet man zwar dem Adressaten einiges zu, wenn man die Antwort sofort wissen will. Aber das ist meistens nicht der Fall, sondern man zeigt dem Adressaten, dass er sich für die Antwort Zeit lassen soll, sodass er sich ausführlich mit den Inhalten auseinandersetzen kann.
Neben den W-Fragen helfen auch noch Fragen weiter, die mit einer Präposition (Verhältniswort) oder einem Adverb (Umstandswort) eingeleitet werden. Auch diese Fragen verbieten Ja/Nein-Antworten und liefern gezielte Detailinformationen zu bestimmten Sachverhalten.
Wenn man über Fragen Informationen erhalten möchte, muss man zunächst sich selbst folgende Schlüsselfrage stellen:
„Wem stelle ich welche Frage wann für welchen Informationszugewinn?“

In dieser Schlüsselfrage sind vier W-Fragen enthalten:

- die Frage nach der Zielgruppe (wem?)
- die Frage nach Frageart und Frageinhalt (welche?)
- die Frage nach dem Zeitpunkt der Aufnahme der Kommunikationsbeziehung (wann?)
- die Frage nach der gewünschten Zusatzinformation (welchen?).

3.1.4 Bewusste Kombination von Bearbeitungsschritten und Zielgruppen

3

Wir haben sechs Zielgruppen. Damit ist grundsätzlich die erste W-Frage geklärt und die Antwort lautet:
„Ich stelle der Beauftragenden Stelle, der Entwicklung/Konstruktion, dem Marketing/Vertrieb, dem Service/Kundendienst, den Bildlieferanten und den Textlieferanten Fragen!"
Die nächste W-Frage bezieht sich auf die Frage selbst. Darunter lassen sich sowohl die Frageart wie auch der Frageinhalt verstehen. Die Frageart habe ich schon erörtert: Es sind W-Fragen, also informationsschöpfende Fragen.
Der Frageinhalt ist allgemein schwerer festzulegen. Grundsätzlich lässt sich aber auch hier eine Vorauswahl festlegen, wenn man den Fragegegenstand bestimmt. Und der lässt sich für die Technische Dokumentation, wie wir sie hier behandeln, unterscheiden nach produktpräsentierendem Dokument oder produktverwendungsbezogenem Dokument.
Produktpräsentierende Dokumente lassen sich weiter untergliedern nach ihrer Dokumentart. Ich habe für diese Dokumentart den Prospekt, den Film und die Animation ausgewählt und dazu Fragen gestellt.
Produktverwendungsbezogene Dokumente lassen sich ebenfalls weiter untergliedern nach ihrer Dokumentart. Aber sie lassen sich auch nach ihrer Funktion in Abhängigkeit zum technischen Produkt gliedern.
Da die funktionelle Abhängigkeit zum technischen Produkt in der Praxis das wesentliche Gestaltungskriterium für ein produktverwendungsbezogenes Dokument ist, habe ich mich dafür entschieden, die Bedienungsanleitung eines Allesschneiders und die Betriebsanleitung einer Produktionsanlage als Beispiele für Fragen auszuwählen. Beide Dokumente gleichen sich in ihrer Funktion.
Die beiden technischen Produkte stehen stellvertretend für die zwei Verwendersphären, mit denen der Technische Autor zu tun hat: dem privaten Verwender und dem gewerblichen Verwender. Beide technische Produkte stehen auch für die Unterschiedlichkeit bezüglich der Verteilmenge: hier das Massenprodukt, dort das Einzelprodukt.
Diese Unterschiede der technischen Produkte wirken sich auf die Technische Dokumentation aus. Das heißt, sie wirken sich auf die Fragen des Technischen Autors an seine Zielgruppen aus. Wie, das zeigen die anschließenden Betrachtungen zu den Fragetabellen.
Der Frageinhalt wird also bestimmt nach der Dokumentart und dem technischen Produkt. Reicht das?
Nein. Der Frageinhalt wird auch noch bestimmt durch den Bearbeitungsschritt, in dem sich das Dokument befindet.
So stelle ich als Technischer Autor der Beauftragenden Stelle bei der Auftragsannahme zur Erstellung einer Bedienungsanleitung oder eines Prospekts zu einem technischen Produkt andere Fragen als bei der Besprechung eines Entwurfs. Das heißt, meine Fragestellung als Technischer Autor wird auch bestimmt vom Bearbeitungsschritt.
Eine Antwort auf die zweite W-Frage könnte also so lauten:
„Ich stelle informationsschöpfende Fragen entsprechend dem technischen Produkt und der zu erstellenden Dokumentart in Bezug auf den aktuellen Bearbeitungsschritt!"
Ich habe aus diesem Grund zu jedem Bearbeitungsschritt für die Dokumentarten produktpräsentierende Dokumente und produktverwendungsbezogene Dokumente getrennt Fragen formuliert und in Tabellen zusammengefasst.
Das dritte W bezieht sich auf den Zeitpunkt der Fragestellung an die Zielgruppe.
Diese Frage lässt sich leider nicht allgemein beantworten, da sie von den jeweiligen persönlichen und situativen Gegebenheiten abhängt.
Entscheidend ist für den Technischen Autor nur, dass er seine Zielgruppen rechtzeitig fragt. Im Grunde genommen sollten die meisten Fragen zu den einzelnen Bearbeitungsschritten schon im Rahmen der Auftragsvergabe gestellt werden. Dies ist aber in der Praxis nicht immer durchführbar. Doch Fragen, die den ge-

samten Erstellungsprozess und das Arbeitsergebnis in Umfang, Gestaltung und Verfügbarkeit angehen, müssen bereits im Rahmen der Auftragsvergabe gestellt werden.

Eine Antwort auf die dritte W-Frage könnte so ausfallen: *„Ich stelle meinen Zielgruppen so rechtzeitig meine Fragen, dass Verzögerungen bei der Beantwortung meinen Bearbeitungsprozess nicht beeinträchtigen!"*

Die letzte W-Frage bezieht sich auf den Informationszugewinn. Der wird bestimmt durch den aktuellen Informationsstand und dem daraus resultierenden Informationsbedarf. Das wiederum heißt: Ich benötige eine Zielsetzung oder ein Thema, unter das ich meine Fragen stelle.

In den Fragetabellen habe ich die Themen bei Bedarf als Überschriften innerhalb der Tabelle angegeben. Sie werden feststellen, dass sich die Themen je nach Bearbeitungsschritt ändern und dass zum gleichen Thema für unterschiedliche Dokumentarten und unterschiedliche technische Produkte verschiedene Fragen zu stellen sind.

Sie werden auch feststellen, dass teilweise Zielgruppen als Kommunikationspartner ausscheiden, weil sie keinen Informationszugewinn versprechen.

Eine mögliche Antwort auf die vierte W-Frage wäre: *„Ich stelle meinen Zielgruppen entsprechend meinem aktuellen Informationsbedarf informationsschöpfende Fragen!"*

Damit sind die Zielgruppen beschrieben und ihre Nutzung als Informationsquellen für den Technischen Autor konzeptionell festgelegt.

3.2 Praktische Hinweise für den Umgang mit den Fragetabellen

3.2.1 Art und Aufgaben der Fragen

Bevor ich kommentierend auf die einzelnen Tabellen eingehe, möchte ich folgenden praktischen Hinweis für den strategischen Umgang mit den Fragen und den Tabellen liefern:

1. Die Fragen sind nicht auf bestimmte Einzelausführungen bzw. Fabrikate bestimmter technischer Produkte bezogen. Das heißt, Sie werden keine Fragen nach speziellen Bauteilen oder besonderen Handlungsanweisungen für ein bestimmtes Gerät oder eine bestimmten Marke finden.
2. Viele Fragen enthalten mehrere Frage-Fürwörter, zum Beispiel *„Für <u>wen</u> müssen <u>welche</u> Bildaufzeichnungen auf <u>welchen</u> Maschinen verarbeitet/bearbeitet werden?"*. Zu dieser und vergleichbaren Frage gibt es erwartbar ziemlich viele Antworten.
3. Hier empfehle ich Ihnen, vor der Befragung Ihres Kommunikationspartners eine Tabelle anzulegen, damit Sie während des Gesprächs die erfragten Informationen eindeutig, schnell und zuverlässig zuordnen können.
4. Es gibt Fragen, die längere und tiefer gehende Gespräche einleiten sollen oder die ausgiebige und ausführliche Erklärungen von der Zielperson bzw. Zielgruppe fordern.
5. Hier ist es sinnvoll bzw. erforderlich, im Vorfeld die konkrete Datenlage zu prüfen und entsprechende weitergehende Fragen zu planen, falls notwendige Inhalte vom Gegenüber übersehen oder vergessen werden sollten.
6. Geplante Fragen werden nicht von allen Zielgruppen geschätzt. Denn Fragen verlangen Antworten und Antworten bedeuten im Allgemeinen Arbeit, Konzentration, Arbeitszeit und das Eingeständnis, keine Antwort geben zu können.
7. Es ist daher ratsam, Fragen nicht schriftlich zu stellen, sondern persönlich der Zielperson bei der Beantwortung zu helfen und ihr dadurch zu zeigen, wie wichtig sie für einen ist, da man seine wertvolle Zeit diesem Gespräch widmet.

3

3.2.2 Reihenfolge und Gliederung der Tabellen

Die Fragetabellen für produktpräsentierende Dokumente kommen zuerst, anschließend folgen die Fragetabellen zu der Bedienungsanleitung eines Allesschneiders und der Betriebsanleitung einer Produktionsanlage.
Sowohl die Fragetabellen für produktpräsentierende Dokumente wie auch die Fragetabellen für die Bedienungsanleitung bzw. die Betriebsanleitung sind wie folgt gegliedert:
Bearbeitungsschritt (Informationsbeschaffung, Informationserfassung, Informationsverarbeitung, Informationsprüfung, Informationsvervielfältigung und Informationsverteilung)
Zielgruppen:

a. Beauftragende Stelle
b. Entwicklung/Konstruktion
c. Marketing/Vertrieb
d. Service/Kundendienst
e. Bildlieferanten
f. Textlieferanten

Bei den Fragetabellen zu den produktpräsentierenden Dokumenten werden jeweils zu einer Zielgruppe je Bearbeitungsschritt die Fragen zu Prospekt, Film und Animation einander gegenübergestellt. Decken sich die Fragen, ist die Tabellenzeile einspaltig. Unterscheiden sie sich, ist die Tabelle dreispaltig. Fallen die Fragen zu zwei Dokumentarten zusammen, sind sie auch in einer Tabellenspalte zusammengefasst.
Bei den Fragetabellen zu der Bedienungsanleitung des Allesschneiders bzw. der Betriebsanleitung der Produktionsanlage werden zweispaltig die Fragen der beiden Dokumente themenbezogen gegenübergestellt.
Grundsätzlich gibt es zu jeder Kombination von Zielgruppe und Bearbeitungsschritt zwei Tabellen: eine mit Fragen zu produktbezogenen Informationen und eine zu verwenderbezogenen Informationen.
Dies ist grundsätzlich erforderlich, um die besonderen Informationen zu den Handlungsstrategien der Verwender zu ermitteln.
Man erkennt daran auch gut die unterschiedlichen Informationsschwerpunkte der beiden technischen Produkte.

3.3 Kommentare zu den Fragetabellen für produktpräsentierende Dokumente

3.3.1 Tabellengestaltung

Die Tabellen sind alle nach dem gleichen Muster aufgebaut. Sie enthalten einen einspaltigen oberen Tabellenkopf und einen anschließenden dreispaltigen unteren Tabellenkopf.
Der obere Tabellenkopf enthält immer links ein Piktogramm für den Technischen Autor mit dem Ausdruck „Fragen" in Mundposition und rechts ein Piktogramm für die Zielgruppe mit dem Ausdruck „Antworten" in Mundposition. Die beiden Piktogramme „blicken" sich an.
Der Name der Zielgruppe ist fett gesetzt. Zwischen den beiden symbolisierten Kommunikationspartnern steht fett kursiv gesetzt der Name des Bearbeitungsschritts.
Im anschließenden dreispaltigen unteren Tabellenkopf befindet sich in der linken Spalte ein symbolisierter Prospekt mit dem entsprechenden Begriff, in der mittleren Spalte ein symbolisierter Filmstreifen mit dem Begriff „Film" und in der rechten Spalte ein symbolisierter Bildschirm mit dem Begriff „Animation".
Über den Spalten steht der Ausdruck „Produktpräsentierendes Dokument".
Unterhalb des Tabellenkopfes folgen die Fragen – je nach Anwendungsbreite ein, zwei- oder dreispaltig.

3.3.2 Thema Informationsbeschaffung

Die Informationsbeschaffung kann man bei produktpräsentierenden Dokumenten thematisch in drei Bereiche gliedern:

- den administrativen und organisatorischen Bereich
- den gerätetechnischen Bereich
- den inhaltlichen vermittelnden Bereich.

Der administrative Bereich umfasst alle auftragsbestimmenden Sachverhalte. Das heißt, es geht um Themen des Auftragsumfangs, der Terminierungen, der Auftragsabwicklung usw.

Der gerätetechnische Bereich hängt eng mit dem inhaltlich vermittelnden Bereich zusammen. Hier geht es um das erforderliche Zusammenspiel der Informationserfassungsgerätschaften mit den informationsverarbeitenden Einrichtungen und den informationsvermittelnden Einrichtungen und Geräten, also den Mitteln, die dem Verwender den Dokumentinhalt bzw. das Dokument präsentieren sollen.

Der inhaltlich vermittelnde Bereich umfasst die Inhalte der Dokumente und die geeignete Präsentationsweise. Das kann sowohl der sachgerechte und verwendertaugliche Text sein, die erforderlichen Bildinhalte wie auch die angemessene, weil erwartbar wirkungsvollste Wahl des Mediums.

Tabelle: Informationsbeschaffung – Beauftragende Stelle

Die drei Dokumentarten Prospekt, Film und Animation unterscheiden sich durch ihre Stofflichkeit. Deshalb verlangen sie vom Technischen Autor verschiedene Fragestellungen.

Unterschiede der Stofflichkeit der Dokumentarten bedingen unterschiedlichen Informationsbedarf

Der Prospekt ist ein bedrucktes Blatt Papier, der Film ist eine auf einem Trägermaterial befindliche Abfolge von aneinanderhängenden Bildern mit mechanischer Wickeleinrichtung oder in elektronischer Form eine strukturierte Ansammlung von elektromagnetischen Zuständen auf einem elektronischen Informationsträger. Die Animation ist nur eine strukturierte Ansammlung von elektromagnetischen Zuständen auf einem elektronischen Informationsträger.

Während man den Prospekt in die Hand nehmen und betrachten kann, benötigt man zum Betrachten des Films eine entsprechende Übertragungsvorrichtung und eine Projektionsfläche oder eine elektronische Wiedergabeeinrichtung mit einer geeigneten Software. Für das Betrachten oder Verwenden einer Animation benötigt man in jedem Fall eine passende elektronische Hardware und eine passende elektronische Software.

Diese selbstverständlichen Details gewinnen bei der Informationsbeschaffung eine elementare Bedeutung, denn sie müssen schon bei der Konzeption des Vorhabens als Eingabegrößen festgelegt werden. Entsprechend sind sie über Fragen zu ermitteln.

So findet sich zum Prospekt keine Frage zur Verwendung, während dies beim Film und bei der Animation der Fall ist. Die Fragen „Wo wird der Film gezeigt?“ und „Wo soll der Film nicht angeschaut werden?“ dienen zum Einstieg in ein Gespräch über die erforderlichen gerätetechnischen Voraussetzungen zum Betrachten des Films. In gleicher Weise sind die analogen Fragen zur Animation zu sehen.

Nach den gerätetechnischen Informationen folgen Fragen zur Zielgruppe. Hierbei ist immer eine ausschließende Frage enthalten. Sie soll sicherstellen, dass „Unbefugte“ ermittelt werden und entsprechende Maßnahmen erarbeitet werden können, um diesen den Informationszugriff zu verwehren.

Die folgenden Fragen beschäftigen sich mit dem Inhalt und seiner Wirkung. Gerade bei produktpräsentierenden Dokumenten stehen diese Fragen im Vordergrund.

Auch hier gilt wieder die Informationsausschlussfrage. So sollte darauf Wert gelegt werden, dass keine sicherheitsgefährdenden Informationen übernommen werden.

Tab. 3-1: *Fragen an die Beauftragende Stelle zur Informationsbeschaffung für ein produktpräsentierendes Dokument*

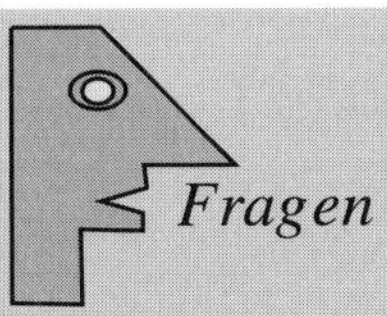

Informationsbeschaffung

Technischer Autor

Beauftragte Stellung

Produktpräsentierendes Dokument

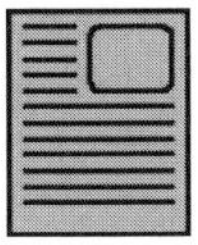

Prospekt

An wen ist der Prospekt gerichtet?

An wen ist der Prospekt nicht gerichtet?

Was soll der Prospekt bewirken?

Was soll der Prospekt nicht bewirken?

Was soll mit dem Prospekt präsentiert werden?

Was soll mit den Prospekt nicht präsentiert werden?

Was muss der Prospekt enthalten?

Was darf der Prospekt nicht enthalten?

Film

Wo wird der Film angeschaut?

Wo soll der Film nicht angeschaut werden?

Wer schaut den Film an?

Wer soll den Film nicht anschauen?

Was soll der Film bewirken?

Was soll der Film nicht bewirken?

Was soll im Film gezeigt werden?

Was muss im Film gezeigt werden?

Was darf im Film nicht gezeigt werden?

Animation

Wo ist die Animation betrachtbar?

Wo ist die Animation nicht betrachtbar?

Wer soll die Animation betrachten können?

Wer soll die Animation nicht betrachten können?

Was soll die Animation bewirken?

Was soll die Animation nicht bewirken?

Was soll die Animation zeigen?

Was muss die Animation zeigen?

Was darf die Animation nicht zeigen?

3

Tabelle: Informationsbeschaffung – Entwicklung/Konstruktion

Wie oben erwähnt, setze ich bei dieser Zielgruppe das produkttechnische Know-how sowie die Verantwortlichkeit und den Besitz der erforderlichen technischen Unterlagen voraus. Daraus ergibt sich eine dokumentart-übergreifende Fragestellung.

Technisches Produktwissen gilt für alle Dokumentarten

Von dieser Zielgruppe erfährt der Technische Autor alle erforderlichen Informationen über die bestimmungsgemäße Verwendung des technischen Produkts.

Die Fragen zielen nicht auf die Einzelheiten zum technischen Produkt ab, da diese grundsätzlich individuell sind. Sie dienen lediglich zur Gesprächseröffnung. Am Ende sollen alle Informationen zur bestimmungsgemäßen Verwendung des Produkts aus technischer Sicht vorliegen.
Sind diese erforderlichen Informationen beschafft, empfiehlt es sich, die Vorzüge und Nutzungsmöglichkeiten des Produkts für den Verwender zu erfahren. Der Technische Autor benötigt häufig ein Produktmuster für die Erstellung von Fotos oder zum Testen und Beschreiben der einzelnen Bedienungsschritte. Dazu stellt er die Fragen nach dem Verfügungstermin.

Tab. 3-2: *Fragen an die Entwicklung/Konstruktion zur Informationsbeschaffung für ein produktpräsentierendes Dokument*

Produktpräsentierendes Dokument

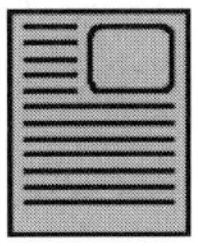 **Prospekt**

 **Film**

 **Animation**

Wer soll das Produkt verwenden?

Wer muss das Produkt verwenden?

Wer darf das Produkt nicht verwenden?

Wann soll das Produkt verwendet werden?

Wann muss das Produkt verwendet werden?

Wann darf das Produkt nicht verwendet werden?

Wo soll das Produkt verwendet werden?

Wo muss das Produkt verwendet werden?

Wo darf das Produkt nicht verwendet werden?

Unter welchen äußeren Bedingungen soll das Produkt verwendet werden?

Unter welchen äußeren Bedingungen muss das Produkt verwendet werden?

Unter welchen äußeren Bedingungen darf das Produkt nicht verwendet werden?

Welche Voraussetzungen stellt das Produkt an den Verwender?

Welche Voraussetzungen stellt das Produkt an die Einsatzumgebung?

Welche Vorzüge hat das Produkt für den Verwender?

Welchen Nutzen bringt das Produkt dem Verwender?

Ab wann ist das Produkt verfügbar?

In welcher Form ist das Produkt verfügbar?

Tabelle: Informationsbeschaffung – Marketing/Vertrieb

In der Regel bestimmt diese Zielgruppe die Verteilung der produktpräsentierenden Dokumente.

Marketing/Vertrieb übernimmt häufig die Funktion der Beauftragenden Stelle

Oft bestimmt sie auch die Form und Gestalt sowie den Inhalte der Dokumente. Das heißt, sie kann in diesem Sachzusammenhang auch Fragen an die Beauftragende Stelle beantworten.
Für den Fall, dass die Marketing-/Vertriebsabteilung die Beauftragende Stelle ist, sind die Fragen entsprechend zu kombinieren bzw. zu ergänzen.

Die Fragen „An wen ...“, „Wo ...“, „Wie ...“ und „Bei welchem Anlass ... der Prospekt/der Film verteilt wird“ sollen ein Gespräche über zulässige und unzulässige Zielgruppen sowie über die möglicherweise erforderliche Anzahl an Dokumenten starten. Die Frage nach der Verfügbarkeit ist erforderlich für die Zeitbestimmung der einzelnen Produktionsschritte und die Logistik.
Die Animation und gegebenenfalls der Film machen es aufgrund ihrer besonderen gerätetechnischen Anforderungen notwendig, nach der Art des Trägermediums zu fragen.

Tab. 3-3: *Fragen an Marketing/Vertrieb zur Informationsbeschaffung für ein produktpräsentierendes Dokument*

Produktpräsentierendes Dokument

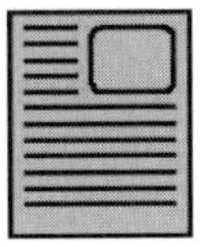 **Prospekt**	 **Film**	 **Animation**
An wen wird der Prospekt verteilt?	An wen wird der Film verteilt?	Auf welchem Träger wird die Animation verteilt?
Wo wird der Prospekt verteilt?	In welcher Form wird der Film verteilt?	An wen wird der Animationsträger verteilt?
Wie wird der Prospekt verteilt?	Wo wird der Film verteilt?	Wie wird der Animationsträger verteilt?
Bei welchem Anlass wird der Prospekt verteilt?	Bei welchem Anlass wird der Film verteilt?	Bei welchem Anlass wird der Animationsträger verteilt?
Wie groß ist die Zielgruppe?	Wie groß ist die Zielgruppe?	Wie groß ist die Zielgruppe?
Wann soll der Prospekt verfügbar sein?	Wann soll der Film verfügbar sein?	Über welche Betrachtungseinrichtungen verfügt die Zielgruppe?
Wann muss der Prospekt verfügbar sein?	Wann muss der Film verfügbar sein?	Wann soll der Animationsträger verfügbar sein?
		Wann muss der Animationsträger verfügbar sein?
		Wann soll die Animation verfügbar sein?
		Wann muss die Animation verfügbar sein?

Tabelle: Informationsbeschaffung – Service/Kundendienst

Kommunikationsrelevante Detailinformationen

Die beiden Fragen nach dem Inhalt beziehen sich sowohl auf problematische Einzelinformationen zum Produkt wie auf erforderliche oder falsche Kontaktangaben.

Eine falsche Telefonnummer oder Faxnummer oder eine falsche Adresse hat schon manchen Schaden gebracht.

Tab. 3-4: *Fragen an den Service/Kundendienst zur Informationsbeschaffung für ein produktpräsentierendes Dokument*

Produktpräsentierendes Dokument

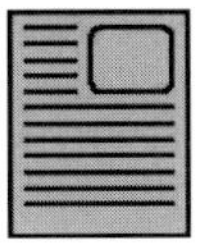 **Prospekt**

 **Film**

 **Animation**

Welche Daten müssen enthalten sein?

Welche Daten dürfen nicht enthalten sein?

Welche Kontaktpersonen/-einrichtungen/-daten müssen enthalten sein?

3

3

Tabelle: Informationsbeschaffung – Bildlieferanten

Kommunikationsrelevantes Fachwissen

Die Qualität der Arbeit von Bildlieferanten hängt häufig von gerätetechnischen Voraussetzungen am Einsatzort und auch von besonderen Licht- und Witterungsverhältnissen ab. Ferner haben sie Erfahrungen in der Wirksamkeit von dargestellten Personen auf den Bildbetrachter.
Es kann also sein, dass ein Fotograf Personen nach besonderen Merkmalen aussucht, die er für bestimmte Produktfotos für erforderlich hält, damit die beabsichtigte Wirkung der Informationsvermittlung beim Betrachter in der gewünschten Weise glückt.

Administrative Informationen

Neben diesen technischen und inhaltlichen Informationen sind noch die wirtschaftlichen von Bedeutung: Angebot und Lieferung. Alle Fragen dienen dem Einstieg in ein Gespräch, das einerseits zu den Antworten der Fragen, andererseits aber auch zum Ansprechen tiefer gehender Inhalts-, Technik- und Geschäftsaspekte dienen kann.
Bei Animationen, auch zum Teil bei Filmen, sind noch lizenzrechtliche Problempunkte zu beachten. Dies ist häufig im Zusammenhang mit verwendeter Software erforderlich, kann sich aber auch auf die Bilder bzw. bildlichen Darstellungen selbst beziehen.

Tab. 3-5: *Fragen an die Bildlieferanten zur Informationsbeschaffung für ein produktpräsentierendes Dokument*

Produktpräsentierendes Dokument

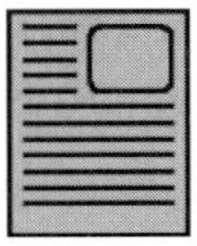

Prospekt

Film

Animation

Welche gerätetechnischen Voraussetzungen müssen gegeben sein?

Welche Licht-/ Witterungsverhältnisse müssen gegeben sein?

Welche personellen Verhältnisse müssen gegeben sein?

Unter welchen Bedingungen können Aufnahmen in Ihrem Studio produziert werden?

Wann erhalten wir ein verbindliches Angebot?

Wann ist mit der Lieferung des Rohentwurfs zu rechnen?

Wann ist mit der Lieferung des Fertigprodukts zu rechnen?

Welche Hardwarevoraussetzungen sind zum Verwenden der Animation erforderlich?

Welche Softwarevoraussetzungen sind zum Verwenden der Animation erforderlich?

Welche lizenzrechtlichen Bestimmungen sind beim Verwenden der Animation zu berücksichtigen?

Wann erhalten wir ein verbindliches Angebot?

Wann ist mit der Lieferung des Rohentwurfs zu rechnen?

Wann ist mit der Lieferung des Fertigprodukts zu rechnen?

Tabelle: Informationsbeschaffung – Textlieferanten

Werbesprachliche Besonderheiten

Im Allgemeinen ist man gewohnt, dass der Technische Autor seine Texte selbst verfasst.
Da es sich hier um produktpräsentierende Dokumente handelt, ist es aber wahrscheinlicher, dass der Text von einem Werbetexter kommt und dem Technischen Autor das Redigieren des Textes obliegt. Dazu gehört auch, dass der Technische Autor ermittelt, unter welchen Hardware- und Softwarebedingungen der Text verarbeitet werden kann.

Administrative Informationen

Dies ist gerade durch die Vielzahl der Textverarbeitungsprogramme und die Vielzahl der Versionen eines Programms zur gleichen Zeit eine wichtige Information. Sie kann auftragsentscheidend sein.
Wie schon bei der Zielgruppe „Bildlieferanten" erwähnt, sind auch bei Textlieferanten Informationen zum Angebot, zur Lieferung und zu lizenzrechtlichen Bestimmungen zu beschaffen.

Tab. 3-6: *Fragen an die Textlieferanten zur Informationsbeschaffung für ein produktpräsentierendes Dokument*

Produktpräsentierendes Dokument

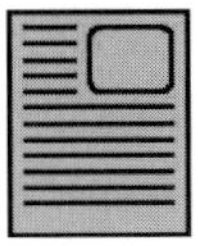

Prospekt

Film

Animation

Welche Hardwarevoraussetzungen sind zum Verwenden der Texte erforderlich?

Welche Softwarevoraussetzungen sind zum Verwenden der Texte erforderlich?

Welche lizenzrechtlichen Bestimmungen sind beim Verwenden der Texte zu berücksichtigen?

Wann erhalten wir ein verbindliches Angebot?

Wann ist mit der Lieferung des Rohentwurfs zu rechnen?

Wann ist mit der Lieferung des Fertigprodukts zu rechnen?

3.3.3 Thema Informationserfassung

Unterschied zwischen Informationsbeschaffung und Informationserfassung

Der Unterschied zwischen Informationsbeschaffung und Informationserfassung besteht im Fehlen bzw. im Vorhandensein von Informationen. Der Technische Autor macht sich im Allgemeinen keine großen Gedanken darüber. Interviews führt er nach Zeit und äußeren Umständen oder nach persönlicher Vorliebe und Gewandtheit entweder mit Stift und Block oder mit dem Diktiergerät oder mit einer Kamera.
Im folgenden Bearbeitungsschritt geht es aber bereits um eine wesentliche Erstellungsstufe. Es geht um die Festlegung von Informationslieferungen, die schon verarbeitungsgerecht beim Technischen Autor oder einer Verarbeitungsabteilung ankommen sollen.

Tabelle: Informationserfassung – Beauftragende Stelle und Marketing/Vertrieb

Firmenunabhängige Fragestellung zur Hard- und Softwareausstattung

Bei diesem Bearbeitungsschritt lassen sich an die Beauftragende Stelle wie auch an Marketing/Vertrieb die gleichen Fragen stellen. Deshalb sind beide Zielgruppen zusammengefasst.
Die Fragen sind so gestellt, als wäre der Technische Autor ein unabhängiger Dienstleister, der von der Beauftragenden Stelle entsprechende Informationen benötigt. Dies ist absichtlich so gehalten, weil dies, auch im Angestelltenverhältnis, dem Berufsalltag entspricht.
Mit den Fragen an die Beauftragende Stelle entledigt sich der Technische Autor auch einer gewissen Verantwortung für die richtige oder falsche Informationserfassung. Er bürdet der Beauftragenden Stelle grundsätzlich seinen Anspruch auf mögliche Mehrkostenerstattung aufgrund falscher oder fehlerhafter Informationen auf.
Inhaltlich beschränken sich die Fragen auf die Maschinen bzw. Hardware und Softwareprogramme, mit denen Abbildungen, Bilder und Tonaufzeichnungen sowie Texte verarbeitet werden.
Eine ausschließende Fragetechnik erscheint nicht unbedingt nötig, da die gewünschte Information geliefert wird. Allerdings sollte sie nicht ganz ausgeschlossen werden, da es seitens der Zielgruppe gewisse Anforderungen geben kann, die Hardware- und Softwaremöglichkeiten ausschließt.

Tab. 3-7: *Fragen an die Beauftragende Stelle sowie Marketing/Vertrieb zur Informationserfassung für ein produktpräsentierendes Dokument*

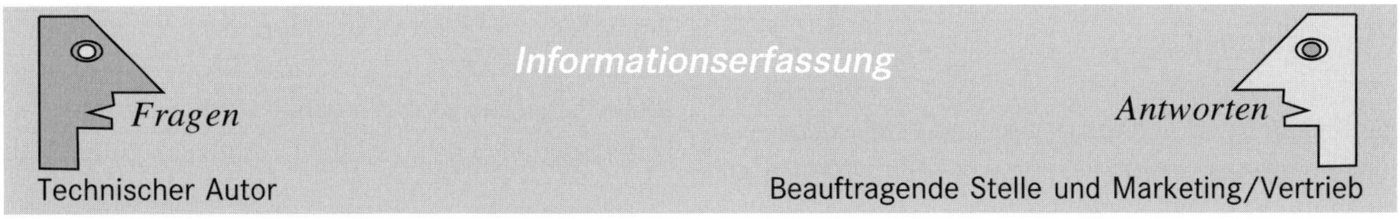

Produktpräsentierendes Dokument

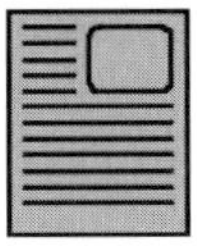

Prospekt

Mit welchen Maschinen werden fotografische Abbildungen verarbeitet?

Mit welchen Softwareprogrammen werden fotografische Abbildungen verarbeitet?

Mit welchen Maschinen werden Strichzeichnungen verarbeitet?

Mit welchen Softwareprogrammen werden Strichzeichnungen verarbeitet?

Mit welchen Maschinen werden Halbtonabbildungen verarbeitet?

Mit welchen Softwareprogrammen werden Halbtonabbildungen verarbeitet?

Mit welchen Maschinen werden Texte verarbeitet?

Mit welchen Softwareprogrammen werden Texte verarbeitet?

Film

Mit welchen Maschinen werden Bildaufzeichnungen verarbeitet?

Mit welchen Softwareprogrammen werden Bildaufzeichnungen verarbeitet?

Mit welchen Maschinen werden Tonaufzeichnungen verarbeitet?

Mit welchen Softwareprogrammen werden Tonaufzeichnungen verarbeitet?

Animation

Mit welchen Maschinen werden Bildaufzeichnungen verarbeitet?

Mit welchen Softwareprogrammen werden Bildaufzeichnungen verarbeitet?

Mit welchen Maschinen werden Tonaufzeichnungen verarbeitet?

Mit welchen Softwareprogrammen werden Tonaufzeichnungen verarbeitet?

Mit welchen Maschinen werden Texte verarbeitet?

Mit welchen Softwareprogrammen werden Texte verarbeitet?

3

3

Tabelle: Informationserfassung – Entwicklung/Konstruktion und Service/ Kundendienst

Zwei Zielgruppen mit technischer und verwenderrelevanter Fachkompetenz

Da die Entwicklungs- und Konstruktionsabteilung über das technische Fachwissen zum Produkt verfügt und letztlich auch die Verwendungsgrenzen bestimmt, legt sie fest, welche Produktinformationen in welcher Umgebung beschrieben und gezeigt werden müssen sowie nicht gezeigt werden dürfen.
Der Zielgruppe Service/Kundendienst lassen sich die gleichen Fragen stellen wie der Zielgruppe „Konstruktion/Entwicklung“. Und sie sollten auch gestellt werden, denn immer noch kommt es vor, dass gut gemeinte Konstruktionen an Praxistauglichkeit zu wünschen übrig lassen – und diese Feststellungen erhält man eher von den Servicefachkräften.

Technisches Detailwissen bestimmt die Informationserfassung

Die Fragen sind auf der Grundlage der technischen Verantwortlichkeit und der Festlegung der bestimmungsgemäßen Verwendung durch die beiden genannten Zielgruppen formuliert.

Da geht es zunächst darum, eine bestimmungsgemäße Auswahl an Verwendungsereignissen festzulegen. Dann sind diese Ereignisse bildlich oder sprachlich abzubilden. Das Abbilden von Verwendungsereignissen schließt mit ein, dass festgelegt wird, unter welchen Bedingungen die Abbildung erfolgen kann. Die sprachliche Abbildung setzt gewöhnlich Interviews mit Fachpersonal voraus.
Folgendes Beispiel soll den Zusammenhang verdeutlichen: Ein Regalbediengerät soll beim Ein- und Auslagern einer Warenpalette dargestellt werden. Da sich das Gerät bereits in der Übergabephase an den Betreiber befindet und Testbewegungen nach einem festen Verfahrensplan durchzuführen sind, bleibt nur ein schmales Zeitfenster, um Fotos und Interviews durchzuführen. Bei den Testfahrten stellt sich heraus, dass das Anfahren der Zielstelle nur ruckartig erfolgt. Geplant ist aber ein schnelles exaktes Anfahren und Halten am Zielpunkt. Wird das Anfahren filmisch dargestellt, darf das ruckartige Anfahren nicht gezeigt werden. Ähnliche Situationen lassen sich auch für fotografische Abbildungen finden.

Tab. 3-8: *Fragen an die Entwicklung/Konstruktion sowie den Service/Kundendienst zur Informationserfassung für ein produktpräsentierendes Dokument*

Informationserfassung

Fragen — Technischer Autor

Antworten — Entwicklung/Konstruktion und Service/Kundendienst

Produktpräsentierendes Dokument

Prospekt	Film	Animation
Unter welchen Bedingungen können Fotos erstellt werden?	Unter welchen Bedingungen kann gefilmt werden?	Je nach Rohmaterialbedarf gelten die gleichen Fragen wie zu Prospekt oder Film.
Unter welchen Bedingungen müssen Fotos erstellt werden?	Unter welchen Bedingungen muss gefilmt werden?	
Unter welchen Bedingungen dürfen Fotos nicht erstellt werden?	Unter welchen Bedingungen darf nicht gefilmt werden?	
Welche Ereignisse können fotografiert werden?	Welche Ereignisse können gefilmt werden?	
Welche Ereignisse müssen fotografiert werden?	Welche Ereignisse müssen gefilmt werden?	
Welche Ereignisse dürfen nicht fotografiert werden?	Welche Ereignisse dürfen nicht gefilmt werden?	
Unter welchen Bedingungen können Interviews geführt werden?	Unter welchen Bedingungen können Interviews geführt werden?	
Unter welchen Bedingungen müssen Interviews geführt werden?	Unter welchen Bedingungen müssen Interviews geführt werden?	
Unter welchen Bedingungen dürfen keine Interviews geführt werden?	Unter welchen Bedingungen dürfen keine Interviews geführt werden?	
Wann dürfen Fotos erstellt werden?	Wann darf gefilmt werden?	
Wann müssen Fotos erstellt werden?	Wann muss gefilmt werden?	
Wann dürfen Interviews geführt werden?	Wann dürfen Interviews geführt werden?	
Wann müssen Interviews geführt werden?	Wann müssen Interviews geführt werden?	
Wann dürfen keine Interviews geführt werden?	Wann dürfen keine Interviews geführt werden?	

Tabelle: Informationserfassung – Bildlieferanten

Die Gerätetechnik bestimmt die Informationserfassung

Hier steht die gerätetechnische Fragestellung im Vordergrund – und zwar bezogen auf die Abbildung der konkreten Ereignisse.

Es ist zu erfragen, welche Geräte zum Einsatz kommen und wie die mit diesen Geräten erzielten Ergebnisse weiterverarbeitet werden können.
Die Fragen sind unterschiedlich, je nach Endergebnis, sprich Foto, Film oder Animation.

Tab. 3-9: *Fragen an die Bildlieferanten zur Informationserfassung für ein produktpräsentierendes Dokument*

Produktpräsentierendes Dokument

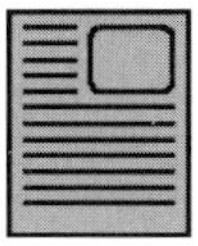 **Prospekt**	 **Film**	 **Animation**
Mit welchen Geräten erstellen Sie Fotos?	Mit welchen Geräten erstellen Sie Filme?	Mit welchen Geräten erstellen Sie Animationen?
Mit welchen Geräten können Sie Fotos erstellen?	Mit welchen Geräten können Sie Filme erstellen?	Mit welchen Geräten können Sie Animationen erstellen?
Wie können die Fotos weiterverarbeitet werden?	Wie können die Filme weiterverarbeitet werden?	Mit welchen Softwareprogrammen erstellen Sie Animationen?
Wie können die Fotos nicht weiterverarbeitet werden?	Wie können die Filme nicht weiterverarbeitet werden?	Mit welchen Softwareprogrammen können Sie Animationen erstellen?
		Wie können die Animationen weiterverarbeitet werden?
		Wie können die Animationen nicht weiterverarbeitet werden?

Tabelle: Informationserfassung – Textlieferanten

Die Gerätetechnik bestimmt die Informationserfassung

Wie bei den Bildlieferanten steht auch hier der gerätetechnische Einsatz zur Frage.
Text erfassen muss nicht gleichbedeutend mit Text schreiben sein. Gegebenenfalls werden Hörtexte angelegt, die anschließend verschriftlicht werden. Um das zu können, muss die erforderliche Verarbeitungsstufe geklärt sein.

Tab. 3-10: *Fragen an die Textlieferanten zur Informationserfassung für ein produktpräsentierendes Dokument*

Produktpräsentierendes Dokument

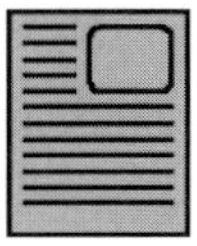
Prospekt

Film

Animation

Mit welchen Geräten erfassen Sie Texte?

Mit welchen Geräten können Sie Texte erfassen?

Mit welchen Softwareprogrammen erstellen Sie Texte?

Mit welchen Softwareprogrammen können Sie Texte erstellen?

Wie können die Texte weiterverarbeitet werden?

Wie können die Texte nicht weiterverarbeitet werden?

3.3.4 Thema Informationsverarbeitung

Vorausschauende Fragestellung erforderlich

Die nun erfassten Informationen werden im Allgemeinen zu einem Rohentwurf verarbeitet, der auch gleich die Korrekturvorlage für die Endfassung sein soll.
Bei produktpräsentierenden Dokumenten kommt es häufig vor, dass einmal erfasste und verarbeitete Informationen in anderen Dokumenten weiterverarbeitet oder zu anderen Zwecken wiederverwendet werden. Diese Möglichkeiten sind bei der Fragestellung zur Informationsverarbeitung berücksichtigt.
Man wird sich möglicherweise fragen, warum werden die Fragen zur Informationsvervielfältigung nicht auch schon bei der Informationserfassung gestellt? Dies hat einen willkürlichen Grund: Er heißt Übersichtlichkeit. Ich will mit dieser stufenweisen Fragetechnik auf die Unterschiedlichkeit der Themenstellungen pro Bearbeitungsschritt und Zielgruppe hinweisen. Zusätzlich sind die Bearbeitungsschritte oft auf mehrere firmeninterne sowie firmenexterne Organisationen verteilt.
Der Technische Autor kann je nach Auftragsgestaltung mit allen oder nur mit bestimmten Bearbeitungsstufen betraut sein. Dementsprechend sollte er über eine zielgruppengerechte und bearbeitungsrelevante Fragetechnik verfügen können.
Eng mit der Verarbeitung ist der übernächste Bearbeitungsschritt, die Informationsvervielfältigung, verbunden. Anknüpfungspunkt sind meist die gerätetechnischen Merkmale. Das sind im Einzelfall die Übertragbarkeit auf nachfolgende Hardwarekomponenten und die Verträglichkeit von Software.

Tabelle: Informationsverarbeitung – Beauftragende Stelle und Marketing/ Vertrieb

Gerätespezifischer und dokumentspezifischer Informationsbedarf

Die Fragen dienen vorrangig der Ermittlung von gerätetechnischen Informationen zur Vervielfältigung, zur Wiederverarbeitung und zur Weiterverarbeitung. Diese Informationen sind sowohl für das Dokument als Ganzes wie auch für mögliche trennbare Teile zu erfragen.
Eine zusätzliche Variante in der Fragestellung erfordern die Filme aufgrund ihrer Stofflichkeit. Hier muss die erwartbare Verschleißanfälligkeit berücksichtigt werden. Deshalb ist hier nach der Häufigkeit der Wiederverwendung gefragt.
Auch hier gilt wieder, wie oben schon bemerkt, der Verzicht auf Ausschließlichkeitsfragen. Und auch hier weise ich darauf hin, dass bei bestimmten Anforderungen solche Ausschließlichkeitsfragen sinnvoll bzw. erforderlich sind.
Wie bei der Informationserfassung schon festgestellt, ist die Marketing- bzw. Vertriebsabteilung in der Regel mit der Informationsverarbeitung für produktpräsentierende Dokumente betraut und auch dafür verantwortlich.
Dementsprechend gelten für diesen Bearbeitungsschritt die gleichen Fragen wie für die Zielgruppe „Beauftragende Stelle“. Es kann auch sein, dass für den Technischen Autor beide Zielgruppen identisch sind.

Tab. 3-11: *Fragen an die Beauftragende Stelle sowie Marketing/Vertrieb zur Informationsverarbeitung für ein produktpräsentierendes Dokument*

Produktpräsentierendes Dokument

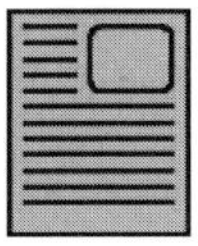

Prospekt

Mit welchen Einrichtungen kann der Prospekt vervielfältigt werden?

Mit welchen Einrichtungen muss der Prospekt vervielfältigt werden?

Welche Teile des Prospekts werden wiederverwendet?

Welche Teile des Prospekts werden weiterverwendet?

Mit welchen Einrichtungen werden welche Teile des Prospekts wiederverwendet?

Mit welchen Softwareprogrammen werden welche Teile des Prospekts wiederverwendet?

Mit welchen Einrichtungen werden welche Teile des Prospekts weiterverwendet?

Mit welchen Softwareprogrammen werden welche Teile des Prospekts weiterverwendet?

Film

Mit welchen Einrichtungen kann der Film vervielfältigt werden?

Mit welchen Einrichtungen muss der Film vervielfältigt werden?

Wie häufig wird der Film wiederverwendet?

Wie häufig wird der Film weiterverwendet?

Welche Teile des Films werden wiederverwendet?

Welche Teile des Films werden weiterverwendet?

Mit welchen Einrichtungen werden welche Teile des Films wiederverwendet?

Mit welchen Softwareprogrammen werden welche Teile des Films wiederverwendet?

Mit welchen Einrichtungen werden welche Teile des Films weiterverwendet?

Mit welchen Softwareprogrammen werden welche Teile des Films weiterverwendet?

Animation

Mit welchen Einrichtungen kann die Animation vervielfältigt werden?

Mit welchen Einrichtungen muss die Animation vervielfältigt werden?

Welche Teile der Animation werden wiederverwendet?

Welche Teile der Animation werden weiterverwendet?

Mit welchen Einrichtungen werden welche Teile der Animation wiederverwendet?

Mit welchen Softwareprogrammen werden welche Teile der Animation wiederverwendet?

Mit welchen Einrichtungen werden welche Teile der Animation weiterverwendet?

Mit welchen Softwareprogrammen werden welche Teile der Animation weiterverwendet?

Tabelle: Informationsverarbeitung – Entwicklung/Konstruktion und Service/ Kundendienst

Im Allgemeinen sind diese Zielgruppen nicht in die Informationsverarbeitung eingebunden. Sollte dies dennoch der Fall sein, gelten hier auch die Fragen und Ausführungen für die Zielgruppe „Beauftragende Stelle“.

Tab. 3-12: *Fragen an die Entwicklung/Konstruktion sowie den Service/Kundendienst zur Informationsverarbeitung für ein produktpräsentierendes Dokument*

Produktpräsentierendes Dokument

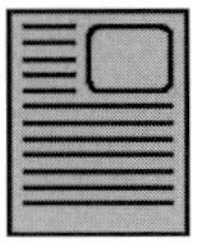 **Prospekt**

 **Film**

 **Animation**

Im Allgemeinen ist diese Zielgruppe nicht in die Informationsverarbeitung eingebunden. Sollte dies dennoch der Fall sein, gelten die gleichen Fragen wie für die Zielgruppe „Beauftragende Stelle".

Tabelle: Informationsverarbeitung – Bildlieferanten

Gerätespezifischer Informationsbedarf

Anders als bei der Zielgruppe „Beauftragende Stelle“ geht es hier nur um das Thema Verarbeitung. Entsprechend der technischen Möglichkeiten sind Informationen zu der Digitalisierfähigkeit der gelieferten Erzeugnisse, zur Veränderbarkeit und zu erwartbaren Möglichkeiten eines Qualitätsverlustes zu erfragen.
Das heißt, es steht wieder die Frage nach Gerätetechnik und Verfahrenstechnik zur Diskussion.
Auch hier gelten die gleichen Anmerkungen zu den Ausschlussfragen wie bei der Zielgruppe „Beauftragende Stelle“.

Tab. 3-13: *Fragen an die Bildlieferanten zur Informationsverarbeitung für ein produktpräsentierendes Dokument*

Produktpräsentierendes Dokument

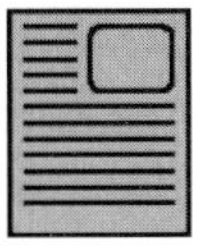 **Prospekt**	 **Film**	 **Animation**
Mit welchen Mitteln lassen sich die Fotos digitalisieren? Bis zu welchem Größenverhältnis lassen sich die Fotos verändern? Mit welchen Mitteln lassen sich die Fotos verändern? Welche Bearbeitungsverfahren führen zu welchen Qualitätsverlusten? Welche Verarbeitungsverfahren führen zu welchen Qualitätsverlusten?	Mit welchen Mitteln lässt sich der Film digitalisieren? Mit welchen Einrichtungen lässt sich der Film verändern? Welche Bearbeitungsverfahren führen zu welchen Qualitätsverlusten? Welche Verarbeitungsverfahren führen zu welchen Qualitätsverlusten?	Mit welchen Einrichtungen lässt sich die Animation verändern? Mit welchen Softwareprogrammen lässt sich die Animation verändern? Mit welchen Verfahren lässt sich die Animation verändern? Welche Bearbeitungsverfahren führen zu welchen Qualitätsverlusten? Welche Verarbeitungsverfahren führen zu welchen Qualitätsverlusten?

Tabelle: Informationsverarbeitung – Textlieferanten

Softwarespezifischer Informationsbedarf

Mediumspezifisch sind hier Informationen zu Zeichenformatierungen, Absatzformatierungen und Textbausteinformatierungen zu erfragen.

Ferner sind vorgenommene Gliederungssysteme, Aufzählungs-, Verweis- und Verknüpfungssysteme sowie -formate in Erfahrung zu bringen.
Diese Fragen gelten dokumentarten-übergreifend.

Tab. 3-14: *Fragen an die Textlieferanten zur Informationsverarbeitung für ein produktpräsentierendes Dokument*

Produktpräsentierendes Dokument

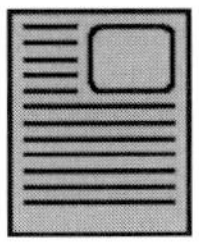

Prospekt

Film

Animation

Wie sind die einzelnen Textstücke voneinander getrennt?

Welche Gliederungsmerkmale sind im Text angewandt?

Welche Formate sind im Text festgelegt?

Welche Indices enthält der Text?

Welche Aufzählungsformate enthält der Text?

Welche Links enthält der Text?

An welchen Stellen enthält der Text welche Indizes?

An welchen Stellen enthält der Text welche Aufzählungsformate?

An welchen Stellen enthält der Text welche Links?

Welche Datensicherungsschlüssel sind auf den Text angewandt?

Wie lassen sich welche Datensicherungsschlüssel entsichern?

3

3.3.5 Thema Informationsprüfung

Vergleich von auftragsgebundenen Soll-Werten und der Grundkonzeption

Eine Prüfung setzt grundsätzlich festgelegte Soll-Werte voraus. Nun sind diese Soll-Werte bei produktpräsentierenden Dokumenten nicht immer eindeutig definierbar und in der Regel noch schwerer messbar. Werden Prospekte, Filme und Animationen als Ganzes betrachtet, entscheidet häufig der individuelle Geschmack, man kann auch sagen „der Bauch“.
Andererseits lassen sich Einzelheiten wie Bildschärfe, Kontrast, Bildinhalte sowie Rechtschreibfehler, Ausdrucksfehler und inhaltliche Fehler sehr wohl eindeutig feststellen und messen.
Weiterhin lassen sich Vergleiche zwischen dem Prüfprodukt und der Grundkonzeption anstellen. Das heißt, eine Informationsprüfung kann und sollte sich an zweierlei Soll-Werten orientieren, an den aktuellen Soll-Werten bezüglich einzelner Vorgabegrößen, die sich möglichst messen lassen, und an der Grundkonzeption. Der Vergleich des „Endergebnisses“ mit der ursprünglich entworfenen Konzeption deckt möglicherweise verborgene Schwachstellen und auch verborgene Möglichkeiten auf.

Beispiel für Unterschiedlichkeit von Auftragssoll und Grundkonzeption

Dazu folgendes Beispiel: Ein Prospekt enthält in der Grundkonzeption eine Tabelle mit technischen Daten. Diese erscheint unabdingbar, da sie dem Verwender zum Vergleich mit anderen Modellen und mit Wettbewerbsprodukten dienen soll. Im Verlauf der Erstellung fällt die Entscheidung, auf dem Prospekt eine CD-ROM aufzubringen. Dies macht es nötig, die Tabelle so zu verändern, dass nur noch wenige Daten übrig bleiben, die keinen Vergleich mit anderen Produkten mehr ermöglichen.
Bei der Prüfung des Prospektentwurfs mit der Grundkonzeption kommt dieser Sachverhalt zur Sprache. Bemängelt wird der Verlust der Vergleichbarkeit. Als Lösung einigt man sich auf eine völlig neue Darstellung der entscheidenden Vergleichsdaten. Diese Darstellungsweise wird als Grundmuster für ähnliche Präsentationsweisen übernommen.

Tabelle: Informationsprüfung – Beauftragende Stelle und Marketing/Vertrieb

Dokumentartspezifischer Abgleich von auftragsbestimmtem Soll und Grundkonzeption

Die Fragen sind „negativ“ formuliert, damit ihre Beantwortung Informationen über die Art und den Grad der Abweichungen vom Soll liefern. Es sind Einstiegsfragen, die zu einer ausführlichen zielgerichteten Gesprächsführung motivieren sollen.
Inhaltlich beziehen sich die Fragen auf die jeweilige Dokumentart. Als Soll-Werte gelten die jeweilige Auftragsanforderung und die Grundkonzeption.
Als Prüfgrößen sind Material, Gestaltung, Abbildungen und Texte aufgeführt, da diese das ganze Dokument ausmachen.
Die Dokumentarten erfordern zusätzlich noch entsprechende gerätetechnische Fragestellungen.
Auf besondere Ausführlichkeit bei der Informationssicherung ist gerade bei der Zielgruppe „Beauftragende Stelle“ zu achten, weil sie die letztgültige Entscheidungskompetenz hat und somit auch im Streitfall erwartbar nur durch dokumentierte Prüfergebnisaufzeichnungen zu überzeigen ist.
Bei produktpräsentierenden Dokumenten ist erfahrungsgemäß die Beauftragende Stelle auch die Marketing-/Vertriebsabteilung. Wenn dem nicht so ist, hat sie doch als Prüfinstanz Entscheidendes zu bestimmen. Deshalb ist es hier sinnvoll, die gleichen Fragen zu äußern.
Es kann sich allerdings ergeben, dass bei entsprechender Beauftragung und Kompetenzverteilung das Gespräch zu graduell anderen inhaltlichen Schwerpunkten führt. Das Ziel und das Grundmuster dürften aber gleich bleiben.

Tab. 3-15: *Fragen an die Beauftragende Stelle sowie Marketing/Vertrieb zur Informationsprüfung für ein produktpräsentierendes Dokument*

Produktpräsentierendes Dokument

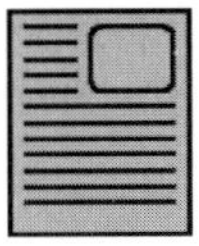 **Prospekt**	 **Film**	 **Animation**
In welcher Weise entspricht das Material des Prüfloses nicht den Auftragsanforderungen?	In welcher Weise entspricht das Material des Prüfloses nicht den Auftragsanforderungen?	In welcher Weise entspricht das Trägermaterial des Prüfloses nicht den Auftragsanforderungen?
In welcher Weise entspricht das Material des Prüfloses nicht der Grundkonzeption?	In welcher Weise entspricht das Material des Prüfloses nicht der Grundkonzeption?	In welcher Weise entspricht das Trägermaterial des Prüfloses nicht der Grundkonzeption?
In welcher Weise entspricht die Gestaltung des Prüfloses nicht den Auftragsanforderungen?	In welcher Weise entspricht die maschinelle Verwendbarkeit des Prüfloses nicht den Auftragsanforderungen?	In welcher Weise entspricht die maschinelle Verwendbarkeit des Prüfloses nicht den Auftragsanforderungen?
In welcher Weise entspricht die Gestaltung des Prüfloses nicht der Grundkonzeption?	In welcher Weise entspricht die maschinelle Verwendbarkeit des Prüfloses nicht der Grundkonzeption?	In welcher Weise entspricht die maschinelle Verwendbarkeit des Prüfloses nicht der Grundkonzeption?
In welcher Weise entsprechen die Abbildungen des Prüfloses nicht den Auftragsanforderungen?	In welcher Weise entspricht die Gestaltung des Prüfloses nicht den Auftragsanforderungen?	In welcher Weise entspricht die Gestaltung des Prüfloses nicht den Auftragsanforderungen?
In welcher Weise entsprechen die Abbildungen des Prüfloses nicht der Grundkonzeption?	In welcher Weise entspricht die Gestaltung des Prüfloses nicht der Grundkonzeption?	In welcher Weise entspricht die Gestaltung des Prüfloses nicht der Grundkonzeption?
In welcher Weise entsprechen die Texte des Prüfloses nicht den Auftragsanforderungen?	In welcher Weise entsprechen die Darstellungen des Prüfloses nicht den Auftragsanforderungen?	In welcher Weise entsprechen die Darstellungen des Prüfloses nicht den Auftragsanforderungen?
In welcher Weise entsprechen die Texte des Prüfloses nicht der Grundkonzeption?	In welcher Weise entsprechen die Darstellungen des Prüfloses nicht der Grundkonzeption?	In welcher Weise entsprechen die Darstellungen des Prüfloses nicht der Grundkonzeption?
	In welcher Weise entsprechen die tonalen Informationen des Prüfloses nicht den Auftragsanforderungen?	In welcher Weise entsprechen die tonalen Informationen des Prüfloses nicht den Auftragsanforderungen?
	In welcher Weise entsprechen die tonalen Informationen des Prüfloses nicht der Grundkonzeption?	In welcher Weise entsprechen die tonalen Informationen des Prüfloses nicht der Grundkonzeption?
		In welcher Weise entsprechen die Texte des Prüfloses nicht den Auftragsanforderungen?
		In welcher Weise entsprechen die Texte des Prüfloses nicht der Grundkonzeption?

3

Tabelle: Informationsprüfung – Entwicklung/Konstruktion und Service/ Kundendienst

Prüfung auf Richtigkeit der technischen Sachverhalte und ihrer Wahrnehmbarkeit

Da diese Zielgruppe im Wesentlichen die Inhalte zur Technik prüft, beschränken sich auch die Fragen auf diese Sachverhalte. Allerdings sind es nicht nur die bildlichen, schriftlichen und gegebenenfalls tonalen Informationsinhalte, sondern auch deren Wahrnehmbarkeit.

Dies erfordert bei Animationen eine Frage nach der maschinellen Verwendbarkeit, da diese in erster Linie über die Wahrnehmbarkeit entscheidet.

Auch hier sind die Fragen so formuliert, dass nur die Schwächen des Prüfentwurfs genannt werden.

Die Zielgruppe „Service/Kundendienst“ ist im Allgemeinen nicht in die Informationsprüfung eingebunden. Sollte dies doch der Fall sein, empfiehlt es sich, die gleichen Fragen wie an die Zielgruppe „Entwicklung/Konstruktion“ zu stellen.

Tab. 3-16: *Fragen an die Entwicklung/Konstruktion sowie den Service/Kundendienst zur Informationsprüfung für ein produktpräsentierendes Dokument*

Produktpräsentierendes Dokument

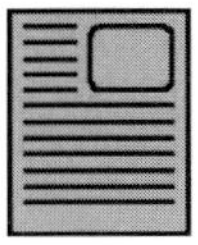 Prospekt	 Film	 Animation
In welcher Weise entsprechen die Abbildungen des Prüfloses nicht den Auftragsanforderungen?	In welcher Weise entsprechen die Darstellungen des Prüfloses nicht den Auftragsanforderungen?	In welcher Weise entspricht die maschinelle Verwendbarkeit des Prüfloses nicht den Auftragsanforderungen?
In welcher Weise entsprechen die Abbildungen des Prüfloses nicht der Grundkonzeption?	In welcher Weise entsprechen die Darstellungen des Prüfloses nicht der Grundkonzeption?	In welcher Weise entspricht die maschinelle Verwendbarkeit des Prüfloses nicht der Grundkonzeption?
In welcher Weise entsprechen die Texte des Prüfloses nicht den Auftragsanforderungen?	In welcher Weise entsprechen die tonalen Informationen des Prüfloses nicht den Auftragsanforderungen?	In welcher Weise entspricht die Gestaltung des Prüfloses nicht den Auftragsanforderungen?
In welcher Weise entsprechen die Texte des Prüfloses nicht der Grundkonzeption?	In welcher Weise entsprechen die tonalen Informationen des Prüfloses nicht der Grundkonzeption?	In welcher Weise entspricht die Gestaltung des Prüfloses nicht der Grundkonzeption?
		In welcher Weise entsprechen die Darstellungen des Prüfloses nicht den Auftragsanforderungen?
		In welcher Weise entsprechen die Darstellungen des Prüfloses nicht der Grundkonzeption?
		In welcher Weise entsprechen die tonalen Informationen des Prüfloses nicht den Auftragsanforderungen?
		In welcher Weise entsprechen die tonalen Informationen des Prüfloses nicht der Grundkonzeption?
		In welcher Weise entsprechen die Texte des Prüfloses nicht den Auftragsanforderungen?
		In welcher Weise entsprechen die Texte des Prüfloses nicht der Grundkonzeption?

Tabelle: Informationsprüfung – Bild- und Textlieferanten

Im Allgemeinen kein Informationsbedarf

Diese Zielgruppen sind im Allgemeinen nicht in die Informationsprüfung des Dokumentes als Ganzes eingebunden.

Das heißt nicht, dass sie von einem Prüfverfahren ausgeschlossen sind – im Gegenteil. Die Fragen an diese Zielgruppen sind entweder in den Fragen zur Zielgruppe „Beauftragenden Stelle" oder zur Zielgruppe „Entwicklung/Konstruktion" enthalten. Aus diesem Grunde habe ich sie hier ausgeschlossen.

Tab. 3-17: *Fragen an die Bild- und Textlieferanten zur Informationsprüfung für ein produktpräsentierendes Dokument*

Produktpräsentierendes Dokument

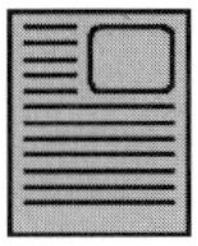 **Prospekt**

 **Film**

 **Animation**

Im Allgemeinen ist diese Zielgruppe nicht in die Informationsprüfung eingebunden.

3.3.6 Thema Informationsvervielfältigung

Ein- oder Mehrsprachigkeit als bestimmender Faktor

Grundsätzlich kann man den Schnitt zur Informationsvervielfältigung an zwei Stellen ansetzen – an der Muttersprachenfassung oder an der Endsprachenfassung. Legt man sich auf die Muttersprachenfassung als Vervielfältigungsvorgabe fest, ist pro Fremdsprachenfassung noch eine Informationsprüfung vorzusehen. Definiert man die Endsprachenfassung als Vervielfältigungsvorgabe, ist die Informationsprüfung bereits abgeschlossen.
Welcher Weg hier beschritten werden soll, ist vom konzipierten Endergebnis abhängig. So gibt es zahlreiche mehrsprachige Prospekte – mit Muttersprache oder ohne. Mehrsprachige Prospekte ohne Muttersprache sollten unbedingt wie eigenständige Vorlagen behandelt werden, denn Sprachen sind Kulturträger und werden als solche wahrgenommen. So kann es sein, dass für bestimmte Sprachausführungen andere Abbildungen zu verwenden sind als in der muttersprachlichen Ausgabe. Ebenso sind die Leserichtungen und die Zeichenzahl und Zeichenart zu beachten.
Das Gleiche gilt für Film und Animation. Zwar kann ein Film keine zwei Sprachen parallel über einen Lautsprecher hörbar machen, ebenso wie keine Animation mehrsprachig gut verständlich sein wird. Aber es ist möglich, über unterschiedliche Lautsprecher parallel verschiedene Sprachen zu einem Film ertönen zu lassen. Ebenso können zu einer Animation verschiedene Sprachfassungen geschaltet werden.
Ich bin bei meinen Fragen von einer muttersprachlichen Vorlage ausgegangen, um den Aspekt der Sprache mit der Verteilung in deutlicher Weise in Zusammenhang zu bringen – auch wenn die Praxis häufig anders aussieht.

Die Informationsvervielfältigung ist, erstellungstechnisch betrachtet, die Folgestufe der Verarbeitungsstufe. Der Bearbeitungsschritt „Informationsprüfung“ schafft im engeren Sinne nichts Neues. Die Fragen der Informationsverarbeitung haben bereits auf die Vervielfältigungsstufe vorgegriffen.

Mengen- und Ausführungsbestimmung als bestimmende Faktoren

In gleicher Weise muss auch bei Fragen der Informationsvervielfältigung auf den nächsten und letzten Bearbeitungsschritt übergeleitet werden. Der Grund ist die zielgruppenbezogene Mengen- bzw. Ausführungsbestimmung.
Die Informationsvervielfältigung hat folgende Aspekte zu berücksichtigen:

- die Zielgruppe
- die Sprachausführung in Beziehung zur Zielgruppe
- die Verteilmenge je Zielgruppe.

Bei den Dokumentarten Film und Animation kommen noch in besonderem Maße folgende Aspekte hinzu:

- Kopiersicherung
- Schutzvermerke.

Der prüfende Rückblick auf die Grundkonzeption ist ebenfalls nötig. Nicht, um am Dokument Änderungen vorzunehmen, sondern um die zielgruppenbezogene Verteilung zu überdenken.
Das heißt, zum einen dienen die Fragen zur Ermittlung der Informationen in Bezug auf aktuelle Soll-Werte, zum anderen sollen die Fragen zum Vergleich der Soll-Werte mit der Grundkonzeption führen.

Tabelle: Informationsvervielfältigung – Beauftragende Stelle und Marketing/Vertrieb

Gerätespezifische Aspekte beachten

Die Informationsvervielfältigung von produktpräsentierenden Dokumenten ist normalerweise eine Domäne der Marketing-/Vertriebsabteilung. Dennoch muss auch hier prinzipiell eine Beauftragende Stelle vorgeschaltet werden. Die Fragen werden für beide Zielgruppen die gleichen sein.

Für alle drei Dokumentarten sind Fragen zu den Themen Sprachausführung und Menge formuliert. Sie enthalten auch Ausschlussfragen. Der Grund liegt in dem Umstand, dass Sprache ein Kulturträger ist. Obwohl es zum Zeitpunkt der Informationsvervielfältigung nur um die Mengenbestimmung geht, spielt mit der Frage *„Welche Zielgruppen dürfen nicht mit welchen Sprachausführungen versorgt werden?“* die Informationsverteilung erheblich mit hinein – dazu mehr beim Bearbeitungsschritt „Informationsverteilung“.

Für die Filme und Animationen sind bei der Informationsvervielfältigung die gerätetechnischen Ausführungen von besonderer Bedeutung, da sie wesentlich bestimmen, ob die Informationen wahrgenommen werden können.

Ferner sind in diesem Zusammenhang zielgruppenbezogene Kopiersicherungen und entsprechende Schutzvermerke zu bedenken.

In den meisten Fällen werden diese Merkmale schon bei der Informationsverarbeitung mit bedacht, aber grundsätzlich sollten sie auch bei der Informationsvervielfältigung nochmals überlegt werden.

Der kontrollierende Rückgriff auf die Grundkonzeption soll nochmals die Entscheidung zur Vervielfältigung überdenken und prüfen helfen. So kann es sein, dass aktuelle Kontaktverhältnisse zu Zielgruppen die zuletzt getroffenen Entscheidungen zur Vervielfältigung in einem neuen vertriebsstrategischen Licht erscheinen lassen, sodass deswegen die Grundkonzeption korrigiert werden muss.

Tab. 3-18: *Fragen an die Beauftragende Stelle sowie Marketing/Vertrieb zur Informationsvervielfältigung für ein produktpräsentierendes Dokument*

Produktpräsentierendes Dokument

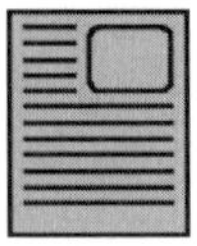

Prospekt

Film

Animation

Welche Zielgruppen sollen mit welchen Sprachausführungen versorgt werden?

Welche Zielgruppen müssen mit welchen Sprachausführungen versorgt werden?

Welche Zielgruppen dürfen nicht mit welchen Sprachausführungen versorgt werden?

In welcher Weise entspricht die Zielgruppen-Sprachversorgung nicht der Grundkonzeption?

In welcher Menge sollen welche Zielgruppen mit welchen Sprachausführungen versorgt werden?

In welcher Menge müssen welche Zielgruppen mit welchen Sprachausführungen versorgt werden?

In welcher Menge dürfen welche Zielgruppen nicht mit welchen Sprachausführungen versorgt werden?

In welcher Weise entspricht die Zielgruppen-Mengenzuordnung nicht der Grundkonzeption?

Mit welchen gerätetechnischen Ausführungen sollen welche Zielgruppen versorgt werden?

Mit welchen gerätetechnischen Ausführungen müssen welche Zielgruppen versorgt werden?

Mit welchen gerätetechnischen Ausführungen dürfen welche Zielgruppen nicht versorgt werden?

In welcher Weise entspricht die Zielgruppenzuordnung zur gerätetechnischen Ausführung nicht der Grundkonzeption?

Welche Maßnahmen stellen die zielgruppengerechte gerätetechnische Versorgung sicher?

Wo sind welche Maßnahmen zur Sicherstellung der zielgruppengerechten gerätetechnischen Versorgung festgelegt?

Welche Kopiersicherungen müssen für welche Zielgruppen installiert sein?

In welcher Weise entspricht die Zielgruppenzuordnung zu Kopiersicherungen nicht der Grundkonzeption?

Welche Maßnahmen stellen die zielgruppengerechte Installation der Kopiersicherungen sicher?

Wo sind welche Maßnahmen zur Sicherstellung der zielgruppengerechten Installation der Kopiersicherungen festgelegt?

Welche Schutzvermerke müssen für welche Zielgruppen enthalten sein?

Welche Schutzmaßnahmen (z. B. Verpackung) müssen für welche Zielgruppen verwirklicht sein?

In welcher Weise entspricht die Zielgruppenzuordnung zu Schutzvermerken nicht der Grundkonzeption?

In welcher Weise entspricht die Zielgruppenzuordnung zu Schutzmaßnahmen nicht der Grundkonzeption?

Informationsvervielfältigung – Beauftragende Stelle und Marketing/Vertrieb

Prospekt **Film** **Animation**

Welche Maßnahmen stellen die zielgruppengerechte Erklärung der Schutzvermerke sicher?

Wo sind welche Maßnahmen zur Sicherstellung der zielgruppengerechten Erklärung der Schutzvermerke festgelegt?

Welche Zielgruppen sollen mit welchen Sprachausführungen versorgt werden?

Welche Zielgruppen müssen mit welchen Sprachausführungen versorgt werden?

Welche Zielgruppen dürfen nicht mit welchen Sprachausführungen versorgt werden?

In welcher Menge sollen welche Zielgruppen mit welchen Sprachausführungen versorgt werden?

In welcher Menge müssen welche Zielgruppen mit welchen Sprachausführungen versorgt werden?

In welcher Menge dürfen welche Zielgruppen nicht mit welchen Sprachausführungen versorgt werden?

In welcher Weise entspricht die Zielgruppen-Sprachversorgung nicht der Grundkonzeption?

Tabelle: Informationsvervielfältigung – Entwicklung/Konstruktion und Service/ Kundendienst sowie Bild- und Textlieferanten

Im Allgemeinen kein Informationsbedarf

Diese Zielgruppen sind im Allgemeinen nicht in die Informationsvervielfältigung des Dokumentes als Ganzes eingebunden.

Tab. 3-19: *Fragen an die Entwicklung/Konstruktion und den Service/Kundendienst sowie die Bild- und Textlieferanten zur Informationsvervielfältigung für ein produktpräsentierendes Dokument*

Informationsvervielfältigung

Fragen

Antworten

Technischer Autor

Entwicklung/Konstruktion und Service/Kundendienst sowie Bild- und Textlieferanten

Produktpräsentierendes Dokument

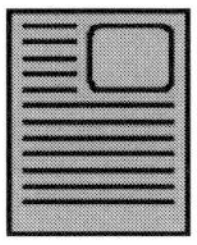

Prospekt

Film

Animation

Im Allgemeinen sind diese Zielgruppen nicht in die Informationsvervielfältigung eingebunden.

3.3.7 Thema Informationsverteilung

Unterschied von Informationsverteilung und Informationsvervielfältigung

Die Informationsverteilung hängt durch die mengenmäßige und sprachenbezogene Zuordnung unmittelbar mit der Informationsvervielfältigung zusammen. Sie darf aber nicht mit ihr verwechselt oder gleichgesetzt werden.

Beziehen sich die Fragen im Bearbeitungsschritt „Informationsvervielfältigung“ auf die zielgruppenbezogenen Merkmale, so geht es bei der „Informationsverteilung“ um die Durchführung und die Sicherstellung der zielgruppenbezogenen Versorgung mit dem produktpräsentierenden Dokument.

Dementsprechend stehen jetzt die erforderlichen Durchführungs- und Kontrollmaßnahmen sowie der Zeitraum der Durchführung und die Verantwortlichkeiten im Zentrum der Fragestellungen.

Die Nähe und der Unterschied der beiden Bearbeitungsschritte lassen sich auch an der folgenden Frage aus der „Informationsvervielfältigung“ verdeutlichen: *„Welche Zielgruppen dürfen nicht mit welchen Sprachausführungen versorgt werden?“*. Dort diente sie zur Festlegung der Vervielfältigungszahl. Hier taucht die Frage versteckt in einer anderen Frage wieder auf: *„Durch welche Maßnahmen wird die Verteilung zielgruppenbezogen sichergestellt?“*. Warum ist diese Frage so wichtig?

Beispiel für die Unterschiedlichkeit von Informationsverteilung und Informationsvervielfältigung

Ein Beispiel dazu: Es wird in einem Land mit mehreren Sprachgemeinschaften per Prospekt ein Produkt beworben. Die Sprachgemeinschaften stehen zueinander im Dauerkonflikt, die Sprache ist nach innen Identitätsspender und nach außen Identifikationsmerkmal. Die Sprachgemeinschaften sind weitestgehend räumlich getrennt. Werden in solch einem Fall die produktpräsentierenden Dokumente wie Prospekte und Filme zielgruppenverkehrt verteilt, kann das für den Hersteller zu einem vertriebsrelevanten Problem werden.

Auch bei der Informationsverteilung ist der prüfende Rückgriff auf die Grundkonzeption fragetechnisch eingeplant. Er ist wie bei den anderen Bearbeitungsschritten notwendig, um eventuell neu getroffene Entscheidungen auf ihre Gültigkeit hin zu diskutieren oder gegebenenfalls zu verwerfen.

Tabelle: Informationsverteilung – Beauftragende Stelle und Marketing/ Vertrieb

Prüfen der Durchführung

Wie schon bei der Informationsvervielfältigung, so gilt auch hier: Beide Zielgruppen sind häufig als identisch zu betrachten. Sind es tatsächlich unterschiedliche Abteilungen, sind möglichst an beide die Fragen in gleicher Weise zu stellen.

Beide Zielgruppen sind bezüglich der Informationsverteilung häufig hauptverantwortlich. Nachdem im vorhergehenden Bearbeitungsschritt die Mengen festgelegt und gebildet worden sind, geht es jetzt darum, die Verteilung in ihrer Durchführung zu prüfen und sicherzustellen. Um dies möglich zu machen, bedarf es bestimmter Maßnahmen zur zielgruppenbezogenen Erfassung, zur zielgruppenbezogenen Prüfung und zur zielgruppenbezogenen Sicherstellung. Darüber hinaus muss die Verantwortlichkeit geklärt und es muss bestimmt sein, wer die Verteilung durchführt. Letztlich muss noch die Terminierung der Verteilung festgelegt sein.

Die erfragten Informationen beziehen sich zunächst auf die aktuellen Soll-Werte. Was noch fehlt, ist die Gegenüberstellung der aktuellen Ist-Lage und der aktuellen Soll-Werte mit der Grundkonzeption. Wieder ist es so, dass durch dieses Verfahren Vorurteile bzw. Wunschdenken offengelegt sowie zwingende und vermeintliche Gründe für Veränderungen erkannt werden können.

Tab. 3-20: *Fragen an die Beauftragende Stelle sowie Marketing/Vertrieb zur Informationsverteilung für ein produktpräsentierendes Dokument*

Informationsverteilung

Fragen — Technischer Autor

Antworten — Beauftragende Stelle und Marketing/Vertrieb

Produktpräsentierendes Dokument

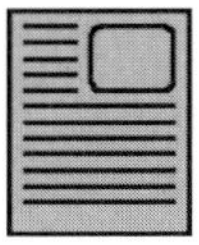
Prospekt

Film

Animation

Durch welche Maßnahmen wird die Verteilung zielgruppenbezogen erfasst?

Durch welche Maßnahmen wird die Verteilung zielgruppenbezogen geprüft?

Durch welche Maßnahmen wird die Verteilung zielgruppenbezogen sichergestellt?

Wer ist für die zielgruppenbezogene Verteilung verantwortlich?

In welchem Zeitraum wird die zielgruppenbezogene Verteilung durchgeführt?

Wer führt die zielgruppenbezogene Verteilung durch?

In welcher Weise entsprechen welche Maßnahmen zur Erfassung, Prüfung und Sicherstellung der zielgruppenbezogenen Verteilung nicht der Grundkonzeption?

In welcher Weise entspricht die Verantwortlichkeit für die zielgruppenbezogene Verteilung nicht der Grundkonzeption?

In welcher Weise entspricht der Zeitraum für die zielgruppenbezogene Verteilung nicht der Grundkonzeption?

In welcher Weise entspricht die Zuweisung für die Durchführung der zielgruppenbezogenen Verteilung nicht der Grundkonzeption?

Tabelle: Informationsverteilung – Entwicklung/Konstruktion und Service/ Kundendienst sowie Bild- und Textlieferanten

Im Allgemeinen kein Informationsbedarf

Diese Zielgruppen sind im Allgemeinen nicht in die Informationsverteilung des Dokumentes als Ganzes eingebunden.

Tab. 3-21: *Fragen an die Entwicklung/Konstruktion und den Service/Kundendienst sowie die Bild- und Textlieferanten zur Informationsverteilung für ein produktpräsentierendes Dokument*

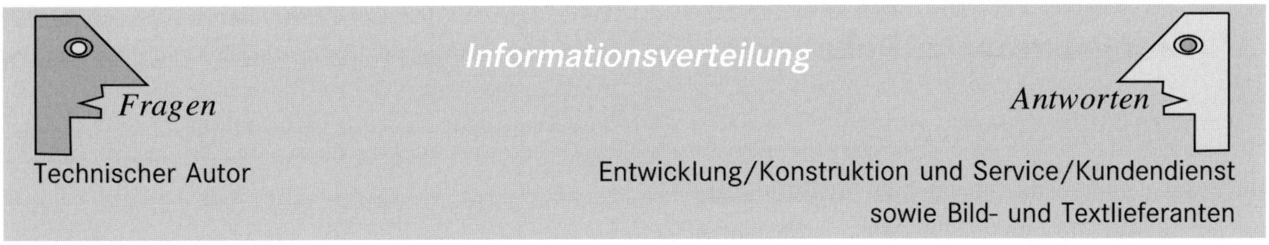

Produktpräsentierendes Dokument

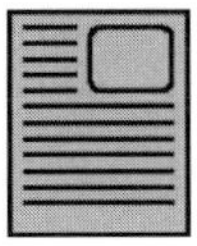

Prospekt

Film

Animation

Im Allgemeinen sind diese Zielgruppen nicht in die Informationsverteilung eingebunden.

3.4 Kommentare zu den Fragetabellen für produktverwendungsbezogene Dokumente

3.4.1 Tabellengestaltung

Die Fragen sind auf die allgemeinen Fälle einer Bedienungsanleitung für einen elektrischen Allesschneider und für eine Betriebsanleitung einer Produktionsanlage bezogen.

3

Das eine technische Produkt steht für einen technischen Massenartikel für private Verwender und das andere für ein sich in erwartbar ständiger Wandlung begriffenes Einzelprodukt für gewerbliche Verwender.

Der obere Tabellenkopf entspricht in der Gestaltung dem der Tabellen für produktpräsentierende Dokumente.

Wo sich mehrere Zielgruppen zusammenfassen lassen, wird dies entsprechend angegeben.

Anders im oberen Tabellenkopf ist der Zusatz *produktbezogene Informationen* bzw. *verwenderbezogene Informationen* unterhalb der Angabe des Bearbeitungsschrittes.

Dieser Zusatz ist erforderlich, um die entsprechenden Fragen klar voneinander zu trennen. In der praktischen Anwendung ist dies hilfreich, da beiderlei Informationen im Allgemeinen zu unterschiedlichen Zeiten und von unterschiedlichen Informationsquellen innerhalb der Zielgruppen erfragt werden können.

Der untere Tabellenkopf ist ähnlich. Entsprechend der Gegenüberstellung der beiden Dokumentarten zu den beiden unterschiedlichen technischen Produkten ist der untere Tabellenkopf zweispaltig.

In der linken Spalte befinden sich ein Piktogramm zu einem Allesschneider mit seiner Benennung und *Bedienungsanleitung* als Benennung des produktverwendungsbezogenen Dokuments.

In der rechten Spalte befinden sich analog die entsprechenden Informationen für die Produktionsanlage.

Die Fragen sind dann auf zwei Spalten aufgeteilt, wenn sie sich zu einer Themenstellung unterscheiden. Sind sie sowohl für die Bedienungsanleitung des Allesschneiders wie für die Betriebsanleitung der Produktionsanlage verwendbar, sind sie in einer Spalte zusammengefasst.

3.4.2 Thema Informationsbeschaffung

Die Informationsbeschaffung kann man allgemein nach klar definierten Themenstellungen organisieren und durchführen. Dies gilt für produktbezogene Informationen ebenso wie für verwenderbezogene Informationen.

Produktbezogene Informationen

Für produktbezogene Informationen lassen sich zu folgenden Themen Fragen stellen bzw. sind Informationen zu beschaffen:

- zu Organisation und Administration
- zur Verfügbarkeit von Mustern und Vorlagen
- zu technischen Produktunterlagen
- zu neuralgischen Punkten.

Das Thema *Organisation und Administration* umfasst alle auftragsbestimmenden Sachverhalte. Das heißt, es geht um Themen des Auftragsumfangs, der Terminierungen, der Auftragsabwicklung, der Kommunikation mit externen Zielgruppen usw.

Das Thema *Verfügbarkeit von Mustern und Vorlagen* ist für den Technischen Autor in mindestens zweifacher Weise bedeutsam: Zum einen sind Muster und Vorlagen oft unabdingbare Hilfsmittel. Zum anderen kann und muss sich gegebenenfalls der Technische Autor darauf berufen, dass er ein falsches oder ungeeignetes Muster- oder Vorlagenexemplar zur Verfügung gestellt bekommen hat. Dies ist vor allem bei Meinungsverschiedenheiten bezüglich der Richtigkeit seiner Aussagen oder der Nichteinhaltung von Terminen wichtig.

Das Thema *technische Produktunterlagen* ist ein selbstverständliches Muss für den Technischen Autor. Schließlich sind sie der Rohstoff für seine Arbeit.

Der Themenbereich *neuralgische Punkte* ist nicht gerade beliebt bei den Zielgruppen, aber für den Technischen Autor und den Verwender umso wichtiger. Nach meiner Erfahrung erhält man hierzu von der Technik noch relativ bereitwillig Auskunft, da es meist die „Druckstellen“ auf den Herzen der Techniker sind, sozusagen die „zweitbesten Lösungen“.

Verwenderbezogene Informationen

Für verwenderbezogene Informationen lassen sich zu folgenden anderen Themen Fragen stellen bzw. sind Informationen zu beschaffen:

- zur Qualifikation
- zum erwartbaren Verwendungsumfeld
- zu erwartbaren Handlungsstrategien.

Der Themenbereich *Qualifikation* ist gerade bei den gewählten beiden technischen Produkten besonders bedeutsam.
Die im Kapitel Kommunikationsbeziehungen beschriebenen Beispiele zeigen anschaulich, welche Unterschiede zwischen Selbsteinschätzungen der Verwender und objektiven Qualifikationsmerkmalen bestehen können.
Der Technische Autor benötigt ein relativ ausführliches erwartbares Qualifikationsprofil vom Verwender, da er seine Informationen entsprechend auswählen und gestalten soll.
Der Themenbereich *Verwendungsumfeld* ist in gleicher Weise wichtig wie die Qualifikation – sowohl beim Allesschneider wie bei der Produktionsanlage. Auch hierzu empfiehlt sich ein Blick in das Kapitel Kommunikationsbeziehungen.
Der Themenbereich *erwartbare Handlungsstrategien* hängt mit den beiden vorgenannten zusammen bzw. ist eine Folgebetrachtung zu den ersten beiden Themenbereichen.

3

Tabelle: Informationsbeschaffung – Beauftragende Stelle: produktbezogene Informationen

Bedienungsanleitung für den Allesschneider

Ziel der Fragen ist, dass man die wichtigsten Daten zur Auftragsabwicklung und zum Produkt erhält. Daraus ergeben sich auch die Unterthemen für die Informationsgewinnung.

Zur Auftragsabwicklung gehören die Fertigstellungstermine sowie die Art des Inverkehrbringens des Produktes.

Da es sich hier um ein Massenprodukt handelt, also mit hohen Stückzahlen und einer Verteilung des Produkts über Händlernetze zu rechnen ist, sollte diese Information schon zu Beginn erfragt werden, da sie unmittelbare Auswirkungen auf den Umfang der Bearbeitung des Dokuments und damit auch Auswirkungen auf die betroffenen Bearbeitungsschritte haben dürfte.

Im Allgemeinen existieren bei Massenprodukten Muster und Vorlagen. Es geht nun darum, über die Verfügbarkeit informiert zu werden. Dies beschleunigt in der Regel die Auftragsdurchführung.

Die technischen Produktunterlagen sind notwendige Basisinformationen. Es ist nicht erwartbar, dass in diesem Beispielfall unbearbeitet Informationen übernommen werden, aber als Informationsquelle benötigt man sie. So werden daraus Benennungen und technische Daten und Werte entnommen.

Gerade bei Massenprodukten laufen vielerlei Reklamationen beim Hersteller ein. Sie kommen direkt von Verwendern oder von Händlern. Diese Informationen sind für den Technischen Autor wichtig, damit er ein angemessenes Kommunikationskonzept als Vorlage für die Anleitung erstellen kann. Auch hier geht es um die Verfügbarkeit dieser Informationen.

Betriebsanleitung für die Produktionsanlage

Anders als beim Massenprodukt Allesschneider muss hier nach der Verteilung der Betriebsanleitung gefragt werden.

Das Produkt ist ein Unikat, an dem vielerlei Verwender mit unterschiedlichen Aufgaben und Kompetenzen zu unterschiedlichen Zeiten und Bedingungen tätig sind. Zusätzlich verlangen Gesetze und Verordnungen die Übergabe der Betriebsanleitung nach Umfang und Form an definierte Zielgruppen.

Ziel der Fragen ist, dass man die wichtigsten Daten zur Auftragsabwicklung und zum Produkt erhält. Daraus ergeben sich auch die Unterthemen für die Informationsgewinnung. Das macht den Unterschied zum Unterthema Organisation und Administration zwischen Allesschneider und Produktionsanlage aus.

Bei der Verfügbarkeit von Mustern und Vorlagen besteht der Unterschied in der Art der Vorlagen.

Auch hier macht das Produkt den Unterschied. Eine Betriebsanleitung zu einer Produktionsanlage besteht aus vielen Einzeldokumentationen, die wiederum in viele und vielerlei Einzeldokumente geteilt werden können.

Entscheidend für die Betriebstauglichkeit der Betriebsanleitung ist die Gliederungssystematik. Hierzu gibt es Normen und gegebenenfalls betriebliche Vereinbarungen mit öffentlichen Stellen.

Ziel der Fragen ist, diese Möglichkeiten zu erfahren und die Verfügbarkeit festzulegen.

Die technischen Produktunterlagen sind, anders als beim Allesschneider, Bestandteil der Betriebsanleitung. Sie sind gleichzeitig elementares Informationsmaterial zum Kennenlernen des Produkts.

Neuralgische Punkte sind hier meistens Änderungsbestimmungen von öffentlicher oder quasi öffentlicher Seite, wie es Benannte Stellen sind.

Diese Unterlagen werden betreiberseitig meistens nicht als bedeutend für die Erstellung der Betriebsanleitung gesehen. Sie sind aber für den Technischen Autor unerlässlich, da diese Anforderungen unmittelbar den Inhalt von Daten und Werten sowie von Hinweisen und Anweisungen bestimmen.

Tab. 3-22: *Fragen an die Beauftragende Stelle zur Informationsbeschaffung von produktbezogenen Informationen für die Bedienungsanleitung eines Allesschneiders und die Betriebsanleitung einer Produktionsanlage*

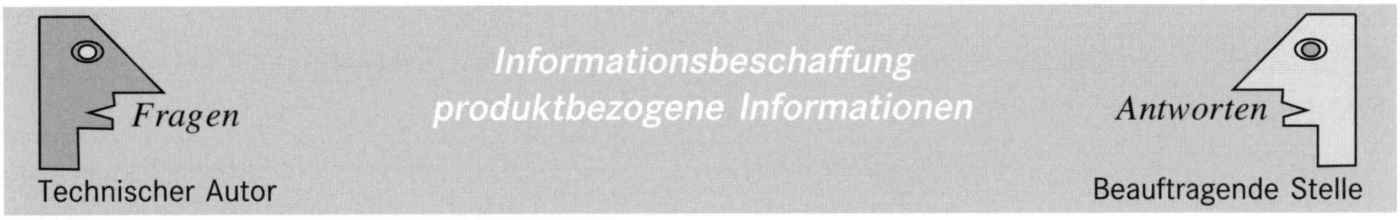

Bedienungsanleitung

Allesschneider

Fragen zu Organisation und Administration:

Wann muss die Bedienungsanleitung zur Verfügung stehen?

Wann sollte der Rohentwurf fertig sein?

In welcher Weise wird das Produkt in Verkehr gebracht?

In welcher Weise wird die Bedienungsanleitung in Verkehr gebracht?

Auf welche Weise wird die Bedienungsanleitung vervielfältigt?

Fragen zur Verfügbarkeit von Mustern und Vorlagen:

Ab wann kann ich über ein Musterprodukt verfügen?

Welches Vorgängermodell kann ich als vorläufiges Produktmuster verwenden?

Ab wann kann ich über das Vorgängermodell verfügen?

Betriebsanleitung

Produktionsanlage

Fragen zu Organisation und Administration:

Wann muss die Betriebsanleitung zur Verfügung stehen?

Wann sollte der Rohentwurf fertig sein?

In welcher Weise wird das Produkt in Verkehr gebracht?

In welcher Weise wird die Betriebsanleitung in Verkehr gebracht?

Auf welche Weise wird die Betriebsanleitung vervielfältigt?

An wen soll die Betriebsanleitung ausgehändigt werden?

Welche Teile der Betriebsanleitung sollen getrennt verwendbar sein?

Welche Teile der Betriebsanleitung müssen getrennt verwendbar sein?

In welcher Form soll die Betriebsanleitung an wen ausgehändigt werden?

In welcher Form muss die Betriebsanleitung an wen ausgehändigt werden?

Welche Teile der Betriebsanleitung werden als Informationsquelle in welchem Dokument weiterverwendet?

Welche Teile der Betriebsanleitung werden als Informationsquelle in welchem Dokument weiterverarbeitet?

Fragen zur Verfügbarkeit von Mustern und Vorlagen:

Nach welcher Gliederungssystematik ist der Aufbauplan gegliedert?

Welche Norm wurde der Gliederungssystematik des Aufbauplans zugrunde gelegt?

3

Informationsbeschaffung – Beauftragende Stelle: produktbezogene Informationen

Bedienungsanleitung Allesschneider

Welche Unterlagen eines Vorgängermodells kann ich verwenden?

Ab wann kann ich über die Unterlagen des Vorgängermodells verfügen?

Welche produktpräsentierenden Dokumente (z. B. Prospekte, Katalogeinträge, Flyer, Videos, Muster) gibt es zu dem Produkt?

Ab wann kann ich über die produktpräsentierenden Dokumente verfügen?

Betriebsanleitung Produktionsanlage

Nach welcher Gliederungssystematik ist die Geräteanordnung gegliedert?

Welche Norm wurde der Gliederungssystematik der Geräteanordnung zugrunde gelegt?

Nach welcher Gliederungssystematik ist der Verfahrensverlauf/die Prozesskette gegliedert?

Welche Norm wurde der Gliederungssystematik des Verfahrensverlaufs/der Prozesskette zugrunde gelegt?

Nach welcher Gliederungssystematik ist die Stückliste gegliedert?

Welche Norm wurde der Gliederungssystematik der Stückliste zugrunde gelegt?

Welche Gliederungssystematik für die Dokumentation der Gesamtanlage wird von welcher öffentlichen Einrichtung gefordert?

Welche Gliederungssystematik für die Dokumentation der Gesamtanlage wird von welcher notifizierten Stelle gefordert?

Welche Gliederungssystematik für die Dokumentation der Gesamtanlage wird von welchem Auftraggeber/Kunden gefordert?

Ab wann kann ich über die Gliederungssystematik des Aufbauplans verfügen?

Ab wann kann ich über die Gliederungssystematik der Geräteanordnung verfügen?

Ab wann kann ich über die Gliederungssystematik des Verfahrensverlaufs/der Prozesskette verfügen?

Ab wann kann ich über die Gliederungssystematik der Stückliste verfügen?

Ab wann kann ich über die von der öffentlichen Einrichtung geforderten Gliederungssystematik für die Dokumentation der Gesamtanlage verfügen?

Ab wann kann ich über die von der notifizierten Stelle geforderten Gliederungssystematik für die Dokumentation der Gesamtanlage verfügen?

Ab wann kann ich über die von dem Auftraggeber/Kunden geforderten Gliederungssystematik für die Dokumentation der Gesamtanlage verfügen?

Informationsbeschaffung – Beauftragende Stelle: produktbezogene Informationen

Bedienungsanleitung Allesschneider

Fragen zu technischen Produktunterlagen:

Welche technischen Aufzeichnungen gibt es zum Gesamtprodukt?

Ab wann kann ich über die technischen Aufzeichnungen zum Gesamtprodukt verfügen?

Welche technischen Aufzeichnungen gibt es zu den für den Verwender wahrnehmbaren Einzelbauteilen?

Ab wann kann ich über die von dem Verwender wahrnehmbaren Einzelbauteile verfügen?

Fragen zu neuralgischen Punkten:

Welche Unterlagen zu Reklamationen über das Vorgängermodell gibt es?

Ab wann kann ich über die Unterlagen zu Reklamationen über das Vorgängermodell verfügen?

Welche Unterlagen zu Reklamationen über ein baugleiches/bauähnliches Modell gibt es?

Ab wann kann ich über die Unterlagen zu Reklamationen über ein baugleiches/bauähnliches Modell verfügen?

Betriebsanleitung Produktionsanlage

Fragen zu technischen Produktunterlagen:

Welche technischen Aufzeichnungen gibt es zur Gesamtanlage?

Ab wann kann ich über die technischen Aufzeichnungen zur Gesamtanlage verfügen?

Welche technischen Aufzeichnungen gibt es zu Anlageteilen?

Ab wann kann ich über die technischen Aufzeichnungen zu den Anlageteilen verfügen?

Welche technischen Aufzeichnungen gibt es zu Teilanlagen?

Ab wann kann ich über die technischen Aufzeichnungen zu den Teilanlagen verfügen?

Fragen zu neuralgischen Punkten:

Welche Unterlagen gibt es zu Änderungsbestimmungen aus Sicherheitsgründen, die von öffentlichen Einrichtungen gefordert werden?

Ab wann kann ich über die Unterlagen zu diesen Änderungsbestimmungen verfügen?

Welche Unterlagen gibt es zu Sicherheitsbestimmungen bezüglich der Gesamtanlage, die von öffentlichen Einrichtungen gefordert werden?

Ab wann kann ich über die Unterlagen zu diesen Sicherheitsbestimmungen bezüglich der Gesamtanlage verfügen?

Welche Unterlagen gibt es zu Sicherheitsbestimmungen bezüglich der Arbeitsplätze der Gesamtanlage, die von öffentlichen Einrichtungen gefordert werden?

Ab wann kann ich über die Unterlagen zu diesen Sicherheitsbestimmungen bezüglich der Arbeitsplätze der Gesamtanlage verfügen?

Welche Unterlagen gibt es zu Sicherheitsbestimmungen bezüglich der Unterrichtung der Öffentlichkeit bei Schäden der Gesamtanlage, die von öffentlichen Einrichtungen gefordert werden?

Ab wann kann ich über die Unterlagen zu diesen Sicherheitsbestimmungen bezüglich der Unterrichtung der Öffentlichkeit bei Schäden der Gesamtanlage verfügen?

Tabelle: Informationsbeschaffung – Beauftragende Stelle: verwenderbezogene Informationen

Bedienungsanleitung für den Allesschneider

Ziel der Fragen ist es, Informationen zur Qualifikation der Verwender, zum Einsatzort des Allesschneiders und zu der erwartbaren Handhabung des Allesschneiders durch den Verwender zu erfahren. Dazu ist zum Beispiel das erwartbare Vorwissen der Verbraucher wichtig.
Bei stark gestreuter Verwendergruppe ist hier eine differenzierte Informationsbeschaffung sinnvoll. Das gilt wohl nicht beim Allesschneider.
Bei einem anderen Massenprodukt kann das aber sinnvoll sein. Denken Sie an den Heimwerkerbereich oder die Unterhaltungsgerätebranche.

Betriebsanleitung für die Produktionsanlage

Bei der Produktionsanlage ist eine differenzierte Betrachtung zu Verwenderqualifikationen, Verwendungsumfeld und erwartbaren Handlungsstrategien unabdingbar.
Diese Informationen müssen als Inhalte in die Betriebsanleitung angemessen integriert werden.
So hat die Bestimmung von Qualifikationen unmittelbaren Einfluss auf die Gliederung der Betriebsanleitung, wenn zum Beispiel getrennt werden muss zwischen Anleitungsbereichen für Bediener, Einsteller, Wartungs- und Reparaturpersonal sowie Fachpersonal zur Fehlerbeseitigung und für Störfälle.
Das Verwenderumfeld wird dann bedeutungsvoll, wenn festgestellt werden muss, dass sich an Arbeitsplätzen erwartbar Unbefugte aufhalten. Die Fragen sollen gefährdungsrelevante Faktoren aufdecken.
Die Handlungsinteressen der Verwender zu kennen ist wichtig, um Gefährdungspotenziale besser erkennen und Gegenmaßnahmen wirkungsvoller gestalten zu können. Die Fragen differenzieren hier nach Lebensphasen des Produkts, um auf diese Weise schnell die Gefährdungspotenziale funktional und lokal zuordnen zu können.

Tab. 3-23: *Fragen an die Beauftragende Stelle zur Informationsbeschaffung von verwenderbezogenen Informationen für die Bedienungsanleitung eines Allesschneiders und die Betriebsanleitung einer Produktionsanlage*

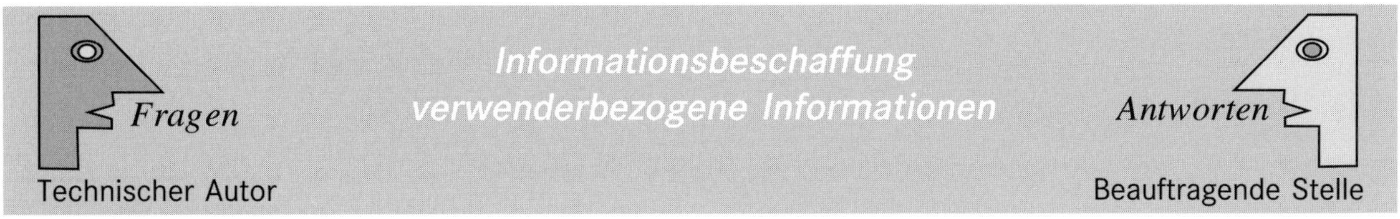

Bedienungsanleitung

Allesschneider

Fragen zur Qualifikation:

Welcher Altersgruppe gehören die bestimmungsgemäßen Verwender an?

Welcher Gesellschaftsgruppe gehören die bestimmungsgemäßen Verwender an?

Welcher Berufsgruppe gehören die bestimmungsgemäßen Verwender an?

Betriebsanleitung

Produktionsanlage

Fragen zur Qualifikation:

Welche Qualifikation wird an welchem Arbeitsplatz der Gesamtanlage zum Inbetriebsetzen der Maschine bestimmungsgemäß gefordert?

Welche Qualifikation wird an welchem Arbeitsplatz der Gesamtanlage zum Bedienen der Maschine bestimmungsgemäß gefordert?

Welche Qualifikation wird an welchem Arbeitsplatz der Gesamtanlage zum Einstellen der Maschine bestimmungsgemäß gefordert?

Welche Qualifikation wird an welchem Arbeitsplatz der Gesamtanlage zum Umrüsten der Maschine bestimmungsgemäß gefordert?

Welche Qualifikation wird an welchem Arbeitsplatz der Gesamtanlage zur Fehlersuche der Maschine bestimmungsgemäß gefordert?

Welche Qualifikation wird an welchem Arbeitsplatz der Gesamtanlage zum Warten der Maschine bestimmungsgemäß gefordert?

Welche Qualifikation wird an welchem Arbeitsplatz der Gesamtanlage zum Reparieren der Maschine bestimmungsgemäß gefordert?

Welche Qualifikation wird an welchem Arbeitsplatz der Gesamtanlage zum Abbau der Maschine bestimmungsgemäß gefordert?

Welche Qualifikation wird an welchem Arbeitsplatz der Gesamtanlage zum Entsorgen der Maschine bestimmungsgemäß gefordert?

Informationsbeschaffung – Beauftragende Stelle: verwenderbezogene Informationen

Bedienungsanleitung Allesschneider

Fragen zum erwartbaren Verwendungsumfeld:

In welchen Lebensbereichen (z. B. privat oder geschäftlich) wird erwartbar/bestimmungsgemäß das Produkt verwendet?

In welchem Lebensumfeld (z. B. Küche, Campingplatz, Garten) wird erwartbar/bestimmungsgemäß das Produkt verwendet?

Fragen zu erwartbaren Handlungsstrategien:

Welches Produktverwendungsinteresse hat der Verwender?

Welche Produktverwendungserwartungen hat der Verwender?

Welche Produktverwendungserfahrung hat der Verwender?

Welche Produktverwendungsmöglichkeiten hat der Verwender?

Welche Produktverwendungsinformationen hat der Verwender?

Betriebsanleitung Produktionsanlage

Welche Maßnahmen sind zur Prüfung der erforderlichen Qualifikationen festgelegt?

Welche Unterlagen zur Qualifikationszuordnung gibt es?

Ab wann kann ich über die Unterlagen zur Qualifikationszuordnung verfügen?

Welche Unterlagen zur Qualifikationsprüfung gibt es?

Ab wann kann ich über die Unterlagen zur Qualifikationsprüfung verfügen?

Fragen zum erwartbaren Verwendungsumfeld:

An welchen Arbeitsplätzen halten sich erwartbar Unbefugte (z. B. Mitarbeiter anderer Tätigkeitsbereiche/Besucher) auf?

An welchen Arbeitsplätzen treten erwartbar kommunikationsstörende Signale auf (z. B. Geräusche, Licht, Temperatur, Dämpfe)?

An welchen Arbeitsplätzen treten erwartbar stressfördernde Signale auf (z. B. gleichmäßig bzw. ungleichmäßig pulsierende Geräusch-, Licht-, Temperatur-, Dampfemissionen)?

An welchen Arbeitsplätzen treten erwartbar ermüdende Situationen auf (z. B. ständiges Beobachten von gleichmäßigen Verfahrensabläufen)?

Fragen zu erwartbaren Handlungsstrategien:

Welches Produktverwendungsinteresse haben die Inbetriebsetzer an welchen Arbeitsplätzen?

Welches Produktverwendungsinteresse haben die Bediener an welchen Arbeitsplätzen?

Welches Produktverwendungsinteresse haben die Einsteller an welchen Arbeitsplätzen?

Welches Produktverwendungsinteresse haben die Umrüster an welchen Arbeitsplätzen?

Welches Produktverwendungsinteresse haben die Fehlersucher an welchen Arbeitsplätzen?

3

Informationsbeschaffung – Beauftragende Stelle: verwenderbezogene Informationen

Bedienungsanleitung Allesschneider

Betriebsanleitung Produktionsanlage

Welches Produktverwendungsinteresse haben die Wartungsfachkräfte an welchen Arbeitsplätzen?

Welches Produktverwendungsinteresse haben die Reparaturfachkräfte an welchen Arbeitsplätzen?

Welches Produktverwendungsinteresse haben die Abbaufachkräfte an welchen Arbeitsplätzen?

Welches Produktverwendungsinteresse haben die Entsorgungsfachkräfte an welchen Arbeitsplätzen?

Tabelle: Informationsbeschaffung – Entwicklung/Konstruktion: produktbezogene Informationen

Bedienungsanleitung für den Allesschneider

Bei dieser Zielgruppe ist es wichtig, die Verantwortlichen und informationsliefernden Stellen innerhalb der Zielgruppe zu kennen. Auch die technische Einweisung erfolgt durch diese Zielgruppe.
Muster und technische Unterlagen müssen von dieser Zielgruppe bezogen werden, da später auch bei ihr die Verantwortung für die Richtigkeit und Vollständigkeit der Technikinhalte liegt. Darauf ist zu achten.
Zu den neuralgischen Punkten für die Entwicklung/Konstruktion gehören konstruktive Problembereiche. In diesem Zusammenhang ist es auch wichtig, etwas über die erwartbare Änderungshäufigkeit zu erfahren. Gegebenenfalls hat das Auswirkungen auf den Aufbau der Bedienungsanleitung bzw. auf die Informationserfassung.

Betriebsanleitung für die Produktionsanlage

Ähnlich wie beim Allesschneider geht es um die Ermittlung der Verantwortlichen im Technikbereich. Bedingt durch das technische Produkt sind auch Verantwortliche und Kontaktstellen zur Qualitätssicherung, zum Qualitätsmanagement und zu öffentlichen Einrichtungen bzw. im öffentlichen Auftrag wirkenden Prüfstellen zu erfragen.
Muster gibt es meistens nicht, aber eine Einweisung muss eingeplant werden. Dies deshalb, um gegebenenfalls Unterschiede zwischen schriftlichen Informationen und praktischen Möglichkeiten zu erfahren.
Technische Unterlagen werden bei dieser Zielgruppe geschaffen, korrigiert, gesammelt und verantwortet. Entsprechend sind Fragen an die Verfügbarkeit dieser Unterlagen an die Zielgruppe zu richten.
Neuralgische Punkte sind hier nicht nur konstruktive Problembereiche, sondern auch informelle und kommunikative Störfaktoren, soweit sie technisch bedingt sind. Diese neuralgischen Punkte ergeben sich gegebenenfalls erst im Laufe der Zeit und so wird erwartbar erst später mit Änderungen zu rechnen sein.
Diese Änderungen können aber größere bauliche Maßnahmen erfordern, die wiederum unmittelbaren Einfluss auf die Betriebsanleitung nehmen.
Es ist also ratsam, hier bereits Informationen zu sammeln, um zum Beispiel bei der Gliederung und Kennzeichnung der Einzeldokumente diese Aspekte berücksichtigen zu können.

Tab. 3-24: *Fragen an die Entwicklung/Konstruktion zur Informationsbeschaffung von produktbezogenen Informationen für die Bedienungsanleitung eines Allesschneiders und die Betriebsanleitung einer Produktionsanlage*

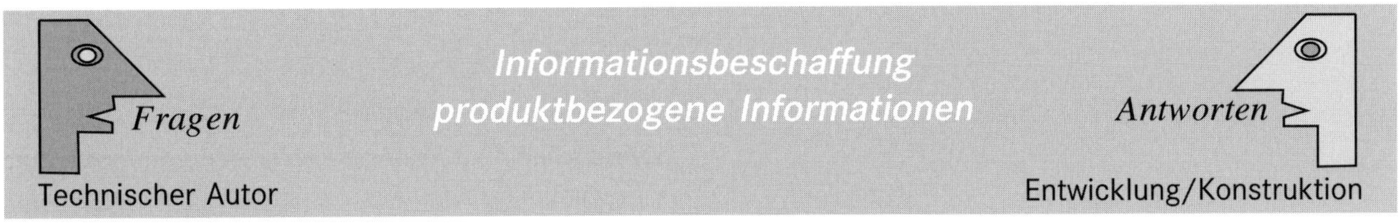

Bedienungsanleitung	Betriebsanleitung
 **Allesschneider**	 **Produktionsanlage**
Fragen zu Organisation und Administration:	***Fragen zu Organisation und Administration:***
Wer ist für welchen Technikbereich verantwortlich? Wer liest den Korrekturentwurf und gibt ihn zur Fertigstellung frei? Wer liefert technische Daten und technische Unterlagen? Wer stellt das Musterprodukt zur Verfügung? Wer weist in das bestimmungsgemäße Verwenden des Produktes ein?	Wer ist für welchen Technikbereich verantwortlich? Wer liest den Korrekturentwurf und gibt ihn zur Fertigstellung frei? Wer liefert technische Daten und technische Unterlagen? Wer liefert die technikrelevanten Anforderungen der öffentlichen Einrichtungen? Wer liefert die technikrelevanten Anforderungen der notifizierten Stelle? Wer liefert die technikrelevanten Anforderungen der Auftraggeber/Kunden? Wer liefert die technikrelevanten innerbetrieblichen Anforderungen der Qualitätssicherung/des Qualitätsmanagements? Wer weist in das bestimmungsgemäße Verwenden der Gesamtanlage ein?
Fragen zur Verfügbarkeit von Mustern und Vorlagen:	***Fragen zur Verfügbarkeit von Mustern und Vorlagen:***
Wann und für welchen Zeitraum steht ein Musterprodukt zur Verfügung? Wann kann die Einweisung in die bestimmungsgemäße Verwendung des Produktes erfolgen?	Wann kann die Einweisung in die bestimmungsgemäße Verwendung des Produktes erfolgen?
Fragen zu technischen Produktunterlagen:	***Fragen zu technischen Produktunterlagen:***
Wann stehen die technischen Daten und technischen Unterlagen zur Verfügung?	Wann stehen die technischen Daten und technischen Unterlagen zur Verfügung? Wann stehen die technikrelevanten Anforderungen der öffentlichen Einrichtungen zur Verfügung?

3

3

Informationsbeschaffung – Entwicklung/Konstruktionsproduktbezogene Informationen

Bedienungsanleitung Allesschneider

Fragen zu neuralgischen Punkten:

Welche konstruktiven Problembereiche gibt es an dem Produkt?

Wie wirken sich die Problembereiche auf die Verwendung aus?

In welchem Bereich ist mit häufigeren Änderungen zu rechnen?

In welcher Weise wirken sich erwartbar die Änderungen auf die Gestaltung und Bedienung der Folgeprodukte aus?

Betriebsanleitung Produktionsanlage

Wann stehen die technikrelevanten Anforderungen der notifizierten Stelle zur Verfügung?

Wann stehen die technikrelevanten Anforderungen der Auftraggeber/Kunden zur Verfügung?

Wann stehen die innerbetrieblichen Anforderungen der Qualitätssicherung/des Qualitätsmanagements zur Verfügung?

Fragen zu neuralgischen Punkten:

Welche konstruktiven Problembereiche gibt es an der Gesamtanlage?

Wie wirken sich die konstruktiven Problembereiche auf die Verwendung aus?

Wie wirken sich die konstruktiven Problembereiche auf das Bedienpersonal wann wie aus?

Welche informellen/kommunikativen Problembereiche gibt es an der Gesamtanlage?

Wie wirken sich die informellen/kommunikativen Problembereiche auf die Verwendung aus?

Wie wirken sich die informellen/kommunikativen Problembereiche auf das Bedienpersonal wann wie aus?

In welchem Bereich der Gesamtanlage ist mit häufigeren Änderungen zu rechnen?

In welcher Weise wirken sich erwartbar die Änderungen auf die Verwendung und Bedienung der Gesamtanlage aus?

Tabelle: Informationsbeschaffung – Entwicklung/Konstruktion: verwenderbezogene Informationen

Bedienungsanleitung für den Allesschneider

Die Fragen sind sehr konkret gehalten und auf den Allesschneider abgestimmt. Bei einem anderen Gerät würden sie entsprechend seiner Verwendbarkeit und Funktion anders lauten.
Entscheidend ist der Grundgedanke. Die Technik bestimmt verantwortlich die bestimmungsgemäße Verwendung.

Der Technische Autor vertritt den unbedarften, ungeschickten, cleveren, erfinderischen und unkonventionellen Verbraucher – daraus ergeben sich die Fragen.

Betriebsanleitung für die Produktionsanlage

Produktbedingt lassen sich für dieses Thema die Fragen an die Zielgruppe „Beauftragende Stelle“ übernehmen.

Tab. 3-25: *Fragen an die Entwicklung/Konstruktion zur Informationsbeschaffung von verwenderbezogenen Informationen für die Bedienungsanleitung eines Allesschneiders und die Betriebsanleitung einer Produktionsanlage*

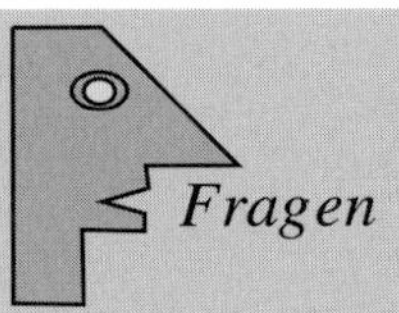

Informationsbeschaffung verwenderbezogene Informationen

Technischer Autor	Entwicklung/Konstruktion
Bedienungsanleitung	Betriebsanleitung
 **Allesschneider**	 **Produktionsanlage**
Fragen zur Qualifikation:	***Fragen zur Qualifikation:***
Wer darf was an dem Produkt niemals machen? Wer könnte was an dem Produkt machen, was er nicht darf? Wer wird an dem Produkt erwartbar was machen, das er nicht darf? Was muss der Verwender können, um das Produkt bestimmungsgemäß zu bedienen? Was muss der Verwender wissen, um das Produkt bestimmungsgemäß zu bedienen?	Im Allgemeinen sind es die gleichen Fragen wie bei Zielgruppe „Beauftragende Stelle“
Fragen zum erwartbaren Verwendungsumfeld:	***Fragen zum erwartbaren Verwendungsumfeld:***
Wie reagiert das Produkt beim Fall aus Tischhöhe? Wie reagiert das Produkt beim Spülen im Geschirrspüler? Wie reagiert das Produkt beim Trocknen im Herd?	Im Allgemeinen sind es die gleichen Fragen wie bei Zielgruppe „Beauftragende Stelle“
Fragen zu erwartbaren Handlungsstrategien:	***Fragen zu erwartbaren Handlungsstrategien:***
Wie könnte sich der Verwender bei beschädigtem Kabel helfen? Wie könnte sich der Verwender bei beschädigter Messerbefestigung helfen? Wie könnte sich der Verwender bei fehlender Messerabdeckung helfen? Wie könnte sich der Verwender bei schwergängiger Verstelleinrichtung helfen? Was könnte der Verwender gegen die Tastschaltung unternehmen?	Im Allgemeinen sind es die gleichen Fragen wie bei Zielgruppe „Beauftragende Stelle“

Tabelle: Informationsbeschaffung – Marketing/Vertrieb: produktbezogene Informationen

Bedienungsanleitung für den Allesschneider

Diese Zielgruppe bestimmt in der Regel bei einem Massenprodukt wie dem Allesschneider die Gestaltung der Betriebsanleitung. Deshalb sind die Fragen nach Format- und Layoutregeln sinnvoll.
Ferner verfügt diese Zielgruppe oft über verwertbares Bildmaterial bzw. bestimmt, wo es zu beziehen ist. Auch über die zielgruppenbezogene Verteilung bestimmt diese Abteilung. Das sind alles erforderliche Informationen für die Erstellung eines guten Arbeitsergebnisses.

Neuralgische Punkte sind widersprüchliche Informationen zwischen produktpräsentierenden Dokumenten, wie sie von dieser Zielgruppe verantwortet werden, und der Bedienungsanleitung bzw. Informationen aus Technik und Service/Kundendienst.
Wichtig ist auch, länderspezifische Unterschiede in der Präsentation zu erfahren, die sich gefährdungsrelevant auswirken könnten.

Betriebsanleitung für die Produktionsanlage

Die Zielgruppe spielt bei der Produktionsanlage möglicherweise durch geplante Öffentlichkeitsarbeit eine Rolle bei der Gestaltung und der Terminierung der Betriebsanleitung.
Sonst entfallen im Allgemeinen Fragen bei diesem Thema an diese Zielgruppe.

Tab. 3-26: *Fragen an Marketing/Vertrieb zur Informationsbeschaffung von produktbezogenen Informationen für die Bedienungsanleitung eines Allesschneiders und die Betriebsanleitung einer Produktionsanlage*

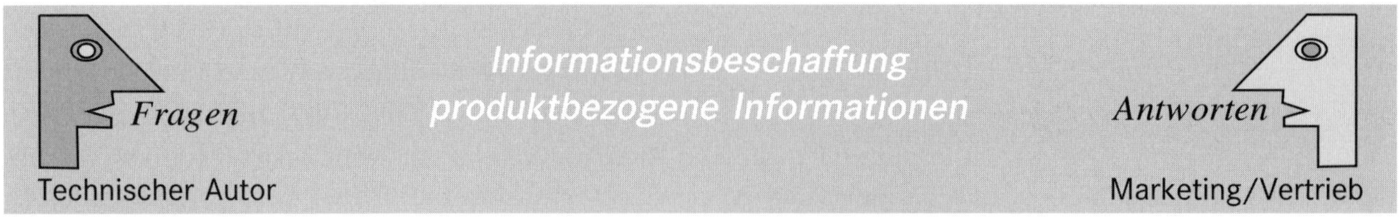

Bedienungsanleitung	Betriebsanleitung
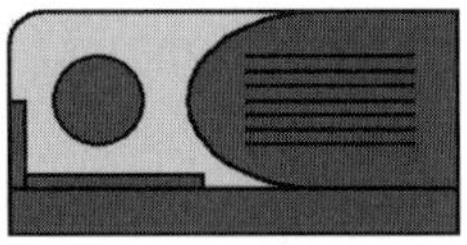 **Allesschneider**	 **Produktionsanlage**
Fragen zu Organisation und Administration:	***Fragen zu Organisation und Administration:***
Wer entscheidet über Formatvorgaben der Bedienungsanleitung? Wer entscheidet über Layoutvorgaben der Bedienungsanleitung? Wer legt die Service- und Kontaktdaten fest, die in der Bedienungsanleitung enthalten sein sollen? Wer legt die Sprachvarianten fest? Wer liefert vorhandenes Bildmaterial? Wer liefert vorhandene produktpräsentierende Dokumente? Wer legt fest, welche weiteren Dokumente dem Produkt beigelegt werden? Wer liest den Korrekturentwurf und gibt ihn zur Fertigstellung frei?	Wer ist für die Öffentlichkeitsarbeit bezogen auf die Gesamtanlage verantwortlich? Wann ist mit einer Führung durch die Gesamtanlage zu rechnen?
Fragen zur Verfügbarkeit von Mustern und Vorlagen:	***Fragen zur Verfügbarkeit von Mustern und Vorlagen:***
Wann und in welcher Form sind Formatvorgaben verfügbar? Wann und in welcher Form sind Layoutvorgaben verfügbar? Wann und in welcher Form sind Service- und Kontaktdaten verfügbar? Wann stehen die Sprachvarianten fest? Wann und in welcher Form ist vorhandenes Bildmaterial verfügbar? Wann und in welcher Form sind vorhandene produktpräsentierende Dokumente verfügbar? Wann und in welcher Form sind die weiteren Dokumente, die dem Produkt beigelegt werden, verfügbar?	Diese Fragen entfallen im Allgemeinen bei dieser Zielgruppe

Informationsbeschaffung – Marketing/Vertrieb: produktbezogene Informationen

Bedienungsanleitung Allesschneider

Fragen zu technischen Produktunterlagen:

Diese Fragen entfallen im Allgemeinen bei dieser Zielgruppe

Fragen zu neuralgischen Punkten:

Mit welchem Vorwissen über das Produkt und seine Verwendung wird der Verwender durch produktpräsentierende Dokumente (z. B. Prospekt, Messevorführung, Verkaufsvideo, Fernsehwerbung) ausgestattet?

Welche Unterschiede/Widersprüche gibt es zwischen den verkaufsfördernden Informationen und dem bestimmungsgemäßen Verhalten?

Welche länderspezifischen Unterschiede gibt es inhaltlich bei den produktpräsentierenden Dokumenten?

Wie wirken sich die länderspezifischen Unterschiede auf die Gestaltungsvorgaben der Bedienungsanleitung aus?

Betriebsanleitung Produktionsanlage

Fragen zu technischen Produktunterlagen:

Diese Fragen entfallen im Allgemeinen bei dieser Zielgruppe

Fragen zu neuralgischen Punkten:

Diese Fragen entfallen im Allgemeinen bei dieser Zielgruppe

3

Tabelle: Informationsbeschaffung – Marketing/Vertrieb: verwenderbezogene Informationen

Bedienungsanleitung für den Allesschneider

Da diese Zielgruppe in vielen Fällen mit Marktanalysen beauftragt wird und sehr regen Kontakt mit Händlern hat, sind dort erwartbar auch Informationen über das typische Verwenderverhalten zu bekommen.
Das Bewerben des Massenprodukts läuft häufig über das Präsentieren des Produktnutzens, also über die Demonstration am Produkt.

Diese Zielgruppe steuert bzw. kann das bestimmungsgemäße Verwenden des Produkts steuern. Sie kennt erfahrungsgemäß auch die Handlungsstrategien der Verwender und besitzt entsprechende Unterlagen.

Betriebsanleitung für die Produktionsanlage

Für die Betriebsanleitung der Produktionsanlage entfallen im Allgemeinen Fragen an diese Zielgruppe. Allerdings könnte es in Ausnahmefällen erforderlich sein, nach Fällen zu fragen, in denen unter die bestimmungsgemäße Verwendung auch die besondere Aufsichtspflicht gegenüber Besuchern fällt.

Tab. 3-27: *Fragen an Marketing/Vertrieb zur Informationsbeschaffung von verwenderbezogenen Informationen für die Bedienungsanleitung eines Allesschneiders und die Betriebsanleitung einer Produktionsanlage*

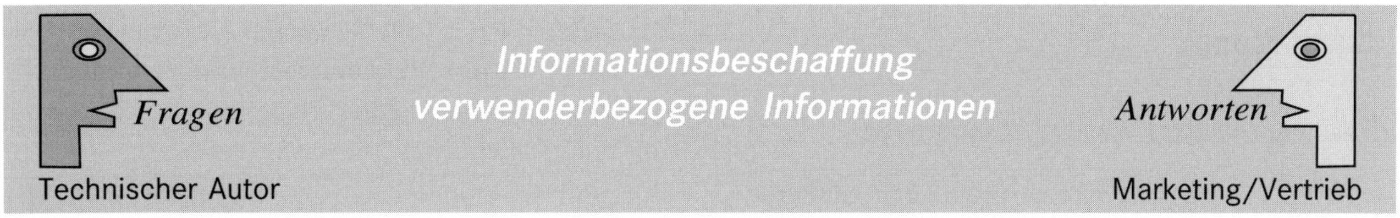

Bedienungsanleitung	Betriebsanleitung
 **Allesschneider**	 **Produktionsanlage**
Fragen zur Qualifikation:	***Fragen zur Qualifikation:***
Welche Qualifikationen werden bei welchen Zielgruppen vorausgesetzt? Welche Qualifikationen werden bei welchen Zielgruppen im Rahmen der Verkaufsförderung angesprochen? In welchen Unterlagen sind Angaben über Qualifikationen von Zielgruppen gesammelt/notiert? Wann sind diese Unterlagen mit Angaben über Qualifikationen von Zielgruppen verfügbar?	Diese Fragen entfallen im Allgemeinen bei dieser Zielgruppe
Fragen zum erwartbaren Verwendungsumfeld:	***Fragen zum erwartbaren Verwendungsumfeld:***
Welche Informationen gibt es zu welchen Zielgruppen bezüglich des Verwendungsumfeldes? In welchen Unterlagen sind Informationen über das Verwendungsumfeld von Zielgruppen gesammelt/notiert? Wann sind diese Unterlagen mit Informationen über das Verwendungsumfeld von Zielgruppen verfügbar?	Diese Fragen entfallen im Allgemeinen bei dieser Zielgruppe
Fragen zu erwartbaren Handlungsstrategien:	***Fragen zu erwartbaren Handlungsstrategien:***
Welche Informationen gibt es zu welchen Zielgruppen bezüglich der Handlungsstrategien im Umgang mit dem Produkt? In welchen Unterlagen sind Informationen gesammelt/notiert über Handlungsstrategien im Umgang mit dem Produkt? Wann sind diese Unterlagen mit Informationen von Zielgruppen über Handlungsstrategien im Umgang mit dem Produkt verfügbar?	Diese Fragen entfallen im Allgemeinen bei dieser Zielgruppe

3

Tabelle: Informationsbeschaffung – Service/Kundendienst: produktbezogene Informationen

Bedienungsanleitung für den Allesschneider

Es gibt im Wesentlichen zwei Gründe, diese Zielgruppe zur Informationsermittlung für dieses technische Produkt aufzusuchen:

- das Beschaffen von Informationsmaterial von baugleichen oder bauähnlichen Produkten
- das Fragen nach neuralgischen Punkten.

Informationen zu baugleichen oder bauähnlichen Produkten sind nur dann notwendig, wenn Informationen zum Produkt noch fehlen und sicher ist, dass man die baugleichen bzw. bauähnlichen Produkte auch themenbezogen „ausschlachten" kann.
Neuralgische Punkte sind technische Problembereiche und nicht bestimmungsgemäßes Bedienungsverhalten. Oft bedingt das eine das andere.

Betriebsanleitung für die Produktionsanlage

Diese Zielgruppe ist ein elementarer Bestandteil des technischen Produkts und sie ist folgendermaßen am technischen Produkt tätig:

- zu definierten Zeiten
- bei definierten Ereignissen
- mit definierten Personen, die über definierte Qualifikationen verfügen.

Die Zielgruppe wird auch direkt in der Betriebsanleitung angesprochen und arbeitet wohl am häufigsten mit den relevanten Teilen der Betriebsanleitung.
Darüber hinaus fügt diese Zielgruppe gegebenenfalls durch Prüf- und Instandhaltungstätigkeiten Informationen zur Betriebsanleitung hinzu.

Der Technische Autor muss die Aufzeichnungen der Zielgruppe kennen, die Verantwortlichkeiten, die Verfügbarkeit über die Unterlagen. Das leisten die Fragen. Die neuralgischen Punkte können sich zum einen durch die Vielzahl unterschiedlicher Anlagenteile und unterschiedlicher Arbeiten ergeben.
Zum anderen können unklare Verantwortlichkeiten und hohe personale Fluktuation technische Problembereiche schaffen, die zu schweren Arbeitsunfällen bzw. großen Industrieunfällen führen können.
Die zu ermittelnden Informationen sind ein wesentlicher Bestandteil der Sicherheitshinweise in der Betriebsanleitung und darüber hinaus in der Mitarbeiterschulung.

Tab. 3-28: *Fragen an Service/Kundendienst zur Informationsbeschaffung von produktbezogenen Informationen für die Bedienungsanleitung eines Allesschneiders und die Betriebsanleitung einer Produktionsanlage*

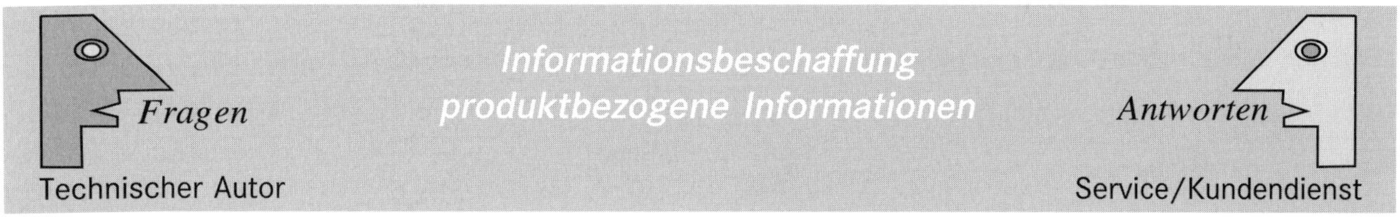

Bedienungsanleitung	Betriebsanleitung
 **Allesschneider**	 **Produktionsanlage**

Bedienungsanleitung – Allesschneider

Fragen zu Organisation und Administration:

Wer kann Service-/Kundendienstinformationen zu bauähnlichen Produkten liefern?

Wer kann Service-/Kundendienstinformationen zu Zielgruppen von baugleichen/bauähnlichen Produkten liefern?

Fragen zur Verfügbarkeit von Mustern und Vorlagen:

Wann und in welcher Form sind Service-/Kundendienstinformationen zu bauähnlichen Produkten verfügbar?

Wann und in welcher Form sind Service-/Kundendienstinformationen zu Zielgruppen von baugleichen/bauähnlichen Produkten verfügbar?

Betriebsanleitung – Produktionsanlage

Fragen zu Organisation und Administration:

Wer ist für den Service/Kundendienst der Gesamtanlage verantwortlich?

Wer ist für den Service/Kundendienst welcher Anlagenteile verantwortlich?

Wer ist für den Service/Kundendienst welcher Teilanlagen verantwortlich?

Welche Unterlagen sind für die Erfassung der Arbeitsereignisse im Service/Kundendienstwesen der Gesamtanlage bestimmt?

Welche Unterlagen sind für die Erfassung der Arbeitsereignisse im Service/Kundendienstwesen welcher Anlagenteile bestimmt?

Welche Unterlagen sind für die Erfassung der Arbeitsereignisse im Service/Kundendienstwesen welcher Teilanlagen bestimmt?

Fragen zur Verfügbarkeit von Mustern und Vorlagen:

Wann sind die Unterlagen für die Erfassung der Arbeitsereignisse im Service/Kundendienstwesen der Gesamtanlage verfügbar?

Wann sind die Unterlagen für die Erfassung der Arbeitsereignisse im Service/Kundendienstwesen der Anlagenteile verfügbar?

Wann sind die Unterlagen für die Erfassung der Arbeitsereignisse im Service/Kundendienstwesen der Teilanlagen verfügbar?

Informationsbeschaffung – Service/Kundendienst: produktbezogene Informationen

Bedienungsanleitung Allesschneider

Fragen zu technischen Produktunterlagen:

Diese Fragen entfallen im Allgemeinen bei dieser Zielgruppe

Fragen zu neuralgischen Punkten:

Welche technischen Problembereiche hat das Produkt aus der Sicht des Service/Kundendienstes?

Wie wirken sich die Problembereiche auf die Produktbeständigkeit aus?

Wie wirken sich die Problembereiche auf die Produktverwendung aus?

Wie wirken sich die Problembereiche auf das Verwenderverhalten im Umgang mit dem Produkt aus?

Welches nicht bestimmungsgemäße Bedienungsverhalten tritt selten auf?

Welches nicht bestimmungsgemäße Bedienungsverhalten tritt vermehrt auf?

Welches nicht bestimmungsgemäße Bedienungsverhalten tritt häufig auf?

Welche Folgen hat das selten auftretende Bedienungsverhalten für das Produkt und den Verwender?

Welche Folgen hat das vermehrt auftretende Bedienungsverhalten für das Produkt und den Verwender?

Welche Folgen hat das häufig auftretende Bedienungsverhalten für das Produkt und den Verwender?

Betriebsanleitung Produktionsanlage

Fragen zu technischen Produktunterlagen:

Diese Fragen entfallen im Allgemeinen bei dieser Zielgruppe

Fragen zu neuralgischen Punkten:

Welche technischen Problembereiche können sich durch die Arbeit externer Wartungsfirmen für die Gesamtanlage ergeben?

Welche technischen Problembereiche können sich durch die Arbeit interner Mitarbeiter bei der Durchführung von Wartungs-/Instandsetzungsarbeiten für die Gesamtanlage ergeben?

Welche technischen Problembereiche können sich durch die Arbeit externer Wartungsfirmen für welche Anlagenteile ergeben?

Welche technischen Problembereiche können sich durch die Arbeit interner Mitarbeiter bei der Durchführung von Wartungs-/Instandsetzungsarbeiten für welche Anlagenteile ergeben?

Welche technischen Problembereiche können sich durch die Arbeit externer Wartungsfirmen für welche Teilanlagen ergeben?

Welche technischen Problembereiche können sich durch die Arbeit interner Mitarbeiter bei der Durchführung von Wartungs-/Instandsetzungsarbeiten für die Teilanlagen ergeben?

Welche der technischen Probleme durch die Arbeit externer Wartungsfirmen können erwartbar zu Arbeitsunfällen führen?

Welche der technischen Probleme durch die Arbeit interner Mitarbeiter bei der Durchführung von Wartungs-/Instandsetzungsarbeiten können erwartbar zu Arbeitsunfällen führen?

Welche der technischen Probleme durch die Arbeit externer Wartungsfirmen können erwartbar zu großen Industrieunfällen mit Auswirkungen auf die Öffentlichkeit führen?

Welche der technischen Probleme durch die Arbeit interner Mitarbeiter bei der Durchführung von Wartungs-/Instandsetzungsarbeiten können erwartbar zu großen Industrieunfällen mit Auswirkungen auf die Öffentlichkeit führen?

Tabelle: Informationsbeschaffung – Service/Kundendienst: verwenderbezogene Informationen

Bedienungsanleitung für den Allesschneider

Die Fragen setzen eine sorgfältige Erfassung und Auswertung bezüglich der Verwender voraus. Dies muss nicht so sein.
Der Technische Autor kann die Fragen gegebenenfalls als Grundlage für ein Gespräch verwenden.
Entscheidend ist es, herauszufinden, ob und in welcher Form die Zielgruppe über Informationen zur Verwenderqualifikation, zum Verwenderumfeld und zu Handlungsstrategien der Verwender verfügt.

Betriebsanleitung für die Produktionsanlage

Bei den Fragen ist eine vom Betreiber bestimmte hauptverantwortliche Zielgruppe vorausgesetzt, die diese Fragen beantworten kann.
Ist das nicht der Fall, muss die Zielgruppe „Beauftragende Stelle“ diese Fragen beantworten.
Bei den Fragen geht es um die Maßnahmen zur Feststellung der Qualifikationen der Zielgruppe.

Tab. 3-29: *Fragen an Service/Kundendienst zur Informationsbeschaffung von verwenderbezogenen Informationen für die Bedienungsanleitung eines Allesschneiders und die Betriebsanleitung einer Produktionsanlage*

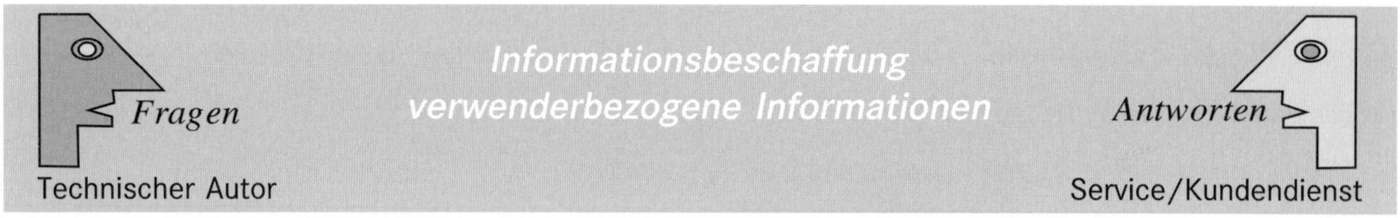

Bedienungsanleitung	Betriebsanleitung
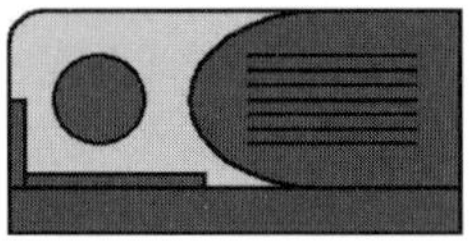 **Allesschneider**	 **Produktionsanlage**
Fragen zur Qualifikation: Welche Qualifikationen werden bei welchen Zielgruppen vorausgesetzt? Welche Qualifikationen werden bei welchen Zielgruppen im Rahmen der Verkaufsförderung angesprochen? In welchen Unterlagen sind Angaben über Qualifikationen von Zielgruppen gesammelt/notiert? Wann sind diese Unterlagen mit Angaben über Qualifikationen von Zielgruppen verfügbar?	***Fragen zur Qualifikation:*** Welche Qualifikation wird bei Service-/Kundendienstfachkräften bezogen auf die Gesamtanlage vorausgesetzt? Welche Qualifikation wird bei Service-/Kundendienstfachkräften bezogen auf die Gesamtanlage erwartet? Mit welchen Maßnahmen wird die Qualifikation von Service-/Kundendienstfachkräften bezogen auf die Gesamtanlage geprüft? Mit welchen Maßnahmen wird die Qualifikation von Service-/Kundendienstfachkräften bezogen auf die Gesamtanlage sichergestellt?
Fragen zum erwartbaren Verwendungsumfeld: Welche Informationen gibt es zu welchen Zielgruppen bezüglich des Verwendungsumfeldes? In welchen Unterlagen sind Informationen über das Verwendungsumfeld von Zielgruppen gesammelt/notiert? Wann sind diese Unterlagen mit Informationen über das Verwendungsumfeld von Zielgruppen verfügbar?	***Fragen zum erwartbaren Verwendungsumfeld:*** Im Allgemeinen sind es die gleichen Fragen wie bei Zielgruppe „Beauftragende Stelle“

Informationsbeschaffung – Service/Kundendienst: verwenderbezogene Informationen

Bedienungsanleitung Allesschneider

Fragen zu erwartbaren Handlungsstrategien:

Welche Informationen gibt es zu welchen Zielgruppen bezüglich der Handlungsstrategien im Umgang mit dem Produkt?

In welchen Unterlagen sind Informationen gesammelt/notiert über Handlungsstrategien im Umgang mit dem Produkt?

Wann sind diese Unterlagen mit Informationen von Zielgruppen über Handlungsstrategien im Umgang mit dem Produkt verfügbar?

Betriebsanleitung Produktionsanlage

Fragen zu erwartbaren Handlungsstrategien:

Im Allgemeinen sind es die gleichen Fragen wie bei Zielgruppe „Beauftragende Stelle“

3

Tabelle: Informationsbeschaffung – Bildlieferanten: produktbezogene Informationen

Bedienungsanleitung für den Allesschneider

Organisatorisch geht es um drei Punkte:

- die Machbarkeit
- das Angebot
- die Termine.

Bildlieferanten können auf Außen- oder Innenaufnahmen bzw. auf Strichzeichnungen, Raster- oder Halbtonvorlagen spezialisiert sein.
Auch ist hier der Unterschied zwischen Handzeichnung und Computergrafik zu machen, deshalb die Frage nach der machbaren Darstellungsart.
Dann besteht die Möglichkeit, dass Fotografen über Beziehungen zu Schauspielern für technische Produktaufnahmen verfügen – diese sind gerade bei Massenartikeln mit starker Öffentlichkeitspräsenz wichtig.
Die Frage nach Mustern ist unabdingbar. Ein Profi wird in der Regel bei einem Aufnahmetermin Muster mitbringen.
Neuralgische Punkte sind Hard- und Softwarevoraussetzungen oder erforderliche Bedingungen für das Weiterverarbeiten des Bildmaterials.
Dies ist unbedingt in Erfahrung zu bringen.

Betriebsanleitung für die Produktionsanlage

Im Grunde genommen gelten hier die gleichen Schwerpunkte wie beim Allesschneider mit einer Ausnahme: Bei der Produktionsanlage wird, anders als beim Allesschneider – bis auf Studioaufnahmen –, dem Fotografen bzw. Kameramann oder Zeichner fast alles an Fachkönnen abverlangt.
Er muss Außenaufnahmen ebenso beherrschen wie Innenaufnahmen, Nahaufnahmen ebenso wie Totale, Bewegungsabläufe ebenso wie Standbilder usw. – und er muss verstehen, was mit der Abbildung dem Betrachter mitgeteilt werden soll.

Tab. 3-30: *Fragen an die Bildlieferanten zur Informationsbeschaffung von produktbezogenen Informationen für die Bedienungsanleitung eines Allesschneiders und die Betriebsanleitung einer Produktionsanlage*

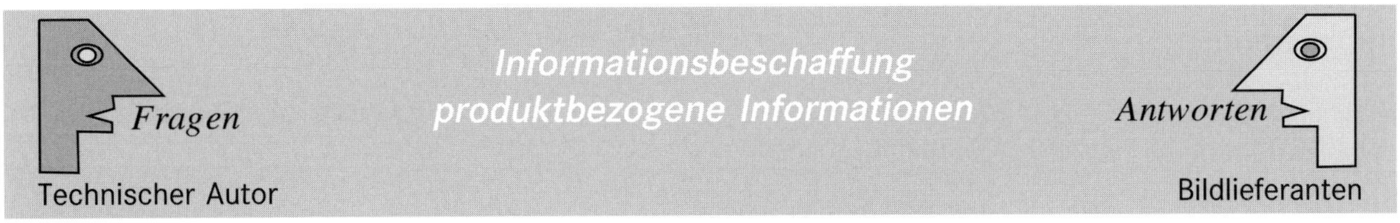

Bedienungsanleitung

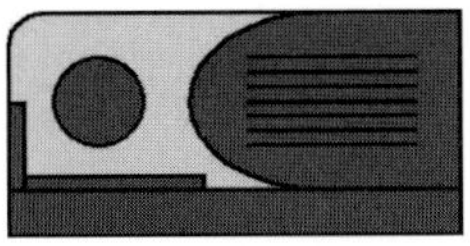

Allesschneider

Fragen zu Organisation und Administration:

Welche Art von Bilddarstellung können Sie erstellen?

Für welche Art von Bilddarstellungen benötigen Sie ein Studio?

Bei welchen Licht- und Witterungsverhältnissen können Sie Außenaufnahmen machen?

Welche personellen Bedingungen können für Handlungsdarstellungen gestellt werden?

Bis wann wird ein verbindliches Angebot eingereicht?

Bis wann ist mit der Lieferung des Fertigprodukts zu rechnen?

Betriebsanleitung

Produktionsanlage

Fragen zu Organisation und Administration:

Welche Art von Bilddarstellung können Sie erstellen?

Für welche Art von Bilddarstellungen benötigen Sie ein Studio?

Bei welchen Licht- und Witterungsverhältnissen können Sie Außenaufnahmen machen?

Welche Raumbedingungen müssen gegeben sein, um Innenaufnahmen zu welchen Teilen der Gesamtanlage zu machen?

Welche personellen Bedingungen können für Handlungsdarstellungen gestellt werden?

Bis wann wird ein verbindliches Angebot eingereicht?

Bis wann ist mit der Lieferung des Fertigprodukts zu rechnen?

Fragen zur Verfügbarkeit von Mustern und Vorlagen:

Welche Arbeiten zu vergleichbaren Produkten haben Sie mit welchen Medien gemacht?

Wann können Sie Arbeitsergebnisse zu vergleichbaren Produkten präsentieren?

Fragen zu technischen Produktunterlagen:

Diese Fragen entfallen im Allgemeinen bei dieser Zielgruppe

Fragen zu neuralgischen Punkten:

Welche Hardwarevoraussetzungen sind für das Weiterverarbeiten des Bildmaterials erforderlich?

Welche Softwarevoraussetzungen sind für das Weiterverarbeiten des Bildmaterials erforderlich?

Welche lizenzrechtlichen Bestimmungen sind beim Verwenden des Bildmaterials auf welche Weise zu berücksichtigen?

Tabelle: Informationsbeschaffung – Bildlieferanten: verwenderbezogene Informationen

Bedienungsanleitung für den Allesschneider sowie Betriebsanleitung für die Produktionsanlage

Die Fragen beziehen sich ausnahmsweise nicht auf den Bildlieferanten, sondern auf die dargestellte Person sowie auf die dargestellte Produktumgebung.

Das heißt, die gewonnenen Informationen sind die Grundlage für ein Bilderstellungs-Pflichtenheft, das man dann mit dem Fotografen oder Zeichner bespricht.

Es gelten für beide Produkte die gleichen Fragen.

Tab. 3-31: *Fragen an die Bildlieferanten zur Informationsbeschaffung von verwenderbezogenen Informationen für die Bedienungsanleitung eines Allesschneiders und die Betriebsanleitung einer Produktionsanlage*

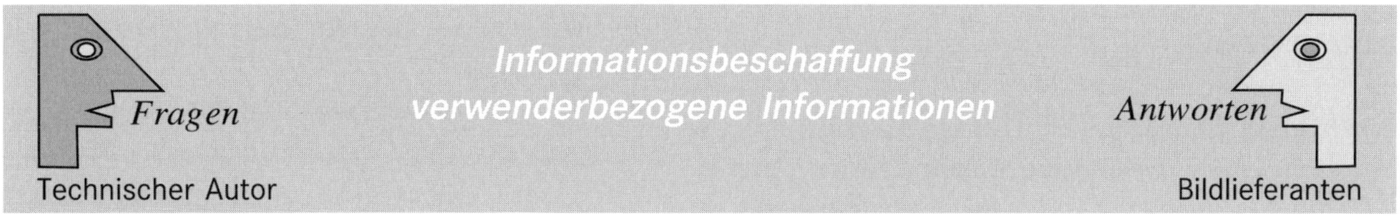

Bedienungsanleitung

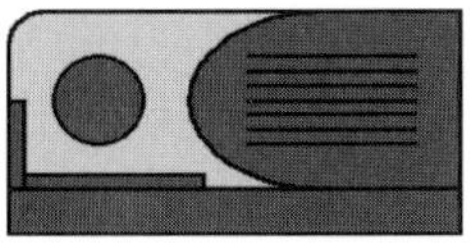

Allesschneider

Betriebsanleitung

Produktionsanlage

Fragen zur Qualifikation, bezogen auf dargestellte Personen:

Welche nicht bestimmungsgemäßen Handgriffe/Handbewegungen/Körperbewegungen sind bei welcher Tätigkeit im Umgang mit dem Produkt bei den Zielgruppen erwartbar?

Welche nicht bestimmungsgemäßen Handgriffe/Handbewegungen/Körperbewegungen sind bei welcher Tätigkeit im Umgang mit dem Produkt von den Zielgruppen bekannt?

Welche nicht bestimmungsgemäße Kleidung tragen erwartbar bei welcher Tätigkeit im Umgang mit dem Produkt welche Zielgruppen?

Welche nicht bestimmungsgemäße Kleidung tragen bekannterweise bei welcher Tätigkeit im Umgang mit dem Produkt welche Zielgruppen?

Welche Handgriffe/Handbewegungen/Körperbewegungen sind in welcher Reihenfolge bei welcher Tätigkeit im Umgang mit dem Produkt bestimmungsgemäß?

Welche Kleidung ist bei welcher Tätigkeit im Umgang mit dem Produkt bestimmungsgemäß?

Welche persönliche Sicherheitsausrüstung ist bei welcher Tätigkeit im Umgang mit dem Produkt bestimmungsgemäß?

Fragen zum erwartbaren Verwendungsumfeld:

Wie ist erwartbar das nicht bestimmungsgemäße Umfeld beim Umgang mit dem Produkt gestaltet?

Welche Störeinflüsse sind erwartbar beim Umgang mit dem Produkt wann vorhanden?

Wie muss das Umfeld beim Umgang mit dem Produkt bestimmungsgemäß gestaltet sein?

Wie können/sollen/müssen welche Störeinflüsse beim Umgang mit dem Produkt bestimmungsgemäß vermieden/beseitigt/verhindert werden?

Fragen zu erwartbaren Handlungsstrategien:

Wie lassen sich erwartbare typische, nicht bestimmungsgemäße Handlungsstrategien einfach, klar, deutlich, wiedererkennbar darstellen?

Wie sind bestimmungsgemäße Handlungsstrategien einfach, klar, deutlich, annehmbar und nachahmungsfördernd darzustellen?

Tabelle: Informationsbeschaffung – Textlieferanten: produktbezogene Informationen

Bedienungsanleitung für den Allesschneider und Betriebsanleitung für die Produktionsanlage

Organisatorisch geht es wie schon beim Bildlieferanten um drei Punkte:

- die Machbarkeit
- das Angebot
- die Termine.

Textlieferanten können gegebenenfalls nicht nur geschriebene Texte liefern, sondern auch gesprochene bzw. Vorlagen für Sprechtexte.
Diese werden im Zusammenhang mit Filmen und Animationen eingesetzt. Es gibt auch Hörtexte für Bedienungsanleitungen für Sehbehinderte.

Bei Ton-Außenaufnahmen bzw. bei Tonaufnahmen an laufenden Maschinen bestimmt oft die zur Verfügung stehende Aufnahmetechnik über die Machbarkeit eines Vorhabens.
Gerade bei Tonaufnahmen sind Beziehungen zu Schauspielern wichtig. Texter können solche haben.
Die Frage nach Mustern ist auch bei Textlieferanten unabdingbar. Ein Profi wird in der Regel bei einem Termin Muster mitbringen.
Neuralgische Punkte sind auch hier Hard- und Softwarevoraussetzungen oder erforderliche Bedingungen für das Weiterverarbeiten des Ton- oder Textmaterials. Dies ist unbedingt in Erfahrung zu bringen.

Tab. 3-32: *Fragen an die Textlieferanten zur Informationsbeschaffung von produktbezogenen Informationen für die Bedienungsanleitung eines Allesschneiders und die Betriebsanleitung einer Produktionsanlage*

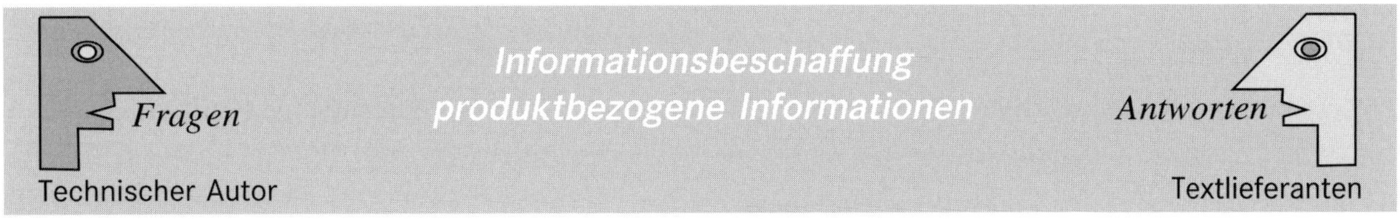

Bedienungsanleitung

Allesschneider

Betriebsanleitung

Produktionsanlage

Fragen zu Organisation und Administration:

Welche Art von Text (z. B. Textsorte, gesprochene Texte) können Sie erstellen?

Für welche Art von Text benötigen Sie ein Tonstudio?

Bei welchen Geräusch- und Witterungsverhältnissen können Sie Außenaufnahmen machen?

Welche personellen Bedingungen können für Handlungsdarstellungen gestellt werden?

Bis wann wird ein verbindliches Angebot eingereicht?

Bis wann ist mit der Lieferung des Fertigprodukts zu rechnen?

Fragen zur Verfügbarkeit von Mustern und Vorlagen:

Welche Arbeiten zu vergleichbaren Produkten haben Sie mit welchen Medien gemacht?

Wann können Sie Arbeitsergebnisse zu vergleichbaren Produkten präsentieren?

Fragen zu technischen Produktunterlagen:

Diese Fragen entfallen im Allgemeinen bei dieser Zielgruppe

Fragen zu neuralgischen Punkten:

Welche Hardwarevoraussetzungen sind für das Weiterverarbeiten des Textmaterials erforderlich?

Welche Softwarevoraussetzungen sind für das Weiterverarbeiten des Textmaterials erforderlich?

Welche lizenzrechtlichen Bestimmungen sind beim Verwenden des Textmaterials auf welche Weise zu berücksichtigen?

Tabelle: Informationsbeschaffung – Textlieferanten: verwenderbezogene Informationen

Bedienungsanleitung für den Allesschneider und Betriebsanleitung für die Produktionsanlage

Die Fragen beziehen sich auf die dargestellte Person sowie auf die dargestellte Produktumgebung.

Das heißt, die gewonnenen Informationen sind die Grundlage für ein Texterstellungs-Pflichtenheft, das man dann mit dem Texter oder Sprecher und Tonaufzeichner bespricht.
Es gelten für beide Produkte die gleichen Fragen

Tab. 3-33: *Fragen an die Textlieferanten zur Informationsbeschaffung von verwenderbezogenen Informationen für die Bedienungsanleitung eines Allesschneiders und die Betriebsanleitung einer Produktionsanlage*

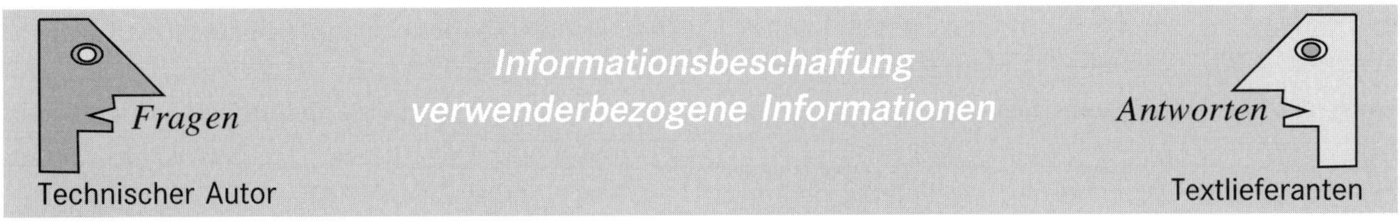

Bedienungsanleitung

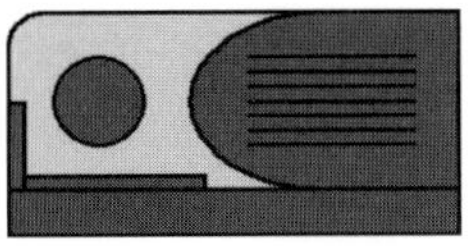

Allesschneider

Betriebsanleitung

Produktionsanlage

Fragen zur Qualifikation, bezogen auf dargestellte Personen:

Welche nicht bestimmungsgemäßen Handgriffe/Handbewegungen/Körperbewegungen sind bei welcher Tätigkeit im Umgang mit dem Produkt bei den Zielgruppen erwartbar?

Welche nicht bestimmungsgemäßen Handgriffe/Handbewegungen/Körperbewegungen sind bei welcher Tätigkeit im Umgang mit dem Produkt von den Zielgruppen bekannt?

Welche nicht bestimmungsgemäße Kleidung tragen erwartbar bei welcher Tätigkeit im Umgang mit dem Produkt welche Zielgruppen?

Welche nicht bestimmungsgemäße Kleidung tragen bekannterweise bei welcher Tätigkeit im Umgang mit dem Produkt welche Zielgruppen?

Welche Handgriffe/Handbewegungen/Körperbewegungen sind in welcher Reihenfolge bei welcher Tätigkeit im Umgang mit dem Produkt bestimmungsgemäß?

Welche Kleidung ist bei welcher Tätigkeit im Umgang mit dem Produkt bestimmungsgemäß?

Welche persönliche Sicherheitsausrüstung ist bei welcher Tätigkeit im Umgang mit dem Produkt bestimmungsgemäß?

Fragen zum erwartbaren Verwendungsumfeld:

Wie ist erwartbar das nicht bestimmungsgemäße Umfeld beim Umgang mit dem Produkt gestaltet?

Welche Störeinflüsse sind erwartbar beim Umgang mit dem Produkt wann vorhanden?

Wie muss das Umfeld beim Umgang mit dem Produkt bestimmungsgemäß gestaltet sein?

Wie können/sollen/müssen welche Störeinflüsse beim Umgang mit dem Produkt bestimmungsgemäß vermieden/beseitigt/verhindert werden?

Fragen zu erwartbaren Handlungsstrategien:

Wie lassen sich erwartbare typische, nicht bestimmungsgemäße Handlungsstrategien einfach, klar, deutlich, wiedererkennbar darstellen?

Wie sind bestimmungsgemäße Handlungsstrategien einfach, klar, deutlich, annehmbar und nachahmungsfördernd darzustellen?

3

3.4.3 Thema Informationserfassung

Der Unterschied zwischen Informationsbeschaffung und Informationserfassung besteht hier in gleicher Weise wie bei den produktpräsentierenden Dokumenten.
Bei der Informationserfassung ist bereits die anschließende Informationsverarbeitung zu berücksichtigen.
So zielen die Fragen darauf ab, Informationen zu gewinnen zu den Erfassungsmitteln, Erfassungseinrichtungen und Erfassungsverfahren mit Hinblick auf die anschließende Informationsverarbeitung.

Tabelle: Informationserfassung – Beauftragende Stelle: produktbezogene Informationen

Bedienungsanleitung für den Allesschneider

Es stehen folgende Aspekte im Vordergrund: die Verarbeitungsstelle von Bild- und Textaufzeichnungen, die Hinweise zum Änderungsstand und zum Umfang von Dokumenten und Aufzeichnungen sowie die Einspeisung von Änderungen während des Erstellungsprozesses.
Die Fragen nach der Bild- und Textverarbeitung ist organisatorisch bedeutsam.
Fragen zur Kennzeichnung von Änderungen und Umfang sind für die zuverlässige Zuordnung technischer Produktunterlagen unbedingt erforderlich.
Der neuralgische Punkt ist bei der Informationserfassung die Einspeisung von Änderungen im laufenden Prozess. Damit diese transparent bleibt, sind Verfahrensfestlegungen erforderlich.
Bei einem Massenprodukt ist mit einer entsprechenden Informationsinfrastruktur zu rechnen, die klare Leitlinien erwarten lässt.

Betriebsanleitung für die Produktionsanlage

Bezüglich der Verarbeitung von Bild- und Textaufzeichnungen steht hier nicht die verarbeitende Abteilung oder die entsprechende Person im Vordergrund des Interesses, sondern die Verwendergruppe.
Da man es auch mit firmenexternen Kommunikationspartnern zu tun hat, die einen Anspruch auf die Betriebsanleitung haben, aber keiner Verpflichtung unterworfen sind, das Ergebnis in einer bestimmten Form akzeptieren zu müssen, ist der Technische Autor aufgefordert, sich um die verschiedenen Ver- und Bearbeitungsweisen und -einrichtungen zu kümmern.
Für die technischen Produktunterlagen und die neuralgischen Punkte gilt das Gleiche wie beim Allesschneider.

Tab. 3-34: *Fragen an die Beauftragende Stelle zur Informationserfassung von produktbezogenen Informationen für die Bedienungsanleitung eines Allesschneiders und die Betriebsanleitung einer Produktionsanlage*

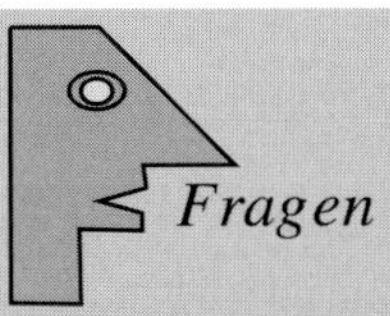

Informationserfassung produktbezogene Informationen

Technischer Autor — Beauftragende Stelle

Bedienungsanleitung

Allesschneider

Fragen zu Organisation und Administration:

Wer verarbeitet Bildaufzeichnungen mit welchen Maschinen?

Wer verarbeitet Bildaufzeichnungen mit welchen Softwareprogrammen?

Wer verarbeitet Textaufzeichnungen mit welchen Maschinen?

Wer verarbeitet Textaufzeichnungen mit welchen Softwareprogrammen?

Fragen zur Verfügbarkeit von Mustern und Vorlagen:

Entfallen im Allgemeinen in diesem Sachzusammenhang

Fragen zu technischen Produktunterlagen:

Welche technischen Aufzeichnungen gibt es zum Gesamtprodukt?

Ab wann kann ich über die technischen Aufzeichnungen zum Gesamtprodukt verfügen?

Welche technischen Aufzeichnungen gibt es zu den für den Verwender wahrnehmbaren Einzelbauteilen?

Ab wann kann ich über die von dem Verwender wahrnehmbaren Einzelbauteile verfügen?

Betriebsanleitung

Produktionsanlage

Fragen zu Organisation und Administration:

Für wen müssen welche Bildaufzeichnungen auf welchen Maschinen verarbeitet/bearbeitet werden?

Für wen müssen welche Bildaufzeichnungen auf welchen Softwareprogrammen verarbeitet/bearbeitet werden?

Für wen müssen welche Textaufzeichnungen auf welchen Maschinen verarbeitet/bearbeitet werden?

Für wen müssen welche Textaufzeichnungen auf welchen Softwareprogrammen verarbeitet/bearbeitet werden?

Fragen zu technischen Produktunterlagen:

Welche Angaben verraten in welchen technischen Produktunterlagen den aktuellen Änderungsstand?

Wo befindet sich der aktuelle Änderungsstand in welchen technischen Produktunterlagen und wie ist er gekennzeichnet/gestaltet?

Welche Angaben verraten den Umfang welcher technischer Produktunterlagen?

Wo befinden sich welche Angaben, die welchen Umfang welcher technischen Produktunterlagen verraten, und wie sind diese Angaben gekennzeichnet/gestaltet?

Fragen zu neuralgischen Punkten:

Wie werden aktuelle Änderungen in den laufenden Erstellungsprozess welcher technischer Produktunterlagen eingespeist?

Wo sind die Verfahren für die Einspeisung aktueller Änderungen in den laufenden Erstellungsprozess welcher technischer Produktunterlagen festgelegt?

3

3

Tabelle: Informationserfassung – Beauftragende Stelle: verwenderbezogene Informationen

Bedienungsanleitung für den Allesschneider

Im Vordergrund stehen Fragen nach Aufzeichnungen zur Verwenderqualifikation, zum Verwenderumfeld und zu Handlungsstrategien der Verwender.
Die Fragen nach Aufzeichnungen zielen in zwei Richtungen:

- nach den Aufzeichnungen selbst
- nach dem Ort der Aufzeichnungen.

Beide Informationen sind bedeutsam.
Die Verwenderqualifikation für den Allesschneider lässt sich über die Altersgruppenzugehörigkeit und die Gesellschaftsgruppenzugehörigkeit bestimmen.
Aufzeichnungen im Sinne des Qualitätsmanagementsystems DIN EN ISO 9001 sind wegen ihrer Handhabbarkeit für den Technischen Autor besonders günstig. Mit ihnen lassen sich umstrittene Maßnahmen oder Vorschläge gut argumentieren.

Betriebsanleitung für die Produktionsanlage

Auch bei der Produktionsanlage geht es um Aufzeichnungen zur Qualifikation und zum Verwendungsumfeld.
Während diese Aufzeichnungen beim Allesschneider nicht unbedingt vorauszusetzen sind, sind sie bei der Produktionsanlage unerlässlich und können auch im Allgemeinen von der Beauftragenden Stelle erbracht bzw. eingefordert werden.
Grund für das erwartbare Vorhandensein von Aufzeichnungen ist die gewerbliche Nutzung der Produktionsanlage. Der Betreiber ist gesetzlich zur Erstellung eines Arbeitsplatzprofils verpflichtet.
Der Technische Autor muss auf diese Aufzeichnungen zugreifen können, um in der Betriebsanleitung die Arbeitsplätze entsprechend beschreiben zu können.
Die Frage nach Aufzeichnungen für eine Produktverwendungsinteressenzuordnung ist nichts weiter als das Nachfassen zum gleichen Thema im Bearbeitungsschritt „Informationsbeschaffung“.

Tab. 3-35: *Fragen an die Beauftragende Stelle zur Informationserfassung von verwenderbezogenen Informationen für die Bedienungsanleitung eines Allesschneiders und die Betriebsanleitung einer Produktionsanlage*

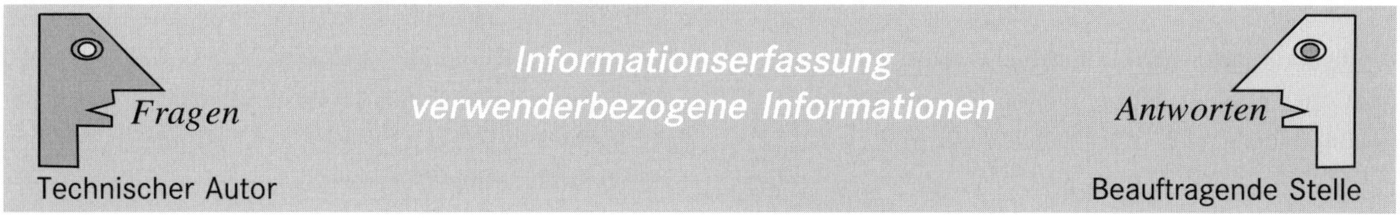

Bedienungsanleitung

Allesschneider

Fragen zur Qualifikation:

Welche Aufzeichnungen enthalten Angaben über die Altersgruppenzugehörigkeit der bestimmungsgemäßen Verwender?

Wo befinden sich welche Aufzeichnungen, die Angaben über die Altersgruppenzugehörigkeit der bestimmungsgemäßen Verwender enthalten?

Welche Aufzeichnungen enthalten Angaben über die Gesellschaftsgruppenzugehörigkeit der bestimmungsgemäßen Verwender?

Wo befinden sich welche Aufzeichnungen, die Angaben über die Gesellschaftsgruppenzugehörigkeit der bestimmungsgemäßen Verwender enthalten?

Welche Aufzeichnungen enthalten Angaben über die Berufsgruppenzugehörigkeit der bestimmungsgemäßen Verwender?

Wo befinden sich diese Aufzeichnungen, die Angaben über die Berufsgruppenzugehörigkeit der bestimmungsgemäßen Verwender enthalten?

Fragen zum erwartbaren Verwendungsumfeld:

Welche Aufzeichnungen enthalten Angaben über die Lebensbereiche, in denen erwartbar/bestimmungsgemäß das Produkt verwendet wird?

Wo befinden sich welche Aufzeichnungen, die Angaben über die Lebensbereiche enthalten, in denen erwartbar/bestimmungsgemäß das Produkt verwendet wird?

Welche Aufzeichnungen enthalten Angaben über das Lebensumfeld, in dem erwartbar/bestimmungsgemäß das Produkt verwendet wird?

Betriebsanleitung

Produktionsanlage

Fragen zur Qualifikation:

Wo befinden sich welche Unterlagen zu welcher Qualifikationszuordnung?

Wo befinden sich welche Unterlagen zu welcher Qualifikationsprüfung?

Fragen zum erwartbaren Verwendungsumfeld:

Welche Aufzeichnungen enthalten welche Angaben über welchen erwartbaren Aufenthalt welcher Unbefugter (z. B. Mitarbeiter anderer Tätigkeitsbereiche/Besucher) an welchen Arbeitsplätzen?

Wo befinden sich welche Aufzeichnungen, die Angaben über welchen erwartbaren Aufenthalt welcher Unbefugter (z. B. Mitarbeiter anderer Tätigkeitsbereiche/Besucher) an welchen Arbeitsplätzen enthalten?

Informationserfassung – Beauftragende Stelle: verwendungsbezogene Informationen

Bedienungsanleitung Allesschneider

Wo befinden sich welche Aufzeichnungen, die Angaben über das Lebensumfeld enthalten, in dem erwartbar/ bestimmungsgemäß das Produkt verwendet wird?

Fragen zu erwartbaren Handlungsstrategien:

Welche Aufzeichnungen enthalten Angaben über welches Produktverwendungsinteresse welcher Verwender?

Wo befinden sich welche Aufzeichnungen mit Angaben über welches Produktverwendungsinteresse welcher Verwender?

Welche Aufzeichnungen enthalten Angaben über welche Produktverwendungserwartungen welcher Verwender?

Wo befinden sich welche Aufzeichnungen mit Angaben über welche Produktverwendungserwartungen welcher Verwender?

Welche Aufzeichnungen enthalten Angaben über welche Produktverwendungserfahrungen welcher Verwender?

Wo befinden sich welche Aufzeichnungen mit Angaben über welche Produktverwendungserfahrungen welcher Verwender?

Welche Aufzeichnungen enthalten Angaben über welche Produktverwendungsmöglichkeiten welcher Verwender?

Betriebsanleitung Produktionsanlage

Welche Aufzeichnungen enthalten welche Angaben über welche Arbeitsplätze, an denen erwartbar welche kommunikationsstörenden Signale (z. B. Geräusche, Licht, Temperatur, Dämpfe) auftreten?

Wo befinden sich welche Aufzeichnungen, die welche Angaben über welche Arbeitsplätze enthalten, an denen erwartbar welche kommunikationsstörenden Signale auftreten (z. B. Geräusche, Licht, Temperatur, Dämpfe)?

Welche Aufzeichnungen enthalten welche Angaben über welche Arbeitsplätze, an denen erwartbar welche ermüdenden Situationen (z. B. ständiges Beobachten von gleichmäßigen Verfahrensabläufen) auftreten?

Wo befinden sich welche Aufzeichnungen, die welche Angaben über welche Arbeitsplätze enthalten, an denen erwartbar welche ermüdenden Situationen (z. B. ständiges Beobachten von gleichmäßigen Verfahrensabläufen) auftreten?

Fragen zu erwartbaren Handlungsstrategien:

Wo befinden sich welche Unterlagen zu welcher Produktverwendungsinteressenzuordnung?

Informationserfassung – Beauftragende Stelle: verwendungsbezogene Informationen

Bedienungsanleitung Allesschneider

Wo befinden sich welche Aufzeichnungen mit Angaben über welche Produktverwendungsmöglichkeiten welcher Verwender?

Welche Aufzeichnungen enthalten Angaben über welche Produktverwendungsinformationen welcher Verwender?

Wo befinden sich welche Aufzeichnungen mit Angaben über welche Produktverwendungsinformationen welcher Verwender?

Tabelle: Informationserfassung – Entwicklung/Konstruktion: produktbezogene Informationen

Bedienungsanleitung für den Allesschneider sowie Betriebsanleitung für die Produktionsanlage

Für beide Produkte, so verschieden sie auch sind, gelten bei dieser Zielgruppe die gleichen Fragstellungen. Die „Technik" kann bestimmen, unter welchen Bedingungen Bild- und Textaufzeichnungen gemacht werden können bzw. nicht gemacht werden dürfen.

Hier ist wieder das ausschließende Frageverfahren erforderlich, damit keine organisatorischen Probleme entstehen und vor allem in der Produktionsanlage keine Gefährdungsereignisse auftreten.

Der neuralgische Punkt bezüglich der Verfahrensweise mit Änderungen während des Erstellungsprozesses bleibt bestehen.

Tab. 3-36: *Fragen an die Entwicklung/Konstruktion zur Informationserfassung von produktbezogenen Informationen für die Bedienungsanleitung eines Allesschneiders und die Betriebsanleitung einer Produktionsanlage*

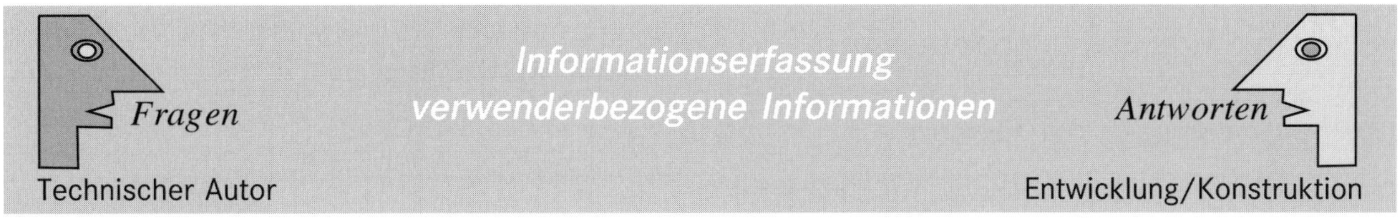

Bedienungsanleitung

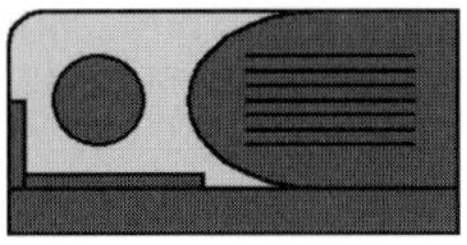

Allesschneider

Betriebsanleitung

Produktionsanlage

Fragen zu Organisation und Administration::

Unter welchen Bedingungen können welche Bildaufzeichnungen erstellt werden?

Unter welchen Bedingungen müssen welche Bildaufzeichnungen erstellt werden?

Unter welchen Bedingungen dürfen welche Bildaufzeichnungen nicht erstellt werden?

Unter welchen Bedingungen können welche Textaufzeichnungen (z. B. Interviews, Beobachten von Verfahrensabläufen, Werkstücken, Werkzeugen) erstellt werden?

Unter welchen Bedingungen müssen welche Textaufzeichnungen (z. B. Interviews, Beobachten von Verfahrensabläufen, Werkstücken, Werkzeugen) erstellt werden?

Unter welchen Bedingungen dürfen welche Textaufzeichnungen (z. B. Interviews, Beobachten von Verfahrensabläufen, Werkstücken, Werkzeugen) nicht erstellt werden?

Fragen zur Verfügbarkeit von Mustern und Vorlagen:

Entfallen im Allgemeinen in diesem Sachzusammenhang

Fragen zu technischen Produktunterlagen:

Entfallen im Allgemeinen in diesem Sachzusammenhang

Fragen zu neuralgischen Punkten:

Wie werden aktuelle Änderungen in den laufenden Erstellungsprozess welcher technischer Produktunterlagen eingespeist?

Wo sind die Verfahren für die Einspeisung aktueller Änderungen in den laufenden Erstellungsprozess welcher technischer Produktunterlagen festgelegt?

3

Tabelle: Informationserfassung – Entwicklung/Konstruktion: verwenderbezogene Informationen

Bedienungsanleitung für den Allesschneider

Die Fragen sind vom Bearbeitungsschritt „Informationsbeschaffung" übernommen und um die Form der „Aufzeichnung" erweitert. Das heißt, existieren durch die erste Befragung bereits Aufzeichnungen, sind hier entsprechende Anpassungen vorzunehmen.

Aufzeichnungen zu allen drei Themenstellungen müssten bei der Zielgruppe vorliegen, da viele Fragen auf Prüfverfahren, wie sie in einschlägigen Produktnormen vorgeschrieben sind, zurückgehen.

Betriebsanleitung für die Produktionsanlage

Produktbedingt lassen sich für dieses Thema die Fragen an die Zielgruppe „Beauftragende Stelle" übernehmen.

Tab. 3-37: *Fragen an die Entwicklung/Konstruktion zur Informationserfassung von verwenderbezogenen Informationen für die Bedienungsanleitung eines Allesschneiders und die Betriebsanleitung einer Produktionsanlage*

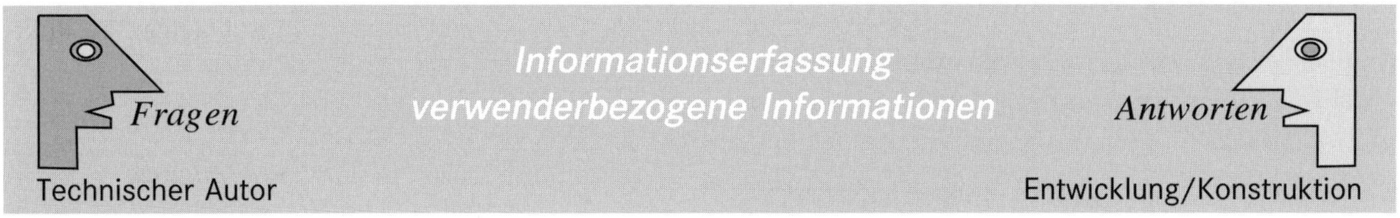

Bedienungsanleitung	Betriebsanleitung
 **Allesschneider**	 **Produktionsanlage**
Fragen zur Qualifikation:	***Fragen zur Qualifikation:***
Welche Aufzeichnungen enthalten welche Angaben über Personen, die an dem Produkt was niemals machen dürfen?	Im Allgemeinen sind es die gleichen Fragen wie bei Zielgruppe „Beauftragende Stelle“
Wo befinden sich welche Aufzeichnungen mit welchen Angaben über Personen, die an dem Produkt was niemals machen dürfen?	
Welche Aufzeichnungen enthalten welche Angaben über Personen, die an dem Produkt erwartbar was machen, das sie nicht dürfen?	
Wo befinden sich welche Aufzeichnungen mit welchen Angaben über Personen, die an dem Produkt erwartbar was machen, das sie nicht dürfen?	
Welche Aufzeichnungen enthalten welche Angaben über das, was der Verwender können muss, um das Produkt bestimmungsgemäß zu bedienen?	
Wo befinden sich welche Aufzeichnungen mit welchen Angaben über das, was der Verwender können muss, um das Produkt bestimmungsgemäß zu bedienen?	
Fragen zum erwartbaren Verwendungsumfeld:	***Fragen zum erwartbaren Verwendungsumfeld:***
Welche Aufzeichnungen enthalten welche Angaben über das Reagieren des Produktes beim Fall aus Tischhöhe?	Im Allgemeinen sind es die gleichen Fragen wie bei Zielgruppe „Beauftragende Stelle“
Wo befinden sich welche Aufzeichnungen mit welchen Angaben über das Reagieren des Produktes beim Fall aus Tischhöhe?	
Welche Aufzeichnungen enthalten welche Angaben über das Reagieren des Produktes beim Spülen im Geschirrspüler?	

Informationserfassung – Entwicklung/Konstruktion: verwenderbezogene Informationen

Bedienungsanleitung Allesschneider

Wo befinden sich welche Aufzeichnungen mit welchen Angaben über das Reagieren des Produktes beim Spülen im Geschirrspüler?

Welche Aufzeichnungen enthalten welche Angaben über das Reagieren des Produktes beim Trocknen im Herd?

Wo befinden sich welche Aufzeichnungen mit welchen Angaben über das Reagieren des Produktes beim Trocknen im Herd?

Fragen zu erwartbaren Handlungsstrategien:

Welche Aufzeichnungen enthalten welche Angaben darüber, wie sich der Verwender bei beschädigtem Kabel helfen könnte?

Wo befinden sich welche Aufzeichnungen mit welchen Angaben darüber, wie sich der Verwender bei beschädigtem Kabel helfen könnte?

Welche Aufzeichnungen enthalten welche Angaben darüber, wie sich der Verwender bei beschädigter Messerbefestigung helfen könnte?

Wo befinden sich welche Aufzeichnungen mit welchen Angaben darüber, wie sich der Verwender bei beschädigter Messerbefestigung helfen könnte?

Welche Aufzeichnungen enthalten welche Angaben darüber, wie sich der Verwender bei fehlender Messerabdeckung helfen könnte?

Wo befinden sich welche Aufzeichnungen mit welchen Angaben darüber, wie sich der Verwender bei fehlender Messerabdeckung helfen könnte?

Welche Aufzeichnungen enthalten welche Angaben darüber, wie sich der Verwender bei schwergängiger Verstelleinrichtung helfen könnte?

Wo befinden sich welche Aufzeichnungen mit welchen Angaben darüber, wie sich der Verwender bei schwergängiger Verstelleinrichtung helfen könnte?

Welche Aufzeichnungen enthalten welche Angaben darüber, was der Verwender gegen die Tastschaltung unternehmen könnte?

Wo befinden sich welche Aufzeichnungen mit welchen Angaben darüber, was der Verwender gegen die Tastschaltung unternehmen könnte?

Betriebsanleitung Produktionsanlage

Fragen zu erwartbaren Handlungsstrategien:

Im Allgemeinen sind es die gleichen Fragen wie bei Zielgruppe „Beauftragende Stelle“

Tabelle: Informationserfassung – Marketing/Vertrieb: produktbezogene Informationen

Bedienungsanleitung für den Allesschneider

Da diese Zielgruppe in der Regel bei einem Massenprodukt wie dem Allesschneider die Gestaltung der Betriebsanleitung bestimmt, ist davon auszugehen, dass hierzu auch Aufzeichnungen vorliegen.
Diese Aufzeichnungen erleichtern dem Technischen Autor in hohem Maße die Arbeit und die Zielgruppe legt im Allgemeinen Wert auf Aufzeichnungen der erfragten Art.
Die Themen der Aufzeichnungen sind Format- und Gestaltungsvorgaben, Sprachvorgaben, Vorgaben über Kontaktdaten und für den Umfang der produktbegleitenden Dokumentation.
Aufzeichnungen zu neuralgischen Punkten sind nicht unbedingt erwartbar – aber fragen schadet nicht.

Betriebsanleitung für die Produktionsanlage

Es geht bei diesem Bearbeitungsschritt um das Sammeln von Aufzeichnungen.
Im vorliegenden Fall geht es um die mögliche Einflussnahme der Öffentlichkeitsarbeit auf den Betrieb der Produktionsanlage.
Aufzeichnungen zum neuralgischen Punkt bleiben bestehen, da Änderungen im laufenden Erstellungsprozess auch durch diese Zielgruppe veranlasst werden können.

Tab. 3-38: *Fragen an Marketing/Vertrieb zur Informationserfassung von produktbezogenen Informationen für die Bedienungsanleitung eines Allesschneiders und die Betriebsanleitung einer Produktionsanlage*

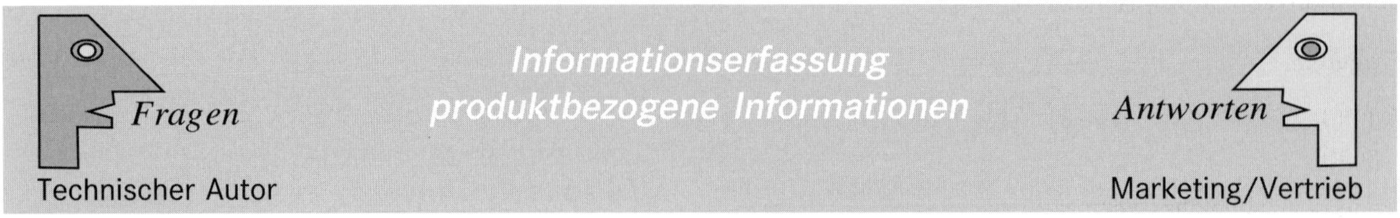

Bedienungsanleitung

Allesschneider

Fragen zu Organisation und Administration:

Welche Aufzeichnungen enthalten welche Angaben über Formatvorgaben der Bedienungsanleitung?

Wo befinden sich welche Aufzeichnungen mit welchen Angaben über Formatvorgaben der Bedienungsanleitung?

Welche Aufzeichnungen enthalten welche Angaben über Layoutvorgaben der Bedienungsanleitung?

Wo befinden sich welche Aufzeichnungen mit welchen Angaben über Layoutvorgaben der Bedienungsanleitung?

Welche Aufzeichnungen enthalten welche Angaben über Service- und Kontaktdaten, die in der Bedienungsanleitung enthalten sein sollen?

Wo befinden sich welche Aufzeichnungen mit welchen Angaben über Service- und Kontaktdaten, die in der Bedienungsanleitung enthalten sein sollen?

Welche Aufzeichnungen enthalten welche Angaben über Sprachvarianten, die in der Bedienungsanleitung enthalten sein sollen?

Wo befinden sich welche Aufzeichnungen mit welchen Angaben über Sprachvarianten, die in der Bedienungsanleitung enthalten sein sollen?

Welche Aufzeichnungen enthalten welche Angaben über welche weiteren Dokumente, die dem Produkt beigelegt werden?

Wo befinden sich welche Aufzeichnungen mit welchen Angaben über welche weiteren Dokumente, die dem Produkt beigelegt werden?

Betriebsanleitung

Produktionsanlage

Fragen zu Organisation und Administration:

Welche Aufzeichnungen enthalten welche Angaben über die Verantwortlichkeit zur Öffentlichkeitsarbeit bezogen auf die Gesamtanlage?

Wo befinden sich welche Aufzeichnungen mit welchen Angaben über die Verantwortlichkeit zur Öffentlichkeitsarbeit bezogen auf die Gesamtanlage?

Welche Aufzeichnungen enthalten welche Angaben über Führungen durch die Gesamtanlage?

Wo befinden sich welche Aufzeichnungen mit welchen Angaben über Führungen durch die Gesamtanlage?

Informationserfassung – Marketing/Vertrieb: produktbezogene Informationen

Bedienungsanleitung Allesschneider

Fragen zur Verfügbarkeit von Mustern und Vorlagen:

Wann und in welcher Form sind Formatvorgaben verfügbar?

Wann und in welcher Form sind Layoutvorgaben verfügbar?

Wann und in welcher Form sind Service- und Kontaktdaten verfügbar?

Wann stehen die Sprachvarianten fest?

Wann und in welcher Form ist vorhandenes Bildmaterial verfügbar?

Wann und in welcher Form sind vorhandene produktpräsentierende Dokumente verfügbar?

Wann und in welcher Form sind die weiteren Dokumente, die dem Produkt beigelegt werden, verfügbar?

Fragen zu technischen Produktunterlagen:

Diese Fragen entfallen im Allgemeinen bei dieser Zielgruppe

Fragen zu neuralgischen Punkten:

Welche Aufzeichnungen enthalten welche Angaben darüber, mit welchem Vorwissen über das Produkt und seine Verwendung der Verwender durch produktpräsentierende Dokumente (z. B. Prospekt, Messevorführung, Verkaufsvideo, Fernsehwerbung) ausgestattet wird?

Wo befinden sich welche Aufzeichnungen mit welchen Angaben darüber, mit welchem Vorwissen über das Produkt und seine Verwendung der Verwender durch produktpräsentierende Dokumente (z. B. Prospekt, Messevorführung, Verkaufsvideo, Fernsehwerbung) ausgestattet wird?

Welche Aufzeichnungen enthalten welche Angaben darüber, welche Unterschiede/Widersprüche es zwischen den verkaufsfördernden Informationen und dem bestimmungsgemäßen Verhalten gibt?

Wo befinden sich welche Aufzeichnungen mit welchen Angaben darüber, welche Unterschiede/Widersprüche es zwischen den verkaufsfördernden Informationen und dem bestimmungsgemäßen Verhalten gibt?

Betriebsanleitung Produktionsanlage

Fragen zur Verfügbarkeit von Mustern und Vorlagen:

Diese Fragen entfallen im Allgemeinen bei dieser Zielgruppe

Fragen zu technischen Produktunterlagen:

Diese Fragen entfallen im Allgemeinen bei dieser Zielgruppe

Fragen zu neuralgischen Punkten:

Wie werden aktuelle Änderungen in den laufenden Erstellungsprozess welcher technischer Produktunterlagen eingespeist?

Wo sind die Verfahren für die Einspeisung aktueller Änderungen in den laufenden Erstellungsprozess welcher technischer Produktunterlagen festgelegt?

Informationserfassung – Marketing/Vertrieb: produktbezogene Informationen

Bedienungsanleitung Allesschneider

Welche Aufzeichnungen enthalten welche Angaben über welche inhaltlichen länderspezifischen Unterschiede bei den produktpräsentierenden Dokumenten?

Wo befinden sich welche Aufzeichnungen mit welchen Angaben über welche inhaltlichen länderspezifischen Unterschiede bei den produktpräsentierenden Dokumenten?

Welche Aufzeichnungen enthalten welche Angaben über die Auswirkung länderspezifischer Unterschiede auf die Gestaltungsvorgaben der Bedienungsanleitung?

Wo befinden sich welche Aufzeichnungen mit welchen Angaben über welche inhaltlichen länderspezifischen Unterschiede bei den produktpräsentierenden Dokumenten?

Tabelle: Informationserfassung – Marketing/Vertrieb: verwenderbezogene Informationen

Bedienungsanleitung für den Allesschneider

Wegen der Nähe zum Verwender beim Massenprodukt Allesschneider sind Aufzeichnungen zur Qualifikation der Zielgruppen, zum Verwenderumfeld und zu Handlungsstrategien erwartbar.

Auch hier gilt die Frage nach dem „Wo?“. Dadurch kommt man gelegentlich zu Informationen von Fachverbänden, teilweise wird man an entsprechende Abteilungen bzw. Ansprechpartner verwiesen.

Betriebsanleitung für die Produktionsanlage

Für dieses Produkt entfallen im Allgemeinen Fragen an diese Zielgruppe.

Tab. 3-39: *Fragen an Marketing/Vertrieb zur Informationserfassung von verwenderbezogenen Informationen für die Bedienungsanleitung eines Allesschneiders und die Betriebsanleitung einer Produktionsanlage*

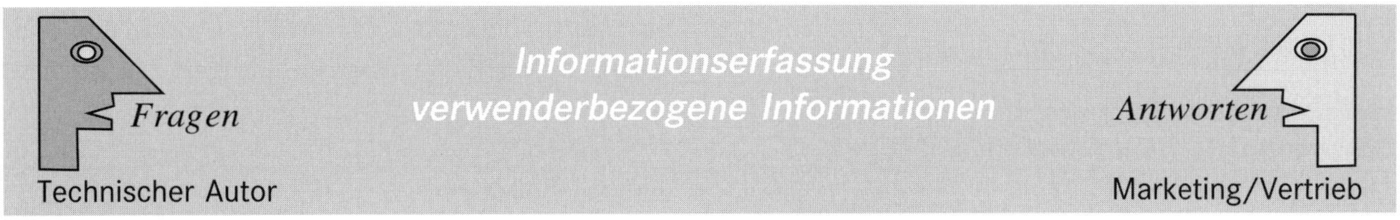

Bedienungsanleitung

Allesschneider

Fragen zur Qualifikation:

Welche Aufzeichnungen enthalten welche Angaben über Qualifikationen von Zielgruppen?

Wo befinden sich welche Aufzeichnungen mit welchen Angaben über Qualifikationen von Zielgruppen?

Fragen zum erwartbaren Verwendungsumfeld:

Welche Aufzeichnungen enthalten welche Angaben über das Verwendungsumfeld von Zielgruppen?

Wo befinden sich welche Aufzeichnungen mit welchen Angaben über das Verwendungsumfeld von Zielgruppen?

Fragen zu erwartbaren Handlungsstrategien:

Welche Aufzeichnungen enthalten welche Angaben über welche Zielgruppen bezüglich der Handlungsstrategien im Umgang mit dem Produkt?

Wo befinden sich welche Aufzeichnungen mit welchen Angaben über welche Zielgruppen bezüglich der Handlungsstrategien im Umgang mit dem Produkt?

Betriebsanleitung

Produktionsanlage

Fragen zur Qualifikation:

Diese Fragen entfallen im Allgemeinen bei dieser Zielgruppe

Fragen zum erwartbaren Verwendungsumfeld:

Diese Fragen entfallen im Allgemeinen bei dieser Zielgruppe

Fragen zu erwartbaren Handlungsstrategien:

Diese Fragen entfallen im Allgemeinen bei dieser Zielgruppe

Tabelle: Informationserfassung – Service/Kundendienst: produktbezogene Informationen

Bedienungsanleitung für den Allesschneider sowie Betriebsanleitung für die Produktionsanlage

Wie schon bei den vorhergehenden Zielgruppen gilt auch für diesen Bearbeitungsschritt das Fragen und Sammeln von Aufzeichnungen zu den Fragen des Bearbeitungsschritts „Informationsbeschaffung“.

Das heißt wiederum: Hat man entsprechende Aufzeichnungen erhalten, erübrigen sich die entsprechenden Fragen.

Zu beachten ist, dass die Fragen für beide Produkte unterschiedlich sind.

Tab. 3-40: *Fragen an Service/Kundendienst zur Informationserfassung von produktbezogenen Informationen für die Bedienungsanleitung eines Allesschneiders und die Betriebsanleitung einer Produktionsanlage*

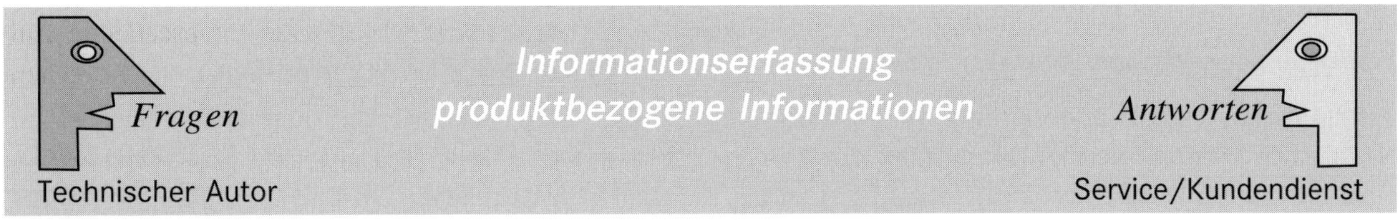

Bedienungsanleitung

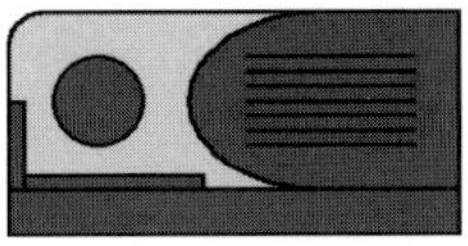

Allesschneider

Fragen zu Organisation und Administration:

Welche Aufzeichnungen enthalten welche Service-/Kundendienstinformationen zu bauähnlichen Produkten?

Wo befinden sich welche Aufzeichnungen mit welchen Service-/Kundendienstinformationen zu bauähnlichen Produkten?

Welche Aufzeichnungen enthalten welche Service-/Kundendienstinformationen zu Zielgruppen von baugleichen/bauähnlichen Produkten?

Wo befinden sich welche Aufzeichnungen mit welchen Service-/Kundendienstinformationen zu Zielgruppen von baugleichen/bauähnlichen Produkten?

Fragen zur Verfügbarkeit von Mustern und Vorlagen:

Wann und in welcher Form sind Service-/Kundendienstinformationen zu bauähnlichen Produkten verfügbar?

Wann und in welcher Form sind Service-/Kundendienstinformationen zu Zielgruppen von baugleichen/bauähnlichen Produkten verfügbar?

Fragen zu technischen Produktunterlagen:

Diese Fragen entfallen im Allgemeinen bei dieser Zielgruppe

Betriebsanleitung

Produktionsanlage

Fragen zu Organisation und Administration:

Welche Aufzeichnungen enthalten welche Angaben zur Verantwortlichkeit für Service/Kundendienst?

Wo befinden sich welche Aufzeichnungen mit welchen Angaben zur Verantwortlichkeit für Service/Kundendienst?

Welche Aufzeichnungen enthalten welche Angaben zur Erfassung der Arbeitsereignisse im Service/Kundendienstwesen?

Wo befinden sich welche Aufzeichnungen mit welchen Angaben zur Erfassung der Arbeitsereignisse im Service/Kundendienstwesen?

Fragen zur Verfügbarkeit von Mustern und Vorlagen:

Diese Fragen entfallen im Allgemeinen in diesem Sachzusammenhang

Fragen zu technischen Produktunterlagen:

Diese Fragen entfallen im Allgemeinen bei dieser Zielgruppe

Informationserfassung – Service/Kundendienst: produktbezogene Informationen

Bedienungsanleitung Allesschneider

Fragen zu neuralgischen Punkten:

Welche Aufzeichnungen enthalten welche Angaben zu technischen Problembereichen des Produktes aus der Sicht des Service/Kundendienstes?

Wo befinden sich welche Aufzeichnungen mit welchen Angaben zu technischen Problembereichen des Produktes aus der Sicht des Service/Kundendienstes?

Welche Aufzeichnungen enthalten welche Angaben zu nicht bestimmungsgemäßem Bedienungsverhalten und seinen Folgen für Produkt und Verwender?

Wo befinden sich welche Aufzeichnungen mit welchen Angaben zu nicht bestimmungsgemäßem Bedienungsverhalten und seinen Folgen für Produkt und Verwender?

Betriebsanleitung Produktionsanlage

Fragen zu neuralgischen Punkten:

Welche Aufzeichnungen enthalten welche Angaben zu technischen Problembereichen, die durch externe Wartungsfirmen entstehen können?

Wo befinden sich welche Aufzeichnungen mit welchen Angaben zu technischen Problembereichen, die durch externe Wartungsfirmen entstehen können?

Welche Aufzeichnungen enthalten welche Angaben zu technischen Problembereichen, die durch interne Mitarbeiter entstehen können?

Wo befinden sich welche Aufzeichnungen mit welchen Angaben zu technischen Problembereichen, die durch interne Mitarbeiter entstehen können?

Welche Aufzeichnungen enthalten welche Angaben zu großen Industrieunfällen mit Auswirkungen auf die Öffentlichkeit, die durch externe Wartungsfirmen entstehen können?

Wo befinden sich welche Aufzeichnungen mit welchen Angaben zu großen Industrieunfällen mit Auswirkungen auf die Öffentlichkeit, die durch externe Wartungsfirmen entstehen können?

Welche Aufzeichnungen enthalten welche Angaben zu großen Industrieunfällen mit Auswirkungen auf die Öffentlichkeit, die durch interne Mitarbeiter entstehen können?

Wo befinden sich welche Aufzeichnungen mit welchen Angaben zu großen Industrieunfällen mit Auswirkungen auf die Öffentlichkeit, die durch interne Mitarbeiter entstehen können?

Tabelle: Informationserfassung – Service/ Kundendienst: verwenderbezogene Informationen

Bedienungsanleitung für den Allesschneider sowie Betriebsanleitung für die Produktionsanlage

Es gilt das Gleiche wie bei den produktbezogenen Informationen: Wie schon bei den vorhergehenden Zielgruppen gilt auch für diesen Bearbeitungsschritt das Fragen und Sammeln von Aufzeichnungen zu den Fragen des Bearbeitungsschritts „Informationsbeschaffung“.
Das heißt wiederum: Hat man entsprechende Aufzeichnungen erhalten, erübrigen sich die entsprechenden Fragen.
Zu beachten ist, dass die Fragen für beide Produkte unterschiedlich sind.

Tab. 3-41: *Fragen an Service/Kundendienst zur Informationserfassung von verwenderbezogenen Informationen für die Bedienungsanleitung eines Allesschneiders und die Betriebsanleitung einer Produktionsanlage*

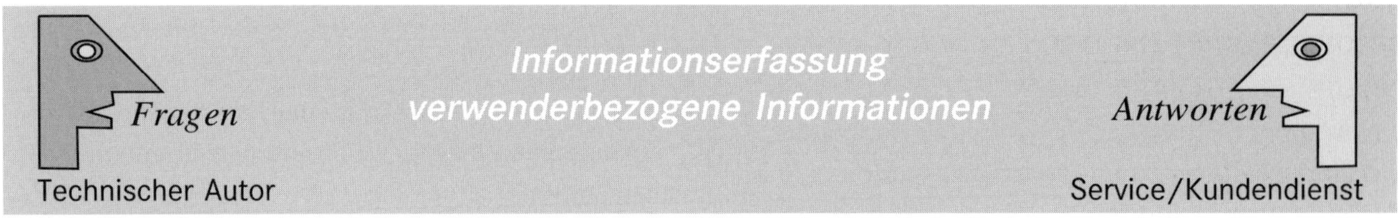

Bedienungsanleitung	Betriebsanleitung
 **Allesschneider**	 **Produktionsanlage**
Fragen zur Qualifikation:	***Fragen zur Qualifikation:***
Diese Fragen entfallen im Allgemeinen bei dieser Zielgruppe	Welche Aufzeichnungen enthalten welche Angaben zu welchen Qualifikationen von Service-/Kundendienstfachkräften? Wo befinden sich welche Aufzeichnungen mit welchen Angaben zu welchen Qualifikationen von Service-/Kundendienstfachkräften? Welche Aufzeichnungen enthalten welche Angaben zu welchen Maßnahmen zur Prüfung welcher Qualifikation von Service-/Kundendienstfachkräften? Wo befinden sich welche Aufzeichnungen mit welchen Angaben zu welchen Maßnahmen zur Prüfung welcher Qualifikation von Service-/Kundendienstfachkräften?
Fragen zum erwartbaren Verwendungsumfeld:	***Fragen zum erwartbaren Verwendungsumfeld:***
Welche Aufzeichnungen enthalten welche Angaben zu welchen Zielgruppen bezüglich des Verwendungsumfeldes? Wo befinden sich welche Aufzeichnungen mit welchen Angaben zu welchen Zielgruppen bezüglich des Verwendungsumfeldes?	Im Allgemeinen sind es die gleichen Fragen wie bei Zielgruppe „Beauftragende Stelle“
Fragen zu erwartbaren Handlungsstrategien:	***Fragen zu erwartbaren Handlungsstrategien:***
Welche Aufzeichnungen enthalten welche Angaben zu welchen Zielgruppen bezüglich der Handlungsstrategien im Umgang mit dem Produkt? Wo befinden sich welche Aufzeichnungen mit welchen Angaben zu welchen Zielgruppen bezüglich Handlungsstrategien im Umgang mit dem Produkt?	Im Allgemeinen sind es die gleichen Fragen wie bei Zielgruppe „Beauftragende Stelle“

Tabellen: Informationserfassung – Bild- und Textlieferanten: produktbezogene Informationen und verwenderbezogene Informationen

Bedienungsanleitung für den Allesschneider sowie Betriebsanleitung für die Produktionsanlage

Im Allgemeinen sind es die gleichen Fragen wie an die Zielgruppe „Beauftragende Stelle".

Da die Informationserfassung ein logischer Bearbeitungsschritt ist, habe ich ihn auch für diese Zielgruppen angelegt

Ferner habe ich aus Gründen der einfacheren und zielgruppenspezifischen Anwendbarkeit der Fragen wie bisher für die Zielgruppe Bildlieferanten und die Zielgruppe Textlieferanten jeweils für produktbezogene und verwenderbezogene Inhalte einzelne Tabellen erstellt.

Tab. 3-42: *Fragen an die Bildlieferanten zur Informationserfassung von produktbezogenen Informationen für die Bedienungsanleitung eines Allesschneiders und die Betriebsanleitung einer Produktionsanlage*

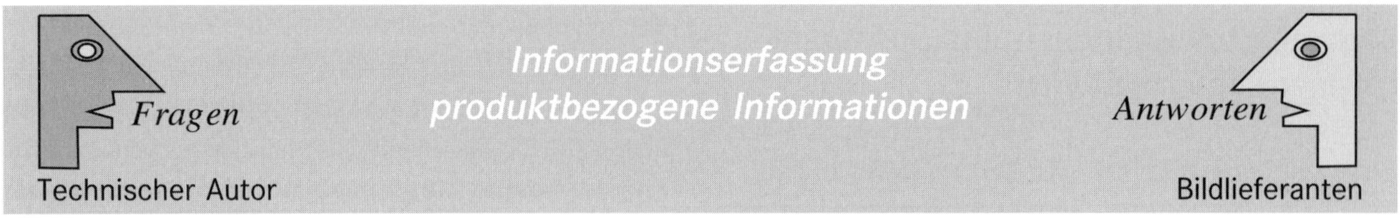

Bedienungsanleitung

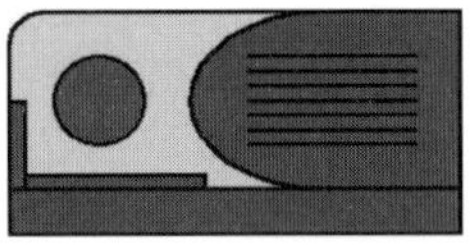

Allesschneider

Betriebsanleitung

Produktionsanlage

Fragen zu Organisation und Administration:

Im Allgemeinen sind es die gleichen Fragen wie bei Zielgruppe „Beauftragende Stelle“

Fragen zur Verfügbarkeit von Mustern und Vorlagen:

Diese Fragen entfallen im Allgemeinen bei dieser Zielgruppe

Fragen zu technischen Produktunterlagen:

Diese Fragen entfallen im Allgemeinen bei dieser Zielgruppe

Fragen zu neuralgischen Punkten:

Im Allgemeinen sind es die gleichen Fragen wie bei Zielgruppe „Beauftragende Stelle“

Tab. 3-43: *Fragen an die Bildlieferanten zur Informationserfassung von verwenderbezogenen Informationen für die Bedienungsanleitung eines Allesschneiders und die Betriebsanleitung einer Produktionsanlage*

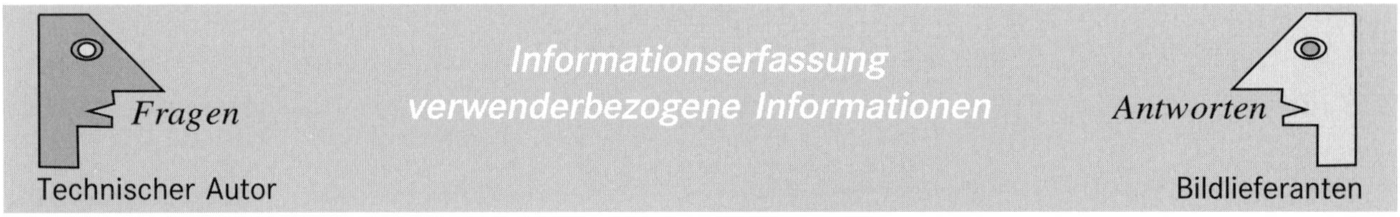

Bedienungsanleitung

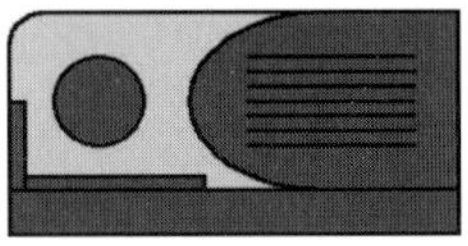

Allesschneider

Betriebsanleitung

Produktionsanlage

Fragen zur Qualifikation, bezogen auf dargestellte Personen:

Im Allgemeinen sind es die gleichen Fragen wie bei Zielgruppe „Beauftragende Stelle“

Fragen zum erwartbaren Verwendungsumfeld:

Im Allgemeinen sind es die gleichen Fragen wie bei Zielgruppe „Beauftragende Stelle“

Fragen zu erwartbaren Handlungsstrategien:

Im Allgemeinen sind es die gleichen Fragen wie bei Zielgruppe „Beauftragende Stelle“

Tab. 3-44: *Fragen an die Textlieferanten zur Informationserfassung von produktbezogenen Informationen für die Bedienungsanleitung eines Allesschneiders und die Betriebsanleitung einer Produktionsanlage*

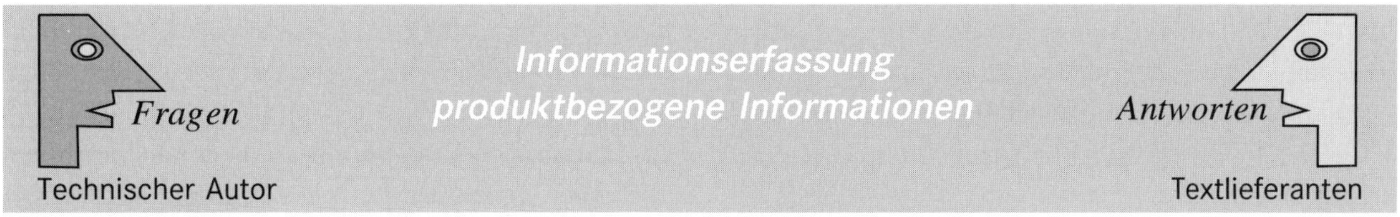

Bedienungsanleitung

Allesschneider

Betriebsanleitung

Produktionsanlage

Fragen zu Organisation und Administration:

Im Allgemeinen sind es die gleichen Fragen wie bei Zielgruppe „Beauftragende Stelle“

Fragen zur Verfügbarkeit von Mustern und Vorlagen:

Diese Fragen entfallen im Allgemeinen bei dieser Zielgruppe

Fragen zu technischen Produktunterlagen:

Diese Fragen entfallen im Allgemeinen bei dieser Zielgruppe

Fragen zu neuralgischen Punkten:

Im Allgemeinen sind es die gleichen Fragen wie bei Zielgruppe „Beauftragende Stelle“

Tab. 3-45: *Fragen an die Textlieferanten zur Informationserfassung von verwenderbezogenen Informationen für die Bedienungsanleitung eines Allesschneiders und die Betriebsanleitung einer Produktionsanlage*

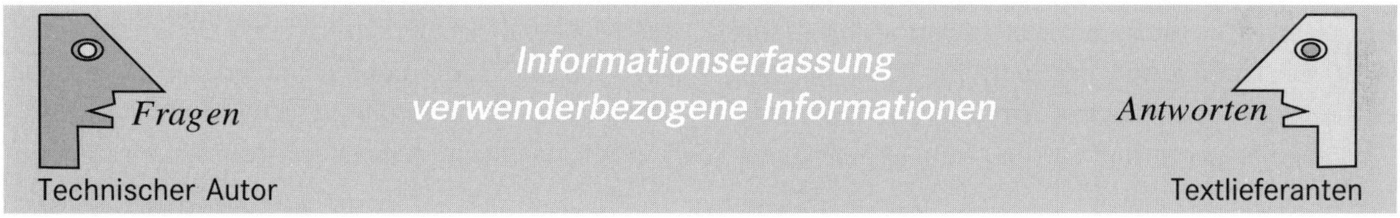

Bedienungsanleitung

Allesschneider

Betriebsanleitung

Produktionsanlage

Fragen zur Qualifikation, bezogen auf dargestellte Personen:

Im Allgemeinen sind es die gleichen Fragen wie bei Zielgruppe „Beauftragende Stelle“

Fragen zum erwartbaren Verwendungsumfeld:

Im Allgemeinen sind es die gleichen Fragen wie bei Zielgruppe „Beauftragende Stelle“

Fragen zu erwartbaren Handlungsstrategien:

Im Allgemeinen sind es die gleichen Fragen wie bei Zielgruppe „Beauftragende Stelle“

3

3.4.4 Thema Informationsverarbeitung

Die erfassten Informationen werden zur Erstellung eines Rohentwurfs herangezogen bzw. in diesen eingearbeitet. Nun unterscheidet sich der Rohentwurf vom Allesschneider beträchtlich von dem Rohentwurf einer Produktionsanlage.

Der Rohentwurf des Allesschneiders wird in der Regel aus Text- und Bildbausteinen maschinell montiert. Das heißt, je nach vorhandener Technik und Fachkräften werden einzelne Wörter oder Texte mit unterschiedlichen Funktionen entsprechend formatiert. Unter Verwendung bestimmter Programme fügt man die Stücke auf einer Oberfläche wieder nach einem vorbestimmten Layoutmuster zusammen.

Diese Technik erlaubt die Verwendung von Quelltexten für unterschiedliche Medien und Datenträger. So lässt sich die Bedienungsanleitung als Druckvorlage herstellen, als downloadbare Datei in verschiedenen Formaten, zur Ansicht auf einer Website oder auf eine DVD kopiert zum Ansehen im Fernseher.

Um diese technischen Möglichkeiten optimal zu nutzen, bedarf es klarer Definitionen und kompatibler Ausstattung. Das heißt, die Fragen müssen diese Informationen bringen – und das heißt auch, die Vervielfältigung spielt eine entscheidende Rolle.

Diese Vielfalt an Möglichkeiten ist nicht nur zu schaffen, sondern sie muss auch archiviert werden. Das heißt, die Dateien sind beständig für den gesetzlich vorgeschriebenen Mindestzeitraum zu speichern. Die Papierausgaben sind entsprechend sicher abzulegen.

Beim Rohentwurf der Produktionsanlage steht nicht die optimale, schnelle und kostengünstige Vervielfältigbarkeit im Vordergrund, sondern die Übersichtlichkeit und Handhabbarkeit bei unterschiedlichsten Verwenderinteressen.

Der Bediener benötigt nur den Teil der von ihm zu bedienenden Teilanlage bzw. des Anlagenteils. Bei Bedarf muss er sich aber einen raschen Überblick über andere Anlagenteile verschaffen können.

Der Einsteller muss sich nicht nur über die Einstellbarkeit und Bedienung, sondern auch über die Wirkungsweise informieren können. Monteure und Wartungspersonal benötigen besondere Wartungs- und Prüflisten sowie Verfahrensanweisungen. Die Betriebssicherheitskräfte wie Werksfeuerwehr und Sanitäter benötigen Anlageinformationen für ihre Belange. Das heißt, sie müssen sich über das Sicherheitskonzept anhand der Betriebsanleitung schnell, zuverlässig und ausführlich informieren können. Dies sind nur einige Aspekte, nach denen der Rohentwurf als Korrekturvorlage zur Betriebsanleitung zu prüfen ist.

Zusätzlich zu der Tauglichkeit im Alltag muss er änderungsfreundlich gegliedert und gestaltet sein. Auch die zuverlässige Archivierbarkeit muss sichergestellt sein – und dann muss er noch vervielfältigbar sein.

Aus diesem Aufgabenfeld ergeben sich der unterschiedliche Informationsbedarf und die unterschiedlichen Fragen – allerdings nicht für jede Zielgruppe. Grundsätzliches Ziel der Fragen ist die Ermittlung von Informationen zum Endprodukt im Hinblick auf die Weiterverwertbarkeit, Wiederverwertbarkeit und Archivierbarkeit der Arbeitsergebnisse.

Tabelle: Informationsverarbeitung – Beauftragende Stelle: produktbezogene Informationen

Bedienungsanleitung für den Allesschneider

Die Fragen gehen von einer stark differenzierten elektronischen Textverarbeitung aus. Allerdings sind sie genauso gut auf manuelle Ausarbeitungen anwendbar. Sie sind absichtlich offen formuliert, sodass sie als Einstiegsfragen benutzt werden können. Detailliertere Fragen sind bei entsprechendem Informationsverlauf nachzuschieben.

Muster und Vorlagen sind bei einem solchen Massenprodukt üblicherweise vorhanden. Allerdings ist das nicht zwingend. Es kann auch sein, dass die Beauftragende Stelle etwas völlig Neues schaffen lassen möchte. Für einen Technischen Autor kann das ein Glücksgriff sein.

Der neuralgische Punkt „Einfließen von Änderungen in den laufenden Erstellungsprozess" bleibt bestehen.

Für diese Themenstellung sind die Fragen für beide technischen Produkte gleich.

Betriebsanleitung für die Produktionsanlage

Produktbedingt beziehen sich die Fragen zur Informationsverarbeitung sehr konkret auf die möglichen Endfassungen.

Ich bin nicht von einer Endfassung ausgegangen, sondern von unterschiedlichen Teilfassungen in unterschiedlichen Medien. Dies zeigte sich erfahrungsgemäß als angemessen.

Die Frage nach Vorlagen für Qualifizierungsmaßnahmen hat den Hintergrund, dass diese Vorlagenmuster gegebenenfalls in der Betriebsanleitung eingesetzt werden können.

Der neuralgische Punkt „Einfließen von Änderungen in den laufenden Erstellungsprozess" ist auch hier vorzusehen.

Tab. 3-46: *Fragen an die Beauftragende Stelle zur Informationsverarbeitung von produktbezogenen Informationen für die Bedienungsanleitung eines Allesschneiders und die Betriebsanleitung einer Produktionsanlage*

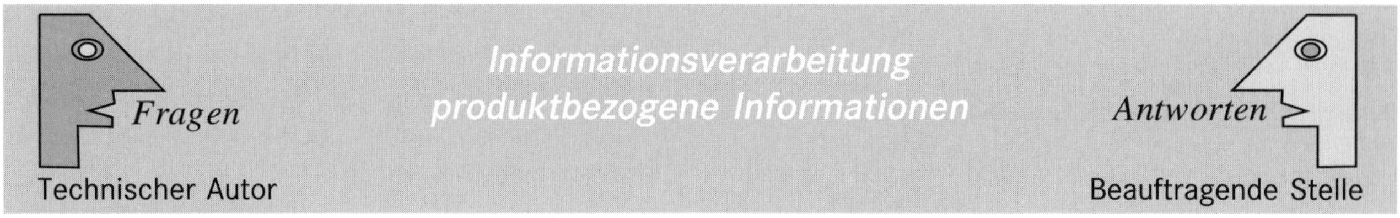

Bedienungsanleitung	Betriebsanleitung
 **Allesschneider**	 **Produktionsanlage**
Fragen zu Organisation und Administration:	***Fragen zu Organisation und Administration:***
Welche Textstrukturierungsvorlagen sind für welche Gliederungsbegriffe anzuwenden? Welche Textstrukturierungsvorlagen sind für welche Funktionstexte (z. B. Warnungen, Hinweise, Anweisungen, Empfehlungen, Bildunterschriften usw.) anzuwenden? Welche Textstrukturierungsvorlagen sind für welche Auswahl von Inhaltsbausteinen (z. B. Vorwort, Garantieerklärung, EG-Konformitätserklärung, Händlerverzeichnis usw.) anzuwenden? Welche Formate zur Übertragung von welchen Bild- und Textinformationen in welche Medien sind einzuhalten?	Welche Teile der Betriebsanleitung sind als Papierausgabe in welcher Bindeform für welche Zielgruppe verfügbar zu machen? Welche Teile der Betriebsanleitung sind als elektronische Datei in welchem Format für welche Zielgruppe verfügbar zu machen? Welche Teile der Betriebsanleitung sind für welche Verwender für welche Qualifizierungsmaßnahmen in welchen Formen verfügbar zu machen?
Fragen zur Verfügbarkeit von Mustern und Vorlagen:	***Fragen zur Verfügbarkeit von Mustern und Vorlagen:***
Welche Textstrukturierungsvorlagen stehen für welche Gliederungsbegriffe für die Anwendung zur Verfügung? Welche Textstrukturierungsvorlagen stehen für welche Funktionstexte (z. B. Warnungen, Hinweise, Anweisungen, Empfehlungen, Bildunterschriften usw.) für die Anwendung zur Verfügung? Welche Textstrukturierungsvorlagen stehen für welche Auswahl von Inhaltsbausteinen (z. B. Vorwort, Garantieerklärung, EG-Konformitätserklärung, Händlerverzeichnis usw.) für die Anwendung zur Verfügung? Welche Formate zur Übertragung von welchen Bild- und Textinformationen in welche Medien stehen für die Anwendung zur Verfügung?	Welche Vorlagen für welche Bindeformen stehen zur Verfügung? Welche Vorlagen für welche elektronischen Dateiformate stehen zur Verfügung? Welche Vorlagen für welche Qualifizierungsmaßnahmen für welche Verwender stehen zur Verfügung? Ab wann kann ich über die von dem Auftraggeber/Kunden geforderte Gliederungssystematik für die Dokumentation der Gesamtanlage verfügen?

Informationsverarbeitung – Beauftragende Stelle: produktbezogene Informationen

Bedienungsanleitung Allesschneider **Betriebsanleitung Produktionsanlage**

Fragen zu technischen Produktunterlagen:

Entfallen im Allgemeinen in diesem Sachzusammenhang

Fragen zu neuralgischen Punkten:

Wie werden aktuelle Änderungen in den laufenden Erstellungsprozess welcher technischer Produktunterlagen eingespeist?

Wo sind die Verfahren für die Einspeisung aktueller Änderungen in den laufenden Erstellungsprozess welcher technischer Produktunterlagen festgelegt?

Tabelle: Informationsverarbeitung – Beauftragende Stelle: verwenderbezogene Informationen

Bedienungsanleitung für den Allesschneider

Für diese Bearbeitungsstufe entfallen im Allgemeinen Fragen zu verwenderbezogenen Informationen.

Betriebsanleitung für die Produktionsanlage

Bei der Produktionsanlage müssen Mitarbeiter qualifiziert werden. Diese Maßnahmen wirken auch in die Informationsverarbeitung hinein.

Zum einen wirken Mitarbeiter durch das testweise Durchspielen von Arbeitsabläufen am Verarbeiten von erfassten Informationen mit.

Zum anderen kann die Störanfälligkeit von Informationsmitteln bei Arbeitsabläufen im Testverfahren beobachtet und bei der Informationsverarbeitung entsprechend berücksichtigt werden.

Auch Handlungsstrategien lassen sich bei der Informationsverarbeitung noch prüfen oder können erst dort geprüft werden. Dies ist nicht mit dem folgenden Bearbeitungsschritt „Informationsprüfung" zu verwechseln.

Tab. 3-47: *Fragen an die Beauftragende Stelle zur Informationsverarbeitung von verwenderbezogenen Informationen für die Bedienungsanleitung eines Allesschneiders und die Betriebsanleitung einer Produktionsanlage*

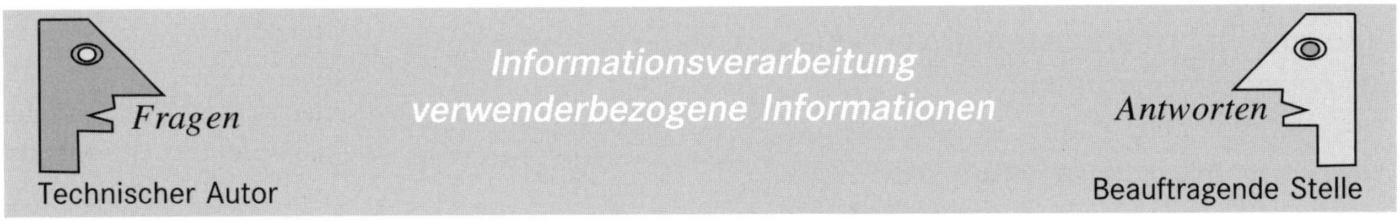

Bedienungsanleitung

Allesschneider

Fragen zur Qualifikation:

Entfallen im Allgemeinen in diesem Sachzusammenhang

Fragen zum erwartbaren Verwendungsumfeld:

Entfallen im Allgemeinen in diesem Sachzusammenhang

Fragen zu erwartbaren Handlungsstrategien:

Entfallen im Allgemeinen in diesem Sachzusammenhang

Betriebsanleitung

Produktionsanlage

Fragen zur Qualifikation:

Welche Verwender sind für welchen Teil der Betriebsanleitung in welcher Form für welche Qualifizierungsmaßnahme bestimmt?

Wann und in welcher Weise stehen die für welche Qualifizierungsmaßnahme bestimmten Verwender für die Informationsverarbeitung zur Verfügung?

Fragen zum erwartbaren Verwendungsumfeld:

Wann und in welcher Weise stehen welche Verwender für welche Arbeitsplätze mit besonderen Störbelastungen für die Informationsverarbeitung zur Verfügung?

Fragen zu erwartbaren Handlungsstrategien:

Wann und in welcher Weise stehen welche Verwender für welche Produktverwendungsinteressen für die Informationsverarbeitung zur Verfügung?

Tabellen: Informationsverarbeitung – Entwicklung/Konstruktion: produktbezogene Informationen und verwenderbezogene Informationen

Bedienungsanleitung für den Allesschneider sowie Betriebsanleitung für die Produktionsanlage

3

Fragen zu diesem Bearbeitungsschritt entfallen im Allgemeinen für diese Zielgruppe.
Aus Gründen der zielgruppenbezogenen Anwendbarkeit der Fragetabellen sind sowohl die Tabellen für produktbezogene Informationen wie für verwenderbezogene Informationen aufgeführt.

Tab. 3-48: *Fragen an die Entwicklung/Konstruktion zur Informationsverarbeitung von produktbezogenen Informationen für die Bedienungsanleitung eines Allesschneiders und die Betriebsanleitung einer Produktionsanlage*

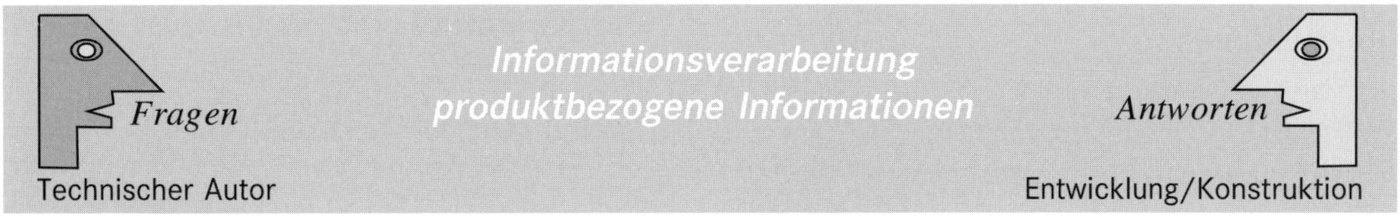

Bedienungsanleitung

Allesschneider

Betriebsanleitung

Produktionsanlage

Fragen zu Organisation und Administration:

Entfallen im Allgemeinen in diesem Sachzusammenhang

Fragen zur Verfügbarkeit von Mustern und Vorlagen:

Entfallen im Allgemeinen in diesem Sachzusammenhang

Fragen zu technischen Produktunterlagen:

Entfallen im Allgemeinen in diesem Sachzusammenhang

Fragen zu neuralgischen Punkten:

Entfallen im Allgemeinen in diesem Sachzusammenhang

Tab. 3-49: *Fragen an die Entwicklung/Konstruktion zur Informationsverarbeitung von verwenderbezogenen Informationen für die Bedienungsanleitung eines Allesschneiders und die Betriebsanleitung einer Produktionsanlage*

Bedienungsanleitung

Allesschneider

Betriebsanleitung

Produktionsanlage

Fragen zur Qualifikation:

Entfallen im Allgemeinen in diesem Sachzusammenhang

Fragen zum erwartbaren Verwendungsumfeld:

Entfallen im Allgemeinen in diesem Sachzusammenhang

Fragen zu erwartbaren Handlungsstrategien:

Entfallen im Allgemeinen in diesem Sachzusammenhang

Tabelle: Informationsverarbeitung – Marketing/Vertrieb: produktbezogene Informationen

Bedienungsanleitung für den Allesschneider

Für diese Zielgruppe gelten im Allgemeinen die gleichen Fragen wie für die Zielgruppe „Beauftragende Stelle“. Fragen zu technischen Produktunterlagen entfallen im Allgemeinen beim Allesschneider ebenso wie bei der Betriebsanleitung zur Produktionsanlage.

Betriebsanleitung für die Produktionsanlage

Fragen zu dieser Themenstellung entfallen im Allgemeinen für diese Zielgruppe.

Tab. 3-50: *Fragen an Marketing/Vertrieb zur Informationsverarbeitung von produktbezogenen Informationen für die Bedienungsanleitung eines Allesschneiders und die Betriebsanleitung einer Produktionsanlage*

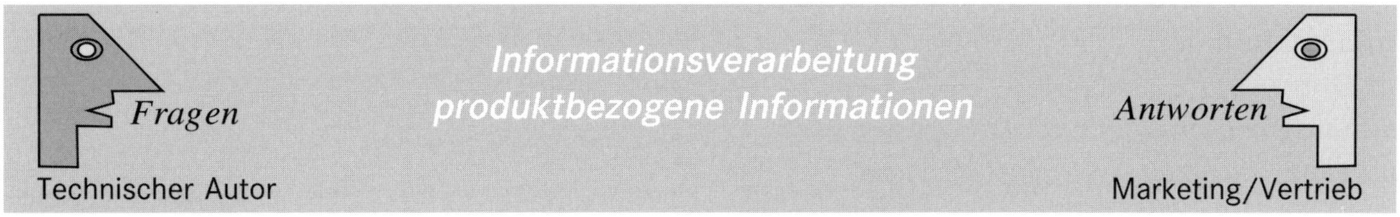

Bedienungsanleitung

Allesschneider

Betriebsanleitung

Produktionsanlage

Fragen zu Organisation und Administration:

Im Allgemeinen sind es die gleichen Fragen wie bei Zielgruppe „Beauftragende Stelle“

Fragen zur Verfügbarkeit von Mustern und Vorlagen:

Im Allgemeinen sind es die gleichen Fragen wie bei Zielgruppe „Beauftragende Stelle“

Fragen zu technischen Produktunterlagen:

Diese Fragen entfallen im Allgemeinen bei dieser Zielgruppe

Fragen zu neuralgischen Punkten:

Im Allgemeinen sind es die gleichen Fragen wie bei Zielgruppe „Beauftragende Stelle“

(Betriebsanleitung / Produktionsanlage:)

Fragen zu Organisation und Administration:

Diese Fragen entfallen im Allgemeinen bei dieser Zielgruppe

Fragen zur Verfügbarkeit von Mustern und Vorlagen:

Diese Fragen entfallen im Allgemeinen bei dieser Zielgruppe

Fragen zu neuralgischen Punkten:

Diese Fragen entfallen im Allgemeinen bei dieser Zielgruppe

Tabelle: Informationsverarbeitung – Marketing/Vertrieb: verwenderbezogene Informationen

Bedienungsanleitung für den Allesschneider sowie Betriebsanleitung für die Produktionsanlage

Fragen zu verwenderbezogenen Informationen entfallen im Allgemeinen für diese Zielgruppe – sowohl bezüglich der Bedienungsanleitung für den Allesschneider als auch für die Betriebsanleitung für die Produktionsanlage.

Tab. 3-51: *Fragen an Marketing/Vertrieb zur Informationsverarbeitung von verwenderbezogenen Informationen für die Bedienungsanleitung eines Allesschneiders und die Betriebsanleitung einer Produktionsanlage*

Fragen — **Informationsverarbeitung verwenderbezogene Informationen** — Antworten

Technischer Autor — Marketing/Vertrieb

Bedienungsanleitung

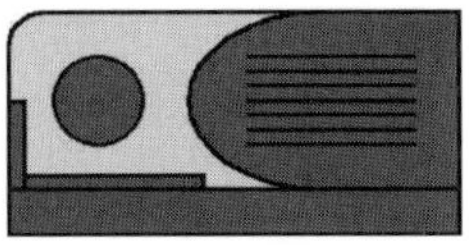

Allesschneider

Betriebsanleitung

Produktionsanlage

Fragen zur Qualifikation:

Diese Fragen entfallen im Allgemeinen in diesem Sachzusammenhang

Fragen zum erwartbaren Verwendungsumfeld:

Diese Fragen entfallen im Allgemeinen in diesem Sachzusammenhang

Fragen zu erwartbaren Handlungsstrategien:

Diese Fragen entfallen im Allgemeinen in diesem Sachzusammenhang

Tabellen: Informationsverarbeitung – Service/Kundendienst: produktbezogene Informationen und verwenderbezogene Informationen

Bedienungsanleitung für den Allesschneider sowie Betriebsanleitung für die Produktionsanlage

Fragen zu diesen Themenstellungen entfallen im Allgemeinen für diese Zielgruppe.
Wiederum aus Gründen der zielgruppenspezifischen Anwendbarkeit der Fragetabellen sind die Fragetabellen für produktbezogene Informationen und für verwenderbezogene Informationen aufgenommen.

Tab. 3-52: *Fragen an Service/Kundendienst zur Informationsverarbeitung von produktbezogenen Informationen für die Bedienungsanleitung eines Allesschneiders und die Betriebsanleitung einer Produktionsanlage*

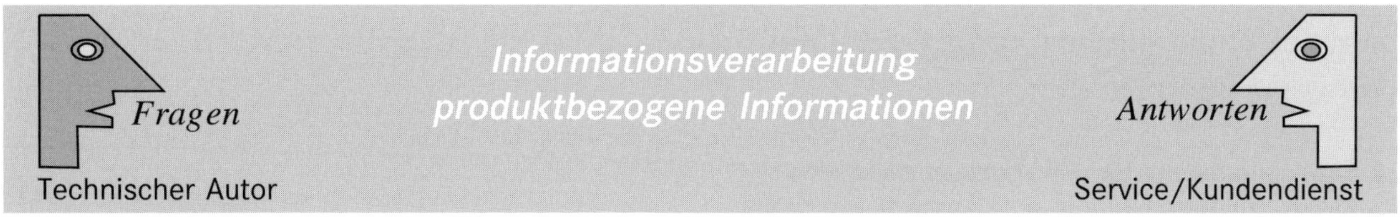

Bedienungsanleitung

Allesschneider

Betriebsanleitung

Produktionsanlage

Fragen zu Organisation und Administration:

Diese Fragen entfallen im Allgemeinen in diesem Sachzusammenhang

Fragen zur Verfügbarkeit von Mustern und Vorlagen:

Diese Fragen entfallen im Allgemeinen in diesem Sachzusammenhang

Fragen zu technischen Produktunterlagen:

Diese Fragen entfallen im Allgemeinen bei dieser Zielgruppe

Fragen zu neuralgischen Punkten:

Diese Fragen entfallen im Allgemeinen in diesem Sachzusammenhang

Tab. 3-53: *Fragen an Service/Kundendienst zur Informationsverarbeitung von verwenderbezogenen Informationen für die Bedienungsanleitung eines Allesschneiders und die Betriebsanleitung einer Produktionsanlage*

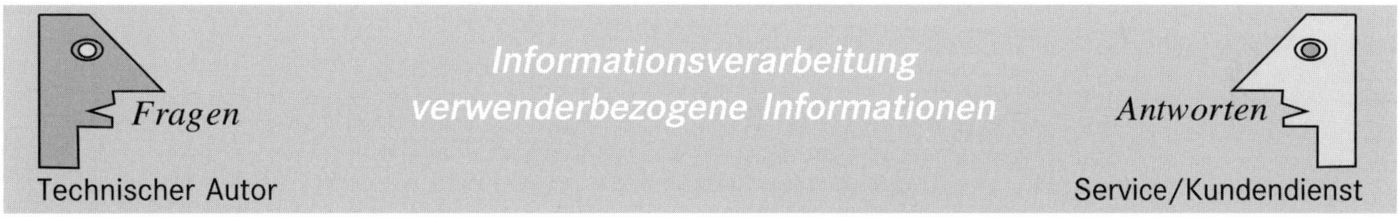

Bedienungsanleitung

Allesschneider

Betriebsanleitung

Produktionsanlage

Fragen zur Qualifikation:

Diese Fragen entfallen im Allgemeinen in diesem Sachzusammenhang

Fragen zum erwartbaren Verwendungsumfeld:

Diese Fragen entfallen im Allgemeinen in diesem Sachzusammenhang

Fragen zu erwartbaren Handlungsstrategien:

Diese Fragen entfallen im Allgemeinen in diesem Sachzusammenhang

Tabellen: Informationsverarbeitung – Bild- und Textlieferanten: produktbezogene Informationen und verwenderbezogene Informationen

Bedienungsanleitung für den Allesschneider sowie Betriebsanleitung für die Produktionsanlage

Für beide Zielgruppen und zu jeweils beiden Themenstellungen gilt:
Fragen zu diesen Themenstellungen entfallen im Allgemeinen für diese Zielgruppe.
Wiederum aus den oben mehrfach genannten Gründen sind die entsprechenden Fragetabellen aufgenommen.

Tab. 3-54: *Fragen an die Bildlieferanten zur Informationsverarbeitung von produktbezogenen Informationen für die Bedienungsanleitung eines Allesschneiders und die Betriebsanleitung einer Produktionsanlage*

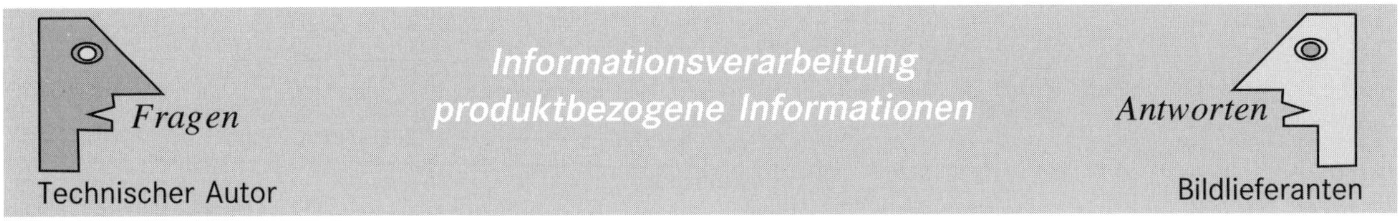

Bedienungsanleitung

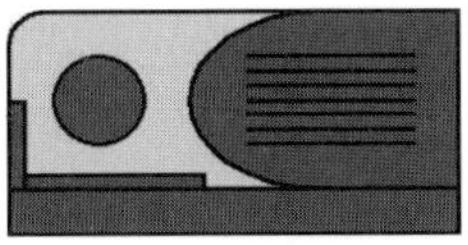

Allesschneider

Betriebsanleitung

Produktionsanlage

Fragen zu Organisation und Administration:

Diese Fragen entfallen im Allgemeinen in diesem Sachzusammenhang

Fragen zur Verfügbarkeit von Mustern und Vorlagen:

Diese Fragen entfallen im Allgemeinen in diesem Sachzusammenhang

Fragen zu technischen Produktunterlagen:

Diese Fragen entfallen im Allgemeinen in diesem Sachzusammenhang

Fragen zu neuralgischen Punkten:

Diese Fragen entfallen im Allgemeinen in diesem Sachzusammenhang

Tab. 3-55: *Fragen an die Bildlieferanten zur Informationsverarbeitung von verwenderbezogenen Informationen für die Bedienungsanleitung eines Allesschneiders und die Betriebsanleitung einer Produktionsanlage*

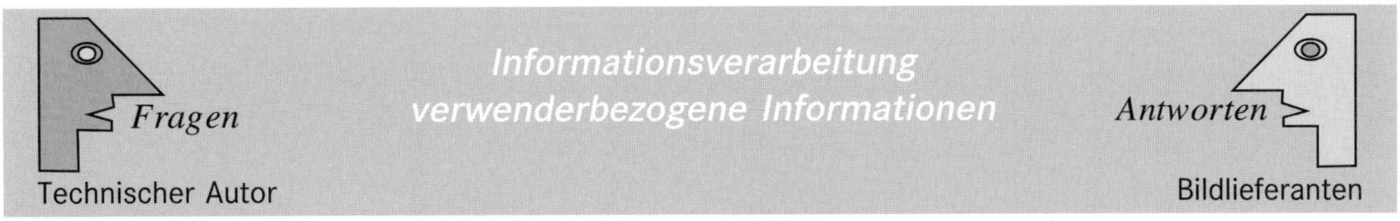

Bedienungsanleitung

Allesschneider

Betriebsanleitung

Produktionsanlage

Fragen zur Qualifikation, bezogen auf dargestellte Personen:

Diese Fragen entfallen im Allgemeinen in diesem Sachzusammenhang

Fragen zum erwartbaren Verwendungsumfeld:

Diese Fragen entfallen im Allgemeinen in diesem Sachzusammenhang

Fragen zu erwartbaren Handlungsstrategien:

Diese Fragen entfallen im Allgemeinen in diesem Sachzusammenhang

Tab. 3-56: *Fragen an die Textlieferanten zur Informationsverarbeitung von produktbezogenen Informationen für die Bedienungsanleitung eines Allesschneiders und die Betriebsanleitung einer Produktionsanlage*

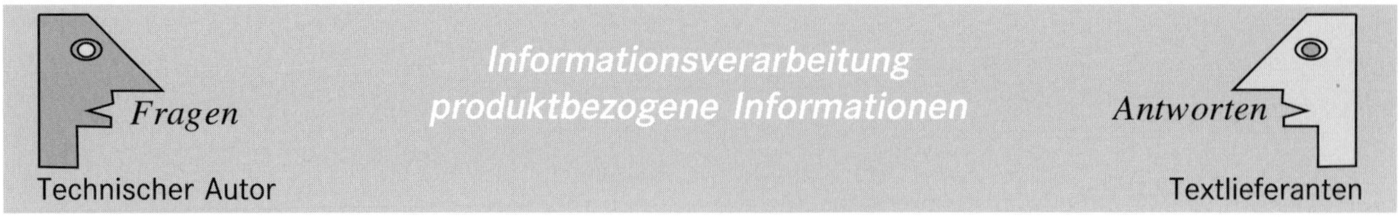

Bedienungsanleitung

Allesschneider

Betriebsanleitung

Produktionsanlage

Fragen zu Organisation und Administration:

Diese Fragen entfallen im Allgemeinen in diesem Sachzusammenhang

Fragen zur Verfügbarkeit von Mustern und Vorlagen:

Diese Fragen entfallen im Allgemeinen in diesem Sachzusammenhang

Fragen zu technischen Produktunterlagen:

Diese Fragen entfallen im Allgemeinen in diesem Sachzusammenhang

Fragen zu neuralgischen Punkten:

Diese Fragen entfallen im Allgemeinen in diesem Sachzusammenhang

Tab. 3-57: *Fragen an die Textlieferanten zur Informationsverarbeitung von verwenderbezogenen Informationen für die Bedienungsanleitung eines Allesschneiders und die Betriebsanleitung einer Produktionsanlage*

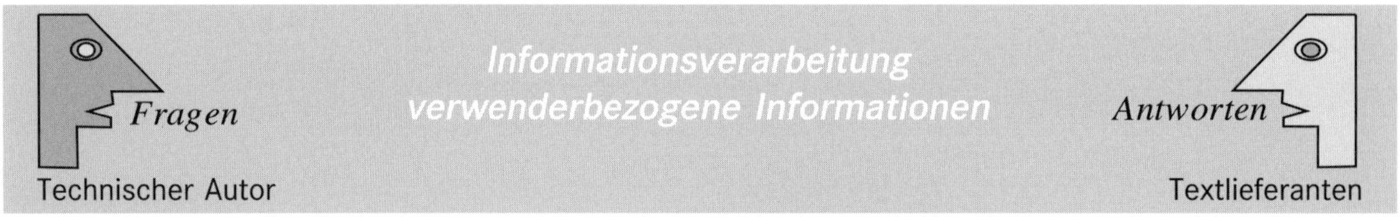

Bedienungsanleitung

Allesschneider

Betriebsanleitung

Produktionsanlage

Fragen zur Qualifikation, bezogen auf dargestellte Personen:

Diese Fragen entfallen im Allgemeinen in diesem Sachzusammenhang

Fragen zum erwartbaren Verwendungsumfeld:

Diese Fragen entfallen im Allgemeinen in diesem Sachzusammenhang

Fragen zu erwartbaren Handlungsstrategien:

Diese Fragen entfallen im Allgemeinen in diesem Sachzusammenhang

3.4.5 Thema Informationsprüfung

Dieser Bearbeitungsschritt lässt sich organisatorisch der Terminprüfung zuordnen wie auch der inhaltlichen Prüfung.

Organisation und Administration

Die Fragen zu Organisation und Administration sind auf die Terminprüfung und die Vergleichsprüfung mit der Grundkonzeption bezogen. Die Fragen zu Vollständigkeit und Richtigkeit sind auf den fertigen Rohentwurf bezogen.
Terminlich wird sozusagen auch die fertige Endfassung vorausgesetzt, während inhaltlich nur der fertige Rohentwurf vorausgesetzt wird, der als Korrekturvorlage für das Freigabeexemplar zur Vervielfältigung dient.

Auf Mängel bezogene Fragen

Die Fragen sind alle auf Mängel bezogen gestellt. Nur auf diese Weise erhält man unmittelbar den Fehler als Information und kann umgehend den Fehler korrigieren oder diskutieren.

Anders als bisher ergeben sich neue Unterthemen. Es sind Fragen zu Richtigkeit und Vollständigkeit von Produktdaten, der Verwendersprache und der Gliederung.

Gleiche Fragen für beide Dokumente bzw. technischen Produkte

Diese Fragestellungen sind für beide Anleitungen beider Produkte weitestgehend gleich. Dies beweist, dass die Kommunikationsfunktion bei Anleitungen gleich ist, mögen sich die Anleitungen in Gestalt, Umfang und Gliederung auch noch so unterscheiden.

Vergleich mit der Grundkonzeption

Die abschließende Frage nach dem Unterschied zur Grundkonzeption dient der Gesprächseinleitung zu diesem Thema. Hiermit soll Gelegenheit geschaffen werden, den aktuellen Stand zu argumentieren und gegebenenfalls nochmals zu überarbeiten oder umgekehrt die Grundkonzeption zu korrigieren, um sie bei vergleichbaren Fällen anwenden zu können.
Grundsätzlich beziehen sich die Fragen auf den auftragsbestimmten Soll-Wert und die Grundkonzeption.

Tabelle: Informationsprüfung – Beauftragende Stelle: produktbezogene Informationen

Bedienungsanleitung für den Allesschneider sowie Betriebsanleitung für die Produktionsanlage

Die Fragen zu den Terminen sollen organisatorische Schwachstellen und einzuplanende Verzögerungsmomente offenbaren. Sie dienen nicht als Druckmittel, sondern dem Informationszugewinn. Dementsprechend „dezent" und freundlich sollten sie der Zielgruppe gestellt werden.

3

Beispiel zu terminbezogenen Fragen

Ein Beispiel kann das verdeutlichen: Eine Bedienungsanleitung in asiatischer Sprache soll den bereits fertig verpackten Allesschneidern hinzugefügt werden. Dies ist nicht möglich, da der Druck noch nicht erfolgen konnte, weil die Freigabeerklärung zum Vervielfältigen von der zuständigen Stelle noch nicht unterzeichnet ist.
Die Frage *„Warum steht die Vervielfältigungsfreigabe für welche Sprache der Bedienungsanleitung zu welchem Freigabetermin nicht zur Verfügung?"* deckt diesen Mangel auf. Sie liefert noch mehr Informationen. Durch die Fragefürwörter genötigt, wird eine entsprechende Tabelle erstellt, in die sowohl die zu erstellenden Sprachfassungen wie die unterschiedlichen Termine aufgenommen werden.
Der Grund für die fehlende Freigabeerklärung ist eine fehlende Bestätigung der zuständigen Behörde im Zielland.
Es wird nach Möglichkeiten gesucht, solche Terminierungsprobleme wirtschaftlich besser zu lösen. Das ist zum Beispiel ein Ergebnis dieser Frage.
In diesem Sinne sind alle Terminfragen zu verstehen.

Rückgriff auf die Grundkonzeption

Der geforderte Rückblick auf die Grundkonzeption ist eine typische Einleitungsfrage. Sie fordert zunächst den Vergleich der aktuellen Soll-Werte mit denen der Grundkonzeption. Dieser Vergleich lässt dann die Abweichungen erschließen und argumentieren.
Die Fragen bezüglich Vollständigkeit und Richtigkeit sind teilweise auf begründende Beantwortung angelegt. Auch hier gilt wieder: Sie sollen Zusammenhänge aufdecken, die zu einem „falschen Ergebnis" geführt haben und nicht „Schuldige" ermitteln. Andere Fragen sollen nur die falschen Zuordnungen von Werten und Daten ermitteln und wieder andere fragen nach den richtigen Werten.
Diese differenzierte Frageweise wird im Berufsalltag mehr intuitiv durchgeführt. Sie sollte aber für eine planmäßige Korrektur aufgeschlossen werden, um dadurch häufiger vorkommende Fehlerursachen zu erkennen.
Grundlage für eine Prüfung sind Prüfparameter, deshalb wird auch nach ihnen gefragt. Ich beschränke mich produktbezogen absichtlich auf die technischen Produktunterlagen. Prüfparameter können aber auch gestalterische Vorgaben sein. Auch die Rechtschreibregeln und die Korrekturzeichen lassen sich dazuzählen.
Die abschließende Frage zu „neuralgischen Punkten" steht grammatikalisch gesehen im Futur II (vollendete Zukunft) im Passiv. Warum diese außergewöhnliche Konstruktion?
Die Frage soll eine zweifelnde Vermutung zum Ausdruck bringen: *„Sind wirklich alle Änderungen während des laufenden Erstellungsprozesses jetzt schon eingeflossen? Welche Änderungen und von welcher Stelle bzw. zu welchem Sachverhalt welche Änderungen könnten in dem vorliegenden Rohentwurf noch nicht berücksichtigt worden sein?"*
Ergebnis der Frage ist eine systematische Prüfung der Aktualität aller Daten und Werte bzw. Inhalte.

Tab. 3-58: *Fragen an die Beauftragende Stelle zur Informationsprüfung von produktbezogenen Informationen für die Bedienungsanleitung eines Allesschneiders und die Betriebsanleitung einer Produktionsanlage*

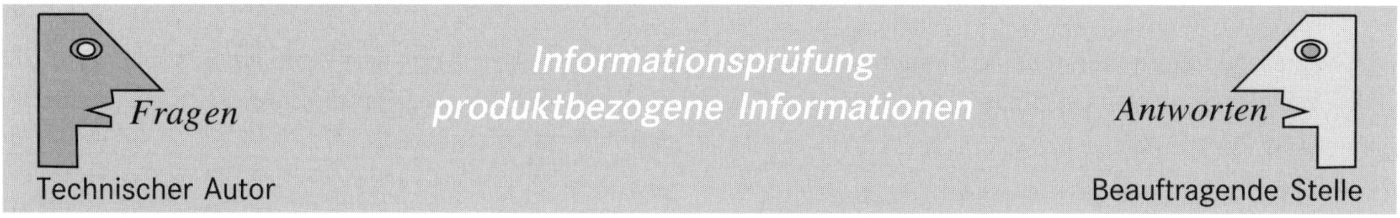

Bedienungsanleitung

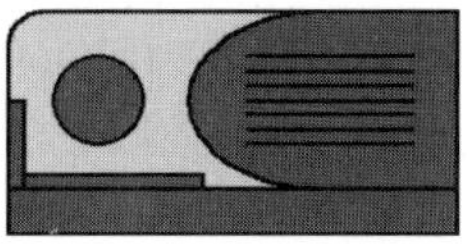

Allesschneider

Fragen zu Organisation und Administration:

Warum steht der Rohentwurf für welche Form der Bedienungsanleitung zu welchem Fertigungstermin nicht zur Verfügung?

Warum steht die Vervielfältigungsfreigabe für welche Form der Bedienungsanleitung zu welchem Freigabetermin nicht zur Verfügung?

Warum steht die Vervielfältigungsvorlage für welche Form der Bedienungsanleitung zu welchem Fertigungstermin nicht zur Verfügung?

Warum steht der Rohentwurf für welche Sprache der Bedienungsanleitung zu welchem Fertigungstermin nicht zur Verfügung?

Warum steht die Vervielfältigungsfreigabe für welche Sprache der Bedienungsanleitung zu welchem Freigabetermin nicht zur Verfügung?

Warum steht die Vervielfältigungsvorlage für welche Sprache der Bedienungsanleitung zu welchem Fertigungstermin nicht zur Verfügung?

Warum wird in welchen Punkten von der Grundkonzeption abgewichen?

Fragen zu Richtigkeit und Vollständigkeit von Produktdaten:

Welche Produktdaten sind zu welchem Sachbezug an welcher Stelle warum falsch zugeordnet?

Welche Werte von Produktdaten sind in welchem Sachbezug an welcher Stelle falsch?

Betriebsanleitung

Produktionsanlage

Fragen zu Organisation und Administration:

Warum steht der Rohentwurf für welchen Teil der Betriebsanleitung zu welchem Fertigungstermin nicht zur Verfügung?

Warum steht die Vervielfältigungsfreigabe für welchen Teil der Betriebsanleitung zu welchem Freigabetermin nicht zur Verfügung?

Warum steht die Vervielfältigungsvorlage für welchen Teil der Betriebsanleitung zu welchem Fertigungstermin nicht zur Verfügung?

Warum steht der Rohentwurf für welche Sprache der Betriebsanleitung zu welchem Fertigungstermin nicht zur Verfügung?

Warum steht die Vervielfältigungsfreigabe für welche Sprache der Betriebsanleitung zu welchem Freigabetermin nicht zur Verfügung?

Warum steht die Vervielfältigungsvorlage für welche Sprache der Betriebsanleitung zu welchem Fertigungstermin nicht zur Verfügung?

Warum wird in welchen Punkten von der Grundkonzeption abgewichen?

Fragen zu Richtigkeit und Vollständigkeit von Produktdaten:

Welche Produktdaten sind zu welchem Sachbezug an welcher Stelle warum falsch zugeordnet?

Welche Werte von Produktdaten sind in welchem Sachbezug an welcher Stelle falsch?

Informationsprüfung – Beauftragende Stelle: produktbezogene Informationen

Bedienungsanleitung Allesschneider

Welche falschen Werte von Produktdaten sind in welchem Sachbezug an welcher Stelle durch welche richtigen Werte zu ersetzen?

Welche Produktdaten sind in welchem Sachbezug an welcher Stelle wegen welcher Angaben unvollständig?

Welche unvollständigen Produktdaten sind in welchem Sachbezug an welcher Stelle um welche Angaben zu vervollständigen?

Betriebsanleitung Produktionsanlage

Welche falschen Werte von Produktdaten sind in welchem Sachbezug an welcher Stelle durch welche richtigen Werte zu ersetzen?

Welche Produktdaten sind in welchem Sachbezug an welcher Stelle wegen welcher Angaben unvollständig?

Welche unvollständigen Produktdaten sind in welchem Sachbezug an welcher Stelle um welche Angaben zu vervollständigen?

Ab wann kann ich über die von dem Auftraggeber/Kunden geforderte Gliederungssystematik für die Dokumentation der Gesamtanlage verfügen?

Fragen zu Richtigkeit und Vollständigkeit der Verwenderansprache:

Welche sprachlichen und welche bildlichen Äußerungen sind zu welchem Sachbezug an welcher Stelle warum falsch zugeordnet?

Welche Zuordnungen welcher sprachlicher und welcher bildlicher Äußerungen sind zu welchem Sachbezug an welcher Stelle richtig?

Welche sprachlichen und welche bildlichen Äußerungen sind zu welchem Sachbezug an welcher Stelle warum erwartbar unverständlich?

Wodurch wird erwartbar Verständlichkeit von welchen sprachlichen und welchen bildlichen Äußerungen an welcher Stelle warum erreicht?

Welche sprachlichen und welche bildlichen Äußerungen sind zu welchem Sachbezug an welcher Stelle warum unvollständig?

Welche sprachlichen und welche bildlichen Äußerungen sind zu welchem Sachbezug an welcher Stelle um welche Angaben zu vervollständigen?

Fragen zu Richtigkeit und Vollständigkeit der Gliederung:

Welche Themen sind zu welchem Sachbezug an welcher Stelle bezüglich welcher Rechtsgrundlage falsch gegliedert?

Welche richtige Gliederung fordert welche Rechtsgrundlage für welche Themen zu welchen Sachverhalten an welcher Stelle?

Welche Themen sind zu welchem Sachbezug an welcher Stelle bezüglich der bestimmungsgemäßen Verwendung falsch gegliedert?

Welche richtige Gliederung fordert die bestimmungsgemäße Verwendung für welche Themen zu welchen Sachverhalten an welcher Stelle?

Welche Themen sind zu welchem Sachbezug an welcher Stelle bezüglich welcher Form der Bedienungs-/Betriebsanleitung falsch gegliedert?

Welche richtige Gliederung fordert welche Form der Bedienungs-/Betriebsanleitung für welche Themen zu welchen Sachverhalten an welcher Stelle?

Informationsprüfung – Beauftragende Stelle: produktbezogene Informationen

Bedienungsanleitung Allesschneider **Betriebsanleitung Produktionsanlage**

Fragen zur Verfügbarkeit von Mustern und Vorlagen:

Entfallen im Allgemeinen in diesem Sachzusammenhang

Fragen zu technischen Produktunterlagen:

Welche technischen Produktunterlagen müssen für welche Prüfparameter zur Informationsprüfung in welchem Sachzusammenhang verwendet werden?

Wann sind welche technischen Produktunterlagen für welche Prüfparameter zur Informationsprüfung in welchem Sachzusammenhang verfügbar?

Fragen zu neuralgischen Punkten:

Welche aktuellen Änderungen werden zum Zeitpunkt der Informationsprüfung in den laufenden Erstellungsprozess welcher technischer Produktunterlagen noch nicht eingespeist worden sein?

Tabelle: Informationsprüfung – Beauftragende Stelle: verwenderbezogene Informationen

Bedienungsanleitung für den Allesschneider sowie Betriebsanleitung für die Produktionsanlage

Fragen zu diesem Thema entfallen im Allgemeinen bei diesem Bearbeitungsschritt.

Tab. 3-59: *Fragen an die Beauftragende Stelle zur Informationsprüfung von verwenderbezogenen Informationen für die Bedienungsanleitung eines Allesschneiders und die Betriebsanleitung einer Produktionsanlage*

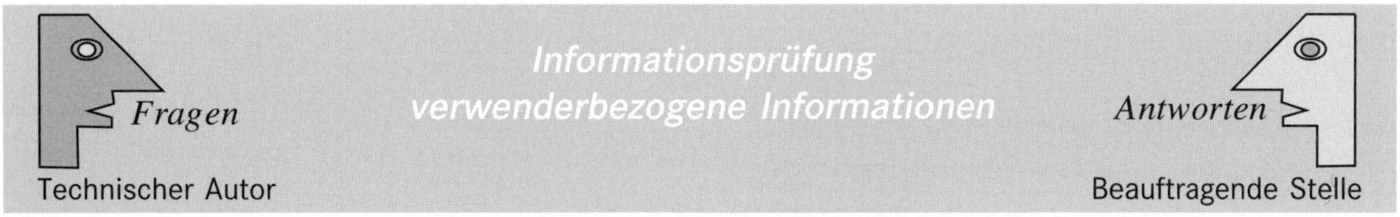

Bedienungsanleitung

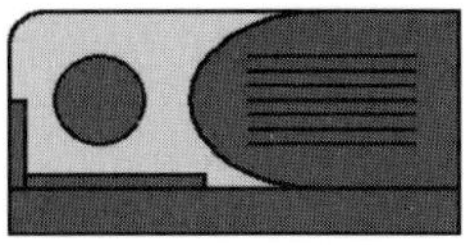

Allesschneider

Betriebsanleitung

Produktionsanlage

Fragen zur Qualifikation, zum erwartbaren Verwendungsumfeld und zu erwartbaren Handlungsstrategien:

Entfallen im Allgemeinen in diesem Sachzusammenhang

3

Tabelle: Informationsprüfung – Entwicklung/Konstruktion: produktbezogene Informationen

Bedienungsanleitung für den Allesschneider sowie Betriebsanleitung für die Produktionsanlage

Fragen zu Organisation und Administration entfallen im Allgemeinen für diese Zielgruppe bei diesem Bearbeitungsschritt.
Fragen zu Richtigkeit und Vollständigkeit entsprechen denen für die Zielgruppe „Beauftragende Stelle“.

Tab. 3-60: *Fragen an die Entwicklung/Konstruktion zur Informationsprüfung von produktbezogenen Informationen für die Bedienungsanleitung eines Allesschneiders und die Betriebsanleitung einer Produktionsanlage*

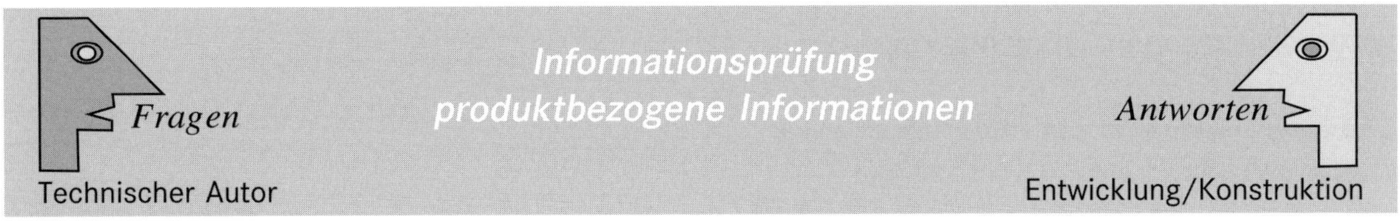

Bedienungsanleitung

Allesschneider

Betriebsanleitung

Produktionsanlage

Fragen zu Organisation und Administration:

Diese Fragen entfallen im Allgemeinen bei dieser Zielgruppe

Fragen zu Richtigkeit und Vollständigkeit von Produktdaten:

Im Allgemeinen sind es die gleichen Fragen wie bei Zielgruppe „Beauftragende Stelle“

Fragen zu Richtigkeit und Vollständigkeit der Verwenderansprache:

Diese Fragen entfallen im Allgemeinen bei dieser Zielgruppe oder es sind im Allgemeinen die gleichen Fragen wie bei Zielgruppe „Beauftragende Stelle“

Fragen zu Richtigkeit und Vollständigkeit der Gliederung:

Diese Fragen entfallen im Allgemeinen bei dieser Zielgruppe oder es sind im Allgemeinen die gleichen Fragen wie bei Zielgruppe „Beauftragende Stelle“

Fragen zur Verfügbarkeit von Mustern und Vorlagen:

Diese Fragen entfallen im Allgemeinen in diesem Sachzusammenhang

Fragen zu technischen Produktunterlagen:

Im Allgemeinen sind es die gleichen Fragen wie bei Zielgruppe „Beauftragende Stelle“

Fragen zu neuralgischen Punkten:

Im Allgemeinen sind es die gleichen Fragen wie bei Zielgruppe „Beauftragende Stelle“

Tabelle: Informationsprüfung – Entwicklung/Konstruktion: verwenderbezogene Informationen

Bedienungsanleitung für den Allesschneider sowie Betriebsanleitung für die Produktionsanlage

Fragen zu diesem Thema entfallen im Allgemeinen bei diesem Bearbeitungsschritt.

Tab. 3-61: *Fragen an die Entwicklung/Konstruktion zur Informationsprüfung von verwenderbezogenen Informationen für die Bedienungsanleitung eines Allesschneiders und die Betriebsanleitung einer Produktionsanlage*

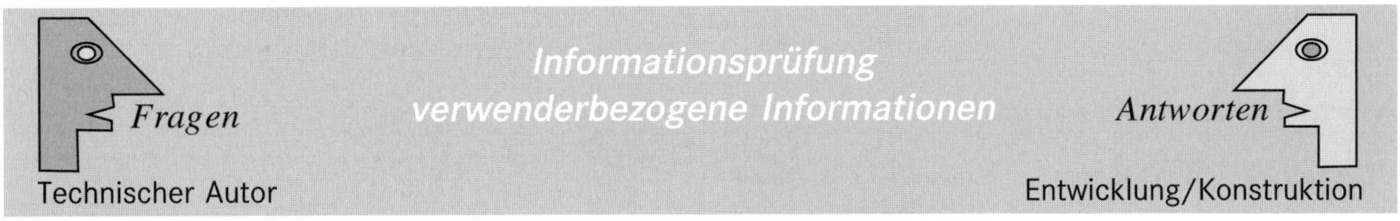

Bedienungsanleitung

Allesschneider

Betriebsanleitung

Produktionsanlage

Fragen zur Qualifikation:

Diese Fragen entfallen im Allgemeinen in diesem Sachzusammenhang

Fragen zum erwartbaren Verwendungsumfeld:

Diese Fragen entfallen im Allgemeinen in diesem Sachzusammenhang

Fragen zu erwartbaren Handlungsstrategien:

Diese Fragen entfallen im Allgemeinen in diesem Sachzusammenhang

Tabelle: Informationsprüfung – Marketing/Vertrieb: produktbezogene Informationen

Bedienungsanleitung für den Allesschneider

Für diese Zielgruppe gelten im Allgemeinen die gleichen Fragen wie für die Zielgruppe „Beauftragende Stelle".

Betriebsanleitung für die Produktionsanlage

Bei diesem Produkt entfallen im Allgemeinen Fragen zu diesem Thema für diese Zielgruppe.

Tab. 3-62: *Fragen an Marketing/Vertrieb zur Informationsprüfung von produktbezogenen Informationen für die Bedienungsanleitung eines Allesschneiders und die Betriebsanleitung einer Produktionsanlage*

Bedienungsanleitung

Allesschneider

Fragen zu Organisation und Administration:

Im Allgemeinen sind es die gleichen Fragen wie bei Zielgruppe „Beauftragende Stelle“

Fragen zu Richtigkeit und Vollständigkeit von Produktdaten:

Diese Fragen entfallen im Allgemeinen bei dieser Zielgruppe oder es sind im Allgemeinen die gleichen Fragen wie bei Zielgruppe „Beauftragende Stelle“

Fragen zu Richtigkeit und Vollständigkeit der Verwenderansprache:

Diese Fragen entfallen im Allgemeinen bei dieser Zielgruppe oder es sind im Allgemeinen die gleichen Fragen wie bei Zielgruppe „Beauftragende Stelle“

Fragen zu Richtigkeit und Vollständigkeit der Gliederung:

Diese Fragen entfallen im Allgemeinen bei dieser Zielgruppe oder es sind im Allgemeinen die gleichen Fragen wie bei Zielgruppe „Beauftragende Stelle“

Fragen zur Verfügbarkeit von Mustern und Vorlagen:

Diese Fragen entfallen im Allgemeinen in diesem Sachzusammenhang

Fragen zu technischen Produktunterlagen:

Diese Fragen entfallen im Allgemeinen bei dieser Zielgruppe oder es sind im Allgemeinen die gleichen Fragen wie bei Zielgruppe „Beauftragende Stelle“

Fragen zu neuralgischen Punkten:

Diese Fragen entfallen im Allgemeinen bei dieser Zielgruppe oder es sind im Allgemeinen die gleichen Fragen wie bei Zielgruppe „Beauftragende Stelle“

Betriebsanleitung

Produktionsanlage

Fragen zu Organisation und Administration:

Diese Fragen entfallen im Allgemeinen bei dieser Zielgruppe

Fragen zu Richtigkeit und Vollständigkeit von Produktdaten:

Diese Fragen entfallen im Allgemeinen bei dieser Zielgruppe

Fragen zu Richtigkeit und Vollständigkeit der Verwenderansprache:

Diese Fragen entfallen im Allgemeinen bei dieser Zielgruppe

Fragen zu Richtigkeit und Vollständigkeit der Gliederung:

Diese Fragen entfallen im Allgemeinen bei dieser Zielgruppe

Fragen zu technischen Produktunterlagen:

Diese Fragen entfallen im Allgemeinen bei dieser Zielgruppe

Fragen zu neuralgischen Punkten:

Diese Fragen entfallen im Allgemeinen bei dieser Zielgruppe

Tabelle: Informationsprüfung – Marketing/Vertrieb: verwenderbezogene Informationen

Bedienungsanleitung für den Allesschneider sowie Betriebsanleitung für die Produktionsanlage

Fragen zu diesem Thema entfallen im Allgemeinen für diese Zielgruppe.

Tab. 3-63: *Fragen an Marketing/Vertrieb zur Informationsprüfung von verwenderbezogenen Informationen für die Bedienungsanleitung eines Allesschneiders und die Betriebsanleitung einer Produktionsanlage*

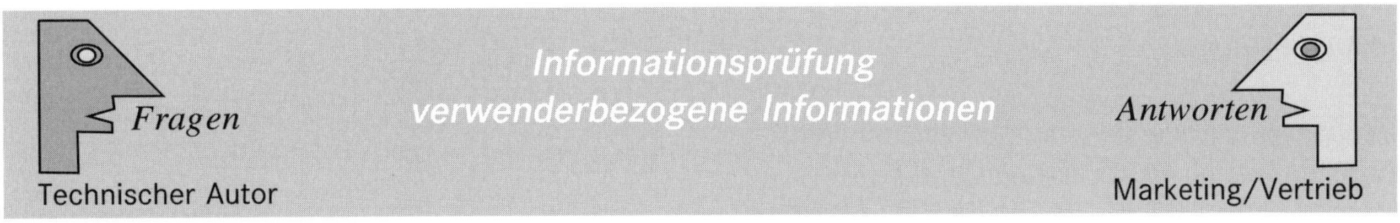

Bedienungsanleitung

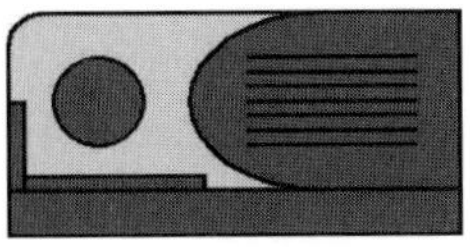

Allesschneider

Betriebsanleitung

Produktionsanlage

Fragen zur Qualifikation:

Diese Fragen entfallen im Allgemeinen in diesem Sachzusammenhang

Fragen zum erwartbaren Verwendungsumfeld:

Diese Fragen entfallen im Allgemeinen in diesem Sachzusammenhang

Fragen zu erwartbaren Handlungsstrategien:

Diese Fragen entfallen im Allgemeinen in diesem Sachzusammenhang

Tabelle: Informationsprüfung – Service/ Kundendienst: produktbezogene Informationen

Bedienungsanleitung für den Allesschneider sowie Betriebsanleitung für die Produktionsanlage

Es sind für diese Zielgruppe nur Fragen zu Richtigkeit und Vollständigkeit relevant.
Dazu lassen sich die Fragen für die Zielgruppe „Beauftragende Stelle“ verwenden.

Tab. 3-64: *Fragen an Service/Kundendienst zur Informationsprüfung von produktbezogenen Informationen für die Bedienungsanleitung eines Allesschneiders und die Betriebsanleitung einer Produktionsanlage*

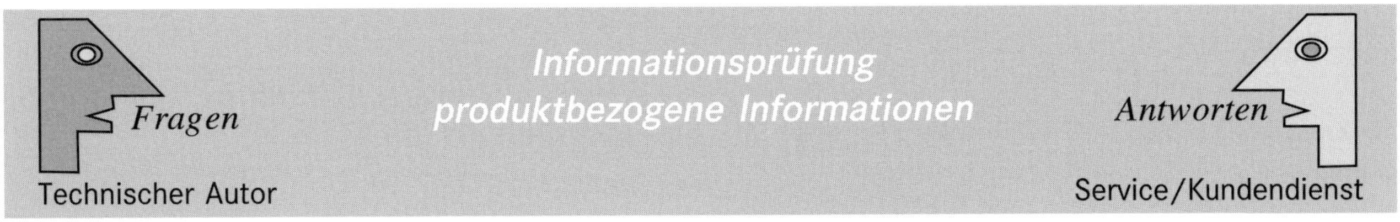

Bedienungsanleitung

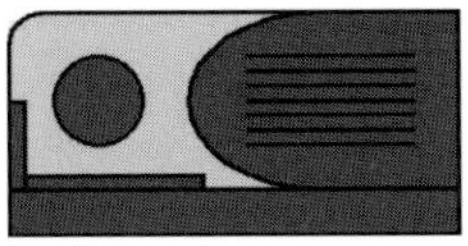

Allesschneider

Betriebsanleitung

Produktionsanlage

Fragen zu Organisation und Administration:

Diese Fragen entfallen im Allgemeinen in diesem Sachzusammenhang

Fragen zu Richtigkeit und Vollständigkeit von Produktdaten:

Diese Fragen entfallen im Allgemeinen bei dieser Zielgruppe oder es sind im Allgemeinen die gleichen Fragen wie bei Zielgruppe „Beauftragende Stelle“

Fragen zu Richtigkeit und Vollständigkeit der Verwenderansprache:

Diese Fragen entfallen im Allgemeinen bei dieser Zielgruppe oder es sind im Allgemeinen die gleichen Fragen wie bei Zielgruppe „Beauftragende Stelle“

Fragen zu Richtigkeit und Vollständigkeit der Gliederung:

Diese Fragen entfallen im Allgemeinen bei dieser Zielgruppe oder es sind im Allgemeinen die gleichen Fragen wie bei Zielgruppe „Beauftragende Stelle“

Fragen zur Verfügbarkeit von Mustern und Vorlagen:

Diese Fragen entfallen im Allgemeinen in diesem Sachzusammenhang

Fragen zu technischen Produktunterlagen:

Diese Fragen entfallen im Allgemeinen in diesem Sachzusammenhang

Fragen zu neuralgischen Punkten:

Diese Fragen entfallen im Allgemeinen in diesem Sachzusammenhang

Tabelle: Informationsprüfung – Service/ Kundendienst: verwenderbezogene Informationen

Bedienungsanleitung für den Allesschneider sowie Betriebsanleitung für die Produktionsanlage

Fragen zu diesem Thema entfallen im Allgemeinen für diese Zielgruppe.

Tab. 3-65: *Fragen an Service/Kundendienst zur Informationsprüfung von verwenderbezogenen Informationen für die Bedienungsanleitung eines Allesschneiders und die Betriebsanleitung einer Produktionsanlage*

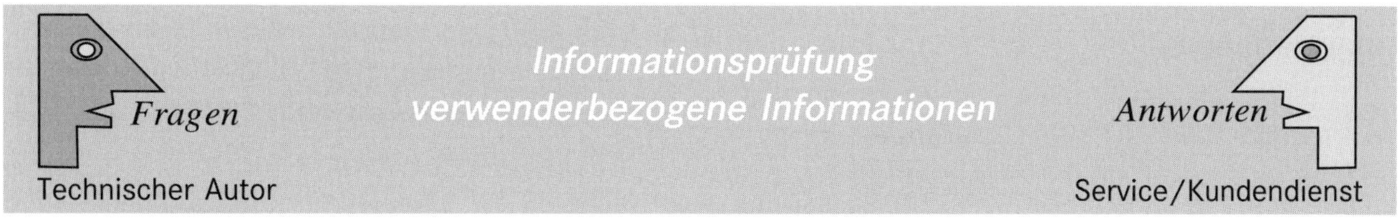

Bedienungsanleitung

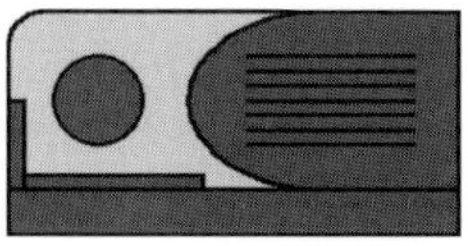

Allesschneider

Betriebsanleitung

Produktionsanlage

Fragen zur Qualifikation:

Diese Fragen entfallen im Allgemeinen in diesem Sachzusammenhang

Fragen zum erwartbaren Verwendungsumfeld:

Diese Fragen entfallen im Allgemeinen in diesem Sachzusammenhang

Fragen zu erwartbaren Handlungsstrategien:

Diese Fragen entfallen im Allgemeinen in diesem Sachzusammenhang

Tabelle: Informationsprüfung – Bildlieferanten: produktbezogene Informationen

Bedienungsanleitung für den Allesschneider sowie Betriebsanleitung für die Produktionsanlage

Die Funktion und Kompetenz der Bildlieferanten bringt es mit sich, sie bei der Informationsprüfung gegebenenfalls so zu berücksichtigen, als seien sie „Teil des Herstellers".

3

Hinsichtlich der Fragefunktion gilt das Gleiche wie oben zu der Zielgruppe „Beauftragende Stelle" zu diesem Bearbeitungsschritt.

Die Frageinhalte beziehen sich auf das Bildmaterial. Die Verwendersprache ist deshalb berücksichtigt, da sich mit der Sprache auch die Bilder ändern können. Die Sprache kann sich sowohl auf die Positionsdarstellung einer Produktansicht wie auf Anwendungsabbildungen auswirken.

Themen wie Gliederung, technische Produktunterlagen oder neuralgische Punkte entfallen bei dieser Zielgruppe.

Tab. 3-66: *Fragen an die Bildlieferanten zur Informationsprüfung von produktbezogenen Informationen für die Bedienungsanleitung eines Allesschneiders und die Betriebsanleitung einer Produktionsanlage*

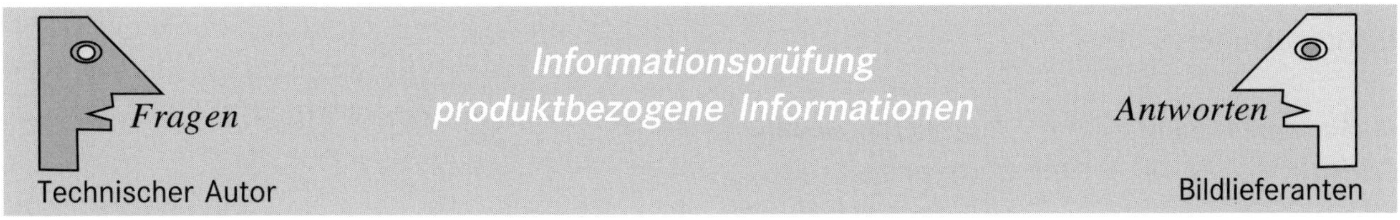

Bedienungsanleitung

Allesschneider

Betriebsanleitung

Produktionsanlage

Fragen zu Organisation und Administration:

Warum steht der Rohentwurf für welche Form der Bedienungs-/Betriebsanleitung zu welchem Fertigungstermin nicht zur Verfügung?

Warum steht die Vervielfältigungsfreigabe für welche Abbildungsvorlage zu welchem Freigabetermin nicht zur Verfügung?

Warum steht die Vervielfältigungsvorlage für welche Form der Bedienungs-/Betriebsanleitung zu welchem Fertigungstermin nicht zur Verfügung?

Fragen zu Richtigkeit und Vollständigkeit von Produktdaten:

Warum sind welche Produktdaten zu welchen Sachbezügen an welchen Stellen falsch abgebildet?

Welche Abbildungen sind richtig für welche Produktdaten zu welchen Sachbezügen an welchen Stellen?

Warum sind welche Produktdaten zu welchen Sachbezügen an welchen Stellen unvollständig abgebildet?

Welche bildlichen Ergänzungen vervollständigen welche Abbildungen für welche Produktdaten zu welchen Sachbezügen an welchen Stellen?

Fragen zu Richtigkeit und Vollständigkeit der Verwenderansprache:

Welche Abbildungen sind zu welchem Sachbezug an welcher Stelle warum falsch?

Wie müssen welche Abbildungen gestaltet sein, damit sie zu welchem Sachbezug an welcher Stelle richtig sind?

Welche Abbildungen sind zu welchem Sachbezug an welcher Stelle warum erwartbar unverständlich?

Wie müssen welche Abbildungen gestaltet sein, damit sie zu welchem Sachbezug an welcher Stelle erwartbar verständlich sind?

Welche Abbildungen sind zu welchem Sachbezug an welcher Stelle warum unvollständig?

Welche bildlichen Ergänzungen vervollständigen welche Abbildungen, damit sie zu welchem Sachbezug an welcher Stelle erwartbar verständlich sind?

Fragen zu Richtigkeit und Vollständigkeit der Gliederung:

Diese Fragen entfallen im Allgemeinen in diesem Sachzusammenhang

Fragen zur Verfügbarkeit von Mustern und Vorlagen:

Diese Fragen entfallen im Allgemeinen in diesem Sachzusammenhang

Fragen zu technischen Produktunterlagen:

Diese Fragen entfallen im Allgemeinen in diesem Sachzusammenhang

Fragen zu neuralgischen Punkten:

Diese Fragen entfallen im Allgemeinen in diesem Sachzusammenhang

Tabelle: Informationsprüfung – Bildlieferanten: verwenderbezogene Informationen

Bedienungsanleitung für den Allesschneider sowie Betriebsanleitung für die Produktionsanlage

Fragen zu diesem Thema entfallen im Allgemeinen für diese Zielgruppe.

Tab. 3-67: *Fragen an die Bildlieferanten zur Informationsprüfung von verwenderbezogenen Informationen für die Bedienungsanleitung eines Allesschneiders und die Betriebsanleitung einer Produktionsanlage*

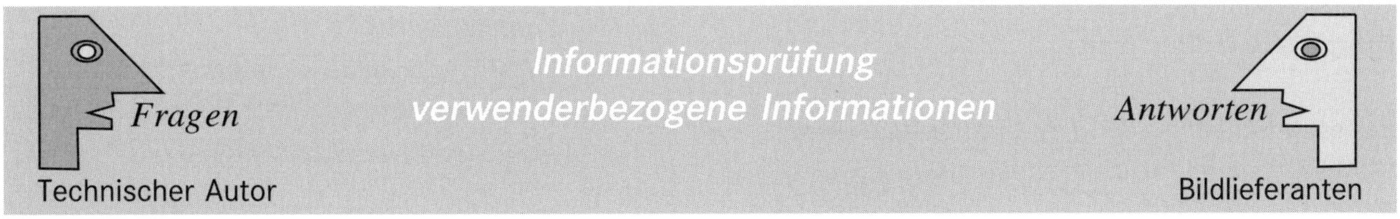

Bedienungsanleitung

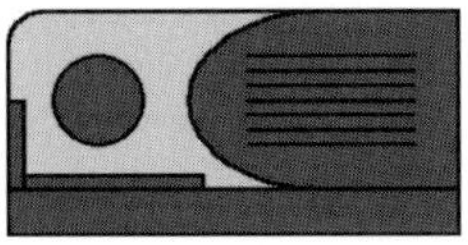

Allesschneider

Betriebsanleitung

Produktionsanlage

Fragen zur Qualifikation, bezogen auf dargestellte Personen:

Diese Fragen entfallen im Allgemeinen in diesem Sachzusammenhang

Fragen zum erwartbaren Verwendungsumfeld:

Diese Fragen entfallen im Allgemeinen in diesem Sachzusammenhang

Fragen zu erwartbaren Handlungsstrategien:

Diese Fragen entfallen im Allgemeinen in diesem Sachzusammenhang

Tabelle: Informationsprüfung – Textlieferanten: produktbezogene Informationen

Bedienungsanleitung für den Allesschneider sowie Betriebsanleitung für die Produktionsanlage

Sinngemäß gilt hier das Gleiche wie für die Bildlieferanten.

Auch die Funktion und Kompetenz der Textlieferanten bringt es mit sich, dass sie bei der Informationsprüfung gegebenenfalls so zu berücksichtigen sind, als seien sie „Teil des Herstellers".

Hinsichtlich der Fragefunktion gilt das Gleiche wie oben zu der Zielgruppe „Beauftragende Stelle" zu diesem Bearbeitungsschritt.

Die Frageinhalte beziehen sich auf das Textmaterial. Produktdaten und Verwendersprache sind Prüfungsgegenstand hinsichtlich Richtigkeit und Vollständigkeit.

Themen wie Gliederung, technische Produktunterlagen oder neuralgische Punkte entfallen bei dieser Zielgruppe.

Tab. 3-68: *Fragen an die Textlieferanten zur Informationsprüfung von produktbezogenen Informationen für die Bedienungsanleitung eines Allesschneiders und die Betriebsanleitung einer Produktionsanlage*

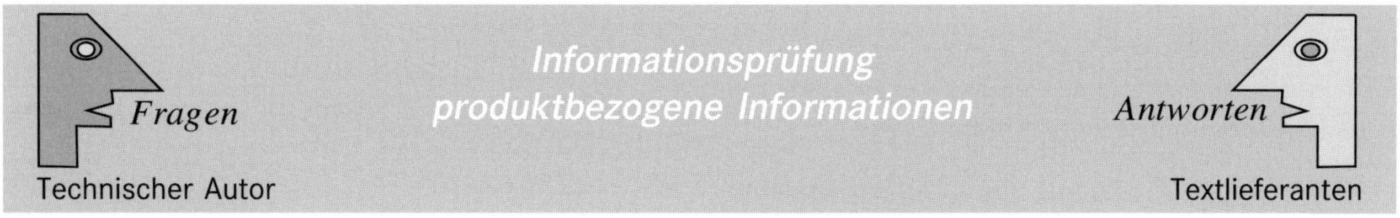

Bedienungsanleitung

Allesschneider

Betriebsanleitung

Produktionsanlage

Fragen zu Organisation und Administration:

Warum steht der Rohentwurf für welche Form der Bedienungs-/Betriebsanleitung zu welchem Fertigungstermin nicht zur Verfügung?

Warum steht die Vervielfältigungsfreigabe für welche Textvorlage zu welchem Freigabetermin nicht zur Verfügung?

Warum steht die Vervielfältigungsvorlage für welche Form der Bedienungs-/Betriebsanleitung zu welchem Fertigungstermin nicht zur Verfügung?

Fragen zu Richtigkeit und Vollständigkeit von Produktdaten:

Warum sind welche Produktdaten zu welchen Sachbezügen an welchen Stellen textlich falsch wiedergegeben?

Welche textlichen Wiedergaben sind richtig für welche Produktdaten zu welchen Sachbezügen an welchen Stellen?

Warum sind welche Produktdaten zu welchen Sachbezügen an welchen Stellen unvollständig textlich wiedergegeben?

Welche Textergänzungen vervollständigen welche textliche Wiedergabe für welche Produktdaten zu welchen Sachbezügen an welchen Stellen?

Fragen zu Richtigkeit und Vollständigkeit der Verwenderansprache:

Welche Texte sind zu welchem Sachbezug an welcher Stelle warum falsch?

Wie müssen welche Texte verfasst sein, dass sie zu welchem Sachbezug an welcher Stelle richtig sind?

Welche Texte sind zu welchem Sachbezug an welcher Stelle warum erwartbar unverständlich?

Wie müssen welche Texte verfasst sein, dass sie zu welchem Sachbezug an welcher Stelle erwartbar verständlich sind?

Welche Texte sind zu welchem Sachbezug an welcher Stelle warum unvollständig?

Welche textlichen Ergänzungen vervollständigen welche Texte so, dass sie zu welchem Sachbezug an welcher Stelle erwartbar verständlich sind?

Fragen zu Richtigkeit und Vollständigkeit der Gliederung:

Diese Fragen entfallen im Allgemeinen in diesem Sachzusammenhang

Fragen zur Verfügbarkeit von Mustern und Vorlagen:

Diese Fragen entfallen im Allgemeinen in diesem Sachzusammenhang

Fragen zu technischen Produktunterlagen:

Diese Fragen entfallen im Allgemeinen in diesem Sachzusammenhang

Fragen zu neuralgischen Punkten:

Diese Fragen entfallen im Allgemeinen in diesem Sachzusammenhang

Tabelle: Informationsprüfung – Textlieferanten: verwenderbezogene Informationen

Bedienungsanleitung für den Allesschneider sowie Betriebsanleitung für die Produktionsanlage

Fragen zu diesem Thema entfallen im Allgemeinen für diese Zielgruppe.

Tab. 3-69: *Fragen an die Textlieferanten zur Informationsprüfung von verwenderbezogenen Informationen für die Bedienungsanleitung eines Allesschneiders und die Betriebsanleitung einer Produktionsanlage*

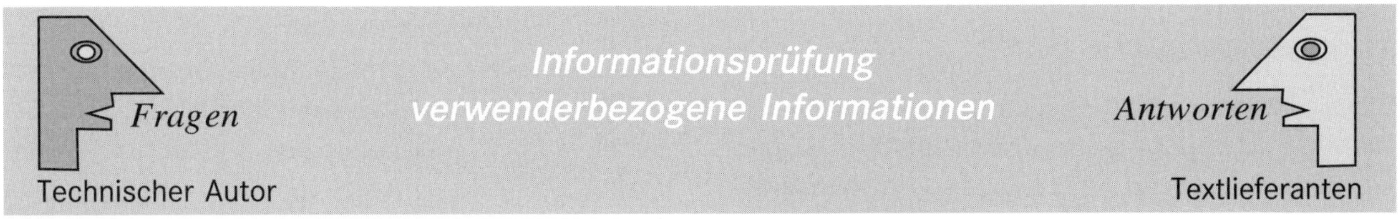

Bedienungsanleitung

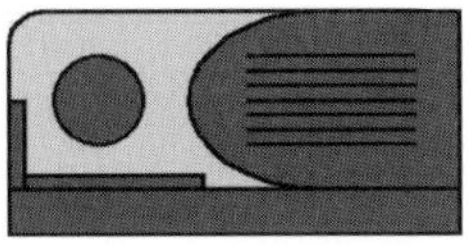

Allesschneider

Betriebsanleitung

Produktionsanlage

Fragen zur Qualifikation, bezogen auf dargestellte Personen:

Diese Fragen entfallen im Allgemeinen in diesem Sachzusammenhang

Fragen zum erwartbaren Verwendungsumfeld:

Diese Fragen entfallen im Allgemeinen in diesem Sachzusammenhang

Fragen zu erwartbaren Handlungsstrategien:

Diese Fragen entfallen im Allgemeinen in diesem Sachzusammenhang

3

3.4.6 Thema Informationsvervielfältigung

Neuer Informationsbezug

Die zu erfragenden Informationen haben für die Bearbeitungsschritte Informationsvervielfältigung nicht mehr den vorrangigen Produkt- oder Verwenderbezug. Ab jetzt geht es um die materielle Erreichbarkeit der Zielgruppen durch die Dokumente.

Dies zeigt sich auch an der Themenstellung: Es geht um die organisatorischen und administrativen Sachverhalte *Sprachausführung*, *Mengen* und *Umfang*.

Dieser Bearbeitungsschritt Informationsvervielfältigung betrifft je nach technischem Produkt in unterschiedlicher Weise nur die Zielgruppen „Beauftragende Stelle“ und „Marketing/Vertrieb“.

Ich habe dennoch für alle Zielgruppen Tabellen aufgenommen, da ich erstens den möglichen Fall des „doch“ berücksichtigt sehen möchte und andererseits die generelle Information über die Funktionslosigkeit einer Zielgruppe durch die Tabelle unmissverständlich vermittelt wird.

Die Produktabhängigkeit zeigt sich in den Themenstellungen. Kommt es beim Allesschneider nur auf die Sprachausführung und die Menge an, so ist bei der Produktionsanlage auch der Umfang zu bestimmen.

Die Grundkonzeption ist wieder fester Bestandteil des Frageverfahrens. Die Gründe sind schon mehrfach genannt.

Beim Allesschneider könnte die falsche Sprachzuordnung für Irritationen beim Verwender sorgen. Bei der Produktionsanlage könnte die falsch bedachte Menge oder der falsch definierte Umfang bezüglich einer Zielgruppe für Probleme sorgen.

Alle Themen lassen sich als administrative und organisatorische Aufgaben verstehen. Sie lassen sich unter folgender Zielsetzung zusammenfassen: Ermittlung von Soll- und Ist-Werten in Bezug auf die unmittelbare Beauftragung und die festgelegte Grundkonzeption.

Tabelle: Informationsvervielfältigung – Beauftragende Stelle: zielgruppenbezogene Informationen

Bedienungsanleitung für den Allesschneider

Es sind zwei Themen und drei Aspekte, über die Informationen zu ermitteln sind. Thematisch geht es um Sprachausführungen und Mengen.

Zu diesen Themen sind die Aspekte Themengegenstand, Maßnahmen zur Durchführung und Vergleich mit der Grundkonzeption zu hinterfragen.

Sowohl bei der Sprachzuweisung wie auch bei der Mengenfestlegung sind die ausschließenden Fragen als Kontrollfragen wichtig.

Die Frage nach den Maßnahmen soll letztlich dazu dienen, solche Maßnahmen auch einzuführen. Sie dienen der Qualitätssicherung und helfen bei der Kostenreduzierung.

Die Fragen fordern zum tabellarischen Darstellen der Antworten auf. Dies sollte auch so durchgeführt werden.

Es ist im Einzelfall zu überprüfen, ob das Zusammenfassen von Antworten zu mehreren Fragen günstiger ist oder ob die organisatorische Übersichtlichkeit darunter leidet.

Betriebsanleitung für die Produktionsanlage

Es sind bei der Produktionsanlage Informationen über drei Themen und drei Aspekte zu ermitteln. Thematisch geht es um Sprachausführungen, die Mengenbestimmung und die Bestimmung des Umfangs. Zu diesen Themen sind wie beim Allesschneider die Aspekte Themengegenstand, Maßnahmen zur Durchführung und Vergleich mit der Grundkonzeption zu hinterfragen.

Sowohl bei der Sprachzuweisung wie auch bei der Mengenfestlegung sind die ausschließenden Fragen als Kontrollfragen wichtig. Auf den ersten Blick erscheint es nicht erforderlich, von unterschiedlichen Sprachausführungen auszugehen. Denkt man aber an das Nebeneinander verschiedener Sprachgesellschaften in einem Unternehmen, so werden aus praktischer Sicht die unterschiedlichen Sprachausführungen sinnvoll und nötig.

Es ist nicht zwingend nötig, dass alle Teile der Betriebsanleitung in allen unterschiedlichen Sprachausführungen zur Verfügung stehen. Die Fragen sollen auch dazu dienen, dass hier eine sinnvolle und der bestimmungsgemäßen Verwendung der Produktionsanlage angemessene Auswahl getroffen wird.

Die Fragen nach den Maßnahmen sollen dazu dienen, solche Maßnahmen einzuführen, wenn sie nicht vorgesehen sind. Die Produktionsanlage ist in ihren Teilen wie im Ganzen gesehen eine Maschine. Nach dem GPSG und entsprechend der EG-Maschinenrichtlinie sind Benutzerinformationen Bestandteil der Maschine und Prüfgegenstand bezüglich der Einhaltung der gesetzlichen Anforderung.

Die Fragen fordern zum tabellarischen Darstellen der Antworten auf. Dies sollte auch so durchgeführt werden.

Die Fragen nach dem zielgruppenbezogenen Umfang der Betriebsanleitung machen es notwendig, dass man für jeden Arbeitsplatz eine entsprechende Entscheidung trifft und auch Bedingungen für Entscheidungen formuliert.

Ein Beispiel soll dies verdeutlichen: Fünf Arbeitsplätze an Halbautomaten werden von einer Gruppe betreut, die dieselbe Fremdsprache spricht. Man entscheidet sich, den relevanten Teil der Betriebsanleitung in der entsprechenden Fremdsprache den betreffenden Mitarbeitern zur Verfügung zu stellen. Die Maßnahme wird dokumentiert und mit der Bedingung verknüpft, dass bei einem Personalwechsel die Sprachzuordnung überprüft und entsprechend angepasst wird.

Die Grundkonzeption ist wieder fester Bestandteil des Frageverfahrens. Die Gründe sind schon mehrfach genannt.

Tab. 3-70: *Fragen an die Beauftragende Stelle zur Informationsvervielfältigung von zielgruppenbezogenen Informationen für die Bedienungsanleitung eines Allesschneiders und die Betriebsanleitung einer Produktionsanlage*

Fragen

Technischer Autor

Informationsvervielfältigung
zielgruppenbezogene Informationen

Antworten

Beauftragende Stelle

Bedienungsanleitung

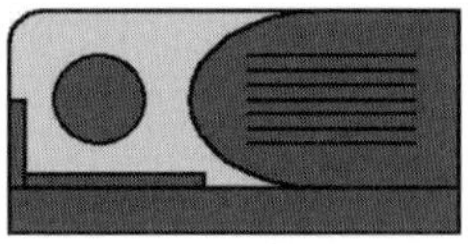

Allesschneider

Betriebsanleitung

Produktionsanlage

Fragen zu Organisation und Administration – Sprachausführungen:

Welche Zielgruppen müssen mit welchen Sprachausführungen versorgt werden?

Welche Zielgruppen dürfen nicht mit welchen Sprachausführungen versorgt werden?

Welche Maßnahmen stellen sicher, dass welche Zielgruppen mit welchen Sprachausführungen versorgt werden?

Welche Maßnahmen stellen sicher, dass welche Zielgruppen nicht mit welchen Sprachausführungen versorgt werden?

Wo sind welche Maßnahmen zur zielgruppengerechten Versorgung mit welchen Sprachausführungen festgelegt?

Warum wird in welchen Punkten bezüglich der Sprachausführungen von der Grundkonzeption abgewichen?

Fragen zu Organisation und Administration – Mengen:

In welcher Menge sollen welche Zielgruppen mit welchen Sprachausführungen versorgt werden?

In welcher Menge müssen welche Zielgruppen mit welchen Sprachausführungen versorgt werden?

In welcher Menge dürfen welche Zielgruppen nicht mit welchen Sprachausführungen versorgt werden?

Welche Maßnahmen stellen sicher, dass welche Zielgruppen mit welchen Mengen welcher Sprachausführungen versorgt werden?

Welche Maßnahmen stellen sicher, dass welche Zielgruppen nicht mit welchen Mengen welcher Sprachausführungen versorgt werden?

Wo sind welche Maßnahmen zur zielgruppengerechten Versorgung mit welchen Sprachausführungen in welchen Mengen festgelegt?

Warum wird in welchen Punkten bezüglich der zielgruppenbezogenen Mengendefinition von der Grundkonzeption abgewichen?

Fragen zu Organisation und Administration – Mengen:

In welcher Menge müssen welche Zielgruppen mit welchen Sprachausführungen versorgt werden?

In welcher Menge dürfen welche Zielgruppen nicht mit welchen Sprachausführungen versorgt werden?

Welche Maßnahmen stellen sicher, dass welche Zielgruppen mit welchen Mengen versorgt werden?

Welche Maßnahmen stellen sicher, dass welche Zielgruppen nicht mit welchen Mengen versorgt werden?

Wo sind welche Maßnahmen zur zielgruppengerechten Versorgung mit welchen Sprachausführungen in welchen Mengen festgelegt?

Warum wird in welchen Punkten bezüglich der zielgruppenbezogenen Mengendefinition von der Grundkonzeption abgewichen?

Ab wann kann ich über die von dem Auftraggeber/Kunden geforderte Gliederungssystematik für die Dokumentation der Gesamtanlage verfügen?

Informationsvervielfältigung – Beauftragende Stelle: zielgruppenbezogene Informationen

Bedienungsanleitung Allesschneider

Fragen zu Organisation und Administration – Umfang:

Diese Fragen entfallen im Allgemeinen in diesem Sachzusammenhang

Betriebsanleitung Produktionsanlage

Fragen zu Organisation und Administration – Umfang:

Welche Personen müssen mit welchen Teilen der Betriebsanleitung in welchen Ausführungen und in welchem Umfang versorgt werden?

Welche Personen dürfen nicht mit welchen Teilen der Betriebsanleitung in welchen Ausführungen und in welchem Umfang versorgt werden?

Welche Maßnahmen stellen sicher, dass welche Personen mit welchen Teilen der Betriebsanleitung in welchen Ausführungen und in welchem Umfang versorgt werden?

Welche Maßnahmen stellen sicher, dass welche Personen nicht mit welchen Teilen der Betriebsanleitung in welchen Ausführungen und in welchem Umfang versorgt werden?

Wo sind welche Maßnahmen zur personenbezogenen Versorgung mit Teilen der Betriebsanleitung in welchen Ausführungen und in welchem Umfang festgelegt?

Warum wird in welchen Punkten bezüglich der zielgruppenbezogenen Umfangdefinition von der Grundkonzeption abgewichen?

Tabelle: Informationsvervielfältigung – Entwicklung/Konstruktion: zielgruppenbezogene Informationen

Bedienungsanleitung für den Allesschneider sowie Betriebsanleitung für die Produktionsanlage

Fragen zu diesem Bearbeitungsschritt entfallen im Allgemeinen für diese Zielgruppe.

Tab. 3-71: *Fragen an die Entwicklung/Konstruktion zur Informationsvervielfältigung von zielgruppenbezogenen Informationen für die Bedienungsanleitung eines Allesschneiders und die Betriebsanleitung einer Produktionsanlage*

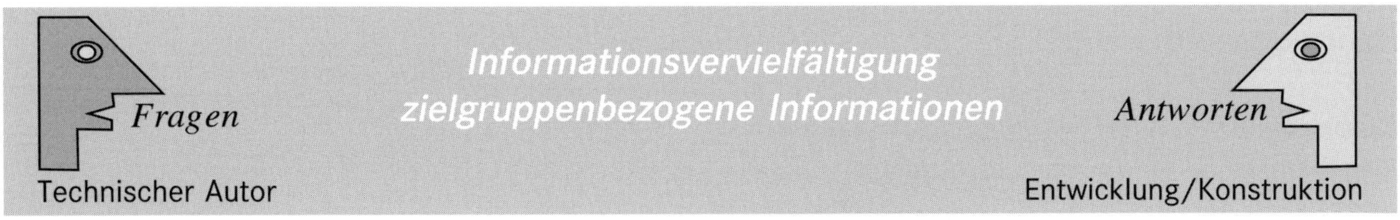

Bedienungsanleitung

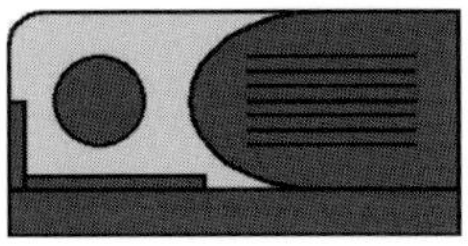

Allesschneider

Betriebsanleitung

Produktionsanlage

Fragen zu Organisation und Administration – Sprachausführungen und Mengen:

Diese Fragen entfallen im Allgemeinen bei dieser Zielgruppe

Tabelle: Informationsvervielfältigung – Marketing/Vertrieb: zielgruppenbezogene Informationen

Bedienungsanleitung für den Allesschneider sowie Betriebsanleitung für die Produktionsanlage

Für diese Zielgruppe gelten im Allgemeinen die gleichen Fragen und Themen einschließlich der Produktunterschiede wie für die Zielgruppe „Beauftragende Stelle“.

Tab. 3-72: *Fragen an Marketing/Vertrieb zur Informationsvervielfältigung von zielgruppenbezogenen Informationen für die Bedienungsanleitung eines Allesschneiders und die Betriebsanleitung einer Produktionsanlage*

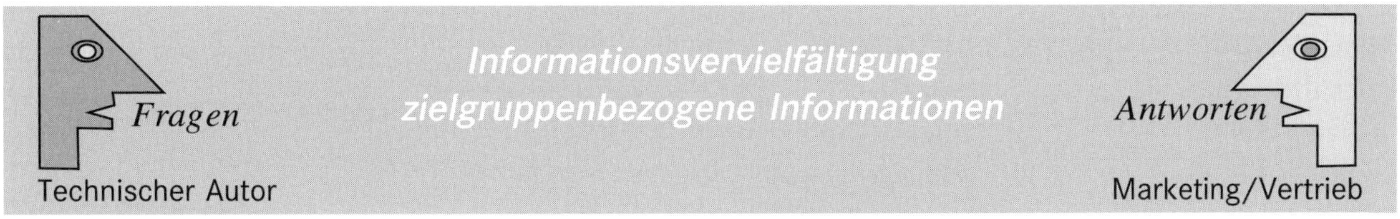

Bedienungsanleitung

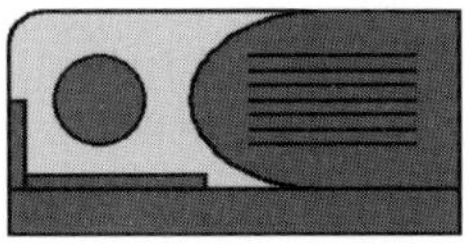

Allesschneider

Betriebsanleitung

Produktionsanlage

Fragen zu Organisation und Administration – Sprachausführungen und Mengen:

Im Allgemeinen sind es die gleichen Fragen wie bei Zielgruppe „Beauftragende Stelle“

Tabellen: Informationsvervielfältigung – Service/Kundendienst sowie Bild- und Textlieferanten: zielgruppenbezogene Informationen

Bedienungsanleitung für den Allesschneider sowie Betriebsanleitung für die Produktionsanlage

Diese Zielgruppen sind im Allgemeinen in diesen Bearbeitungsschritt nicht einbezogen.

Tab. 3-73: *Fragen an den Service/Kundendienst zur Informationsvervielfältigung von zielgruppenbezogenen Informationen für die Bedienungsanleitung eines Allesschneiders und die Betriebsanleitung einer Produktionsanlage*

Bedienungsanleitung

Allesschneider

Betriebsanleitung

Produktionsanlage

Fragen zu Organisation und Administration – Sprachausführungen und Mengen:

Diese Fragen entfallen im Allgemeinen bei dieser Zielgruppe

Tab. 3-74: *Fragen an die Bildlieferanten zur Informationsvervielfältigung von zielgruppenbezogenen Informationen für die Bedienungsanleitung eines Allesschneiders und die Betriebsanleitung einer Produktionsanlage*

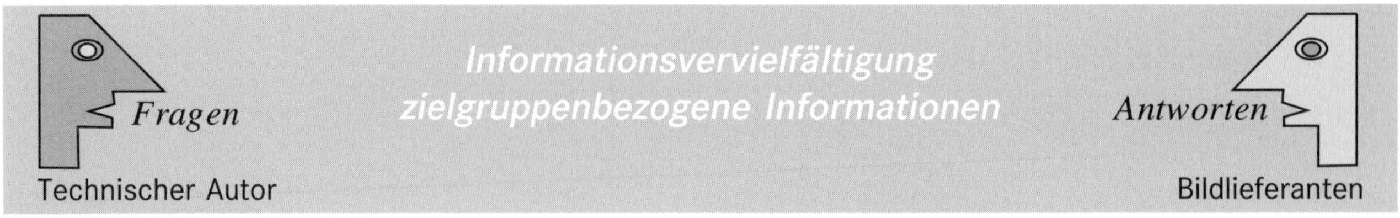

Bedienungsanleitung

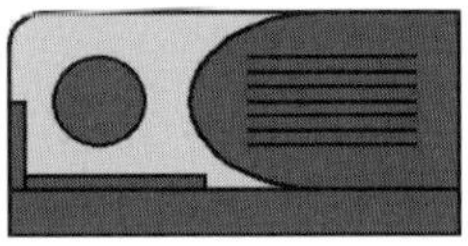

Allesschneider

Betriebsanleitung

Produktionsanlage

Fragen zu Organisation und Administration – Sprachausführungen und Mengen:

Diese Fragen entfallen im Allgemeinen bei dieser Zielgruppe

Tab. 3-75: *Fragen an die Textlieferanten zur Informationsvervielfältigung von zielgruppenbezogenen Informationen für die Bedienungsanleitung eines Allesschneiders und die Betriebsanleitung einer Produktionsanlage*

Bedienungsanleitung

Allesschneider

Betriebsanleitung

Produktionsanlage

Fragen zu Organisation und Administration – Sprachausführungen und Mengen:

Diese Fragen entfallen im Allgemeinen bei dieser Zielgruppe

3.4.7 Thema Informationsverteilung

Dieser Bearbeitungsschritt betrifft, wie schon beim Bearbeitungsschritt Informationsvervielfältigung angesprochen, produktunabhängig die Zielgruppen „Beauftragende Stelle“ und „Marketing/Vertrieb“.
Dies könnte bei entsprechend anderer Kompetenzverteilung auch anders sein.
Was ich hier zeigen möchte, ist: Für den Bearbeitungsschritt „Informationsverteilung“ sind Informationen zu den Themen Maßnahmen sowie Durchführung und Verantwortung wichtig.
Daraus ergeben sich die Fragestellungen.
Sie fragen nach der Maßnahme, das heißt im Einzelnen nach:

- dem Namen der Maßnahme
- der Kennzeichnung der Maßnahme
- dem Ziel der Maßnahme
- der Quelle, wo diese Maßnahmen festgelegt sind.

Ebenso verhält es sich mit der Durchführung und der Verantwortung.
Es wird nach dem Verantwortlichen gefragt, das heißt im Einzelnen nach:

- dem Namen der Verantwortlichen
- der Funktion der Verantwortlichen
- dem Standort der Verantwortlichen
- der Quelle, wo die entsprechende Verantwortlichkeit festgelegt ist.

Und es wird nach der Durchführung gefragt, also nach Zeitraum und Abschluss.
Die Grundkonzeption ist wieder fester Bestandteil des Frageverfahrens. Die Gründe sind schon mehrfach genannt.
Hier könnte noch hinzugefügt werden: Sobald Personen mit definierter Verantwortung „im Spiel“ sind, können Abweichungen von der Grundkonzeption zu erheblichen Verwirrungen sorgen. Die entsprechende Frage soll hier zur Klärung beitragen. Dies ist grundsätzlich in diesem Sinne zu verstehen, auch wenn zum Beispiel unerwartete Verfügungsgewalten zum Vorschein kommen sollten.
Als gemeinsames Ziel der Fragen könnte angegeben werden: Informationsermittlung zum Verteilungsergebnis bzw. zum Verteilungsstand in Bezug zu unmittelbaren Soll-Angaben und der festgelegten Grundkonzeption.

Tabelle: Informationsverteilung – Beauftragende Stelle: zielgruppenbezogene Informationen

Bedienungsanleitung für den Allesschneider sowie Betriebsanleitung für die Produktionsanlage

Es sind zwei Themen und drei Aspekte, über die Informationen zu ermitteln sind.
Thematisch geht es um Sprachausführungen und Mengen. Zu diesen Themen sind die Aspekte Themengegenstand, Maßnahmen zur Durchführung und Vergleich mit der Grundkonzeption zu hinterfragen.
Sowohl bei der Sprachzuweisung wie auch bei der Mengenfestlegung sind die ausschließenden Fragen als Kontrollfragen wichtig.
Die Frage nach den Maßnahmen soll letztlich dazu dienen, solche Maßnahmen auch einzuführen. Sie dienen der Qualitätssicherung und helfen bei der Kostenreduzierung.
Die Fragen fordern zum tabellarischen Darstellen der Antworten auf. Dies sollte auch so durchgeführt werden. Es ist im Einzelfall zu überprüfen, ob das Zusammenfassen von Antworten zu mehreren Fragen günstiger ist oder ob die organisatorische Übersichtlichkeit darunter leidet.

Tab. 3-76: *Fragen an die Beauftragende Stelle zur Informationsverteilung von zielgruppenbezogenen Informationen für die Bedienungsanleitung eines Allesschneiders und die Betriebsanleitung einer Produktionsanlage*

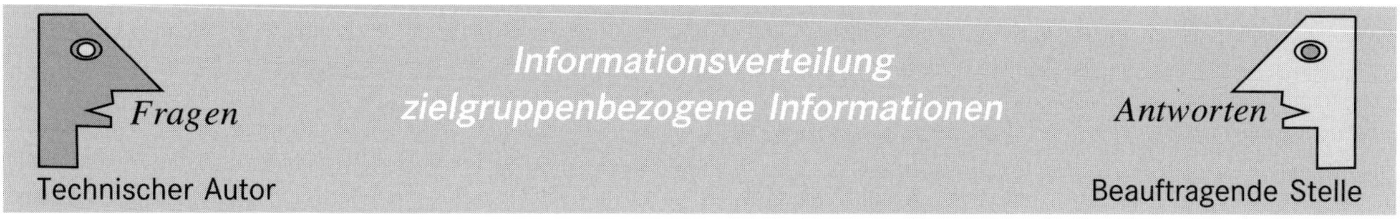

Bedienungsanleitung

Allesschneider

Betriebsanleitung

Produktionsanlage

Fragen zu Organisation und Administration – Maßnahmen:

Durch welche Maßnahmen wird die Verteilung zielgruppenbezogen erfasst?

Durch welche Maßnahmen wird die Verteilung zielgruppenbezogen geprüft?

Durch welche Maßnahmen wird die Verteilung zielgruppenbezogen sichergestellt?

Wo sind welche Maßnahmen zur Erfassung der zielgruppengerechten Verteilung festgelegt?

Wo sind welche Maßnahmen zur Prüfung der zielgruppengerechten Verteilung festgelegt?

Wo sind welche Maßnahmen zur Sicherstellung der zielgruppengerechten Verteilung festgelegt?

Warum wird in welchen Punkten bezüglich der Maßnahmen zur zielgruppenbezogenen Verteilung von der Grundkonzeption abgewichen?

Fragen zu Organisation und Administration – Durchführung und Verantwortung:

Wer führt die zielgruppenbezogene Verteilung durch?

Wann muss die zielgruppenbezogene Verteilung durchgeführt werden?

Wann muss die zielgruppenbezogene Verteilung abgeschlossen sein?

Wer ist für die zielgruppenbezogene Verteilung verantwortlich?

Wo ist festgelegt, wer die zielgruppenbezogene Verteilung durchführt?

Wo ist festgelegt, wann die zielgruppenbezogene Verteilung durchführt wird?

Wo ist festgelegt, wann die zielgruppenbezogene Verteilung abgeschlossen sein muss?

Wo ist festgelegt, wer für die zielgruppenbezogene Verteilung verantwortlich ist?

Warum wird in welchen Punkten bezüglich der Durchführung und Verantwortlichkeit zur zielgruppenbezogenen Verteilung von der Grundkonzeption abgewichen?

Tabelle: Informationsverteilung – Entwicklung/Konstruktion: zielgruppenbezogene Informationen

Bedienungsanleitung für den Allesschneider sowie Betriebsanleitung für die Produktionsanlage

Fragen zu diesem Thema entfallen im Allgemeinen für diese Zielgruppe.

Tab. 3-77: *Fragen an die Entwicklung/Konstruktion zur Informationsverteilung von zielgruppenbezogenen Informationen für die Bedienungsanleitung eines Allesschneiders und die Betriebsanleitung einer Produktionsanlage*

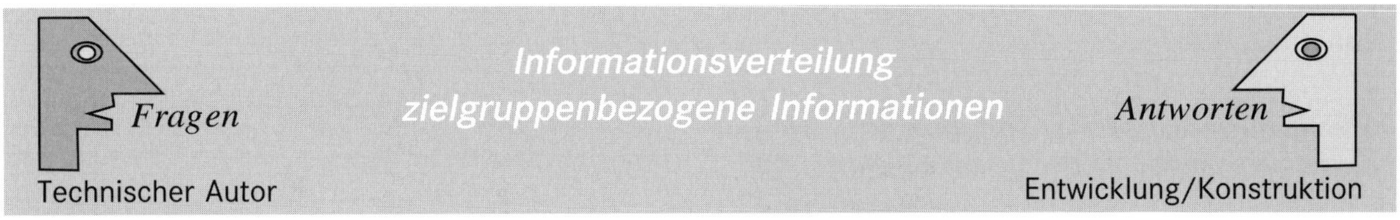

Bedienungsanleitung

Allesschneider

Betriebsanleitung

Produktionsanlage

Fragen zu Organisation und Administration – Sprachausführungen und Mengen:

Diese Fragen entfallen im Allgemeinen bei dieser Zielgruppe

Tabelle: Informationsverteilung – Marketing/Vertrieb: zielgruppenbezogene Informationen

Bedienungsanleitung für den Allesschneider sowie Betriebsanleitung für die Produktionsanlage

Für diese Zielgruppe gelten im Allgemeinen die gleichen Fragen und Themen wie für die Zielgruppe „Beauftragende Stelle“.

Tab. 3-78: *Fragen an Marketing/Vertrieb zur Informationsverteilung von zielgruppenbezogenen Informationen für die Bedienungsanleitung eines Allesschneiders und die Betriebsanleitung einer Produktionsanlage*

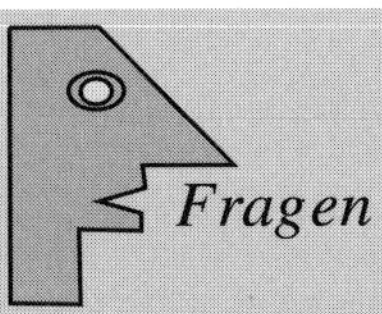

Technischer Autor

Informationsverteilung zielgruppenbezogene Informationen

Marketing/Vertrieb

Bedienungsanleitung

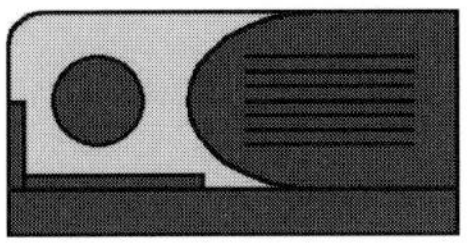

Allesschneider

Betriebsanleitung

Produktionsanlage

Fragen zu Organisation und Administration – Sprachausführungen und Mengen:

Im Allgemeinen sind es die gleichen Fragen wie bei Zielgruppe „Beauftragende Stelle“

Tabellen: Informationsverteilung – Service/Kundendienst sowie Bild- und Textlieferanten: zielgruppenbezogene Informationen

Bedienungsanleitung für den Allesschneider sowie Betriebsanleitung für die Produktionsanlage

Diese Zielgruppen sind im Allgemeinen in diesen Bearbeitungsschritt nicht einbezogen.

Tab. 3-79: *Fragen an den Service/Kundendienst zur Informationsverteilung von zielgruppenbezogenen Informationen für die Bedienungsanleitung eines Allesschneiders und die Betriebsanleitung einer Produktionsanlage*

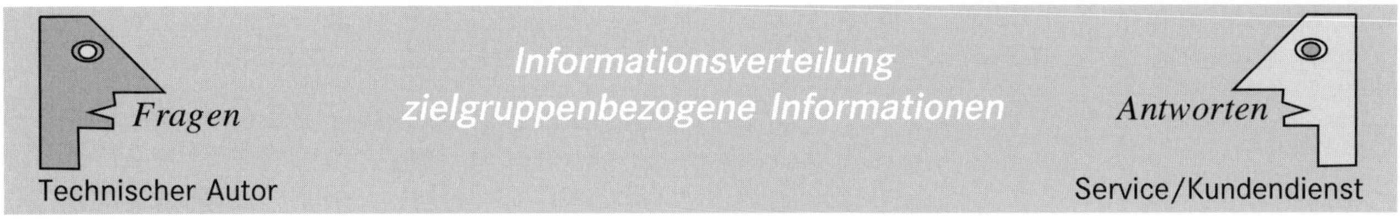

Bedienungsanleitung

Allesschneider

Betriebsanleitung

Produktionsanlage

Fragen zu Organisation und Administration – Sprachausführungen und Mengen:

Diese Fragen entfallen im Allgemeinen bei dieser Zielgruppe

Tab. 3-80: *Fragen an die Bildlieferanten zur Informationsverteilung von zielgruppenbezogenen Informationen für die Bedienungsanleitung eines Allesschneiders und die Betriebsanleitung einer Produktionsanlage*

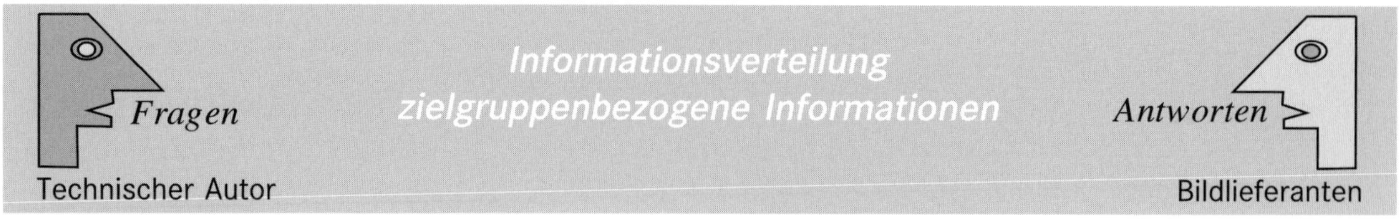

Bedienungsanleitung

Allesschneider

Betriebsanleitung

Produktionsanlage

Fragen zu Organisation und Administration – Sprachausführungen und Mengen:

Diese Fragen entfallen im Allgemeinen bei dieser Zielgruppe

Tab. 3-81: *Fragen an die Textlieferanten zur Informationsverteilung von zielgruppenbezogenen Informationen für die Bedienungsanleitung eines Allesschneiders und die Betriebsanleitung einer Produktionsanlage*

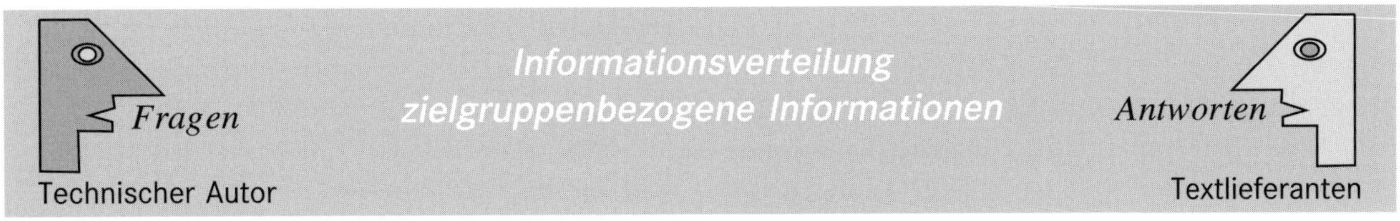

Bedienungsanleitung

Allesschneider

Betriebsanleitung

Produktionsanlage

Fragen zu Organisation und Administration – Sprachausführungen und Mengen:

Diese Fragen entfallen im Allgemeinen bei dieser Zielgruppe

3.5 Fragen zum Nachfassen und Bestätigen

Bisher bezogen sich die Fragestrategien auf die Gewinnung von Erstinformationen. Entsprechend wurden die Fragen als „informationsschöpfend" bezeichnet. Nun zeigt die Praxis, dass die Antworten nicht bereitwillig geliefert werden – im Gegenteil. Häufig muss nachgefasst werden, und das nicht nur einmal.
Hat man dann die Antworten erhalten, sollte man den Erhalt auch bestätigen.
Auch für diese Fälle habe ich Fragen formuliert, die sich strategisch einsetzen lassen.
Die kommunikativen Handlungen „Nachfassen" und „Bestätigen" sind für alle Bearbeitungsschritte gleich. So besteht beim „Nachfassen" die Handlungsstrategie darin, dass man W-Fragen nach Ort, Zeit und Mitteln stellt.

Fragen für das Nachfassen

„Wohin haben Sie Ihre/die Unterlagen/Originale/Kopien geschickt?"
„An wen haben Sie Ihre/die Unterlagen/Originale/Kopien geschickt?"
„Wann haben Sie Ihre/die Unterlagen/Originale/Kopien abgeschickt?"
„Auf welchem Weg haben Sie Ihre/die Unterlagen/Originale/Kopien uns/mir geschickt?"
Vorausgesetzt ist, dass Unterlagen zum vereinbarten Termin nicht angekommen sind.

Fragen für das Bestätigen

Für das „Bestätigen" werden folgende Bestätigungsfragen gestellt bzw. Mitteilungen geäußert:
„Das sind alle/die vereinbarten Unterlagen/Originale/Kopien?"
„Alle/Die vereinbarten Unterlagen/Originale/Kopien sind unbeschädigt eingetroffen."
Vorausgesetzt ist bei der ersten Frage, dass der Umfang der Lieferung nicht genau bekannt ist. Die zweite Frage soll den Kommunikationspartner beruhigen und für die Zukunft „warnen", dass der Erhalt der Lieferung auf Vollständigkeit und Unversehrtheit geprüft wird.
Damit sind die Fragen zu den sechs Bearbeitungsschritten an die sechs Zielgruppen für die Erstellung eines produktpräsentierenden Dokuments abschließend kommentiert.

3.6 Auszüge der Fragetabellen auf der beiliegenden CD

Aus Gründen der praktischen Anwendbarkeit habe ich diejenigen Fragetabellen im Buch, die Fragen enthalten, als verwendbare Textdateien auf die beiliegende CD übernommen.
Der Tabellenkopf ist so umgestaltet, dass ein Firmenlogo, eine Dokumentnummer, der Name des technischen Produkts, seine Identnummer und das Baujahr sowie Daten zur Bearbeitung der Tabelle eingetragen werden können.
Der Tabellenfuß ist für ein Qualitätsmanagement-Handbuch gestaltet. Es lassen sich Angaben zum Register, zu Freigabeerklärungen und zum Verteiler hinzufügen.
Die Fragetabellen sind zweispaltig gegliedert. Die linke Spalte enthält die Fragen, wie sie im Buch formuliert sind, und die rechte Spalte ist für Ihre Antworten reserviert.

Platz für Logo	<u>Formular</u> Informationsbeschaffung **Von** Bildlieferanten - **für** Animation:	Dokument-Nr. 12345
		Blatt Seite 1 von 1

Abb. 3-2: *Frageformulare auf CD – Kopfzeile*

Technisches Produkt		Bearbeitung	
Benennung/Typ **Name des technischen Produkts**		Datum 11.12.2008	Name **R. Muster**
Ident-NR. **123-a-007**	Baujahr 2007		

Nur in Druck- oder Maschinenschrift ausfüllen

Abb. 3-3: *Frageformulare auf CD - Datenfelder für technisches Produkt und Bearbeitung*

QM-Handbuch	Freigegeben am: 12.01.2009	Verteiler
Register: TD - Ib - Fr	Von: Unterschrift:	Abt.: EK/MV/SK/GL
	XXX	Personen: ab; cd; ef; gh

Abb. 3-4: *Frageformulare auf CD - Datenfelder für QM-Handbuch*

3.6.1 Verzeichnisstruktur

Die einzelnen Dateien sind je nach Dokumentart und nach Bearbeitungsschritt in den drei Hauptverzeichnissen *Fragen zu produktpräsentierenden Dokumenten*, *Fragen zur Bedienungsanleitung* und *Fragen zur Betriebsanleitung* abgelegt.

Im Hauptverzeichnis *Fragen zu produktpräsentierenden Dokumenten* finden Sie zu jedem Bearbeitungsschritt ein Unterverzeichnis. In diesem sind dann die betreffenden einzelnen Dateien mit den Fragetabellen bezogen auf die relevanten Zielgruppen hinterlegt.

Im Hauptverzeichnis *Fragen zur Bedienungsanleitung* finden Sie, bezogen auf das Beispiel Allesschneider, zu jedem Bearbeitungsschritt ein Unterverzeichnis. Auch hier sind die betreffenden einzelnen Dateien mit den Fragetabellen bezogen auf die relevanten Zielgruppen hinterlegt.

Im Hauptverzeichnis *Fragen zur Betriebsanleitung* finden Sie, bezogen auf das Beispiel Produktionsanlage, zu jedem Bearbeitungsschritt ein Unterverzeichnis. Auch hier sind die betreffenden einzelnen Dateien mit den Fragetabellen bezogen auf die relevanten Zielgruppen hinterlegt.

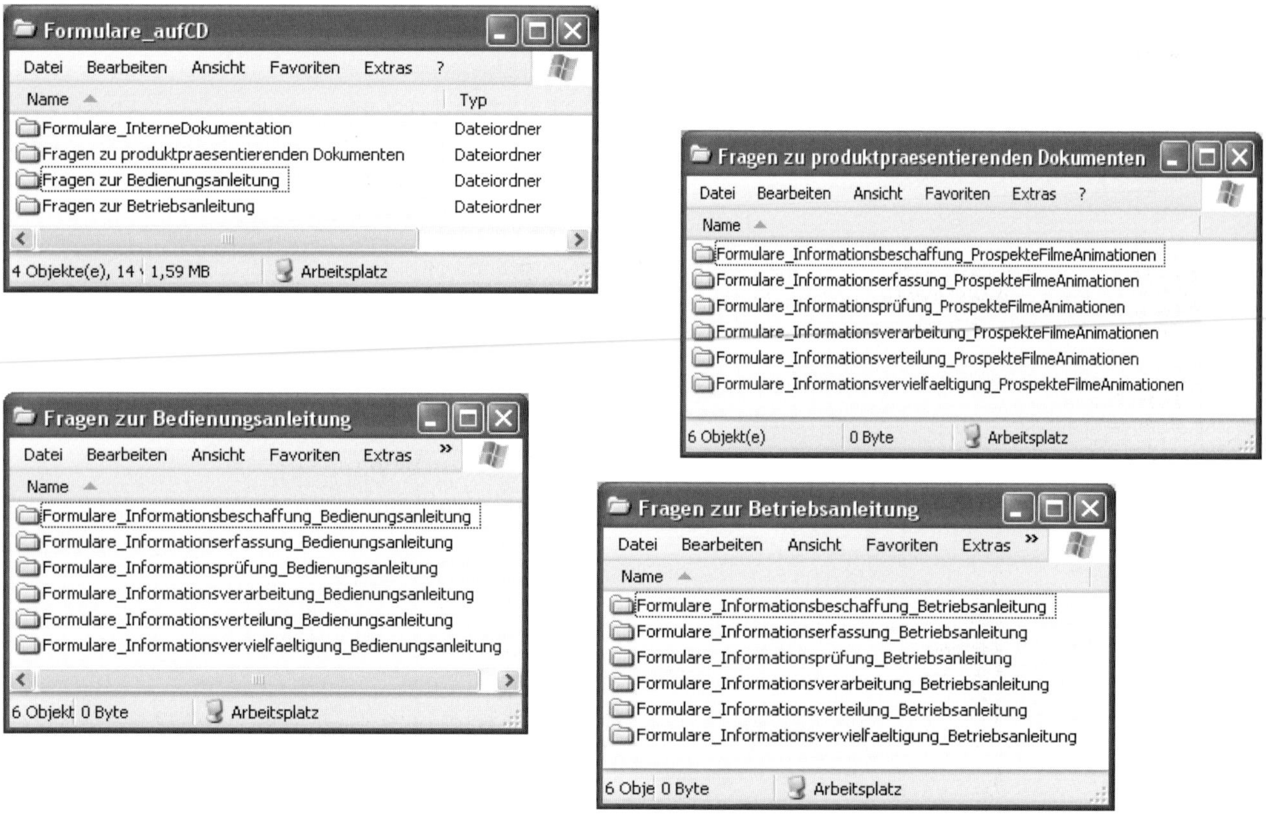

Abb. 3-5: *Frageformulare auf CD - Verzeichnisstruktur*

3.6.2 Dokumentenstruktur

Für die Benennung der einzelnen Dateien habe ich sprechende Abkürzungen verwendet, damit von dem Dateinamen zumindest eine naheliegende sachbezogene Zuordnung abgeleitet werden kann. Dies ist spätestens dann von Bedeutung, wenn die Datei in einem oder mehreren firmeneigenen Anwendungen und Ordnungssystemen abgelegt wird und auch wiedergefunden werden soll.

Um zusätzlich einen „Einblick" in den inhaltlichen Kontext zu erhalten, sind in den Hilfetexten die wörtlichen Wiedergaben der Abkürzungen enthalten.

Die Abkürzung **FRM** steht für Formular. Sie ist allgemein üblich und die Abkürzung findet sich auch im SID-Programm. Dort allerdings für ein Datenbankformular. **BA** bedeutet Betriebsanleitung und **BedA** steht für Bedienungsanleitung.

Die Bearbeitungsschritte sind durch folgende Abkürzungen gekennzeichnet:

IB: Informationsbeschaffung
IE: Informationserfassung
IVarb: Informationsverarbeitung
IP: Informationsprüfung
IVviel: Informationsvervielfältigung
IVteil: Informationsverteilung

Bei den Dateien mit Fragetabellen zu produktpräsentierenden Dokumenten habe ich jeweils die relevanten Dokumentarten angegeben. **Pr** steht für Prospekt; **Fi** steht für Film und **An** steht für Animation.

Treffen Fragen auf mehrere Dokumentarten zu, so sind diese mit ihren Abkürzungen angegeben.

Ähnlich verhält es sich mit der Benennung der Zielgruppen. **BSt** ist die Abkürzung für Beauftragende Stelle, **EK** für Entwicklung/Konstruktion, **MK** für Marketing/Vertrieb. **SK** steht für Service/Kundendienst, **Bil** steht für Bildlieferant und **Txl** für Textlieferant. Auch hier gilt: Betreffen die Fragen mehrere Zielgruppen, so sind diese Zielgruppen auch als Abkürzungen angegeben.

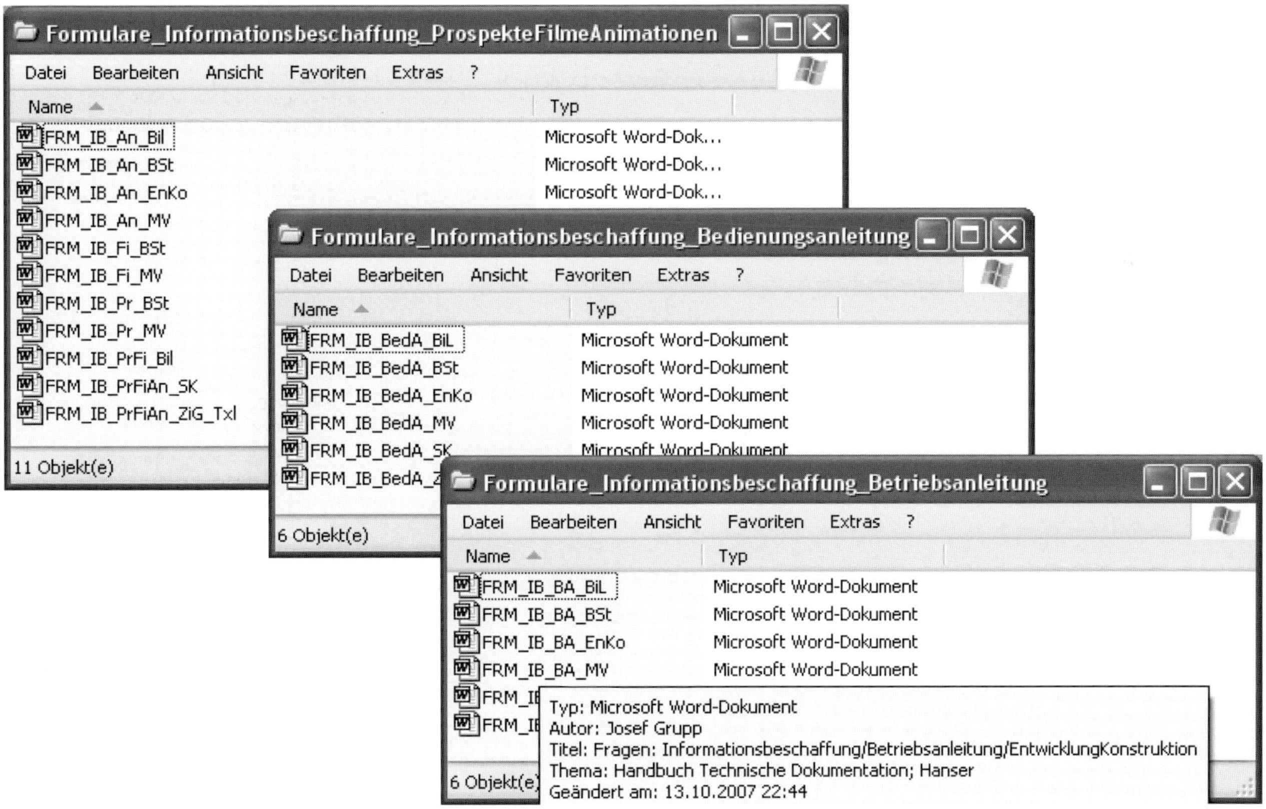

Abb. 3-6: *Frageformulare auf CD - Dateienstruktur*

Teil 4

Die Erstellung
–
Das Zusammenbringen von Inhalt, Gestaltung und Herstellung

Beim Erstellen der Technischen Dokumentation bringt der Technische Autor die beschafften und erfassten Informationen in eine angemessene, verwendertaugliche sprachliche und bildliche sowie materielle Gestalt.
Die Angemessenheit und Verwendertauglichkeit der Technischen Dokumentation werden mehr oder weniger bestimmt durch

- die Art und Gestaltung des technischen Produkts
- die zu beachtenden Anforderungen des Gesetzgebers
- die erwartbare Handlungsstrategie des Verwenders
- die erwartbaren Umgebungsbedingungen bei der Verwendung der Technischen Dokumentation
- die festgelegten Hersteller-Kostengrenzen
- die festgelegten Vervielfältigungs- und Verteilungs-Soll-Werte.

Der Technische Autor kann die inhaltlichen Anforderungen und die Anforderungen an die materielle Ausführung der Technischen Dokumentation weitestgehend durch seine Fragen an die entsprechenden Zielgruppen erschließen, festlegen und in den einzelnen Arbeitsergebnissen verwirklichen.
Neu hinzu kommt die Aufgabe der Gestaltung von sprachlichen und bildlichen Informationen. Die Lösung dieser Aufgabe erfordert ein Wissen um die Eigenarten sprachlicher und bildlicher Informationen in ihren jeweiligen Ausprägungen.
Dementsprechend heißt der rote Faden in diesem Kapitel „Von den Eigenarten sprachlicher und bildlicher Informationen und ihren Anwendungsgrenzen über ein praktisches Anwendungsbeispiel zur geplanten Erstellungsskizze.“
Die Betrachtungen zu inhaltlichen Festlegungen und zum materiellen Herstellen basieren auf der entsprechenden Zuordnung von Zielgruppenfragen. Beide Teile schließen an die Betrachtungen zur informationsorientierten Gestaltung an.

4.1 Über Eigenarten von sprachlichen und bildlichen Informationen

4.1.1 Verändertes Erscheinungsbild sprachlicher und bildlicher Informationen im Lauf der Zeit

Vergleicht man Bedienungsanleitungen um die Jahrhundertwende des 19. zum 20. Jahrhundert mit denen Mitte des 20. Jahrhunderts und denen Anfang des 21. Jahrhunderts, erkennt man deutliche Unterschiede.

Es sind Formate, Papierarten, Schriftarten, Schriftgrößen, Textmengen je Seite und die Art und Durchführungen bei den Abbildungen.

Bei näherer Betrachtung solcher Exponate stellt man auch Unterschiede in der Wortwahl und den Formulierungsweisen fest. Der Verwender wird anders angesprochen.

Allerdings sind die Anleitungen aus vergangener Zeit für uns heute durchaus als solche zu erkennen und auch zu verstehen. Sie sind nur eben „altmodisch", „antiquiert", oft „zu aufwändig im Detail".

Worauf weist das hin und warum spreche ich dieses Thema an?

Die Veränderungen im Erscheinungsbild technischer Dokumente spiegelt die Veränderungen in den Sehgewohnheiten und Sichtweisen der Verwender über einen längeren Zeitpunkt wider. Dass sich Sehgewohnheiten und Sichtweisen der Verwender in solch bildgestalterischen und sprachgestalterischen Größen auswirken, weist auf die doch enge Wechselwirkung zwischen Wahrnehmen und Verarbeiten von Informationen hin.

Es gibt aber offensichtlich textsortentypische Gestaltungsmerkmale, die eine sehr alte Anleitung und eine sehr moderne Anleitung gleichen lassen.

Für den Technischen Autor bedeutet dies: Schriftzeichen, Abbildungen und Formulierungen besitzen gewisse Eigenarten, die einerseits starke Veränderungen zulassen, aber dennoch Wesentliches beibehalten.

Nun sollen diese Hinweise nicht gleich eine Aufforderung sein, dass man sich als Technischer Autor bei der Gestaltung einer Anleitung oder eines Prospekts mit der historischen Entwicklung dieser Textsorte auseinandersetzen muss.

Aber der Hinweis soll dazu anregen, dass man sich als Technischer Autor bewusst sein müsste, dass die Gestaltung der eigenen Arbeitsergebnisse gewissen Trends folgt. Und diese Trends spiegeln auch die Sehgewohnheiten und aktuellen Sichtweisen des Verwenders wider. Es gibt aber auch gewisse Standards, die gleich zu bleiben scheinen und die zum Beispiel eine Anleitung gut von einem Prospekt unterscheiden lassen.

Im Folgenden will ich auf die Eigenarten von Informationen eingehen und Ihr Augenmerk auf die verdeckte Komplexität von Informationsziel, Gestaltung des Informationsmittels und Verwirklichungsmöglichkeiten bei der Informationsvermittlung lenken.

Die eher historische Betrachtungsweise findet ihren Niederschlag in der praktischen Arbeit bei produktverwendungsbezogenen Dokumenten zu technischen Produkten, die eine erwartbare Lebensdauer von einer Menschengeneration und mehr haben, also von mindestens dreißig Jahren. Das heißt, wird die Verwendergeneration jünger, erfordert das unter Umständen ein „Modernisieren" der sprachlichen und bildlichen Gestaltung.

Doch auch zeitumgekehrt kann eine Gestaltungsveränderung nötig sein: Wird die Verwendergruppe älter oder beschränkt sich die Verwendergruppe erwartbar zum Beispiel auf siebzigjährige und ältere Personen, dann sollte sich der Technische Autor um die Sprachverwendung dieser Verwendergruppe kümmern.

4.1.2 Eigenarten von Informationen und Informationsträgern

Die Inhalte einer Technischen Dokumentation können sich in vielerlei Gewändern zeigen.

Die Gewänder der Informationen

Es können bewegte oder stehende Bilder sein, Zahlenwerte, Texte in Blockform oder anderer Ausrichtung, in Tabellenrastern; es können auch akustische Informationen sein. Dies sind nur einige grundsätzliche Beispiele für die vielen Auftrittsvarianten von Informationen.

All diese Informationen wirken auf den Verwender, der Betrachter, Leser oder Hörer ist, etwas anders – je nach dessen Wahrnehmungserfahrungen, Wahrnehmungsgewohnheiten und seinem augenblicklichen körperlichen und seelischen Zustand. Und vor allem auch abhängig von seiner Wahrnehmungsumgebung.

Hinzu kommen noch weitere Befindlichkeiten wie Erwartungen und Vorlieben. Diese Wahrnehmungsbegriffe nenne ich einfach allgemeine Kommunikationsfaktoren.

Zu diesen allgemeinen Kommunikationsfaktoren des Verwenders treten nun die Inhalte der Technischen Dokumentation.

Diese Inhalte sollen nicht nur informieren. Sie sollen vor allem den Verwender zum beabsichtigten Handeln bringen. Er muss durch das Gewand der Information auf den Inhalt der Information schließen können und diese Schlussfolgerung muss sich bestätigen.

Nun kann unter Gewand zweierlei verstanden werden:

- die Verpackung
- die Art der Darstellung.

Und beides soll auch so verstanden werden, weil es miteinander zusammenhängt.

Beispiel für „falsche" Gewänder

Ist zum Beispiel eine Bedienungsanleitung für eine Multifunktionsuhr als DIN-A4-Broschüre gestaltet, so besteht hier ein Widerspruch zwischen dem Format der Bedienungsanleitung und dem technischen Produkt – abgesehen vom Handling der beiden Dinge.

Ähnlich ist es bei folgendem Beispiel:

Eine Waschmaschine wird mit einem Faltblatt in DIN A0 als Bedienungsanleitung ausgeliefert. Auf dem Faltblatt ist nicht nur eine, sondern sind mehrere Sprachen abgedruckt.

Auch hier ist zumindest aus der Sicht der einfachen Handhabung und Informationsermittlung ein ungünstiges Verhältnis zwischen Produkt, Informationsträger und erwartbarem Kommunikationsbedürfnis des Verwenders gewählt.

Erstens sollte dem Verbraucher im Fall der Waschmaschine möglichst nur eine einsprachige Bedienungsanleitung zur Verfügung gestellt werden. Zweitens sollten die aufgeführten Dokumente in einem handlichen Format mit relativ großer Schrift, deutlichen Überschriften und thematischen Erkennungsmarkern gestaltet sein, sodass sich der Verbraucher verstanden sieht.

Auch der Schnitt muss stimmen

Es sollte aber nicht nur das Gewand passen, sondern auch der Schnitt. Auf Sprache bezogen kann das bedeuten:

- Der Inhalt muss zum Beispiel als kurzer Aussagesatz mit den erforderlichen Orts- und Zeitangaben präsentiert werden, wenn beabsichtigt ist, den Leser über Ort und Zeit eines Gegenstandes oder eines Ereignisses zu informieren.
- Der Aussagesatz darf nicht als rhetorische Figur für etwas anderes verstanden werden. Das kann heißen, dass entschieden werden muss zwischen unpersönlichem Anweisungston und persönlichem „Duzen" oder „Siezen".
- Entscheidend für die Wahl des „Gesprächsstils" sind Zielgruppe, Produkt und zeitliche Faktoren, wie zum Beispiel die erwartete Lebensdauer des Produkts.
- Bei Abbildungen kann das heißen: Es muss gegebenenfalls eine Strichzeichnung sein, die den gewünschten Gegenstand so darstellt, wie ihn der Benutzer vor oder bei Ausübung der bestimmten Tätigkeit auch vorfindet, und nicht, wie er sich von der schönsten und attraktivsten Seite darstellt.

Der „passende Schnitt" kann sich auch in der „richtigen" Wahl des Geschlechts oder anderer äußerer Merkmale des dargestellten Verwenders zeigen.

- So wäre es widersprüchlich, eine außergewöhnlich große, kräftige und korpulente männliche Person als Bediener eines schmalen und kleinen Displays zu zeigen, wenn dieses hauptsächlich von eher kleineren und schmaleren weiblichen Personen bedient wird. Ebenso verhält es sich im umgekehrten Fall, wobei dieser mit zunehmender „Mechanisierung" eher weniger auftritt.
- Bei filmischen Szenen kann ein „passender Schnitt" darin bestehen, dass das Verhalten und die Ausrüstung der Musterperson den rechtlichen Anforderungen entsprechen. Es dürfen zum Beispiel nur dann bloße Hände zu sehen sein, wenn dies auch zulässig ist.

- Es muss das Arbeiten mit der nötigen Schutzbekleidung gezeigt werden, wenn dies vorgeschrieben ist.
- Es sollten keine unzulässigen Handlungen filmisch dargestellt werden, da diese als optische Informationen gleichwertig wie zulässige Handlungen gespeichert werden, obwohl zum Beispiel akustische und andere sprachliche Begleitinformationen das filmisch Dargestellte als unzulässig beschreiben – denn diese Zusatzinformationen müssen erst als zugehörig interpretiert werden. Dass dies vom Betrachter erwartbar geleistet wird, ist ungewiss.

All diese Anmerkungen zu Gewand und Schnitt sollen für das wichtige Thema *Arbeiten mit Informationen* sensibilisieren.

Die Qual der Wahl

Der Technische Autor steht täglich vor der Wahl, mit welcher Darstellung er die erforderliche Information möglichst zielsicher beim Verwender „platziert“ und „implantiert“.
Er steht ständig vor dem „Kleiderschrank“ und sucht das passende Gewand, passt an, verwirft, ändert und versucht den Geschmack des Kunden zu treffen, ohne seine eigenen Belange zu vernachlässigen.
Folgendes lässt sich zu Gewändern und Schnitten von Informationen festhalten:

- Die Inhalte der Technischen Dokumentation werden durch die Form ihrer Darbietung wahrgenommen.
- Die Darbietungsform ist die Form des Informationsträgers und die Darstellungsform der Information selbst.
- Sowohl die Form des Informationsträgers wie die Darstellungsform der Information müssen zum Produkt, zum Verwender und zum Umgang mit dem technischen Dokument passen.

4.1.3 Auswählen von Informationen

Intuitive Vorsortierung von Informationen

Informationen in einer Technischen Dokumentation sind für den Verwender grundsätzlich intuitiv nach bekannt und neu unterscheidbar. Die bekannten Informationen nimmt er mit weniger Aufmerksamkeit wahr als die ihm unbekannten.
Die Informationen generell wird er nach sprachlichen und bildlichen, nach sichtbaren und hörbaren Informationen sortieren. Die bildlichen und hörbaren Informationen sind im Allgemeinen attraktiver als die schriftsprachlichen Informationen. Grundsätzlich wird die Bereitschaft des Verbleibs bei einer Information eher kurz sein.
Das sind in etwa die Rahmenbedingungen, mit denen der Technische Autor zu arbeiten hat.
Demgegenüber stehen Sachverhalte, die einen längeren Verbleib an einer Information nötig machen, die bekannte Informationen in einen unbekannten Sachzusammenhang stellen und die für Unbekanntes ausführliche Erklärungen liefern und verlangen.
Der Technische Autor muss sich also des Werkzeugs und gleichzeitigen Werkstoffs Information bewusst sein und über seine Eigentümlichkeiten so viel wissen, dass er sie in seinem Sinne zielführend verwendet.

4.2 Verarbeiten von sprachlichen Informationen

4.2.1 Wahrnehmbarkeit hörbarer und sichtbarer sprachlicher Informationen prüfen

Unter sprachlichen Informationen stellt man sich im Zusammenhang mit einer Technischen Dokumentation Texte, Tabellen, Wörter und Wortgruppen bei Abbildungen usw. vor. Diese sind auf Papier gedruckt oder auf einem Bildschirm sichtbar.
Zu diesen Erscheinungsformen gesellen sich zunehmend hörbare sprachliche Informationen in Form von elektronisch erzeugten Formeltexten oder menschlich vertonter Sprache.
Man kann nun diese sprachlichen Informationen nach hörbar und lesbar unterscheiden. Das ist ihre Wahrnehmbarkeit.
Eine Informationsvermittlung ist also zunächst durch die Grenzen der Wahrnehmbarkeit bestimmt.
Die folgenden Tabellen geben ein Raster vor, nach dem die Auswahl der geplanten sprachlichen Informationen auf ihre erwartbare Wahrnehmbarkeit überprüft werden kann.

4.2.1.1 Hinweise zur Tabelle: Wahrnehmbarkeit prüfen – hörbare sprachliche Informationen

Die Tabelle „Wahrnehmbarkeit prüfen – hörbare sprachliche Informationen“ soll auf typische neuralgische Punkte aufmerksam machen, die für eine bestimmungsgemäße Wahrnehmung von Bedeutung sind und an denen gegebenenfalls die bestimmungsgemäße Wahrnehmung scheitern kann.

Instrumentelle Voraussetzungen für hörbare sprachliche Informationen

Unter den instrumentellen Voraussetzungen sind allgemein Einrichtungen am oder zum Produkt zu verstehen, damit gespeicherte akustische Informationen wahrnehmbar werden. Das können zum Beispiel Lautsprecherboxen sein, einschließlich separater Kabel, das können separate Netzteile oder andere elektronische Komponenten sein. Zu den möglichen Komponenten zählen auch Stecker oder Buchsen.
Die instrumentellen Voraussetzungen können aber auch Geräteeigenschaften sein, wie zum Beispiel explosionsgeschützt, feuchtigkeits- oder schlaggeschützt usw. Eine andere Art von Geräteeigenschaft wäre die zulässige elektrische Spannungsart und Stromstärke.
Instrumentelle Voraussetzungen sind unterteilt nach

- gegeben
- erforderlich
- vor Ort erwartbar.

Es ist zu prüfen, welche instrumentellen Voraussetzungen dem Verwender zumutbar sind, wenn er sie zum Beispiel selbst bereitstellen muss.
Die Zumutbarkeit kann zum Beispiel von Umgebungstemperaturen, von Umgebungsgeräuschen, von der elektromagnetischen Störanfälligkeit der umgebenden Apparate und Systeme oder schlichtweg von der vorgeschriebenen persönlichen Schutzausrüstung begrenzt sein.
In der Spalte *Problembeispiele* sind absichtlich solche Beispiele angeführt, die ungünstig oder untauglich sind, damit offensichtlich wird, wie wichtig der Aspekt der Wahrnehmbarkeit und seine Abhängigkeit zum Beispiel von gerätetechnischen Voraussetzungen bei der Informationsvermittlung ist. Gerade bei zunehmender Einsatzbreite akustischer Informationsträger ist dieser grundlegende Aspekt besonders wichtig.

Akustische Voraussetzungen für hörbare sprachliche Informationen

Akustische Voraussetzungen kennt man durch Negativbeispiele aus eigener Erfahrung. Es sind das die störende Wirkung falscher Tonhöhen, der störende Nebengeräuschpegel oder die unpassende Lautstärke.
Für die Betrachtung dieses Merkmals bei der akustischen Informationsvermittlung von Benutzerinformationen steht auch der Mangel an genauer und zuverlässiger Wahrnehmbarkeit im Vordergrund – und nicht der ästhetische Mangel.

Sprachliche Voraussetzungen für hörbare sprachliche Informationen

Die sprachlichen Voraussetzungen sind die dritte Bedingung, die für eine genaue und zuverlässige sprachliche Wahrnehmbarkeit zu prüfen und zu beachten ist. Es ist nicht die Sprache selbst, sondern es sind die Sprechgeschwindigkeit, die Akzentuierung beim Sprechen und die Sprechquelle, die hier überprüft werden müssen.
Die *Sprechgeschwindigkeit* ist nicht nur entscheidend für das Verstehen an sich, sondern auch für die Menge an Verstandenem in einer Hörsequenz.
Ein sehr einleuchtendes Beispiel bietet das Diktat, wie man es aus der Schule kennt. Spricht der Lehrer zu schnell und gegebenenfalls zu viel in einer Sequenz, gibt es weit mehr Zwischenrufe als bei einer langsameren und weniger langen Sprechsequenz.
Ein anderes alltägliches Beispiel sind die Nachrichten im Radio. Sie werden nicht durch Bilder unterstützt und man ist auf das im Augenblick Gehörte angewiesen. In der Regel werden diese Informationen zu schnell vorgetragen und die Sprechsequenzen sind im Allgemeinen zu lang.
Dies kann man auf einfache Weise selbst testen. Das Ergebnis ist, dass man eventuell Wichtiges überhört, in einen falschen Zusammenhang bringt oder schnell wieder vergisst, weil Schlüsselbegriffe für das Verankern der neuen Informationen im Gedächtnis nicht wahrgenommen wurden.
Im Fall einer akustischen Benutzerinformation kann eine zu schnelle Sprechgeschwindigkeit wie auch

eine zu lange Sprechsequenz bedeuten, dass der Verwender nicht alles wahrnimmt und sich aus Zeitmangel oder anderem Stress mit dem scheinbar Wahrgenommenen zufriedengibt.

Daraus können sich sowohl gefährliche als auch unwirtschaftliche Folgen entwickeln. Gefährlich zum Beispiel dann, wenn der Hörer aus Ungeduld einer nebensächlichen Bemerkung mehr Aufmerksamkeit schenkt als einem hauptsächlichen Warnhinweis. Unwirtschaftlich dann, wenn der Hörer immer wieder die gleiche Sequenz abhören muss, um sie ganz zu behalten. Neben dem Zeitverlust durch diese Wiederholungen tritt auch noch der Imageverlust für das Produkt und den Hersteller.

Neben der Sprechgeschwindigkeit ist die korrekte *Betonung* für das richtige Wahrnehmen und Verstehen von akustischen Informationen wichtig.

So kann bei falscher Betonung von Sätzen und Satzgliedern eine Frage mit einer Aussage verwechselt und eine Anweisung als Möglichkeit verstanden werden. Ebenso kann eine falsche Betonung vor einem Komma oder einem Punkt zu falschem Verstehen oder zum Missverstehen von Aussagen führen. Solche Missverständnisse lassen sich auch bei mehrmaligem Wiederholen nicht immer einfach klären. Werden die Texte von Profis wie Schauspielern gesprochen, bestehen solche Probleme weniger.

Besonders missverständlich sind rhetorische Fragen, auf die man allerdings bei einer rein akustischen Informationsvermittlung grundsätzlich verzichten sollte.

Es kann jedoch schneller passieren, als einem bewusst ist, dass man eine rhetorische Frage in den Sprechtext übernimmt.

Beispielsweise kann es sein, dass der Text einer Power-Point-Präsentation abgesprochen wird. Enthält diese Vorlage sogenannte Leitfragen, werden diese Fragen ohne vorherige Prüfung in den Sprechtext übernommen.

Im konkreten Fall kann dann seitens des Hörers das Missverständnis darin bestehen, dass er auf die rhetorische Frage hin zum Beispiel eine Dialogmaske erwartet, in die er eine entsprechende Antwort eingeben soll.

Tab. 4-1: *Wahrnehmbarkeit prüfen – hörbare sprachliche Informationen*

Instrumentelle Voraussetzungen	**Merkmale/Beispiele**	**Problembeispiele**
Welche erforderlich?	Stationäre oder tragbare Geräte; schwere oder leichte Geräte; Batterie- oder Netzstrom Nur Batteriebetrieb; nur Netzbetrieb	Rekorder an mobilem Arbeitsplatz nicht tauglich
Welche erwartbar?		Handy am Arbeitsplatz nicht erwartbar zulässig
Welche zumutbar?		PC für mobilen Nutzer nicht Erfolg versprechend
Akustische Voraussetzungen	**Merkmale/Beispiele**	**Problembeispiele**
Lautstärke	Welche erforderlich? Welche erwartbar? Welche zumutbar?	Zu leise bei starken Nebengeräuschen
Tonhöhe		Zu hoch bei vergleichbar hohen Umgebungsgeräuschen
Tontiefe		Zu tief bei vergleichbar tiefen Nebengeräuschen
Tonverzerrung		Zu undeutlich bei entsprechender Stimmlage
Nebengeräusche		Nicht wahrnehmbar
Sprachliche Voraussetzungen	**Merkmale/Beispiele**	**Problembeispiele**
Sprechgeschwindigkeit	Schnell, langsam, gewohnt	Zu schnell und daher nicht vollständig verstehbar
Betonung	Silben, Satzenden, Fragen, Satzglieder	Eintönig und daher aufmerksamkeitssenkend
Sprechquelle	Mensch oder Akustikgenerator	Unpersönlich und daher nicht vollständig verständlich

Eine weitere sprachliche Voraussetzung für die richtige akustische Informationsvermittlung ist die *Sprechquelle.* Zwar ist man heute an elektronisch erzeugte Stimmen vielfach gewöhnt, dennoch kann eine solche Stimme bei einer Vermittlung von Benutzerinformationen störend, wenn nicht gar hinderlich sein.
Gewiss gibt es bereits Möglichkeiten, dass sich der Verwender eine Stimme seines Geschmacks aussuchen kann. Trotzdem sollte nicht unterschätzt werden, dass Menschen mitunter empfindlich auf Kommunikationspartner reagieren und sich eher von einer menschlichen Stimme etwas sagen lassen als von einer „Maschine“.
Davon abgesehen, kontrolliert ein rezitierender Mensch den Text automatisch auf seine Verständlichkeit im grammatischen wie im semantischen und pragmatischen Sinne. Dies ist von einer elektronisch erzeugten Stimme nicht erwartbar, da sie nur den schriftlich fixierten Text hörfähig macht. Auch technische Verfeinerungen werden daran grundsätzlich nichts ändern.

4.2.1.2 Hinweise zur Tabelle: Wahrnehmbarkeit prüfen – sichtbare sprachliche Informationen

Die Tabelle „Wahrnehmbarkeit prüfen – sichtbare sprachliche Informationen“ dient dazu, sich vor der Erstellung der Technischen Dokumentation klar zu werden, welche Faktoren bei der Wahrnehmbarkeit sichtbarer, sprich optischer Informationen, welche bedeutsame Rolle spielen.
Auch hier müssen wieder getrennt instrumentelle, optische und sprachliche Voraussetzungen untersucht werden.

Instrumentelle Voraussetzungen für sichtbare sprachliche Informationen

Wie bei den hörbaren sprachlichen Informationen muss auch bei den sichtbaren sprachlichen Informationen nach den erforderlichen, erwartbaren und zumutbaren instrumentellen Voraussetzungen gefragt werden. Wie dort können sich die Voraussetzungen auf Geräte wie auf Kontaktnahmeausführungen, wie auch auf Leistungsmerkmale und Leistungsgrenzen beziehen.

Geräte für sichtbare sprachliche Informationen sind im Allgemeinen Bildschirme, die von Handyformaten bis zum 24-Zoll-Bildschirm oder Großleinwandformat reichen. Entscheidend für die richtige Wahl sind die Vor-Ort-Verhältnisse. Und diese sind zu hinterfragen nach

- der Zuverlässigkeit
- der zeitgenauen Informationsbereitstellung
- der Sichtdauer
- der erforderlichen Größe
- der Erkennbarkeit.

Im Gegensatz zu den hörbaren sprachlichen Informationen, die immer an Apparate und nichtmenschliche Energiequellen gebunden sind, können sichtbare sprachliche Informationen auf Papier gedruckt sein. Es sind dies die noch am weitesten verbreiteten sogenannten produktbegleitenden Dokumente, eben bekannt als Bedienungs-, Gebrauchs- oder Betriebsanleitungen usw.
Was für den Laien müßig erscheint, ist für den Technischen Autor eine sehr wichtige Frage:
Welche instrumentellen Voraussetzungen sind erforderlich, erwartbar oder gar zumutbar, damit der Verwender die sichtbaren sprachlichen Informationen zuverlässig wahrnehmen kann?
Wenn der Einsatzort eine Baustelle ist und der Verwender im Freien bei erwartbar schlechtem Wetter die Benutzerinformationen einsehen können muss, steht der Technische Autor unmittelbar vor der Frage, welchen Umfang der Informationsträger haben darf, damit er für den Verwender noch zumutbar gehandhabt werden kann, und auf welchem Material die sichtbare sprachliche Information gesetzt sein muss, damit sie zuverlässig sichtbar bleibt.
Ein anderer Fall kann so gestaltet sein, dass der Verwender beim Wahrnehmen der sichtbaren sprachlichen Informationen in seiner Handlungsweise und gegebenenfalls auch Sichtweise durch besondere Schutzausrüstungen beeinträchtigt ist. Auch für diesen Fall hat der Technische Autor eine angemessene „Papierlösung“ als Dokumentform zu finden, falls eine maschinelle Lösung aus Kosten- oder anderen Gründen nicht möglich ist.
Bei den Gerätelösungen ist, abgesehen von den oben genannten generellen Problemen, noch zu beachten,

dass Bildträger oft an gewisse Handhabungsgrenzen stoßen, wegen ihrer Gestaltung oder ihrer Empfindlichkeit.

Optische Voraussetzungen für sichtbare sprachliche Informationen

Neben den instrumentellen Voraussetzungen sind es noch die optischen Voraussetzungen, die bei der Wahrnehmbarkeit sichtbarer sprachlicher Informationen zu beachten sind.

Betrachtet man hier zunächst die „Papierlösungen", so kommen im Wesentlichen nur Farbwahl und Glanzgrad der Trägeroberfläche als Prüfmerkmale in Betracht.

Die Farbwahl kann dann wichtig sein, wenn das Umgebungslicht farbig ist, sodass durch Farbüberlagerungen von Lichtfarbe, Farbe der Trägerschicht bzw. Farbe der sichtbaren sprachlichen Informationen Bedeutungen den sprachlichen Informationen zugeordnet werden, die so nicht beabsichtigt sind und die in der Folge ein Handeln des Verwenders bewirken, das so nicht erwünscht ist.

So kann im negativen Sinn eine Farbveränderung bei den sprachlichen Informationen einen ursprünglich rot gesetzten Text schwarz erscheinen lassen bzw. eine gelbe Hintergrundfarbe grau, sodass der Verwender die besondere Hervorhebung nicht mehr erkennt und der sprachlichen Information nicht mehr die gewollte Aufmerksamkeit geschenkt wird.

Man kann zwar dagegenstellen, dass die Information als solche genügend Aufmerksamkeit erregen müsste. Dagegen spricht wiederum, dass dies weniger erwartbar ist – sonst würde der Farbaufwand nicht betrieben.

Der Glanz einer Trägeroberfläche kann auch wahrnehmungseinschränkend sein.

Bei grellem Licht, bei schnell und womöglich unregelmäßig wechselnden Lichtverhältnissen sowie bei Nebenlicht können die reflektierten Lichter zu Wahrnehmungsdefiziten führen oder auch zur Unlust, die entsprechende Informationsquelle im erforderlichen Maß zu verwenden.

Bei gerätegebundenen sichtbaren sprachlichen Informationen treten zu den bereits genannten Faktoren, wie Glanzgrad der Trägeroberfläche und Farbe der Trägerfläche, sprachliche Information und Umgebung, noch Lichtstärke und Lichtdauer hinzu.

Es geht hier um das Eigenlichtverhalten von Trägern und sprachlicher Information. Hierzu lassen sich zum Beispiel die Fragen stellen:

Reicht die Lichtkraft aus, um die sprachliche Information bei den erwartbar möglichen Umgebungslichtverhältnissen zuverlässig wahrnehmbar zu halten?

Ist sichergestellt, dass die Eigenlichtstärke der sprachlichen Information nicht zu Verzerrungen führt, die eine Wahrnehmbarkeit beeinträchtigt?

Diese und vergleichbare Fragen sind zu klären bei der Prüfung der Wahrnehmbarkeit sichtbarer sprachlicher Informationen, wenn sie gerätegebunden sind.

In der Tabelle taucht noch das Prüfkriterium *Verweildauer* auf. Es geht hierbei um die Dauer der Wahrnehmbarkeit bei aktivierter Energiesparschaltung.

Grundsätzlich muss sichergestellt sein, dass bei einer Betriebsphase keine Abschaltung der sichtbaren sprachlichen Informationen erfolgen kann.

Wenn zu bestimmten Lebensphasen wie zum Beispiel „Einstellung" oder „Fehlersuche" eine Beschränkung der Verweildauer während des Betriebs möglich oder vorgesehen ist, muss dies als Hinweis nicht nur in der „Papierdokumentation" Eingang finden. Dieser Hinweis muss auch auf dem „Sichtfeld" an entsprechender Stelle bzw. im entsprechenden Kapitel entnehmbar sein.

Sprachliche Voraussetzungen für sichtbare sprachliche Informationen

Zu den sprachlichen Voraussetzungen bezüglich der Wahrnehmbarkeit sichtbarer sprachlicher Informationen zählen Schriftgröße, Schriftschnitt, teilweise auch Schriftart genannt, und Schriftfunktion.

Es gibt bei Dokumenten teilweise Fließtext bis Schriftgröße 8 Punkt. Dies sollte man möglichst vermeiden. Auch 9 Punkt zählt schon zu einer kritischen Größe. Obwohl die Schriftgröße allein die Wahrnehmbarkeit sprachlicher Informationen nicht bestimmt sondern noch Schriftart bzw. Schriftschnitt hinzukommen, so gibt sie doch – gerade bei kleinen Schriftgrößen – weitestgehend die Bedeutung der anderen Schriftmerkmale vor.

Ein anderer Aspekt, der die Wahrnehmbarkeit bei kleiner Schriftgröße bestimmt, ist die Zeichenmenge je Zeile. Sie sollte 55 nicht überschreiten und 5 nicht unterschreiten.

Das heißt wiederum, dass die *Schriftgröße* auch das Seitenformat bestimmt. Bei Gebrauchs- oder Bedienungsanleitungen zu Kleingeräten werden oft Schriftgrößen im 8-Punkt-Bereich gewählt. Allerdings handelt es sich meist um keine primär gefährlichen Produkte. Die Formate sind oft auf Sondergrößen beschränkt, die etwa einem halben oder einem drittel DIN-A6-Format entsprechen.

Der *Schriftschnitt* ist eine für die Wahrnehmbarkeit sehr bedeutsame Größe.

Bei kleinen Schriftgrößen kann er zu einem Verschwimmen der oberen und unteren Zeichengrenzen führen. Bei Hervorhebungen durch Fettdruck oder eingeschränkter Laufweite können bei bestimmten Schriftarten die Zeichen ebenfalls ineinanderfließen, sodass die sprachliche Information nicht mehr eindeutig wahrnehmbar ist.

Das persönliche Empfinden kann bei besonders ungewöhnlichen Schriftschnitten ebenfalls zu einer Wahrnehmungseinschränkung führen. Dabei muss der Schriftschnitt als solcher nicht ungewöhnlich sein, sondern nur in dem besonderen Sachzusammenhang der Technischen Dokumentation. Hier wird doch eher der „Alltagslook“ erwartet und akzeptiert als das „Cocktailkleid“, um im anschaulichen Bilde des „Gewandes“ zu bleiben.

Tab. 4-2: *Wahrnehmbarkeit prüfen – sichtbare sprachliche Informationen*

Instrumentelle Voraussetzungen	Merkmale/Beispiele	Problembeispiele
Welche erforderlich?	Stationäre oder tragbare Geräte oder Dokumente; schwere oder leichte Geräte oder Dokumente Batterie- oder Netzstrom; ohne Energie	Bild-Rekorder/mehrere Ordner an mobilem Arbeitsplatz nicht tauglich
Welche erwartbar?		Handy am Arbeitsplatz nicht erwartbar zulässig; Papierdokument im Freien erwartbar nicht beständig
Welche zumutbar?		PC für mobilen Nutzer nicht Erfolg versprechend; schweres Dokument für mobilen Benutzer eventuell unzumutbar
Optische Voraussetzungen	**Merkmale/Beispiele**	**Problembeispiele**
Lichtstärke	Welche erforderlich? Welche erwartbar? Welche zumutbar?	Zu dunkel bei dunkler Umgebung
Lichtdauer		Zu kurz für Wahrnehmungszeit
Lichtfarbe		Falsche Farbe bei dunkler Umgebungsbeleuchtung
Lichtverzerrung		Zu unruhig zum konzentrierten Wahrnehmen
Nebenlichter		Zu undeutlich bei wechselnden Nebenlichtern
Verweildauer	Welche erforderlich? Welche zumutbar?	Zu kurz und daher nicht vollständig wahrnehmbar
Farbe	Welche erforderlich? Welche zumutbar? Welche erlaubt?	Zu blass und daher nicht deutlich wahrnehmbar Zu wenig kontrastiv und daher nicht wahrnehmbar Falsche Farbgebung und daher falsche Bedeutungszuordnung
Sprachliche Voraussetzungen	**Merkmale/Beispiele**	**Problembeispiele**
Schriftgröße	8–18 Punkt	Zu klein zum deutlichen Wahrnehmen
Schriftschnitt	Serifen- oder serifenlose Schriftzeichen; kursiv, fett, modern	Nicht flüssig lesbar
Schriftfunktion	Zuordnung von Schriftgröße und Schriftschnitt zu Textsorte	Keine Zuordnung erkennbar

Unter *Schriftfunktion*, der dritten und letzten sprachlichen Voraussetzung, die bei der Wahrnehmbarkeit sichtbarer sprachlicher Zeichen zu prüfen ist, sind Bedeutungszuordnungen von Schriftgröße und/oder Schriftschnitt zu verstehen.
Wird ein bestimmtes Format für die Kennzeichnung zum Beispiel von Kapitelüberschriften, von Gefahrenhinweisen oder Fließtext festgelegt, so muss es über das gesamte Dokument bzw. die Gesamtheit der Bildschirmmasken und Layouts zweifelsfrei mit dieser Funktionszuordnung versehen werden.
Einerseits ist es relativ einfach, dies durch Formatzuordnungen festzulegen. Andererseits wird im Alltag leider nicht immer die erforderliche Zeit investiert oder die nötige Sorgfalt aufgebracht, dass dieses Muss eingehalten wird.
Ferner machen es inhaltliche Zusammenhänge nicht immer leicht, klare Strukturentscheidungen zu treffen.
Der Technische Autor hat aber genau auf solche Kleinigkeiten zu achten, will er sich nicht innerhalb kurzer Zeit das Leben schwer machen. Er kann sich Muster anfertigen, die er, wenn möglich, auftragsübergreifend anwenden kann. Er kann auch Muster übernehmen, um sie als Vorlage anzulegen. Allerdings hat er darauf zu achten, dass er keine Kopierrechtsverletzungen vornimmt.
Die Wahrnehmbarkeit im Zusammenhang mit Funktionszuordnungen sichtbarer sprachlicher Informationen zielt nicht in erster Linie auf das Verstehen der Informationen ab, sondern auf das Wiedererkennen ihrer Funktionalität.
Folgendes Beispiel soll das verdeutlichen:
Ich suche in der Bedienungsanleitung eines kombinierten Waschtrockners nach Informationen zur Waschmitteldosierung. Sind Informationen zur Waschfunktion und Trocknerfunktion unter unterschiedlichen Kopftexten aufgeführt, dient der Inhalt des Kopftextes als Suchfunktion.
Die Funktionalität des Kopftextes besteht in der Möglichkeit der Zuordnung von Sachzusammenhängen bezüglich der Verwendungsmöglichkeiten des technischen Produkts.

4.2.2 Eigenarten von Begriffen, Sätzen und Texten beachten

4.2.2.1 Wenige zu beachtende Grundsätze

Damit sprachliche Informationen verstanden werden, müssen Verwender und Technischer Autor über ein möglichst deckungsgleiches Sprachvermögen verfügen. Das heißt, dass beide im Rahmen der Kommunikation über den fast gleichen Wortschatz und über die gleichen Sprachregeln verfügen müssen.
Die zwangsläufig für den Verwender unbekannten und neuen Begriffe und Sachverhalte sind vom Technischen Autor so zu vermitteln, dass der Verwender mithilfe seines Sprachvermögens diese neuen Informationen richtig versteht und seinem Sprachinventar hinzufügt.
Im Grunde genommen hat der Technische Autor nur wenige Grundsätze zu befolgen, um relativ unmissverständliche sprachliche Äußerungen zustande zu bringen.
Bei der Technischen Dokumentation geht es im Allgemeinen um folgende kommunikative Sachverhalte:

- Etwas muss nach raum-zeitlichen Angaben beschrieben werden.
- Etwas muss nach seiner Handlungs- und Wirkungsweise beschrieben und erklärt werden.
- Ein Sachverhalt muss nach Wirklichkeit oder Möglichkeit beschrieben und erklärt werden.
- Jemand muss zu einer Handlung oder einem Verbot aufgefordert werden.
- Etwas muss allgemein beschrieben oder erklärt werden.
- Zu etwas muss Stellung genommen werden.

Diese kurze Aufzählung verweist auf bestimmte Grundfunktionen von Wortarten und Satzgliedern.
In der folgenden Tabelle werden die Wortarten aufgeführt, die hauptsächlich in der Technischen Dokumentation verwendet werden und mit denen gewisse Verständnisprobleme verbunden sind.

Tab. 4-3: *Häufige Wortarten in der Technischen Dokumentation – Funktionen, Beispiele, Anwendungen*

Wortart	Funktion
Artikel (Begleiter): – bestimmt/definit – unbestimmt/indefinit	Zuordnung des grammatischen Geschlechts zu einem Substativ; diese Aufgabe übernimmt nur der bestimmte Artikel; Wertung des Substativs nach bestimmt und unbestimmt bzw. bedeutsam und nicht bedeutsam durch Verwendung des bestimmten oder des unbestimmten Artikels
Beispiele	**Anwendung**
der Schalter: bestimmter Artikel; maskulin/männlich die Lampe: bestimmter Artikel; feminin/weiblich das Kabel: bestimmter Artikel; neutrum/sächlich ein Schalter: unbestimmter Artikel; maskulin/männlich eine Lampe: unbestimmter Artikel; feminin/weiblich ein Kabel: unbestimmter Artikel; neutrum/sächlich	Bestimmter Artikel: Immer dann, wenn ein Bauteil oder ein Sachverhalt als bekannt vorausgesetzt werden kann Unbestimmter Artikel: Immer dann, wenn ein Bauteil oder ein Sachverhalt allgemein eingeführt wird oder beispielhaft verwendet wird

4

Wortart	Funktion
Substantiv (Hauptwörter, Namenwörter): – Einzahl (Singular) – Mehrzahl (Plural)	Benennung eines abstrakten oder konkreten Gegenstands, eines Sachverhalts oder eines Namens
Beispiele	**Anwendung**
die Steuerungstaste; SPS-Steuerungen die Unternehmensphilosophie; die Prüfverfahren der Europäische Binnenmarkt; die Hersteller	Einzahl (Singular): bei allgemeinen Begriffen, wenn nur eine Sache benannt werden soll; in der Regel bei Namen bei Substantivierungen: z. B. das Schweißen, das Ablaugen, das Blau Mehrzahl (Plural): wenn mehrere Sachen benannt werden und diese auch in der Einzahl vorkommen

Wortart	Funktion
Pronomen (Fürwörter): – personale (persönliche) – demonstrative (hinweisende) – relative (bezügliche) – reflexive (rückbezügliche) – possessive (besitzanzeigende) – interrogative (fragende)	Stellvertreter für ein Substantiv bzw. für mehrere Substantive oder Stellvertreter für einen oder mehrere Sachverhalte
Beispiele	**Anwendung**
Personal (persönlich): Er schaltet selbsttätig ab. Demonstrativ (hinweisend): Dieses Spannfutter darf nicht entfernt werden. Relativ (bezüglich): Besprühen Sie nur diejenige (hinweisend) Kontermutter, die sich nicht dreht. Reflexiv (rückbezüglich): Die Schutzvorrichtung lässt sich nicht öffnen. Possessiv (besitzanzeigend): Seine Strahlung ist gesundheitsgefährdend. Interrogativ (fragend): Welche Bürsten zu verwenden sind, steht auf dem Gehäuserahmen oben rechts.	Grundsätzlich: Pronomen dürfen erst dann verwendet werden, wenn das stellvertretene Substantiv oder der stellvertretene Sachverhalt vorher verwendet worden ist. Ohne das im vorhergehenden Text eingeführte Substantiv oder den Sachverhalt bleibt der Satzinhalt ohne Bezug. Der Satzinhalt kann somit nicht eindeutig verstanden werden. Mit Pronomen, die als Subjekte bzw. Objekte verwendet werden, sollte man in der Technischen Dokumentation sehr sparsam umgehen!

Tab. 4-3 *(Fortsetzung)*

Wortart	Funktion
Präpositionen (Verhältniswörter): – lokale (Ort) – temporal (Zeit) – modal (Art und Weise) – kausal (Grund)	Beschreibung des Verhältnisses zwischen Dingen bzw. Sachverhalten Sie sind nicht zu verwechseln mit Adverbien, die sich nur auf das Prädikat (die Satzaussage) beziehen und nur dieses beschreiben.
Beispiele	**Anwendung**
Lokal (Ort): Unter der Abdeckung rotiert das Abschlagmesser. Temporal (Zeit): Vor der Inbetriebnahme muss eine Sichtprüfung erfolgen. Modal (Art und Weise): Bei laufendem Motor darf die Abdeckung nicht entfernt werden. Kausal (Grund): Wegen der hautschädigenden Wirkung des Lösungsmittels muss die vorgeschriebene Schutzkleidung getragen werden.	Präpositionen sind eine der häufigsten Wortarten in Anleitungen. Lokale, temporale und modale Präpositionen benötigt man in Anleitungen vielfach zur genauen Bestimmung von Zuständen und Vorgängen. Kausale Präpositionen benötigt man vorwiegend bei erklärenden Sicherheitshinweisen und bei Begründungen zu Maßnahmen im Rahmen der Internen Dokumentation. Zu beachten ist, dass bei der Beschreibung zeitlich gestaffelter Abläufe die temporalen Präpositionen die zeitlich gestaffelte richtige Reihenfolge von Tätigkeiten, Vorgängen und Zuständen wiedergegeben.

4

Wortart	Funktion
Adverbien (Umstandsbestimmungen): – lokale (Ort); – temporal (Zeit); – modal (Art und Weise); – kausal (Grund)	Beschreibung der Umstände, unter denen, – eine Tätigkeit verrichtet wird, – ein Vorgang erfolgt, – ein Zustand besteht, – ein Ereignis stattfindet – eine Möglichkeit besteht.
Beispiele	**Anwendung**
Lokal (Ort): Der Tank wird hinter der Stellwand geöffnet; Temporal (Zeit): Das Schutzgitter darf erst nach dem Abschalten der Gesamtanlage geöffnet werden; Modal (Art und Weise): Die Radmuttern müssen über Kreuz festgezogen werden; Kausal (Grund): Folglich besteht akute Brandgefahr	Wie die Präpositionen zählen auch die Adverbien zu den häufigsten Wortarten und bilden die häufigsten Satzgliedmuster von Anleitungen. Sie sind auch bei genauen Beschreibungen und der genauen Angabe von Begründungen im Zusammenhang mit der Einhaltung oder Nichteinhaltung von Anforderungen nötig.

Wortart	Funktion
Adjektive (Eigenschaftswörter): – attributiv (befügend); – adverbial (umstandsbestimmend); – prädikativ (satzaussagend)	Beschreibung – der Eigenschaft von Substativen (Dinge: konkrete D. wie Gegenstände, Personen, Lebewesen; abstrakte D. wie Vorgänge, Zustände, Namen, Handlungen, Sachverhalte Empfindungen) in einem bestimmten Sachverhalt (Satz): attributive Verwendung – der Eigenschaft von Vorgängen, von Zuständen, von Handlungen, von Ereignissen: adverbiale Verwendung – der Eigenschaft von Dingen, von Vorgängen, von Zuständen, von Handlungen, von Ereignissen an sich: prädikative Verwendung
Beispiele	**Anwendung**
Attributiv (beifügend): Die gelbgrüne Ader darf nur an den Schutzkontakt mit dem Erdungszeichen angeschlossen werden; Adverbial (umstandsbestimmend): Öffnen Sie die Ladeluke langsam; Prädikativ (satzaussagend): Das Material ist nach diesem Vorgang fest.	In der Technischen Dokumentation sind alle Anwendungen vertreten.

Tab. 4-3 *(Fortsetzung)*

Wortart	Funktion
Verben (Zeit- oder Tun- oder Tätigkeitswörter): – Tätigkeitsverben; – Vorgangsverben; – Zustandsverben; – Hilfsverben: haben, sein, werden – Modalverben: können, dürfen , mögen, wollen, müssen, sollen	Bezeichnung einer Tätigkeit, eines Vorgangs, eines Zustandes, einer Möglichkeit, einer Erlaubnis, eines Wunsches, einer verbindlichen oder einer erwarteten Auflage bzw. Aufforderung Mit zusätzlicher Angabe von: Zeit: Präsens (Gegenwart), Präteritum (unvollendete Vergangenheit), Perfekt (vollendete Gegenwart), Plusquamperfekt (vollendete Vergangenheit), Futur I (unvollendete Zukunft), Futur II (vollendete Zukunft) Person und Zahl: personaler Bezug (Singular/Einzahl: ich, du, er, sie, es; Plural/Mehrzahl: wir, ihr, sie) Aktionsbezug: Indikativ (Wirklichkeitsform), Konjunktiv (Möglichkeitsform) Aktionsart: – aktiv (das bestimmende Verb [Prädikat] ist im Präsens nicht „werden“ in konjugierter Form) – passiv (das bestimmende Verb [Prädikat] ist im Präsens „werden“ in konjugierter Form + Partizip II des Vollverbs) Aktionsweise: deklarativ (aussagend), interrogativ (fragend), imperativ (befehlend)
Beispiele	**Anwendung**
Tätigkeitsverb: Der Bediener prüft den Füllstand des Tanks; Vorgangsverb: Die Holzspäne gelangen über Rädlerstrecken zum Vorratsbunker; Zustandsverb: Die grüne Kontrollleuchte blinkt periodisch. Hilfsverb: Das Gerät hat einen grauen Anstrich; Modalverb: Die Kette darf nicht bei laufendem Motor gefettet werden. Aktiver Gebrauch: Das Zahnrad greift in die Kette ein. Passiver Gebrauch: Das Band wird über die gesamte Produktionsstrecke elektronisch überwacht. Deklarativer Gebrauch: Das System überprüft sich selbst. Interrogativer Gebrauch: Wie oft reinigen Sie den Innenraum des Gerätes? Imperativer Gebrauch: NOT-AUS drücken!	Verben benötigt man zum Satzbau bzw. zum Anweisen, Warnen, Hinweisen usw. Die Modalverben „müssen“ und „dürfen“ (auch in der Verneinung) sind hauptsächlich den Handlungsanweisungen vorbehalten. Grundsätzlich macht der aktivischen Gebrauch von Verben einen Text lebendig. Der passivische Gebrauch von Verben ist bei der Beschreibung von Reaktionen vorzuziehen, um so den Sachverhalt der Folge deutlich zu machen. Der deklarative Gebrauch ist meist bei Hinweisen auf Folgen von Vorgängen, Tätigkeiten oder Zuständen erforderlich. Der interrogative Gebrauch beschränkt sich bei produktpräsentierenden Dokumenten auf rhetorische Fragen und bei produktverwendungsbezogenen Dokumenten auf Prüfmaßnahmen.

4.2.2.2 Umgangsweisen mit Fachbegriffen

Grundsätzlich muss sich der Technische Autor überlegen, ob der Verwender über den erforderlichen Fachwortschatz verfügt und ob er die gewählte oder fachspezifische Ausdrucksweise versteht.

Bei Fachausdrücken ist eher vermehrt davon auszugehen, dass der Verwender diese nicht kennt. Auch dann nicht, wenn dies erwartbar eine „Fachkraft“ ist, da die Wortbildungshäufigkeit eher zunimmt als zurückgeht.

Bei umgangssprachlichen Ausdrücken oder Quasifachbegriffen, wie sie im Heimwerkerbereich häufig anzutreffen sind, empfiehlt es sich, die Begriffe von Gegenständen oder Vorgängen, Zuständen und Tätigkeiten in einem Glossar (Begriffsverzeichnis) zu erklären.

Dies hilft einerseits dem Technischen Autor, da er die Bedeutung präzise erklären muss, und es hilft dem Verwender, da er so die Möglichkeit hat, sein gefühltes Verständnis mittels der Erklärung zu überprüfen. Letztlich hilft es auch bei der Kundenbindung.

Tab. 4-3 *(Fortsetzung)*

Wortart	Funktion
Konjunktionen (Bindewörter): – temporal (Zeit); – modal (Art und Weise); – kausal (Grund); – final (Absicht); – konditional (Bedingung); – konsekutiv (Folge); – konzessiv (Einräumung); – adversativ (Gegensatz); – komparativ (Vergleich) – kopulativ (aufzählend) – disjunktiv (ausschließend oder alternativ)	Verbindung von Sätzen oder Satzgliedern oder Wortgruppen oder Wörtern in einem nebenordnenden (koordinierend) oder unterordnenden (subordinierend) Sinne Konjunktionen geben ähnlich wie die Präpositionen Verhältnisse an. Wesentlicher Unterschied ist, dass Konjunktionen keine Deklination (Beugung) von den zugeordneten Substativen und Adjektiven fordern. Nebenordnend: Die Leuchte beginnt zu blinken und der Stempel fährt nach unten. Unterordnend: Die Leuchte beginnt zu blinken bevor der Stempel nach unten fährt.
Beispiele	**Anwendung**
Temporal (Zeit): Das Schutzgitter darf erst geöffnet werden, nachdem die Gesamtanlage abgeschaltet worden ist; Modal (Art und Weise): Die Räder werden ordnungsgemäß befestigt, indem die Radmuttern über Kreuz festgezogen werden; Kausal (Grund): Es darf nicht geraucht werden, da die Späne leicht entzünden. Final (Absicht): Die Betriebstemperatur lässt man nur langsam sinken, damit die Lösung nicht eindickt; Konditional (Bedingung): Wenn sich der Bolzen drehen lässt, kann Material zugeführt werden; Konsekutiv (Folge): Sobald der Motor startet, blinkt die Steuertaste; Adversativ (Gegensatz): Der Ventilator bleibt nach dem Abschalten des Motors nicht sofort stehen sondern läuft aus; Komparativ (Vergleich): Der Abstand zwischen den beiden Scherbalken muss kleiner sein als der Durchmesser des dünnsten Stabs. Konzessiv (Einräumung): Obwohl die Maschine ausgeschaltet ist, läuft der Ventilator weiter. Kopulativ (Aufzählung): Es dreht sich nicht nur die Welle sondern auch das Getriebe des angeflanschten Häckslers. Disjunktiv (ausschließend oder alternativ): Sie erreichen uns über die Hotline oder per Fax	Häufig werden Konjunktionen als Satzeinleitungen von Nebensätzen oder als Bindeglieder zwischen Wörtern verwendet. Sie sind besonders auch bei Sicherheitshinweisen und der Beschreibung von Gefahrenzusammenhängen erforderlich.

4.2.2.3 Orientierungspunkte für die Verwendung von Begriffen, Sätzen und Texten

Grundsätzlich kann man sich an folgende Orientierungspunkte halten:

- Bezüglich der Satzbildung sind kurze Sätze längeren Satzkonstruktionen vorzuziehen. Allerdings kommt es stark auf den Verwenderkreis an.
- Genügen einfache Handlungsanweisungen, dann sollten keine begründenden Nebensätze eingebunden werden.
- Begründungen sind möglichst in eigenen Sätzen anzugeben.
- Gefahrenhinweise müssen von Handlungsanweisungen grundsätzlich getrennt werden.

- Bei Beschreibungen von Vorgängen sind möglichst treffende präpositionale und adverbiale Angaben zu machen. Nur auf diese Weise kann der Verwender schnell das Vermittelte in seinen raum-zeitlichen Zusammenhang bringen.
- Für die Interne Dokumentation sind hauptsächlich konjunktionale Satzmuster
  - des Grundes,
  - der Folge,
  - des Gegensatzes,
  - der Bedingung,
  - der Einräumung und
  - der Absicht

zu verwenden.

- Es empfiehlt sich, diese sprachlichen Möglichkeiten auszuschöpfen, um die eigenen Sachverhalte überzeugend darzustellen. In diesem Zusammenhang dürfen die Sätze komplexer sein.
- Komplexe Sachzusammenhänge müssen zuweilen auch komplex ausgedrückt werden.

4.2.3 Eigenarten von Zahlen, Ziffern und Abkürzungen berücksichtigen

4.2.3.1 Empfehlungen für die Verwendung physikalisch-mathematischer Informationen

Grundsätzlich sind physikalische und mathematische Größen und Werte im Zusammenhang mit der Beschreibung der bestimmungsgemäßen Verwendung technischer Produkte anzugeben. Meistens handelt es sich um Längenangaben, Volumenangaben und Gewichtsangaben. Hinzu kommen die erforderlichen Energieangaben bei Elektrogeräten oder kraftstoffbetriebenen technischen Produkten.

Bei Anleitungen zu Anlagen und Maschinen mit komplexeren Funktionen sowie bei Geräten, die vom Verwender ein- und umgestellt werden können, ist es häufig auch erforderlich, Mengen-, Strecken- und andere Quantitätsangaben in Abhängigkeit von Werkstückeigenschaften, Werkstoffmerkmalen und anderen Bezugsgrößen anzugeben.

Verständnis- und Verständigungsprobleme können dabei durch die Angabe unbekannter Maßeinheiten oder Wertebezeichnungen auftreten. Teilweise ist gesetzlich oder in vorgeschriebenen sowie empfohlenen Normen und technischen Spezifikationen festgelegt, welche physikalischen Größen angegeben werden müssen, auch wenn diese der Verwender erwartbar nicht versteht.

Empfehlenswert bei technischen Produkten für den privaten Gebrauch ist im Allgemeinen, wenn alle Maßgrößen mit dem Begriff und der Kurzbenennung genannt werden.

Unter Umständen kann auch eine kleine Aufstellung mit Maßgröße, Maßeinheit und Umrechnungsfaktoren erstellt werden. Werden Maßwertbezeichnungen aus dem griechischen Alphabet verwendet, sollten auch die Wertebenennungen als Begriffe aufgeführt werden. In diesem Zusammenhang ist unbedingt auf die gegebenenfalls „hohe Kreativität“ bei der technischen Begriffsfindung in Werbetexten für produktpräsentierende Dokumente hinzuweisen, die den Verwender von der „technischen Vorzüglichkeit“ und „Fortschrittlichkeit“ des Produkts überzeugen soll.

Diese Wortneuschöpfungen sollten in den betreffenden produktverwendungsbezogenen Dokumenten wie Gebrauchsanleitungen oder Betriebsanleitungen aufgenommen und erklärt werden. Die andere Möglichkeit wäre das überzeugende „Einbremsen“ des Sprachschöpfers durch den Technischen Autor.

Im Kapitel „Zielgruppen“ wird im Zusammenhang mit der Zielgruppe „Textlieferanten“ auf die Problematik durch entsprechende Fragen des Technischen Autors eingegangen.

Gerade die Parallelverwendung der Leistungsangaben kraftstoffbetriebener Antriebe in PS und kW sorgt

Tab. 4-4: *Wichtige physikalische Basisgrößen*

Basiseinheit (Kurzzeichen)	Basisgröße
Meter (m)	Länge
Sekunde (s)	Zeit
Kilogramm (kg)	Masse
Kelvin (K)	Temperatur
Ampere (A)	Stromstärke
Candela (cd)	Lichtstärke
Mol (mol)	Stoffmenge

immer wieder für Unsicherheiten und Verständnisprobleme. Das Gleiche gilt für Volumengrößen und Längenmaße.
Die folgenden Tabellen geben einen Überblick über die wichtigsten physikalischen und mathematischen Maßeinheiten, Maßangaben und Ausdrücke, die häufig in technischen Dokumenten vorkommen.

4.2.3.2 Empfehlungen für die Verwendung von Abkürzungen

In Benutzerinformationen ist es üblich, Abkürzungen oder Produktnamen bzw. abgekürzte Produktbezeichnungen im Zusammenhang mit Bauteilen, Werkstoffen und Werkstücken zu verwenden.

Tab. 4-5: *Das griechische Alphabet*

Alpha	Α	α	Eta	Η	η	Ny	Ν	ν	Tau	Τ	τ
Beta	Β	β	Theta	Θ	ϑ	Xi	Ξ	ξ	Ypsilon	Υ	υ
Gamma	Γ	γ	Jota	Ι	ι	Omikron	Ο	ο	Phi	Φ	φ
Delta	Δ	δ	Kappa	Κ	κ	Pi	Π	π	Chi	Χ	χ
Epsilon	Ε	ϵ	Lambda	Λ	λ	Rho	Ρ	ρ	Psi	Ψ	ψ
Zeta	Ζ	ζ	My	Μ	μ	Sigma	Σ	σ	Omega	Ω	ω

Tab. 4-6: *Teile und Vielfache im Zehnersystem*

Dekadisch Teile und Vielfache	
Teile	**Vielfache**
Meter (m): Länge	
1 Dezimeter (dm) = 10^{-1} m	1 Dekameter (dam) = 10^{1} m
1 Zentimeter (dm) = 10^{-2} m	1 Hektometer (hm) = 10^{2} m
1 Millimeter (mm) = 10^{-3} m	1 Kilometer (km) = 10^{3} m
1 Mikrometer (µm) = 10^{-6} m	1 Megameter (Mm) = 10^{6} m
1 Nanometer (nm) = 10^{-9} m	1 Gigameter (Gm) = 10^{9} m
1 Picometer (pm) = 10^{-12} m	1 Terameter (Tm) = 10^{12} m
Sekunde (s): Zeit	
1 Millisekunde (ms) = 10^{-3} s	
1 Mikrosekunde (µs) = 10^{-6} s	
	1 Minute (min) = 60 s
	1 Stunde (h) = 60 min = 3600 s
	1 Tag (d) = 24 h = 1440 min = 86 400 s
Kilogramm (kg): Masse	
1 Gramm (g) = 10^{-3} kg	
1 Milligramm (mg) = 10^{-6} kg	
1 Mikrogramm (µg) = 10^{-9} kg	
	1 Megagramm (Mg) = 10^{3} kg = 1000 kg = 10^{6} g = 1 Tonne (t)

Tab. 4-7: *Vorsatzzeichen zur Bildung von dezimalen Teilen und Vielfachen*

Vorsatz	Kurzzeichen	Bedeutung in Einheiten
Tera	T	1 000 000 000 000 (= 10^{12})
Giga	G	1 000 000 000 (= 10^{9})
Mega	M	1 000 000 (= 10^{6})
Kilo	K	1 000 (= 10^{3})
Hekto	H	100 (= 10^{2})
Deka	Da	10 (= 10^{1})
Dezi	d	0,1 (= 10^{-1})
Zenti	c	0,01 (= 10^{-2})
Milli	m	0,001 (= 10^{-3})
Mikro	µ	0,000 001 (= 10^{-6})
Nano	n	0,000 000 001 (= 10^{-9})
Pico	p	0,000 000 000 001 (= 10^{-12})

Es kommt auch vor, dass man diese Abkürzungen beim Verwender als bekannt voraussetzt, weil sie zur Zeit der Inverkehrbringung des technischen Produkts allgemein üblich sind.

Diese zunächst gültige Vorgehensweise scheitert aber dann, wenn die Nutzungsdauer des technischen Produkts weit über die Verwendungsdauer des abgekürzten Begriffs hinausreicht. Dann ist die Abkürzung unbekannt und damit ist eine eindeutige Verständigung mit dem Verwender nicht mehr sichergestellt.

- Werden Abkürzungen verwendet, dann müssen sie einmal eingeführt werden.
- Dies macht man bei der ersten Verwendung des eingeführten Wortes, indem man die Abkürzung in Klammern hinter den ausgeschriebenen Ausdruck setzt. Bei allen anderen Verwendungen kann man dann mit der Abkürzung arbeiten.
- Wird die Abkürzung über mehrere Kapitel verwendet oder werden mehrere Abkürzungen verwendet, sollte unbedingt ein Abkürzungsverzeichnis in dem entsprechenden Dokument angelegt und auch in das Inhaltsverzeichnis aufgenommen werden.

Wenn der Benutzer bei Bedarf, das heißt bei Verständigungslücken, auf keine Hilfen dieser Art zurückgreifen kann, ist er enttäuscht, nicht nur über die Dokumentation, sondern auch über das Produkt selbst, und sei es noch so gut.

Ebenso wird er sein Vorurteil über untaugliche Benutzerinformationen bestätigt sehen und dieses auch weitertragen. Letztlich wird er den Hersteller schlecht bewerten und die Kundenbindung wird erheblich darunter leiden.

Tab. 4-8: *Mathematische Konstanten (z.B. zur Rechnerkontrolle)*

$\sqrt{2}$ = 1,414 213 562 373 095	$\sqrt{e}$ = 1,648 721 270 700 128	$\frac{1}{\pi^2}$ = 0,101 321 183 642 33$\underline{8}$
$\sqrt{3}$ = 1,732 050 807 568 877	$M = \lg e$ = 0,434 294 481 903 25$\underline{2}$	$\frac{1}{\sqrt{\pi}}$ = 0,564 189 583 547 756
$\sqrt{10}$ = 3,162 277 660 168 379	$\lg 2$ = 0,301 029 995 663 981	$\frac{1}{e}$ = 0,367 879 441 171 442
π = 3,141 592 653 589 793	Kehrwerte:	$\frac{1}{e^2}$ = 0,135 335 283 236 61$\underline{3}$
π^2 = 9,869 604 401 089 359	$\frac{1}{\sqrt{2}}$ = 0,707 106 781 186 54$\underline{3}$	$\frac{1}{\sqrt{e}}$ = 0,606 530 659 712 633
$\sqrt{\pi}$ = 1,772 453 850 905 516	$\frac{1}{\sqrt{3}}$ = 0,577 350 269 189 62$\underline{6}$	$\frac{1}{M} = \ln 10$ = 2,302 585 092 994 04$\underline{6}$
e = 2,718 281 828 459 045	$\frac{1}{\sqrt{10}}$ = 0,316 227 766 016 83$\underline{8}$	$\log_2 10$ = 3,321 928 094 887 362
e^2 = 7,389 056 098 930 650	$\frac{1}{\pi}$ = 0,318 309 886 183 79$\underline{1}$	$\underline{2}$ bedeutet: Ziffer 2 ist aufgerundet

4.3 Verarbeiten von bildlichen Informationen

4.3.1 Wahrnehmbarkeit statischer und bewegter bildlicher Informationen prüfen

Es gibt die Redewendung „Ein Bild sagt mehr als tausend Worte“. Damit wird sinnbildlich auf die optische Wahrnehmungsbevorzugung hingewiesen.

4.3.1.1 Unterschiede in der Wahrnehmung und geistigen Verarbeitung textlicher und bildlicher Informationen

Wörter, Sätze und Texte sind deshalb langwieriger und schwerer zu verstehen, weil sie eine lineare Kette abstrakter Zeichen sind, deren Bedeutung erst nach und nach entschlüsselt werden kann und erst allmählich einen Bedeutungszusammenhang ergeben.
Bei Abbildungen nimmt man wesentlich weniger unterschiedliche Zeichenmuster wahr. Die wahrgenommenen Zeichenmuster stehen auch nicht in einem erzwungenen linearen Verhältnis zueinander sondern sind in einem zweidimensionalen Verhältnis angeordnet, das dem Wahrnehmen der nichtsprachlichen Lebenswirklichkeit ähnlich ist.
Der darüber hinaus entscheidende Vorteil bildlicher Informationen besteht darin, dass die Bedeutung der wenigen Zeichenmuster durch Vergleich mit der aktuellen Lebenswirklichkeit sofort stattfinden kann.
Ebenso lassen sich schneller Vergleichmuster bilden und mit den im Gedächtnis gespeicherten Bildmustern vergleichen. Durch dieses Verfahren lassen sich schnell Bedeutungen erschließen und schlussfolgern, da alle bildlichen Darstellungen mit Lebenswirklichkeit zu tun zu haben scheinen.
Für die Technische Dokumentation bedeutet dies, dass eine bildliche Darstellung eines Gegenstandes jeder sprachlichen Beschreibung überlegen ist. Die bildliche Darstellung wird schneller und lieber wahrgenommen als die textliche.
Bildliche Darstellungen lassen sich auch leichter speichern, da sie weniger komplexe bedeutungstragende Zeichen beinhalten.
Die Grenzen der geistigen Verarbeitbarkeit bzw. Verständlichkeit bildlicher Darstellungen liegt in der relativ eingeschränkten Vermittelbarkeit komplexer Sachzusammenhänge und der relativ eingeschränkten Möglichkeit, Bewegungsvorgänge als Gesamtereignis darzustellen.
Zusätzlich beginnt auch die geistige Behaltensgrenze für bewegte bildliche Informationen einschränkend zu wirken. Denn bewegte Bilder (Film oder Animation) sind eine zeitlich lineare Kette von bedeutungstragenden Bildkomplexen, die, ähnlich wie beim Lesen der Wörter eines Textes, zu einer Ganzheit zusammengefügt werden.

4.3.1.2 Die Wahrnehmbarkeit begrenzenden Faktoren beachten

Ähnlich wie sich die sprachlichen Information in hörbar und sichtbar unterscheiden lassen, so lassen sich auch bildliche Informationen unterteilen. Hier ist Bewegtheit der bildlichen Informationen das Unterscheidungskriterium. Auch hier sind die beschränkenden Merkmale von Wahrnehmbarkeit und Verständlichkeit zu beachten.
Die folgenden Tabellen zur Wahrnehmbarkeitsüberprüfung statischer und bewegter bildlicher Informationen sollen einen Überblick über die wesentlichen Aspekte der Wahrnehmbarkeit bildlicher Informationen geben.

4.3.1.3 Gleiche Funktionselemente in den Tabellen zur Wahrnehmbarkeitsüberprüfung

Hinweise zu den Tabellenspalten

Die Tabellen 4.9 und 4.10 sind strukturell und inhaltlich gleich aufgebaut.
Die linke Spalte bezieht sich auf die instrumentellen, optischen und informellen Voraussetzungen für die Wahrnehmbarkeit bildlicher Informationen. Diese Reihenfolge entspricht der gleichen thematischen Reihenfolge der Tabellen 4.1 und 4.2 zu den sprachlichen Informationen.
Die mittlere Spalte thematisiert Merkmale bzw. Beispiele zu den Wahrnehmbarkeitsvoraussetzungen.

Das heißt unter anderem, in welchen Ausprägungen die Voraussetzungen verwirklicht sein können.
Die rechte Spalte problematisiert alltägliche Situationen, bezogen auf die jeweilige Voraussetzung, um auf die neuralgischen Punkte bei der Konzeption zu den einzelnen Voraussetzungen aufmerksam zu machen.

Erläuterungen zu den Fragen für instrumentelle Voraussetzungen

Warum ich für die instrumentellen Voraussetzungen Fragen in die linke Spalte gesetzt habe und für die optischen Voraussetzungen Fragen in die mittlere Spalte möchte ich kurz erläutern.
Im vorhergehenden Kapitel *Die Zielgruppen – Informationsquellen und Entscheidungsträger für die Erstellung der Technischen Dokumentation* stand die strategisch richtige bzw. günstige Fragestellung des Technischen Autors an seine jeweilige Zielgruppe im Vordergrund.
Wir haben gelernt, dass der Technische Autor seine Informationen am wirtschaftlichsten durch sogenannte informationsschöpfende Fragen gewinnt.
Dieses Prinzip wende ich auch hier an.
Geht es zum Beispiel um die instrumentellen Voraussetzungen zur Wahrnehmbarkeit statischer oder bewegter bildlicher Informationen durch den Verwender, dann heißt das für den Technischen Autor zunächst, stellvertretend für den Verwender zu fragen, welche instrumentellen Voraussetzungen für die Wahrnehmbarkeit der bildlichen Informationen erforderlich sind.
Diese Frage richtet er an die Konstruktion/Entwicklung. Hat er die Antwort erhalten, folgt seine nächste Frage als Technischer Autor, der das erwartbare Handlungsumfeld des Verwenders erkundet: *Welche instrumentellen Voraussetzungen sind für die Wahrnehmbarkeit der statischen bildlichen Informationen vor Ort für den Verwender erwartbar?* Eine Antwort darauf erhält er gegebenenfalls auch von der Konstruktion/Entwicklung; viel wahrscheinlicher aber vom Marketing/Vertrieb bzw. vom Service/Kundendienst.
Ist auf diese Frage eine Antwort gefunden, stellt der Technische Autor seine dritte Frage nach der Zumutbarkeit der von der Technik bestimmten erforderlichen instrumentellen Voraussetzungen der Wahrnehmbarkeit bildlicher Informationen für den Verwender.
Diese Frage stellt er wieder als Technischer Autor, der sich um die erwartbare nutzen- und zweckorientierte Handlungsstrategie des Verwenders Gedanken macht.
Er fragt wiederum die Zielgruppen Konstruktion/Entwicklung, Marketing/Vertrieb und Service/Kundendienst, denn diese haben erwartbar die für ihn nötigen Informationen.
Er benötigt die Information einerseits, um die erwartbare Wirksamkeit der Informationsvermittlung der bildlichen Informationen beurteilen zu können und andererseits, um gegebenenfalls seine Kollegen von der Technik über die erwartbare Wirkungslosigkeit der instrumentellen Möglichkeiten der Wahrnehmbarkeit bildlicher Informationen für den Verwender zu überzeugen und diese aufzufordern, nach verwendertauglichen Möglichkeiten zu suchen.
Somit ist klar, dass hier für die instrumentellen Voraussetzungen keine konkreten technischen Möglichkeiten aufgezählt werden können. Denn die Möglichkeiten sind bei jedem technischen Produkt anders. Der Technische Autor benötigt das Werkzeug, die erforderlichen Informationen zu bekommen, und dieses Werkzeug heißt *Richtige Frage.*

Erläuterungen zu den Fragen zu optischen Voraussetzungen

Für die Themenstellung *optische Voraussetzungen* stelle ich in der mittleren Spalte Fragen. Warum dort?
Aufgrund der Festlegung der Informationsart auf bildliche Informationen und der Informationsvermittlung auf optischem Wege ergeben sich die genannten physikalischen Parameter Lichtstärke, Lichtdauer, Lichtfarbe, Lichtverzerrung, Nebenlichter, Verweildauer und Farbe als geeignet zur Überprüfung der Wahrnehmbarkeit bildlicher Informationen.
Nun folgt wieder die Frageprozedur des Technischen Autors. Er muss von seinen Zielgruppen in gleicher Weise und aus den gleichen Gründen, wie für die instrumentellen Voraussetzungen durchgeführt, zu jedem der genannten physikalischen Parameter das Maß der Erforderlichkeit, die Erwartbarkeit vor Ort und die Zumutbarkeit für den Verwender ermitteln.

4

Begründung für das Fehlen von Fragen zu informellen Voraussetzungen

Für die Bestimmung der informellen Voraussetzungen habe ich keine Fragen vorgesehen. Hier kommt es mir darauf an, mögliche Varianten aufzuführen, um so den Technischen Autor zum entsprechenden Austesten anzuregen. Die erforderlichen Fragen ergeben sich aus dem jeweiligen Sachverhalt und dürften in den meisten Fällen Bestätigungsfragen sein.

4.3.1.4 Hinweise zur Tabelle: Wahrnehmbarkeit prüfen – statische bildliche Informationen

Instrumentelle Voraussetzungen

Häufig werden statische bildliche Informationen mit Abbildungen in Bedienungsanleitungen, auf Prospekten oder als Pictogramme auf technischen Produkten in Verbindung gebracht. Dies entspricht auch unseren Erfahrungen im Umgang mit Technischer Dokumentation.

Die für die Wahrnehmbarkeit dieser statischen bildlichen Informationen erforderlichen instrumentellen Voraussetzungen sind damit schon weitestgehend genannt: Es sind die geordneten und fixierten Informationsträger, sprich die Blätter mit den Abbildungen. Sie befinden sich entweder lose in einem Ordner oder sind mit Klammern oder Spiralen oder Faden oder Klebung fest miteinander verbunden.

Inwiefern können nun diese Selbstverständlichkeiten die Wahrnehmbarkeit der bildlichen Informationen für den Verwender einschränken?

Es sind Material und Masse. Gerade gewerbliche Verwender benötigen strapazierfähiges Trägermaterial, wenn sie vor Ort die Informationen benötigen. Da sind Öle, Fette, Schmutz und Nässe oft Ursachen, dass die statischen bildlichen Informationen nicht mehr in erforderlichem Maße wahrgenommen werden können, nur weil das Trägermaterial nicht an die Handhabungsbedingungen angemessen ist.

Die Masse der Unterlagen, in denen der Verwender seine bildlichen Informationen sucht, kann ein weiterer Grund sein, dass der Verwender die bildlichen Informationen nicht wahrnimmt. Und zwar, weil er lieber darauf verzichtet als umständlich und mühsam mit umfangreichen und schweren Ordnern zu hantieren.

Nun lässt sich dagegen halten, dass diese Situationen zunehmend der Vergangenheit angehören, da man heute mit elektronischen Geräten ausgestattet ist, die klein, handlich und sehr komplex in ihren Verwendungsmöglichkeiten sind.

Damit wird aber gegebenenfalls nur ein Problem mit einem anderen getauscht. Statt des Materials und der Masse ist es nun die Energieabhängigkeit und physikalischen Empfindlichkeit der Geräte. Ferner können dennoch Masse und Umfang des entsprechenden Informationsträgers als Problemfaktor hinzukommen.

Die Tabelle nennt einige wahrnehmbarkeitsverhindernde oder wahrnehmbarkeitsbeschränkende Faktoren.

Optische Voraussetzungen

Hier geht es darum, anhand der aufgeführten Prüfparameter die Wahrnehmbarkeitsbedingungen systematisch zu hinterfragen. Die Problem-Beispiele sollen auf praktische Grenzsituationen hinweisen.

Informelle Voraussetzungen

Auch hier geht es um die systematische Ermittlung von Wahrnehmungsbedingungen und erwartbaren wahrnehmungshindernden Faktoren. Die genannten Merkmale können als Prüfparameter verwendet werden.

4.3.1.5 Hinweise zur Tabelle: Wahrnehmbarkeit prüfen – bewegte bildliche Informationen

Instrumentelle Voraussetzungen

Im Grunde genommen gilt das Gleiche wie bei den statischen bildlichen Informationen, bezogen auf den Einsatz von elektronischen Datenträgern.

Es ist die Energieabhängigkeit, die physikalische Empfindlichkeit der Geräte und gegebenenfalls die Unhandlichkeit der Geräte, die zu einer eingeschränkten Wahrnehmbarkeit der bildlichen Informationen führen können beziehungsweise die eine Wahrnehmbarkeit verhindern können.

Den Hinweis auf Dokumente habe ich bewusst mit aufgenommen. Zwar ist es nicht üblich, dass bewegte bildliche Informationen mit Papier oder vergleichbaren In-

Tab. 4-9: *Wahrnehmbarkeit prüfen – statische bildliche Informationen*

Instrumentelle Voraussetzungen	Merkmale/Beispiele	Problembeispiele
Welche erforderlich?	Stationäre oder tragbare Geräte oder Dokumente Schwere oder leichte Geräte oder Dokumente Batterie- oder Netzstrom; ohne Energiequelle Nur Batteriebetrieb; nur Netzbetrieb	Bild-Rekorder/mehrere Ordner an mobilem Arbeitsplatz nicht tauglich
Welche erwartbar?		Handy am Arbeitsplatz erwartbar nicht zulässig; Papierdokument im Freien erwartbar nicht beständig
Welche zumutbar?		PC für mobilen Nutzer nicht Erfolg versprechend; schweres Dokument für mobilen Benutzer eventuell unzumutbar
Optische Voraussetzungen	**Merkmale/Beispiele**	**Problembeispiele**
Lichtstärke	Welche erforderlich? Welche erwartbar? Welche zumutbar?	Zu dunkel bei dunkler Umgebung; zu dunkel für Halbton- bzw. Rasterbilder
Lichtdauer		Zu kurz für Wahrnehmungszeit
Lichtfarbe		Falsche Farbe bei dunkler Umgebungsbeleuchtung; Farbverfälschung
Lichtverzerrung		Falsche proportionale Wiedergabe
Nebenlichter		Falsche Kontrastierung und Farbwiedergabe
Verweildauer	Welche erforderlich? Welche zumutbar?	Zu kurz und daher nicht vollständig wahrnehmbar
Farbe	Welche erforderlich? Welche erwartbar? Welche zumutbar?	Zu blass und daher nicht deutlich wahrnehmbar Zu wenig kontrastiv und daher nicht eindeutig interpretierbar Falsche Farbgebung und daher falsche Bedeutungszuordnung
Informelle Voraussetzungen	**Merkmale/Beispiele**	**Problembeispiele**
Bildgröße	24 x 36 mm	Zu klein zum deutlichen Wahrnehmen
Halbton/Raster	Hell-Dunkel-Kontrastierung Farb-Kontrastierung	Zu undeutlich zum Wahrnehmen von Einzelheiten
Strichzeichnung	Strichstärkenvariablen Strichartenvariablen Farbvariablen Farbe–Strichstärken–Variablen Farbe–Stricharten–Variablen Farbe–Strichstärken–Stricharten–Variablen	Keine eindeutige bedeutungstragende Zuordnung erkennbar

formationsträgern in Zusammenhang gebracht wird. Aber ich könnte mir vorstellen, dass auch Hologramme, sogenannte „Wackelbilder“, als bewegte Bilder auf Papierträger eingesetzt werden. Oder es könnte in Zukunft technisch möglich sein, auf Papier elektrooptische Flächen aufzutragen, die eine Darstellung bewegter Bildinformationen ermöglicht. Das könnten Animationen oder kurze Filmsequenzen sein. Für diese Fälle gelten dann die gleichen instrumentellen Voraussetzungen, wie sie bei den statischen bildlichen Informationen ohne Verwendung von energiebetriebenen Wiedergabeeinrichtungen beschrieben sind.

Optische Voraussetzungen

Auch hier gelten im wesentlichen die gleichen Hinweise wie bei den statischen bildlichen Informationen. Die Verweildauer bezieht sich hier einmal auf die grundsätzliche optische Wahrnehmbarkeit, die zum Beispiel durch eine Sparschaltung bezüglich der Leuchtquelle eingeschränkt sein kann.
Zum anderen bezieht sie sich auf die Länge der Filmsequenz zu einem gezeigten Sachverhalt. Sind die Bildwechsel zu schnell oder zu variantenreich, beeinträchtigt dies die Wahrnehmbarkeit.

Informelle Voraussetzungen

Wie bereits bei den optischen Voraussetzungen hingewiesen, gelten auch hier die gleichen Hinweise wie bei den statischen bildlichen Informationen – nur eben auf die Beweglichkeit der Informationen bezogen.

Tab. 4-10: *Wahrnehmbarkeit prüfen – bewegte bildliche Informationen*

Instrumentelle Voraussetzungen	Merkmale/Beispiele	Problembeispiele
Welche erforderlich?	Stationäre oder tragbare Geräte oder Dokumente	Bild-Rekorder an mobilem Arbeitsplatz nicht tauglich
Welche erwartbar?	Schwere oder leichte Geräte oder Dokumente	Handy am Arbeitsplatz nicht erwartbar zulässig
Welche zumutbar?	Batterie- oder Netzstrom; ohne Energiequelle Nur Batteriebetrieb; nur Netzbetrieb	PC für mobilen Nutzer nicht Erfolg versprechend; PC für mobilen Benutzer eventuell unzumutbar
Optische Voraussetzungen	**Merkmale/Beispiele**	**Problembeispiele**
Lichtstärke	Welche erforderlich? Welche erwartbar? Welche zumutbar?	Zu dunkel bei dunkler Umgebung
Lichtfarbe		Farbverfälschungen
Lichtverzerrung		Undeutliche Wahrnehmung
Nebenlichter		Undeutliche und unruhige Wiedergabe; Aufmerksamkeitsminderung
Verweildauer	Welche erforderlich? Welche zumutbar?	Zu kurz und daher nicht vollständig wahrnehmbar
Farbe/Schwarz-weiß	Welche erforderlich? Welche erwartbar? Welche zumutbar?	Zu blass und daher nicht deutlich wahrnehmbar Zu wenig kontrastiv und daher nicht deutlich wahrnehmbar Falsche Farbgebung und daher falsche Bedeutungszuordnung
Informelle Voraussetzungen	**Merkmale/Beispiele**	**Problembeispiele**
Bildgröße	24 x 36 mm	Zu klein zum deutlichen Wahrnehmen
Halbton/Raster	Hell-Dunkel-Kontrastierung Farb-Kontrastierung	Zu undeutlich zum Wahrnehmen von Einzelheiten
Strichzeichnung	Strichstärkenvariablen Strichartenvariablen Farbvariablen Farbe–Strichstärken–Variablen Farbe–Stricharten–Variablen Farbe–Strichstärken–Stricharten-Variablen	Keine eindeutige bedeutungstragende Zuordnung erkennbar Zu klein, um Animationen wahrnehmen zu können

4.3.1.6 Noch einige Hinweise zur Energieabhängigkeit von Informationsträgern

Eine elementare Voraussetzung und damit bestimmende Bedienungsgrenze für den Einsatz technisch erzeugter bildlicher Informationen ist das zuverlässige und rechtzeitige Zur-Verfügung-Stehen der bildlichen Informationen zur bestimmungsgemäßen Verwendung des Produkts.

Abhängig vom Zeitpunkt der bestimmungsgemäßen Verwendung gestaltet sich die Anbindung von Informationsträger und technischem Produkt an gleiche oder an unterschiedliche Energieträger.

Ist zum Aufbau, zur Aufstellung oder zur Inbetriebnahme eine bildliche Information erforderlich, muss der Informationsträger vom technischen Produkt energieunabhängig sein.

Ist die Wahrnehmbarkeit bildlicher Informationen von der Energie des technischen Produkts abhängig, dann darf das Fehlen dieser Informationen bei Ausfall des Energiesystems zu keiner sicherheitsgefährdenden Situation führen und auch zu keiner nicht bestimmungsgemäßen Bedienung bzw. Verwendung des Produkts. Da diese Möglichkeit erwartbar nur in wenigen Fällen gegeben ist, muss grundsätzlich die eingeschränkte Verwendbarkeit energetisch abhängiger Informationsträger zur Darstellung bildlicher Informationen planerisch bei der Erstellung der Technischen Dokumentation berücksichtigt werden.

Bei Informationsträgern, die vom Produkt energieunabhängig sind, stellt sich die Anforderung, dass die Energiezufuhr so zuverlässig ist, dass sie während der bestimmungsgemäßen Verwendung des Produkts zur Verfügung steht. Ebenso muss der Informationsträger zuverlässig während dieser bestimmungsgemäßen Verwendungsdauer die bildlichen Informationen zur Verfügung stehen. Kann der Informationsträger erwartbar dies nicht leisten, muss zumindest eine Alternativlösung dem Benutzer zur Verfügung stehen, damit er zuverlässig über den bestimmungsgemäßen Zeitraum der erwartbaren Verwendung des Produktes mit den erforderlichen Informationen versorgt ist.

Die Grenze der Wahrnehmbarkeit von bildlichen Informationen ist im Regelfall individuell und produktabhängig durch definierte Benutzertests festzulegen. Eine Hilfe bieten entsprechende harmonisierte Normen zu diesem Themenkreis. Es ist auf jeden Fall nicht ratsam, allgemein definierte Mengenwerte unüberprüft anzuwenden. Im Schadensfall entscheidet immer die Argumentation zur Festlegung der Art und Weise der Informationsvermittlung bezogen auf die erwartbaren Einschränkungen dieser Informationsvermittlung und der Abschätzung ihrer Folgen.

4.3.2 Der Unterschied von statischer und bewegter bildlicher Information

Bewegte bildliche Informationen binden den Verwender dadurch, dass er warten muss, bis die bewegten Informationen einen Gesamtzusammenhang ergeben, der für ihn eine ausreichende Grundlage für sein weiteres Handeln oder weiteres Schlussfolgern liefert.

Statische bildliche Informationen überlassen es dem Verwender, wie lange er die Information betrachten möchte. Je klarer die Detailinformationen wahrnehmbar sind und je übersichtlicher der Gesamtzusammenhang der Detailinformationen zum Ganzen dargestellt und erkennbar ist, umso befriedigter ist der Verwender über die Informationsausbeute. Die Verweildauer wird unter Umständen davon nicht beeinflusst, aber die Möglichkeit einer kurzen Verweildauer ist gegeben.

Bewegte Bilder können eine raum-zeitlich definierte Abfolge von Ereignissen darstellen. Bei der Wiedergabe von wirklichen Ereignissen kann der Verwender diese Ereignisse raum- und zeitähnlich in seinen Erfahrungsbereich übernehmen, zunächst planerisch, später durch eigene Erfahrung.

Bei der Wiedergabe von schematisierten Ereignissen kann der Verwender die modellhafte Abfolge von Ereignissen wahrnehmen. Er kann diese modellhafte Abfolge für ein geplantes eigenes Handeln speichern und bewerten. Er kann so modellhaft Ereignisse in bestimmten Zusammenhängen erlernen. Diese Vorzüge werden gern in Animationen und Filmen genutzt.

Statische Bilder können eine raum-zeitlich definierte Abfolge von Ereignissen nicht ohne sprachliche Zeichen oder andere wirklichkeitsfremde Symbole darstellen. Sie können aber wirkliche Zustände wiedergeben. Der Betrachter kann diese Zustände bezogen auf einen modellhaften oder realen Wirklichkeitsbezug bewerten und auf seine Lebenslage übertragen.

Tab. 4-11: *Gegenüberstellung statischer und bewegter Bilder mit Wirklichkeitsbezug bezüglich eines beabsichtigten Informationsziels*

Beabsichtigtes Informationsziel (Beispiel)	Anwendung statischer bildlicher Information (Beispiel)	Anwendung bewegter bildlicher Information (Beispiel)
Darstellung eines unerwünschten Situationszustandes	Darstellung eines fallenden Menschen oder eines verletzten Körperteils einer Person Darstellung eines ratlosen, verängstigten oder verärgerten Menschen	Einen fallenden Menschen oder die Verletzung eines Körperteils zeigen Einen ratlosen, verängstigten oder verärgerten Menschen in einem angemessenen Sachbezug zeigen
Darstellung eines erwünschten Situationszustandes	Darstellung eines lesenden, beobachtenden, handelnden Menschen Darstellung eines eingreifenden Halteriegels	Einen lesenden, beobachtenden, handelnden Menschen zeigen Das Eingreifen eines Halteriegels in die bestimmungsgemäße Endlage zeigen
Darstellung eines Gegenstandes	Bauteil in bestimmungsgemäßer Ausführung darstellen Bauteil in nicht bestimmungsgemäßer Ausführung darstellen	Bauteil in bestimmungsgemäßer Ausführung in Rundumbetrachtung mit detailgenauem Sachbezug zeigen Bauteil in nicht bestimmungsgemäßer Ausführung in Rundumbetrachtung mit detailgenauem Sachbezug zeigen

Tab. 4-12: *Gegenüberstellung statischer und bewegter Bilder mit Modellbezug bezüglich eines beabsichtigten Informationsziels*

Beabsichtigtes Informationsziel (Beispiel)	Anwendung statischer bildlicher Information (Beispiel)	Anwendung bewegter bildlicher Information (Beispiel)
Darstellung eines gewünschten Modellzustandes	Schema einer verfahrenstechnischen Anlage in einem definierten Anfangs- oder Endzustand Schema eines Prozessablaufs mit definiertem Prozessergebnis	Darstellung von sich verändernden Füllständen, rotierenden Flügelradsymbolen, sich verändernden Ventilstellungen, farbigen sich verändernden Leitungsfüllungen in zeitlicher Abfolge von definierten Verfahrensschritten Darstellung sich ergänzender Prozesskomponenten mit sich farblich verändernden Symbolen bis zur Darstellung des gewünschten Prozessendzustandes

Statische Bilder können Modellzustände darstellen. Damit können Verfahrensabläufe ohne ihr raum-zeitliches Abbild modellhaft dargestellt werden. Der Betrachter hat die Möglichkeit, räumliche, zeitliche und handlungsbezogene Abhängigkeiten und Zusammenhänge zu erkennen und zu verstehen.

Hinsichtlich der Bevorzugung der einen oder anderen bildlichen Informationsvermittlung sind die beabsichtigten Informationsschwerpunkte entscheidend. Soll zum Beispiel an einem Modell eine Funktionsweise verständlich gemacht oder erklärt werden, bieten sich statische bildliche Informationen an. Soll aber das Zusammenwirken von Bewegungsabläufen bildlich vermittelt werden, haben im Allgemeinen bewegte bildliche Informationen Vorteile bei der Informationsvermittlung.

Die Tabellen 4-11 und 4-12 geben einen Überblick über die Unterschiede von statischen bildlichen Informationen und bewegten bildlichen Informationen.

4.3.3 Der Unterschied von Halbton-/Raster-Abbildungen und Strichzeichnungen

Unterscheidung von Raster- und Halbtonabbildungen

Halbtonabbildungen unterscheide ich hier von Rasterabbildungen. Liegt als Bildvorlage eine Fotografie vor, spreche ich von Halbtonabbildung, liegt ein definiertes gleichmäßiges Rastermuster vor, nenne ich dieses Muster Rasterabbildung.

Halbtonabbildungen sind in unterschiedlich große Rasterpunkte aufgelöste Fotografien. Sie sind daher entsprechend der Vorlage in unterschiedlich dichte und weniger dichte, meist ungleichmäßige Rasterflächen aufteilbar. Das Auge nimmt die Flächen bei einer Schwarz-Weiß-Darstellung als unterschiedliche Grautöne wahr. Wird eine Halbtonabbildung farbig wiedergegeben, erscheinen die Rasterflächen als entsprechende farbige helle oder dunkle Farbflächen. Die Rasterung nimmt das Auge erst bei entsprechender Vergrößerung wahr. Dies läst sich bei Plakatwänden feststellen oder bei entsprechender Vergrößerung einer Abbildung auf dem Computerbildschirm.

Rasterabbildungen sind generalisierte gleichmäßige Flächen mit gleichmäßigem Rastermuster. Als Vorlage können auch Halbtonvorlagen dienen. Diese werden mit entsprechenden Rasterflächen belegt, sodass keine ungleichmäßigen Grautonflächen oder Farbflächen mehr sichtbar sind. Das gleichmäßige Rastermuster kann am Computer mit den entsprechenden Bildbearbeitungsprogrammen erzeugt, ver- und bearbeitet werden. Es kann aber auch durch Ausschneiden von Folienstücken und Auflegen auf die Vorlagen erzeugt werden. Die bedeckte Fläche muss dann in einem Druckverfahren auf einen Bildträger übertragen werden. Dies kann durch Einscannen und Ausdrucken erfolgen, durch Kopieren oder durch Drucken.

Eine andere Form der Rasterabbildung ist die unmittelbare Herstellung von Rasterabbildungen ohne Halbtonvorlage. Diese Rasterabbildungen setzt man meistens zur Darstellung von modellhaften Grafiken zu Prozessen und Zuständen ein. Sie lassen sich als statisch bildhafte Informationen ebenso verwenden wie für bewegte Informationen.

Halbtonvorlagen vermitteln eine Wirklichkeitsatmosphäre. Wenn es auf die Beweiskraft einer Bildinformation oder auf eine möglichst wirklichkeitsnahe Wiedergabe der Bildinformation ankommt, dann sind Halbtonabbildungen sinnvoll, oft auch nötig. Der Nachteil der Halbtonabbildungen liegt in der Unstrukturiertheit der Grauton- oder Farbflächen ab einer bestimmten Größe und einer bestimmten Informationsdichte.

Werden Halbtonabbildungen von Raumaufnahmen unter DIN-A7-Format verkleinert, schwindet der Erkennungsgehalt so stark, dass die Informationsvermittlung ernsthaft gefährdet ist. Zu der schlechten Wahrnehmbarkeit von Einzelinformationen kommt noch die sinkende Betrachtungsbereitschaft und entsprechend geringe Aufmerksamkeit des Betrachters vermittlungshemmend hinzu.

Ein weiterer Nachteil von Halbtonabbildungen ist die relativ schlechte Kopierbarkeit. Trotz entsprechender Kopierereinstellung werden Halbtonabbildungen oft zu undefinierten Schwarz-Weiß-Flecken. Die Informationsinhalte lassen sich nur noch ungenau oder gar nicht wahrnehmen.

Strichabbildungen

Strichabbildungen sind Zeichnungen, die entweder nach der Vorlage einer Fotografie, einer Halbtonvorlage, einer Strichvorlage oder ohne Vorlage entstanden sind. Sie können aus gleichen sowie regelmäßig oder unregelmäßig unterschiedlich dicken Strichen gestaltet sein. Sie können schraffierte oder voll ausgemalte Flächen enthalten oder auch nur aus solchen Flächen bestehen. Die Striche können regelmäßig oder unregelmäßig gerade oder gekrümmt sein.

Strichzeichnungen vermitteln eine Atmosphäre des Wesentlichen: Es soll eine auf das Wichtige beschränkte Information vermittelt werden. Diese Information kann sowohl ein Ausschnitt aus der Wirklichkeit sein als auch ein Gedanke, eine Idee. Es kann sowohl etwas Gegenständliches abgebildet werden wie etwas Abstraktes.

Wird mit Strichzeichnungen etwas Unwichtiges dargestellt oder ist die Informationsdichte zu hoch oder keine eindeutige Symbolik erkennbar, sinkt drastisch der Grad der Informationsvermittlung. Ferner kann sich eine erhebliche Enttäuschung des Verwenders aufbauen, die sich sowohl gegen die bestimmungsgemäße Verwendung des Produkts wie gegen den Hersteller wenden kann.

Strichzeichnungen haben den Vorteil, dass sie sich im Allgemeinen gut kopieren lassen. Mit ihnen lassen sich sehr gut Gegenstände abbilden. Sie können perspektivisch auch ohne Informationsverlust so verfälscht werden, dass gegebenenfalls karikierend das Wichtige in seiner überragenden Bedeutsamkeit auf einen Blick wahrgenommen werden kann. Die Strichdicke ist ein wesentliches Qualitätsmerkmal. Wird sie zu dünn gewählt, reißt der Strich unter Umständen

Tab. 4-13: *Vergleich von Vorteilen und Nachteilen bei Halbton, Raster- und Strichdarstellungen*

Halbtonabbildungen		Rasterabbildungen		Strichzeichnungen	
Vorteile Vermitteln Wirklichkeit	**Beispiele** Detailaufnahme einer Maschine	**Vorteile** Klare modellhafte Darstellung von Sachzusammenhängen	**Beispiele** Schema eines Anlagenaufbaus mit den einzelnen Bauteilen und ihren Verbindungen	**Vorteile** Vermitteln Wesentliches Heben Wichtiges hervor	**Beispiele** Ersatzteilabbildung Perspektivische Verzerrung zur deutlichen Darstellung eines Hakeneingriffs in eine Seilschlinge
Sind beweiskräftig	Darstellung eines beschädigten Bauteils	Auf wesentliche Bezüge beschränkte Darstellungen	Darstellung von Mindmaps und Visualisierungen von Textinhalten	Gute Kopierbarkeit und Verkleinerungsmöglichkeit	Ersatzteilabbildungen lassen sich ohne Informationsverlust faxen
Nachteile Lassen sich nicht ohne erheblichen Informationsverlust beliebig verkleinern	**Beispiele** Aufnahme einer Lagerhalle Aufnahme eines Geländes	**Nachteile** Benötigen meistens Text als erklärende Informationen und lassen sich auch daher nicht beliebig verkleinern	**Beispiele** Ohne Legende und Benennungen bleibt ein Schema unverständlich	**Nachteile** Bei zu dünnem Strich Informationsverlust sowie schlechte Kopierbarkeit und Verkleinerungsmöglichkeit	**Beispiele** Ersatzteildarstellungen, Darstellungen von Geräten
Lassen sich nicht gut kopieren	Schwarz-weiße Flecken ohne Wiedererkennungswert	Lassen sich nicht gut kopieren	Schwarz-weiße Flecken ohne Wiedererkennungswert	Bei einheitlicher Strichstärke keine Informationsakzentuierung Bei zu hoher Strichdichte Informationsverlust durch Unübersichtlichkeit	Ausführliche wirklichkeitsgetreue Darstellung von Gegenständen und Situationen

beim Kopieren ab und es entsteht ein Informationsverlust. Wird eine zu dicke Strichstärke verwendet, können wichtige Detailinformationen nicht klar genug wahrgenommen werden, da die Striche verschwimmen. Werden unterschiedliche Strichstärken verwendet, erfährt die Abbildung eine Lebendigkeit, die unter Umständen dem einfachen Inhalt widerspricht.

Strichzeichnungen sind selten geeignet, Wirklichkeit perspektivisch getreu abzubilden. Das Wesentliche verliert sich meist in der Dichte von Linien und ihrem Zusammenhang.

Zu den Strichzeichnungen zählen auch vollflächige ungerasterte Darstellungen. Diese sind bekannt unter dem Begriff Piktogramme. In der Technischen Dokumentation sind sie häufig in der Bedeutung von Gebots-, Verbots- und Hinweiszeichen anzutreffen.

Diese Piktogramme, die es auch als Strichzeichnungen mit regelmäßiger Strichstärke und ohne Vollflächen gibt, haben dann einen Vorteil, wenn sie dem Betrachter bekannt sind und wenn er ihre Beachtung als Notwendigkeit für sein Handeln anerkennt. Ab einer bestimmten Wahrnehmungshäufigkeit kann die Aufmerksamkeit abnehmen und zu gezielter Nichtbeachtung führen. Der Wechsel zurück zur Aufmerksamkeit erfolgt meist über eigene körperliche Betroffenheit.

Piktogramme in der Technischen Dokumentation sind immer zu erklären. Werden öffentlich definierte Piktogramme verwendet, sind die öffentlichen Erklärungen zu zitieren. Günstig ist es, wenn bei den Erklärungen Querverweise auf entsprechende Anwendungsstellen im Dokument und am Produkt hinweisen.

4.4 Kommunizieren als Gestaltungsprozess

So, wie Informationen der Werkstoff der Technischen Dokumentation sind, so ist das Kommunizieren die Handhabung mit dem Werkstoff.

4.4.1 Mittelbares und unmittelbares Kommunizieren

In diesem Zusammenhang sind grundsätzlich zweierlei Arten des Kommunizierens zu beachten: das unmittelbare Kommunizieren mit Personen und das mittelbare Kommunizieren mithilfe der Unterlagen der Technischen Dokumentation.

Das mittelbare Kommunizieren ist schon im Kapitel *Der Technische Autor – Kommunikationsbeziehungen bestimmen seine Arbeitsergebnisse* betrachtet worden – in Abhängigkeit der Wirkung produktpräsentierender und produktverwendungsbezogener Dokumente auf Verwender und andere im Zusammenhang mit dem Produkt zu berücksichtigenden Personengruppen aus Sicht des Technischen Autors.

Das unmittelbare Kommunizieren ist in dem Kapitel *Die Zielgruppen – Informationsquellen und Entscheidungsträger für die Erstellung der Technischen Dokumentation* in seiner praktischen Anwendung behandelt. Es sind die direkten Fragen an definierte Zielgruppen zu definierten Bearbeitungsschritten und damit einhergehend mit bestimmten Themen für die Dokumentsorten produktpräsentierendes Dokument und produktverwendungsbezogenes Dokument.

Allgemein findet das unmittelbare Kommunizieren entweder beim Beschaffen und weiteren Verarbeiten von Informationen statt oder beim Kommentieren der Technischen Dokumentation.

Im ersten Fall sind die unmittelbaren Kommunikationspartner diejenigen Personen, die über die fehlenden Informationen für die Erstellung der Technischen Dokumentation verfügen, also die Zielgruppen.

Im zweiten Fall sind es die Verwender der Technischen Dokumentation, denen entweder weitere Informationen fehlen, die sie in der zur Verfügung stehenden Technischen Dokumentation nicht finden oder es sind Verwender, die auf Fehler der Technischen Dokumentation hinweisen wollen oder Verwender, denen die Technische Dokumentation besonders gefällt und die dies auch mitteilen wollen.

Zunächst wird der für die Erstellung der Technischen Dokumentation bedeutendere erste Kommunikationsfall behandelt. Es fehlen Informationen und diese sollen von den entsprechenden Kommunikationspartnern beschafft werden.

Infrage kommen Personen, die über das technische Wissen zum technischen Produkt verfügen, Personen, die etwas über die Inverkehrbringung und Verteilung des technischen Produkts wissen, Personen, die über die Rechtsgrundlagen und vergleichbaren Unterlagen zu dem technischen Produkt Bescheid wissen und Personen, die etwas über Erfahrungen mit dem Umgang und der bestimmungsgemäßen Verwendung des technischen Produkts oder vergleichbarer technischer Produkte wissen.

4.4.2 Verschiedene Kommunikationsverfahren

All diese Personen wollen ihr Wissen preisgeben oder auch nicht. Das Wollen ist eine persönliche, manchmal auch eine rechtlich-organisatorische Angelegenheit. Das Wissen selbst ist für den Technischen Autor eine notwendige Sache. Das Kommunikationsergebnis muss die erfolgreiche Beschaffung der fehlenden Informationen sicherstellen.

Es gibt nun folgende Kommunikationsverfahren:

- die direkte mündliche Anrede
- die direkte schriftliche Anrede
- die indirekte mündliche Anrede
- die indirekte schriftliche Anrede.

Welches Kommunikationsverfahren das erfolgreichste ist, lässt sich nicht sagen, da Begleitfaktoren wie „Dienstweg", Erreichbarkeit, Aktionsweise oder Reaktionsweise oft eine bestimmende Rolle spielen.

Verallgemeinern lässt sich der zu erwartende Informationsgewinn oder besser, der Informationszugewinn, in Abhängigkeit von der Art der Fragestellung.

4.4.3 Informationsschöpfende und bestätigende Fragetechniken

Bei den Betrachtungen der Zielgruppen habe ich die Fragetechnik bereits etwas erläutert. Weil das Werkzeug „Frage" für den Technischen Autor so wesentlich und unmittelbar Teil des Kommunizierens ist, komme ich nochmals darauf zurück.
Wie oben festgestellt, bietet die Sprache zwei grundsätzliche Möglichkeiten der Fragegestaltung: die informationsschöpfende Frage und die Bestätigungsfrage. Die Begriffswahl ist willkürlich von mir festgelegt und wird wie folgt erklärt.

4.4.3.1 Informationsschöpfende Fragetechnik

Als informationsschöpfend bezeichne ich dann eine Frage, wenn ihre Beantwortung zu den beim Fragenden vorhandenen „Weltwissen" neues Weltwissen in Form mindestens eines zusätzlichen Sachverhalts hinzufügt.
Folgendes Beispiel soll das verdeutlichen: Im Kapitel „Zielgruppen" taucht in der Tabelle zur Dokumentsorte „produktverwendungsbezogenes Dokument" zur Zielgruppe „Beauftragende Stelle" für den Bearbeitungsschritt „Informationsverteilung" zum Thema „Organisation und Administration" die folgende Frage auf: *„Durch welche Maßnahmen wird die Verteilung zielgruppenbezogen erfasst?"*.
Es sind grundsätzlich folgende Antworten möglich:

1. „Ich weiß es nicht!"
2. „Das geht Sie nichts an!", was so viel bedeutet wie „Ich verweigere Ihnen hierzu die Antwort!"
3. „Durch keine!"
4. „Durch [Maßnahme A und ...n]!"

In allen vier Fällen erfährt der Fragende bezüglich seines bisherigen Weltwissens einen Informationszugewinn durch zusätzliche Worte, die nicht notwendigerweise „Ja" und „Nein" sind.
Im ersten Fall erfährt er zusätzlich etwas über den Kenntnisstand seines Gegenübers. Im zweiten Fall erfährt er etwas über die Kommunikationsbereitschaft oder Kommunikationsweise seines Gesprächspartners. Im dritten und vierten Fall hat er jeweils eine sachbezogene Antwort erhalten. Alle vier Antworten enthalten notwendigerweise kein „Ja" und kein „Nein".
„Notwendigerweise" erwähne ich deshalb, weil in der mündlichen Kommunikation gerne „Ja" und „Nein" als Einleite-Markierungen verwendet werden, ohne dass damit aber ein logischer Bezug zur restlichen Äußerung hergestellt wird.

4.4.3.2 Bestätigende Fragetechnik

Die zweite, bestätigende Frageart unterscheidet sich von der ersten, informationsschöpfenden Frage nicht durch den Informationszugewinn, sondern durch die mögliche und auch logisch notwendige Beschränkung der Antwort auf die alternativen Ausdrücke „Ja" und „Nein".
Als Beispiel nehme ich eine Kombination aus der oben geäußerten Frage und der Antwort 3:
„Wird die zielgruppenbezogene Verteilung durch keine Maßnahme erfasst?"
Es sind grundsätzlich folgende Antworten möglich:

1. „Ich weiß es nicht!"
2. „Das geht Sie nichts an!", was so viel bedeutet wie „Ich verweigere Ihnen hierzu die Antwort!"
3. „Ja!"
4. „Nein!"

Die erste und zweite Antwort sind zwar möglich und üblich, stellen aber im strengen Sinn keine Antwort auf die Frage dar, da sie andere Fragen voraussetzen. Die dritte und vierte Antwort sind logisch richtige Antworten. Sie bringen für den Fragenden auch einen Informationszugewinn. Dieser bezieht sich aber „nur" auf die Bestätigung von bereits „vorhandenem" Weltwissen.
Ich denke, dass damit der Unterschied zwischen meinen hier verwendeten Begriffen „informationsschöpfend" und „bestätigend" verdeutlicht ist.
Die informationsschöpfenden Fragen beginnen fast nie mit dem Prädikat des Fragesatzes sondern mit einem Fragewort oder mit einer Präposition oder einer adverbialen Bestimmung. Eine Sonderform der informationsschöpfenden Fragen sind Bestätigungsfragen mit mindestens zwei Objektbezügen. Beispielsweise *„Reagiert der linke oder der rechte Zylinder?"*

Die Bestätigungsfragen beginnen meist mit dem Prädikat des Fragesatzes und der Fragesatz enthält nur einen Objektbezug. Bestätigungsfragen fordern als Antwort immer nur „Ja“ oder „Nein“. Eine Sonderform der Bestätigungsfrage ist der Aussagesatz mit den positiven oder negativen Bestätigungspartikeln „doch“, „wirklich“, „schon“, „erst“ und vergleichbaren Adverbialen.

Informationsschöpfende Fragen erlauben niemals Antworten wie „Ja“ oder „Nein“.

Daraus lässt sich folgendes Ermittlungsverfahren ableiten:

- Verfügt der Kommunikationspartner über Informationen, die dem Technischen Autor fehlen, erfragt dieser die Informationen mit informationsschöpfenden Sachfragen.
- Geht es darum, einen Informationsvergleich durchzuführen, stellt der Technische Autor eine Bestätigungsfrage.

Der Unterschied zwischen Bestätigungsfrage und Aussage ist in der mündlichen Kommunikation oft nur durch die Betonung verständlich zu machen. In der schriftlichen Kommunikation kennzeichnet das Fragezeichen die Sprecherabsicht.

Informationsschöpfende Fragen lassen sich sowohl mündlich als auch schriftlich nur selten als Aussagen verstehen. Allerdings sind hier die kulturellen Unterschiede von Sprechergemeinschaften und Sprachgemeinschaften unbedingt zu beachten.

4.4.4 Kommunizieren nach Kommunikationsplan

Beide Ermittlungsverfahren erfordern einen Kommunikationsplan. Will ich fehlende Informationen erfragen, benötige ich bereits Begriffe oder Sachverhalte als Bezugspunkte, nach dem Motto: *„Erst wenn ich einen Behälter habe, kann ich diesen füllen!“*

Will ich vorhandene Informationen bestätigt wissen oder infrage stellen, muss ich eine Auswahl aus den „fragwürdigen“ Informationen treffen, damit der Kommunikationspartner beabsichtigt handelt.

Der Kommunikationsplan selbst gründet sich auf den Kommunikationszweck. Dieser ist auch unter dem Begriff „Handlungsstrategie“ im Kapitel „Zielgruppen“ definiert und angewendet. Über den Kommunikationszweck lassen sich die Kommunikationspartner und die Kommunikationsthemen bestimmen.

Der Begriff Technische Dokumentation eignet sich nur sehr eingeschränkt als Kommunikationszweck, da er die zwei Kommunikationszwecke „Benutzerinformation“ und „Herstellerinformation“ vereinigt. Also ist der Kommunikationszweck nach „Benutzerinforma-

Tab. 4-14: *Vergleich von Sachfragen und Bestätigungsfragen*

Informationsschöpfende Fragen		Bestätigungsfragen	
Anwendung/ Fragemuster	**Beispiele**	**Anwendung/ Fragemuster**	**Beispiele**
Beschaffen von begrifflichen Neu- und Detailinformationen/ **Einleitung mit Fragewort, Präposition oder adverbialer Bestimmung**	Wie heißt das Gerät? In welcher Kammer muss der Ölfilter wöchentlich gewechselt werden? Bei welcher Drehzahl schaltet das Ventil? Nach wie vielen Betriebsstunden muss der Tank gereinigt werden?	**Informationsabgleich/** **Einleitung mit Prädikat**	Stimmen die Angaben von gestern? Verfügt das Fahrzeug über eine doppelt wirkende Bremseinrichtung? Muss das Schlagmesser wöchentlich gewechselt werden? Ist der Tank nach fünfzig Betriebsstunden zu reinigen?
Beschaffung von Alternativinformationen/ **Einleitung mit Prädikat, mehrere Objektbezüge**	Benötigt man zum Tragen eine oder mehrere Personen? Sind für die Befestigung des Flansches drei, vier oder fünf Gewindeschrauben vorgesehen?	**Bestätigung oder Bezweiflung/** **Aussagesatz mit Bestätigungspartikel**	Die Angaben von gestern stimmen doch? Das Fahrzeug verfügt wirklich über eine doppelt wirkende Bremseinrichtung?

tion“ und „Herstellerinformation“ zu unterscheiden. Wählt man den Kommunikationszweck „Benutzerinformation“, ist weiter zu spezifizieren nach „produktbezogenen Informationen“ und „verwenderbezogenen Informationen“.
Lautet der gewählte Kommunikationszweck „Informationsunterlagen zum Produkt“, dann enthält der Kommunikationsplan hierzu alle relevanten Themen und Begriffe zum Bearbeitungsschritt „Informationsbeschaffung“ und „Informationserfassung“.
Lautet der gewählte Kommunikationszweck dagegen „produktbegleitende Unterlagen“, dann enthält der Kommunikationsplan zu diesem Sachbezug alle relevanten Themen und Begriffe, wie sie am Beispiel „Allesschneider“ und „Produktionsanlage“ zu den Bearbeitungsschritten „Informationsprüfung“, „Informationsvervielfältigung“ und „Informationsverteilung“ aufgeführt sind.

4

4.5 Der Erstellungsprozess – eine allgemeine Darstellung auf der Grundlage der Zielgruppenfragen

4.5.1 Bestehendes Wissen nutzen

Mit dem Kennenlernen der gestalterischen Grenzen von bildlichen und sprachlichen Informationen verfügen wir über alle wesentlichen Aspekte, die beim Erstellen einer Technischen Dokumentation zu beachten sind.
Wir wissen um die verschiedenen Erwartungshaltungen der Verwender. Wir wissen, dass Technische Dokumentation ein verwirklichtes Kommunikationsmodell ist, das Verwender, Hersteller, Gesetzgeber und Öffentlichkeit als Bestandteile enthält, in dem aber auch das technische Produkt und die Technische Dokumentation selbst als Bestandteil auftreten.
Weiterhin wissen wir, dass diese Bestandteile über kommunikative Kräfte verfügen und diese Kräfte beim Zusammentreffen der Bestandteile wirksam werden. Beim Zusammentreffen entstehen Kommunikationsbeziehungen zwischen den jeweiligen Kommunikationspartnern.

Auch kennen wir die strategischen Fragen, mit denen wir für jeden Bearbeitungsschritt und dokumentartspezifisch die erforderlichen Informationen von unseren Zielgruppen gewinnen können.
Es geht also nur noch um die Anwendung des Wissens und der Erkenntnisse. Doch wie soll man das umsetzen, wo doch jedes technische Produkt anders ist und sich jeder konkrete Fall von jedem anderen unterscheiden lässt, weil andere personale und materielle Bedingungen und Voraussetzungen vorliegen?
Ich versuche möglichst systematisch das bereits Erarbeitete zu gliedern und unter praktischen Gesichtspunkten zusammenzufügen.

4.5.2 Bearbeitungsschritte als Prozesslinie

Das Kapitel *Zielgruppen – Informationsquellen und Entscheidungsträger für die Erstellung der Technischen Dokumentation* enthält bereits alle kommunikativen Vorgaben für eine Erfolg versprechende umfassende Prozessplanung.
Mit der Kombination von Bearbeitungsschritt und Zielgruppe in der Anwendung von produktpräsentierenden und produktverwendungsbezogenen Dokumenten hat der Technische Autor ein ausreichendes allgemeines Instrumentarium für die Erstellung einer individuellen Technischen Dokumentation.

4.5.2.1 Allgemeine Unterprozesse je Bearbeitungsschritt

Was dem Technischen Autor noch fehlt, ist eine Untergliederung des jeweiligen Bearbeitungsschrittes in einzelne Unterprozesse.
Hier lassen sich folgende Unterprozesse anführen:

- veranlassen
- selbst tätig werden
- Ergebnisse entgegennehmen
- Ergebnisse prüfen
- Verfahren auf Verbesserung hin überprüfen.

Die Benennungen der Unterprozesse sprechen für sich. *Veranlassen* wird als Unterprozess immer dann erforderlich, wenn der Technische Autor zur Informationsgewinnung oder zur Bearbeitung von Aufgaben nicht selbst kommt oder diese Aufgaben nicht erledigen kann. Beim Bearbeitungsschritt Informationsbeschaffung wäre das zum Beispiel das Anfordern von Musterdokumenten oder Produktmustern sowie das Beauftragen von Bild- und Textlieferanten.

Selbst tätig werden ist für den Technischen Autor immer in seinem jeweils definierten Kerngeschäft angesagt. Das kann im einen Extremfall jede erforderliche Arbeit und Tätigkeit bei allen Bearbeitungsschritten sein, im anderen Extremfall nur die Übernahme der Verantwortung für die erstellten Arbeitsergebnisse. Der Normalfall liegt erfahrungsgemäß dazwischen. Das heißt, sieht der Technische Autor durch personelle oder materielle Probleme ein nicht kalkulierbares Terminproblem entstehen, ist sein Einsatz gefragt. Auf jeden Fall ist dieser Unterprozess Bestandteil aller Bearbeitungsschritte.

Die beiden folgenden Unterprozesse gehören thematisch zusammen, sind aber organisatorisch klar voneinander zu trennen.

Ergebnisse entgegennehmen bezieht sich grundsätzlich auf beauftragte Arbeiten bzw. auf bestellte Waren. Das können recherchierte Informationen zu Rechtsgrundlagen sein, in Auftrag gegebene Bilderstellungen oder Bildbearbeitungen, in Auftrag gegebene Korrekturarbeiten oder Materialbestellungen. Der Unterprozess umfasst das physische Annehmen der Waren, das Bestätigen der Annahme und das Dokumentieren der Annahme.

Ergebnisse prüfen ist die Folge des Entgegennehmens von beauftragten Ergebnissen oder bestellten Waren. Der Unterprozess umfasst die Prüftätigkeit, die Bestätigung der durchgeführten Prüfung sowie das Dokumentieren des Prüfergebnisses.

Ergebnisse prüfen kann aber auch heißen, dass grundsätzlich als Ergebnis definierte Sachverhalte auf Gültigkeit, Angemessenheit oder Richtigkeit bzw. Vollständigkeit geprüft werden. Das kann die eigene Arbeit sein, eine zwar bedeutungsvolle, aber nicht beauftragte Arbeit anderer oder auch Festlegungen bzw. Entscheidungen als Ergebnis von Besprechungen.

Verfahren auf Verbesserung hin überprüfen ist ein grundsätzlicher letzter Unterprozess für jeden Bearbeitungsschritt. Er ist Bestandteil jedes Qualitätsmanagementsystems und soll sicherstellen, dass Fehler innerhalb eines Bearbeitungsschritts schneller und zuverlässiger erkannt werden können und dass ungünstige Verfahrensweisen optimiert werden können – wobei das Optimieren nicht mit Beschleunigen oder Verkürzen gleichgesetzt werden darf.

4.5.2.2 Informationsquellen je Bearbeitungsschritt

Bei der Durchführung der einzelnen Bearbeitungsschritte wird auf unterschiedliche Informationsquellen zurückgegriffen. Diese Informationsquellen sind Bestandteil der Technischen Dokumentation, denn auf sie muss der Technische Autor während der rechtlichen Wirksamkeit seines Arbeitsergebnisses zurückgreifen können.

Nun ist es oft schwierig, im Arbeitsalltag diesen Umstand zu berücksichtigen. Schließlich muss auch nicht alles dokumentiert werden. Dennoch muss sich der Technische Autor gegebenenfalls eine gewisse Sorgfalt und Technik angewöhnen, Gesprächsnotizen anzulegen, mit Diktiergerät und Foto- bzw. Filmaufzeichnungen Kommunikationsereignisse zu fixieren. Der Aufwand ist zur Zeit der Verfügbarkeit von Handys nicht sehr groß.

Informationsquellen bei der Informationsbeschaffung

Die Informationsbeschaffung steht ganz im Ausnutzen aller bedeutsamen originalen Informationsquellen. Das sind Gespräche mit den Vertretern der Zielgruppen, das sind das technische Produkt oder Muster davon sowie Ereignisse zum Beispiel durch Verwendung des technischen Produkts. Auch originale Texte gehören dazu, zum Beispiel Rechtsdokumente oder Normen und vergleichbare technische Spezifikationen.

Zu diesen originalen Informationsquellen treten mittelbare Informationsquellen wie Bilder, Abbildungen und Texte.

Informationsquellen und Informationsmittel bei der Informationserfassung

Die Überschrift deutet es schon an: Bei der Informationserfassung hat man es zwangsläufig mit zweierlei Informationsquellen zu tun: den Originalen und den Übermittlern.

Die Originale sind dieselben wie bei der Informationsbeschaffung. Die Übermittler sind die aufgezeichneten

Informationen von den Originalen. Und dazu bedarf es der entsprechenden Informationsmittel: den EDV-Arbeitsplatz mit Scanner und Übernahmeprogrammen von Text-, Bild- und Tonaufzeichnungen; den Notizblock mit Schreibzeug; den Fotoapparat oder die Filmkamera und die speziellen Tonaufzeichnungsausrüstungen wie Mikrofon, Aufnahmegerät usw.
Mit diesen Informationsmitteln werden Informationsquellen erzeugt, die Material für die weiteren Bearbeitungsschritte sind.

Informationsquellen bei der Informationsverarbeitung

Bei der Informationsverarbeitung fallen zwangsläufig die originalen Informationsquellen weg. Man arbeitet mit mittelbaren Informationsquellen. Gespräche sind zwar originale Informationsquellen, aber bei diesem Arbeitsschritt liefern Gespräche andere Inhalte als die zu verarbeitenden.

Informationsquellen bei der Informationsprüfung

Wir stehen jetzt bereits kurz vor Abschluss des unmittelbaren Erstellungsprozesses, das heißt, wir können bereits auf vorläufige Arbeitsergebnisse zurückgreifen. Diese vorläufigen Arbeitsergebnisse sind jetzt die neuen originalen Informationsquellen. Es sind je nach Auftrag zum Beispiel Prospekte, Filme, Animationen, gebundene oder Lose-Blatt-Anleitungen, in Ordern befindliche Produktdokumentationen oder auf CD-ROMs gebrannte oder geschriebene Dokumente.
Hinzuzurechnen sind noch die Referenzquellen: Aufzeichnungen zu Beauftragungen bzw. Originale aus der Informationserfassung und Informationsquellen der Informationsverarbeitung.

Informationsquellen bei der Informationsvervielfältigung

Als Informationsquellen für die Vervielfältigung dienen die freigegebenen Arbeitsergebnisse. Sie können je nach Vervielfältigungsverfahren in Form von elektronisch gespeicherten Informationen vorliegen oder als verwendungsfertige Exemplare.
Dazuzurechnen sind auch relevante Gesprächsinhalte sowie Aufzeichnungen in Form von Dateien bzw. handschriftliche Notizen.

Informationsquellen bei der Informationsverteilung

Hier gibt es als Informationsquellen keine Arbeitsergebnisse mehr. Sie sind auch gar nicht erforderlich, da dieser Bearbeitungsschritt weitestgehend in physischen Handlungen besteht.
Allerdings sind dokumentierte Festlegungen über die Verteilungsvorgänge erforderlich. Und diese Dokumente sind die hier relevanten Informationsquellen. Meistens sind es handschriftliche Aufzeichnungen, Gespräche und in EDV-Einrichtungen gespeicherte Informationen.

4.5.3 Zusammenfügen von Bearbeitungsschritt, Unterprozessen und Informationsquellen in Tabellen

Die folgenden Tabellen geben für jeden Bearbeitungsschritt einen Überblick über die wichtigsten Informationsquellen, die Unterprozesse und die Themenstellungen.
Bearbeitungsschritte und Informationsquellen sind mit Grafiksymbolen unterstützt, die ein schnelles Erfassen ermöglichen. Man gewinnt dadurch mehr Zeit und kann seine Aufmerksamkeit der thematischen Beschreibung des Bearbeitungsschrittes widmen.
Als Lesart empfehle ich folgende Reihenfolge:

1. ausgewählten Bearbeitungsschritt feststellen
2. relevante Informationsquellen betrachten und in Bezug zum aktuellen Anwendungsfall bringen
3. Unterprozesse von oben nach unten beachten und ebenfalls auf den aktuellen Anwendungsfall beziehen
4. die thematische Aufstellung vollständig lesen und gegebenenfalls mit den entsprechenden Zielgruppenfragen verknüpfen.

Die Themen sind im Einzelnen den Fragen an die Zielgruppen entnommen und zusammengefasst. Die Aufstellung schafft einen allgemeinen Themenüberblick, wie er für die Planung des Erstellungsprozesses erforderlich und günstig ist.

4.5.4 Hinweise zu den Tabellen: Erstellungsprozess

Alle Tabellen sind dreispaltig mit einer Kopfzeile und einer durchgehenden Fußzeile.
In der linken Tabellenspalte sind die Bearbeitungsschritte in der Reihenfolge von unten nach oben aufgebaut. Pfeile zwischen den einzelnen Angaben zeigen die Leserichtung. Der jeweils relevante Bearbeitungsschritt ist grau unterlegt.
Die mittlere Tabellenspalte enthält alle thematischen Angaben. Diese Angaben sind bei den einzelnen Bearbeitungsschritten unterschiedlich. Sie sind das „Herz" der Informationen. Die Formulierungen sind so gehalten, dass man die einzelnen Angaben „abhaken" kann.
Die rechte Tabellenspalte enthält die Unterprozesse. Sie sind sowohl begrifflich wie auch als Piktogramme dargestellt.

Die untere Tabellenzeile enthält die Informationsquellen. Es sind allgemeine Hinweise und Angaben. Im Einzelfall können auch andere Informationsquellen als die jeweils gezeigten vorkommen. Auch die Informationsquellen sind begrifflich und als Piktogramme dargestellt.

4.5.4.1 Tabelle: Erstellungsprozess – Informationsbeschaffung

Der Technische Autor hat im Rahmen der Informationsbeschaffung für die Erstellung der Technischen Dokumentation bzw. eines produktpräsentierenden oder produktverwendungsbezogenen Dokuments vier *Themen* zu beachten: die Auftragsdefinition, die Terminfestlegungen, die produktbezogenen Informationen und die verwenderbezogenen Informationen.

Tab. 4-15: *Erstellungsprozess – Informationsbeschaffung*

Bearbeitungsschritt	Themen	Unterprozesse
Informations-verteilung ⇑ *Informations-vervielfältigung* ⇑ *Informations-prüfung* ⇑ *Informations-verarbeitung* ⇑ *Informations-erfassung* ⇑ *Informations-beschaffung*	<u>Organisation und Administration</u> **Auftragsdefinition:** z. B. Umfang, Arbeitsergebnisse **Terminfestlegungen:** z. B. Verfügbarkeit von Unterlagen und Informationsquellen, von Personen und Dienstleistungen Rohentwurf und fertiges Arbeitsergebnis Finanzelle Leistungen **Zielgruppen bestimmen:** Abteilungen, Personen, Orte, Verantwortlichkeiten <u>Produktbezogene Informationen</u> Technische Daten und verfügbare Informationsquellen; bestimmungsgemäße Verwendung und erwartbare nicht bestimmungsgemäße Verwendung; erforderliches Verwendungsumfeld; konstruktive Problembereiche; erwartbare Änderungshäufigkeit; erforderliche Verwenderqualifikationen, auf Bauteile und Lebensphasen bezogen; Darstellungsweisen und Darstellungsmöglichkeiten <u>Verwenderbezogene Informationen</u> Erwartbare Verwenderqualifikationen; erwartbare Handlungsstrategien der Verwender; erwartbares Verwendungsumfeld	*veranlassen* *selbst tätig werden* *Ergebnisse entgegen-nehmen* *Ergebnisse prüfen* + | - *Verfahren auf Verbesserung hin überprüfen*
Informationsquellen	*Gespräche* *Gegenstände* *Texte* *Bilder* *Ereignisse*	

Zu diesen vier Themenstellungen sucht er sich die geeigneten oder erforderlichen Kommunikationspartner bzw. seine Zielgruppen.

Die Festlegung der genauen und erforderlichen Informationen entwickelt der Technische Autor aus den Auftragsvorgaben. Da kann er möglicherweise auf bereits vorhandene Hilfsmittel und Erfahrungen zurückgreifen. Es kann aber auch sein, dass er mit etwas völlig Neuartigem konfrontiert wird.

In diesem Fall sollte er sich vor der ersten zielführenden Unterredung mit der Beauftragenden Stelle soweit vorinformieren, dass er entsprechend konkrete informationsschöpfende Fragen stellen und die Gesprächsdauer vollständig nutzen kann.

Sowohl bei der Vorinformation wie bei dem konkreten Informationsbeschaffungsprozess kommen die vier Themen zum Einsatz.

Als *Informationsquellen* stehen dem Technischen Autor Gespräche mit Kollegen, dem Hersteller oder Dritten zur Verfügung. Der Begriff und das Piktogramm *Gegenstände* stehen stellvertretend für das technische Produkt, zu dem die Technische Dokumentation erstellt werden soll oder für Vergleichsprodukte, die als Anschauungsmaterial dienen können.

Unter Texten und Bildern sind zum Beispiel Anwendungsberichte zu verstehen, welche die Einsatzmöglichkeiten des technischen Produkts beschreiben. Es können aber auch Fotos und technische Beschreibungen sein.

Ereignisse sind zum Beispiel das Beobachten von Einsätzen des technischen Produkts. Es können aber auch Anwendungsereignisse mit der Technischen Dokumentation sein. So zum Beispiel, um zu erfahren, wie haltbar das Dokumentmaterial unter bestimmten Anwendungsbedingungen ist.

4.5.4.2 Tabelle: Erstellungsprozess – Informationserfassung

Der Schwerpunkt der *Themenstellung* ist das Erfassungsverfahren, die Anwendung von geeigneten Erfassungsmitteln hinsichtlich eines erfolgreichen Ergebnisses und einer reibungslosen Informationsverarbeitung sowie die Ermittlung des angemessenen und Erfolg versprechenden Erfassungszeitpunkts.

Bei diesem Bearbeitungsschritt kommen häufig alle Zielgruppen als Kommunikationspartner infrage.

Informationsquellen sind bei diesem Bearbeitungsschritt sowohl die originalen Informationsquellen, die im Rahmen der Informationsbeschaffung schon festgelegt worden sind, wie auch die Ergebnisse, die durch das Erfassen der Informationen entstehen.

Um hier eine klare Trennung sichtbar zu machen, unterscheide ich nach Informationsquellen und Informationsmittel. Dieser Unterschied kann wichtig sein, wenn es darum geht, woher bzw. wovon eine Abbildung stammt. Ist die Abbildung ein Original, wird das anders gewertet als die Abbildung, die von einem Original gemacht worden ist.

Die verwenderbezogenen Informationen verdienen noch Beachtung. Bei diesem Bearbeitungsschritt sollte besonders zu dem Thema so ausführlich und sorgfältig wie möglich gearbeitet werden. Diese Informationen bestimmen vor allem die inhaltliche Gestaltung des Arbeitsergebnisses.

4.5.4.3 Tabelle: Erstellungsprozess – Informationsverarbeitung

Thematisch stehen bei diesem Bearbeitungsschritt die Ausgabeformate im Vordergrund.

So geht es vor allem darum, dass die Informationen zu solchen Arbeitsergebnissen führen, wie sie der Verwender bestimmungsgemäß und ökonomisch sinnvoll und günstig nutzen kann.

Das bezieht sich sowohl auf die inhaltliche Gliederung und Gestaltung, wie auch auf die Wahl der materiellen Ausführung der Arbeitsergebnisse. Das betrifft produktbezogene Informationen ebenso wie verwenderbezogene Informationen.

Im Allgemeinen arbeitet der Technische Autor mit den Zielgruppen Beauftragende Stelle und Marketing/Vertrieb zusammen. Auch Bildlieferanten und Textlieferanten sind erwartbare Zielgruppen – häufig dann, wenn besonderes oder besonders umfangreiches Bild- und Textmaterial die Arbeitsergebnisse prägen und bestimmen.

Informationsquellen sind alle im vorhergehenden Bearbeitungsschritt erfassten Informationen und ihre Informationsträger.

Tab. 4-16: *Erstellungsprozess – Informationserfassung*

Bearbeitungsschritt	Themen	Unterprozesse
Informations-verteilung ⇑ *Informations-vervielfältigung* ⇑ *Informations-prüfung* ⇑ *Informations-verarbeitung* ⇑ *Informations-erfassung* ⇑ *Informations-beschaffung*	**Organisation und Administration** **Erfassungsvorgaben für die Verarbeitung von Text- und Bildaufzeichnungen**: z. B. Kontaktaufnahme mit verarbeitende Stellen; Ermittlung von Verarbeitungseinrichtungen; Ermittlung von Anforderungen an Informationsquellen; Ermittlung von Anforderungen an Informationsträger; Ermittlung von Anforderungen an Informationsformate; Ermittlung von Verfahren zur Einspeisung von Änderungen und Ergänzungen **Informationsquellen**: z. B. Ermittlung von Standorten; Ermittlung von Zugriffsrechten und Zugriffsmöglichkeiten; Ermittlung von Umfang und Art; Ermittlung von Gestaltung und Aufbau; Ermittlung von Bearbeitungskonventionen **Zielgruppen**: Beauftragende Stelle, Entwicklung/Konstruktion, Marketing/Vertrieb, Service/Kundendienst, Bildlieferanten, Textlieferanten **Produktbezogene Informationen** Erforderliche Aufzeichnungsbedingungen; zulässige Darstellungen; unzulässige Darstellungen; zulässige bzw. unzulässige Informationsquellen; zulässige bzw. unzulässige Informationsmittel; zulässige bzw. unzulässige Informationen **Verwenderbezogene Informationen** Verwenderspezifische Merkmale; verwenderspezifische Gestaltung des Verwendungsumfeldes; verwenderspezifische Handlungsweisen und verwenderspezifische Produktverwendungsinteressen; bestimmungsgemäßes Gestalten des Verwendungsumfeldes; bestimmungsgemäße Handlungsweisen und bestimmungsgemäße Produktverwendungsinteressen; zulässige bzw. unzulässige Kontaktinformationen	 *veranlassen* *selbst tätig werden* *Ergebnisse entgegennehmen* *Ergebnisse prüfen* *Verfahren auf Verbesserung hin überprüfen*
Informationsquellen	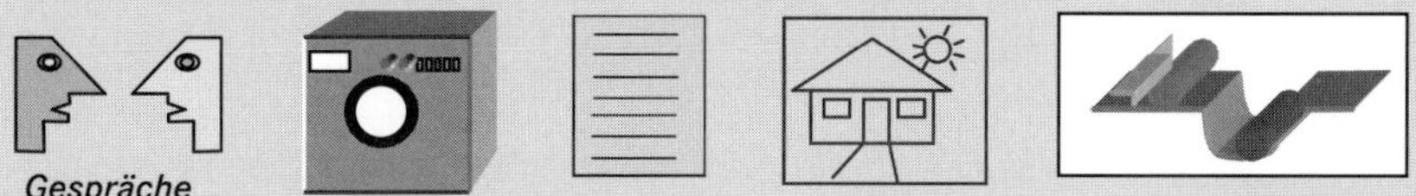 *Gespräche* *Gegenstände* *Texte* *Bilder* *Ereignisse*	
Informationsmittel	 *EDV-Arbeitsmittel* *Handschriftliche Aufzeichnungen* *Fotos* *Filme* *Tonaufzeichnungen*	

Tab. 4-17: *Erstellungsprozess – Informationsverarbeitung*

Bearbeitungsschritt	Themen	Unterprozesse
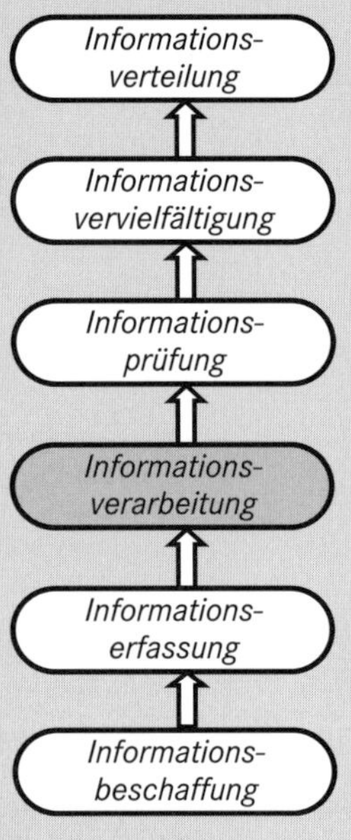	**Organisation und Administration** **Verarbeitung von Text- und Bildaufzeichnungen**: z. B. Ermittlung von Textstrukturierungsvorlagen für Gliederungselemente, Funktionstexte und Inhaltsbausteine; Ermittlung und Festlegung von Formaten zur Übertragung von Bild-, Ton- und Textinformationen; Ermittlung und Festlegung von Einspeisungsverfahren für Änderungen und Ergänzungen; Ermittlung und Festlegung von Gliederungsformaten, Aufzählungsformaten, Linkformaten, Verweisformaten, Trennungsformaten; Ermittlung und Festlegung von Datensicherungsschlüsseln und Datensicherungsformaten **Arbeitsergebnisse**: z. B. Ermittlung und Festlegung von Teilen der Arbeitsergebnisse, die wiederverwendet werden; Ermittlung und Festlegung von Teilen der Arbeitsergebnisse, die weiterverwendet werden; Ermittlung und Festlegung von Einrichtungen zur Vervielfältigung der Arbeitsergebnisse; Ermittlung und Festlegung von Einrichtungen zur Wiederverwendung der Arbeitsergebnisse; Ermittlung und Festlegung von Einrichtungen zur Vervielfältigung der Arbeitsergebnisse; Ermittlung und Festlegung von Einrichtungen zur Weiterverwendung der Arbeitsergebnisse **Zielgruppen**: Beauftragende Stelle, Marketing/Vertrieb, ggf. Bildlieferanten, Textlieferanten **Produktbezogene Informationen** Ermittlung und Festlegung von lebensphasenbezogenen Ausgabeformaten; Ermittlung und Festlegung von verwendungsumfeldbezogenen Ausgabeformaten **Verwenderbezogene Informationen** Ermittlung und Festlegung von zielgruppenbezogenen Ausgabeformaten; Ermittlung und Festlegung von qualifizierungsbezogenen Ausgabeformaten; Ermittlung und Festlegung von zielgruppenbezogenen Gliederungs-, Inhalts-, Funktions- und Datensicherungsformaten; Ermittlung und Festlegung von qualifizierungsbezogenen Gliederungs-, Inhalts-, Funktions- und Datensicherungsformaten	

Informationsquellen

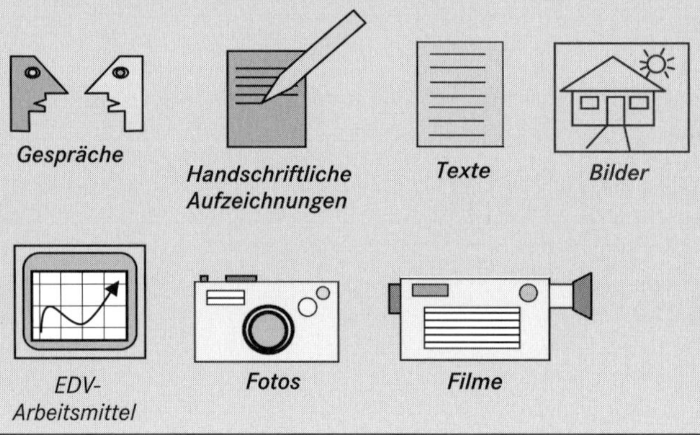

4.5.4.4 Tabelle: Erstellungsprozess – Informationsprüfung

Bei der *Informationsprüfung* geht es zunächst, organisatorisch betrachtet, um die Feststellung des Vorhandenseins der festgelegten Arbeitsergebnisse, um den Vergleich der erstellten Arbeitsergebnisse mit den beauftragten Vorgaben sowie um die Festlegung und Durchführung der Korrektur- oder Ablehnungsmaßnahmen.

Den zweiten Schwerpunkt bilden die Prüfungsmerkmale und ihre Einhaltung beim Arbeitsergebnis. Hier lassen sich grob drei Prüfaspekte benennen: die Richtigkeit und Vollständigkeit von Produktdaten gemäß Auftragsvorgabe, die Richtigkeit und Vollständigkeit der Verwenderansprache gemäß Auftragsvorgabe und generell nochmals die Prüfung der Auftragsvorgaben bezüglich der Grundkonzeption. Genaueres zu diesem Aspekt ist im Kapitel „Zielgruppen" zu diesem Bearbeitungsschritt ausgeführt.

Für den Technischen Autor sind wieder alle Zielgruppen einzuplanen.

Als *Informationsquellen* dienen vorrangig die zu prüfenden Arbeitsergebnisse und die Aufzeichnungen

Tab. 4-18: *Erstellungsprozess – Informationsprüfung*

<table>
<tr><th>Bearbeitungsschritt</th><th>Themen</th><th>Unterprozesse</th></tr>
<tr>
<td>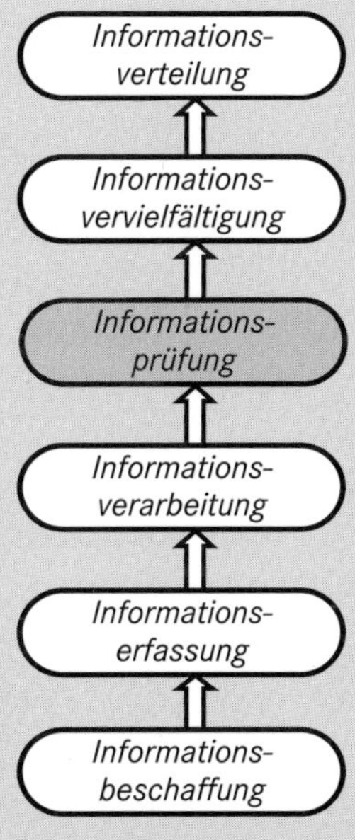
</td>
<td>Organisation und Administration

Bestätigungsprüfung von Terminen, Freigaben und Verfügbarkeit von Arbeitsergebnissen: z. B. Nichteinhaltung von Terminvereinbarungen für Rohentwurfvorlagen, Freigabeerklärungen, Verfügbarkeit von Sprachausführungen; Fehlen von Prüfvorlagen, Vervielfältigungsvorlagen, Freigabeerklärungen

Festlegung von Korrekturverfahren: z. B. Verfahrensweisen der Wiedervorlage und Erteilung der Freigabeerklärung; Verfahrensweise bei Nichtvorlage bzw. Verweigerung der Freigabeerklärung

Prüfungsthemen

Prüfung zu Richtigkeit und Vollständigkeit von Produktdaten – gemäß Auftragsvorgabe: z. B. falsche Werte; falsche Zuordnung zum Sachbezug; falsche Darstellungsweise; unvollständige Angaben; unvollständige Zuordnungen; unvollständige Darstellungen und Darstellungsweisen; nicht auftragskonforme Materialverwendung; nicht auftragskonforme Verwendbarkeit; Festlegungen von Richtigstellung, Vervollständigung und Herstellung der Auftragskonformität

Prüfung zu Richtigkeit und Vollständigkeit der Verwenderansprache – gemäß Auftragsvorgabe: z. B. falsche Sprachverwendung; falsche sprachliche und bildliche Zuordnung zum Sachbezug; unverständliche sprachliche und bildliche Darstellungen; unvollständige sprachliche und bildliche Darstellungen; falsche Themengliederung; Festlegungen zu Vervollständigung und Richtigstellung

Prüfung gemäß Grundkonzeption: z. B. veränderte Gliederung; veränderte bildliche und textliche Darstellungsweisen; veränderte bildliche und textliche Darstellungsformen; veränderte bildliche und textliche Darstellungsmittel

Zielgruppen: Beauftragende Stelle, Entwicklung/Konstruktion, Marketing/Vertrieb, Service/Kundendienst, Bildlieferanten, Textlieferanten</td>
<td>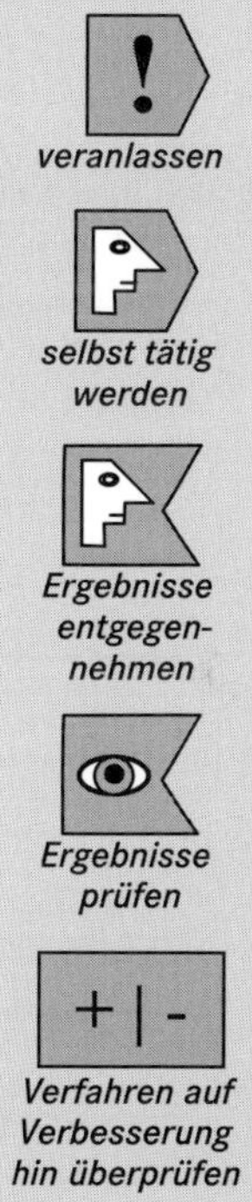
</td>
</tr>
<tr><td colspan="3">**Informationsquellen: Arbeitsergebnisse und Aufzeichnungen mit Prüfkriterien und Prüfmaßnahmen**
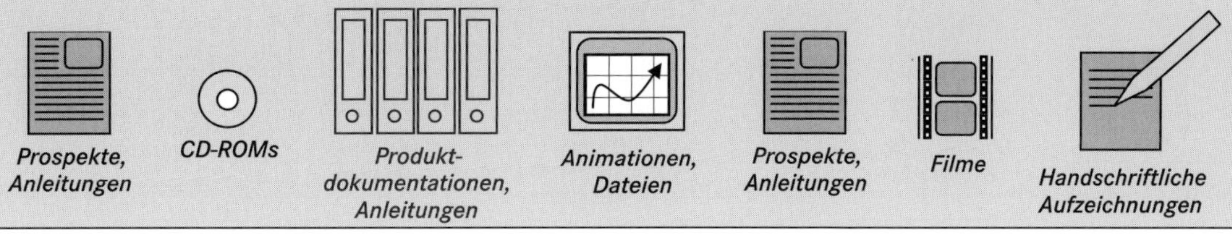
</td></tr>
</table>

mit Festlegungen der Prüfkriterien und Prüfmaßnahmen.

4.5.4.5 *Tabelle: Erstellungsprozess – Informationsvervielfältigung*

Die Arbeit des Technischen Autors konzentriert sich bei der *Informationsverteilung* vorwiegend auf kontrollierende organisatorische und administrative Aufgaben. Thematische Schwerpunkte sind die Veranlassung und Prüfung der verwendergerechten Sprachausführungen und die Bestimmung der Verteilmengen und Verteilziele, die Sicherstellung der definierten Ausführungsmengen, die Sicherstellung der Umfanggrößen pro Verwendergruppe und die Sicherstellung der definierten gerätetechnischen Varianten.

Zielgruppen sind für den Technischen Autor die Beauftragende Stelle und die Abteilung Marketing/Vertrieb. *Informationsmaterial* sind zum einen die Arbeitsergebnisse und zum anderen Aufzeichnungen zu Festlegungen, Durchführung und Prüfergebnissen.

4.5.4.6 *Tabelle: Erstellungsprozess – Informationsverteilung*

Wie bereits bei dem Bearbeitungsschritt „Informationsvervielfältigung“, so warten auf den Technischen Autor bei der Informationsverteilung organisatorische und administrative Aufgaben.
Dabei geht es im Wesentlichen um die Festlegung der Durchführungsmaßnahmen und die Festlegung der Verantwortlichkeiten.

4

Tab. 4-19: *Erstellungsprozess – Informationsvervielfältigung*

<table>
<tr><th>Bearbeitungsschritt</th><th>Themen</th><th>Unterprozesse</th></tr>
<tr><td>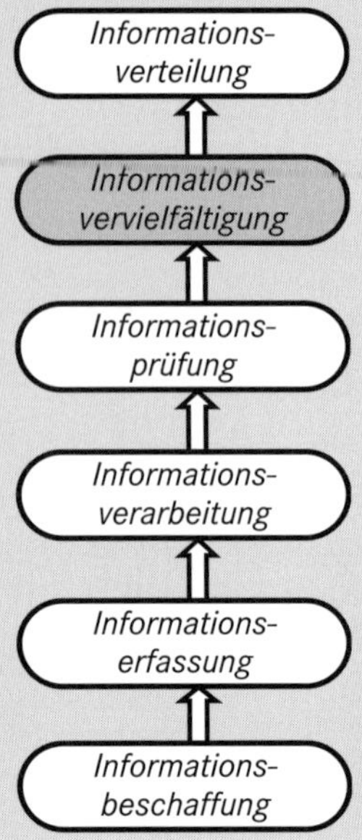
</td><td>Organisation und Administration

Erstellung von Sprachausführungen: z. B. verwendergruppengerechte Versorgung; verwendergruppengerechte Nichtversorgung; Festlegung und Sicherstellung der Maßnahmendurchführung; Abweichungsvergleich mit der Grundkonzeption

Sicherstellung der Ausführungsmengen: z. B. Festlegung von verwendergruppenbezogenen zulässigen und unzulässigen Mengen; Festlegung von zielgruppenbezogenen erforderlichen Mengen; Festlegung und Sicherstellung der Maßnahmendurchführung; Abweichungsvergleich mit der Grundkonzeption

Sicherstellung der Umfangsgrößen: z. B. Festlegung von verwendergruppenbezogenen zulässigen und unzulässigen Umfangsgrößen; Festlegung und Sicherstellung der Maßnahmendurchführung; Abweichungsvergleich mit der Grundkonzeption

Sicherstellung der gerätetechnischen Ausführungsvarianten: z. B. verwendergruppengerechte gerätetechnische Versorgung; verwendergruppengerechte gerätetechnische Nichtversorgung; verwendergruppengerechte Installation mit Kopiersicherungen; verwendergruppengerechte Information bezüglich Schutzvermerken; verwendergruppengerechte Erklärung zu Schutzvermerken; Festlegung und Sicherstellung der Maßnahmendurchführung; Abweichungsvergleich mit der Grundkonzeption

Zielgruppen: Beauftragende Stelle, Marketing/Vertrieb</td><td>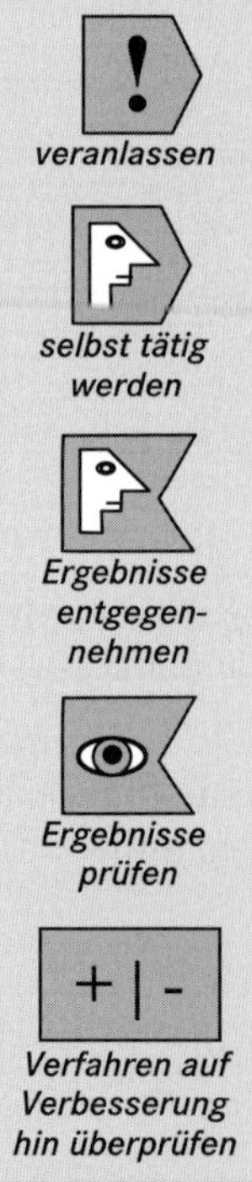
</td></tr>
<tr><td colspan="3">**Informationsquellen: Arbeitsergebnisse**
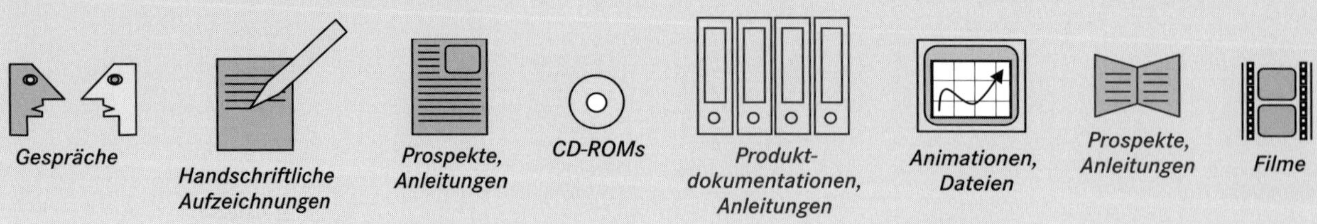
</td></tr>
</table>

Tab. 4-20: *Erstellungsprozess – Informationsverteilung*

Bearbeitungsschritt	Themen	Unterprozesse
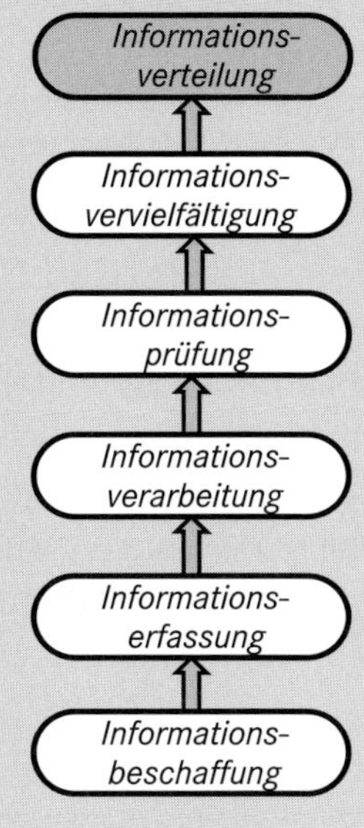	Organisation und Administration **Festlegung von Durchführungsmaßnahmen**: z. B. Erfassung der verwendergruppenbezogenen Verteilung; Überprüfung der verwendergruppenbezogenen Verteilung; Sicherstellung der verwendergruppenbezogenen Verteilung; Standortbestimmung der Festlegungen zu den Durchführungsmaßnahmen **Festlegungen zu Durchführung und Verantwortlichkeiten**: z. B. Verantwortung für die verwendergruppengerechte Verteilung; Verantwortung für die richtige Terminierung der Verteilung; Verantwortung für die verwendergruppengerechte Durchführung der Verteilung; Festlegung der verwendergruppengerechten Verteilung; Festlegung des Zeitraumes der verwendergruppengerechten Verteilung; Festlegung der Verantwortlichkeiten der verwendergruppengerechten Verteilung **Abweichungsvergleich mit der Grundkonzeption**: z. B. Feststellung und Prüfung der Maßnahmen zur Erfassung, Prüfung und Sicherstellung der verwendergruppengerechten Verteilung; Feststellung und Prüfung der Maßnahmen zu den Verantwortlichkeiten bei der verwendergruppengerechten Verteilung; Feststellung und Prüfung der Maßnahmen zum Zeitraum der verwendergruppengerechten Verteilung; Feststellung und Prüfung der Durchführung der verwendergruppengerechten Verteilung **Zielgruppen**: Beauftragende Stelle, Marketing/Vertrieb	
Informationsquellen	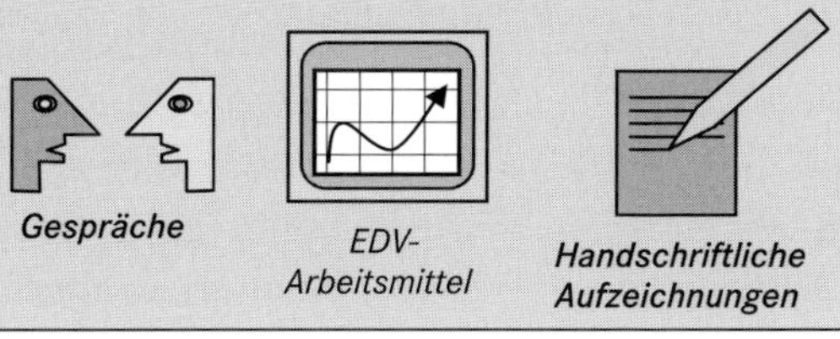	

Ein weiterer wichtiger Punkt ist das Vergleichen der tatsächlich festgelegten Informationsverteilung mit der ursprünglich festgelegten Grundkonzeption. Die Gründe für diesen Vergleich sind im entsprechenden Bearbeitungsschritt im Kapitel „Zielgruppen" erläutert.

Wie bei der Informationsvervielfältigung, so sind auch hier die Beauftragende Stelle und die Abteilung Marketing/Vertrieb die für den Technischen Autor maßgebenden Zielgruppen.

Als Informationsmaterial stehen nach Verteilung der Arbeitsergebnisse noch Aufzeichnungen zu Festlegungen, Durchführung und Prüfergebnissen zur Verfügung.

4.6 Anwendung des bisher Gelesenen bei der Erstellung einer Bedienungsanleitung Ihres Handys

4.6.1 Das bisher Erarbeitete

Bisher habe ich einen allgemeinen Einblick vermittelt in die Gedankenwelt und den Kommunikationsalltag des Technischen Autors. Überlegungen zu Handlungsstrategien von privaten und gewerblichen Verwendern sind angestellt worden. Vorschläge sind geäußert worden, wie man gefährdenden Handlungsstrategien im Zusammenwirken von Technischem Autor, Entwicklung/Konstruktion sowie Marketing/Vertrieb und Service/Kundendienst erfolgreich beikommen

kann und wie man gefährdende in sicherheitsgerechte Handlungsweisen nachhaltig verändern kann.
Es sind auch Fragestrategien aufgestellt worden, mit denen sich alle erforderlichen Bearbeitungsschritte zielgruppenbezogen steuern lassen. Es sind viele beachtenswerte Aspekte für das Arbeiten mit Informationen betrachtet und behandelt worden – für das Arbeiten mit schriftlichen und mit bildlichen Informationen.
Dennoch ist noch nichts für den eigenen konkreten Versuch unternommen worden. Und das ist doch das angestrebte Ziel – die selbst erstellte, eigene Technische Dokumentation.

4.6.2 Entscheidung gegen ein Vergleichen von Arbeitsergebnissen

Ich habe grundsätzlich mehrere Möglichkeiten, als Verfasser auf den Wunsch einzugehen, an konkreten Beispielen die erörterten Aspekte zu diskutieren, damit Sie als Leser einen anschaulichen Vergleich haben.
Ich kann viele Beispiele heranziehen und im Einzelnen aufzeigen, wie dieser und jener sprachliche, bildliche und gestalterische Vorschlag oder Einwand in diesem oder jenem Fall umgesetzt ist. Das würde ein häufiges Vergleichen von meinen allgemeinen Äußerungen und dem jeweiligen Beispiel bedeuten.
Für den Leser hieße dies, einen weiteren Leseaufwand zu betreiben, um letztlich doch auf dem „Trockenen" schwimmen zu lernen. Für mich wäre es eine tief gehende analytische Aufarbeitung von Beispielen, die für sich gesehen auch nur willkürliche Teilchen einer schier unendlichen Masse von Möglichkeiten sind.

4.6.3 Warum nicht einen anderen Weg beschreiten?

Ihre erste Entscheidung
Meine diesbezügliche motivierende auffordernde Empfehlung lautet:

Erstellen Sie Ihre eigene Anleitung zu Ihrem Handy!
Ach so, Sie besitzen kein Handy? Dann lassen Sie sich eines für die Zeit des Erstellens Ihrer Bedienungsanleitung geben.
Sie könnten doch Ihre Bedienungsanleitung als Dankeschön mit dem Handy zurückgeben?!

4.6.4 Der Beginn

Es stellt sich nun die erste Frage:

Wie gehen Sie vor?
Es gibt grundsätzliche mehrere Möglichkeiten:
- Sie lesen das Buch bis zu diesem Punkt. Und dann?
- Sie lesen die Gebrauchsanleitung zu Ihrem Handy. Und dann?
- Sie lesen weder das Buch bis zu diesem Punkt (?!), noch lesen Sie die Gebrauchsanleitung zu Ihrem Handy; Sie gehen nach Ihren eigenen Nutzerinteressen vor.
- Und das heißt:

4.6.4.1 Der erste Arbeitsschritt: Sich ein Bild machen

Machen Sie sich ein Bild von Ihrem Handy!
Das ist wörtlich zu nehmen und bedeutet nichts anderes, als dass Sie Ihr Handy so fotografieren, abzeichnen oder malen, dass Sie alle Bedienteile und alle Anzeigenteile erkennen können.
Sie werden erfahrungsgemäß mehrere Ansichten anfertigen müssen, um alle Bedien- und Anzeigenteile abbilden zu können.
Zu diesen Darstellungen benötigen Sie noch Wörter:
- Zum einen muss benannt sein, um welche Ansicht es sich handelt.
- Zum anderen benötigen Sie Namen für die Bedien- und Anzeigenteile.

Hierzu meine Empfehlung: Suchen Sie nicht in der Gebrauchsanleitung des Handys nach den Namen, sondern überlegen Sie sich Ihre eigenen Namen. Das könnten zufällig die gleichen wie in der Gebrauchsanleitung sein, müssen aber nicht!

4.6.4.2 Der zweite Arbeitsschritt: Einen passenden Text erstellen – Bezeichnungen festlegen

Erstellen Sie den Text zu den Abbildungen Ihres Handys!
Sie stehen möglicherweise sofort vor dem nächsten Problem:

- *Welches Seitenformat soll ich wählen?*
- *Wo und wie sollen die Texte zu den Abbildungen angeordnet sein?*
- *Wie groß muss die Schrift sein?*
- *Welche Schriftart ist die beste?*

Hierzu meine Empfehlung: Machen Sie zwei Entwürfe.

Wählen Sie in beiden Fällen ein DIN-A5-Format. Das heißt: Sie knicken ein DIN-A4-Blatt im Hochformat in der Mitte. Zerschneiden Sie das Blatt nicht.

Verwenden Sie die eine Seite als Entwurfsseite im Hochformat und die andere Seite im Querformat. Das heißt, wenn Sie das geknickte Blatt wieder aufklappen, stehen die beiden Entwürfe auf einer Seite untereinander.

Die Antwort zu Ihrer ersten Frage (Welches Seitenformat soll ich wählen?) lautet also:
Ich erstelle einen Entwurf im Querformat und einen Entwurf im Hochformat.
Schneiden Sie nun die Abbildungen so aus – die angemessene Größe vorausgesetzt –, dass Sie diese auf der Entwurfsseite bequem verschieben können. Legen Sie sich auf eine Lage fest.
Fügen Sie nun mit Bleistift die Texte für die Ansicht und die Bedienteile hinzu.

Hierzu meine Empfehlung: Versuchen Sie für jeden Entwurf eine andere Variante.

Variante 1 könnte sein: Sie verwenden Positionsnummern und verbinden den Bildausschnitt durch eine feine Bleistiftlinie mit der Positionsnummer.

Dies erfordert aber eine zusätzliche Aufstellung, in der die einzelnen Positionsnummern erklärt werden.

Variante 2 könnte sein: Sie schreiben die Namen der Bedienteile direkt neben die Abbildung. Auch hier sollten Sie Text und Bildausschnitt mit einer Linie verbinden.

Sie müssen sich noch über die Anordnung der Texte Gedanken machen.

Hierzu meine Empfehlung: Versuchen Sie links- oder rechtsbündige sowie zeilenweise Orientierungslinien durch die Texte zu erzeugen. Bei der Verwendung von Positionsnummern ist es günstig, wenn Sie die Uhrzeigerrichtung einhalten und oben rechts beginnen. Oben und unten in der Mitte sollten Sie keine Positionsnummern setzen.

Bezüglich der Rechts- und Linksbündigkeit bietet es sich an, die links von der Abbildung stehenden Begriffe rechtsbündig und die rechts von der Abbildung stehenden Begriffe linksbündig zu setzen.

Die Verbindungslinien zwischen Bildteil und Benennung sollten möglichst keine senkrechten und waagerechten Linien sein, da sonst eine große Verwechslungsmöglichkeit mit Bildlinien besteht.

Wichtig für Sie ist: Sie entscheiden, was Ihnen gefällt. Es gibt Normen und andere Vorgaben, die vieles vorschreiben. Aber es ist meiner Meinung nach besser, Sie legen selbst fest, was Sie für gut und angemessen halten.
Noch ein Argument für die persönliche Freiheit: Innovationen kommen nur durch Eigenentscheidungen. Und auch Bedienungsanleitungen haben sich nur durch persönliche Entwürfe weiterentwickelt.

Die Antwort auf Ihre zweite Frage (Wo und wie sollen die Texte zu den Abbildungen angeordnet sein?) lautet:
Ich verwende einmal Positionsnummern und einmal Benennungen beim Bild.
Bezüglich der Anordnung entscheide ich mich einmal für den Uhrzeigersinn und grundsätzlich für die zeilenweise und links- bzw. rechtsbündige Ausrichtung.

Was bleibt, ist die Bestimmung von Schriftgröße und Schriftart.
Nachdem Sie mit dem Bleistift den Text schreiben, verwenden Sie die gefühlsmäßig gut lesbare Druckschriftgröße. Wenn Sie nachmessen, kommen Sie auf ca. 12 bis 14 Punkt (ca. 5 mm). Sie werden vermutlich die Benennung der Ansichten etwas größer schreiben als die Benennungen der Bedienteile.
Über die Schriftart würde ich mir jetzt keine Gedanken machen.
Sie sind jetzt so weit, dass Sie einem anderen zeigen können, welche Bedienteile und Anzeigeteile Ihr Handy besitzt und wo diese sich befinden.

Nun folgt fast zwangsläufig die nächste nutzbringende Frage:

- *Wozu dienen die gezeigten Bedien- und Anzeigenteile?*

Sie müssen also in Erfahrung bringen, was man mit den benannten und gezeigten Teilen machen kann, wie sie nutzbringend zu verwenden sind.

4.6.4.3 Der dritte Arbeitsschritt: Bedien- und Anzeigenteile beschreiben

Beschreiben Sie die Bedien- und Anzeigenteile!
Sie werden sich die Fragen stellen:

- *Wie gehe ich vor?*
- *In welcher Reihenfolge beschreibe ich die Teile?*

Hierzu meine Empfehlung: Notieren Sie sich für jedes dargestellte Bedien- und Anzeigenteil alle Angaben aus der Gebrauchsanleitung Ihres Handys.

Testen Sie dann die Informationen und versuchen Sie in möglichst kurzen und treffenden Sätzen die Wirkungsweisen bzw. die Bedienungsfunktionen zu beschreiben. Es gibt für Sie keine Grenze in Satzbau und Satzlänge. Nur eine Grenze gibt es: Sie müssen sofort verstehen, was Sie geschrieben haben.

Beim leisesten Zweifel müssen Sie so lange am Satz feilen, bis Sie ihn sofort zweifelsfrei verstehen.

Meine Warnung: Das kann sehr lange dauern – bei manchem Satz muss man sogar eine Nacht drüber schlafen! Aber nicht für alle. Das ist auch ein Erfahrungswert.

Auf die erste Frage (Wie gehe ich vor?) zu diesem Bearbeitungsschritt können Sie antworten:
Ich beschaffe mir die Informationen aus der Gebrauchsanleitung und prüfe die Informationen durch „Nachspielen“ auf ihre Gültigkeit.

Nun haben Sie noch über die Reihenfolge der Beschreibungen zu entscheiden.

Hierzu meine Empfehlung: Machen Sie sich eine kleine Aufstellung von miteinander zusammenhängenden Funktionen. Lassen Sie sich von Ihrem Bedieninteresse leiten. Als Anhaltspunkte könnten folgende Überlegungen dienen:

Was muss ich tun, um das Handy benutzen zu können?

Was muss ich tun, um es wieder in den Ausgangszustand zu bringen?

Was muss ich tun, um telefonieren zu können?

Was muss ich tun, um einen Anruf entgegennehmen zu können?

Was muss ich tun, um eine Telefonnummer speichern zu können?

Was muss ich tun, um die Telefonnummer eines eingehenden/eingegangenen Gesprächs speichern zu können?

usw.

Entscheidend sind die Fragen zunächst nur in dem Zusammenhang, dass Sie erkennen, welche Bedienteile Sie am häufigsten und überhaupt zur Verwendung des Handys benötigen.
Legen Sie entsprechend dieser Bedeutung und Häufigkeit die Reihenfolge der Beschreibungen fest.
Sehr nutzbringend, weil zeitsparend und für den schnellen Überblick sorgend, sind Überschriften zu einzelnen Beschreibungen. Zum Beispiel „Ein- und

Ausschalten des Handys“, „Telefonieren“ oder „Nummern speichern“ usw.
Versuchen Sie auch hier unterschiedliche Entwürfe anzufertigen, zum Beispiel mit und ohne Überschriften und in zweierlei Reihenfolgen. Vielleicht probieren Sie auch eine alphabetische Reihenfolge der Beschreibungen.
Sie können nun [(In welcher Reihenfolge beschreibe ich die Teile?) auch auf die zweite Frage] zu dem Bearbeitungsschritt eine Antwort geben:
Ich entscheide nach meinen Verwendungsinteressen.
Sie haben sich jetzt zwar für die Reihenfolge entschieden, aber Sie haben noch nichts aufs Papier gebracht. Was ist zu tun? Sie müssen sich jetzt für eine Textseitenaufteilung und damit grundsätzlich für eine Seitengestaltung entscheiden.

4.6.4.4 Der vierte Arbeitsschritt: Die Seitengestaltung festlegen

Legen Sie die Seitengestaltung fest!
Sie werden sich die Fragen stellen:
- *Was muss auf einer Seite stehen?*
- *Wo darf auf der Seite nichts stehen?*
- *Welche Informationen soll man sofort beim Aufschlagen der Seite wahrnehmen?*
- *Wie sieht die Seite am übersichtlichsten aus?*

Bevor ich hierzu Empfehlungen gebe, möchte ich auf etwas Wichtiges hinweisen:
Diese Seite soll zunächst ja dazu dienen, die Beschreibungen aufzunehmen.
Später sollen die jetzt gestalteten Seiten auch die bereits entworfenen Abbildungen aufnehmen sowie alle weiteren Inhalte, zum Beispiel das Inhaltsverzeichnis, Seiten mit Hinweisen zu Pflege und zur Sicherheit usw.
Dies muss bei den Überlegungen zur Seitengestaltung jetzt mitbedacht werden.

Hierzu meine Empfehlung: Machen Sie sich zunächst eine Aufstellung, was grundsätzlich auf jeder Seite stehen sollte.

Sie werden durch das bloße bildliche Vorstellen erkennen: Es müssen die Seitenzahlen sein, dann Kapitelüberschriften und gegebenenfalls Überschriften zu Abschnitten innerhalb eines Kapitels.

Zu diesen zwingenden Informationen treten auf den verschiedenen Seiten noch unterschiedliche Texte in unterschiedlichen Längen, weitere Überschriften und Abbildungen hinzu.
Für das Ausprobieren und Festlegen der grundsätzlichen Seitengestaltung, man spricht vom Seitenspiegel, sollten Sie ein neues DIN-A4-Blatt in der gleichen Weise, wie oben für die Abbildungen beschrieben, verwenden:
Also das Blatt im Hochformat knicken und die eine Seite im Querformat verwenden und die andere im Hochformat. So klappen Sie das Blatt zur Kontrolle auseinander und auf einer Blattseite müssen beide Testseiten übereinanderstehen.

Seitenränder festlegen

Nun sollten Sie sich überlegen, wo auf der Seite nichts stehen darf, einfacher ausgedrückt, wie breit die Seitenränder sein sollen.
Beachten Sie bitte, dass auf der „Bundseite“, das ist die Bindeseite oder Lochungs- bzw. Heftungsseite, mehr Rand erforderlich ist, damit durch das Lochen kein Text und kein Bild beschädigt wird und immer noch ein Rand erkennbar bleibt.
Für das Querformat liegt die Bundseite auf der linken schmalen Seite, beim Hochformat ist die Bundseite die linke lange Vorderseite.

Seitenzahlen festlegen

Wenn Sie nun die Breite der Ränder mit Bleistift gezogen haben, könne Sie jetzt an die Platzierung der Seitenzahlen gehen. Sie haben zu entscheiden, ob Sie die Seitenzahlen oben oder unten anbringen wollen, mittig, das heißt zentriert, oder links oder rechts.
Üblicherweise werden die Seitenzahlen unten außen erwartet. Außen heißt für die linken Seiten: unten links vom Randende nach rechts geschrieben, für die rechte Seite heißt das: unten rechts vom Randende nach links geschrieben.

Sie können die Seitenzahlen aber auch mittig schreiben. Die Mitte bedeutet nicht die Blattmitte, sondern die Mitte des Bereichs zwischen linkem und rechtem Seitenrand.
Versuchen Sie auch hier zweierlei Gestaltungsmuster anzulegen, für das Hochformat ein anderes als für das Querformat.
Aber beide Gestaltungen müssen Ihnen gefallen! Das ist sicherlich nicht ganz einfach und ungefähr so, als würden Sie gegen sich selbst Dame, Mühle oder Schach spielen. Aber der Aufwand lohnt sich.
Sie verspüren auf diese Weise sehr stark und sehr schnell die von den beiden Grundformaten ausgehenden und bestimmenden unterschiedlichen „Gestaltungszwänge". Und das heißt nichts anderes als Gestaltungsregeln.
Nachdem Sie die Platzierung der Seitenzahlen bestimmt haben, sollten Sie diese auch schreiben. Es sollte eine zweistellige Zahl sein. Sie sollte nicht zu klein sein – einfach mal probieren.

Kapitelangaben festlegen

Das Thema Seitenzahlen ist vorerst abgeschlossen. Nun folgt das Thema „Kapitelangabe". Dies bedarf einer ausführlicheren Überlegung.
Grundsätzlich können Sie davon ausgehen, dass Ihre Bedienungsanleitung mehrere Kapitel hat. Das heißt, auf einer Seite können erwartbar zwei Kapitel zusammenfallen. Es kann auch sein, dass auf der linken Seite das eine Kapitel zu Ende ist und auf der rechten Seite das nächste beginnt.
Sie müssen sich also entscheiden, ob Sie zwei Kapitel je Seite zulassen wollen. Sie müssen sich auch entscheiden, ob Sie auf zwei nebeneinanderliegenden Seiten unterschiedliche Kapitel zulassen wollen. Wenn ja, hat das Auswirkungen auf die Gestaltung.

Hierzu meine Empfehlung: Vermeiden Sie das Zusammenfassen von zwei Kapiteln auf einer Seite; zumindest bei diesem Format. Zwei unterschiedliche Kapitel auf nebeneinanderliegenden Seiten zu platzieren, ist kein Problem.

Die Frage ist nun, wo die Kapitelbenennungen gesetzt werden sollen: mittig oder außen und in welche Zeile.

Wenn Sie die Kapitelbenennungen außen setzen, ergibt sich die gleiche Platzierung wie bei den Seitenzahlen. Dies kann einen unpersönlichen verwaltungsartigen Stil vermitteln, der gegebenenfalls nicht zum Thema „Handy" passt.
Setzen Sie die Kapitelbenennungen mittig, dann erzeugt das im Kopfteil der Seiten eine gewisse Ruhe und andererseits eine Dynamik zu außen stehenden Seitenzahlen.
Wenn Sie sowohl Seitenzahlen als auch Kapitelbenennungen mittig setzen, könnte das eine gewisse „Gefahr des Gleichgewichtsverlustes" beim Betrachter erzeugen, nach dem Motto: kleiner Kopf, mächtiger Körper auf Spitze.

Zeilenhöhe festlegen

Wenn Sie sich für zwei Varianten entschieden haben, geht's an die Zeilenhöhe. Die obere Randlinie ist gleichzeitig die obere Begrenzungslinie der Großbuchstaben. Die Zeile ist die untere Begrenzungslinie der Großbuchstaben. Somit haben Sie die Zeile für die Kapitelbenennung festgelegt.

Unterkapitel bzw. Sachabschnitte festlegen

Mit der Kapitelbenennung allein ist es aber an Überlegung nicht getan.
Es könnte sein, dass Sie sich für eine Gliederung entscheiden, die innerhalb eines Kapitels noch sogenannte Sachabschnitte oder Unterkapitel vorsieht. Bei umfangreicheren Büchern oder Magazinen, aber auch bei Anleitungen ist dies üblich und hilfreich.
Die Folge kann sein, dass wie oben beschrieben auf einer Seite zwei Sachabschnitte eines Kapitels zusammentreffen, auf zwei nebeneinanderliegenden Seiten unterschiedliche Sachabschnitte eines Kapitels zusammentreffen oder auch zwei Kapitel und zwei Sachabschnitte. Wie kann man mit solchen Fällen umgehen?

Gegenüberliegende Seitengestaltung festlegen

Es besteht die Möglichkeit, grundsätzlich auf die ungeraden Seiten, das sind immer die rechten Seiten, die Kapitelbenennung zu setzen und auf die geraden Seiten, also immer die linken Seiten, die Sachabschnitte zu platzieren. Sie können darüber hinaus sogar noch die Seitenzahlen außen hinzufügen.

Kopf- und Fußzeilen festlegen

Um dem oberen und unteren Satzspiegelende noch eine gestalterische Note zu verleihen, können Sie unter die Zeile mit den Kapitelbenennungen (der Kopfzeile) und über die untere Seitenzahl-Zeile eine Linie ziehen.
Es ist aber zu berücksichtigen, dass diese Linien den Text dazwischen „fesseln" und „zurechtdrücken". Es wird dadurch eine gestalterisch „zurechtgedrückte Stimmung" erzeugt.
Nun möchte ich Ihnen noch einige Gestaltungsvarianten bezüglich Seitenzahlen und Kapitelbenennungen aufzeigen:
Kopfzeile:

- Seitenzahlen außen, Kapitelbenennung rechte Seite außen, Sachabschnittsbenennung linke Seite außen
- Seitenzahlen außen, Kapitelbenennung mittig auf rechter und linker Seite
- Kapitelbenennung rechte Seite außen, Sachabschnittsbenennung linke Seite außen
- Kapitelbenennung mittig auf rechter und linker Seite

Fußzeile:

- Seitenzahlen außen
- Seitenzahlen mittig
- keine Fußzeile

Sie können jetzt die Fragen eins und zwei (Was muss auf einer Seite stehen?; Wo darf auf der Seite nichts stehen?) zu diesem Bearbeitungsschritt beantworten: *Ich setze die Seitenzahlen sowie die Kapitelbenennungen übersichtlich in die Kopfzeile bzw. verteile sie auf Kopf- und Fußzeile. Der Rand ist so bemessen, dass jede Art der Bindung nicht in den Satzspiegel ragt.*

Es bleibt noch festzulegen, welche wichtigen Inhalte beim Aufschlagen sofort wahrnehmbar sind und wie die Seite am übersichtlichsten gestaltet ist.
Um diese Fragen beantworten zu können, ist es erforderlich, die Inhalte, die in der Bedienungsanleitung enthalten sein sollen, zu ermitteln, zu beschaffen und zu erfassen.
Sie müssen also an dieser Stelle notgedrungen einen anderen Bearbeitungsschritt dazwischenschieben.

4.6.4.5 Der fünfte Arbeitsschritt: Die erforderlichen Inhalte ermitteln

Ermitteln Sie alle erforderlichen Inhalte!
Sie werden die Fragen stellen:

- *Welche Inhalte sind außer Abbildung und Beschreibung der Bedien- und Anzeigeteile noch erforderlich?*
- *Woher erhalte ich Informationen zu den erforderlichen Inhalten?*
- *Wie soll ich die erhaltenen Informationen erfassen?*

Im vorgegebenen Fall sind die noch zu ermittelnden Inhalte einfach festzulegen: Sie schauen in der Gebrauchsanleitung Ihres Handys nach.
Geht es um ein anderes Gerät, zu dem es keine Anleitung gibt, benutzen Sie einfach meine Fragen zu dem Bearbeitungsschritt „Informationsbeschaffung" für verwendungsbezogene Dokumente.
Doch nun zu Ihrem Handy: Mit ruhiger Überlegung lassen sich ein guter Teil der fehlenden Inhalte aus dem Gerät und seiner Verwendungsfähigkeit selbst erschließen.

Hierzu meine Empfehlung: Machen Sie sich zunächst eine Aufstellung zu folgenden gerätebedingten Fragen:

Mit welcher Energieform kann das Handy betrieben werden?

Was ist zu tun, dass das Handy mit der Energie betriebsbereit gehalten wird?

Wie empfindlich ist das Handy gegenüber welchen äußeren Einwirkungen?

Was ist zu tun, dass welche schädigenden äußeren Einwirkungen nicht wirksam werden?

Wie muss das Handy gepflegt werden?

Wann ist das Handy in welcher Weise schädlich für mich?

Was muss ich tun, damit mir das Handy nicht schadet?

Wann ist das Handy in welcher Weise schädlich für andere?

Was muss ich tun, damit anderen das Handy nicht schadet?

An wen kann ich mich wenden, wenn ich mit dem Handy nicht mehr alleine zurechtkomme?

Zu den gestellten Fragen lassen sich Überschriften bilden. Das sind dann vorläufige Kapitelbenennungen. Aus den genannten Fragen sind folgende Kapitelbenennungen denkbar:

- Energieversorgung
- Schädliche Einflüsse
- Pflege
- Schädliche Wirkungen
- Hilfestellung.

Nun geht es noch darum, sich über restliche Inhalte zu informieren. Bei einem Handy sind noch gesetzliche Anforderungen zu erfüllen:

1. Hinweis auf die CE-Konformitätserklärung
2. Sicherheitshinweise
3. Angaben zum Hersteller.

Darüber hinaus finden sich in Handyanleitungen noch Garantieerklärungen, Kopierschutzvermerke, Haftungsausschlüsse und die Inhaltsübersicht. Manchmal sind auch Zubehörteile angeboten.

Reihenfolge der Kapitel festlegen

Somit stehen alle Inhalte fest und Sie brauchen nur noch eine angemessene Reihenfolge festzulegen. Da hat sich in einigen Punkten ein gewisser Standard herausgebildet:

1. Schutzvermerke und Herstellerangaben
2. Inhaltsübersicht
3. Sicherheitshinweise
4. Allgemeine Informationen
5. Abbildung und Bedienteilbeschreibung.

Die weitere Reihenfolge ist unterschiedlich.
Sie verfügen nun über alle Informationen zu Ihrem Handy und erstellen eine Liste mit den Kapitelbenennungen.

Inhalte im Einzelnen festlegen

Anschließend sollten Sie die entsprechenden Inhalte festlegen. Sie können bereits jetzt alle Inhalte auf ihre Notwendigkeit und Verständlichkeit prüfen und auf getrennten Zetteln neu formulieren, sodass Sie die Inhalte sofort und zweifelsfrei verstehen und auch mit dem sprachlichen Ausdruck zufrieden sind. Sie können nun die für diesen Zwischenarbeitsschritt gestellten Fragen (Welche Inhalte sind außer Abbildung und Beschreibung der Bedien- und Anzeigeteile noch erforderlich?; Woher erhalte ich Informationen zu den erforderlichen Inhalten?; Wie soll ich die erhaltenen Informationen erfassen?) wie folgt beantworten:
Ich weiß, dass außer Abbildung und Beschreibung der Bedien- und Anlagenteile noch die Inhalte zu Angaben des Herstellers, Sicherheitshinweise, Hinweise zur CE-Konformitätserklärung, Allgemeine Informationen, Angaben zur Pflege, zur Energieversorgung und zu Hilfestellungen erforderlich sind.
Ich weiß ferner, dass ich die Informationen aus der Gebrauchsanleitung erhalte und dass ich die Inhalte auf getrennten Zetteln erfasse.
Sie können nun zum vorherigen Bearbeitungsschritt zurückkehren und sich der Beantwortung der Frage nach den besonders schnell wahrnehmbaren Inhalten (Welche Informationen soll man sofort beim Aufschlagen der Seite wahrnehmen?) widmen: Es sind die Kapitelbenennungen.

4.6.4.6 Der sechste Arbeitsschritt: Die Schrift- und Textgestaltung festlegen

Damit die Inhalte schnell wahrnehmbar sind, müssen sie entsprechend auffallend sein. Dies erreicht man bekanntlich durch das Anderssein, das heißt, hier sind gestalterische Mittel gefragt.

Gestaltung der Kapitelbenennungen

Bei Kapitelbenennungen wird die Auffälligkeit meist über die Schriftgestaltung erzeugt. Das kann die auffallende Schriftgröße sein, die Schriftdicke, die Schriftart, die Laufweite der Schrift oder die Schriftfarbe.

Hierzu meine Empfehlung: Arbeiten Sie in der einen Variante mit der Schriftfarbe und Schriftgröße und in der anderen Variante mit Schriftgröße und Schriftdicke.

Es bietet sich auch die Möglichkeit an, die Kapitelbenennungen in „Kapitälchen" zu schreiben. Das sind Großbuchstaben, bei denen der erste Buchstabe größer ist als die anderen Buchstaben des Wortes.

Gleichartige Seitengestaltung

Was noch bleibt, ist die Beantwortung der Frage bezüglich der Übersichtlichkeit der Seiten (Wie sieht die Seite am übersichtlichsten aus?). Diese wird im Grunde genommen durch zwei Merkmale erreicht: die erkennbare Wiederkehr gleicher Gestaltungsmuster und die Gleichartigkeit von Flächen und Kanten bzw. Begrenzungslinien.

Dies alles sind optische Wahrnehmungsmuster, die für sich noch keinen Inhalt besitzen, denen der Betrachter aber durch die Gleichförmigkeit und Gleichartigkeit eine Bedeutung aufgrund dieser Eigenartigkeit zumisst.

Dies ausnutzend fügt der Technische Autor den gestaltenden Texten bedeutsame Inhalte hinzu, die Überschriften, die Kapitelbenennungen, die Sachabschnittsbenennungen, die Bildunterschriften, die Seitenzahlen usw. Das sind zum Beispiel die gleichen Gestaltungsmuster.

Die Gleichartigkeit von Flächen und Kanten wird durch die Ausrichtung von Textblöcken und durch Spaltenaufteilungen erreicht.

Spaltenaufteilung

Die Spaltenaufteilung ist grundsätzlich abhängig von dem Verhältnis Textbreite zu Schriftgröße, wobei nicht das Verhältnis im Vordergrund steht, sondern die Zeichenanzahl pro Zeile.

Hierzu gibt es nur ungefähre Anhaltswerte: So sollte eine Zeile nur ca. 55 Zeichen enthalten. Dieser Wert ist schon deshalb keine Absolutgröße, weil er durch die Schriftart und die Schriftgröße sowie die Textsorte und die Textumgebung mitbestimmt wird.

Die Spaltenaufteilung muss sich nicht auf eine nur mit Text gefüllte Seite beziehen. Sie ist vielmehr als Flächenraster zu verstehen, das sicherstellen soll, dass gleichartige Flächen und Kanten entstehen.

Das heißt, Ihr Querformatentwurf bietet sich für eine dreispaltige Satzspiegelaufteilung an, während Ihr Hochformatentwurf eher für eine zweispaltige Satzspiegelaufteilung geeignet sein dürfte.

Für verschieden große Abbildungen lassen sich mehrere Spalten zusammennehmen. Wiederum lässt sich gerade bei Anleitungen eine führende Gleichförmigkeit dadurch erreichen, dass alle Abbildungen jeweils in der gleichen Spalte zu finden sind.

Bildrahmen

Der Nachteil könnte sein, dass eine Strenge und Langeweile erzeugt wird, besonders wenn die Abbildungen umrahmt sind. Dies wäre zum Beispiel bei einem Handy, das für körperliche wie geistige und technische Beweglichkeit steht, aus meiner Sicht nicht empfehlenswert.

Für die Bedienungsanleitung eins Küchengerätes wiederum könnten gerahmte Bilder besonders vorteilhaft sein.

Sie erkennen: Es ist oft eine Frage der persönlichen „Handschrift", ob etwas als gut oder weniger gut gestaltet empfunden wird.

Hierzu meine Empfehlung: Probieren Sie wieder zwei Varianten aus. Das kann zwei- und dreispaltig sein, das kann auch ein- und zweispaltig sein oder eine völlig andere Aufteilung.

Wichtig ist nur, dass Sie nach Ihrem Gespür gehen und versuchsweise vielleicht auch einmal genau gegen Ihr Gespür arbeiten. Nur so lernen Sie die unterschiedlichen Gestaltungsmöglichkeiten und ihre Wirkungen wie auch Grenzen kennen.

Sie können nach der Festlegung der Seitenaufteilung auch die letzte Frage zur Seitengestaltung beantworten:

Für mich ist die m-spaltige Seitengestaltung im Querformat und die n-spaltige Seitengestaltung im Hochformat die übersichtlichste.

Sie haben jetzt nur noch die bereits vorerfassten Inhalte in der oben festgelegten Reihenfolge auf entsprechend vorbereitete Blätter, siehe oben, zu bringen.

4

4.6.4.7 Der siebte Arbeitsschritt: Die Entwürfe fertigstellen

Stellen Sie Ihre Entwürfe fertig!

Wenn Sie damit fertig sind, sollten Sie die Blätter an der Falzkante auseinanderschneiden und so gegeneinanderlegen, dass doppelt beschriebene Blätter entstehen. Diese können Sie zusammenkleben und an der Bundseite heften und lochen. Sie haben bis auf die Titelseite Ihre erste Bedienungsanleitung in zweierlei Ausführungen fertiggestellt.

Damit haben Sie die Bearbeitungsschritte

- Informationsbeschaffung
- Informationserfassung
- Informationsverarbeitung

im Entwurf abgeschlossen.

Mit diesem Verfahren haben Sie alle wichtigen gestalterischen Aspekte kennengelernt. Sie haben auch erkannt, wie viel Zeit die Erstellung eines Entwurfs in Anspruch nimmt. Aber Sie haben noch nicht erfahren, wie der Entwurf auf andere Verwender wirkt. Dazu sollten Sie Ihren Entwurf vervielfältigen und Ihren Freunden und Bekannten (samt dem Handy?) überlassen. Sie werden sich wahrscheinlich über die verschiedenen Sichtweisen wundern. Und das ist dann der Alltag des Technischen Autors!

Abbildungen bearbeiten

Bevor wir diesen Punkt anschneiden, möchte ich Sie nochmals zu den Abbildungen zurückführen.

Angenommen, Sie haben Ihr Handy fotografiert: Sie sollten sich nun die Mühe machen, mithilfe eines Transparentpapiers die Konturen der Fotografien mit dem Bleistift nachzufahren, sodass Sie eine Strichzeichnung erhalten, auf der Sie alle nötigen Bedien- und Anzeigenteile erkennen können.

Wenn Sie jetzt dieses Transparentpapier auf der Rückseite mit weißem Papier bekleben und die Strichzeichnung ausschneiden, können Sie diese seitlich fixiert auf die Fotografie legen und so prüfen, welche Abbildung die für Sie bessere oder gefälligere ist. Auch in diesem Fall sollten Sie beide Möglichkeiten testen.

Grundsätzlich kann man behaupten, Sie haben eine Bedienungsanleitung für ein Handy erstellt. Und damit könnte grundsätzlich das Thema „Erstellen einer Technischen Dokumentation“ abgeschlossen sein – wäre da nicht noch die Interne Dokumentation.

4.6.4.8 Der achte Arbeitsschritt: Die Erstellung der Internen Dokumentation

Erstellen Sie eine Interne Dokumentation!

Hier möchte ich aber auf das entsprechende Kapitel und das SID-Programm und seine Benutzung verweisen.

Sie können damit anhand des Musterdatensatzes das Erstellen einer Internen Dokumentation nachvollziehen.

Erstellen Sie eine Betriebsanleitung auf der Grundlage der Internen Dokumentation!

Und dann können Sie – das wäre dann das selbst verdiente und erarbeitete „Sahnehäubchen“ – eine Betriebsanleitung zu dem Musterdatensatz auf der CD erstellen. Alle fehlenden Angaben können Sie dazuerfinden. Diesen Versuch können Sie gerne über den Verlag an mich schicken. Ich werde in jedem Fall mit Ihnen diesbezüglich Kontakt aufnehmen.

Teil 5

Die Interne Dokumentation
–
Inhaltliche Grundlage und notwendiger Bestandteil der Technischen Dokumentation

5

Die Interne Dokumentation ist der Teil der Technischen Dokumentation, der am weitestgehenden das Merkmal *beweiskräftiges Zeugnis* als kommunikative Funktion von Technischer Dokumentation verdient. Sie ist in gleicher Weise wie der andere Teil der Technischen Dokumentation nicht nur eine geordnete Zusammenstellung ausgewählter Dokumente, sondern ebenfalls auch ein komplexer Kommunikationsprozess, den der Technische Autor einleitet, gestaltet, führt und dokumentiert.
Die Verwender der Internen Dokumentation sind die verschiedenen firmeninternen Zielgruppen des Technischen Autors, vornehmlich die Entwicklung/Konstruktion, aber auch Service/Kundendienst sowie Weiterbildung und auch Marketing/Vertrieb. Als firmenexterne Verwender treten nur der Gesetzgeber bzw. die ihn stellvertretende Organisationen auf.
Da die Interne Dokumentation den herstellerinternen Kommunikationsprozess der Technischen Dokumentation abbildet und auch die Rohinformationen enthält für die produktpräsentierenden und produktverwendungsbezogenen Dokumente bzw. für die Benutzerinformationen am technischen Produkt, wozu auch die Verpackung des Produkts zählt, lassen sich andere Verwendungszwecke und andere Nutzungsmöglichkeiten sowie andere Dokumentationsformen anwenden, als es bei den produktpräsentierenden und produktverwendungsbezogenen Dokumenten zulässig ist.
Daraus ergeben sich funktionsbezogene Anwendungsarten von Interner Dokumentation. Ebenso bedingen die möglichen Informationsträger andere Darbietungs- und Archivierungsformen. Wiederum ermöglicht die Auswahl der Zielgruppen andere Organisationsformen bei den Bearbeitungsschritten für die Erstellung der Internen Dokumentation.
In diesem Kapitel habe ich mich bei der Gliederung von der Unterschiedlichkeit der Anwendungsarten leiten lassen. Entsprechend verläuft der rote Faden – „Von den Dokumentationsarten zur artenspezifischen Informationsauswahl über die zielgerichtete Organisation der Erstellung zu artenspezifischen Aufbau- und Gliederungsweisen“.
Auf der beiligenden CD finden Sie Formulare für die Dokumentation von angewandten Normen, technischen Spezifikationen und Harmonisierungsdokumenten.

5.1 Begriffserklärung

Die Definition von Technischer Dokumentation lässt sich mit einer kleinen Einschränkung auch auf die Interne Dokumentation anwenden. Die Einschränkung bezieht sich auf die Worte *„mit der er [der Hersteller] dem Verwender des Produkts den sicheren und nützlichen Umgang vermittelt ...“*.
Die Interne Dokumentation ist nämlich nicht für den Verwender bestimmt und wird ihm auch nicht überlassen, sondern sie ist für den Gesetzgeber bestimmt und verbleibt grundsätzlich beim Hersteller, wenn auch der Gesetzgeber bzw. die von ihm beauftragte Organisation auf Anforderung ein Duplikat der Internen Dokumentation erhält.
Das heißt, bezogen auf die Definition von Technischer Dokumentation:

> Die Interne Dokumentation ist die geordnete Zusammenstellung ausgewählter Dokumente und Sprachmaterialien des Herstellers zu einem von ihm erstellten technischen Produkt, mit dem er dem Gesetzgeber ein beweiskräftiges Zeugnis für die Erfüllung der gesetzlichen Anforderungen liefert beziehungsweise ihm einen anschaulichen Beweis für die Erfüllung dieser Anforderungen gibt.

Die Dokumente der Internen Dokumentation beziehen sich in ihrem Inhalt und ihrer Funktion auf unternehmensinterne Kommunikationsvorgänge, bezogen auf die Herstellung des technischen Produkts wie auch auf die Herstellung der Technischen Dokumentation zu diesem technischen Produkt, und spiegeln diese Kommunikationsvorgänge wider.

Unterschiedliche Anwendungsmöglichkeiten

Da die Interne Dokumentation für den Gesetzgeber bestimmt ist, gilt er als Verwender. Da die Interne Dokumentation als Nachweis für die Erfüllung der gesetzlichen Anforderungen an das technische Produkt bestimmt ist, kann und soll sie vom Hersteller auch als Informationsgrundlage und Informationsressource genutzt werden.
Daraus lässt sich ableiten, dass der Gesetzgeber zwar die Interne Dokumentation als Nachweisdokumentation fordert. Es lässt sich aber für den Hersteller folgern, dass er seine Interne Dokumentation auch anders verwenden kann, zum Beispiel

- zum Spiegeln von Prozessen, um Fehler besser erkennen und Optimierungen vornehmen zu können;
- zum Dokumentieren des Qualitätsmanagements, um bessere Produkt- und Unternehmensstrategien entwickeln zu können;

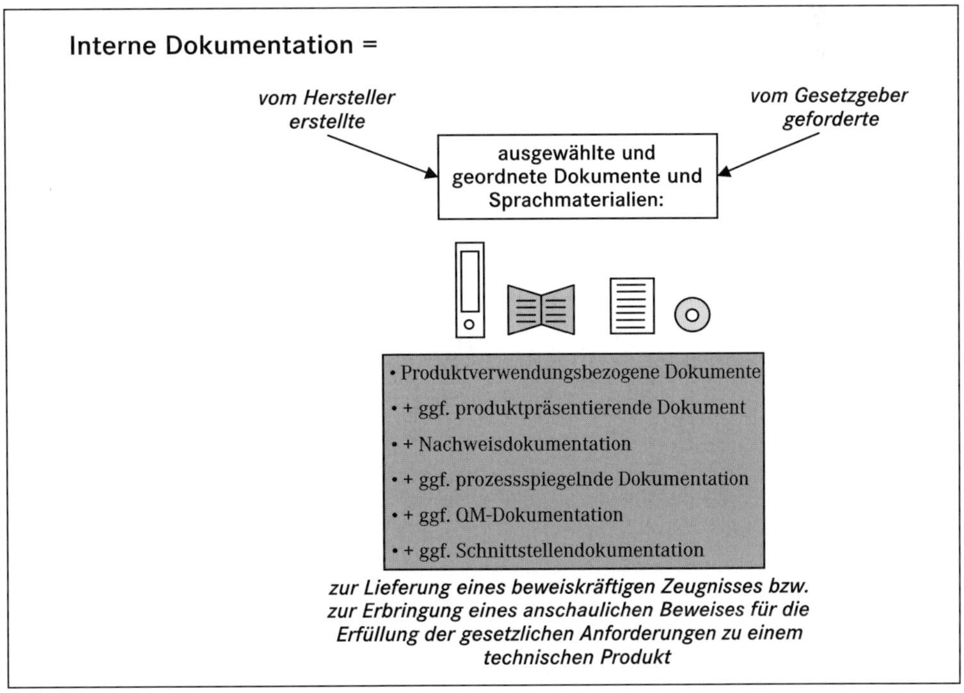

Abb. 5-1: *Darstellung des Definitionsinhaltes der Internen Dokumentation*

- zum Dokumentieren der Schnittstellen, um eine Verbesserung des Informationsmanagements zu erreichen.

Der Hersteller hat also die Möglichkeit, das vom Gesetzgeber verlangte Muss für sich zu nutzen. Der Technische Autor erstellt dieses Muss unter Zuhilfenahme seines Wissens über die Kommunikationsbestandteile des Kommunikationsmodells Technische Dokumentation, deren kommunikative Kräfte, die erforderlichen Kommunikationsbeziehungen wie auch die Maßnahmen zur Nutzung der Zielgruppen, um die erforderlichen Informationen zu gewinnen.

5.2. Arten von Interner Dokumentation

Für den Hersteller bieten sich vier mögliche Arten von Interner Dokumentation an:

1. die prozessspiegelnde Dokumentation
2. die Nachweisdokumentation
3. die QM-Dokumentation
4. die Schnittstellendokumentation.

Die Unterschiede sind nicht immer groß und es kann sein, dass mehrere Arten Bestandteil einer Internen Dokumentation sein können.

5.2.1 Prozessspiegelnde Dokumentation

Eine prozessspiegelnde Dokumentation enthält alle Dokumente, mit deren Hilfe sich der zeitliche und verfahrenstechnische Ablauf eines Prozesses bzw. eines Vorganges nachvollziehen lässt.
Prozessspiegelnde Dokumentationen benötigt man häufig zum Auffinden von Verfahrenslücken, von unwirtschaftlichen Verfahrensschritten oder zur Feststellung von Verfahrensfehlern.
Verlangt werden solche Dokumentationen im Rahmen von Rationalisierungsmaßnahmen, von konkreten Schadensregulierungsmaßnahmen oder von Ausbildungsmaßnahmen.

5.2.2 Nachweisdokumentation

Die Nachweisdokumentation enthält Dokumente, die definierte Zustände als verwirklicht oder nicht verwirklicht belegen.
Diese Zustände können sich auf ein Bauteil, eine Baugruppe oder ein vollständiges Produkt beziehen. Sie können sich aber auch auf Verfahrenszustände oder Vorgänge beziehen. Diese Dokumentationen benötigt man für die Ausstellung von Zertifikaten. Der Umfang und die inhaltliche Tiefe oder Breite wird bestimmt von den privatrechtlichen oder öffentlich-rechtlichen Bestimmungen.
Nachweisdokumentationen werden im Rechtsraum des EU-Binnenmarktes generell für technische Produkte im Rahmen der Vergabe des CE-Kennzeichens gefordert, dem CE-Konformitätsverfahren.
Außerhalb dieses Rechtsraumes gelten aufgrund der zunehmenden wirtschaftlichen Verflechtung immer mehr gleiche oder sehr ähnliche Bedingungen.
Neben dieser vorbeugenden Nachweisdokumentation werden solche Nachweisdokumentationen im Rahmen von Schadensfällen sowie von allgemeinen Prüfmaßnahmen gefordert. Allerdings immer unter der Voraussetzung von definierten Dokumentationspflichten.

5.2.3 QM-Dokumentation

Die QM-Dokumentation oder Qualitätsmanagement-Dokumentation enthält alle Dokumente, die in den Grundsätzen des Qualitätsmanagementsystems gefordert werden und die im Einzelnen im Qualitätsmanagement-Handbuch aufgeführt sind.
Es sind Dokumente, welche die Ziele des QM-Systems wiedergeben, die Verantwortlichen nennen, den Ablauf und die Funktion von Vorgängen organisatorischer und technischer Art beschreiben und die Soll-Wert- und Ist-Wert-Daten belegen.
Im Allgemeinen wird eine QM-Dokumentation nur dann gefordert, wenn in einem Unternehmen bereits ein entsprechendes Qualitätsmanagementsystem (QM-System) besteht oder wenn nach einem solchen definierten QM-System gearbeitet werden soll.

Tab. 5-1: *Arten der Internen Dokumentation*

Art	Inhalt	Anwendung
Prozessspiegelnde Dokumentation	Aufzeichnungen zu zeitlichen und verfahrenstechnischen Verläufen von Prozessen und Vorgängen	Auffinden von Verfahrenslücken und Aufdecken von Verfahrensfehlern im Zusammenhang mit Rationalisierungsmaßnahmen und Schadensregulierungen
Nachweisdokumentation	Dokumente und Aufzeichnungen mit Angaben bezüglich der Verwirklichung bzw. Nichtverwirklichung definierter Zustände von technischen Produkten als Gesamtheit, von Einzelteilen technischer Produkte, von Verfahren und von Vorgängen bezogen auf die Behandlung technischer Produkte	CE-Konformitätsverfahren Nachweisverfahren bei Schadensregulierungen Konformitätsverfahren im internationalen Warenverkehr
QM-Dokumentation	Alle Dokumente und Aufzeichnungen gemäß eines definierten QM-Anforderungssystems	Teilweise bei CE-Konformitätsverfahren Zertifizierung nach DIN EN ISO 9000er-Verfahren Allgemein bei Qualitätsmanagementsystemen
Schnittstellendokumentation	Dokumente mit ausschließlichen Verweisinformationen bezüglich Dokumenten und Aufzeichnungen	In stark strukturierten Dokumentationen und bei örtlich und zeitlich verteilten Dokumenten und Aufzeichnungen

Eine inzwischen herausragende Rolle als Bestimmungs- und Bewertungsleitlinie spielt die sogenannte Normenfamilie der DIN EN ISO 9000er Normen.

5.2.4 Schnittstellendokumentation

Unter Schnittstellendokumentation versteht man jene Sammlungen von Dokumenten, die Auskunft geben über das Zusammenführen oder Verteilen von Dokumenten und Dokumentationen oder auch Auskunft geben über das Zusammenführen von Informations- und Kommunikationsereignissen sowie Auskunft geben über die Bezugnahme auf Dokumente, Dokumentationen, Informations- und Kommunikationsereignisse.

Es ist in diesem Zusammenhang zu unterscheiden zwischen Schnittstelleninformationen in einzelnen Dokumenten und Schnittstelleninformationen innerhalb der Dokumente, die ausschließlich solche Informationen enthalten und deren ausschließliche Funktion im Verweisen auf andere Dokumente und Dokumentationen besteht.

Reine Schnittstellendokumente finden sich meist in QM-Handbüchern oder in Produktdokumentationen im allgemeinen Teil. In QM-Handbüchern sind sie in der Regel im Sachbereich *Lenkung der Dokumente* abgelegt.

In Produktdokumentationen befinden sich solche Dokumente bzw. solche Dokumentationen im Anhang unter dem Sachbegriff *Weitere Dokumente* oder im Einführungsbereich unter dem Sachbegriff *Zu dem Produkt gehörende Dokumente.*

5.3. Ausführungen auf Informationsträgern

Der Gesetzgeber fordert vom Hersteller die Archivierung der Internen Dokumentation mindestens 10 Jahren lang nach Inverkehrbringen des technischen Produkts.

Diese Frist kann in bestimmten Fällen auch länger sein. Es ist grundsätzlich für den Hersteller empfehlenswert, im eigenen Interesse die Frist nach der erwartbaren Lebensdauer des technischen Produktes zu bemessen, wenn diese länger als die gesetzlich geforderte Archivierungsfrist ist.

Zusätzlich zur Archivierungsfrist fordert der Gesetzgeber in der Regel die Interne Dokumentation in Papierform und gegebenenfalls auf einem elektronischen Datenträger.

Archivierungsfrist und unmittelbare Verwendbarkeit der Internen Dokumentation fordern die geeignete Auswahl an Datenträgern.
Allerdings ist zu beachten, dass die produktpräsentierenden und produktverwendungsbezogenen Dokumente, also die verwendungsrelevanten Prospekte, Filme und Animationen wie auch die Bedienungsanleitungen und Produktdokumentationen Bestandteil der Internen Dokumentation sind.
Das heißt, die eigentliche Interne Dokumentation kann als Papierausdruck und in elektronischer Form vorliegen, während die produktbegleitenden oder produktpräsentierenden Dokumente in ihrer Originalform vorliegen müssen.
Die Informationsträger der Internen Dokumentation lassen sich nach ihrer vorrangigen Funktion festlegen, gliedern und unterscheiden.

5

5.3.1 Informationsträger Papier

Sollen die Informationen jederzeit und unabhängig von Energiequellen, Umgebungsverhältnissen und Zeitbedingungen zur Verfügung stehen, ist immer noch das bedruckte Papier der zuverlässigste Informationsträger.

Vorteile

Dieser Informationsträger hat noch einen weiteren Vorteil: Die gedruckten Informationen sind dauerhaft fixiert, sodass problemlos der Ist-Informationsstand zum Zeitpunkt der Dokumenterstellung festgestellt werden kann. Ferner bieten bedruckte Papierblätter die Möglichkeit, dass man ohne technischen Aufwand vor Ort handschriftlich Informationen hinzufügen kann. Diese Vorteile des Informationsträgers „bedrucktes Papier" werden oft übersehen und dieses Übersehen kann sich in starkem Maße nachteilig auswirken, wenn dadurch Informationen verloren gehen, weil die erforderliche Energie oder das erforderliche Gerät nicht zum richtigen Zeitpunkt zur Verfügung steht.

Nachteile

Der Nachteil dieses Informationsträgers darf aber nicht übersehen werden: Er ist umständlich im Weiterleiten von Informationen. Hierunter ist auch das Duplizieren bzw. Kopieren zu rechnen. Zum einen benötigt man hierfür wieder technische Geräte, zum anderen ist der Zeitaufwand in der Regel relativ groß. Und zum Dritten kann dieser Nachteil dazu führen, dass handschriftliche Eintragungen nicht beachtet werden oder nicht erfasst und hinzugefügt werden und auf diese Weise als notwendige Information verloren gehen. Ein weiterer Nachteil besteht in dem verhältnismäßig großen Raumbedarf dieses Informationsträgers.

5.3.2 Elektronische Datenträger sowie auditive und audiovisuelle Informationsträger

Im Gegensatz zum bedruckten Papier stehen die auditiven und die audiovisuellen Informationsträger.
Die auditiven und die audiovisuellen Informationsträger bedürfen grundsätzlich technischer Einrichtungen und einer Energiequelle, um die gespeicherten Informationen wahrnehmbar zu machen.
Zu dieser Gruppe der Informationsträger sind noch jene visuellen Informationsträger zu zählen, die ebenfalls technische Einrichtungen und Energiequellen benötigen, damit man die gespeicherten Informationen wahrnehmbar machen kann. Es sind dies Diapositive, Filme und mit Einschränkung Negativfilme als Grundlage für die Vervielfältigung oder Erstellung von Papierabzügen.
Die Notwendigkeit, dass technische Einrichtungen und Energiequellen zur Verfügung stehen müssen, damit die auf den Informationsträgern befindlichen Bild- und Hörzeichen auch wahrgenommen werden können, kann bereits zu zweierlei Problemen bezüglich der Wiedergabe dieser Zeichen führen.
Zum einen muss die Energiequelle als solche zum erforderlichen Zeitpunkt und über den erforderlichen Zeitraum vorhanden sein. Zum anderen muss die technische Einrichtung auch in der Lage sein, die Information darzustellen. Wer vor zehn Jahren Dokumente für eine Interne Dokumentation mit einem Textverarbeitungsprogramm erstellt hat und nun auf diese Daten zugreifen muss, der könnte feststellen, dass zum Beispiel der Informationsträger, Band oder Diskette, nicht mehr verwendungsfähig ist, da die Hard- und Software über keine Wiedergabemöglichkeiten mehr verfügen.

Tab. 5-2: *Ausführungsformen von Interner Dokumentation*

Ausführungsart	Verwendbarkeit	Archivierbarkeit
Papier	Lässt sich jederzeit und unabhängig von Energiequellen verwenden Man kann ohne nennenswerten technischen Aufwand Exemplare vervielfältigen und mit handschriftlichen Notizen versehen Als nachteilig kann sich bei großen Mengen das Vervielfältigen und vor allem das Weiterleiten herausstellen	Lässt sich relativ problemlos bei normalen Raumtemperaturen und normaler Luftfeuchtigkeit über einen langen Zeitraum archivieren Erfordert gegebenenfalls viel Raum und Aufbewahrungseinrichtungen wie dokumentsichere Schränke und Regaleinrichtungen
Elektronische Datenträger sowie auditive und audiovisuelle Informationsträger	Lassen sich nur mit kompatiblen Wiedergabegeräten und Leseprogrammen verwenden Man benötigt geeignete Energiequellen zur Verwendbarkeit der Dokumente Vermitteln bei problemloser Wiedergabe umfassende Informationen	Erfordern besondere materialbedingte physikalische Raumverhältnisse Haben in der Regel nur einen geringen Raumbedarf Erfordern gegebenenfalls auch die Archivierung von Wiedergabeeinrichtungen Erfordern gegebenenfalls die Übertragung auf neue Informationsträger Erfordern eine Festlegung von Archivierungsmaßnahmen und eine definierte zeit- bzw. gerätebestimmte Durchführung der Übertragung auf andere Informationsträger

Dieses Problem ist bei der Internen Dokumentation weitaus wahrscheinlicher als bei der Externen Dokumentation, da die Interne Dokumentation vielfach nicht so häufig, selbstverständlich und vielfältig genutzt wird und weil zwischen dem Zeitpunkt ihrer Erstellung und dem Zeitpunkt, zu dem sie zur Verfügung stehen muss, bei entsprechender Produktlebensdauer durchaus fünf bis zehn Jahre liegen können. Außerdem gibt es möglicherweise weitergehende privatrechtliche Vereinbarungen im Zusammenhang mit dem Inverkehrbringen, die eine wesentlich längere Archivierungsfrist für die Interne Dokumentation vorschreiben.

Neben diesen allgemeinen Punkten, die bei den maschinellen energieabhängigen Informationsträgern zu beachten sind, gilt es auch noch informationsträgerspezifische Problembereiche zu beachten.

So sind auditive Informationsträger bezüglich ihrer Wiederverwendbarkeit von besonderen Lagerbedingungen abhängig. Sie erfordern nicht nur besonders gemäßigte und gleichbleibende Temperaturverhältnisse. Es müssen auch die Luftfeuchtewerte stimmen. Weiter ist noch der Schutz vor Staubbelastung und der Schutz gegen mechanische und chemische Einwirkungen für die Dauer der Mindestarchivierungszeit, gegebenenfalls auch für die darüber hinausreichende erwartbare Wiederverwendungsdauer sicherzustellen. Ein weiterer, nicht zu unterschätzender Problembereich ist der Schutz vor Überspielen oder Löschen der gespeicherten Informationen. Damit unmittelbar verbunden ist die angemessene Form der sicheren Kennzeichnung dieser Informationsträger.

5.4. Informationsauswahl

Welche Informationen die Interne Dokumentation enthält, hängt in erster Linie vom Gesetzgeber bzw. der fordernden Stelle ab und in zweiter Linie von der Art der Internen Dokumentation.

Zielsetzungen des Gesetzgebers

Die Anforderungen reichen bis zur Geburtsstunde der Europäischen Union zurück, das heißt bis zum Unterzeichnen der Römischen Verträge am 25. März 1957. Die Mitgliedstaaten erklärten ein hohes Schutzniveau in den Bereichen Gesundheit, Sicherheit, Umweltschutz und Verbraucherschutz zum Ziel. Dabei sollen insbesondere alle auf wissenschaftliche Ergebnisse ge-

stützten neuen Entwicklungen berücksichtigt werden. Ferner soll das hohe Schutzniveau als Maximalforderung an [technische] Produkte verstanden werden.
Als Folge dieser Zielsetzung vereinbarten die Mitgliedstaaten ein Verfahren zur rechtlichen Verwirklichung dieses Ziels. Sehr oberflächlich und kurz gesagt, einigte man sich auf das Abfassen von Richtlinien zu technischen Produkten, welche die einzelnen Mitgliedstaaten als nationale Gesetze in ihr Rechtswerk integrierten. Es sind die heute als EU-Richtlinien bekannten Rechtsnormen.
Parallel zu den produktbezogenen Zielsetzungen einigten sich die Mitgliedstaaten auch auf die Formulierung von arbeitsplatzrechtlichen Zielsetzungen. Diese betreffen den Schutz der Arbeitnehmer bzw. als Forderung die Arbeitgeber, die wir grob gesagt als Hersteller verstehen können.
Auch hier sind Richtlinien abgefasst worden, die ebenfalls Eingang in das nationale Rechtsystem gefunden haben. Eine für die Hersteller von technischen Produkten wichtige Forderung ist, dass den Arbeitnehmern nur sichere technische Produkte zur Verfügung gestellt werden dürfen, das heißt solche Produkte, welche die Anforderungen der jeweiligen Produktrichtlinien erfüllen.
Damit schließt sich der Kreis von Hersteller, technischem Produkt, Verwender, Gesetzgeber und Öffentlichkeit.
Im Zentrum dieses Kreises steht die Sicherheit des Verwenders und der Öffentlichkeit. Und ein Mittel zum Erreichen dieses Schutzanspruchs ist die Interne Dokumentation. Sie enthält alle relevanten Informationen, mit denen die Anstrengungen des Herstellers dargelegt und nachgewiesen werden können, dass das technische Produkt möglichst sicher ist – dass es bezogen auf seine erwartbare Verwendung sicher konstruiert, gestaltet, gefertigt und dem Verwender mit der erforderlichen, die sichere und bestimmungsgemäße Verwendung in den Vordergrund stellenden Benutzerinformation überlassen worden ist.

Informationsfestlegung durch den Gesetzgeber

Da die Interne Dokumentation wie auch das technische Produkt vor Inverkehrbringung vom Hersteller als rechtskonform, sprich den Sicherheitsanforderungen entsprechend, erklärt werden müssen, muss der Hersteller vor Inverkehrbringen des technischen Produkts die Technische Dokumentation auf Rechtsgültigkeit prüfen.
Dies bedeutet für die Interne Dokumentation, dass sie sowohl die angewandten Rechtsnormen bzw. Verweise auf die angewandten Rechtsnormen enthalten muss, die bei der Konzeption und Erstellung des technischen Produkts und der Technischen Dokumentation angewandt worden sind, als auch alle sicherheitsrelevanten Dokumente und Aufzeichnungen, die das rechtskonforme Umsetzen der Rechtsnormen durch den Hersteller belegen. bzw. beweisen.
Entsprechend schreibt der Gesetzgeber Inhalte und Dokumente vor, die in der Internen Dokumentation enthalten sein müssen.
Es sind dies im Allgemeinen:

- technische Unterlagen, welche die Bewertung der Übereinstimmung des technischen Produkts mit den Anforderungen der angewandten Produktrichtlinien ermöglichen;
- Bescheinigungen oder Berichte von einer zuständigen Stelle, die das technischen Produkt beschreibt und Maßnahmen zur Gewährleistung der Übereinstimmung des technischen Produkts mit den Schutzanforderungen darlegt;
- Unterlagen, welche die unternehmensinternen Maßnahmen belegen, mit denen die Übereinstimmung des technischen Produkts mit den Vorschriften der anzuwendenden Richtlinien sichergestellt wird;
- Angabe von Fundstellen der technischen Spezifikationen (harmonisierte bzw. nationale oder internationale technische Normen), die in Bezug auf die Erklärung der Rechtskonformität des technischen Produkts erklärt worden sind;
- Benutzerinformationen;
- die EU-Konformitätserklärung.

Informationsfestlegung durch die Dokumentationsart

Die dokumentationsartspezifischen Informationen stehen nicht im Widerspruch zu den gesetzlich geforderten Informationen und sie sind auch nicht grundsätzlich als ergänzend zu verstehen. Sie sind lediglich thematische Gruppierungen.

5

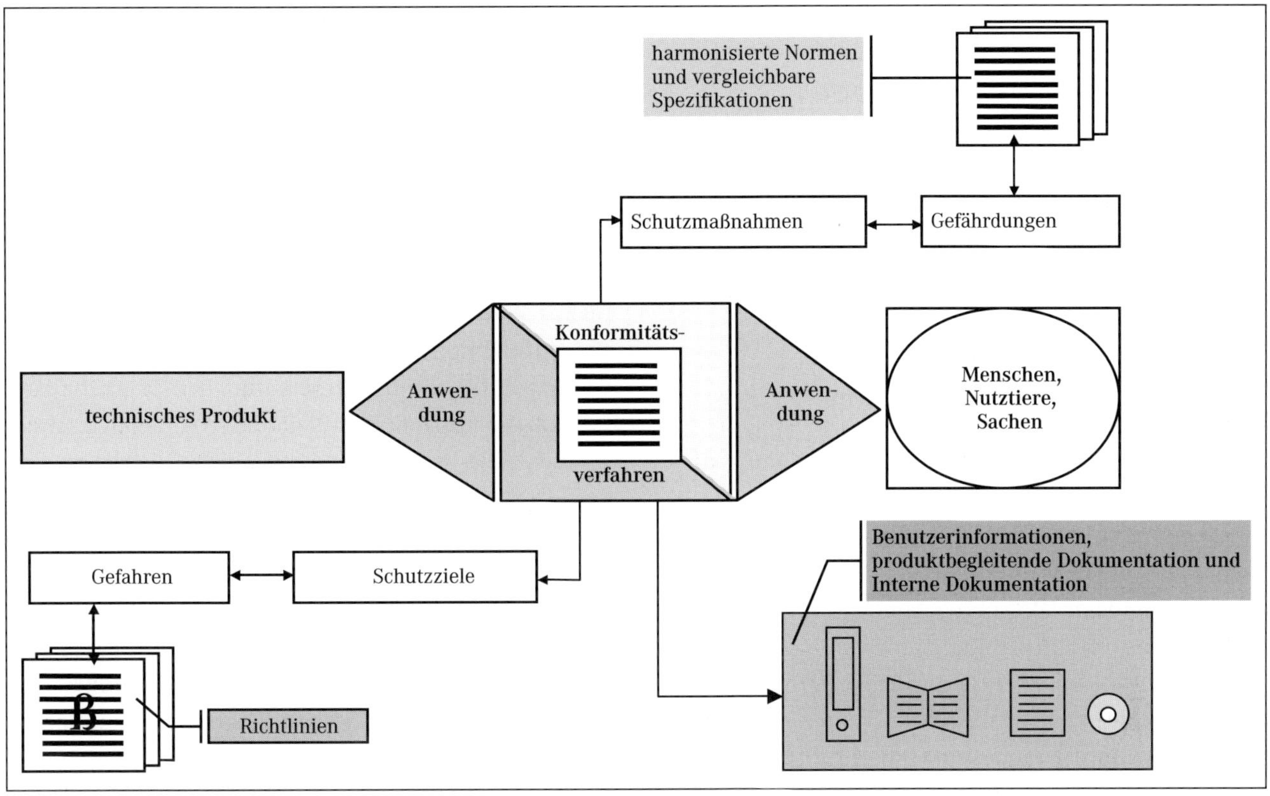

Abb. 5-2: *Die Interne Dokumentation als Bindeglied zwischen Schutzziel, Gefahr und Schutzmaßnahme*

5

5.4.1 Informationen der prozess-spiegelnden Dokumentation

Zur prozessspiegelnden Dokumentation gehören grundsätzlich alle Dokumente, die

- Festlegungen zum Beginn, Verlauf und Ende des Prozesses enthalten,
- alle verantwortlichen Beteiligten am Prozess benennen,
- alle Soll-Wert-Bestimmungen enthalten,
- Festlegungen zur Prüfung und Bewertung der Soll-Wert-Bestimmungen enthalten – nicht der Ist-Werte.

Dann gehören alle Dokumente dazu, die den zeitlichen Ablauf des Prozesses belegen – in der entsprechenden Reihenfolge geordnet.

Sollten diese Dokumente nicht Informationen zu den Prozessdaten, also den festgestellten Ist-Werten enthalten, sind diese Ist-Wert-Dokumente entsprechend geordnet hinzuzufügen.

Der Praktiker mag angesichts dieser Unterteilung einwenden, dass diese Dokumente alle in der Nachweisdokumentation enthalten sind. Warum also diese Dokumente womöglich doppelt anlegen und anders ordnen?

Die Antwort ist folgende: Eine Nachweisdokumentation enthält nicht zwangsläufig Dokumente, die den Prozessablauf dokumentieren. Dies ist erst ab einem bestimmten Risikopotenzial, das der Prozess als solcher enthält, üblich und gefordert.

Es gibt aber auch Fälle, dass freiwillig eine prozessspiegelnde Dokumentation als Bestandteil einer Nachweisdokumentation erstellt wird – dies meist im Zusammenhang mit der Verleihung eines Produktgütesiegels. In allen anderen Fällen ist eine prozessspiegelnde Dokumentation nicht erforderlich.

Nun bezieht sich der Einwand des Praktikers auf den Mehraufwand durch das Neuordnen bestehender Unterlagen.

Hier bietet sich dank der heute einfach zu verwendenden Datenbankprogramme eine Möglichkeit, bestehende Unterlagen über eine Abfrageprozedur entspre-

chend aufgabenspezifisch zu ordnen und dieses Erfassungsdokument als Hauptbestandteil der prozessspiegelnden Dokumentation zu erklären.
Das beiliegende Softwareprogramm enthält ein entsprechendes Formular, mit dem eine solche Aufgabe zumindest im Ansatz verwirklicht werden kann. Das Formular heißt „Fundstellen für weitere Informationen“.

5.4.2 Informationen der Nachweisdokumentation

Zur Nachweisdokumentation gehören grundsätzlich alle Dokumente,

- die belegen, dass die geforderten Soll-Werte bei einem Produkt erfüllt sind,
- dass sie anders als vorgegeben erfüllt sind
- oder nicht erfüllt werden konnten.

Das heißt, die Nachweisdokumentation bezieht sich immer auf Anforderungen, die als berechtigt vorausgesetzt werden und festgelegt sind.
Daraus ist abzuleiten, dass für die Nachweisdokumentation folgende Informationen auszuwählen sind:

- Ist-Werte und gegebenenfalls zugeordnete Soll-Werte,
- Querverweise auf Dokumente, welche die Anforderungen enthalten und als berechtigt ausweisen,
- Argumentationen, welche die Ist-Werte als gültig oder angemessen erklären.

Ein Großteil technischer Produkte fällt unter die EU-Maschinenrichtlinie. Wie schon mehrfach erwähnt, gilt diese EU-Produktrichtlinie für den Rechtsraum des Europäischen Binnenmarktes und mittlerweile auch für einige wichtige außereuropäische Staaten.
Aus diesem Grund empfiehlt es sich, Anforderungen dieser Richtlinie als Leitlinie für die Informationsauswahl zu verwenden. Die Zuordnung vieler technischer Produkte zu dieser sogenannten Maschinenrichtlinie bedeutet nicht, dass diese Richtlinie ausschließlich auf entsprechende technische Produkte anzuwenden ist.
Vielmehr ist sie häufig als nur eine von mehreren Richtlinien anzuwenden. Der Vorteil dieser sogenannten Maschinenrichtlinie liegt auch darin, dass sie, ähnlich wie die Normen der 9000er Reihe (DIN EN ISO 9000, ~ 9001 und ~ 9004) von einer grundlegenden sicherheitsbezogenen vorbeugenden Betrachtungsweise bezüglich der Gestaltungsanforderungen der technischen Produkte und ihrer Technischen Dokumentation ausgeht.
Dies ist gerade für die Bestimmung der Informationsauswahl besonders bedeutsam. Es gelten zum Beispiel rechtliche Anforderungen, welche die Dokumentation von Informationen verlangen, anhand derer die durchgeführten Gefahrenanalysen, die darauf bezogenen Risikobewertungen und Risikobeurteilungen und die wiederum darauf bezogenen Schutzmaßnahmen nachgewiesen werden können.

5.4.3 Informationen der QM-Dokumentation

Die QM-Dokumentation schreibt je nach angewandter Norm genau vor, welche Informationen in welchem Zusammenhang auszuwählen sind.
Allgemein gleichen sich die Anforderungen zu einem großen Teil, da sie auf den sogenannten Qualitätszirkel zurückgehen. Dieser Qualitätszirkel ist ein sogenannter dynamischer, selbst optimierender Regelkreis. Die Informationsauswahl lässt sich anhand der definierten Funktionen in folgende Zuordnungsbereiche gliedern:

- Informationen, welche die Kundenanforderungen belegen,
- Informationen, welche die Übernahme der Kundenanforderungen in den Produktrealisierungsbereich belegen,
- Informationen, welche den gesamten Prozess der Produktrealisierung belegen,
- Informationen, die das Produkt in seiner Gesamtheit sowie seine Einzelteile betreffen,
- Informationen, welche die Wirksamkeit des Produktes auf die Kundenzufriedenheit belegen,
- Informationen, die alle Messprozesse, Analyseprozesse und Verbesserungsprozesse bezüglich der Kundenzufriedenheit belegen,
- Informationen, welche die Lenkungsprozesse der verantwortlichen Leitung belegen,
- Informationen, welche die ständige Verbesserung des Qualitätsmanagementsystems belegen.

Wie unterschiedlich die Informationsauswahl sein kann, lässt sich besonders eindrucksvoll am Beispiel der Anforderungen zur Produktrealisierung zeigen.

5.4.3.1 QM-Anforderungen zur Produktrealisierung

Anforderungen an die Organisation

Zunächst fordert die Norm von der Organisation, dass diese die zur Produktrealisierung erforderlichen Prozesse plant und entwickelt.
Damit die Planung nicht planlos verläuft, sind folgende Planungsaufgaben oder Planungsfelder zu beachten:

- die Planung selbst,
- der Kundenbezug,
- die Produktentwicklung,
- die Beschaffung,
- die Produktions- und Dienstleistungserbringung,
- die Lenkung der Überwachungs- und Messmittel.

Informationsanforderung an die Planung

Das Planungsfeld „Planung" umfasst alle Informationen, welche die Qualitätsziele und Produktanforderungen festlegen, die feststellen, warum die Produktrealisierung als notwendig erachtet wird, welche Ressourcen bereitgestellt werden müssen, welche Dokumente erstellt werden müssen und auch welche Merkmale zu dem geplanten Produkt festzulegen sind. Darüber hinaus umfasst das Planungsfeld „Planung" noch Informationen zu sämtlichen Prüftätigkeiten.

Informationsanforderung an den Kundenbezug

Das Planungsfeld „Kundenbezug" beinhaltet ermittelte und bewertete Informationen zu Kundenanforderungen.

Informationsanforderung an die Produktentwicklung

Das Planungsfeld „Produktentwicklung" enthält Informationen dazu, wie Entwicklungsphasen, Prüf- und Bewertungsprozesse, wie Verantwortungen und Befugnisse geplant und gelenkt werden.

Ferner umfasst dieses Planungsfeld Informationen zu den Produkt- und Prozesswerten wie auch die Entwicklungsergebnisse.
Die „Produktentwicklung" enthält aber auch Informationen der Entwicklungsbewertung, der Verifizierung und der Lenkung von Entwicklungsänderungen.

Informationsanforderung an die Beschaffung

Im Planungsfeld „Beschaffung" finden sich alle Informationen, die belegen,

- dass die beschafften Produkte die Beschaffungsanforderungen erfüllen,
- dass die Lieferanten ausgewählt und beurteilt sind,
- dass die Beschaffungsanforderungen angemessen sind,
- dass die Beschaffungsangaben das zu beschaffende Produkt beschreiben.

Informationsanforderung an die Produktion und Dienstleistungserbringung

Das Planungsfeld „Produktion und Dienstleistungserbringung" umfasst alle Informationen, welche die durchgeführten Prozesse bzw. stattgefundenen Vorgänge belegen.

Informationsanforderung an die Produktrealisierung

Das letzte dieser Thematik „Produktrealisierung" zugeordnete Planungsfeld, die „Lenkung von Überwachungs- und Messmittel", umfasst Informationen, welche die vorzunehmenden Überwachungen und Messungen enthalten, die notwendigen Mittel dazu angeben und auch Angaben enthalten, wie die Durchführung der Überprüfungs- und Messmaßnahmen sichergestellt worden ist.

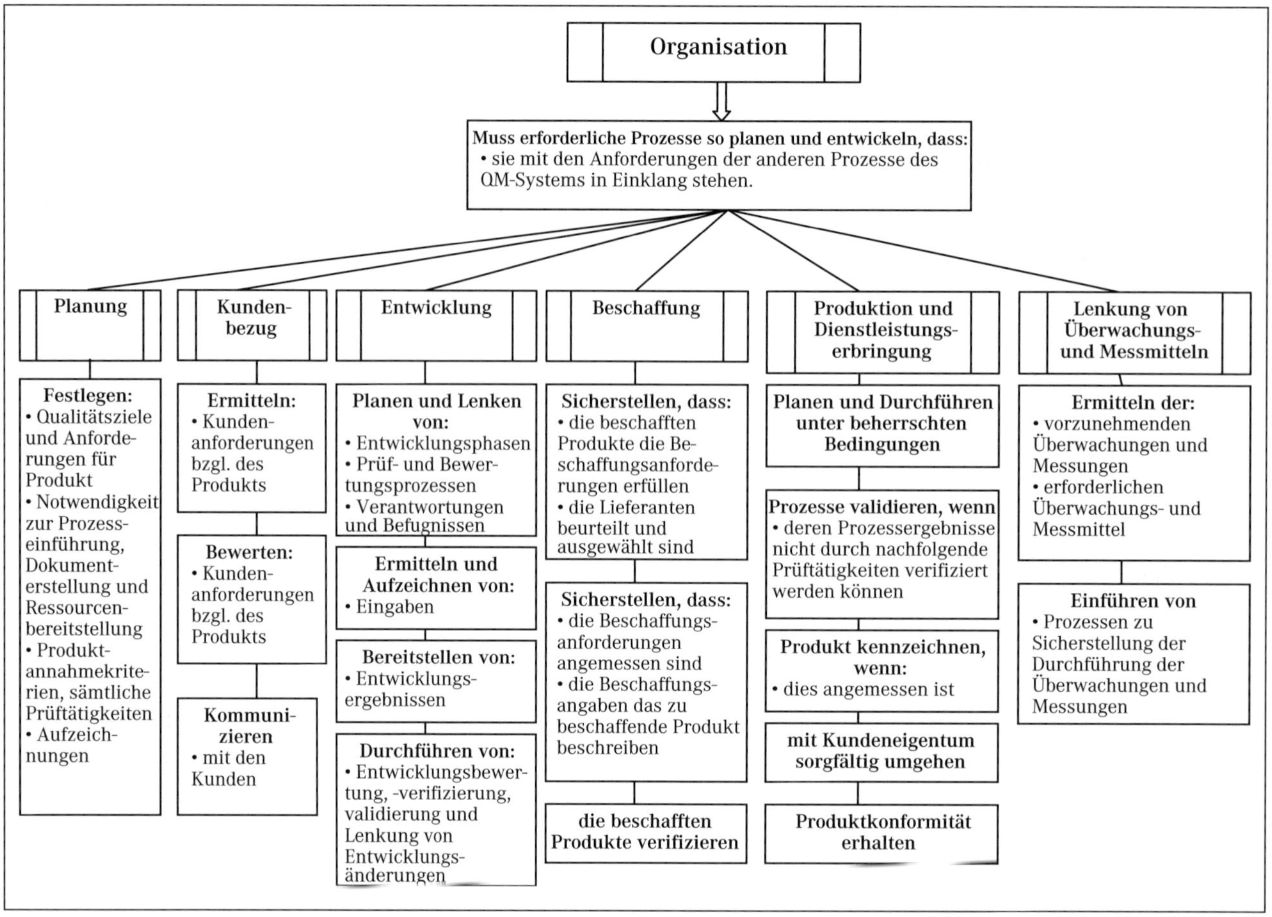

Abb. 5-3: *Anforderungen einer QM-Dokumentation zur Produktrealisierung*

5.4.4 Informationen der Schnittstellendokumentation

Die Schnittstellendokumentation umfasst ausschließlich alle Informationen, die auf Quelldokumente oder Zieldokumente verweisen. Einfache Formen sind zum Beispiel Informationen in einem Inhaltsverzeichnis für eine Produktdokumentation in Lose-Blatt-Ausführung, die auf mehr als einen Ordner verteilt ist oder Informationen in einem Dokumentenverzeichnis in einem Ordner, die darauf verweisen, in welchen Registern die gleichen Dokumente verteilt sind.

Recht komplex in ihrer Verbundenheit und umfangreich in ihrem Ausmaß können die Informationen in Verweisverzeichnisse von Dokumentationen für Großanlagen wie zum Beispiel Kraftwerke, Müllverbrennungsanlagen usw. sein. Auch Informationen in Datenbankkomponenten wie Tabellen oder Formulare und Berichte gehören dazu.

5.5. Zielgruppengerechte Organisation

Der Begriff *zielgruppengerecht* heißt für die Interne Dokumentation allgemein und für ihre Arten im Besonderen einfach nur:

Die Interne Dokumentation muss den rechtlichen Anforderungen zum einen und dem erwartbaren sicherheitsrelevanten Verwendungsbedarf zum anderen gerecht werden.

Um dies sicherzustellen, sind die Zielgruppen zu bestimmen. Darauf basierend ist die Organisation für die Planung, Erstellung, Archivierung, Verwendung und Pflege der Internen Dokumentation zu gestalten und festzulegen.

Am einfachsten lässt sich dies anhand von vier Schlüsselfragen durchführen. Diese Fragen beziehen sich auf den Kommunikationsprozess *Interne Dokumentation*.

Mit diesen Fragen sollen die Antworten gewonnen werden, die als Leitbegriffe für das Organisieren dienen sollen.
Aus diesen Leitbegriffen heraus lassen sich konkrete Festlegungen und Zuordnungen von Personalstellen, Funktionen und Kompetenz- wie auch Qualifikationsumfängen treffen.

Schlüsselfrage 1: Für wen muss die Interne Dokumentation zur Verfügung stehen?

Die Antwort liefert diejenigen Zielgruppen,

- welche die Interne Dokumentation als Ganzes zu verantworten haben,
- welche die Interne Dokumentation als Bewertungs- und Beurteilungsgegenstand benötigen,
- diejenigen, welche die Sicherstellung der Verfügbarkeit zu verantworten haben und
- diejenigen, die mit den Inhalten der Internen Dokumentation ganz oder teilweise arbeiten.

Im angewandten Einzelfall können das folgende externe und interne Kommunikationspartner sein:

- die Technische Leitung und die Geschäftsführung, die die Interne Dokumentation als Ganzes zu verantworten haben,
- die unmittelbaren und mittelbaren Vertreter des Gesetzgebers wie zum Beispiel Funktionsträger der Gewerbeaufsichtsämter oder Vertreter der Fachverbände als notifizierte Körperschaften, welche die Interne Dokumentation als Bewertungs- und Beurteilungsgegenstand behandeln,
- das interne Organisationswesen, das die Verfügbarkeit der Internen Dokumentation sicherzustellen hat und
- das Aus- und Weiterbildungswesen sowie
- die Dokumentations- und Marketingabteilungen, die mit Inhalten der Internen Dokumentation zu arbeiten haben.

Zu den Zielgruppen, die Inhalte verarbeiten, können auch Lieferanten gehören, die zum Beispiel Teile der Internen Dokumentation als Anforderungs- oder Informationsgegenstand verwenden.

5

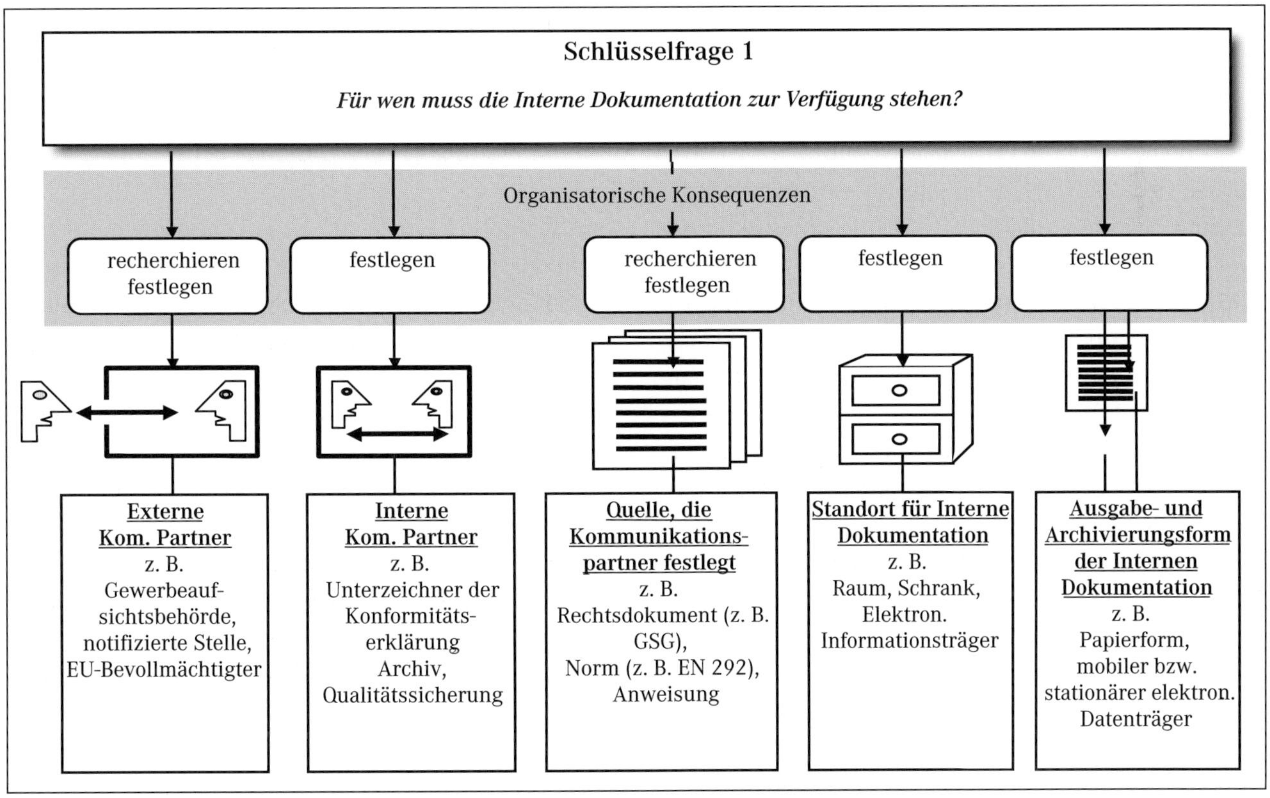

Abb. 5-4: *Schlüsselfrage 1 – Zielgruppen für die Interne Dokumentation*

Organisatorische Konsequenzen

Verwendet man die Zielgruppen als organisatorische Leitbegriffe, lassen sich unter anderem folgende organisatorische Konsequenzen ableiten:

- Benennung der Verantwortlichen für die Interne Dokumentation gegenüber der zuständigen öffentlichen Behörde bzw. einer im öffentlichen Auftrag arbeitenden notifizierten Organisation;
- Feststellung bzw. Festlegung der zuständigen öffentlichen Behörde bzw. der zutreffenden im öffentlichen Auftrag arbeitenden notifizierten Organisation;
- Benennung der Informationsquellen und Benennung des Standortes der Informationsquellen, in denen die oben angegebenen Verantwortlichkeiten und die Verantwortlichen dokumentiert sind;
- Festlegung der Ausgabeformen und Archivierungsformen der Internen Dokumentation für die oben genannten Zielgruppen;
- Festlegung der Informationsquellen und Benennung des Standortes der Informationsquellen, in denen die Festlegungen der Ausgabe- und Archivierungsformen dokumentiert sind.

5

Organisatorische Entscheidungsprozesse

Die Beantwortung der Schlüsselfrage 1 setzt also bereits organisatorische Entscheidungsprozesse voraus, wie sie zum Beispiel im Rahmen der Dokumentenlenkung eines Qualitätsmanagementsystems definiert sind.

Wichtig ist auch, dass hier die Interne Dokumentation als Ganzes verstanden wird. Dies heißt aber nicht, dass sie auch als Ganzes in jedem Fall an irgendeinem Standort für irgendeine Zielgruppe vorliegen muss.

So kann es durchaus sein, dass die Interne Dokumentation als eine Sammlung aus prozessspiegelnder Dokumentation, Nachweisdokumentation und QM-Dokumentation definiert ist, und in ihren Teilen, je nach Funktion, an unterschiedlichen Orten für unterschiedliche Personen in unterschiedlichen Ausführungen zur Verfügung steht – zum Beispiel in Papier- und Softwareversion bei einer notifizierten Stelle und bei der zuständigen Abteilung im eigenen Unternehmen, in Softwareversion in der Qualitätssicherungsabteilung und in Entwicklungs- und Fertigungsabteilungen sowie bei Zulieferfirmen, als Gesamtheit in Softwareversion in der Organisationsabteilung und als Gesamtheit in Papierversion in der Registratur.

Materielle und funktionelle Einrichtungen

Zu den organisatorischen Konsequenzen zählen neben den Entscheidungsprozessen auch die Bestimmung beziehungsweise Schaffung funktioneller und materieller Einrichtungen.

Funktionelle Einrichtungen sind zum Beispiel die verschiedenen organisatorischen Stellen, die im Kommunikationsprozess Interne Dokumentation definiert vorkommen. Das können beispielsweise die Beauftragende Stelle, die Informationen liefernden Stellen oder die Informationen sammelnden oder verarbeitenden Stellen sein.

Materielle Einrichtungen sind alle gegenständlichen Vorkehrungen zum Durchführen der Internen Dokumentation. Dazu zählen Räume, Schränke, Ordner und andere Aufbewahrungsmöglichkeiten. Zusätzlich sind dazu auch alle Informationsträger und Geräte zum Erfassen, Speichern und Verarbeiten von Informationen zu rechnen.

Schlüsselfrage 2: Wer führt Informationen für die Interne Dokumentation zusammen?

Die Schlüsselfrage 2 und die Schlüsselfrage 3 stehen in einem inhaltlichen Zusammenhang, da sich das Zusammenführen und das Liefern von Informationen nicht so ohne weiteres auseinanderhalten lassen. Schließlich kann man das Zusammenführen von Informationen als Vorstufe zum Liefern verstehen. Andererseits lässt sich das Zusammenführen von Informationen auch als Verfahrensende begreifen, nämlich als Zusammenstellen der relevanten Dokumente zur gesetzlich geforderten Internen Dokumentation.

Aber handelt es sich denn in Schlüsselfrage 2 und 3 um den gleichen Gegenstand?

Die Schlüsselfrage 2 bezieht sich auf die zweite Bedeutung, das Zusammenführen von relevanten Dokumenten zu der gesetzlich geforderten Internen Dokumentation. Diese Aufgabe ist erfahrungsgemäß nicht immer dem Technischen Autor zugewiesen, sondern

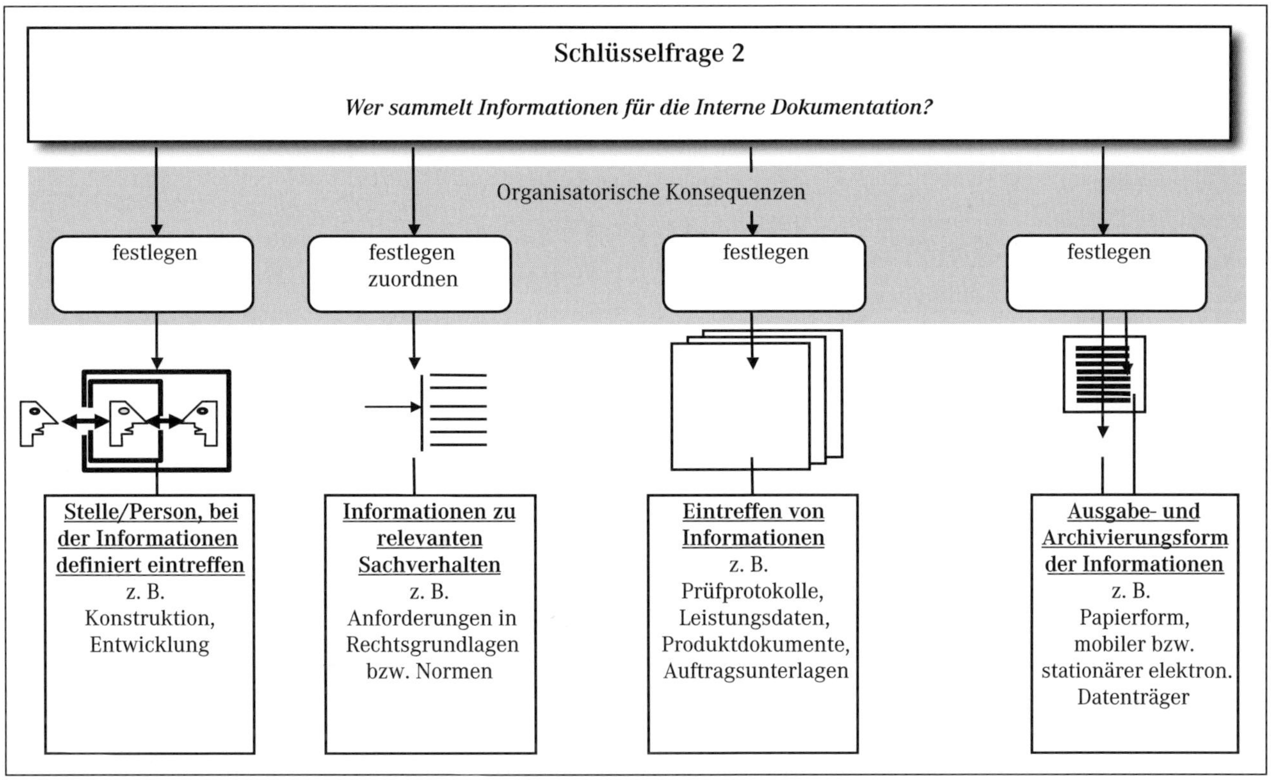

Abb. 5-5: *Schlüsselfrage 2 – Datenzusammenführer für die Interne Dokumentation*

oft übernimmt diese Aufgabe die Konstruktions- oder Entwicklungsabteilung. Es ist aber empfehlenswert oder besser gesagt sachgerecht, das Zusammenführen von Informationen für die Interne Dokumentation dem Technischen Autor zu übertragen, da er auch die Interne Dokumentation als Teil der Technischen Dokumentation verantwortlich führen sollte.

Organisatorische Konsequenzen

So verstanden lassen sich aus der Schlüsselfrage 2 folgende organisatorische Konsequenzen ableiten:

- Benennung der Personen und Stellen, die mit dem Zusammenführen der Informationen für die Interne Dokumentation beauftragt sind;
- Qualifikation und Verfügbarkeit dieser Personen festlegen und
- Standort der Personen und Stellen bestimmen;
- die Weisungsbefugnisse und die Berichtspflichten dieser Personen bzw. Stellen festlegen.

Organisatorische Entscheidungsprozesse

Wie bei der Schlüsselfrage 1 oben im gleichen Sachzusammenhang erwähnt, sind auch hier zu den Benennungen der sammelnden Personen und Stellen, zu den Festlegungen zu Qualifikation, Verfügbarkeit und Standorten die Benennung der Quellen, in denen sich diese Benennungen, Festlegungen und Beschlüsse finden, zu bestimmen und zu dokumentieren. Und auch die Standorte der Quellen müssen festgelegt und dokumentiert werden.

Zusätzlich zu den Angaben über die Informationen zusammenführenden Personen und Stellen und ihre Befugnisse sind als erforderliche organisatorische Konsequenz für einen ungestörten Kommunikationsfluss die Angaben zu den Informationen liefernden Personen und Stellen und ihren Themenzuordnungen aufzunehmen, also den Personen und Stellen der Schlüsselfrage 3.

Und auch hier sind es wieder die Festlegungen zu den Einrichtungen und Befugnissen selbst, wie auch zu den Dokumenten, wo diese Angaben dokumentiert sind.

Festlegungen im Zusammenhang mit Inhalten der Internen Dokumentation

Neben diesen Festlegungen zu den materiellen und funktionellen Einrichtungen treten noch inhaltliche Festlegungen.
So sind Sachverhalte zu bestimmen, denen die gesammelten Informationen zuzuordnen sind. Ferner sind Terminrahmenbestimmungen festzulegen. Darüber hinaus gehören auch noch die zulässigen Informationsträger bestimmt.
Wiederum sind zu all diesen inhaltlichen Festlegungen die entsprechenden Quellen und deren Standorte festzulegen und zu dokumentieren.
Die Beantwortung der Schlüsselfrage 2 gibt also bereits ein ziemlich ausführliches Abbild der innerbetrieblichen Organisation zur Internen Dokumentation wieder, obwohl noch ein elementarer Baustein in diesem Kommunikationssystem fehlt – die Ermittlung der Primärdaten oder Quelldaten. Dieser Baustein wird mit der folgenden Schlüsselfrage 3 geschaffen.

5

Schlüsselfrage 3: Wer sammelt und liefert Informationen für die Interne Dokumentation?

Mit der Beantwortung der Schlüsselfrage 2 sind die Zielgruppe und Einrichtungen festgelegt, wo alle Informationen für die Interne Dokumentation eintreffen und zusammengeführt werden. Es sollte der Arbeitsplatz bzw. Verantwortungsbereich des Technischen Autors sein.
Die Schlüsselfrage 3 führt zu den Stellen und Personen, von denen die Informationen kommen, die von der Zielgruppe der Schlüsselfrage 2 zusammengeführt werden.
Die Hauptaufgabe der Informationen liefernden Stellen ist zunächst das Sammeln von relevanten Informationen und dann das Liefern dieser Informationen an die zusammenführende Stelle.

Sammeln von Primärdaten bzw. Quelldaten

Ermittelt jemand aus einem Gesetz oder einer Norm die Anforderungen zu einem Produkt, einem Verfahrensprozess oder zu einer erforderlichen Qualifikation für eine Person, so ist das ein Sammeln bereits vorhandener Informationen.

Erforscht oder untersucht jemand die Wirksamkeit einer Schutzmaßnahme oder die Wirkungsweise eines Werkstoffs unter gefährdungsrelevanten Gesichtspunkten, so ist das Beschaffen und Erfassen der Messergebnisse einschließlich der Aufgabenstellung und der Messverfahren ein Sammeln von neuen Daten oder ein Sammeln bestehender Daten in neuen Sachzusammenhängen. In jedem Falle werden neue Informationen gewonnen. Man spricht dann von Primärdaten oder Quelldaten in Bezug auf die Interne Dokumentation.

Verantwortung bei der Erfassung von Primärdaten

Machen die Primärdaten sammelnden Personen Fehler, können sich diese Fehler auf die gesamte folgende Verfahrens- und Entscheidungskette auswirken. So können zum Beispiel Fehler bei Festigkeitsmessungen oder Fehler bei Messungen zu Reaktionszeiten des Bedienpersonals dazu führen, dass bestimmte günstige Erwartungshaltung zu einem technischen Produkt erzeugt oder bestätigt werden, was wiederum dazu führen kann, dass die betroffenen technischen Produkte nicht in gebührendem Maße sicherheitsbezogen beschrieben und dem Verwender dargeboten werden.
Die mit der Schlüsselfrage 3 angesprochenen Personen übernehmen also mit ihrem Tun eine weitaus größere Verantwortung als die Zielgruppen aus Schlüsselfrage 1 und Schlüsselfrage 2.
Andererseits hängt das Handeln der Personen von Schlüsselfrage 3 von ihrer Beauftragung ab. Ist diese nicht angemessen, so wirkt sich dies zwangsläufig auf die Sammelergebnisse aus. Die Verantwortung für die Beauftragung hat die Zielgruppe der Schlüsselfrage 2, also in der Regel der Technische Autor. Dies auch deshalb, weil nur die Informationen zusammenführende Stelle durch ihre Aufgabenstellung auch die Prüfkompetenz besitzen kann, die Gültigkeit und Vollständigkeit der gelieferten Informationen festzustellen.
Die Zielgruppen der Schlüsselfrage 1 haben im Vergleich dazu nur die Inhalte der Internen Dokumentation in Bezug zu den gesetzlichen Anforderungen, im weiteren Sinne in Bezug zur Wirksamkeit des technischen Produkts auf die Öffentlichkeit zu bewerten.

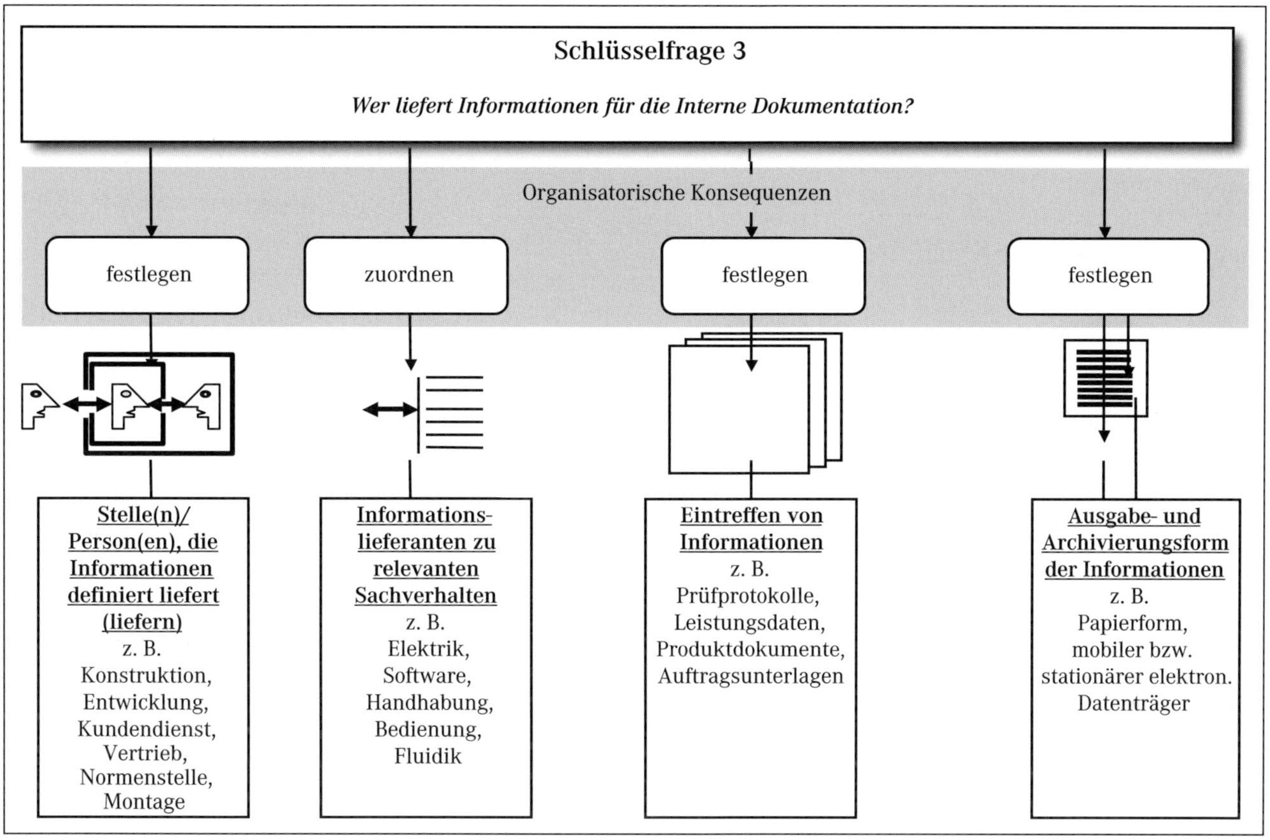

Abb. 5-6: *Schlüsselfrage 3 – Datensammler und -lieferer für die Interne Dokumentation*

Organisatorische Konsequenzen

Entsprechend dieser zweigestaffelten Aufgabenstellung – dem Sammeln von Primärinformationen einerseits und dem anschließenden Liefern dieser Daten andererseits– ergeben sich organisatorische Konsequenzen.

Es sind im eigentlichen Sinne keine besonderen Einrichtungen zu schaffen, sondern es geht vielmehr um ein Vergleichen und Abgleichen von Informationen. Aus diesem Grund wähle ich bewusst eine Punkteaufstellung, obwohl von der Lesart ein geschlossener Text gewohnter wäre.

Die folgenden organisatorischen Konsequenzen sind zu beachten:

- Benennung der Personen und Stellen, die mit dem Sammeln und Liefern der Primärinformationen für die Interne Dokumentation beauftragt sind.
- Diese Angaben müssen sich mit den entsprechenden Angaben der organisatorischen Konsequenzen für die Schlüsselfrage 2 decken.
- In der Praxis heißt das: Wenn die Personen, Stellen und Befugnisse zu Schlüsselfrage 2 und 3 zu bestimmen sind, sollten die möglichen Betroffenen anwesend sein.
- Kann dies so nicht durchgeführt werden, muss bei den Festlegungen zu Schlüsselfrage 3 ein Datenabgleich erfolgen mit dem verpflichtenden Ergebnis, dass die Personen, Stellen, Befugnisse und thematischen Zuordnungen zu Schlüsselfrage 3 identisch sind mit den entsprechenden Angaben für die Schlüsselfrage 2.
- Zu den schlüsselfragespezifischen Angaben zählen Festlegungen zur Qualifikation und Verfügbarkeit der Personen und Bestimmungen zum Standort der Personen und der Stellen.

Im Gegensatz zu den organisatorischen Konsequenzen für Schlüsselfrage 2 kommen hier noch die Festlegung über die Zuordnung der Personen und Stellen zu den relevanten Informationsgegenständen oder Themen oder Inhalten hinzu.

Wegen der besonderen Verantwortung, die mit der Ausübung dieser Aufgaben einhergeht, sind die Punkte Qualifikation und Verfügbarkeit außerordentlich bedeutsam. Auch hier sind die Weisungsbefugnis und die Berichtspflicht dieser Personen bzw. Stellen festzulegen.
Es sind zu den Benennungen der sammelnden und liefernden Personen und Stellen, zu den Festlegungen zu Qualifikation, Verfügbarkeit und Standorten auch die Benennung der Quellen zu bestimmen und zu dokumentieren, in denen sich diese Benennungen, Festlegungen und Beschlüsse und thematischen Zuordnungen finden. Und auch die Standorte der Quellen sind festzulegen und zu dokumentieren.
Die oben genannten materiellen organisatorischen Einrichtungen nehmen mit der Zuordnung von Personen und Stellen teilweise schon einen inhaltlichen Bezug vorweg.
Zu diesen thematischen Zuordnungen treten noch Terminrahmenbestimmungen bezüglich des Sammelns und des Lieferns. Sie sind in der jeweiligen Abhängigkeit zum Thema festzulegen.
Dies ist erforderlich, da die Themen sich auf unterschiedliche Produktzustände beziehen und hier zeitliche wie physikalische Abhängigkeiten zu beachten sind.
Neben diesen inhaltlichen Sachbezügen sind noch die zulässigen Informationsträger festzulegen. Es sind zu all diesen inhaltlichen Festlegungen die entsprechenden Quellen und deren Standorte festzulegen und zu dokumentieren.
Mit der Beantwortung der Schlüsselfrage 3 sind grundsätzlich die innerbetrieblichen organisatorischen Erfordernisse zur Erstellung und Pflege der Internen Dokumentation abgeschlossen.
Was jetzt noch kommt, sind organisatorische Maßnahmen, die erforderlich werden, wenn man das Wissen, das in Form der vielfältigen Daten in der Internen Dokumentation vorhanden ist, nutzbar macht oder machen möchte.

Schlüsselfrage 4: Wer verarbeitet Informationen für die Interne Dokumentation?

Ähnlich wie mit der Schlüsselfrage 1 wird hier nach einer Zielgruppe gefragt.

Nun könnte man anmerken, dass das Verarbeiten von Informationen der Internen Dokumentation grundsätzlich nichts mehr mit der Erstellung derselben und der dafür notwendigen Organisation zu tun hat. Schließlich werden einzelne Informationen und gegebenenfalls Informationsgruppen aus einem festgelegten Sachzusammenhang herausgelöst und haben damit nichts mehr mit der Gesamtheit zu tun.
Das heißt, es besteht kein Verantwortungszusammenhang mehr zwischen diesen Informationen und dem Ganzen.
Dieses Argument sticht nicht. Gerade die Interne Dokumentation enthält sehr viele technische Einzelinformationen über das Gefahren-, Gefährdungs- und Risikopotenzial des untersuchten technischen Produkts, für das sie erstellt ist.
Diese Informationen sind Primärinformationen und werden auch als solche wahrgenommen und verwendet. Das heißt, alle verarbeiteten Informationen aus der Internen Dokumentation bleiben in ihrem angestammten Verantwortungszusammenhang, auch wenn sie aus diesem, an einen anderen Zweck gebunden, gelöst werden.

Verarbeitende Zielgruppe

Zu der Zielgruppe, die Informationen aus der Internen Dokumentation verarbeitet, gehören im Allgemeinen alle diejenigen, die etwas zu oder über das Produkt oder die Produktgruppe äußern bzw. äußern müssen. Das sind zum Beispiel der Technische Autor und Sachbearbeiter in den Dokumentationsabteilungen, die Produktbeschreibungen und Betriebsanleitungen erstellen. Es gehören aber auch die Zielgruppen Marketing/Vertrieb sowie Service/Kundendienst sowie Bild- und Textlieferanten dazu.
Neben diesen Zielgruppen muss noch die Aus- und Weiterbildung als verarbeitende Stelle gerechnet werden. Gerade diese Personen werden vermutlich die meisten Informationen verarbeiten, da sie viele unterschiedliche Sachthemen zu behandeln haben, die alle Lebensphasen eines technischen Produktes betreffen: angefangen bei der Entwicklung über die Fertigung, die Prüf- und Messverfahren bis zur Inverkehrbringung und Pflege des Produktes und die nachhaltige Kundenbindung, sprich die Serviceleistungen.

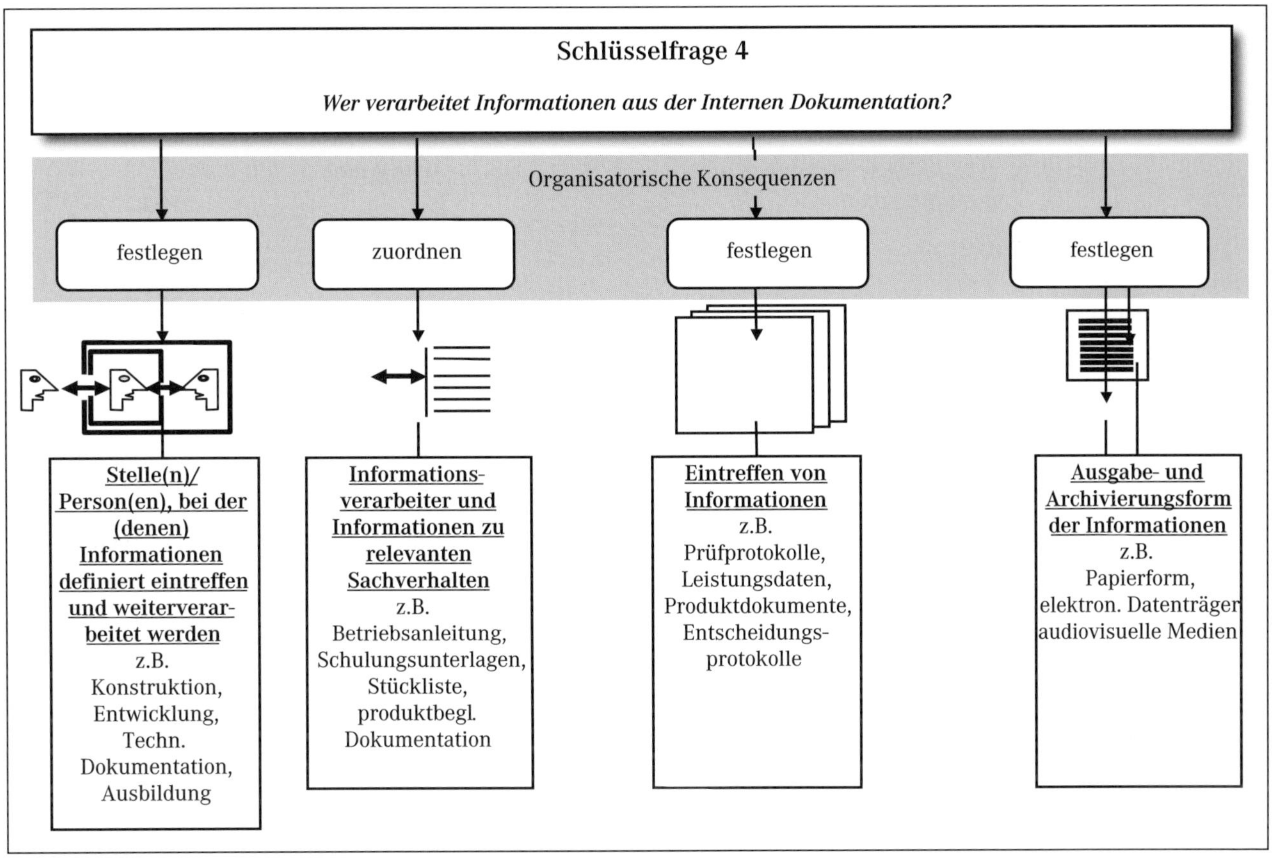

Abb. 5-7: *Schlüsselfrage 4 – Verarbeiter von Informationen der Internen Dokumentation*

Organisatorische Konsequenzen

Aufgrund der breiten anwendungsspezifischen Streuung der Zielgruppen ergeben sich andere organisatorische Konsequenzen als für die Zielgruppe der Schlüsselfrage 1.

Waren es dort Zielgruppen, die mit der Internen Dokumentation als Ganzes oder Teilen des Ganzen zu arbeiten hatten, sind es nun Zielgruppen, die für einen meist eng begrenzten Gesichtspunkt Daten der Internen Dokumentation benötigen bzw. verwenden.

Daraus können Probleme bezüglich der falschen Zuordnung der Informationen entstehen. Ferner kann es zu Problemen kommen, indem die Aktualität der Informationen nicht mehr gegeben ist. Auch die falsche Wahl der Kommunikationspartner kann Probleme hervorrufen.

Deshalb sind folgende organisatorischen Konsequenzen zu berücksichtigen:

- Benennung der Personen und Stellen, die berechtigt sind, Informationen der Internen Dokumentation zu verarbeiten – mit Angabe der Gründe und der inhaltlichen Grenzen;
- Benennung der Personen und Stellen zu Schlüsselfrage 2 – mit Angabe der Dokumentationspflicht über die Informationsfreigaben bzw. Informationslieferungen und Informationsempfänger.

Dies sind zunächst die materiellen organisatorischen Konsequenzen. Mit ihnen sind die möglichen Kommunikationspartner sowie die Dokumentation der Kommunikationsereignisse festgelegt.

Hinzu kommen wieder die Festlegungen und deren Dokumentation über die Benennung der Quellen für die Benennung der Personen und Stellen und ihrer weiteren Bestimmungen sowie über die Standorte der Quellen.

Zuordnungen organisatorischer Konsequenzen

Die inhaltlichen organisatorischen Konsequenzen sind zu unterteilen nach sachbezogenen Zuordnun-

gen, ausgabebezogenen Zuordnungen und terminbezogenen Zuordnungen.
Die sachbezogenen Zuordnungen sind Festlegungen, zu welchen Themen und Inhaltsbereichen Informationen zur Verarbeitung freigegeben werden dürfen. Hierbei sind auch die möglichen und gültigen Informationsempfänger festzulegen.
Ausgabebezogene Zuordnungen sind solche Bestimmungen, welche die Informationsträger festlegen.
Unter terminbezogenen Zuordnungen sind alle Festlegungen zu zählen, die den Zeitpunkt der erstmaligen Informationsweitergabe, der wiederholenden und der aktualisierenden Informationsweitergabe bestimmen. Es gehören aber auch Festlegungen dazu, die das Löschen oder Ändern von weitergegebenen Informationen bestimmen.
Auch hier sind noch die Benennungen der Quellen und ihrer Standorte festzulegen und zu dokumentieren.

5.6. Aufbau und Gliederung

Aus den Betrachtungen zur *Begriffserklärung*, zu den *Arten von Interner Dokumentation* und der *Zielgruppengerechten Organisation* lassen sich schon bestimmte Anhaltspunkte für den Aufbau und die Gliederung einer Internen Dokumentation ableiten.
Aus der *Begriffserklärung* ist zu entnehmen, dass die Informationen zu einem bestimmten Zweck zusammengestellt und geordnet sind. Ferner sind sie ein beweiskräftiges Zeugnis der dargestellten Sache. Das heißt, die Interne Dokumentation enthält keine spekulativen Werte, sondern tatsächlich festgestellte Werte. Das soll aber nicht heißen, dass die Interne Dokumentation frei von Annahmen ist. Diese sind bei Beurteilungen bzw. Bewertungen oft notwendig und Teil der Anforderungen, damit entsprechende Folgemaßnahmen begründet oder gerechtfertigt werden können.
Die einzelnen *Arten der Internen Dokumentation* bestimmen die Gliederung im Wesentlichen durch ihre Funktionsweise, das heißt: Darstellung der Reihenfolge von Prozessschritten, Nachweis über die Erfüllung von definierten Anforderungen, Belegung der Einhaltung einer Organisationsnorm oder Überblick über die Zuordnung vorhandener Dokumente.

Die Betrachtungsweise bezüglich einer *Zielgruppengerechten Organisation* hat insofern Auswirkungen auf die Gliederung der Internen Dokumentation, als sie möglichst bei der Benennung der Gliederungspunkte Berücksichtigung finden sollte.

5.6.1 Grundsätzlicher Aufbau

Der Aufbau der Internen Dokumentation hängt grundsätzlich von der Art der Internen Dokumentation ab. Allerdings sollten einleitend immer folgende grundlegenden Informationen aufgeführt werden:

Produktstammdaten

Das sind Informationen zur Benennung des Produktes, seine Kurzbezeichnung, seine Ident-Nummer, das Baujahr, der Name und die Adresse des Herstellers sowie gegebenenfalls die Prüfnummer der notifizierten Stelle zuzüglich Name und Adresse der Prüfstelle.
Auf diese Weise ist auf den ersten Blick eine eindeutige Zuordnung der Internen Dokumentation zum Produkt sichergestellt.

Kommunikationspartner

An die Produktstammdaten sollten sich die Informationen zu den verantwortlichen Kommunikationspartnern anschließen.
Es sind möglichst in der folgenden Reihenfolge Informationen anzugeben zu:

- Funktionsträger,
- Name,
- Organisationszuordnung,
- Fachgebiet,
- Kontaktdaten.

Damit ist eine schnelle und vor allem zuverlässige Kommunikationsaufnahme möglich.

Verwendungszweck

An diese Daten schließen sich nun Angaben zur Art der Internen Dokumentation und zu ihrem Verwendungszweck an. Mit diesen Hinweisen lassen sich Kommunikationsereignisse unmittelbar steuern.

Das heißt, die Interne Dokumentation kann bereits jetzt als relevante Gesprächsgrundlage bewertet, entsprechend verwendet oder bei Seite gelegt werden.
Das heißt allerdings für die Formulierungsweise, dass möglichst in einem Satz Bezug zu nehmen ist auf die Angabe des Verwendungszwecks sowie auf die zugrunde liegende Anforderung oder Festlegung.

Art der Dokumentation

Mit der Angabe der Art der Dokumentation hängt häufig auch die Feststellung zusammen, dass dieser Teil der Internen Dokumentation nur Bestandteil eines Ganzen ist, das noch mehrere Arten der Internen Dokumentation enthält.
So könnten zum Beispiel eine prozessspiegelnde Dokumentation und eine Schnittstellendokumentation Teil einer Nachweisdokumentation sein.
In solchen und vergleichbaren Fällen muss nach der Angabe des Verwendungszwecks eine Aufstellung aller zum Gesamten gehörenden Teile der Internen Dokumentation folgen.

Aus dieser Aufstellung muss eindeutig und klar ersichtlich hervorgehen, in welcher Rangordnung bzw. in welcher Zuordnung der vorliegende Teil der Internen Dokumentation zu allen anderen Teilen steht. Auf diese Weise lassen sich in der Kommunikation Missverständnisse vermeiden und gezielt Informationen managen.

Umfang und Gliederung

Den Angaben zu Art und Verwendungszweck bzw. der Aufstellung zur gesamten Internen Dokumentation sollten Angaben zu Umfang und Gliederung folgen. Dies kann in Form eines Inhaltsverzeichnisses geschehen oder in Form eines Fließtextes, also in einem Standardsatz, der eine Spiegel- oder Punktaufzählung enthält.
Der Standardsatz hat den Vorteil, dass er dem Leser zunächst einen groben Überblick verschafft und ihm somit die weitere Möglichkeit bietet zu entscheiden, ob diese Interne Dokumentation die relevante Quelle für seinen Informationsbedarf ist. Ferner kann er

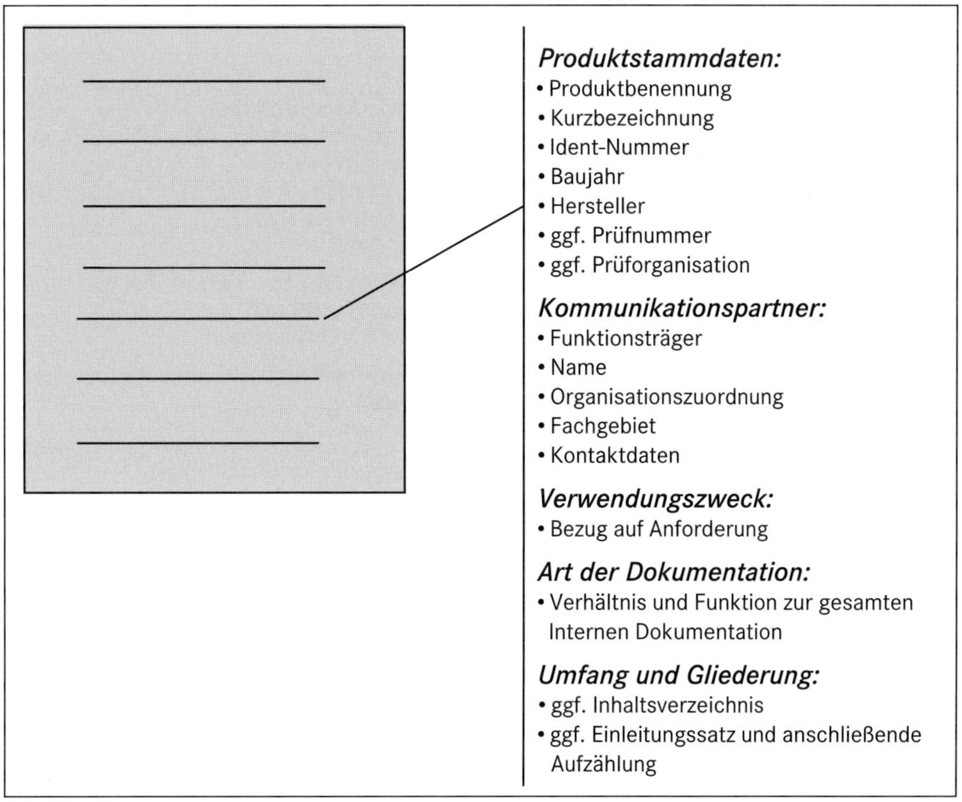

Abb. 5-8: *Grundsätzlicher Aufbau der Internen Dokumentation – Allgemein*

schon jetzt eine Vorsortierung bezüglich der ihn interessierenden Sachverhalte vornehmen.
An diese allgemeinen Informationen schließen sich die Gliederungsbausteine an, abhängig von der Art der Dokumentation.

5.6.2 Gliederung einer prozessspiegelnden Dokumentation

Grundlage für die Gliederung sind die festgelegten Informationen der prozessspiegelnden Dokumentation. Das sind im Einzelnen:

- Informationen über Beginn, Verlauf und Ende des Prozesses,
- Informationen über die verantwortlichen Beteiligten,
- Informationen über Soll-Wert-Bestimmungen,
- Informationen über Prüfungen und Bewertungen der Soll-Wert-Bestimmungen.

Diese Angaben eignen sich in der vorgegebenen Reihenfolge als Einleitungsangaben im Anschluss an die grundsätzlichen Informationen wie *Produktstammdaten*, *Kommunikationspartner*, *Verwendungszweck* und *Art der Dokumentation* sowie *Umfang und Gliederung*.

Tatsächliche Reihenfolge von Prozessschritten

Daran schließen sich die Benennungen der einzelnen Prozessschritte an, so wie sie tatsächlich beim angegebenen technischen Produkt abfolgen.
Hierbei ist vor der Dokumentation der Wahrheitsgehalt der Angaben zu prüfen.
Dies ist einmal wichtig, weil zum Beispiel ein Fehler in der Prozesskette auf diese Weise durch einen Vergleich mit Referenzprozessen schnell erkennbar sein kann.
Zum anderen schleichen sich gern Fehler durch die Übernahme von Prozessdaten eines ähnlichen technischen Produktes, eines Produktvorgängers oder aus einem Stadium der Produktentwicklungsphase ein. Der Zeitdruck und der natürliche Trieb zur Selbstökonomie, sprich Bequemlichkeit, tut das Seine hinzu, dass möglicherweise bereits in der Gliederung Soll-Angaben statt Ist-Angaben verwendet werden.

Zuordnung von Prozessdokumenten

Den angegebenen Prozessschritten werden wiederum alle Prozessdokumente zugeordnet, in der Reihenfolge ihrer Erstellung bei einer zeitkonsequenten Aufzeich-

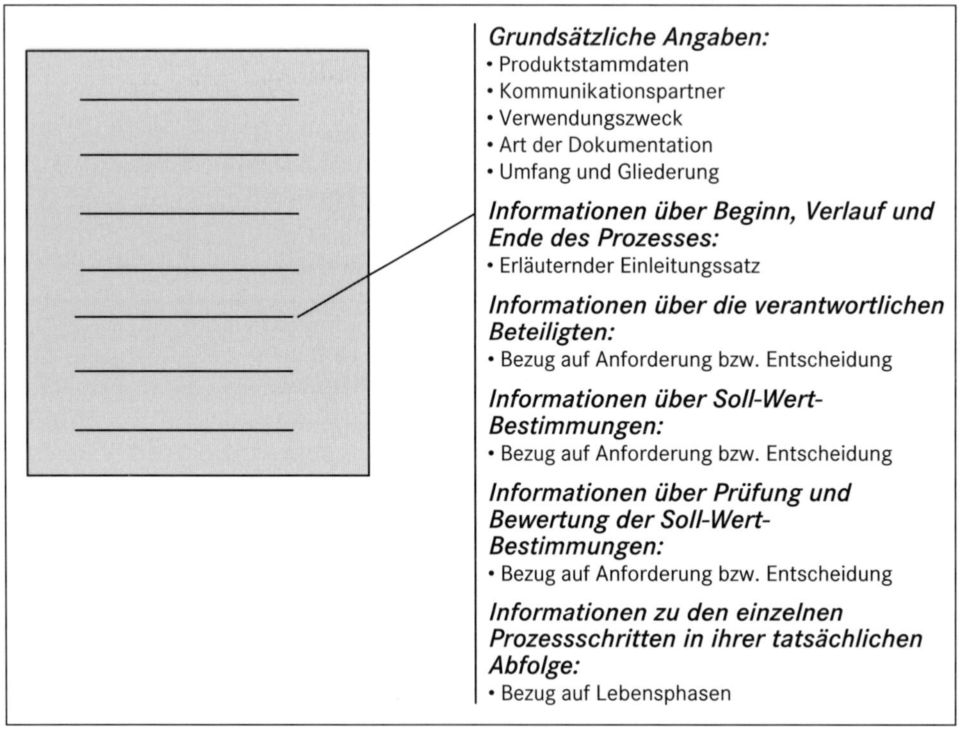

Abb. 5-9: *Gliederung – prozessspiegelnde Dokumentation*

nung oder in der zeitlichen Reihenfolge der Datenerfassung.
Durch diesen eng am Prozess orientierten Zeitbezug lassen sich zum Beispiel Fehler bei der Informationserfassung und Informationsdokumentation relativ leicht feststellen.
Diese Informationserfassungsfehler können, am Anfang einer Prozesskette liegend, schleichend und nachhaltig die Qualität des gesamten Prozesses beeinflussen. Andererseits können auch maschinelle oder menschliche Fehlerwerte eindeutig einem zeitdefinierten Prozessstadium zugeordnet werden.
Auch dies sind qualitativ aussagekräftige Informationen.

Resultierende Vorteile

Ist die prozessspiegelnde Dokumentation Teil einer größeren Internen Dokumentation, so sollte sie dennoch das oben aufgezeigte Gliederungsmuster behalten.
Es lässt sich dadurch eine Standardisierung erreichen und maschinell umsetzen. Es lassen sich aber auch prozessspiegelnde Dokumentationen miteinander vergleichen, das heißt, es lassen sich Prozesse miteinander vergleichen.
Und mit diesem Vorteil tritt erst der wesentliche Vorteil einer Internen Dokumentation in den Vordergrund: das Nutzen-ziehen aus gewonnenen Daten.

5.6.3 Gliederung einer Nachweisdokumentation

Grundlage für die Gliederung sind auch hier die festgelegten Informationen der Nachweisdokumentation. Das sind im Einzelnen:

- Ist-Werte in Bezug zu Soll-Werten,
- Verweise auf Anforderungsdokumente,
- Argumentationen zur Gültigkeit bzw. Angemessenheit der Ist-Werte,
- Angaben über den Grad der Erfüllung der Soll-Wert-Vorgaben.

Die Angaben lassen sich im Wesentlichen so an die Einleitungsangaben wie *Produktstammdaten*, *Kommunikationspartner*, *Verwendungszweck* und *Art der Dokumentation* sowie *Umfang und Gliederung* anschließen. Entscheidend ist die Kürze der Formulierungen. So sollte jeder der vier Punkte mit einem oder zwei erklärenden Sätzen bedacht werden.
Die Details gehen dann aus den anschließenden Dokumenten hervor.

Bestimmende Reihenfolge der Anforderungen

Die Benennung und die Reihenfolge der einzelnen Gliederungspunkte hängen unmittelbar von den Festlegungen der Anforderungen ab, denen die Nachweisdokumentation entsprechen muss.
Für technische Produkte geben im Allgemeinen die angewandten EU-Richtlinien bzw. die relevanten Rechtsdokumente die Reihenfolge der Anforderungen vor. Hilfreich sind in diesem Zusammenhang auch vom Gesetzgeber vorgeschlagene Normen und andere technische Spezifikationen.
Grundsätzlich gibt es eine Basisleitlinie, nach der eine Nachweisdokumentation gegliedert sein kann – es ist die EU-Richtlinie 93/465/EWG.
Diese Richtlinie ist zwar unmittelbar nur wirksam im Rechtsraum des EU-Binnenmarktes. Sie ist aber international weitestgehend anerkannt und wird auch als Standard angewandt.
Die Richtlinie enthält Festlegungen zu Qualitätssicherungsprüfverfahren, die auf technische Produkte angewandt werden. Und diese Festlegungen der Prüfverfahren sind Grundlage für die Anweisungen zu vorbeugenden Sicherheitsüberprüfungen in EU-Richtlinien zu technischen Produkten.
In Bezug auf die Nachweisdokumentation enthält die Richtlinie Anforderungen bezüglich

- der Prüfung des Produktentwurfs,
- der Produktverwirklichung,
- der Durchführung des Entwurfs- und Produktionsprozesses,
- einer umfassenden Prüfung nach dem Qualitätsmanagementsystem der internationalen und harmonisierten Norm EN ISO 9001.

In diesen unterschiedlichen Prüfanforderungen ist in den meisten Fällen die Einschaltung einer notifizierten Stelle zur Durchführung der Prüfungen bzw. Kon-

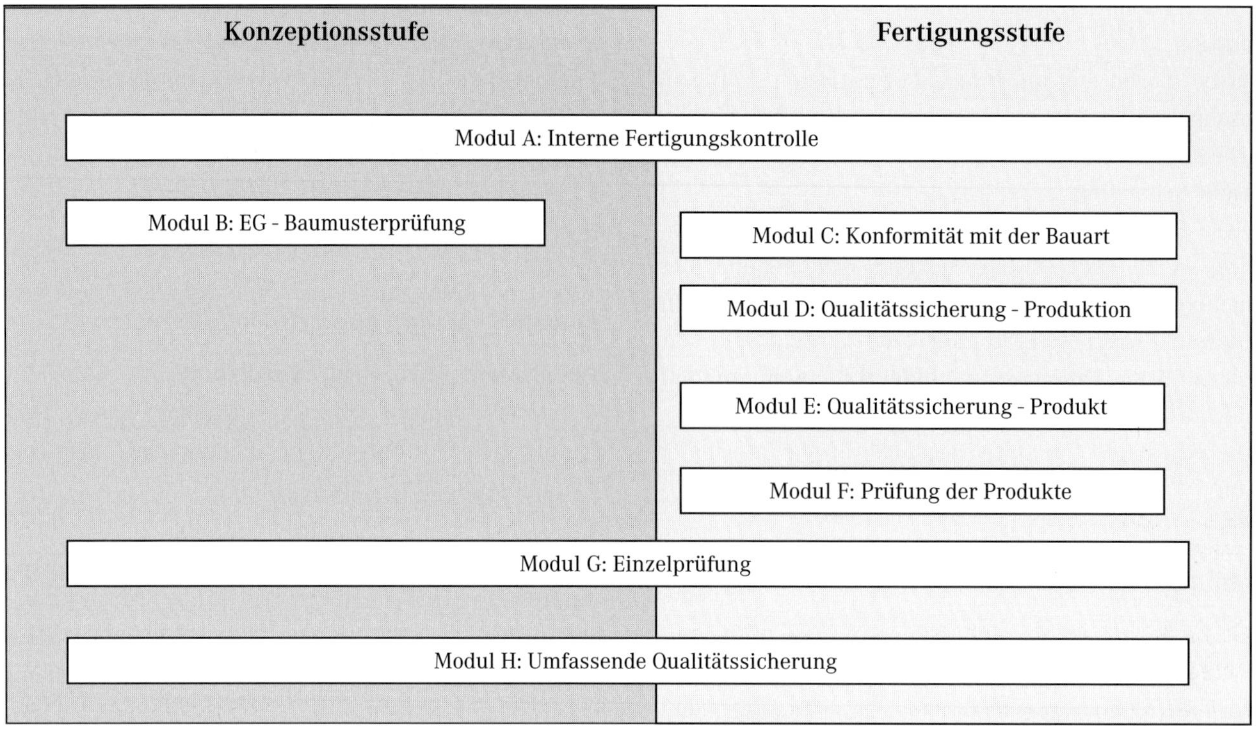

Abb. 5-10: *QS-Module nach 93/465/EWG*

trolle über die vom Hersteller durchgeführten Prüfungen vorgesehen.
Die einzelnen Prüfmerkmale sind dann in den einzelnen EU-Richtlinien zu den Produkten ausgeführt.

Bestimmung des Umfangs

Nun hat die Nachweisdokumentation den Zweck, möglichst schnell und umfassend zu zeigen, welche Anforderungen in welchem Umfang nachgewiesenerweise erfüllt sind. Dies ist eine Betrachtungsweise dessen, der prüft.
Die Betrachtungsweise des Geprüften, also des Herstellers, liest sich wahrscheinlich so: Die Nachweisdokumentation soll zeigen, dass alle Anforderungen erfüllt sind.
Zwischen diesen beiden Sichtweisen bleibt Spielraum, der sich möglicherweise auch auf die Gliederung und den Umfang der Nachweisdokumentation auswirkt.
Grundsätzlich ist es am einfachsten, wenn man die Gliederung der Nachweisdokumentation an den Anforderungen ausrichtet. Diese Anforderungen sind in den Quellen – sei es eine Richtlinie oder eine Verordnung oder ein Gesetz – mit einer Nummernsignatur versehen und die Anforderungen lassen sich damit einfach in ihrer Reihenfolge übernehmen.
Da diese Anforderungen rechtlichen Vorrang vor Normen von Normenorganisationen haben, werden sie eben von Normenorganisationen auch in der gegebenen Gliederung und Reihenfolge übernommen.

Zuordnung der Nachweisdokumente

Jedem Anforderungspunkt sind nun die Dokumente zuzuordnen, welche die Erfüllung der Anforderung belegen.
Dies können zum einen abgezeichnete Protokolle sein mit Festlegungen zu einem Planungsverfahren, zu Qualitätszielen oder zur Behandlung von Reparaturfällen. Dies können aber auch maschinell erzeugte Messprotokolle sein oder umfangreiche Dokumentationen zu Prüf- und Freigabeverfahren bezüglich der Einhaltung vorgeschriebener Luft- oder Schallemissionswerte. Entscheidend ist nur die eindeutige Zuordnung der Nachweisdokumente zu der entsprechenden Anforderung.
Grundsätzlich lässt sich auch ein Gliederungsverfahren nach Bauteilen vornehmen.

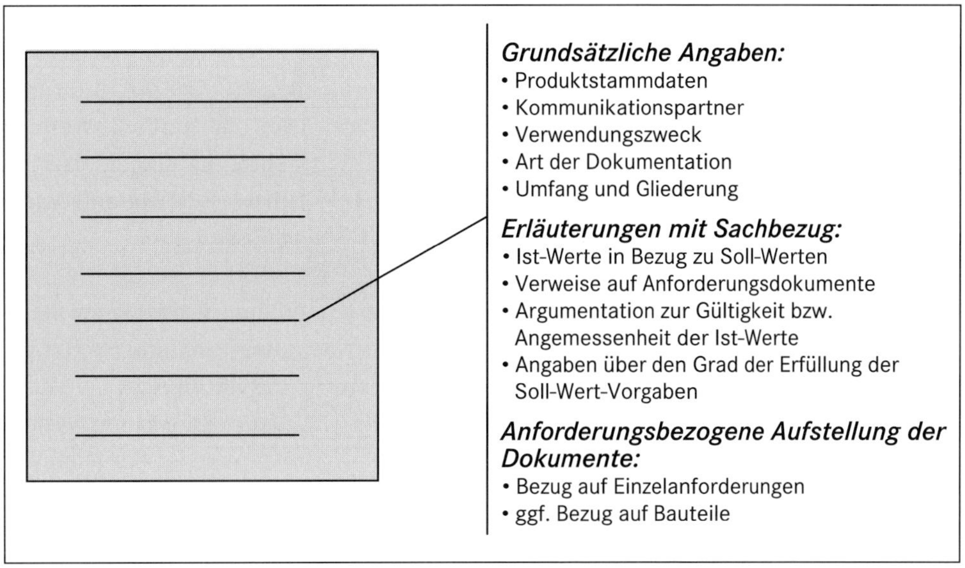

Abb. 5-11: *Gliederung – Nachweisdokumentation*

Das heißt, bei einem technischen Produkt mit einer überschaubaren Anzahl von Baugruppen bzw. Bauteilen lässt sich auch vom Ganzen zum Einzelnen eine Gliederung gestalten. In diesem Fall würden dann die Anforderungen auf die Bauteile bezogen.

Dieses Gliederungsprinzip findet sich teilweise auch in Richtlinien und Normen. Besonders dann, wenn sich der Anwendungsraum auf eine eng definierbare technische Produktgruppe bezieht.

Der Vorteil der Gliederung nach Anforderungen liegt in der übersichtlichen Überprüfbarkeit der Unterlagen nach Erfüllung der Anforderung und der Vollständigkeit der Nachweisdokumente.

Ist zum Beispiel eine notifizierte Stelle an dem Prüfverfahren beteiligt, reicht unter Umständen der entsprechende Konformitätsnachweis zunächst als Nachweisdokument. Die restlichen Dokumente, die das Prüfverfahren belegen, können als Teil der Nachweisdokumentation oder als prozessspiegelnde Dokumentation an einem separaten Ort archiviert werden.

5.6.4 Gliederung einer QM-Dokumentation

Wendet man die DIN EN ISO 9001 an und sucht nach aussage- und umsetzungsfähigen Anforderungen zur Gliederung der Internen Dokumentation, wird man wegen der Unverbindlichkeit des Geäußerten etwas enttäuscht.

Zwar finden sich sehr detaillierte allgemeine Anforderungen zum Inhalt, etwas vage und einfach klingende Forderungen zur Handhabbarkeit von Aufzeichnungen, ferner Begründungen für das Verfahren, aber nicht viel Konkretes zur Gliederung.

Angaben über den Anwendungsbereich des QM-Systems

Die wenigen Aussagen zu diesem Thema lassen sich folgendermaßen zusammenfassen:

- Das Qualitätsmanagement-Handbuch muss Aussagen über den Anwendungsbereich des QM-Systems einschließlich Einzelheiten und Begründungen für jegliche Ausschlüsse enthalten.
- Es muss auch Aussagen über die für das QM-System erstellten dokumentierten Verfahren oder Verweise auf die erstellten dokumentierten Verfahren für das QM-System enthalten.
- Letztlich muss es eine Beschreibung der Wechselwirkung der Prozesse des QM-Systems enthalten.

Nimmt man die Reihenfolge der Inhalte als Gliederungsprinzip, dann kommt man auf eine sehr ähnlich Gliederung wie die der oben beschriebenen Nachweisdokumentation und der prozessspiegelnden Dokumentation in Kombination.

Auch oder gerade die QM-Dokumentation spiegelt das Prinzip des Kommunizierens, des gegenseitigen geplanten und gezielten Informationsaustausches und der transparenten Informationsüberwachung wider.

Vorwort – Inhaltsverzeichnis – Ordnungssystematik

Die Gliederung einer QM-Dokumentation lässt sich angepasst an die oben beschriebene Gliederung wie folgt formatieren:
Der erste Gliederungspunkt ist wie üblich belegt durch ein allgemeines Vorwort und das Inhaltsverzeichnis sowie die Erklärungen zur Ordnungssystematik der Dokumentation einschließlich einer plausiblen Begründung.
Das Vorwort enthält die Zielsetzungen, die Argumente für die Zielsetzung und die Erklärungen der Verantwortlichkeiten der Obersten Leitung.
Das Inhaltsverzeichnis ist so aufgebaut und „sprechend", dass einerseits der Bezug zu den Anforderungen der angewandten Norm bzw. Rechtsgrundlage durch gezielte Verwendung der Begriffe aus der Norm sofort hergestellt werden kann, andererseits aber auch der Produkt- und Vorgangsbezug schnell erkennbar ist.
Wird dies eingehalten, verkürzt sich die Zeit für das Finden des geeigneten Kapitels oder Unterkapitels und es wächst die Bereitschaft, die Dokumentation als nützliche Informationsquelle zu akzeptieren und nicht als lästiges Übel hinzunehmen.
Die Erklärungen zur Verantwortlichkeit der Obersten Leitung bringt „Leben" in das Werk und dient gegebenenfalls zur Motivationssteigerung, sofern dem nicht Erfahrungswerte entgegensprechen.

Ausschließende Anwendungsbereiche in Abhängigkeit vom technischen Produkt

Der zweite Gliederungspunkt umfasst den Anwendungsbereich des Qualitätsmanagementsystems bezogen auf das bzw. die technischen Produkte, auf die sich die Interne Dokumentation bezieht.
Dies ist im Zusammenhang mit technischen Produkten besonders wichtig, denn die DIN EN ISO 9001 weist in ihrem Vorwort ausdrücklich darauf hin, dass bezüglich der Anforderungen zur Produktrealisierung der „Beschluss der Rates 93/465/EWG über die in den technischen Harmonisierungsrichtlinien zu verwendenden Module für die verschiedenen Phasen der Konformitätsbewertungsverfahren und die Regeln für die Anbringung und Verwendung der CE-Konformitätskennzeichnung" dergestalt Berücksichtigung findet, dass bei Anwendung der Module D bzw. E bestimmte Anforderungen der Norm ausgeschlossen sind.
Einfacher gesagt, wenn ein Hersteller bereits solche Module freiwillig im Rahmen der Qualitätssicherung seiner Produkte oder zwangsweise zur Erfüllung einer EU-Richtlinie zu seinem Produkt anwendet, kann er entsprechende Anforderungen unbeachtet lassen und muss hierfür auch keine Dokumentationsleistung erbringen, da er dies ja schon an anderer Stelle getan hat.

Liste mit normativen Verweisungen

Als dritten Gliederungspunkt sollte man den Punkt 2 der DIN EN ISO 9001 übernehmen. Es sind die normativen Verweisungen.
Das ist hier eine Liste der Normen und vergleichbaren technischen Spezifikationen, die bei der Herstellung und den produktbegleitenden Maßnahmen Anwendung finden.
Zu beachten ist, dass bei einer solchen Aufstellung der Anwendungsbereich der jeweiligen Norm anzugeben ist. Dies erleichtert zum einen die schnelle Zuordnung einer Norm zu einem Produkt oder einem Verfahren – im Schadensfall spart man sich hier unter Umständen wertvolle Zeit –, zum anderen lassen sich schneller Änderungen in der Zuordnung oder der Gültigkeit von Normen prüfen und berücksichtigen.
Dies kann einmal vom Produkt her nötig sein, wenn dieses durch ein anderes ersetzt wird oder wenn eine Richtlinie zu einem Produkt, eine Norm ganz oder in bestimmten Abschnitten oder für bestimmte Länder bzw. Einsatzgebiete für ungültig erklärt wird. Dies kann aber auch von der Norm her erforderlich sein, wenn sich diese ändert und zum Bespiel andere Prüfwerte oder Prüfbedingungen vorschreibt.
Bei den Angaben zum Anwendungsbereich sollte man möglichst genau sein.
So sollte man zunächst angeben, ob die Norm auf die Organisation oder das technische Produkt anzuwenden ist. Ist sie auf die Organisation anzuwenden, sollte

man weiter fragen, ob sie den betriebsinternen Bereich betrifft oder den öffentlichen Bereich.

Organisationsnormen für den öffentlichen Bereich wären zum Beispiel umweltbezogene Normen. Hierunter fallen auch eine Vielzahl von technischen Spezifikationen, die sich mit der Betriebssicherheit befassen.

Organisationsnormen für den betriebsinternen Bereich können zum Beispiel Normen zur Pflege der elektronischen Informationsbestände, zur Mitarbeiterschulung usw. sein.

Ist eine Norm auf ein Produkt anzuwenden, sollte man auch hier festlegen, für welchen Lebensbereich des Produktes diese Norm vorgesehen ist. Dient sie zum Beispiel zur Durchführung von Abnahmeprüfungen oder ist sie für die Bemessung von Bauteilen vorgesehen?

Aufbau der Organisation

Der vierte Gliederungspunkt sollte sich dem Aufbau der Organisation widmen. Er sollte ein Organigramm der Organisation enthalten. Diesem Organigramm sollte eine Beschreibung beigegeben sein mit Angabe der Verantwortlichkeiten.

Auch hier ist es wieder der allgemeine und schnelle wie auch gezielte Informationszugriff, den eine solche Einrichtung bietet. Allerdings ist der Vertraulichkeitsanspruch zu beachten – wird dieser missachtet, kann das erhebliche betriebsinterne Stürme auslösen.

Detaillierte Angaben zur QM-Dokumentation

Die beiden nächsten Gliederungspunkte sind der Dokumentation vorbehalten. Zunächst sind die allgemeinen Angaben zur Dokumentation zu behandeln. Das sind Angaben zum Umfang, zu Layout und zu Kommunikations- und Verteilungskonventionen. Daran schließt ein zweiter Teil an, der gesondert auf die technischen Produkte bzw. Prozesse eingeht.

Allgemeine Angaben zur Gestaltung und zum Umgang mit der QM-Dokumentation

Allgemeine Angaben zum Umfang der Dokumentation umfassen Anweisungen über die zu dokumentierenden Sachverhalte:

- Zum einen gehören dazu die Regeln für die Gestaltung von Dokumenten selbst, ihre Darbietungsform, ihre Archivierung, Aktualisierung und Vernichtung.
- Dann gehören noch die Bestimmungen über die Inhalte dazu. Das ist zum Beispiel das Dokumentieren von Aufzeichnungen, das heißt die Dokumentation von Prüf- und Messergebnissen, von Entscheidungsprotokollen und Planungsergebnissen.
- Weiterhin gehören aber auch noch die Bestimmungen über das Sammeln, Archivieren und Pflegen von Normen, Rechtsgrundlagen, von Korrespondenz usw. dazu.

Die allgemeinen Angaben beziehen sich auf den grundsätzlichen Umfang, die zu verwendenden Layouts und Kommunikations- und Verteilungsanweisungen.

Der Umfang kann einfach durch die Antworten auf folgende Fragen umschrieben werden:

- *Was ist dokumentiert und was ist zu dokumentieren?*
- *Wo sind die dokumentierten bzw. zu dokumentierenden Sachverhalte abzulegen?*
- *In welcher Form ist zu dokumentieren?*

Die Layoutangaben beziehen sich auf die Gestaltung der einzelnen Dokumente.

Die Angaben wären zum Beispiel Antworten auf folgende Fragen:

- *Wie müssen Entscheidungsprotokolle gestaltet sein?*
- *Wie haben Messaufzeichnungen auszusehen?*
- *Welche Eingabefelder müssen Reparaturberichte enthalten?*
- *An welchen Stellen befinden sich Querverweise auf andere Dokumente?* usw.

Die Kommunikations- und Verteilungsanweisungen lassen sich unter anderem in Antworten zu folgenden Fragen ausdrücken:

- *Wer muss an wen Dokumente zu dem Sachverhalt XY schicken?*
- *Wer darf an wen keine Dokumente zu dem Sachverhalt YZ weiterreichen?*
- *Wer darf, wer muss, wer darf nicht Sachverhalte aufzeichnen?*

- *Wer darf, wer muss, wer darf nicht Dokumente zu bestimmten Sachverhalten vernichten?*
- *Wann muss wer Dokumente zu entsprechenden Sachverhalten weiterreichen, wann vernichten?*

Gliederung nach dem technischen Produkt oder nach produktbezogenen Prozessen

Die Gliederung der QM-Dokumentation kann, abgesehen von den *Allgemeinen Angaben zur Dokumentation* grundsätzlich nach zwei Gesichtspunkten strukturiert sein: nach dem technischen Produkt oder nach den Prozessen, bezogen auf das technische Produkt.

Wird die produktbezogene Gliederungsvariante gewählt, sind die zu dokumentierenden Prozesse dem technischen Produkt entsprechend seinen Lebensphasen zuzuordnen.

Wird dagegen die prozessbezogene Variante gewählt, ist das Produkt in seiner jeweiligen Lebensphase den Prozessen zuzuordnen.

Beispielsweise kann die QM-Dokumentation zu einem Bagger entweder produktbezogen oder prozessbezogen gegliedert sein.

Die produktbezogene Gliederung würde als Gliederungsmerkmale die Bauteile des Baggers wählen. Das heißt, ausgehend vom Ganzen hin zu den Einzelteilen sind alle prozessbezogenen Dokumente den entsprechenden Bauteilen zugeordnet.

Die prozessbezogene Gliederung würde als Gliederungsmerkmale die Prozessstadien des Baggers wählen, das sind die Lebensphasen. Das würde heißen, ausgehend von der Konstruktion bis zur Entsorgung würden alle produktbezogenen Dokumente den entsprechenden Prozessstadien zugeordnet.

Beide Gliederungsprinzipien haben Vor- und Nachteile

Die produktbezogene Gliederung hat den Vorteil, dass bei Schadensfällen für jedes am Schadensfall ursächlich beteiligte Bauteil alle relevanten Dokumente zur Verfügung stehen.

Das sind zum Beispiel alle Aufzeichnungen zur Konstruktion des Bauteils, zu Fertigung und Beschaffung. Das sind auch alle Dokumente zu Messvorgängen, Beschaffungsvorgängen, Zertifizierungsvorgängen und Vorgangsbehandlungen im Dokumentationsprozess. Auch alle Dokumente im Zusammenhang mit dem Kundendienst und den Reparaturvorgängen sind griffbereit – jeweils zum gesuchten Bauteil.

Der Nachteil liegt in der strikten Bauteilbezogenheit. Zum einen kann es zu Doppelablagen von Dokumenten kommen oder zu einem umfangreichen Verweissystem. Das heißt, hier wäre zusätzlich eine Schnittstellendokumentation empfehlenswert. Die Doppelablage bzw. die Notwendigkeit, mit Querverweisen zu arbeiten, ergibt sich meist aus dem Umstand, dass Bauteile im Zusammenhang mit anderen funktionsgleichen oder funktionsabhängigen Bauteilen behandelt werden. Gerade bei Beschaffungsvorgängen trifft dies zu. Aber auch bei Wirtschaftlichkeitsanalysen tritt dieses Problem der Bauteile auf.

Hier sind es nicht die funktionsbestimmten Aspekte, dass mehrere Bauteile zusammen betrachtet und behandelt werden. Hier sind es zum Beispiel die Unterschiedlichkeiten in Ausführung, Material oder Größe. Wird nun entschieden, aus Kostengründen Bauteilvarianten auszuschließen, so müsste bei jedem betroffenen Bauteil ein Querverweis auf dieses Entscheidungsdokument abgelegt werden.

Der Vorteil der prozessbezogenen Gliederung liegt genau darin, dass über einzelne Bauteile hinaus die Handlung im Vordergrund steht.

Diese Betrachtungsweise entspricht auch der erlebten Wirklichkeit. So gibt es für technische Produkte definierte Lebensphasen. Diese sind zum Beispiel in der harmonisierten Grundnorm EN 12100-1 definiert. Diese Norm ist vielfach noch als EN 292-1 bekannt und so archiviert.

Diese definierten Lebensphasen können nun bei Bedarf weiter unterschieden oder erweitert werden. So sieht die Norm die Lebensphase der Verbesserung nicht vor. Es ist in diesem Zusammenhang darauf hinzuweisen, dass die in der Norm genannten Lebensphasen auf Maschinen im Sinne der EG-Maschinenrichtlinie bezogen sind und ursprünglich die Funktion hatten, als Leitlinie für das auf Sicherheit bezogene Planen, Bauen und Pflegen zu dienen.

Entscheidet man sich für eine prozessbezogene Gliederung, so sind zunächst die Prozesse zu bestimmen, die bei der Herstellung bzw. Behandlung eines technischen Produktes vorkommen sollen, können und letztlich auch vorkommen. Wie oben erwähnt, sollten die

5

Lebensphasen des technischen Produktes als Leitlinie dienen.

Wendet man den oben erwähnten Beispielfall Bagger auf eine prozessbezogene Gliederung an, so bedeutet das Folgendes:

Bei einem Schadensfall werden ein Bauteile oder mehrere Bauteile als ursächliche Teile erkannt bzw. festgelegt.

Nun lassen sich von der letzten Behandlung dieser Bauteile bis zu ihrer Konstruktion alle Prozessdaten offenlegen. Da als Gliederungsmerkmal der jeweilige Prozess gewählt wird, können unterschiedliche Bauteile zusammen betrachtet werden. So kann man relativ schnell nachweisen, bei welchem Prozessschritt welche Bauteile nachteilig aufgefallen sind. Es kann auch schnell ermittelt werden, welches der Bauteile welche Geschichte hat.

Der Nachteil der prozessbezogenen Gliederung im genannten Zusammenhang besteht im Suchen der relevanten Bauteile-Daten. Allerdings reicht hier oft ein Blick in die Schaltunterlagen oder Aufzeichnungen zur Verfahrenstechnik, um die Identifikation vornehmen zu können.

Produktbezogene Gliederung innerhalb der QM-Dokumentation

Das technische Gesamtprodukt und seine gegliederten Baugruppen und Bauteile geben die Gliederungsordnung vor.

Zu beachten ist, dass hier keine konkurrierenden Ordnungsstrukturen geschaffen werden dürfen. Um das System für jeden Verwender der Dokumentation eindeutig zu machen, sollte in den allgemeinen Angaben zur Dokumentation vermerkt sein, welche Systematik der produktbezogenen Gliederung zugrunde liegt.

Wiederum sollte in den Anweisungen zur Bauteilsystematik festgehalten sein, dass diese Systematik auch in der produktbezogenen Gliederung der QM-Dokumentation verwendet wird. Auf diese Weise können Änderungen an der Gliederungssystematik gegenseitig angepasst werden.

Die Fragen bei der Einrichtung der Gliederung werden folgende sein:

- *Wie weit muss ich die Systematik in die Bauteiltiefe übernehmen?*
- *Ist es erforderlich, bis zur Bauteilebene zu gehen, oder reicht es, wenn die Gliederung nur bis zur dritten Ebene geht? Sollte es mehrere Ebenen geben?*

Eine Antwort liefert nur der konkrete Fall – und der ist meist anders.

Folgende Überlegungen können hier eine Hilfestellung geben:

Befinden sich in dem Gesamtprodukt Einzelbauteile, die sicherheitsrelevant sind oder erwartbar sein können, dann sollte die Gliederungsebene bis in die Einzelteilebene übernommen werden. Hinweise zur Bewertung von sogenannten Relevanten Bauteilen sind im SID-Programm enthalten. Ist die Menge der Bauteile nicht sehr groß, dann empfiehlt sich ebenso eine solche Gliederungstiefe.

Als weiteren Anhaltspunkt für eine Entscheidungsgrundlage sind die angewandten Rechtsgrundlagen, die angewandten Normen und vergleichbare Spezifikationen zu nennen.

Bei den Rechtsgrundlagen sind die produktbezogenen Rechtsgrundlagen von den produktverwendungsbezogenen Rechtsgrundlagen zu unterscheiden.

Für eine Entscheidung zur produktbezogenen Gliederung sind beide Arten der Rechtsgrundlagen zu beachten.

Es gibt dafür zwei wesentliche Gründe: die vorbeugende Sicherheit und die nachträgliche Ermittlungskürze.

Die Rechtsgrundlagen für technische Produkte sind innerhalb der EU die EG-Richtlinien. Sie sind produktbezogen. Daneben gibt es auch soziale Richtlinien, die Anforderungen an die Standorte stellen, an denen diese Produkte gewerblich bzw. geschäftlich verwendet werden.

Diese Sozialrichtlinien enthalten Mindestanforderungen, die von den einzelnen Mitgliedsländern verschärft werden dürfen. In bestimmten Fällen ist es denkbar, dass solche Mehranforderungen beim Bau eines technischen Produktes berücksichtigt werden und Einfluss haben auf seine Ausführung.

Das heißt dann, dass sich dies in den Bauteilen niederschlägt. Ist es der Fall, dass sich die Erfüllung von Anforderungen auch aus angewandten Sozialrichtlinien auf einzelne Bauteile auswirkt, dann sollte eine Gliederungstiefe bis zum Einzelbauteil verwendet werden.

Noch einen Aspekt gibt es, der für eine Gliederungstiefe bis zum Einzelbauteil spricht. Es geht hier um die Dokumentation für ein Qualitätsmanagementsystem. Gerade diese Systeme basieren auf dem Kommunikationsprinzip von Kunde – Produkt – Produzent. Der Kunde nimmt ein Produkt als Ganzes wahr und verwendet es in diesem Sinne.
Im Schadensfall oder harmloser ausgedrückt im Beschädigungsfall hat der Kunde es aber mit einem Einzelteil oder mit Einzelteilen zu tun, die er als solche wahrnimmt und gegenüber dem Produzenten im weiteren Sinne anspricht.
Da die Aufgabe von Qualitätsmanagementsystemen gerade darin liegt, ein gutes Verhältnis zwischen Kunde und Produzent sicherzustellen, ist es nur folgerichtig, die möglichen Kommunikationsthemen auch in die produktbezogene Gliederung einfließen zu lassen.
Und eines der möglichen Kommunikationsthemen könnte ein beschädigtes Bauteil sein. Das heißt also, eine produktbezogene Gliederung bis auf die Bauteilebene würde dem Kommunikationsbedarf einer QM-Dokumentation entsprechen.

5

Prozessbezogene Themen in einer produktbezogenen Gliederung

Jedes Bauteil, jede Baugruppe und jedes technische Produkt als Ganzes ist ein Ergebnis von Planung, Fertigung und Bereitstellung.
Diese drei genannten Stufen sind Stadien, die ein technisches Produkt durchläuft. Das heißt, es sind Prozesse, die das technische Produkt erlebt, in denen es behandelt wird. Diese Prozesse sind nun wiederum gliederbar in Entscheidungsprozesse, in Verfahrens- und Behandlungsprozesse am technischen Produkt, in Prüfprozesse am technischen Produkt und in Verteilungsprozesse mit dem technischen Produkt. Die Entscheidungsprozesse finden öfter statt als die restlichen Prozesse und sind die eigentlich rechtswirksamen Stadien.

Entscheidungsprozesse

Entscheidungsprozesse finden immer als Schlusspunkt eines vorangegangenen Vorganges statt. Ausgehend vom Bagger-Beispiel kann das die Entscheidung sein, dieses technische Produkt herzustellen. Dies setzt einen Vorgang voraus, den man als Innovationsprozess oder Initialprozess bezeichnen kann.
Grund für das Ingangsetzen dieses Prozesses können wirtschaftliche Erwägungen sein, es können aber auch kreative Faktoren sein, zum Beispiel die Erfindung eines neuen Konstruktionssystems oder einer neuen Funktionsweise usw.
Den Abschluss dieses Entscheidungsprozesses bildet die Entscheidung. Sie ist der notwendige Bestandteil jedes Entscheidungsprozesses.
Mit der Entscheidung wird auch vorausgesetzt, dass die Entscheidungsträger über den Verlauf und die Inhalte des Entscheidungsprozesses zum Zeitpunkt ihrer Entscheidung informiert waren. Das wiederum heißt, dass diese Vermittlung dokumentiert sein muss, sowohl was die Inhalte angeht als auch die Bestätigung, dass die Vermittlung stattgefunden hat.
Neben den Entscheidungen zu Initialprozessen gibt es auch Entscheidungen zu Prüfungen und Entscheidungen zu Ergebnissen.
Im Zusammenhang mit der Herstellung von technischen Produkten lassen sich grundsätzlich innerhalb und am Ende jeder Lebensphase eines Produktes Prüfungen festlegen. Und Prüfungen liefern notgedrungen immer ein Prüfungsergebnis.
Die Festlegung, ob und wann bzw. unter welchen Bedingungen eine Prüfung stattfindet, ist inhaltlicher Bestandteil eines Entscheidungsprozesses. Der Verlauf einer Prüfung ist Bestandteil des Prüfprozesses. Dieser Prüfprozess ist zu dokumentieren.

Die Planung als Thema einer produktbezogenen Gliederung

Für die produktbezogene Gliederung gibt die Bauteilesystematik die Gliederungspunkte vor – vom Ganzen zum Einzelnen. Innerhalb dieser einzelnen Gliederungspunkte sind die Lebensphasen als Themen vorzusehen und zu hinterlegen. Dies ist der prozessbezogene Aspekt der produktbezogenen Gliederung.
Die Planung ist im Allgemeinen die erste Lebensphase eines technischen Produktes. Dies trifft in gleicher Weise auf das technische Produkt als Ganzes zu wie auf jedes seiner Einzelteile.

Also ist der erste Themenkreis für jedes in der Gliederung aufgeführte Bauteil bzw. technische Produkt das Thema Planung. Hier werden nun alle Dokumente abgelegt, die dieses Thema betreffen, in chronologischer Reihenfolge. Mit diesem Ablegen wird der Planungsprozess dokumentiert – und zwar für jedes erfasste Bauteil.

Ist die Planung abgeschlossen, so geschieht dies mit einer entsprechenden Entscheidung. Der Entscheidung geht in der Regel eine Prüfung voraus, die den rechtmäßigen Beschluss des Planungsendes feststellen soll.

Das heißt, es sind mit der Entscheidung, dass die Planung abgeschlossen ist, bereits drei Prozesse abgelaufen:

- der Planungsprozess,
- der Planungsprüfprozess,
- der Entscheidungsprozess.

Diese drei Prozesse werden durch die entsprechenden Dokumente feststellen.

Die Fertigung als Thema einer produktbezogenen Gliederung

Nach der Planung erfolgt bei positiver Beschlussfassung die Fertigung des technischen Produkts.

Die Fertigung ist nun das zweite Thema innerhalb des Gliederungspunktes für ein Bauteil. Da sich der Fertigungsprozess seinerseits wieder in Unterprozesse wie Materialbereitstellung, Personalbereitstellung, Raum- und Zeitbereitstellung gliedern lässt, sind gegebenenfalls diese Unterprozesse mit als Unterthemen in die Gliederung aufzunehmen.

Für den Fertigungsprozess als Gesamtprozess sowie für alle seine Unterprozesse gilt, wie schon bei der Planung besprochen, die prozessuale Unterteilung in:

- Fertigungsprüfung,
- Feststellung der Prüfungsergebnisse,
- die Entscheidung über die Verfahrensweise bei Feststellung der Prüfungsergebnisse.

Das heißt, es sind wieder Prüfungsprozesse und Ergebnis-Entscheidungsprozesse mit im Spiel. Darüber hinaus kommt jetzt noch ein Ergebnis-Verfahrensprozess hinzu.

Das heißt, bis jetzt kann für das technische Produkt als Ganzes, für jede seiner Baugruppen wie für jedes Bauteil, so es in der produktbezogenen Gliederung vorgesehen ist, jedes Prozessstadium der Planung und der Fertigung dokumentiert werden und nachträglich in diesen Nachweisen die schnelle Lösung für Fragen zu Schadensfällen oder zu Wirtschaftlichkeitsanalysen gefunden werden.

Die Abnahmeprüfung als Thema einer produktbezogenen Gliederung

An die Fertigung schließt sich im Allgemeinen die Abnahmeprüfung des technischen Gesamtproduktes an.

Das heißt, nach dem Thema Fertigung folgt das Thema Abnahmeprüfung.

Die Frage könnte nun lauten:

Muss dieses Thema Abnahmeprüfung für das Gesamtprodukt auch bei den einzelnen Baugruppen und Bauteilen vorgesehen werden?

Grundsätzlich scheint die Frage mit einem klaren Nein beantwort werden zu müssen. Geht es doch schließlich um das Gesamtprodukt.

Es gibt aber Gründe, die Frage doch mit Ja zu beantworten.

Stellen sich bei der Abnahmeprüfung Mängel heraus, die auf bestimmte Bauteile zurückzuführen sind, so fehlt innerhalb der Bauteilgliederung ein Ablageort für Aufzeichnungen zu diesen Fehlerereignissen. Es wäre also sicherlich von Vorteil, wenn das Thema Abnahmeprüfung für jede Baugruppe und jedes Bauteil vorgesehen werden würde.

Grundsätzlich werden mit dem Thema Abnahmeprüfung für das Gesamtprodukt folgende Prozesse dokumentiert:

- ein Prüfungsprozess und
- ein Ergebnis-Entscheidungsprozess.

Die produktbezogene Gliederung enthält jetzt alle Ablagemöglichkeiten zu Unterlagen aller Prozesse, die während der Entstehungsphase des Produktes stattgefunden haben.

Ist es damit genug? Schließlich steht das Produkt entweder als verwendungsfertig zur Verfügung oder es existiert nicht als verwendungsfertig.

Verteilung und Verwendung als Themen einer produktbezogenen Gliederung

Die oben zitierte Norm EN 12100-1 sieht als Lebensphase für Maschinen nach dem Bau noch den Transport und die Inbetriebnahme, den Einsatz und den Gebrauch sowie die Außerbetriebnahme, den Abbau, die Demontage und, sofern die Sicherheit betroffen ist, die Entsorgung vor.

Wie oben ebenfalls angesprochen, bezieht sich diese Norm mit ihren Anforderungen auf Maschinen und deren sichere Verwendungsbedingungen.

Für die QM-Dokumentation lässt sich dieses Anforderungsprofil übernehmen, da das Qualitätsmanagementsystem den Kommunikationsprozess als Anwendungsbereich für sich erklärt hat.

Das heißt also, die Verwendung, die Verteilung und die Entsorgung müssen als Themen für die bauteilbezogene Gliederung berücksichtigt werden.

5

In welcher Reihenfolge die Themen Verteilung und Verwendung innerhalb der Gliederung zum technischen Produkt, zur Baugruppe oder zum Bauteil genannt werden, ist abhängig vom jeweiligen Unternehmen.

Für eine Nennung des Themas Verteilung vor dem Thema Verwendung spricht, dass dieser Prozess meistens der Verwendung vorausgeht. Dies ist auch dann der Fall, wenn das technische Produkt innerhalb des Unternehmens verwendet wird. Es ist sehr selten, dass ein technisches Produkt an Ort und Stelle gefertigt und verwendet wird. Und auch dann ist es sinnvoll, festzuhalten, dass es an Ort und Stelle gefertigt wurde und verwendet wird. Denn in der Regel bleibt dieser Zustand nicht so und dann ist es notwendig, den Verteilungsprozess belegen zu können.

Die Verwendung als Thema einer produktbezogenen Gliederung

Bezüglich der Zuordnung dieses Themas zu einzelnen Baugruppen oder gar einzelnen Bauteilen ist zu überlegen:

Gibt es Baugruppen oder Bauteile, die erwartbar während der möglichen bzw. erwartbaren Verwendung des Gesamtprodukts direkt in den Aktionsraum des Verwenders geraten und von diesem bestimmungsgemäß wie nicht bestimmungsgemäß betätigt oder auf andere Weise manipuliert werden?

Wenn diese Frage mit Ja beantwortet werden kann, ist für die entsprechenden Bauteile das Thema *Verwendung* vorzusehen. Das beiliegende SID-Programm enthält im Zusammenhang mit den Relevanten Bauteilen Hinweise zu diesem Aspekt.

Die Verwendung als Thema muss weiter unterteilt werden in die verschiedenen bestimmungsgemäßen Einzelhandlungen.

Die in der EN 12100-1 genannten Lebensphasen reichen hier im Allgemeinen nicht aus, um das Thema angemessen zu erfassen.

In dem SID-Programm sind Formulare enthalten, die insgesamt achtzehn Verwendungsstadien angeben. Diese heißen wie folgt: Bau, Transport, Aufbau, Installation, Einstellung vor Inbetriebnahme, Inbetriebnahme, Einstellung nach Inbetriebnahme, Programmierung, Umrüstung, Betrieb, Reinigung, Fehlersuche, Prüfung, Wartung, Reparatur, Außerbetriebnahme, Abbau und Entsorgung.

Wenn in dieser Aufzählung die Lebensphase Bau erscheint, ist das nicht zu vergleichen mit der Fertigung des technischen Produktes, sondern mit dem Bau als eine vom Hersteller für den Verwender vorgesehene bestimmungsgemäße Verwendung.

Inwieweit diese Unterthemen in der Gliederung berücksichtigt werden müssen, hängt immer vom technischen Produkt ab.

Bezogen auf das Bagger-Beispiel kann das heißen: Sind alle oben genannten Unterthemen in die produktbezogene Gliederung aufgenommen, können jederzeit Berichte der Kundendienstabteilungen zugeordnet und gesammelt werden.

Dies hätte gegebenenfalls den Vorteil des Nachweises, dass bestimmte Bauteile in bestimmten Regionen stärker verschleißen, oder man könnte nachweisen, dass bestimmte nicht bestimmungsgemäße Verwendungen regional, branchen- oder sogar kundenbezogen festzustellen sind. Man könnte dann dieses Problem durch gezielte Schulungen beheben.

Grundsätzlich muss beim Thema Verwendung bedacht werden, dass die einzelnen Verwendungsprozesse vom Hersteller nicht beeinflussbar sind.

Er kann aber die von ihm vorgesehenen bestimmungsgemäßen Verwendungsprozesse und im Rahmen der

Gefahrenanalyse und der Risikobeurteilung die erwartbaren nicht bestimmungsgemäßen Verwendungsprozesse vorsehen.
Damit hat er ein optimales Gliederungssystem, in das sich die Unterlagen und Informationen zu den wirklichen stattgefundenen Verwendungsprozessen einordnen lassen.

Die Entsorgung als Thema einer produktbezogenen Gliederung

Es hängt von der Art des technischen Produktes und eben auch von seiner bestimmungsgemäßen Verwendung ab, ob diese Lebensphase dem Verwender zur Behandlung überlassen wird oder werden darf oder ob diese Verwendungsphase vom Hersteller selbst als Prozess durchgeführt werden muss.
Bei einigen technischen Produkten und Produktgattungen liegen bereits Rechtsgrundlagen vor, die dem Hersteller diese Verwendungsphase zuweisen.
Zusätzlich gibt es zunehmend mehr Hersteller, welche die Entsorgung aus Gründen der Produktforschung und der Produktweiterentwicklung in die eigenen Hände nehmen.
Ein weiterer Grund, diese Ressourcen in den eigenen Händen zu behalten, sind in absehbarer Zeit die Rohstoff- und Materialsicherung. Es ist also durchaus vertretbar, die Entsorgung aus der bestimmungsgemäßen Verwendung herauszunehmen und stattdessen die bestimmungsgemäße Rückführung an den Hersteller dem Verwender anzuweisen.

5.6.5 Gliederung einer Schnittstellendokumentation

Da die Schnittstelledokumentation ausschließlich auf Verweisinformationen beschränkt ist, kann ihr im Detail keine eigene Gliederungssystematik zugeordnet werden.
Vielmehr ist sie der Gliederung unterzuordnen, der sie dient.
Dennoch gilt auch für die Schnittstellendokumentation der allgemeine Aufbau. Das heißt, es sind Produktstammdaten, Kommunikationspartner, Verwendungszweck, Art der Dokumentation sowie Umfang und Gliederung anzugeben.

Aus diesen Angaben, vornehmlich zum Verwendungszweck, müssen bereits eindeutige Hinweise auf die Zuordnung zur bestimmenden Dokumentation entnehmbar sein.
Das kann eine prozessspiegelnde Dokumentation sein, eine Nachweisdokumentation oder eine QM-Dokumentation.

5.7 Formulare zur Dokumentation angewandter Harmonisierungsdokumente, Normen und technischer Spezifikationen auf der beiliegenden CD

Die Nachweispflicht bezüglich der Erfüllung der gesetzlich vorgeschriebenen Bedingungen zu Konzeption und Bau von Maschinen hinsichtlich der angemessenen Würdigung des möglichen Gefahrenpotentials und der Einhaltung von Sicherheitsvorkehrungen bringt den Hersteller immer wieder in die „Verlegenheit“, genau anzugeben, welche normativen Vorlagen er erfüllt hat und auch, welche er warum nicht erfüllt hat.
Die Nichterfüllung kann zur Ursache haben, dass die Norm selbst durch ihre Anforderungen in Bezug zum konkreten technischen Produkt und zur bestimmungsgemäßen Verwendung des technischen Produkts eine Gefährdung der Sicherheit darstellen würde. Es kann auch sein, dass nationale Rechtsvorgaben andere technische Lösungen verlangen, als sie in Normen und technischen Spezifikationen angeboten und gefordert werden. Wiederum kann sein, dass innovative technische Produktlösungen fordern, dass Normen nur teilweise angewandt werden können.
Weil bei Maschinen in der Regel eine Vielzahl von normativen Dokumenten ganz oder teilweise Anwendung finden und weil der Hersteller darauf bedacht sein wird, eine Prüfung der angewandten Normen möglichst schnell zu absolvieren, habe ich Formulare entwickelt, die eben ein rasches Prüfverfahren ermöglichen.

5.7.1 Definition der Textsorten

Die nationalen wie europäischen und internationalen Rechtssysteme definieren Dokumente relativ strikt, um möglichst widerspruchsfreie und klare Diskussionen führen und Entscheidungen fällen zu können. Dazu gehört auch eine relativ eindeutige Benennung von Textsorten, im Allgemeinen auch als Dokumentarten verstanden. Die folgenden Textsorten sind Bestandteil der Nachweisdokumentation innerhalb der Internen Dokumentation für Maschinen und deshalb werden sie kurz beschrieben.

Harmonisierungsdokumente

Der Begriff Harmonisierungsdokument erscheint hauptsächlich im Bereich der nationalen und internationalen Normung der Elektrik. So befasst sich das Harmonisierungsdokument *HD 214 S2* mit dem *Verfahren zur Bestimmung der Vergleichszahl und Prüfzahl der Kriechwegbildung auf festen isolierenden Werkstoffen unter feuchten Bedingungen.* Es ist national umgesetzt in der *VDE-Richtlinie VDE 0303 Teil 1.* Harmonisierungsdokumente dienen etwas vereinfacht ausgedrückt zum Überbrücken der Umsetzungszeit von nichtharmonisierten Normen und technischen Spezifikationen zur harmonisierten Normen. Dabei ist nicht ausgeschlossen, dass Harmonisierungsdokumente immer solche bleiben und nie zur harmonisierten Norm werden.

Harmonisierte Normen

Von einer harmonisierten Norm spricht man dann, wenn die Norm, als solche benannt, im Amtsblatt C der Europäischen Union in den *„Mitteilungen der Kommission im Rahmen der Durchführung der Richtlinie …“* veröffentlich ist. Harmonisierte Normen besitzen eine bedingte Rechtskraft, indem die Erklärung ihrer Erfüllung die Erwartung zusichert, dass das entsprechende technische Produkt im Anwendungsbereich der Norm als rechtskonform, sprich „sicher“ gilt.

Nationale Normen

Alle von einer staatlich erklärten Normenorganisation veröffentlichten Normen nennt man nationale Normen. Im Allgemeinen versteht man darunter technische Richtlinien mit Produkt-, Verfahrens-, Gestaltungs- und Prüfanforderungen und –empfehlungen. Normen können sich aber auch auf Verhaltensweisen, auf Benennungen und Organisationssachverhalte beziehen.

Technische Spezifikationen

Der Begriff ist in der Richtlinie 98/34/EWG vom 22. Juni 1998 *„über ein Informationsverfahren auf dem Gebiet der Normen und technischen Vorschriften“* definiert. Es wird darunter eine Einteilung von vorschreibenden Erzeugnismerkmalen, Qualitätsstufen, Gebrauchstauglichkeiten sowie vorschreibende Angaben zu Verkaufsbezeichnungen, Terminologie, Symbolen, Prüfungen und Prüfverfahren, Verpackung, Produktkennzeichnungen und Produktbeschriftung sowie über vorgeschriebene Konformitätsbewertungsverfahren verstanden. Laut Definition erstreckt sich der Begriff auch auf die Herstellungsmethoden und –verfahren für landwirtschaftliche Erzeugnisse, was aber hier nicht vordergründig von Belang ist.

5.7.2 Fundstelle auf der CD

Die einzelnen Formular-Dateien befinden sich im Verzeichnis Formular_InterneDokumentation[1]. Die Dateinamen sind einigermaßen sprechend:
FRMHANO steht für das Formular *Angewandte harmonisierte Norm / Angewandtes Harmonisierungsdokument bzgl. Maschinenrichtlinie 98/37/EG Anhang I*;
FRMNANO steht für das Formular *Angewandte nationale Norm bzgl. Maschinenrichtlinie 98/37/EG Anhang I*;
FRMSPEZ steht für das Formular *Angewandte technische Spezifikation bzgl. Maschinenrichtlinie 98/37/EG Anhang I.*

---

1) (enthalten im Verzeichnis „Formulare_Checklisten“; siehe „CD Durchsuchen“-Fenster)

5

Platz für Logo	Formular: Angewandte harmonisierte Norm / Angewandtes Harmonisierungsdokument bzgl. Maschinenrichtlinie 98/37/EG Anhang I	Dokument-Nr. 12345
		Blatt Seite 1 von 1

Platz für Logo	Formular: Angewandte nationale Norm bzgl. Maschinenrichtlinie 98/37/EG Anhang I	Dokument-Nr. 12345
		Blatt Seite 1 von 1

Platz für Logo	Formular: Angewandte technische Spezifikation bzgl. Maschinenrichtlinie 98/37/EG Anhang I	Dokument-Nr. 12345
		Blatt Seite 1 von 1

Abb. 5-12: *Formulare - Kopfzeile*

5.7.3 Bearbeitungs- und Anwendungshinweise

Im Kopfbereich des Formulars gibt es links oben das freie Feld für das Firmenlogo. In den darunter liegenden Feldern werden die Maschinen-Stammdaten und die aktuellen Formularbearbeitungsdaten eingefügt.

Dokumentangaben

Anschließend folgen die Angaben zu dem jeweiligen Dokument, über das erklärt wird. Die Kennzeichnung entspricht der international festgelegten Konvention: Zuerst ist die Kurzbezeichnung der herausgebenden nationalen Organisation genannt, dann folgt ggf. die europäische Organisation und dann ggf. die internationale Organisation. Zum Beispiel DIN EN ISO ... Das Ausgabedatum wird mit Monat und Jahr angegeben. Der Kurztitel kann Haupt- und Untertitel und ggf. Teil-Angaben umfassen.

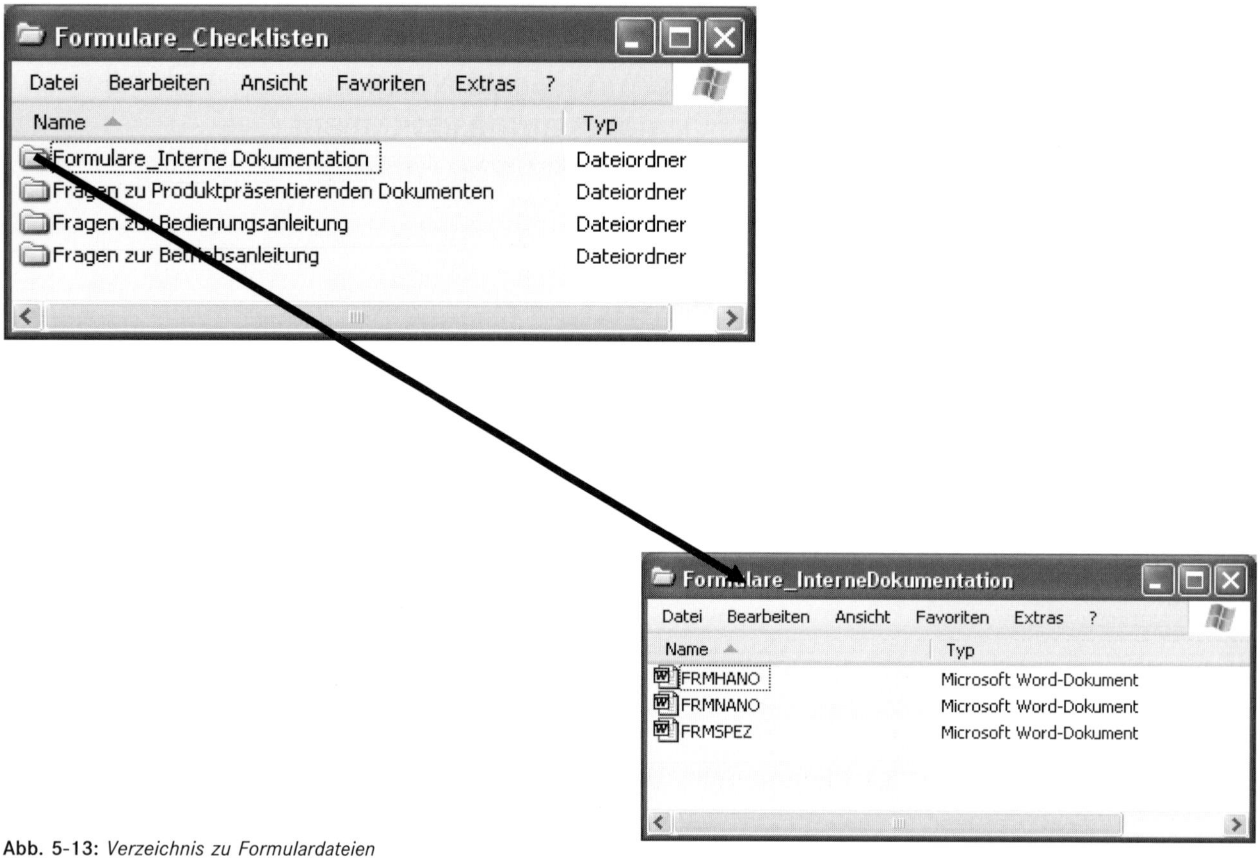

Abb. 5-13: *Verzeichnis zu Formulardateien*

Maschine		Bearbeitung	
Benennung/Typ **Name der Maschine**		Datum 11.12.2008	Name **R. Muster**
Ident-NR. **123-a-007**	Baujahr 2007		

Abb. 5-14: *Datenfelder für Maschine und Bearbeitung*

Die folgende Norm / Das folgende Harmonisierungsdokument

Kennzeichnung	Ausgabe-datum	Kurztitel
DIN VDE 0281 – 14 (HD 21.14 S1:2003)	2004-05	Leitungen mit thermoplastischer Isolierhülle für Nennspannungen bis 450/750 V – Teil 14: Flexible Leitungen, Schlauchleitungen mit thermoplastischen halogenfreien Werkstoffen

Abb. 5-15: *Datenfelder für Dokumentangaben*

Anwendungsangaben

Wird das genannte Dokument vollständig angewandt, ist der Ausdruck *„ist in dem Abschnitt: Nr. .../ Benennung: ...* durchzustreichen. Wird aber das genannte Dokument nur in Teilen angewandt, ist der Ausdruck *„ist vollständig“* durchzustreichen.
Zusätzlich sind dann Angaben zu den weiteren Eintragungsmöglichkeiten zu machen:

- Nummer des Abschnitts im Dokument;
- Benennung des Abschnitts im Dokument; angewandt oder nicht angewandt
- Nummer der Anforderung im Anhang I der Maschinenrichtlinie
- Benennung der Anforderung im Anhang I der Maschinenrichtlinie
- Angabe der Fragenummern und der Dokumentnummern, wenn Sie das SID-Programm verwendet und dort die entsprechenden Formulare angelegt haben.

~~ist vollständig*)~~
ist in dem Abschnitt: Nr. /Benennung:*)

⊗ **angewandt**)** in Bezug zu Sicherheits- und Gesundheitsanforderung	○ **nicht angewandt**)** in Bezug zu Sicherheits- und Gesundheitsanforderung
Nr.: 1.1.5	**Nr.:**
Thema: Konzipierung der Maschine im Hinblick auf die Handhabung	
Weitere Informationen siehe Formular: Liste der grundlegenden Anforderungen	**Begründung** siehe Formular: Schutzziel – Lösung und Durchführung – erforderliche Maßnahmen
Antwort zu Fragen aus den grundl. Sicherheits- und Gesundheitsanforderungen: Frage-Nr.: 7 Dokument-Nr. 12345 Bearbeitung- Datum/Name:	**Antwort zu Fragen aus den grundl. Sicherheits- und Gesundheitsanforderungen:** Frage-Nr.: 7 Dokument-Nr. GSL-12345 Bearbeitung- Datum/Name:
Fundstelle für weitere Informationen: Frage-Nr.: 7 Dokument-Nr. FWI-12345 Bearbeitung- Datum/Name:	**Fundstelle für weitere Informationen:** Frage-Nr.: 7 Dokument-Nr. GSL-12345 Bearbeitung- Datum/Name:
Schutzziel – Lösung Frage-Nr.: 7 Dokument-Nr. GSL-12345 Bearbeitung- Datum/Name:	**Schutzziel – Lösung** Frage-Nr.: 7 Dokument-Nr. DEM-12345 Bearbeitung- Datum/Name:

Abb. 5-16: *Datenfelder für Anwendungsangaben*

5

Angaben zum QM-Handbuch

Der Tabellenfuß ist für ein Qualitätsmanagement-Handbuch gestaltet. Es lassen sich Angaben zum Register, zu Freigabeerklärungen und zum Verteiler hinzufügen.

<table>
<tr><td>QM-Handbuch</td><td>Freigegeben am:
12.01.2009</td><td>Verteiler</td></tr>
<tr><td rowspan="2">Register:
TD - Ib - Fr</td><td>Von:
Unterschrift:</td><td>Abt.:
EK/MV/SK/GL</td></tr>
<tr><td>X X X</td><td>Personen:
ab; cd; ef; gh</td></tr>
</table>

Abb. 5-17: *Datenfelder für QM-Handbuch*

Teil 6

Das Prüfen und Beurteilen einer Technischen Dokumentation

6

Für den Technischen Autor ist das Prüfen ein arbeitsbegleitender Vorgang, beginnend mit der Absicht einer Auftragsannahme bis zum selbstreflektierten Abschluss eines Auftrags.

Vor der Auftragsannahme ist es das Prüfen der Vorinformationen bezüglich der Beauftragenden Stelle, der eigenen Möglichkeiten, des technischen Produkts und des angestrebten Arbeitsergebnisses.

Mit der Auftragsannahme sind es die Arbeitsbedingungen, Arbeitsmittel, Freiheiten und Zwänge.

Während der Bearbeitungsphasen sind es die Prüfungen der Arbeitsergebnisse, bezogen auf die aktuellen Anforderungen und in Bezug auf die Grundkonzeptionen.

Nach Abschluss des Auftrags ist es ein Prüfen des Aufwands sowie ein Prüfen bezüglich Verbesserungsmöglichkeiten und weiterer Nutzungsmöglichkeiten.

Für alle Prüfungen benötigt man eindeutige Prüfkriterien, die argumentierbar sein müssen. Das können Anforderungen des Gesetzgebers sein, des Herstellers, des Verwenders oder der Öffentlichkeit.

Es können genauso gut materielle oder funktionelle technische Zwänge sein, die sich als Argumente verwenden lassen. Eine Grenze aber darf nicht überschritten werden: die der Sicherheit.

Das alltägliche Prüfen beschränkt sich meistens auf die Arbeitsergebnisse, sprich die erstellten Dokumente. Entsprechend sind in dem Kapitel die wesentlichen Prüfkriterien genannt.

Weitergehende Prüfkriterien enthalten die Tabellen im Kapitel „Zielgruppen". Ebenso enthält das Programm *Software zur Internen Dokumentation nach Maschinenrichtlinie* Prüfkriterien, die Bestandteil der Sicherheits- und Gesundheitsanforderungen der genannten EU-Richtlinie sind.

Das Beurteilen folgt dem Prüfen. Für den Technischen Autor bedeutet das Beurteilen weit mehr als ein Arbeitsgang, den er an das Prüfen anschließt.
Wenn er beurteilt, entscheidet er auf der Grundlage eines Prüfergebnisses über das weitere Verfahren bezüglich des geprüften Gegenstands. Das wiederum setzt Beurteilungskriterien und Beurteilungsmaßstäbe voraus. Diese Beurteilungskriterien und Beurteilungsmaßstäbe müssen so definiert sein, dass sie dem eher intuitiven Beurteilen der Technischen Dokumentation durch den Verwender ebenso nahe kommen wie den Anforderungen des Gesetzgebers. Dazu wendet man sowohl Einzelbeurteilungsverfahren wie Gesamtbeurteilungsverfahren an.
Beurteilen heißt für den Technischen Autor also in erster Linie beurteilt werden.
Damit das Ergebnis möglichst zufriedenstellend ausfällt, beurteilt er seine Arbeitsergebnisse selbst. Aber vorher muss er oft die Arbeitsergebnisse anderer beurteilen. Hierzu hat er wiederum entsprechende Beurteilungskriterien und -maßstäbe zu entwickeln.
Zusätzlich zum Beurteilen von einzelnen Gegenständen und deren Ausführung hat der Technische Autor auch seine eigenen Beurteilungskriterien und Beurteilungsmaßstäbe von Zeit zu Zeit zu beurteilen. Nur auf diese Weise kann er Veränderungen beim Verwender oder bei Arbeitsweisen feststellen und sein Arbeiten entsprechend anpassen.
Weil die einzelnen Beurteilungskriterien vielfach von dem Prüfungsgegenstand abhängen, beschränke ich mich in diesem Kapitel auf allgemeine Hinweise. Es werden die Selbstbeurteilung, das Beurteilen als Verbesserungsinstrument angesprochen und Betrachtungen von Einzel- und Gesamtbeurteilung angestellt.
Eine Tabelle mit Beurteilungskriterien soll als praktischer Orientierungspunkt dienen.

6.1 Allgemeine Hinweise zum Prüfen

Das Prüfen setzt grundsätzlich zwei Dinge voraus: einen Prüfgegenstand und zweifelsfreie Prüfkriterien. Stimmen die geprüften Sachverhalte oder Gegenstände im Wert mit den Bezugsgrößen überein, dann ist das Prüfergebnis „in Ordnung", stimmen sie nicht überein, dann sind die Prüfergebnisse „nicht in Ordnung" und es muss entscheiden werden, was mit dem Prüfgegenstand zu tun ist.

Sind Toleranzgrenzen zulässig, müssen diese angegeben und argumentiert werden.

Die Fragen zum Bearbeitungsschritt „Informationsprüfung" im Kapitel „Zielgruppen" geben einen Einblick in die Prüfsachverhalte.

Bezüglich der Prüfung von Betriebsanleitungen für Maschinen verweise ich auf das beiliegende Programm und dort auf den Anforderungspunkt *1.7.4 Betriebsanleitung.*

Wenn Sie zum Formular *Fragen und Antworten* gehen, erhalten Sie Prüffragen zu allen Sachverhalten, welche die Maschinenrichtlinie von einer Betriebsanleitung nach Anhang I fordert.

Diese Fragen lassen sich auch auf die Bedienungsanleitung des Handys anwenden, auch wenn dieses nicht unter die Maschinenrichtlinie fällt. Die Fragen lassen sich in jedem Fall auf den Allesschneider und die Produktionsanlage anwenden.

Zum Thema Prüfen hat die tekom, der Berufsverband der Technischen Autoren und Technischen Redakteure, einen *Leitfaden Betriebsanleitungen* veröffentlicht. In diesem Leitfaden befinden sich Prüfkriterien für eine *Musterbetriebsanleitung.*

Der Leitfaden erhebt, wie meine Ausführungen auch, keinen absoluten Anspruch auf Vollständigkeit. Doch ist er eine weitere Quelle, damit man sich die Alltagsprüfarbeit etwas leichter machen kann.

Eine weitere wichtige und sehr praktische Quelle kommt ebenfalls von diesem Berufsverband, es ist die Broschüre *Technische Dokumentationen beurteilen.* Diese Broschüre enthält Maßangaben, die sich gut zum Prüfen verwenden lassen. Das zusätzliche Beurteilungsraster erlaubt eine Interpretation des Prüfergebnisses.

6.2 Anwendung von Prüfmaßnahmen

Prüfverfahren und Prüfmaßnahmen sind im Zusammenhang mit der Technischen Dokumentation grundsätzlich nach bzw. vor folgenden Bearbeitungsschritten einzuplanen:

- nach der Erstkonzeption,
- nach der Informationsbeschaffung,
- nach der Informationsverarbeitung,
- vor dem Inverkehrbringen.

Sie beziehen sich auf folgende Prüfgegenstände bzw. Prüfsachverhalte:

- Informationsträger,
- Inhalt,
- Gestaltung,
- Kommunikationsziel,
- Archivierung,
- Verteilung,
- Verantwortlichkeit.

Prüfkriterien für Informationsträger

Die Informationsträger sind auf Handhabbarkeit und Beständigkeit in Bezug auf erwartbare mechanische, thermische, chemische, biologische und funktionelle Belastungen zu prüfen.

Prüfkriterien für den Inhalt

Der Inhalt ist auf Richtigkeit, Vollständigkeit, Verständlichkeit und Verwenderakzeptanz zu prüfen. Es sind sprachliche wie bildliche Informationen zum Produkt, zum Verwender, zu erwartbar betroffenen oder erwartbar möglichen betroffenen Dritten zu prüfen.

Prüfkriterien für die Gestaltung

Die Gestaltung ist in Bezug auf Klarheit, Folgerichtigkeit, Vollständigkeit, Übersichtlichkeit und Führungsvermögen zu prüfen.

Prüfkriterien für das Kommunikationsziel

Das Kommunikationsziel ist auf Angemessenheit bezüglich der Zielgruppen zu prüfen. Die Zielgruppen müssen einzeln in ihrer Funktion, Qualifikation und Menge definiert sein. Die Definitionen sind selbst

Prüfungsgegenstand. Referenzgrößen sind Gesetzesanforderungen und Wirklichkeitsbezüge.

Prüfkriterien für die Archivierung

Die Archivierung ist auf Zuverlässigkeit bezüglich der gesetzlichen Mindestzeit und der erwartbaren Lebenszeit des Produktes zu prüfen. Es sind auch die Maßnahmen zur Sicherstellung der Zuverlässigkeit der Archivierung zu prüfen.
Ferner ist die Zuverlässigkeit des schnellen und sicheren Zugriffs auf Informationen der archivierten Technischen Dokumentation zu prüfen sowie die Maßnahmen, welche die Zuverlässigkeit des schnellen und sicheren Zugriffs auf Informationen der archivierten Technischen Dokumentation sicherstellen sollen.

Prüfkriterien für die Verteilung

Die Verteilung ist auf Zielgruppenbezogenheit nach Menge, Trägerausführung und Sprachausführung sowie erfolgter Durchführung und Dauer zu prüfen.

Prüfkriterien für die Verantwortlichkeiten

Die Verantwortlichkeiten sind in Bezug auf Informationsbeschaffung, Informationserfassung, Informationslieferung, Informationsbe- und -verarbeitung, Informationsprüfung, Informationsvervielfältigung und Informationsverteilung zu prüfen. Es sind ferner die Maßnahmen zur Sicherstellung der Verantwortlichkeiten für die oben genannten Bezugspunkte zu prüfen.
Damit ist das Wesentliche zur Prüfung der Technischen Dokumentation gesagt.

6.3 Allgemeine Hinweise zum Beurteilen

Das Beurteilen ist eine dem Prüfen nachgeschaltete Tätigkeit in Verbindung mit einer Wertentscheidung. Wird beim Prüfen nur festgestellt, dass ein Ist-Wert einem Soll-Wert entspricht, nicht entspricht oder graduell entspricht, so werden beim Beurteilen diese Feststellungen gewertet.
Das wiederum heißt, dass auch für das Beurteilen Soll-Werte vorhanden sein müssen – nur werden sie nicht als Soll-Werte bezeichnet, sondern als Entscheidungsgrößen, da an sie Handlungen gebunden sind.

Für den Technischen Autor lassen sich grundsätzlich alle Prüfgegenstände beurteilen bzw. müssen beurteilt werden, um eine definierte Verfahrensweise bezüglich der Prüfgegenstände einhalten zu können.
Im Berufsalltag bedeutet dies zum Beispiel die Annahme und Freigabe eines Arbeitsergebnisses, die Ablehnung eines Arbeitsergebnisses, die Zulassung einer neuen Verfahrensweise usw.

6.4 Beurteilt werden und Selbstbeurteilung

Das heißt für den Technischen Autor, dass er selbst über seine Arbeitsergebnisse sowie über die von ihm gewählten und durchgeführten Arbeitsweisen zum Beurteilungsgegenstand wird.
Die Beurteiler sind zunächst die Beauftragende Stelle und häufig die anderen, von ihm genutzten Zielgruppen. Im weiteren Umfang sind es die Verwender, die ihn durch entsprechenden Umgang mit seinen Arbeitsergebnissen beurteilen. Die Konsequenzen dieser Beurteilungen müssen nicht immer unmittelbar spürbar sein, obwohl dieser Umstand grundlegend vom arbeitsrechtlichen Verhältnis zwischen Hersteller und Technischem Autor bestimmt ist. Oft sind die Konsequenzen guter Arbeit schleichend. Das heißt, der Technische Autor benötigt diesbezüglich einen langen Atem.
Dem Beurteiltwerden geht seine Selbstbeurteilung voran, indem der Technische Autor seine Arbeitsergebnisse, die Verfahrensweisen des Zustandekommens und die reflektierende Verbesserungswürdigkeit beurteilt. Dieser Vorgang findet in der Regel im Zusammenhang mit den Prüfmaßnahmen statt.
Der Technische Autor beurteilt nicht nur sich selbst, sondern in diesem Zusammenhang all diejenigen, die er beauftragt hat. Das betrifft zunächst die Bild- und Textlieferanten sowie gegebenenfalls die Lieferanten von Materialien bzw. von gefertigten Dokumenten.
Beurteilungen erfolgen in diesem Zusammenhang meist im Rahmen eines Qualitätssicherungsverfahrens bzw. als Teil des Qualitätsmanagementsystems.
Dem Technischen Autor fällt hier eine besondere Sorgfalt- und Aufsichtspflicht zu – schließlich ist er selbst der Nutznießer oder das Opfer dieser Arbeit.

6.5 Beurteilen als Verbesserungsinstrument

Das Beurteilen erlaubt auch ein Infragestellen der Beurteilungskriterien und des Beurteilungsmaßstabes selbst.

Für den Technischen Autor ist dieser Aspekt besonders dann wichtig, wenn er entweder langfristig die Technische Dokumentation eines technischen Produktes betreut, oder wenn er feststellt, dass über einen langen Zeitraum keine Überarbeitungen an der Technischen Dokumentation und am technischen Produkt vorgenommen worden sind.

Faktoren, die zur Überprüfung von Beurteilungskriterien oder von Beurteilungsmaßstäben Anlass geben können, sind zum Beispiel geänderte rechtliche Voraussetzungen, technische Erneuerungen am technischen Produkt, verfahrenstechnische Änderungen bei der Informationsbeschaffung oder der Informationserfassung wie auch bei der Informationsverarbeitung durch den Einsatz neuer technischer Geräte.

Neben diesen technischen Änderungen können auch Verschiebungen der Verwendergruppen zur Überarbeitung von Beurteilungskriterien und von Beurteilungsmaßstäben führen. So könnte zum Beispiel eine starke Zunahme von Jugendlichen, von Senioren, von Frauen oder von Männern eine besondere Formulierungsweise oder besondere Formate erforderlich machen, die bisher als unangemessen beurteilt worden waren.

6.6 Beurteilungsmaßstäbe definieren

Grundsätzlich lassen sich zwei Prinzipien anwenden: das Kontinuitätsprinzip und das Mittelwertprinzip.

Beim Kontinuitätsprinzip erfolgt die Beurteilung von einem schlechtesten zum besten Wert, zum Beispiel beim bekannten Notenvergabeverfahren in der Schule und bei nahezu allen wettkämpferischen Veranstaltungen.

Das Mittelwertprinzip setzt die Definition eines Akzeptanzwertes voraus, nennen wir den Wert „befriedigend". Nun kann man von diesem Wert einen Bereich nach „unannehmbar" und einen Bereich nach „außergewöhnlich gut" definieren. Vorteil dieses Verfahrens ist, dass man Toleranzbereiche zur Verfügung hat, die auch der Wirklichkeit entsprechen. Ein weiterer Vorteil dieses Verfahrens ist, dass man Veränderungen im Beurteilungsverhalten feststellen und dokumentieren kann.

Und dies ist gerade bei der Arbeit mit der Technischen Dokumentation besonders wichtig.

6.7 Einzelbeurteilung und Gesamtbeurteilung

Die Technische Dokumentation ist ein Kommunikationsprozess mit konkreten materiellen wahrnehmbaren Ergebnissen, unter anderem den Dokumenten. Der Verwender beurteilt ein Dokument aus dem Augenblick seines Informationsbedarf oder seines augenblicklichen ästhetischen Verlangens heraus. Er nimmt in der Regel eine Gesamtbeurteilung vor.

Der Technische Autor beurteilt vorrangig ein Dokument nach einzelnen definierten Merkmalen. Er nimmt vornehmlich eine Einzelbeurteilung vor. Allerdings wird er die Ergebnisse der Einzelbeurteilung versuchen zu summieren. Aber viel bringt diese Aufgabe nicht, außer einer prozentualen Aussage über die Fehlermenge und gegebenenfalls über gewisse Fehlerhäufungen.

Folge der Gesamtbeurteilung ist die Behebung der Einzelfehler.

Dennoch sollte der Technische Autor nicht davor zurückschrecken, eine Gesamtbeurteilung vorzunehmen und entsprechende beschreibende Begriffe zu bilden. Die Begriffe ergeben sich aus den häufigen Anwendungsfällen. Auf diese Weise schafft sich der Technische Autor den erforderlichen Abstand zu seiner Arbeit, den er benötigt, um neue gestalterische Wege gehen zu können und um mit unfachmännischen Kritiken besser umgehen zu können.

Die folgende Tabelle zeigt beispielhaft Einzelbeurteilungskriterien. Sie ist ein willkürlicher Auszug aus der Broschüre „Technische Dokumentation beurteilen" der tekom.

Die Beurteilungsmerkmale lassen sowohl ein Kontinuitätsprinzip wie auch ein Mittelwertprinzip zu.

Sachbezogen sind auch Ja/Nein-Beurteilungen möglich bzw. sinnvoll.
Grundsätzlich ist bei allen Beurteilungsmodellen zu beachten, dass es sogenannte K. o.-Kriterien gibt, die eine durchschnittlich gute Gesamtbeurteilung nichtig machen: Es sind die gesetzlichen Anforderungen. Und die sind im GPSG relativ vage formuliert, sodass sie viel Ermessensspielraum zulassen.
Der Technische Autor sollte diese Anforderungen zum Maßstab nehmen und bei der Beurteilung des Kommunikationskonzepts als Ganzem und der Dokumente im Einzelnen sorgfältig vorgehen.
Dann erhalten manche vermeintlich unnötigen gestalterischen Aspekte ihren verdienten hohen Stellenwert und manche inhaltlichen Ausführungen treten als weniger bedeutsam in den Hintergrund.

Tab. VI-1: *Auszugsweise Beurteilungsthemen aus „Technische Dokumentation beurteilen"*

Beurteilungsgegenstand	Beurteilungsmerkmale
Äußere Form und Ausführung	• Bindung • Papierqualität • Druckqualität • Gesamtgestaltung und Aufmachung • Format
Gestaltung	• Typografie • Layout • Satzspiegel
Orientierungshilfen	• Inhaltsverzeichnis • Stichwortverzeichnis • Fachwortverzeichnis • Abkürzungsverzeichnis • Verzeichnis verwendeter Einheiten und Symbole • Abbildungsverzeichnis • Tabellenverzeichnis • Literaturverzeichnis • Wegweiser • Kolumnentitel
Gliederung	• Gesamtgliederung • Aufteilung in Teilstrukturen • Aufteilung in Absätze • Überschriften
Text	• Terminologie • Formulierung
Abbildungen	• Eindeutigkeit der Bildelemente • Legende und Text im Bild • Detaillierungsgrad • Darstellungsart • Text- und Bildinformationen
Gesetze, Normen, Regeln, Richtlinien	• Gesetze • Normen • anerkannte Regeln der Technik • Richtlinien
Sicherheitsbestimmungen	• Zusammenfassung am Anfang • Vollständigkeit • Hervorhebung • Verwendung von Piktogrammen • Bezug zur Handlungsanweisung • Warnungen
Entsorgungsmaßnahmen	• Zusammenfassung • Erklärung • detaillierte Aufführung • Hervorhebungen • Hinweis auf Sammelstellen
Zielgruppe	• Benennung • Erwartungen • zielgruppengerechte Darstellung • zielgruppengerechte Beispiele

Die Tabelle zeigt deutlich, dass vom Technischen Autor viel Verantwortungsbewusstein erwartet wird und dass er über ein Verständnis zu Technischer Dokumentation verfügen sollte, das über das bloße Erstellen von Dokumenten weit hinausgeht.
Der Technische Autor muss seine Arbeit und damit seine Arbeitsergebnisse als eine aktive Kommunikation verstehen und diese Tätigkeit schlichtweg mögen.

Teil 7

Hinweise zu Rechtsgrundlagen für die Technische Dokumentation und relevante rechtliche Begriffe

7

Für den Technischen Autor ist es unerlässlich, seine produktrechtliche Situation zumindest allgemein einschätzen zu können.

An erster Stelle sind es die Anforderungen des Gesetzgebers an seine Arbeitsergebnisse. Dann sind es die möglichen Folgen bei Nichterfüllen der gesetzlichen Anforderungen und weiterhin die unangemessenen gesetzlichen Anforderungen und seine Möglichkeiten, diesen argumentativ zu widersprechen.

Hierzu ist es erforderlich, dass der Technische Autor die relevanten Rechtsbegriffe kennt. Mit diesen Begriffen kommt er im Rechtsverständnis schon ziemlich weit.

In diesem Kapitel werden die wichtigsten Rechtsbegriffe aufgeführt und weitgehend zitiert. Um bei den nicht ganz einfachen Formulierungen etwas besser zurechtzukommen, habe ich die Begriffe thematisch gruppiert und zusammengefasst.

Aktualisierungsstand der Maschinenrichtlinie

Die bisher unter der Kennzeichnung 98/37/EG bekannte „Richtlinie des Europäischen Parlaments und des Rates vom 22. Juni 1998 zur Angleichung der Rechts- und Verwaltungsvorschriften der Mitgliedstaaten für Maschinen" ist seit dem 29. Juni 2006 aufgehoben und durch die Richtlinie gleichen Namens, aber mit der Kennzeichnung 2006/42/EG ersetzt.

Diese Neufassung der EU-Maschinenrichtlinie wird aber frühestens als nationales Recht ab dem 29. Dezember 2009 wirksam.

Die für die nationale Umsetzung der neu gefassten EU-Maschinenrichtlinie notwendigen innerstaatlichen Rechtsvorschriften sind aber von den Mitgliedstaaten so zu erlassen und zu veröffentlichen, dass sie eine Umsetzung der neuen EU-Maschinenrichtlinie ab dem 29. Juni 2008 erlauben.

Wie ist das zu verstehen?

Relativ einfach! Da die EU-Richtlinien in den Mitgliedstaaten durch nationales Recht umgesetzt werden, gilt das jeweilige nationale Recht. Das heißt, die Richtlinie 98/37/EG gilt in ihrer Form als nationales Recht bis zum 28. Dezember 2009. Dann wird sie, nach den Angaben der vorliegenden rechtswirksamen Richtlinie 2006/37/EG, von dieser im nationalen Recht abgelöst.

Um dem Hersteller und den anderen Betroffenen ein rasches Auffinden der nicht geänderten Inhalte zu ermöglichen, ist der neuen Richtlinie als Anhang XII eine Entsprechungstabelle angefügt.

Am Ende dieses Kapitels übernehme ich den Ausschnitt zu den Entsprechungen im Anhang I Vorbemerkungen und Teil I, da diese Inhalte sich in dem Softwareprogramm zur Internen Dokumentation nach Maschinenrichtlinie SID befinden.

7.1 Rechtsgrundlagen und relevante rechtliche Begriffe

7.1.1 Drei Rechtsräume

Grundsätzlich sind bei dem Thema Technische Dokumentation zurzeit drei Rechtsräume mit unterschiedlichen Rechtsystemen zu beachten: das nationale Recht, das EU-Recht und das internationale Recht, das es jedoch so nicht gibt sondern nur als Begriff existiert.

Nationales Recht und EU-Recht

Das nationale Recht umschreibt jeweils den rechtlichen Bezugsrahmen, in dem ein Produkt verwendet wird. Ist dieses nationale Recht Bestandteil des Rechtsraumes „Europäischer Binnenmarkt", so gilt dieser größere Rechtsraum ebenfalls für das Produkt. Ist dieses nationale Recht durch Staatsverträge mit dem EU-Recht verknüpft, dann gilt ebenfalls dieses EU-Recht für das Produkt im Geltungsbereich, den die jeweiligen Staatsverträge vorsehen.

Internationales Recht

Das internationale Recht ist insofern nur ein Begriff, als es jedes Recht beschreibt, das nicht dem nationalen Recht oder dem EU-Recht zuzuordnen ist. Für Deutschland wäre zum Beispiel das amerikanische, russische, chinesische oder brasilianische Recht internationales Recht. Im Verlauf des Buches wird unter nationalem Recht immer das deutsche Recht verstan-

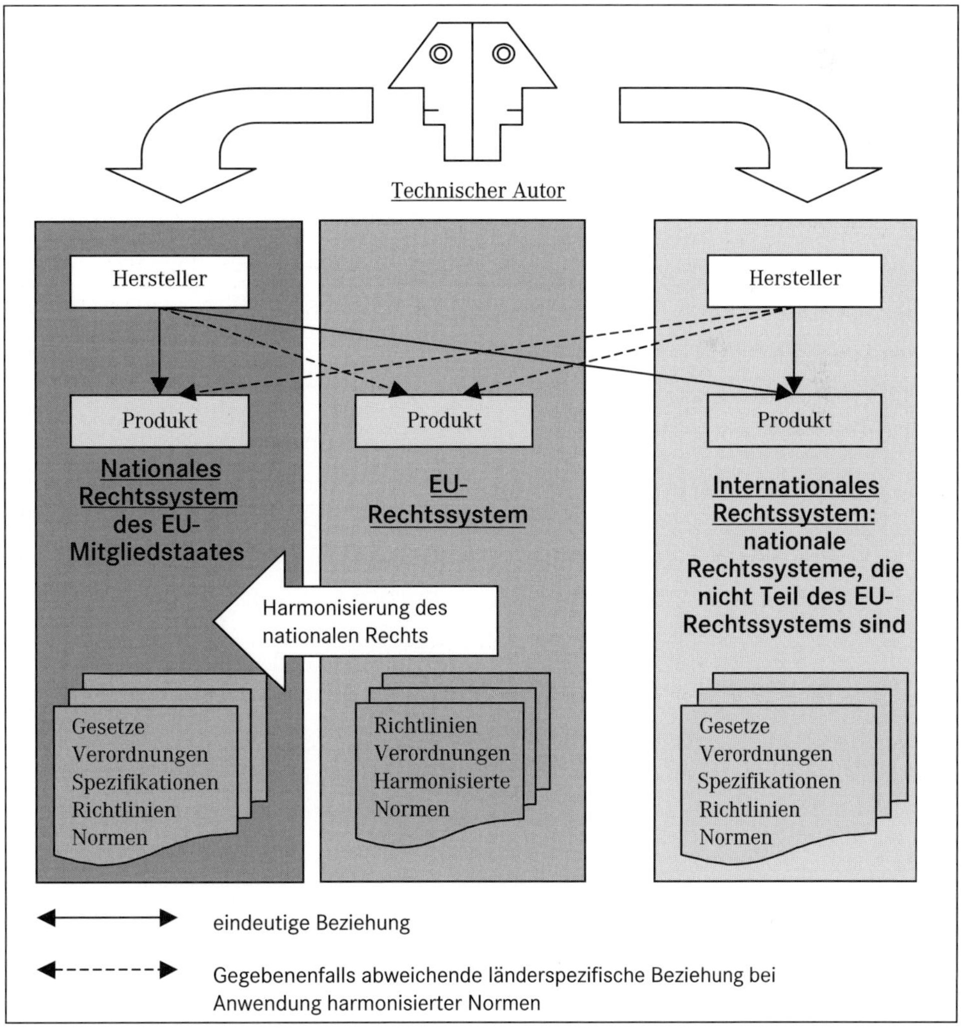

Abb. 7-1: *Relevante Rechtssysteme für den Technischen Autor*

den, außer ein Zusatz sagt etwas anderes. Unter den Begriff Internationales Recht fallen auch anerkannte Rechtsgrundlagen von Staatengemeinschaften, die sich der Pflege regionaler, wirtschaftlicher oder militärischer Interessen widmen wollen.

Recht des Verwenderlandes

Die für den Technischen Autor relevante Rechtsgrundlage ist zum einen das nationale Recht und zum anderen das Recht, das im Verwenderland des Produktes angewandt wird. Er hat also gegebenenfalls zwei Rechtssysteme zu beachten. Gilt im Verwenderland das EU-Recht, so ist das nur bedingt mit dem nationalen Recht gleichzusetzen. Werden zum Beispiel sogenannte harmonisierte Normen angegeben, die bei dem Produkt verwirklicht worden sind, dann kann es sein, dass die eine oder andere Norm nur beschränkte oder keine Gültigkeit in dem Verwenderland hat. Eine genaue Darstellung des Themas Normen und ihre Rechtsgültigkeit wird in dem Kapitel „Normen“ beschrieben.

Deutsches Recht

Das deutsche nationale Recht ist für den internen Kommunikationsprozess und für die Interne Dokumentation bedeutsam. Es hat das produktbestimmende EU-Recht ohne Einschränkungen zu übernehmen. Wird im EU-Recht etwas geändert, so gilt für den Technischen Autor dennoch so lange das nationale Recht mit der älteren EU-Bestimmung, bis die Änderung in das nationale Recht übernommen und als gültig erklärt ist.
Das Recht des Verwenderlandes ist für den Kommunikationsprozess mit dem Verwender bedeutsam. Der Technische Autor hat seine Dokumente nach diesem Recht zu gestalten bzw. zu verfassen. Im Alltag heißt das oft, dass zusätzlich zu der nationalen Ausführung auch eine textlich und gestalterisch weitergehende produktpräsentierende und produktbeschreibende Dokumentation erstellt und dann noch übersetzt werden muss, damit die produktbegleitende Dokumentation dem Rechtsanspruch des Verwenderlandes entspricht.

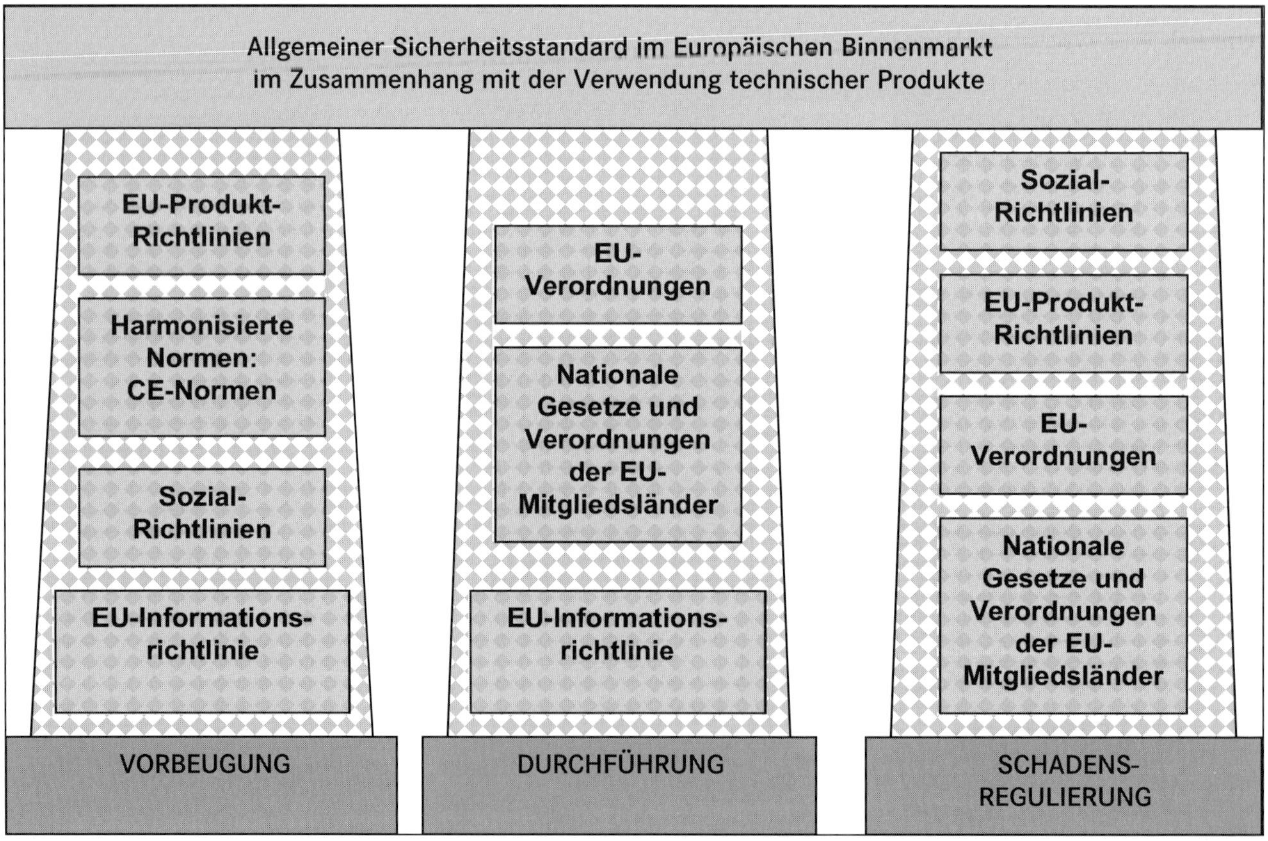

Abb. 7-2: *Die drei Säulen des EU-Rechtssystems in Bezug auf technische Produkte*

7.1.2 Drei Säulen des EU-Produktrechts

Weil das Europäische Rechtssystem für die alltägliche Verwirklichung des EU-Binnenmarktes gerade beim Inverkehrbringen von technischen Produkten so entscheidend ist, soll hier auf die drei Säulen dieses Rechtssystems eingegangen werden.

Die eine Säule kann man Vorbeugung nennen. Es sind Gesetze, die Anforderungen an technische Produkte enthalten. Die zweite Säule heißt aktuelle Kontrolle. Es sind Gesetze, die den organisatorischen und prozessualen Rahmen festlegen, der für die Prüfung der technischen Produkte notwendig ist. Die dritte Säule heißt Schadensregulierung. Sie umfasst Gesetze, die den organisatorischen und prozessualen Rahmen für die Schadensregulierung festlegen. Ursprungsgedanke für die drei Säulen ist die Sicherheit für Personen, die im Umgang mit technischen Mitteln gewährleistet werden soll. Auslöser hierfür wiederum waren die unterschiedlichen technischen Standards der Mitgliederländer zum Zeitpunkt der Gründung des Europäischen Binnenmarktes.

Für den Technischen Autor sind alle drei Säulen bei seiner täglichen Arbeit von Bedeutung. Die erste Säule gibt ihm vor, welche Inhalte seine Dokumentation enthalten muss – sowohl die Interne Dokumentation als auch die produktbegleitende oder Externe Dokumentation. Die zweite Säule benennt die für eine Prüfung relevanten Dokumente, ihre möglichen Dokumentationsformen und Archivierungsfristen und die dritte Säule verlangt den Nachweis der Rechtsgültigkeit der Dokumentation zum Zeitpunkt der Inverkehrbringung des Produktes und gegebenenfalls zum Zeitpunkt des Schadensfalls.

7.2 Wichtige Rechtsbegriffe zu Gegenständen, Personen und Handlungen

In diesen genannten Rechtsgrundlagen sind viele Begriffe festgelegt, welche die Technische Dokumentation betreffen, die für den Technischen Autor wichtig sind und die er unbedingt kennen muss.

Den folgenden Begriffen sieht man nicht immer an, dass sie in ihrer Bedeutung relativ klar umrissen sind. Das einschränkende „relativ" erklärt sich daraus, dass seit den letzten Jahrzehnten der Themenkomplex rechtlich stark bearbeitet und ausgeweitet worden ist. Zwar scheint dieser Prozess seit ca. 2002 etwas langsamer zu verlaufen, dennoch muss aufgrund der allgemeinen Bewusstwerdung der wirtschaftlichen Globalisierung und ihr Auswirken auf den Alltag mit einer Aktivierung der Einzelthemen gerechnet werden.

Die folgenden Begriffe sind im „Gesetz über technische Arbeitsmittel und Verbraucherprodukte" definiert. Dieses Gesetz gilt seit dem 1. Mai 2004. Es wird im allgemeinen Sprachgebrauch „Geräte- und Produktsicherheitsgesetz" genannt. Seine Abkürzung lautet GPSG.

Die Vorläufer dieses Gesetzes waren das Gerätesicherheitsgesetz (GSG) und das Produktsicherheitsgesetz (PSG). Für überwachungsbedürftige Anlage gilt in manchen Belangen noch eine Übergangsfrist bis zum 31. Dezember 2007.

Der Anwendungsbereich dieses Gesetzes über technische Arbeitsmittel und Verbraucherprodukte umfasst das Inverkehrbringen und Ausstellen von Produkten, das selbstständig im Rahmen einer wirtschaftlichen Unternehmung erfolgt.

Ausgenommen hiervon sind das Inverkehrbringen und Ausstellen gebrauchter Produkte, die als Antiquitäten überlassen werden oder die vor ihrer Verwendung instand gesetzt oder wieder aufgearbeitet werden müssen, sofern der Inverkehrbringer denjenigen, dem sie überlassen werden, darüber ausreichend unterrichtet.

Das Gesetz gilt auch für die Errichtung und den Betrieb überwachungsbedürftiger Anlagen, die gewerblichen oder wirtschaftlichen Zwecken dienen oder durch die Beschäftigte gefährdet werden können.

Ausgenommen hiervon sind die überwachungsbedürftigen Anlagen der Fahrzeuge von Magnetschwebebahnen, soweit diese Fahrzeuge den Bestimmungen des Bundes zum Bau und Betrieb solcher Bahnen unterliegen. Ausgenommen ist noch das rollende Material von Eisenbahnunternehmungen, soweit dieses Material den Bestimmungen der Bau- und Betriebsordnungen des Bundes und der Länder unterliegt.

Tab. 7-1: *Anwendungsbereich – Übersicht des GPSG*

Gesetz über technische Arbeitsmittel und Verbraucherprodukte (seit 1. Mai 2004 in Kraft) **Kurzbezeichnung: „Geräte- und Produktsicherheitsgesetz GPSG“**		
Geltungsbereich		
Handeln	**Gegenstandsbezug**	**Besonderheiten**
Inverkehrbringen § 4ff Ausstellen § 4ff als selbstständige wirtschaftliche Unternehmung	Technische Arbeitsmittel: Verwendungsfertige Arbeitseinrichtungen einschließlich ihrer Zubehörteile und Schutzausrüstungen Verbraucherprodukte: Gebrauchsgegenstände und sonstige Produkte, die dem Verbraucher im Rahmen einer Dienstleistung zur Verfügung gestellt werden	Verwendungsfertige Produkte Keine Antiquitäten
Einrichten § 14 ff. Betreiben § 14 ff. als selbstständige wirtschaftliche Unternehmung	Überwachungsbedürftige Anlagen	– Für gewerbliche und wirtschaftliche Zwecke Gefährdend für Beschäftigte und Dritte Nicht für den Bund unterliegende(s): – Magnetschwebebahnen – rollendes Material von Eisenbahnen – Anlagen des Bergwesens für den Untertageeinsatz
Wirksamwerden von Straf- und Bußgeldvorschriften § 19 f. bei vorsätzlicher oder fahrlässiger Ordnungswidrigkeit	Zuwiderhandlung Nicht erfolgte Unterrichtung sowie unrichtige, unvollständige und unzeitige Unterrichtung Zugangsverweigerung Prüfungsverweigerung Duldungsverweigerung Bezug: Ausstellen Inverkehrbringen Inbetriebnahme Prüfung Produktionsüberwachung Kennzeichnung Bescheinigung Aufbewahrung Mitteilung	Geldbuße bis EUR 3.000 bzw. bis EUR 30.000 Freiheitsstrafe bis 1 Jahr Geldstrafe bei vorsätzlicher beharrlicher Wiederholung der Ordnungswidrigkeit oder ab einmaliger Gefährdung von Leben oder Gesundheit eines Menschen oder Gefährdung fremder Sachen von bedeutendem Wert.
ACHTUNG! **Die Anforderungen dieses Gesetzes gelten nicht, wenn** „in anderen Rechtsvorschriften entsprechende oder weitergehende Anforderungen an die Gewährleistung von Sicherheit und Gesundheit“ bzw. „entsprechende oder weitergehende Bestimmungen für die Überwachung des Inverkehrbringen von Produkten vorgesehen sind.“		

Ausgenommen sind auch überwachungsbedürftige Anlagen in Unternehmen des Bergwesens. Deren Tagesanlagen unterliegen aber wiederum dem Gesetz.
Für den Technischen Autor ist es darüber hinaus wichtig zu wissen, dass „die der Gewährleistung von Sicherheit und Gesundheit beim Inverkehrbringen oder Ausstellen von Produkten dienenden Vorschriften dieses Gesetzes“ nicht gelten, wenn „in anderen Rechtsvorschriften entsprechende oder weitergehende Anforderungen an die Gewährleistung von Sicherheit und Gesundheit vorgesehen sind.“
Ebenso gelten die in diesem Gesetz formulierten Anforderungen zu den Themen „Besondere Pflichten für das Inverkehrbringen von Verbraucherprodukten“, der „CE-Kennzeichnung“ und weitere Bestimmungen für die Überwachung des Inverkehrbringens von Produkten nicht, wenn „in anderen Rechtsvorschriften entsprechende oder weitergehende Regelungen vorgesehen sind.“
Ferner bleiben Rechtsvorschriften, die der Gewährleistung von Sicherheit und Gesundheit bei der Verwendung von Produkten dienen, unberührt, insbesondere Vorschriften, die den Arbeitgeber hierzu verpflichten.
Das Umgehen mit Rechtsbegriffen sollte für den Technischen Autor nichts Unübliches sein, da er in Unterredungen und beim Argumentieren gegen scheinbar zu teure Lösungen darauf zurückgreifen können muss. Das GPSG enthält hierzu im § 2 die Begriffe, die immer wieder im Zusammenhang mit der Technischen Dokumentation vorkommen und verwendet werden müssen.
Der Technische Autor sollte sich auch des Umstands bewusst sein, dass er unerwartet in eine Produktprüfung involviert sein kann, die ihn als Funktion in eine gewisse Mittelpunktsrolle bringt, von der er bisher nichts geahnt hat.
Ich habe bei der Zusammenfassung der folgenden Begriffe eine funktionale Gruppierung vorgenommen, die im Gesetz so nicht verwirklicht ist. Um die Bedeutung der Begriffe mehr in den Vordergrund zu rücken, habe ich auf eine paragrafenbezogene Zitierweise verzichtet.

7.2.1 Gegenständliche Begriffe aus dem GPSG

Die in den Beispielen im Kapitel „Beziehungen“ und „Zielgruppen“ erwähnten Produkte fallen ausnahmslos in diese Begrifflichkeit.

Produkte: Das sind technische Arbeitsmittel und Verbraucherprodukte.
Technische Arbeitsmittel: Das sind sowohl verwendungsfertige Arbeitseinrichtungen, die bestimmungsgemäß ausschließlich bei der Arbeit verwendet werden, als auch deren Zubehörteile sowie Schutzausrüstungen, die nicht Teil einer Arbeitseinrichtung sind. Dazu gehören auch Teile von technischen Arbeitsmitteln, wenn sie in einer Rechtsverordnung, die von den zuständigen Bundesministerien erlassen worden ist, erfasst sind.
Verbraucherprodukte: Das sind Gebrauchsgegenstände und sonstige Produkte, die für Verbraucher bestimmt sind oder unter vernünftigerweise vorhersehbaren Bedingungen von Verbrauchern benutzt werden können, selbst wenn sie nicht für diese bestimmt sind. Als Verbraucherprodukte gelten auch Gebrauchsgegenstände und sonstige Produkte, die dem Verbraucher im Rahmen der Erbringung einer Dienstleistung zur Verfügung gestellt werden.

7.2.2 Eigenschaftliche Begriffe aus dem GPSG

Dieser Begriff ist für den Technischen Autor ein „K.o.-Begriff“, wenn es um das Zitieren dieses Begriffs in einem Dokument geht. Er sollte sich unbedingt die Mühe machen, gegebenenfalls den Begriff erweitert zu definieren und eventuell sogar auf das GPSG Bezug nehmen. Im Streitfall kann das für ihn wichtig sein, nicht nur für den Hersteller.

Verwendungsfertig: Das erklärt den Zustand von Arbeitseinrichtungen und Gebrauchsgegenständen, in dem sie bestimmungsgemäß verwendet werden können, ohne dass weitere Teile eingefügt zu werden brauchen.
Verwendungsfertig sind Arbeitseinrichtungen und Gebrauchsgegenstände auch, wenn alle Teile, aus denen

sie zusammengesetzt werden sollen, von derselben Person in Verkehr gebracht werden.
Verwendungsfertig sind Arbeitseinrichtungen und Gebrauchsgegenstände auch, wenn sie nur noch aufgestellt oder angeschlossen werden müssen.
Verwendungsfertig sind Arbeitseinrichtungen und Gebrauchsgegenstände auch, wenn sie ohne die Teile in den Verkehr gebracht werden, die üblicherweise gesondert beschafft und bei der bestimmungsgemäßen Verwendung eingefügt werden.

7.2.3 Handlungsbeschreibende Begriffe aus dem GPSG

Der erste und der zweite unten genannte Begriff sind wohl die bedeutendsten Begriffe der Technischen Dokumentation. Sie enthalten die höchsten Anforderungen an den Technischen Autor. Ihnen hat man es, etwas platt argumentiert, zu verdanken, dass sich der Technische Autor ein Kommunikationskonzept erstellen muss.
Diesen Begriffen sind die Fragen zu den „verwendungsbezogenen Informationen“ in den Fragetabellen zuzuordnen.

Bestimmungsgemäße Verwendung: Das ist die Verwendung, für die ein Produkt nach den Angaben desjenigen, der es in den Verkehr bringt, geeignet ist. Das ist auch die übliche Verwendung, die sich aus der Bauart und Ausführung des Produkts ergibt.
Vorhersehbare Fehlanwendung: Das ist die Verwendung eines Produkts in einer Weise, die von demjenigen, der es in den Verkehr bringt, nicht vorgesehen ist, die sich jedoch aus dem vernünftigerweise vorhersehbaren Verhalten des jeweiligen zu erwartenden Verwenders ergeben kann.
Überwachungsbedürftige Anlagen: Dazu werden im Einzelnen gezählt:

- Dampfkesselanlagen mit Ausnahme von Dampfkesselanlagen auf Seeschiffen;
- Druckbehälteranlagen außer Dampfkesseln;
- Anlagen zur Abfüllung von verdichteten, verflüssigten oder unter Druck gelösten Gasen;
- Leitungen unter innerem Überdruck für brennbare, ätzende oder giftige Gase, Dämpfe oder Flüssigkeiten;
- Aufzugsanlagen;
- Anlagen in explosionsgefährdeten Bereichen;
- Getränkeschankanlagen und Anlagen zur Herstellung kohlensaurer Getränke;
- Acetylenanlagen und Calciumcarbidlager;
- Anlagen zur Lagerung, Abfüllung und Beförderung von brennbaren Flüssigkeiten.

Zu den Anlagen gehören auch Mess-, Steuer- und Regeleinrichtungen, die dem sicheren Betrieb der Anlage dienen.
Zu den Druckbehälteranlagen außer Dampfkesseln, Anlagen zur Abfüllung von verdichteten, verflüssigten oder unter Druck gelösten Gasen und Leitungen unter innerem Überdruck für brennbare, ätzende oder giftige Gase, Dämpfe oder Flüssigkeiten gehören nicht die Energieanlagen im Sinne des Energiewirtschaftsgesetzes. Überwachungsbedürftige Anlagen stehen den Produkten gleich.
Inverkehrbringen: Das ist jedes Überlassen eines Produkts an einen anderen, unabhängig davon, ob das Produkt neu, gebraucht, wiederaufgearbeitet oder wesentlich verändert worden ist.
Die Einfuhr in den Europäischen Wirtschaftsraum steht dem Inverkehrbringen eines neuen Produkts gleich.
Ausstellen: Das ist das Aufstellen oder Vorführen von Produkten zum Zwecke der Werbung.

7.2.4 Personenbezogene Begriffe aus dem GPSG

In den vorherigen Kapiteln, besonders in „Kommunikationsbeziehungen“ und „Zielgruppen“, wurde auf die Definition von Hersteller verwiesen. Hier stehen nun die Erklärungen dazu.
Der Technische Autor sollte immer überprüfen und wissen, in wessen Auftrag er arbeitet und wie seine Arbeit in wessen Auftrag zu verstehen ist.
Dieses Gesetz definiert nicht die Begriffe Lieferant oder Dienstleister, was ein Mangel dieses Gesetzes ist. Allerdings befinden sich Definitionen im Produkt-

haftungsgesetz, das auch seinen Ursprung in einer EU-Richtlinie hat.

Hersteller: Das ist jede natürliche oder juristische Person, die:

- ein Produkt herstellt,
- ein Produkt wiederaufarbeitet,
- ein Produkt wesentlich verändert und erneut in den Verkehr bringt.

Als Hersteller gilt auch jeder, der geschäftsmäßig seinen Namen, seine Marke oder ein anderes unterscheidungskräftiges Kennzeichen an einem Produkt anbringt und sich dadurch als Hersteller ausgibt, oder der als sonstiger Inverkehrbringer die Sicherheitseigenschaften eines Verbraucherprodukts beeinflusst.

Bevollmächtigter: Das ist jede im Europäischen Wirtschaftsraum niedergelassene natürliche oder juristische Person, die vom Hersteller schriftlich dazu ermächtigt wurde, in seinem Namen zu handeln.

Einführer: Das ist jede im Europäischen Wirtschaftsraum niedergelassene natürliche oder juristische Person, die ein Produkt aus einem Drittland in den Europäischen Wirtschaftsraum einführt oder dieses veranlasst.

Händler: Das ist, wer geschäftsmäßig ein Produkt in den Verkehr bringt und nicht Hersteller, Bevollmächtigter oder Einführer im Sinne des GPSG ist.

7.2.5 Organbezogene Begriffe aus dem GPSG

Die beiden unten genannten Begriffe sind etwas „gewöhnungsbedürftig“, wenn man bis vor Kurzem mit „notifizierten“ oder „benannten“ Stellen zu tun hatte. Gemeint ist fast das Gleiche. „Fast“ deshalb, weil die Bundesanstalt für Arbeitsschutz und Arbeitsmedizin“ als definiertes rechtswirksames Organ Kompetenz hinzugewonnen hat.

Der Technische Autor sollte aus diesem Grunde die Veröffentlichungen dieser Einrichtung regelmäßig verfolgen und für seine Arbeit nutzen.

Mit den zugelassenen Stellen hat der Technische Autor relativ häufig zu tun. Viele Hersteller beauftragen aus vertriebstechnischen Gründen Zugelassene Stellen, um mittels deren quasirechtlichen „Qualitätsaussagen“ einen reibungslosen Produktvertrieb zu kalkulieren.

Beauftragte Stelle: Das ist, vorbehaltlich einer anderweitigen Regelung in einer Rechtsverordnung, die Bundesanstalt für Arbeitsschutz und Arbeitsmedizin.

Zugelassene Stellen: Das sind im Einzelnen:

- jede Stelle, die für die Durchführung der Verfahren zur Feststellung der Übereinstimmung mit den grundlegenden Sicherheitsanforderungen gemäß den Rechtsverordnungen tätig ist;
- jede GS-Stelle für die Zuerkennung des GS-Zeichens;
- jedes Prüflaboratorium, das für eine der beiden oben genannten Stellen tätig ist, sofern sie von der zuständigen Behörde für einen bestimmten Aufgabenbereich der beauftragten Stelle benannt und von dieser im Bundesanzeiger bekannt gemacht worden ist.

Zugelassene Stellen sind weiterhin:
Stellen, die der Kommission der Europäischen Gemeinschaften von einem Mitgliedstaat aufgrund eines Rechtsaktes des Rates oder der Kommission der Europäischen Gemeinschaften oder von einer nach dem Abkommen über den Europäischen Wirtschaftsraum zuständigen Behörde aufgrund dieses Abkommens mitgeteilt worden sind.

7.2.6 Dokumentbezogene Begriffe aus dem GPSG

Dieser eine folgende Begriff ist vom Technischen Autor zu kennen. Er verkörpert den gesamten Vereinheitlichungsprozess in Europa seit dem Ende der 50er-Jahre des letzten Jahrhunderts.
Mehr zu diesem Begriff steht im Kapitel „Normen“.

Harmonisierte Norm: Das ist eine nicht verbindliche technische Spezifikation, die von einer europäischen Normenorganisation nach den in der Richtlinie 98/34/EG des Europäischen Parlaments und des Rates vom 22. Juni 1998 über ein Informationsverfahren auf dem Gebiet der Normen und technischen Vorschriften (ABl. EG Nr. L 204 S. 37) festgelegten Verfahren angenommen und deren Fundstelle im Amtsblatt der Europäischen Gemeinschaften veröffentlicht wurde.

Diese relativ kurze Aufzählung von Rechtsvorschriften macht deutlich, wie stark die anfangs diskutierten Kommunikationsbeziehungen und Kommunikationspartner sowie die vom Technischen Autor zu berücksichtigenden Zielgruppen auf seine unmittelbare Arbeit einwirken können.

7.2.7 Handlungsbezogene Begriffe aus dem GPSG

Dies waren bisher kaum Handlungen – diese folgen nun. Es sind das Inverkehrbringen und Aufstellen von Produkten.
Der Gesetzgeber verbindet in gesonderten Paragrafen auch noch „besondere Pflichten für das Inverkehrbringen von Verbraucherprodukten“ und knüpft an diese Handlungen bestimmte Kennzeichnungspflichten bzw. Kennzeichnungsmöglichkeiten.
Der Technische Autor, der die Technische Dokumentation zu einem Produkt verfasst und zu verantworten hat, ist teilweise direkt, in jedem Fall aber indirekt als Handelnder tätig – ob er will oder nicht. Der Gesetzgeber definiert ihn als Kommunikationspartner, zusammen mit dem Produkt.
Hier nun die Bestimmungen zum Inverkehrbringen nach dem Gesetz über technische Arbeitsmittel und Verbraucherprodukte GPSG:

Inverkehrbringung: Soweit ein Produkt einer Rechtsverordnung der Bundesministerien für
- Wirtschaft und Arbeit,
- Verbraucherschutz,
- Ernährung und Landwirtschaft,
- Umwelt, Naturschutz und Reaktorsicherheit
- Verteidigung,
- Verkehr, Bau und Wohnungswesen unterfällt,

darf es nur in den Verkehr gebracht werden, wenn es den dort vorgesehenen Anforderungen an Sicherheit und Gesundheit und sonstigen Voraussetzungen für sein Inverkehrbringen entspricht und Sicherheit und Gesundheit der Verwender oder Dritter oder sonstiger in den Rechtsverordnungen aufgeführter Rechtsgüter bei bestimmungsgemäßer Verwendung oder vorhersehbarer Fehlanwendung nicht gefährdet werden.
Entspricht eine Norm, die eine harmonisierte Norm umsetzt, einer oder mehreren Anforderungen an Sicherheit und Gesundheit, wird bei einem entsprechend dieser Norm hergestellten Produkt vermutet, dass es den betreffenden Anforderungen an Sicherheit und Gesundheit genügt.
Bei der Beurteilung, ob ein Produkt der gesetzlichen Anforderung bezüglich Sicherheit und Gesundheit entspricht, sind insbesondere zu berücksichtigen:
- die Eigenschaften des Produkts einschließlich seiner Zusammensetzung, Verpackung, der Anleitungen für seinen Zusammenbau, der Installation, der Wartung und der Gebrauchsdauer;
- seine Einwirkungen auf andere Produkte, soweit seine Verwendung mit anderen Produkten zu erwarten ist;
- seine Darbietung, Aufmachung im Handel, Kennzeichnung, Warnhinweise, Gebrauchs- und Bedienungsanleitung und Angaben für seine Beseitigung sowie alle sonstigen produktbezogenen Angaben oder Informationen;
- die Gruppen von Verwendern, die bei der Verwendung des Produkts einer größeren Gefahr ausgesetzt sind als andere.

Bei der Beurteilung, ob ein Produkt den Anforderungen entspricht, können Normen und andere technische Spezifikationen zugrunde gelegt werden.
Entspricht eine Norm oder sonstige technische Spezifikation, die vom Ausschuss für technische Arbeitsmittel und Verbraucherprodukte ermittelt und von der beauftragten Stelle im Bundesanzeiger bekannt gemacht worden ist, einer oder mehreren Anforderungen an Sicherheit und Gesundheit, wird bei einem nach dieser Norm oder sonstigen Spezifikation hergestellten Produkt vermutet, dass es den betreffenden Anforderungen an Sicherheit und Gesundheit genügt.
Bei einem technischen Arbeitsmittel, das von Rechtsverordnungen der oben genannten Bundesministerien erfasst ist, ist maßgeblich für das Inverkehrbringen

die Rechtslage zum Zeitpunkt seines erstmaligen Inverkehrbringens in den Europäischen Wirtschaftsraum.
Dies gilt auch für ein Verbraucherprodukt, soweit es von Rechtsverordnungen der oben genannten Bundesministerien erfasst ist.
Bei einem technischen Arbeitsmittel, das nicht von einer Rechtsverordnung erfasst ist, ist maßgeblich die Rechtslage zum Zeitpunkt seines erstmaligen Inverkehrbringens im Geltungsbereich dieses Gesetzes. Beim Inverkehrbringen eines Verbraucherprodukts ist, soweit es keiner Rechtsverordnung der oben genannten Bundesministerien unterfällt, die Rechtslage zum Zeitpunkt seines Inverkehrbringens maßgeblich.

Rückruf: Das ist jede Maßnahme, die auf Erwirkung der Rückgabe eines bereits in den Verkehr gebrachten Produkts durch den Verwender abzielt.
Rücknahme: Das ist jede Maßnahme, mit der verhindert werden soll, dass ein Produkt vertrieben, ausgestellt oder dem Verwender angeboten wird.

Sofern in den Rechtsverordnungen der oben genannten Bundesministerien keine anderen Regelungen vorgesehen sind, ist dann eine Gebrauchsanleitung in deutscher Sprache beim Inverkehrbringen mitzuliefern, wenn:

- Sicherheit und Gesundheit erst durch die Art der Aufstellung eines technischen Arbeitsmittels oder verwendungsfertigen Gebrauchsgegenstandes gewährleistet werden;
- hierauf beim Inverkehrbringen des technischen Arbeitsmittels oder verwendungsfertigen Gebrauchsgegenstandes ausreichend hinzuweisen ist;
- zur Gewährleistung von Sicherheit und Gesundheit bestimmte Regeln bei der Verwendung, Ergänzung oder Instandhaltung eines technischen Arbeitsmittels oder verwendungsfertigen Gebrauchsgegenstandes beachtet werden müssen.

Ein Produkt, das den vorgenannten Voraussetzungen nicht entspricht, darf ausgestellt werden, wenn ein sichtbares Schild deutlich darauf hinweist, dass es die Voraussetzungen nicht erfüllt und diese erst erworben werden können, wenn die entsprechende Übereinstimmung hergestellt ist. Bei einer Vorführung sind die erforderlichen Vorkehrungen zum Schutz von Personen zu treffen.

Besondere Pflichten für das Inverkehrbringen von Verbraucherprodukten

Der Hersteller, sein Bevollmächtigter und der Einführer eines Verbraucherprodukts haben jeweils im Rahmen ihrer Geschäftstätigkeit beim Inverkehrbringen:

- sicherzustellen, dass der Verwender die erforderlichen Informationen erhält, damit dieser die Gefahren, die von dem Verbraucherprodukt während der üblichen oder vernünftigerweise vorhersehbaren Gebrauchsdauer ausgehen und die ohne entsprechende Hinweise nicht unmittelbar erkennbar sind, beurteilen und sich dagegen schützen kann;
- den Namen des Herstellers oder, sofern dieser nicht im Europäischen Wirtschaftsraum ansäßig ist, den Namen des Bevollmächtigten oder des Einführers und deren Adressen auf dem Verbraucherprodukt oder auf dessen Verpackung anzubringen;
- das Verbraucherprodukt so zu kennzeichnen, dass es eindeutig identifiziert werden kann, es sei denn, das Weglassen dieser Angaben ist vertretbar, insbesondere weil dem Verwender diese Angaben bereits bekannt sind oder das Anbringen dieser Angaben mit einem unverhältnismäßigen Aufwand verbunden wäre,
- Vorkehrungen zu treffen, die den Eigenschaften des von ihnen in den Verkehr gebrachten Verbraucherprodukts angemessen sind, damit sie imstande sind, zur Vermeidung von Gefahren geeignete Maßnahmen zu veranlassen, bis hin zur Rücknahme des Verbraucherprodukts, der angemessenen und wirksamen Warnung und dem Rückruf
- bei den in Verkehr gebrachten Verbraucherprodukten, abhängig vom Grad der von ihnen ausgehenden Gefahr und der Möglichkeiten diese abzuwehren, die gebotenen Stichproben durchzuführen, Beschwerden zu prüfen und erforderlichenfalls ein Beschwerdebuch zu führen sowie die Händler über weitere das Verbraucherprodukt betreffende Maßnahmen zu unterrichten.

Der Hersteller, sein Bevollmächtigter und der Einführer haben jeweils unverzüglich die zuständigen Behörden nach Maßgabe von Anhang I der Richtlinie 2001/95/EG des Europäischen Parlaments und des Rates vom 3. Dezember 2001 über die allgemeine Produktsicherheit (ABl. EG Nr. L 11 S. 4) zu unterrichten, wenn sie wissen oder anhand der ihnen vorliegenden Informationen oder ihrer Erfahrung eindeutige Anhaltspunkte dafür haben, dass von einem von ihnen in Verkehr gebrachten Verbraucherprodukt eine Gefahr für die Gesundheit und Sicherheit von Personen ausgeht.
Insbesondere haben sie über die Maßnahmen zu unterrichten, die sie zur Abwendung dieser Gefahr getroffen haben.
Eine Unterrichtung darf nicht zur strafrechtlichen Verfolgung des Unterrichtenden oder für ein Verfahren nach dem Gesetz über Ordnungswidrigkeiten gegen den Unterrichtenden verwendet werden.
Der Händler hat dazu beizutragen, dass nur sichere Verbraucherprodukte in den Verkehr gebracht werden.
Er darf insbesondere kein Verbraucherprodukt in den Verkehr bringen, von dem er weiß oder anhand der ihm vorliegenden Informationen oder seiner Erfahrung wissen muss, dass es nicht den Anforderungen für das Inverkehrbringen und Ausstellen entspricht. Die Anforderungen für den Hersteller gelten für den Händler entsprechend.

Folgen für den Technischen Autor

Die Anforderungen für das Inverkehrbringen bestimmen unmittelbar die Arbeit des Technischen Autors. Sie bestimmen nicht nur Inhalt, Gestaltung und produktbezogen auch den Umfang und die Textsorten der produktbegleitenden Dokumente, sie bestimmen in gleichem Maße auch die Dokumente vom und für den Hersteller zum Nachweis der Erfüllung der Produktanforderungen und Dokumentationsanforderungen.
Im nächsten Schritt geht es um die CE-Kennzeichnung, eine Kennzeichnung, die aus dem Alltag nicht mehr wegzudenken ist, andererseits eine Kennzeichnung, die dem Verbraucher in seiner Gesamtheit noch unbekannt sein dürfte.

7.2.8 Symbolbezogene Begriffe aus dem GPSG

CE-Kennzeichnung

Es ist verboten, ein Produkt in den Verkehr zu bringen, wenn dieses, seine Verpackung oder ihm beigefügte Unterlagen mit der CE-Kennzeichnung versehen sind, ohne dass die Rechtsverordnungen der oben genannten Bundesministerien oder andere Rechtsvorschriften dies vorsehen und die Voraussetzungen der folgenden Punkte eingehalten sind:

- Die CE-Kennzeichnung muss sichtbar, lesbar und dauerhaft angebracht sein.
- Die CE-Kennzeichnung muss aus den Buchstaben „CE“ in folgender Gestalt bestehen (... nicht darstellbares Muster).
- Es dürfen zusätzlich zur CE-Kennzeichnung keine Kennzeichnungen angebracht werden, durch die Dritte hinsichtlich der Bedeutung und der Gestalt der CE-Kennzeichnung irregeführt werden können.

Jede andere Kennzeichnung darf angebracht werden, wenn sie die Sichtbarkeit und Lesbarkeit der CE-Kennzeichnung nicht beeinträchtigt.
Bei Verkleinerung oder Vergrößerung der CE-Kennzeichnung müssen die hier wiedergegebenen Proportionen gewahrt bleiben.

Diese CE-Kennzeichnung ist für die meisten technischen Produkte vorgeschrieben. Das heißt, sie ist verpflichtend und anzubringen, sobald das Produkt in Verkehr gebracht wird. Wie oben bereits erwähnt, kann das bei Anlagen im Rahmen der herstellerseitigen Inbetriebnahme erfolgen.

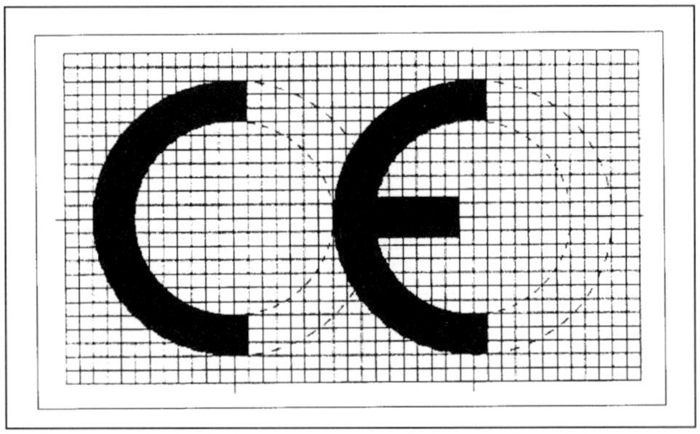

Abb. 7-3: *CE-Kennzeichnung*

Ganz anders verhält es sich mit dem im Folgenden behandelten GS-Zeichen. Es ist eine vom Hersteller freiwillig eingegangene Verpflichtung der Prüfung des Fertigungsprozesses von dem Produkt.

GS-Zeichen

Soweit Rechtsverordnungen der oben genannten Bundesministerien nichts anderes bestimmen, dürfen technische Arbeitsmittel und verwendungsfertige Gebrauchsgegenstände mit dem vom Bundesministerium für Wirtschaft und Arbeit amtlich bekannt gemachten Zeichen „GS = geprüfte Sicherheit" (GS-Zeichen) versehen werden, wenn es von einer GS-Stelle auf Antrag des Herstellers oder seines Bevollmächtigten zuerkannt worden ist.

Das GS-Zeichen darf nur zuerkannt werden, wenn der GS-Stelle folgende Nachweise vorliegen:

- ein Nachweis der Übereinstimmung des geprüften Baumusters mit den Anforderungen zum Inverkehrbringen sowie anderer Rechtsvorschriften hinsichtlich der Gewährleistung von Sicherheit und Gesundheit durch eine Baumusterprüfung;
- ein Nachweis, dass die Voraussetzungen eingehalten werden, die bei der Herstellung der technischen Arbeitsmittel und verwendungsfertigen Gebrauchsgegenstände zu beachten sind, um ihre Übereinstimmung mit dem geprüften Baumuster zu gewährleisten.

Über die Zuerkennung des GS-Zeichens ist eine Bescheinigung auszustellen.

Die Geltungsdauer der Zuerkennung ist auf die Dauer von höchstens fünf Jahre zu befristen.

Abb. 7-4: *GS-Kennzeichnung*

Die GS-Stelle hat Kontrollmaßnahmen zur Überwachung der Herstellung der technischen Arbeitsmittel und verwendungsfertigen Gebrauchsgegenstände und der rechtmäßigen Verwendung des GS-Zeichens durchzuführen.

Liegen die Voraussetzungen für die Zuerkennung des GS-Zeichens nicht mehr vor, so hat die GS-Stelle die Zuerkennung zu entziehen.

Sie unterrichtet in diesen Fällen die anderen GS-Stellen und die zuständige Behörde über die Entziehung.

Der Hersteller hat zu gewährleisten, dass die von ihm hergestellten technischen Arbeitsmittel und verwendungsfertigen Gebrauchsgegenstände mit dem geprüften Baumuster übereinstimmen.

Er hat die Kontrollmaßnahmen zu dulden.

Er darf das GS-Zeichen nur verwenden und mit ihm werben, solange die oben genannten Voraussetzungen erfüllt sind.

Der Hersteller darf kein Zeichen verwenden oder mit ihm werben, das mit dem GS-Zeichen verwechselt werden kann.

Wie beim GS-Zeichen schon angeklungen, muss der Hersteller in seinem Unternehmen von Dritten Prüfungen zulassen. Dies betrifft auch die unmittelbare Arbeit des Technischen Autors. Auch er ist mit seiner Arbeit und durch seine Arbeit Prüfungsgegenstand.

Etwas anderes ist es, wenn der Hersteller vom Gesetzgeber aufgefordert wird, seine Produkte und seine Produktionsstätten für eine Prüfung zugänglich zu machen.

Im Allgemeinen geht der Gesetzgeber davon aus, dass ein ordnungsgemäß angebrachtes CE-Kennzeichen darauf schließen lässt, dass das Produkt auch die entsprechenden Anforderungen erfüllt. Besteht aber der Verdacht, dass dem nicht so ist, wird eine Überprüfung des Herstellers durchgeführt.

Diese Prüfung betrifft unmittelbar den Technischen Autor, der die Technische Dokumentation zu dem Produkt erstellt hat. Prüfungsgegenstand sind sowohl die produktbegleitenden Dokumente wie auch die Nachweisdokumentation. Diese Dokumentation nennt man auch Interne Dokumentation.

Im Folgenden werden einige Maßnahmen aus den Paragrafen für die Themenkreise „Aufgaben und Befugnisse der zuständigen Behörden" und „Meldeverfahren" aufgezeigt.

7.2.9 Verfahrensbezogene Begriffe aus dem GPSG

Aufgaben und Befugnisse der zuständigen Behörden

Die zuständigen Behörden haben eine wirksame Überwachung des Inverkehrbringens von Produkten sowie der in den Verkehr gebrachten Produkte auf der Grundlage eines Überwachungskonzepts zu gewährleisten. Das Überwachungskonzept soll insbesondere umfassen:

- die Erfassung und Auswertung verfügbarer Informationen zur Ermittlung von Mängelschwerpunkten und Warenströmen;
- die Aufstellung, regelmäßige Anpassung und Durchführung von Überwachungsprogrammen, mit denen die Produkte stichprobenartig und in dem erforderlichen Prüfumfang überprüft werden;
- die Erfassung und Bewertung dieser Programme;
- die regelmäßige Überprüfung und Bewertung der Wirksamkeit des Konzeptes.

Die zuständige Behörde geht bei Produkten, die einer Rechtsverordnung der oben genannten Bundesministerien unterliegen und mit der CE-Kennzeichnung versehen sind, davon aus, dass sie den dort jeweils festgelegten Anforderungen entsprechen.

Bei technischen Arbeitsmitteln und verwendungsfertigen Gebrauchsgegenständen, die mit dem GS-Zeichen versehen sind, ist davon auszugehen, dass diese den Anforderungen an Sicherheit und Gesundheit für das Inverkehrbringen sowie anderen Rechtsvorschriften entsprechen.

Die zuständigen obersten Landesbehörden stellen die Koordinierung der Überwachung des Inverkehrbringens von Produkten sowie der in den Verkehr gebrachten Produkte, die Entwicklung und Fortschreibung des Überwachungskonzeptes und die Vorbereitung länderübergreifender Maßnahmen zur Abwendung erheblicher Gefahren sicher.

Die zuständige Behörde trifft die erforderlichen Maßnahmen, wenn sie den begründeten Verdacht hat, dass ein Produkt nicht den Anforderungen für das Inverkehrbringen entspricht. Sie ist insbesondere befugt:

- das Ausstellen eines Produkts zu untersagen, wenn die Voraussetzungen für das Inverkehrbringen nicht erfüllt sind;
- Maßnahmen anzuordnen, die gewährleisten, dass ein Produkt erst in den Verkehr gebracht wird, wenn es den Anforderungen für das Inverkehrbringen entspricht;
- anzuordnen, dass ein Produkt von einer zugelassenen Stelle oder einer in gleicher Weise geeigneten Stelle überprüft wird;
- anzuordnen, dass geeignete, klare und leicht verständliche Warnhinweise über Gefährdungen, die von dem Produkt ausgehen, angebracht werden. Diese Warnhinweise haben dabei in deutscher Sprache zu erfolgen;
- das Inverkehrbringen eines Produkts für den zur Prüfung zwingend erforderlichen Zeitraum vorübergehend zu verbieten;
- zu verbieten, dass ein Produkt, das nicht den Anforderungen für das Inverkehrbringen entspricht, in den Verkehr gebracht wird;
- die Rücknahme oder den Rückruf eines in Verkehr gebrachten Produkts, das nicht den Anforderungen nach § 4 entspricht, anzuordnen, ein solches Produkt sicherzustellen und, soweit eine Gefahr für den Verwender oder Dritte auf andere Weise nicht zu beseitigen ist, seine unschädliche Beseitigung zu veranlassen;
- anzuordnen, dass alle, die einer von einem in Verkehr gebrachten Produkt ausgehenden Gefahr ausgesetzt sein können, rechtzeitig in geeigneter Form, insbesondere durch den Hersteller, auf diese Gefahr hingewiesen werden.

Die zuständige Behörde soll Maßnahmen vorrangig an den Hersteller, seinen Bevollmächtigten oder den Einführer richten.

Sie kann entsprechend den jeweiligen Erfordernissen Maßnahmen auch an den Händler richten.

Maßnahmen gegen jede andere Person sind nur zulässig, solange eine gegenwärtige erhebliche Gefahr nicht auf andere Weise abgewehrt werden kann.

Entspricht ein mit einem GS-Zeichen versehenes Produkt nicht den Anforderungen für das Inverkehrbringen, so hat die zuständige Behörde die GS-Stelle, die

das Zeichen zuerkannt hat, und die Behörde für die Zulassung der benannten Stelle zu informieren.
Die zuständigen Behörden und deren Beauftragte sind befugt, Räume oder Grundstücke, in oder auf denen Produkte hergestellt werden, zum Zwecke des Inverkehrbringens lagern oder ausgestellt sind, zu betreten, die Produkte zu besichtigen und zu prüfen oder prüfen zu lassen, insbesondere hierzu in Betrieb nehmen zu lassen. Zur Tragung der Kosten für Prüfungen können die Personen, die das Produkt herstellen oder zum Zwecke des Inverkehrbringens lagern oder ausstellen, herangezogen werden, wenn die Prüfung ergeben hat, dass die Anforderungen für das Inverkehrbringen nicht erfüllt sind.
Der Hersteller, sein Bevollmächtigter, der Einführer und der Händler haben jeweils Maßnahmen zu dulden und die zuständigen Behörden sowie deren Beauftragte zu unterstützen.
Sie sind verpflichtet, der zuständigen Behörde auf Verlangen die Auskünfte zu erteilen, die zur Erfüllung ihrer Aufgaben erforderlich sind.
Der Verpflichtete kann die Auskunft auf solche Fragen verweigern, deren Beantwortung ihn selbst oder einen der in § 383 Abs. 1 Nr. 1 bis 3 der Zivilprozessordnung bezeichneten Angehörigen der Gefahr strafrechtlicher Verfolgung oder eines Verfahrens nach dem Gesetz über Ordnungswidrigkeiten aussetzen würde.
Er ist über sein Recht zur Auskunftsverweigerung zu belehren.

Meldeverfahren

Trifft die zuständige Behörde Maßnahmen nach den Befugnissen der zuständigen Behörde, durch die das Inverkehrbringen eines Produkts untersagt, eingeschränkt oder seine Rücknahme oder sein Rückruf an-

Tab. 7-2: *Inhaltliche Gliederung des GPSG*

Gesetz über technische Arbeitsmittel und Verbraucherprodukte (seit 1. Mai 2004 in Kraft) Kurzbezeichnung: „Geräte- und Produktsicherheitsgesetz GPSG"		
Inhaltliche Gliederung		
Abschnitt	**Sachbezug**	**Wesentliche Inhalte**
1	**Allgemeine Vorschriften**	
	§ 1 Anwendungsbereich	Festlegung der Geltungsbereiche des Gesetzes
	§ 2 Begriffsbestimmungen	Bestimmung der Begriffe von Personen, Einrichtungen, Verfahren und Handlungen, die im Gesetz verwendet werden.
	§ 3 Ermächtigung zum Erlass von Rechtsverordnungen	Aufzählung der einzelnen Bundesministerien, die die Durchführung des Gesetzes bestimmen und daran beteiligt sind.
2	**Inverkehrbringen und Kennzeichnen von Produkten**	
	§ 4 Inverkehrbringen und Ausstellen § 5 Besondere Pflichten für das Inverkehrbringen von Verbraucherprodukten	Benennung der Voraussetzungen, unter denen ein Produkt in Verkehr gebracht bzw. ausgestellt werden darf; es wird besonders auf die Informationspflicht des Herstellers bezüglich des Gefahrenpotenzials eines Produktes hingewiesen. Hinweise auf die Meldepflicht des Herstellers gegenüber der zuständigen Behörde bei Wissen über akute Gefährdung durch ein in Verkehr gebrachtes Produkt
	§ 6 CE-Kennzeichnung	Beschreibung der Wahrnehmbarkeitsbedingungen des CE-Kennzeichens Hinweis auf das Verbot des Verwendens des CE-Kennzeichens bei Nichterfüllen der Rechtsanforderungen
	§ 7 GS-Zeichen	Erläuterung der Zuerkennungsbedingungen des GS-Zeichens

Tab. VII-2 *(Fortsetzung)*

Inhaltliche Gliederung		
Abschnitt	**Sachbezug**	**Wesentliche Inhalte**
3	**Überwachung des Inverkehrbringens von Produkten**	
	§ 8 Aufgaben und Befugnisse der zuständigen Behörden	Definition der Zuständigkeiten zwischen Landes-, Bundes und Kommunalbehörden Bestimmung des Aufgabenbereichs der zuständigen Behörden Der Aufgabenbereich lässt sich verkürzt in folgende Punkte gliedern: – Erfassung und Auswertung von Mängelschwerpunkten und Warenströmen, – Installation eines Produktprüf-, Produkterfassungs- und Produktüberwachungsprogramms, – regelmäßige Evaluation der installierten Programme.
	§ 9 Meldeverfahren	Bestimmung von Verfahrensabläufen Differenzierung der Meldeinhalte Bestimmung der Meldestellen Reihenfolge der Meldungsweiterleitung
	§ 10 Veröffentlichung von Informationen	Bestimmung der veröffentlichbaren Produkt- und Herstellerinformationen Erläuterung der Bedingungen für die Veröffentlichung personen- und produktbezogener Daten
4	**Besondere Vorschriften**	
	§ 11 Zugelassene Stellen	Beschreibung und Erläuterung des Antrags- und Ernennungsverfahrens inländischer und ausländischer Antragsteller als Zugelassene Stelle und als zugelassene GS-Stelle für einen bestimmten Aufgabenbereich durch eine zuständige Behörde Erwähnung der Akkreditierung einer zugelassenen Stelle für bestimmte Produkte und Verfahren auf der Grundlage harmonisierter Normen
	§ 12 Aufgaben der Bundesanstalt für Arbeitsschutz und Arbeitsmedizin	Vorbeugende produktbezogene Ermittlung und Bewertung von Risiken für Sicherheit und Gesundheit sowie Formulierung von Vorbeugemaßnahmen Behördlich auftragsgebundene Risikobewertungen an Produkten bei erwartbarer akuter Gefährdung Auftragsgebundene Risikobewertungen an Produkten durch EU-Anforderung Unterstützung zuständiger Behörden bei der Entwicklung und Durchführung eines Produktüberwachungskonzepts, siehe § 8.
	§ 13 Ausschuss für technische Arbeitsmittel und Verbraucherprodukte	Absichtserklärung für die Einsetzung eines „Ausschusses für technische Arbeitsmittel und Verbraucherprodukte“ beim Ministerium für Wirtschaft und Arbeit Benennung und Erläuterung der Aufgaben des Ausschusses Die Aufgaben lassen sich wie folgt kurz benennen: – Beratung der Bundesregierung in Fragen der Sicherheit und entsprechender Produkte; – Ermittlung der relevanten Sicherheitsnormen und anderer technischer Spezifikationen hinsichtlich der bestimmungsgemäßen Verwendung und der Darbietung eines Produkts nach § 4; – Ermittlung nationaler technischer Spezifikationen für die Anwendung gesetzlicher Bestimmungen und zwischenstaatlicher Zusammenarbeit mit bundesbehördlicher Kompetenz.

7

Tab. VII-2 *(Fortsetzung)*

Inhaltliche Gliederung		
Abschnitt	**Sachbezug**	**Wesentliche Inhalte**
5	**Überwachungsbedürftige Anlagen**	
	§ 14 Ermächtigung zum Erlass von Rechtsverordnungen	Definition von überwachungsbedürftigen Anlagen und Beschreibung des Anwendungsbereiches der behördlichen Verordnungen bei der Errichtung, Inbetriebnahme, dem Verwendungszweck und dem Betrieb solcher Anlagen Beschreibung möglicher weiterer Formulierung und Durchsetzung von Vorschriften zur Verwirklichung der behördlichen Kompetenzen
	§ 15 Befugnisse der zuständigen Behörden	Benennung und Beschreibung der Befugnisse zuständiger Stellen Die Befugnisse lassen sich in Kürze wie folgt beschreiben: – Anordnung zur Durchsetzung von auferlegten Pflichten; – Anordnung der Stilllegung oder Beseitigung einer Anlage; – Untersagung des Betriebs einer Anlage.
	§ 16 Zutrittsrecht des Beauftragten der zugelassenen Überwachungsstelle	Differenzierte Erläuterung des Zutrittsrechts: – Verpflichtung zur Zugänglichkeit; – Gestattung der Durchführung angeordneter Prüfungen; – Bereitstellung benötigter Arbeitskräfte und Hilfsmittel; – Vorlage und Vermittlung erforderlicher Informationen und Unterlagen; – Einschränkung des Grundgesetzes Art. 13.
	§ 17 Durchführung der Prüfung und Überwachung	Zuordnung der zugelassenen Überwachungsstellen, geordnet nach Bundeskompetenzen und Landeskompetenzen. Überwachungsbedürftige Anlagen von Bundespolizei, Bundeswehr und Eisenbahnen werden durch Behörden des jeweiligen Ministeriums überprüft und überwacht. Kompetenzbeschreibungen bei der Festlegung von Anforderungen für zugelassene Überwachungsstellen durch Landesregierungen Definition Zugelassene Überwachungsstelle sowie Erläuterung und Beschreibung ihres Anwendungsbereichs Definition und Erläuterung des Begriffs Akkreditierung und Beschreibung seines Anwendungsbereichs
	§ 18 Aufsichtsbehörden	Zuordnung des Begriffs nach Landes- und Bundeskompetenz
6	**Straf- und Bußgeldvorschriften**	
	§ 19 Bußgeldvorschriften	Definitionen des Begriffs Ordnungswidriges Handeln im Rahmen dieses Gesetzes Definition zur Bestimmung einer Geldbuße und deren maximaler Höhe
	§ 20 Strafvorschriften	Definition zur Bestimmung einer Freiheitsstrafe und deren maximale Höhe oder einer Geldstrafe und deren maximale Höhe
7	**Schlussvorschriften**	
	§ 21 Übergangsbestimmungen	Terminfestlegung und Anwendungsbestimmungen bezüglich der gültigen Durchführungsbestimmung folgender Vorgänge: – bei einem Akkreditierungsverfahren für die Benennung einer zugelassenen Stelle; – die Prüfung einer überwachungsbedürftigen Anlage; – Einsatz von Sachverständigen technischer Überwachungsorganisationen; – Einsatz von Sachverständigen zur Prüfung überwachungsbedürftiger Anlagen.

7

geordnet wird, so unterrichtet sie hiervon unter Angabe der Gründe die beauftragte Stelle.
Dies umfasst auch die Unterrichtung über einen Mangel an einer technischen Norm, nach der das Produkt gefertigt wurde.
Die zuständige Behörde unterrichtet die beauftragte Stelle auch über Maßnahmen und Vorkehrungen, die das Inverkehrbringen oder das Verwenden von Produkten, die eine erhebliche Gefahr darstellen, betreffen und im Rahmen des gemeinschaftlichen Systems zum raschen Austausch von Informationen über die Gefahren bei der Verwendung von Konsumgütern gemeldet werden müssen.
Dabei ist das Verfahren gemäß Anhang II der Richtlinie 2001/95/EG des Europäischen Parlaments und des Rates vom 3. Dezember 2001 über die allgemeine Produktsicherheit (ABl. EG Nr. L 11 S. 4) zu beachten.
Dies schließt auch die Meldung jeder Änderung oder Aufhebung der Maßnahmen oder Vorkehrungen mit ein. Wurde die CE-Kennzeichnung oder das GS-Zeichen von einer zugelassenen Stelle zuerkannt, ist auch die zuständige Behörde zu unterrichten.
Die beauftragte Stelle überprüft die eingegangenen Meldungen auf Vollständigkeit und Schlüssigkeit. Sie leitet die Meldungen dem Bundesministerium für Wirtschaft und Arbeit zu.
Sie unterrichtet das Bundesministerium für Wirtschaft und Arbeit sowie die zuständigen Bundesressorts über Meldungen und leitet diese den zuständigen Stellen der Kommission der Europäischen Gemeinschaften zu.
Die genannten Begriffe des GPSG sowie die damit verbundenen Verfahren repräsentieren die drei Säulen des europäischen Rechtssystems bezüglich der Sicherheit im Zusammenhang mit der Verwendung technischer Produkte, wie sie zu Beginn des Kapitels dargestellt sind. Teilweise sind in anderen europäischen Staaten die relevanten EU-Richtlinien ebenfalls in ein Gesetz gegossen, teilweise sind die Inhalte anders organisiert.
Für den Technischen Autor ist eines noch wichtig: Entspricht seine Arbeit und entsprechen seine Arbeitsergebnisse den relevanten EU-Richtlinien, dann hat er einen Rechtsanspruch auf die Gültigkeit seiner Arbeit. Dies kann im Schadensfall oder auch bei Beschränkungen im grenzüberschreitenden Warenverkehr innerhalb des EU-Binnenmarktes von Bedeutung sein. Wobei dieses Problem zunächst nicht ihn persönlich betrifft, sondern das sich als Hersteller erklärende Unternehmen.

7.3 Entsprechungen der Maschinenrichtlinie Ausführung 98/37/EG und 2006/37/EG

Wie eingangs festgestellt, gilt die neue Ausführung der Maschinenrichtlinie nach nationalem Recht ab dem 29. Dezember 2009. Bis dahin gilt nach nationalem Recht noch die 98/37/EG, obwohl sie als EU-Richtlinie bereits aufgehoben ist. Der Widerspruch wird durch die Entsprechungstabelle im Anhang XII der neuen Ausführung 2006/37/EG aufgelöst.
Die Entsprechungstabelle erlaubt das Anwenden der nicht veränderten Inhalte der alten Ausführung mit dem Etikett der neuen Ausführung. Damit ist gewährleistet, dass bei Rechtsstreitigkeiten nach EU-Recht schon die Neufassung der EU-Maschinenrichtlinie verwendet werden kann, auch wenn es um Anforderungen der Ausführungen nach 98/37/EG geht.
Der Grund für die Neufassung der Maschinenrichtlinie liegt im Wesentlichen in den Änderungen des Anwendungsbereichs, den klareren Bestimmungen zum Inverkehrbringen und zum Konformitätsbewertungsverfahren.
Für den Technischen Autor ist es besonders bedeutsam, dass der Anhang VI Anforderungen an die Montageanleitungen für unvollständige Maschinen enthält. Damit will man wohl die Diskussion beenden, welcher Dokumentationsaufwand für nicht betriebsfertige Maschinen und Anlagen noch als angemessen zu gelten hat.
Die folgende Tabelle beschränkt sich auf die Entsprechungen zu

- Anhang I: Grundlegende Sicherheits- und Gesundheitsanforderungen für Konstruktion und Bau von Maschinen
- Allgemeine Grundsätze (2006/37/EG) bzw. Vorbemerkung (98/37/EG)
- Teil 1: Grundlegende Sicherheits- und Gesundheitsanforderungen.

Ein wesentlicher Grund für diese Einschränkung ist der allgemeine Charakter dieser Anforderungen. Sie lassen sich auf den Großteil von Maschinen anwenden. Ein gewichtiger zweiter Grund ist der Anwendungsbereich des beiliegenden Softwareprogramms. Es enthält genau zu diesem Teil 1 die entsprechenden Anforderungen und zu jeder Anforderung einen ausführlichen Fragenkatalog, der eine lückenlose und detaillierte Interne Dokumentation erstellen lässt.

Tab. 7-3: *Auszug nach der Entsprechungstabelle in Anhang XII der EU-Richtlinie 2006/37/EG*

Entsprechungen nach Anhang I Grundlegende Sicherheits- und Gesundheitsanforderungen für Konstruktion und Bau von Maschinen	
Richtlinie 98/37/EG	**Richtlinie 2006/37/EG**
Vorbemerkung 1	Allgemeine Grundsätze Nummer 1
Vorbemerkung 2	Allgemeine Grundsätze Nummer 2
Vorbemerkung 3	Allgemeine Grundsätze Nummer 3
Teil 1: Grundlegende Sicherheits- und Gesundheitsanforderungen	
Nummer 1.1 Allgemeines	
Nummer 1.1.1	
Nummer 1.1.2	
Nummer 1.1.2 Buchstabe d	Nummer 1.1.6
Nummer 1.1.3	
Nummer 1.1.4	
Nummer 1.1.5	
Nummer 1.2 Steuerungen und Befehlseinrichtungen	
Nummer 1.2.1	
Nummer 1.2.2	
Nummer 1.2.3	
Nummer 1.2.4	
Nummer 1.2.4 Absätze 1 bis 3	Nummer 1.2.4.1
Nummer 1.2.4 Absätze 4 bis 6	Nummer 1.2.4.3
Nummer 1.2.4 Absatz 7	Nummer 1.2.4.4
Nummer 1.2.5	
Nummer 1.2.6	
Nummer 1.2.7	Nummer 1.2.1
Nummer 1.2.8	Nummer 1.1.6

Tab. VII-3 *(Fortsetzung)*

Richtlinie 98/37/EG	Richtlinie 2006/37/EG
Nummer 1.3 Schutzmaßnahmen gegen mechanische Gefährdungen	
Nummer 1.3.1	
Nummer 1.3.2	
Nummer 1.3.3	
Nummer 1.3.4	
Nummer 1.3.5	
Nummer 1.3.6	
Nummer 1.3.7	
Nummer 1.3.8	
Nummer 1.3.8 Buchstabe A	Nummer 1.3.8.1
Nummer 1.3.8 Buchstabe B	Nummer 1.3.8.2
Nummer 1.4 Anforderungen an Schutzeinrichtungen	
Nummer 1.4.1	
Nummer 1.4.2	
Nummer 1.4.2.1	
Nummer 1.4.2.2	
Nummer 1.4.2.3	
Nummer 1.4.3	
Nummer 1.5 Risiken durch sonstige Gefährdungen	
Nummer 1.5.1	
Nummer 1.5.2	
Nummer 1.5.3	
Nummer 1.5.4	
Nummer 1.5.5	
Nummer 1.5.6	
Nummer 1.5.7	
Nummer 1.5.8	
Nummer 1.5.9	
Nummer 1.5.10	
Nummer 1.5.11	
Nummer 1.5.12	

Tab. VII-3 *(Fortsetzung)*

Richtlinie 98/37/EG	Richtlinie 2006/37/EG
Nummer 1.5.13	
Nummer 1.5.14	
Nummer 1.5.15	
Nummer 1.6 Instandhaltung	
Nummer 1.6.1	
Nummer 1.6.2	
Nummer 1.6.3	
Nummer 1.6.4	
Nummer 1.6.5	
Nummer 1.7 Informationen	
Nummer 1.7.0	Nummer 1.7.1.1
Nummer 1.7.1	Nummer 1.7.1.2
Nummer 1.7.2	
Nummer 1.7.3	
Nummer 1.7.4	
Nummer 1.7.4 Buchstabe b und h	Nummer 1.7.4.1
Nummer 1.7.4 Buchstabe a und c sowie e bis g	Nummer 1.7.4.2
Nummer 1.7.4 Buchstabe d	Nummer 1.7.4.3
Der Inhalt der sich jeweils entsprechenden Teile ist nicht notwendigerweise identisch	

7

Teil 8

Verzeichnisse zu Europäischen Richtlinien, Europäischen Normen und Europäischen Normenorganisationen

8

Europäische Produktrichtlinien und europäische harmonisierte Normen ergänzen einander. Die EU-Richtlinien sind Rechtsgrundlagen und wirksam über die nationalen Gesetze der Mitgliedsländer des Europäischen Binnenmarkts.
Die harmonisierten Normen sind grundsätzlich keine Rechtsgrundlagen, belegen aber den Stand der Technik und beziehen sich unmittelbar auf die Produktanforderungen der EU-Richtlinien. Dies ist ein Grund, weshalb im beruflichen Alltag die Normen häufig wie rechtswirksame Dokumente verwendet und verstanden werden.
Ein anderer Grund liegt gerade im Zweck und Ziel des Gesetzgebers einerseits und der Öffentlichkeit in Person der Interessensverbände von Verbrauchern und Herstellern andererseits, dass die Normen als Prüfmittel und somit als Beurteilungs- und Entscheidungsmittel dienen sollen, die Erfüllung der rechtlich festgeschriebenen Produktanforderungen zu erklären. Damit erhalten sie in der Praxis den Status einer Quasi-Rechtsgrundlage.
Der Technische Autor hat sowohl mit der Rechtsgrundlage als auch mit den harmonisierten Normen und der Problematik ihrer Rechtswirksamkeit zu tun.
In diesem Kapitel sind aus praktischen Gesichtspunkten die Normenkomitees wie auch ihre Verantwortlichkeiten bezüglich technischer Themenstellungen aufgeführt. Beide Informationen können für den Technischen Autor bei seinen Recherchen wichtig sein. Weiterhin sind einige wichtige harmonisierte Normen kommentierend genannt. Für den schnellen Überblick sind die Qualitätssicherungsmodule tabellarisch dargestellt. Beide Informationsquellen benötigt der Technische Autor in seinem Berufsalltag – die Normen als Kurzinformation und die Module zur Planung entsprechender Projekte und gegebenenfalls als Argumentationsgrundlage.

8.1 Verzeichnis nationaler Normenorganisationen im CEN (Europäisches Normungskomitee)

Schutzklauseln schränken den nationalen Anwendungsbereich ein

Die in der folgenden Aufstellung genannten nationalen Normenorganisationen entsprechen dem Stand 2005. Die Kenntnis dieser Organisationen ist bei der aktuellen wirtschaftlichen Verflechtung und den fließenden politischen Machtverhältnissen sehr wichtig. Ihre Bedeutung zeigt sich unter anderem im Rechtsanspruch auf Schutzklauseln bei der Verabschiedung von Europäischen harmonisierten Normen. So kann es durchaus sein, dass bei der Angabe von harmonisierten Normen in den produktbegleitenden Dokumenten, zum Beispiel der EG-Konformitätserklärung, eine Norm enthalten ist, die in dem Bestimmungsland aus Gründen einer Schutzklausel in ihrer Gesamtheit – was äußerst selten der Fall ist – oder in Teilbereichen nicht gültig ist.
In solchen Fällen ist es erforderlich, dass ein Hinweis in dem entsprechenden Dokument auf diesen Umstand eingeht und die Erfüllung der nationalen Anforderungen erklärt.

Tab. 8-1: *Verzeichnis nationaler Normenorganisationen im CEN*

Benennung der nationalen Normungsorganisationen im Europäischen Normungskomitee CEN		
Land	**Name**	**Kurzbezeichnung**
Österreich	Österreichisches Normungsinstitut	ON
Belgien	Bureau de Normalisation/ Bureau voor Normalisatie (NBN)	NBN
Bulgarien	Bulgarian Institute for Standardisation (BDS)	BDS
Zypern	Cyprus Organization for Standardisation (CYS)	CYS
Tschechien	Czech Standards Institute (CNI)	CNI
Dänemark	Danish Standards (DS)	DS
Estland	Estonian Centre for Standardisation (EVS)	EVS

Tab. 8-1 *(Fortsetzung)*

Benennung der nationalen Normungsorganisationen im Europäischen Normungskomitee CEN		
Land	**Name**	**Kurzbezeichnung**
Finnland	Suomen Standardisoimisliitto r.y. (SFS)	SFS
Frankreich	Association Française de Normalisation (AFNOR)	AFNOR
Deutschland	Deutsches Institut für Normung e.V. (DIN)	DIN
Griechenland	Hellenic Organization for Standardization (ELOT)	ELOT
Ungarn	Hungarian Standards Institution (MSZT)	MSZT
Island	Icelandic Standards (IST)	IST
Irland	National Standards Authority of Ireland (NSAI)	NSAI
Italien	Ente Nazionale Italiano di Unificazione (UNI)	UNI
Lettland	Latvian Standards Ltd (LVS)	LVS
Litauen	Lithuanian Standards Board (LST)	LST
Luxemburg	Service de l'Energie de l'Etat (SEE) Organisme Luxembourgeois de Normalisation	SEE

Tab. 8-1 *(Fortsetzung)*

Benennung der nationalen Normungsorganisationen im Europäischen Normungskomitee CEN		
Land	**Name**	**Kurzbezeichnung**
Malta	Malta Standards Authority (MSA)	MSA
Niederlande	Nederlands Normalisatie-instituut (NEN)	NEN
Norwegen	Standard Norge (SN)	SN
Polen	Polish Committee for Standardization (PKN)	PKN
Portugal	Instituto Português da Qualidade (IPQ)	IPO
Rumänien	Romanian Standards Association (ASRO)	ASRO
Slovakai	Slovak Standards Institute (SUTN)	SUTN
Slovenien	Slovenian Institute for Standardization (SIST)	SIST
Spanien	Asociación Española de Normalización y Certificación (AENOR)	AENOR
Schweden	Swedish Standards Institute (SIS)	SIS
Schweiz	Schweizerische Normen-Vereinigung (SNV)	SNV
Großbritannien	British Standards Institution (BSI)	BSI

8.2 Wichtige technische Komitees im CEN

Das Europäische Normungskomitee ist in sehr viele einzelne Technische Komitees und diese wieder in Arbeitsgruppen und Abteilungen gegliedert. Diese Gliederung findet sich teilweise in den nationalen Normungsorganisationen wieder, sodass ein gezielter Kommunikationsfluss sichergestellt werden kann.

Neben den nationalen Normungsorganisationen gibt es auch noch etliche branchen- und berufsspezifische Organisationen, die ebenfalls Normen und Richtlinien erarbeiten sowie an der Entwicklung von nationalen und internationalen Normen unmittelbar beteiligt sind. Auch diese Organisationen gliedern sich vorzugsweise in Gruppen, die auch im CEN als Abteilungen wiederzufinden sind.

In der nachfolgenden Tabelle sind einige der Komitees aufgeführt, die für die Bestimmungen von Produktanforderungen besonders wichtig sind. Ein weiterer Aspekt zum Entschluss, diese Aufstellung zu verwenden, ist, dass deutlich die Gewichtung der nationalen Normenorganisationen wahrzunehmen ist. Allerdings ist einschränkend anzumerken, dass sich diese Schwerpunkte historisch entwickelt haben und sich gegebenenfalls durch die Erweiterung der Mitgliedsländer mittelfristig eher auflösen oder auch noch weiter verfestigen. Dies aber sind nur Überlegungen – und es bleibt abzuwarten, wie sich die strategischen Kräfte entwickeln.

Tab. 8-2: *Wichtige technische Komitees im CEN*

Wichtige technische Komitees (TC) im CEN			
Benennung	**TC-Nr. im CEN**	**Sekretariat im CEN (Mitgliedsland/Kz)**	**Logos**
Aufzüge	10	Frankreich/ AFNOR	AFNOR
Materialien, Ausrüstungen und Offshore-Bauwerke für Erdöl und Erdgasindustrie	12	Frankreich/ AFNOR	
Ortsbewegliche Gasbehälter	23	Großbritannien/ BSI	BSI
Ölzerstäubungsbrenner und ihre Komponenten; Funktion, Sicherheit, Prüfung	47	Deutschland/ DIN	DIN
Unbefeuerte Druckbehälter	54	Großbritannien/ BSI	BSI
Sicherheits- und Regeleinrichtungen für Gasbrenner und Gasverbrauchseinrichtungen	58	Großbritannien/ BSI	
Industriearmaturen	69	Frankreich/ AFNOR	AFNOR
Flansche und Flanschverbindungen	74	Deutschland/ DIN	DIN
Hebebühnen	98	Deutschland/ DIN	
Wärmeaustauscher	110	Großbritannien/ BSI	BSI

Tab. 8-2 *(Fortsetzung)*

Wichtige technische Komitees (TC) im CEN			
Benennung	TC-Nr. im CEN	Sekretariat im CEN (Mitgliedsland/Kz)	Logos
Wärmepumpen und Luftkonditionierungsgeräte	113	Spanien/ AENOR	AENOR
Sicherheit von Maschinen und Geräten	114	Deutschland/ DIN	DIN
Schweißen	121	Dänemark/ DS	DS
Ergonomie	122	Deutschland/ DIN	DIN
Laser und Geräte, die in Verbindung mit Lasern verwendet werden	123	Deutschland/ DIN	
Gasbrenner mit Gebläse	131	Deutschland/ DIN	
Bewertung der Belastung am Arbeitsplatz	137	Deutschland/ DIN	
Holzbearbeitungsmaschinen; Sicherheit: Arbeitsgruppe 8 (WG 8) Werkzeug	142	Großbritannien/ BSI	BSI
Werkzeugmaschinen; Sicherheit: Arbeitsgruppe 2 (WG 2) Stationäre Schleifmaschinen	143	Italien/ UNI	UNI
Land- und forstwirtschaftliche Maschinen	144	Frankreich/ AFNOR	AFNOR
Gummi- und Kunststoffmaschinen; Sicherheit	145	Italien/ UNI	UNI
Verpackungsmaschinen; Sicherheit	146	Italien/ UNI	
Krane; Sicherheit	147	Großbritannien/ BSI	BSI
Stetigförderer und Systeme; Sicherheit	148	Frankreich/ AFNOR	AFNOR
Regalbediengeräte; Sicherheit	149	Deutschland/ DIN	DIN
Flurförderzeuge; Sicherheit	150	Großbritannien/ BSI	BSI

Tab. 8-2 *(Fortsetzung)*

Wichtige technische Komitees (TC) im CEN			
Benennung	TC-Nr. im CEN	Sekretariat im CEN (Mitgliedsland/Kz)	Logos
Bau- und Baustoffmaschinen; Sicherheit	151	Deutschland/ DIN	DIN
Fliegende Bauten auf Veranstaltungsplätzen und in Vergnügungsparks; Sicherheit	152	Italien/ UNI	UNI
Nahrungsmittelmaschinen; Anforderung an die Sicherheit und an die Hygiene	153	Deutschland/ DIN	DIN
Lüftung von Gebäuden	156	Großbritannien/ BSI	BSI
Wasserversorgung	164	Frankreich/ AFNOR	AFNOR
Abwassertechnik	165	Deutschland/ DIN	DIN
Ketten, Seile, Hebebänder, Anschlagmittel und -zubehör; Sicherheit	168	Großbritannien/ BSI	BSI
Angewandte Lichttechnik	169	Deutschland/ DIN	DIN
Kälteanlagen, Sicherheitstechnische und umweltrelevante Anforderungen	182	Deutschland/ DIN	
Abfallwirtschaft	183	Deutschland/ DIN	
Mechanische Verbindungselemente mit und ohne Gewinde und Zubehör	185	Deutschland/ DIN	
Thermoprozesstechnik; Sicherheit	186	Deutschland/ DIN	
Fördergurte	188	Großbritannien/ BSI	BSI
Ortsfeste Brandbekämpfungsanlagen	191	Großbritannien/ BSI	
Ausrüstung für die Feuerwehr	192	Großbritannien / BSI	
Luftfilter für die allgemeine Raumlufttechnik	195	Deutschland/ DIN	DIN

8

Tab. 8-2 *(Fortsetzung)*

Wichtige technische Komitees (TC) im CEN

Benennung	TC-Nr. im CEN	Sekretariat im CEN (Mitgliedsland/Kz)	Logos
Maschinen für den Bergbau unter Tage; Sicherheit	196	Großbritannien / BSI	BSI
Pumpen	197	Frankreich/ AFNOR	AFNOR
Druck- und Papiermaschinen; Sicherheit	198	Deutschland/ DIN	DIN
Gerbereimaschinen; Sicherheit	200	Italien/ UNI	UNI
Maschinen zur Herstellung von Leder- und Kunstlederwaren und Schuhwerk; Sicherheit	201	Italien/ UNI	
Gießereimaschinen	202	Deutschland/ DIN	DIN
GFK-Tanks und -Behälter	210	Deutschland/ DIN	
Akustik	211	Dänemark/ DS	DS
Textilmaschinen und Chemischreinigungs-/ Wäschereimaschinen	214	Schweiz/ SNV	SNV
Gummi- und Kunststoffschläuche und Schlauchleitungen	218	Großbritannien / BSI	BSI
Werksgefertigte Tanks aus metallischen Werkstoffen	221	Deutschland/ DIN	DIN
Heizungssysteme in Gebäuden	228	Dänemark/ DS	DS
Mechanische Schwingungen und Stöße	231	Deutschland/ DIN	DIN
Kompressoren; Sicherheit	232	Schweden/ SIS	SIS
Biotechnik	233	Frankreich/ AFNOR	AFNOR
Thermisches Spritzen und thermisch gespritzte Schichten	240	Deutschland/ DIN	DIN

Tab. 8-2 *(Fortsetzung)*

Wichtige technische Komitees (TC) im CEN			
Benennung	**TC-Nr. im CEN**	**Sekretariat im CEN (Mitgliedsland/Kz)**	**Logos**
Sicherheitsanforderungen für Seilbahnen und Schleppaufzüge des Personenverkehrs	242	Frankreich/ AFNOR	AFNOR
Automatisierung von haustechnischen Anlagen	247	Schweiz/ SNV	SNV
Handgehaltene kraftbetriebene nichtelektrische Maschinen; Sicherheit	255	Schweden/ SIS	SIS
Eisenbahnwesen	256	Deutschland/ DIN	DIN
Sichere Aufbewahrung von Geld, Wertgegenständen und Datenträgern	263	Großbritannien / BSI	BSI
Luftbeschaffenheit	264	Deutschland/ DIN	DIN
Standortgefertigte Metall-Tanks zur Lagerung von Flüssigkeiten	265	Großbritannien / BSI	BSI
Ortsfeste Tanks aus Thermoplasten	266	Großbritannien / BSI	
Industrielle Rohrleitungen und Fernrohrleitungen	267	Frankreich/ AFNOR	AFNOR
Tiefkalte Behälter	268	Frankreich/ AFNOR	
Großwasserraum-Kessel und Wasserrohr-Kessel	269	Deutschland/ DIN	DIN
Verbrennungsmotoren	270	Deutschland/ DIN	
Oberflächenbehandlungsgeräte; Sicherheit	271	Deutschland/ DIN	
Luftfahrt-Bodengeräte	274	Deutschland/ DIN	
Flüssiggas-Geräte und Ausrüstungsteile	286	Irland/ NSAI	nsai
Maß-, Form-, und Lage-Produktspezifikation und -prüfung	290	Deutschland/ DIN	DIN

8

Tab. 8-2 *(Fortsetzung)*

Wichtige technische Komitees (TC) im CEN			
Benennung	**TC-Nr. im CEN**	**Sekretariat im CEN (Mitgliedsland/Kz)**	**Logos**
Häusliche Feuerstätten für feste Brennstoffe	295	Großbritannien / BSI	
Tanks für die Beförderung gefährlicher Güter	296	Frankreich/ AFNOR	
Explosionsfähige Atmosphären – Explosionsschutz	305	Deutschland/ DIN	
Fortgeschrittene Fertigungstechniken	310	Großbritannien / BSI	
Industriezentrifugen – Sicherheitstechnische Anforderungen	313	Schweden/ SIS	
Instandhaltung	319	Deutschland/ DIN	
Dienstleistungen im Transportwesen	320	Dänemark/ DS	
Hütten- und Walzwerkeinrichtungen – Sicherheitsanforderungen	322	Deutschland/ DIN	
Rollen und Räder	324	Deutschland/ DIN	
Industrieroboter	BTS 2*) AH 6	Schweden/ SIS	
Integrierte Fertigungssysteme	BTS 2*) AH 8	Deutschland/ DIN	
Industrieventilatoren	BTS 2*) AH 17	Deutschland/ DIN	
BTS 2*): Technischer Sektor Maschinenbau			

8

8.3 Auswahl von kommentierten harmonisierten europäischen Normen

Normen befinden sich, zumindest theoretisch, in einem ständigen Änderungsprozess. Das heißt, zum einen werden Normen ständig an die sich wandelnde Produktweiterentwicklung angepasst. Das bedeutet, dass Ergebnisse der Versuche bei Neuentwicklungen entweder durch die Berufsverbände oder durch notifizierte bzw. akkreditierte Prüforganisationen und -vereine an die jeweiligen Normenorganisationen weitergereicht werden, wodurch sich dort ein Informationsreservoir bildet, das in eine Normform gebracht wird. Der andere Grund dafür, dass sich Normen in einem ständigen Umbruch befinden, ist, dass Produktneuentwicklungen auch neue Normen entstehen lassen können oder dass durch Produktneuentwicklungen bisherige Produkte als nicht mehr akzeptabel erklärt werden müssen und dass die auf diese Produkte bezogenen Normen entweder geändert oder für ungültig erklärt werden müssen.

Dies hat auch Auswirkungen auf die hier getroffene Auswahl von Sicherheitsnormen und auf die Kommentierung dieser ausgewählten Sicherheitsnormen. Sowohl Auswahl als auch Kommentierung sind subjektiv, das heißt, sie erheben keinen Anspruch auf Vollständigkeit und Richtigkeit. Ebenso wenig darf aus der hier getroffenen Auswahl an Sicherheitsnormen und aus den Kommentaren ein Anspruch auf Vollständigkeit und Richtigkeit geltend gemacht werden. Allerdings geschah Auswahl wie Kommentierung verantwortlich eingedenk der praktischen Nöte, die im Berufsalltag entstehen können.

Die Kommentare zu diesen Normen beziehen sich nur auf die jeweilige genannte Ausgabe.

Sie sind als subjektive Äußerungen zu verstehen und zu bewerten, sei es im Hinblick auf die Vollständigkeit, auf die Auswahl oder den Blickwinkel sowie auf eine möglicherweise objektive Richtigkeit.

In jedem Fall sind die Kommentare nach praktischen und anwendungsbezogenen Gesichtspunkten verfasst und ausgewählt.

Tab. 8-3: *Verzeichnis von kommentierten harmonisierten europäischen Normen*

Norm/Ausgabe DIN EN 12100-1/04.2004	Kurztitel **Sicherheit von Maschinen – Grundbegriffe, allgemeine Gestaltungsleitsätze; Grundsätzliche Terminologie, Methodik**
Ersatz für EN 292-1/11.1991	**Anwendungsbereich** Sicheres Konstruieren von Maschinen für private und gewerbliche Zwecke; Festlegung von grundlegender Terminologie und Spezifizierung allgemeiner Konstruktionsmethoden **Wesentliche Inhalte** Definition der Begriffe „Gefährdung“ und sinnverwandter Begriffe wie „Risiko“, „Gefahrbereich“ usw. Aber auch Definitionen von „Konstruktion“ und den Lebensphasen einer Maschine sowie eine detaillierte Festlegung einzelner „Sicherheitsfunktionen“, einzelner „Gefährdungen“ und einer „Strategie für die Auswahl von Sicherheitsmaßnahmen“ Drei Grafiken veranschaulichen die Sachverhalte „Beziehungen zwischen den Pflichten des Konstrukteurs und denen des Benutzers“, „Strategie für die Auswahl eingebauter Sicherheitsmaßnahmen“ und „Allgemeine schematische Darstellung einer Maschine“. Hilfreich ist auch das „Dreisprachige alphabetische Wortverzeichnis der in der Norm EN 12100 verwendeten Fachwörter und –ausdrücke“.
	Kommentar Diese Norm liefert wichtige und wesentliche begriffliche Grundinformationen für das Verständnis des sicherheitsrelevanten Zusammenspiels von Konstrukteur als Gestalter und somit Verantwortlicher von technischen Erzeugnissen hinsichtlich ihrer Verwendungsmöglichkeiten und -grenzen und dem Verwender sowie der Umwelt als Gesamtheit, die durch die technischen Erzeugnisse beeinflusst bzw. bestimmt wird.

8

Tab. 8-3 *(Fortsetzung)*

Norm/Ausgabe DIN	Kurztitel
EN 12100-2/04.2004	**Sicherheit von Maschinen – Grundbegriffe, allgemeine Gestaltungsleitsätze; Technische Leitsätze und Spezifikationen**
Ersatz für EN 292-2/06.1995	**Anwendungsbereich** Sicheres Konstruieren von Maschinen für private und gewerbliche Zwecke; Festlegung von grundlegender Terminologie und Spezifizierung allgemeiner Konstruktionsmethoden **Wesentliche Inhalte** Ergänzend zum Teil 1 werden hier einzelne konstruktive Lösungsmöglichkeiten hinsichtlich der Vermeidung von Gefährdungen sowie die Auswahl und Gestaltungsanforderungen einzelner Sicherheits- und Schutzeinrichtungen vorgestellt – bauteiltechnisch wie steuerungstechnisch. Wichtig sind auch die detaillierten Gestaltungsanforderungen an „Benutzerinformationen“ wie „Signale und Warnanlagen“, „Kennzeichnung, Symbole (Piktogramme), schriftliche Warnhinweise“ sowie für „Begleitunterlagen“ (insbesondere Betriebsanleitung). Der Anhang A (informativ) enthält den Text des Anhanges I der Maschinenrichtlinie.
	Kommentar Ergänzend zum Teil 1 liefert der Teil 2 unmittelbar verwendbare Detailinformationen. Diese sind für die Abfassung von Betriebsanleitungen bzw. Benutzerinformationen teilweise sehr hilfreich.
Norm/Ausgabe DIN	Kurztitel
EN 294/08.1992	**Sicherheit von Maschinen – Sicherheitsabstände gegen das Erreichen von Gefahrstellen mit den oberen Gliedmaßen**
	Anwendungsbereich Festlegung der Sicherheitsabstände gegen das Erreichen von Gefahrstellen mit den oberen Gliedmaßen für Personen ab 3 Jahre Die Anwendbarkeit wird auf die Voraussetzung eingeschränkt, dass allein durch den Abstand eine angemessene Sicherheit erreicht wird. Ferner wird einschränkend auf Normen ähnlichen Inhalts bzw. Sachverhalts verwiesen. **Wesentliche Inhalte** Tabellen mit Grafiken von den relevanten Körperteilen mit Zuordnungen von Mess- und Maßwerten
	Kommentar Der Inhalt ist sehr übersichtlich und detailliert dargestellt. Es lassen sich grundlegende Informationen unmittelbar entnehmen und anwenden.
Norm/Ausgabe DIN	Kurztitel
EN 349/06.1993	**Sicherheit von Maschinen – Mindestabstände zur Vermeidung des Quetschens von Körperteilen**
	Anwendungsbereich Festlegung von Mindestabständen zu Quetschstellen in Abhängigkeit von menschlichen Körperteilen. Die Anwendbarkeit wird auf die Voraussetzung eingeschränkt, dass allein durch den Abstand eine angemessene Sicherheit erreicht werden kann. **Wesentliche Inhalte** Die Norm enthält eine Definition des Begriffs „Quetschstelle“. Als Voraussetzung für die Anwendbarkeit der Norm wird auf die Anwendung der EN 12100 -1 Abschnitt 5 „Strategie für die Auswahl von Sicherheitsmaßnahmen“ verwiesen. Die Norm enthält eine Tabelle mit Grafiken von den relevanten Körperteilen mit Zuordnungen von Maßwerten sowie schematische Darstellungen von Quetschstellen am Beispiel einer generalisierten Werkzeugmaschine.
	Kommentar Die Einschränkung auf das vorwegzunehmende Prüfverfahren spiegelt die Komplexität eines sicherheitsrelevanten Konstruierens wider. Der Konstruktionsprozess verlangt die geplante bestimmungsgemäße Verwendung der Maschine und setzt detaillierte Raum-Zeit-Handlungsmuster voraus. Der Inhalt ist übersichtlich und detailliert dargestellt. Es lassen sich grundlegende Informationen unmittelbar entnehmen und anwenden.

Tab. 8-3 *(Fortsetzung)*

Norm/Ausgabe DIN EN 418/01.1993	Kurztitel **Sicherheit von Maschinen – NOT-AUS-Einrichtungen, funktionelle Aspekte; Gestaltungsleitsätze**
Hinweise zum Inhalt	**Anwendungsbereich** Festlegung von Gestaltungsleitsätzen für NOT-AUS-Einrichtungen ohne Rücksicht auf die Art der verwendeten Energie **Wesentliche Inhalte** Die Norm enthält Definitionen zu den Begriffen „NOT-AUS (Funktion)“ und „NOT-AUS-Einrichtung“. Grafiken veranschaulichen „funktionelle Aspekte des Anwendungsbereiches“ der Norm und schematisch die räumliche Anordnung von „NOT-AUS-Einrichtung in einer Maschine/Anlage“. Sie beschreibt detailliert „Sicherheitsanforderungen“ allgemeiner Art und bezogen auf Betriebsbedingungen, Gestaltung und Ausführungen im Zusammenwirken mit Drähten usw., wenn diese als Stellteile benutzt werden.
	Kommentar Der Inhalt ist übersichtlich und detailliert dargestellt. Die Grafiken sind eine übersichtliche Informationshilfe. Es lassen sich grundlegende Informationen unmittelbar entnehmen und anwenden.
Norm/Ausgabe DIN EN 457/04.1992	Kurztitel **Sicherheit von Maschinen – Akustische Gefahrensignale; Allgemeine Anforderungen, Gestaltung und Prüfung**
	Anwendungsbereich Festlegung der sicherheitstechnischen und ergonomischen Anforderungen und der entsprechenden Prüfverfahren für akustische Gefahrensignale mit Hinweisen auf die Gestaltung der Signale zum klaren Erkennen und Unterscheiden entsprechend EN 12100 -2 Abschnitt 5.3 Ausgenommen sind Gefahrenhinweise im Rahmen sprachlicher Verständigung. Die Norm hat keine Auswirkungen auf spezielle Regelungen für den öffentlichen Katastrophenschutz und öffentlichen Verkehr. **Wesentliche Inhalte** Die Norm enthält Definitionen grundlegender Begriffe wie „Akustisches Gefahrensignal“, „Akustisches Warnsignal“, Akustisches Notsignal für Räumung“ sowie Definitionen zu den verwendeten Messbegriffen und Formelzeichen. Zusätzlich macht die Norm detaillierte Angaben zu „Sicherheitstechnische Anforderungen“, „Prüfungen“, dem „Rechengang zur Abschätzung der Mithörschwelle“ und den „Erforderliche Informationen über Schallquellen für akustische Gefahrensignale“. In den informativen Anhängen sind Beispiele mit Messdiagrammen zu verschiedenen Anwendungsfällen beschrieben, z. B. „Akustisches Gefahrensignal zur Warnung vor herankommendem Pendelförderer, ... vor Ölmangel in einer Walzstraße, ... vor fahrendem Portalkran“ usw.
	Kommentar Es finden sich Empfehlungen zu den Messgerätanforderungen und zu den Inhalten der Datenblätter für Gefahrensignale, die der entsprechende Hersteller zu liefern hat. Die Auswahl der Beispieldiagramme ist ziemlich eingeschränkt auf Warnungen vor beweglichen Großmaschinen. Allgemeiner ist das Beispiel 6: Akustisches Gefahrensignal nach Beispiel 5, wenn ein Gehörschützer getragen wird, da es die reduzierte und damit gefährdende Wahrnehmungsfähigkeit beschreibt. Es lassen sich grundlegende Informationen unmittelbar entnehmen und verwenden.

Tab. 8-3 *(Fortsetzung)*

Norm/Ausgabe DIN EN 547-1/02.1997	**Kurztitel** **Sicherheit von Maschinen – Körpermaße des Menschen – Teil 1: Grundlagen zur Bestimmung von Abmessungen für Ganzkörper-Zugänge an Maschinenarbeitsplätzen**
	Anwendungsbereich Festlegung der Maße von Öffnungen für Ganzkörper-Zugänge für stationäre Maschinenarbeitsplätze **Wesentliche Inhalte** Die Norm beschreibt Kriterien, die für die Bemessung von Zugängen und Durchgängen für den Operator zu berücksichtigen sind. Ferner definiert sie den Begriff „Durchgangsöffnungen". Die Norm enthält eine Tabelle mit Grafiken von den relevanten Körperstellungen mit Zuordnungen von Maßwerten und Formelzeichen sowie deren Definition. Im normativen Anhang A wird die praktische Anwendung der Körpermaßdaten erläutert und es werden Bemessungsgrundlagen und -werte für verschiedene Anwendungen aufgeführt, z. B. „Zusätzliche Raumanforderungen für Öffnungen für horizontale Vorwärtsbewegung bei aufrechter Körperhaltung oder für vertikale Bewegung durch einen Schacht mit Leiterbenutzung".
	Kommentar In der Norm wird ausdrücklich auf die Anforderungen der Maschinenrichtlinie hingewiesen. Der Inhalt ist übersichtlich und detailliert dargestellt. Es lassen sich grundlegende Informationen unmittelbar entnehmen und anwenden.
Norm/Ausgabe DIN EN 547-2/02.1997	**Kurztitel** **Sicherheit von Maschinen – Körpermaße des Menschen – Teil 2: Grundlagen für die Bemessung von Zugangsöffnungen**
	Anwendungsbereich Festlegung der Maße von Öffnungen für Ganzkörper-Zugänge für stationäre Maschinenarbeitsplätze **Wesentliche Inhalte** Die Norm beschreibt Kriterien, die für die Bemessung von Zugangsöffnungen zu berücksichtigen sind. Ferner definiert sie den Begriff „Zugangsöffnungen". Die Norm enthält eine Tabelle mit Grafiken von den relevanten Körperteilen und Körperstellungen mit Zuordnungen von Maßwerten und Formelzeichen sowie deren Definition. Im normativen Anhang A wird die praktische Anwendung der Körpermaßdaten erläutert und es werden Bemessungsgrundlagen und -werte für verschiedene Anwendungen aufgeführt, z. B. „Zusätzliche Raumanforderungen für Zugangsöffnungen für Oberkörper und Arme, ... für den Kopf bis zur Schulter für Prüftätigkeiten" usw. Im informativen Anhang B werden übersichtlich und sehr detailliert unterschiedliche Lagen von Zugangsöffnungen dargestellt und beschrieben.
	Kommentar In der Norm wird ausdrücklich auf die Anforderungen der Maschinenrichtlinie hingewiesen. Der Inhalt ist übersichtlich und detailliert dargestellt. Es lassen sich grundlegende Informationen unmittelbar entnehmen und anwenden.

Tab. 8-3 *(Fortsetzung)*

Norm/Ausgabe DIN EN 547-3/02.1997	Kurztitel **Sicherheit von Maschinen – Körpermaße des Menschen – Teil 3: Körpermaßdaten**
	Anwendungsbereich Festlegung aktueller Anforderungen an Körpermaßdaten (anthropometrische Daten), die in EN 547-1 und EN 547-2 zur Berechnung der Zugangs- und Durchgangsmaße, wie sie an Maschinen Verwendung finden, benötigt werden. Die Körpermaßdaten sind abgeleitet von statischen Messungen an nackten Personen und berücksichtigen nicht Körperbewegungen, Bekleidung und Ausrüstung sowie Maschinenbetriebs- und Umgebungsbedingungen. Die Daten basieren auf dem zurzeit gültigen Erkenntnisstand aus anthropometrischen Untersuchungen, die für Bevölkerungsgruppen innerhalb Europas mit wenigstens drei Millionen Einwohnern repräsentativ sind. Sowohl Männer als auch Frauen wurden berücksichtigt. **Wesentliche Inhalte** Die Norm definiert die in Teil 1 und 2 verwendeten Körpermaßbegriffe in mm-Werten bzw. verweist auf Definitionen in der Norm prEN 979.
	Kommentar Diese Norm ist nur im Zusammenhang mit Teil 1 und/oder Teil 2 verwendbar, da nur dort die räumlichen Darstellungen und Definitionen gegeben werden.
Norm/Ausgabe DIN EN 563/08.1994	Kurztitel **Sicherheit von Maschinen – Temperaturen berührbarer Oberflächen; Ergonomische Daten zur Festlegung von Temperaturgrenzwerten für heiße Oberflächen**
	Anwendungsbereich Festlegung ergonomischer Daten und Beschreibung ihrer Anwendung bei der Festlegung von Temperaturgrenzwerten für heiße Oberflächen und Beurteilung von Verbrennungsrisiken Die Norm ist nicht anwendbar, wenn etwa mehr als 10 % der Körperoberfläche bzw. des Kopfes oder lebenswichtiger Bereiche des Gesichts mit einer heißen Oberfläche in Berührung kommen können. Die Norm enthält keine Werte für den Schutz gegen den Schmerz. **Wesentliche Inhalte** Die Norm liefert Definitionen der verwendeten Begriffe „Oberflächentemperatur“, „Kontaktdauer“, „Wärmeträgheit“, „Materialeigenschaften der Oberfläche“ sowie „Einteilung von Verbrennungen“ und „Verbrennungsschwelle“. In zahlreichen Diagrammen werden die „Veranschaulichung der Beziehung zwischen der Verbrennungsschwelle und der Kontaktdauer bei der Berührung einer heißen Oberfläche mit der Haut“ sowie Verbrennungsschwellen-Bereiche für den Kontakt der Haut mit einer heißen glatten Oberfläche verschiedener Materialien (z. B. unbeschichtetes und beschichtetes Metall, Kunststoff, Glas, Keramik Holz usw.) dargestellt. Die Norm bietet Anwendungshinweise bzgl. Messungen und der anwendungsbezogenen Interpretation der Diagramme. Der normative Anhang B enthält eine Zuordnung von Kontaktdauer und verschiedenen Handlungen. Mehrere informative Anhänge vermitteln wissenschaftliche Hintergrundinformationen sowie anwendungsbezogene Hinweise u. a. bzgl. der Auswahl angemessener Schutzmaßnahmen und thermischer Eigenschaften ausgewählter Materialien.
	Kommentar Die Norm ist sehr anwendungsbezogen gestaltet und berücksichtigt die erforderlichen planerischen Aspekte in der Konzeptionsphase. Der Inhalt ist übersichtlich und detailliert dargestellt. Es lassen sich grundlegende Informationen unmittelbar entnehmen und anwenden.

Tab. 8-3 *(Fortsetzung)*

Norm/Ausgabe DIN EN 574/02.1997	Kurztitel **Sicherheit von Maschinen – Zweihandschaltungen, Funktionelle Aspekte, Gestaltungsleitsätze**
	Anwendungsbereich Festlegung von Sicherheitsanforderungen für Zweihandschaltungen und ihre Logikeinheit, unabhängig von der Energie, die mindestens die gleichzeitige Betätigung durch beide Hände erfordert, um den Betrieb einer Maschine einzuleiten und aufrechtzuerhalten, solange eine Gefährdung besteht, um auf diese Weise eine Maßnahme zum Schutz nur der betätigenden Person zu erreichen. Die Norm gilt nicht für Einrichtungen, die für die Verwendung als Zustimmungseinrichtung, Befehlseinrichtung mit selbsttätiger Rückstellung (Tippschalter) und als spezielle Steuereinrichtung bestimmt sind. Die Norm legt nicht fest, welche Typen von Zweihandschaltungen verwendet werden sollen, mit welchen Maschinen Zweihandschaltungen angewendet werden sollen, welcher Abstand zwischen Zweihandschaltung und Maschine bestehen soll. **Wesentliche Inhalte** Die Norm liefert Definitionen aller für die Beurteilung von Zweihandschaltungen verwendeter Begriffe. Ferner werden u. a. die „Eigenschaften der Sicherheitsfunktionen", „Anforderungen in Verbindung mit Steuerungskategorien" wie auch Hinweise zum „Vermeiden von versehentlicher Betätigung und von Umgehen" und „Prüfungen" ausführlich behandelt. Im normativen Anhang werden einzelne Prüfverfahren übersichtlich und grafisch unterstützt dargestellt und beschrieben. Im informativen Anhang werden die unterschiedlichen Typen von Zweihandschaltungen den Sicherheitskategorien für sicherheitsbezogene Teile von Steuerungen zugeordnet.
	Kommentar Die Norm ist sehr anwendungsbezogen gestaltet und berücksichtigt die verschiedenen ergonomischen Aspekte bei der Auswahl von Zweihandschaltungen. Der Inhalt ist übersichtlich und detailliert dargestellt. Es lassen sich grundlegende Informationen unmittelbar entnehmen und anwenden.
Norm/Ausgabe DIN EN 614-1/04.1995	Kurztitel **Sicherheit von Maschinen – Ergonomische Gestaltungsgrundsätze; Teil 1: Begriffe und Leitsätze**
	Anwendungsbereich Darlegung ergonomischer Grundsätze für den Gestaltungsprozess von Arbeitsmitteln für Arbeits- und Privatbereich. Die Grundsätze gelten uneingeschränkt für alle Bereiche individueller Fähigkeiten. Die Norm gilt für das Zusammenwirken zwischen Operatoren und Arbeitsmitteln bei allen relevanten Lebensphasen eines Arbeitsmittels. **Wesentliche Inhalte** Die Norm liefert Definitionen aller für die Beurteilung des Zusammenspiels zwischen Operator und Arbeitsmittel verwendeten Begriffe, z. B. „Operator", „Arbeitsaufgabe", „-mittel", „-bereich", „-umgebung", „-system", „-belastung", „-ermüdung", „Stellteil". Es wird ausführlich auf die Gestaltungsfaktoren bzgl. unterschiedlicher menschlicher Verhaltensgrenzen und -möglichkeiten sowie auf die Wirkzusammenhänge von Operator und situativem Umfeld eingegangen. Eine tabellarische Darstellung der „Ergonomischen Aufgabenstellung im Gestaltungsprozess" legt übersichtlich die Reihenfolge der einzelnen Bearbeitungsschritte dar. Der informative Anhang enthält eine Beschreibung des 3-Zonen-Bewertungssystems (Methode zur Einstufung ergonomischer Risikofaktoren).
	Kommentar Mit dieser Norm kann ein Bewusstsein für das Wirkgefüge von Arbeitsmittel, Operator und Handlungsumfeld erzeugt und geschult werden. Es lassen sich die zur Verfügung gestellten Informationen mittelbar anwenden.

Tab. 8-3 *(Fortsetzung)*

Norm/Ausgabe DIN EN 626-1/11.1994	Kurztitel **Sicherheit von Maschinen – Reduzierung des Gesundheitsrisikos durch Gefahrstoffe, die von Maschinen ausgehen; Teil 1: Grundsätze und Festlegungen für Maschinenhersteller**
	Anwendungsbereich Behandlung von Grundlagen für die Überwachung von Gesundheitsrisiken, die durch Gefahrstoffe, die von der Maschine ausgehen, auftreten Die Norm schließt Gefahrstoffe aus, die ausschließlich aufgrund von explosiven und entzündlichen Eigenschaften, hoher und niedriger Temperatur, hohem oder niedrigem Druck oder ihrer Radioaktivität eine Gefahr darstellen. **Wesentliche Inhalte** Die Norm liefert eine kurze, auf einen Eigenschaftsbegriff beschränkte Definition von „Gefahrstoff". Sie beschreibt kurz die zu berücksichtigenden Aspekte für eine Gefahrenanalyse, bezogen auf die Lebensphasen einer Maschine. Ferner beschreibt sie unterschiedliche Emissionsarten und liefert kurze, aber wichtige Hinweise zur Benutzerinformation, z. B. über die vom Hersteller zur Verfügung zu stellende Information für den Betreiber und die Bedienperson sowie Informationen für die Instandhaltung. Der informative Anhang bietet „Beispiele für Maßnahmen zur Expositionsminderung gegenüber Gefahrstoffen".
	Kommentar Bis auf die „Hinweise zur Benutzung und Wartung" dient diese Norm eher als planerische Hilfe denn als Dokument mit unmittelbar verwendbaren technischen Werten. Im Überblickscharakter zu diesem Sachverhalt liegt aber ihr Vorteil.
Norm/Ausgabe DIN EN 626-2/08.1996	Kurztitel **Sicherheit von Maschinen – Reduzierung des Gesundheitsrisikos durch Gefahrstoffe, die von Maschinen ausgehen; Teil 2: Methodik beim Aufstellen von Überprüfungsverfahren**
	Anwendungsbereich Festlegung zur Auswahl eines Verfahrens zur Auswahl kritischer Faktoren, welche die Emission von Gefahrstoffen betreffen **Wesentliche Inhalte** Die Norm beschreibt die Methodik eines Überprüfungsverfahrens (z. B. „Identifizieren der Gefahrstoffe", „Charakterisierung der Emissionen" usw.) und definiert die Überprüfung. Der normative Anhang enthält ein „Fließschema, das zu Überprüfungsverfahren dient". Der informative Anhang beschreibt „Beispiele für Arten von Emissionen und wie diese bewertet werden" sowie „Beispiele für relevante Faktoren und ihre anzeigenden Eigenschaften".
	Kommentar Diese Norm ist nur in Verbindung mit Teil 1 sinnvoll. Die tabellarische Aufstellung der Informationen lässt diese z. T. unmittelbar umsetzen bzw. anwenden.

Tab. 8-3 *(Fortsetzung)*

Norm/Ausgabe DIN EN 811/12.1996	Kurztitel **Sicherheit von Maschinen – Sicherheitsabstände gegen das Erreichen von Gefahrstellen mit den unteren Gliedmaßen**
	Anwendungsbereich Festlegung der Werte für Sicherheitsabstände zur Verhinderung des Zugangs und für Abstände zur Behinderung des freien Zugangs der unteren Gliedmaßen von Personen von 14 Jahren und darüber. Die Anwendbarkeit wird auf die Voraussetzung eingeschränkt, dass allein durch den Abstand eine angemessene Sicherheit erreicht wird. Ferner wird einschränkend auf Normen ähnlichen Inhalts bzw. Sachverhalts verwiesen. **Wesentliche Inhalte** Die Norm beschreibt Aspekte für die Bestimmung der Sicherheitsabstände und enthält Tabellen mit Grafiken von den relevanten Körperteilen mit Zuordnungen von Mess- und Maßwerten. Im informativen Anhang weist ein Warnhinweis auf ggf. andere Anforderungen und andere wirksame EU-Richtlinien hin.
	Kommentar Der Inhalt ist sehr übersichtlich und detailliert dargestellt. Es lassen sich grundlegende Informationen unmittelbar entnehmen und anwenden.
Norm/Ausgabe DIN EN 842/08.1996	Kurztitel **Sicherheit von Maschinen – Optische Gefahrensignale; Allgemeine Anforderungen, Gestaltung und Prüfung**
Hinweise zum Inhalt	**Anwendungsbereich** Beschreibung von Kriterien für die Wahrnehmung von optischen Gefahrensignalen in dem Bestimmungsbereich für Menschen, die diese Signale erkennen und auf sie reagieren sollen. Festlegung sicherheitstechnischer und ergonomischer Anforderungen, entsprechender physikalischer Messungen und subjektiver Sichtprüfung für optische Gefahrensignale. Die Norm gilt nicht für Gefahrenhinweise, die entweder in schriftlicher oder in bildlicher Form gegeben werden oder die über Bildschirmgeräte übertragen werden. Die Norm ist nicht anwendbar auf spezielle Regelungen wie die des öffentlichen Katastrophenschutzes und des öffentlichen Verkehrs. **Wesentliche Inhalte** Die Norm liefert Definitionen für die in diesem Sachzusammenhang verwendeten Begriffe, wie z. B. „optisches Gefahrensignal, „~ Warnsignal“, „~ Notsignal“ sowie „Signalempfangsbereich“ oder „Gesichtsfeld“. Sie beschreibt „sicherheitstechnische und ergonomische Anforderungen“ z. B. bzgl. „Erkennbarkeit“, „Unterscheidbarkeit“, „Dauer“. Einfache grafische Darstellungen helfen bei der Umsetzung des Inhalts.
	Kommentar Der Inhalt ist sehr übersichtlich und detailliert dargestellt. Es lassen sich grundlegende Informationen unmittelbar entnehmen und anwenden.

Tab. 8-3 *(Fortsetzung)*

Norm/Ausgabe DIN EN 954-1/03.1997	Kurztitel **Sicherheit von Maschinen – Sicherheitsbezogene Teile von Steuerungen – Teil 1: Allgemeine Gestaltungsleitsätze**
Hinweise zum Inhalt	**Anwendungsbereich** Festlegung von Kategorien für sicherheitstechnische Anforderungen und Hinweise auf Gestaltungsleitsätze von sicherheitsbezogenen Teilen von Steuerungen Die Norm gilt für alle sicherheitsbezogenen Teile von Steuerungen, unabhängig von der verwendeten Energieart. Sie schließt programmierbare Systeme für alle Maschinen und darauf bezogene Schutzeinrichtungen ein. Die Norm legt nicht fest, welche Sicherheitsfunktionen und welche Kategorien im Einzelfall angewendet werden müssen. **Wesentliche Inhalte** Die Norm liefert Definitionen für die in diesem Sachzusammenhang verwendeten Begriffe, wie z. B. „sicherheitsbezogenes Teil einer Steuerung“, „Kategorie“, „Sicherheit von Steuerungen“, „Fehler“, „Ausfall“, „Muting“ usw. In „Allgemeine Betrachtungen“ werden u. a. ausführlich Vorgehensweisen bei der Gestaltung von Steuerungen und Sicherheitsmaßnahmen beschrieben. Ebenso detailliert und ausführlich werden die Themen „charakteristische Eigenschaften von Sicherheitsfunktionen“ , „Kategorien“ und „Validieren“ behandelt. Zusätzlich werden Angaben zur „Benutzerinformation“ gemacht. Im informativen Anhang finden sich unmittelbar anwendbare Hilfen in Form von „Fragebogen zum Gestaltungsprozess“, „Hinweisen zur Auswahl der Kategorien“, eine „Liste einiger wichtiger Fehler und Ausfälle bei verschiedenen Technologien“ und Ausführungen über den „Zusammenhang zwischen Sicherheit, Zuverlässigkeit und Verfügbarkeit von Maschinen“.
	Kommentar Der Inhalt ist sehr ausführlich und detailliert dargestellt. Schematische Darstellungen wie „iterativer Prozess für die Gestaltung von sicherheitsbezogenen Teilen von Steuerungen“ und eine „Kurzfassung der Anforderungen für Kategorien“ sowie eine tabellarische „Zusammenstellung einiger Normen, die Anforderungen an Eigenschaften von Sicherheitsfunktionen enthalten“ lassen den komplexen Inhalt etwas leichter bewältigen. Es lassen sich grundlegende Informationen unmittelbar entnehmen und anwenden.
Norm/Ausgabe DIN EN 981/01.1997	Kurztitel **Sicherheit von Maschinen – System akustischer und optischer Gefahrensignale und Informationssignale**
Hinweise zum Inhalt	**Anwendungsbereich** Festlegung eines Systems von Gefahren- und Informationssignalen unter Einbeziehung verschiedener Dringlichkeitsgrade zur Verminderung von Risiken, die mit Fehlinterpretationen von optischen und akustischen Signalen verbunden sind Die Norm gilt nicht für bestimmte Bereiche, die durch spezielle Normen oder durch andere zwingende Regelungen abgedeckt sind (international oder national); im Einzelnen Feueralarme, medizinische Alarme, Alarme, die im Bereich des öffentlichen Verkehrs benutzt werden, Navigationssignale und Signale für besondere Tätigkeitsbereiche (z. B. Militär). **Wesentliche Inhalte** Die Norm liefert Definitionen für die in diesem Sachzusammenhang verwendeten Begriffe, wie z. B. „abwechselnder[s] Schall [Licht]“, „Schallstöße“, „Lichtblitz“, „Kurz-Puls“, „Segment“, „Merkmal eines Signals“. Ausführungen zu „ergonomischen Leitsätzen für die Gestaltung und Anwendung von akustischen und optischen Signalen“ sowie zum „System akustischer und optischer Signale“ werden durch Tabellen „Signale für allgemeine Zwecke, nach dem Grad der Dringlichkeit.“, „Merkmale der Signale für öffentlichen Alarm“, „Schema der Merkmale von akustischen Signalen“ sowie „Schema der Farben von optischen Signalen“ übersichtlich und ergänzend dargestellt.
	Kommentar Es lassen sich grundlegende Informationen unmittelbar entnehmen und anwenden.

8

Tab. 8-3 *(Fortsetzung)*

Norm/Ausgabe DIN EN 982/09.1996	**Kurztitel** **Sicherheit von Maschinen – Sicherheitstechnische Anforderungen an fluidtechnische Anlagen und deren Bauteile; Hydraulik**
Hinweise zum Inhalt	**Anwendungsbereich** Benennung von Gefährdungen und Faktoren, welche die Sicherheit der Anlage und deren Bauteile beeinflussen, wenn diese in der beabsichtigten Weise verwendet werden Die Norm gilt für hydraulische Anlagen und Bauteile in Maschinen, die nach dem Zeitpunkt dieser Norm hergestellt werden. **Wesentliche Inhalte** Die Norm liefert Definitionen für die in diesem Sachzusammenhang verwendeten Begriffe, wie z. B. „Fluidtechnik", „Anlage", „Bauteil", „Bemessungsdruck", „Steuereinrichtung", „Betätigungseinrichtung", „Leitungssystem". Sehr detailliert und ausführlich werden „Sicherheitsanforderungen und/oder Maßnahmen" behandelt (z. B. „Bedingungen am Aufstellort", „spezielle Anforderungen an Bauteile und Steuerungen"). Im Abschnitt „Benutzerinformation" werden u. a. Anforderungen an den Hersteller bezüglich der Bereitstellung von Schaltunterlagen gestellt, „Angaben für die Instandhaltung" gemacht und die Kennzeichnung der „Bauteile", der „Anschlussöffnungen" und der „Ventilbetätigungen" näher bestimmt. Eine „Liste der Gefährdungen" gibt die mit der Anwendung von hydraulischer Energie in einer Maschine verbundenen Gefährdungen an.
	Kommentar Die Norm ist sehr aufschlussreich, wenn die Gefährdungspotenziale erkannt und konkrete Sicherheitsanforderungen gefunden werden sollen. Die detaillierten Informationen zu Anforderungen lassen sich z. T. unmittelbar verwenden.
Norm/Ausgabe DIN EN 983/09.1996	**Kurztitel** **Sicherheit von Maschinen – Sicherheitstechnische Anforderungen an fluidtechnische Anlagen und deren Bauteile; Pneumatik**
Hinweise zum Inhalt	**Anwendungsbereich** Benennung von Gefährdungen und Faktoren, welche die Sicherheit der Anlage und deren Bauteile beeinflussen, wenn diese in der beabsichtigten Weise verwendet werden Die Norm gilt für pneumatische Anlagen und Bauteile in Maschinen, die nach dem Zeitpunkt dieser Norm hergestellt werden. Die Norm gilt nicht für Gasflaschen und Luftbehälter. **Wesentliche Inhalte** Die Norm liefert Definitionen für die in diesem Sachzusammenhang verwendeten Begriffe, wie z. B. „Fluidtechnik", „Anlage", „Bauteil", „Bemessungsdruck", „Steuereinrichtung", „Betätigungseinrichtung", „Leitungssystem", „Neutrales Gas". Sehr detailliert und ausführlich werden „Sicherheitsanforderungen und/oder Maßnahmen" behandelt (z. B. „Bedingungen am Aufstellort", „spezielle Anforderungen an Bauteile und Steuerungen"). Im Abschnitt „Benutzerinformation" werden u. a. Anforderungen an den Hersteller bezüglich der Bereitstellung von Schaltunterlagen gestellt, „Angaben für die Instandhaltung" gemacht sowie die Kennzeichnung der „Bauteile", der „Anschlussöffnungen" und der „Ventilbetätigungen" näher bestimmt. Eine „Liste der Gefährdungen" gibt die mit der Anwendung von pneumatischer Energie in einer Maschine verbundenen Gefährdungen an.
	Kommentar Die Norm ist sehr aufschlussreich, wenn die Gefährdungspotenziale erkannt und konkrete Sicherheitsanforderungen gefunden werden sollen. Die detaillierten Informationen zu Anforderungen lassen sich z. T. unmittelbar verwenden.

8

Tab. 8-3 *(Fortsetzung)*

Norm/Ausgabe DIN EN 1037/06.1994	Kurztitel **Sicherheit von Maschinen – Vermeidung von unerwartetem Anlauf**
Hinweise zum Inhalt	**Anwendungsbereich** Festlegung konstruktiver Sicherheitsmaßnahmen zur Vermeidung von unerwartetem Anlauf beim Eingriff von Personen in Gefahrenbereiche Die Norm bezieht sich auf unerwarteten Anlauf durch alle Arten von Energie. **Wesentliche Inhalte** Die Norm liefert Definitionen für die in diesem Sachzusammenhang verwendeten Begriffe, wie z. B. „Anlauf", „unerwarteter [unbeabsichtigter] Anlauf", „Energietrennung und -ableitung". Ausführlich werden die beiden Themen „Einrichtungen zur Energietrennung und -ableitung" sowie „Maßnahmen – außer denen für Energietrennung und -ableitung – zur Vermeidung unerwarteten Anlaufs" behandelt. In einem Schema wird die „Anwendung von Maßnahmen ... zur Vermeidung eines von zufällig erzeugten Start-Befehlen verursachten unerwarteten Anlaufs" dargestellt. Im informativen Anhang sind „Beispiele für Tätigkeiten, bei denen die Anwesenheit von Personen in Gefahrbereichen erforderlich sein kann" aufgeführt.
	Kommentar Die Norm ist übersichtlich und vermittelt Anwendungsbezogenheit. Die detaillierten Informationen zu Anforderungen lassen sich z. T. unmittelbar verwenden.
Norm/Ausgabe DIN EN 1050/01.1997	Kurztitel **Sicherheit von Maschinen – Leitsätze zur Risikobeurteilung**
Hinweise zum Inhalt	**Anwendungsbereich** Aufstellung allgemeiner Leitsätze für das als Risikobeurteilung bekannte Verfahren Die Norm ist nicht dazu bestimmt, eine detaillierte Aufzählung der Verfahren zur Gefährdungsanalyse und Risikoeinschätzung vorzulegen. **Wesentliche Inhalte** Die Norm liefert Definitionen für die in diesem Sachzusammenhang verwendeten Begriffe, wie z. B. „Schaden", Gefährdungsereignis", „Schutzmaßnahme", „Restrisiko". In dieser Norm werden ausführlich die einzelnen Aspekte der Risikobeurteilung dargelegt und teilweise durch Schemata veranschaulicht. Besonders werden die Themen „Risikoeinschätzung", „Risikobewertung" und „Dokumentation" behandelt. Im informativen Anhang befindet sich tabellarisch angeordnet „Beispiele für Gefährdungen, Gefährdungssituationen und Gefährdungsereignisse", denen die relevanten Bezugspunkte der EN 292-1 und -2 bzw. die Absätze des Anhanges I der Maschinenrichtlinie zugeordnet sind. Ferner werden verschiedene „Verfahren zur Untersuchung von Gefährdungen und zur Einschätzung des Risikos" vorgestellt und charakterisiert.
	Kommentar Diese Norm ist ein informeller Grundbaustein für sicherheitsrelevantes Konstruieren. Sie vermittelt die wesentlichen Inhalte für ein geplantes Risikobewusstsein.

Tab. 8-3 *(Fortsetzung)*

Norm/Ausgabe DIN EN 1088/02.1996	Kurztitel **Sicherheit von Maschinen – Verriegelungseinrichtungen in Verbindung mit trennenden Schutzeinrichtungen; Leitsätze für Gestaltung und Auswahl**
Hinweise zum Inhalt	**Anwendungsbereich** Festlegung von Prinzipien für Gestaltung und Auswahl von Verriegelungseinrichtungen in Verbindung mit trennenden Schutzeinrichtungen Die Norm gilt unabhängig von der Energieart. **Wesentliche Inhalte** Die Norm liefert Definitionen für die in diesem Sachzusammenhang verwendeten Begriffe, wie z. B. „Verriegelungseinrichtung“ [Verriegelung], „verriegelte trennende Schutzeinrichtung“, „verriegelte trennende Schutzeinrichtung mit Zuhaltung“, „Zuhaltung“, automatische Überwachung“, „Anhaltezeit“, „Zugangs- bzw. Zugriffszeit [Zeit für den Zugang bzw. Zugriff zum Gefahrbereich]“. Ausführlich und anschaulich mit Schemata und grafischen Detaildarstellungen werden die Themen „Prinzipien und typische Arten von Verriegelungseinrichtungen in Verbindung mit trennenden Schutzeinrichtungen“, „Festlegung für die Gestaltung von Verriegelungseinrichtungen“ sowie „Zusätzliche technische Anforderungen an elektrische Verriegelungseinrichtungen“ behandelt. Im informativen Anhang werden unterschiedliche Ausführungen und Prinzipien anwendungsbezogen dargestellt und teilweise mit Nennung sicherheitsrelevanter Vor- und Nachteile beschrieben.
	Kommentar Die Norm ist übersichtlich und anwendungsbezogen. Die detaillierten Informationen zu Anforderungen und Ausführungen lassen sich z. T. unmittelbar anwenden.
Norm/Ausgabe DIN E EN 12198-1/03.1996	Kurztitel **Sicherheit von Maschinen – Bewertung und Verminderung des Risikos der von Maschinen emittierten Strahlung; Teil 1: Allgemeine Prinzipien**
Hinweise zum Inhalt	**Anwendungsbereich** Beratungsgrundlage für Normungsgruppen, die Typ C-Normen entwickeln, bezüglich der Kennzeichnungen von Strahlenemissionen, der Entscheidung bezüglich Bedeutung und Intensität, Risikobeurteilung, Verwendung von Mitteln für die Verminderung bzw. Vermeidung von Strahlenemissionen Die Norm gilt für die Emission aller Arten von elektromagnetischer nicht ionisierender Strahlung, wie in Abschnitt 4 beschrieben, einschließlich statischer und niederfrequenter elektrischer magnetischer Felder. Die Norm gilt nicht für die Emission von Laserstrahlung. Die Norm gilt nicht für Strahlungsquellen, die an einer Maschine angebracht sind und nur für die Beleuchtung verwendet werden. **Wesentliche Inhalte** Die Norm liefert Definitionen für die in diesem Sachzusammenhang verwendeten Begriffe, wie z. B. „beabsichtigte Strahlenemission“, „unbeabsichtigte Strahlenemission“. Es werden u. a. die Themen „Einteilung der Strahlenemissionen“, „Allgemeines Verfahren“, Risikobewertung“, Anforderungen“ sowie „Schutzmaßnahmen für die Beseitigung oder Verringerung der von Strahlenemissionen ausgehenden Risiken“ und „Angaben zum Einsatz und zur Instandhaltung“ behandelt. Im normativen Anhang wird die „Wechselbeziehung zwischen dem Pegel und der Kategorie der Strahlenemission“ ausführlich und mit Angabe von Formeln und Absolutwerten sowie relevanten Zuordnungen beschrieben und definiert. Im informativen Anhang werden „Beispiele für Maßnahmen zur Beseitigung oder Verminderung der Strahlenwirkung“ aufgeführt, eine Aufstellung „von Maschinen und Maschinenteilen, die Strahlung emittieren oder elektromagnetische Felder erzeugen können“ sowie eine Darstellung „Gegensätzliche[r] Standpunkte zu ionisierender Strahlung“.
	Kommentar Die Norm gibt einen Überblick über die zu berücksichtigenden sicherheitsrelevanten Faktoren und liefert teilweise konkrete technische Daten.

8

Tab. 8-3 *(Fortsetzung)*

Norm/Ausgabe DIN EN 60204-1/06.1993	Kurztitel Sicherheit von Maschinen – Elektrische Ausrüstung von Maschinen; Teil 1: Allgemeine Anforderungen
Hinweise zum Inhalt	**Anwendungsbereich** Diese Norm gilt für die Anwendung von elektrischer und elektronischer Ausrüstung und Systeme für Maschinen, einschließlich einer Gruppe von Maschinen, die in abgestimmter Weise zusammenarbeiten. Die Ausrüstung beginnt an der Netzanschlussstelle der elektrischen Ausrüstung der Maschine. Die Norm gilt für Ausrüstungen oder Teile der Ausrüstungen, die mit Nennspannungen bis einschließlich 1000 V Wechselspannung oder einschließlich bis 1500 V Gleichspannung zwischen den Leitern und mit Nennfrequenzen bis einschließlich 200 Hz betrieben werden. Diese Norm gilt nicht für Hauptstromkreise, in denen elektrische Energie direkt als Werkzeug verwendet wird. **Wesentliche Inhalte** Hervorzuheben sind die zahlreichen normativen Verweise zu Publikationen der IEC (International Electronical Comission) und entsprechenden Umsetzungen in harmonisierte Normen bzw. entsprechende Harmonisierungsdokumente (HD). Die Norm liefert Definitionen für die in diesem Sachzusammenhang verwendeten Begriffe, wie z. B. „Abdeckung“, „Installationskanal“, „Gehäuse“, „Steuerstromkreis“, „Einrichtung“, „gesteuertes Stillsetzen“, „indirektes Berühren“, „elektrotechnische unterwiesene Person“, „Elektrofachkraft“, „Lieferant“, „Industriemaschine“, „Eingang“, „Begrenzungseinrichtung“, „Schutzleiter“, „Redundanz“, „Zugangsebene“, „ungesteuertes Stillsetzen“. Die Norm behandelt ausführlich und sehr detailliert die im Zusammenhang des Sachverhalts relevanten Themen. Behandelte Themenkreise sind u. a. „Allgemeine Anforderungen (4)“ mit Absolutwertangaben zur „elektrischen Versorgung“ sowie zur Bestimmung „physikalischer Umgebungs- und Betriebsbedingungen“, „Netzanschlüsse und Einrichtungen zum Trennen und Ausschalten (5), „Schutz gegen elektrischen Schlag (6)“, „Potenzialausgleich (8)“, „Bedienerschnittstelle und an der Maschine montierte Steuereinrichtungen“, „Verdrahtungstechnik (15)“, „Warnschilder und Betriebsmittelkennzeichnung (18)“, „Technische Dokumentation (19)“. Der informative Anhang enthält u. a. eine Aufstellung von „Maschinen, die durch diese Norm abgedeckt sind“, einen „Fragebogen für elektrische Ausrüstung von Maschinen“ sowie Angaben zu „Strombelastbarkeit und Überstromschutz für Leiter, Leitungen und Kabel in der elektrischen Ausrüstung von Maschinen“.
	Kommentar Die Norm ist in allen behandelten Themenbereichen sehr ausführlich und übersichtlich. Die detaillierten Informationen lassen sich z. T. unmittelbar verwenden.

8

8.4 Aufbau von Sicherheitsnormen

Alle Sicherheitsnormen für Maschinen sind grundsätzlich gleich aufgebaut bzw. gegliedert. Dieser Aufbau ist im Abschnitt 6 der harmonisierten Norm EN 414 festgelegt.

Grundsätzlich finden Sie in **Abschnitt 1** den **„Anwendungsbereich“** bzw. **„Geltungsbereich“** der Sicherheitsnorm definiert. Das heißt, hier finden Sie Hinweise auf entsprechende Maschinen bzw. Maschinengattungen, gegebenenfalls auf behandelte signifikante Gefährdungen, auf die bestimmungsgemäße Verwendung sowie auf nicht zutreffende Anwendungsbereiche usw.

Grundsätzlich finden Sie in **Abschnitt 2 „Normative Verweisungen“**. Die hier aufgeführten Normen bzw. Normentwürfe sind im Text der Norm genannt bzw. es wird im Text auf diese Normen verwiesen.

Grundsätzlich finden Sie in **Abschnitt 3 „Definitionen – Terminologie – Symbole und Abkürzungen“.** Teilweise werden hier verwendete Begriffe, die zum Beispiel den Anwendungsbereich einschränkend definieren oder Begriffe allgemeiner Art näher beschrieben bzw. festgelegt.

Alle weiteren Abschnitte richten sich nach dem Sachverhalt, den die Norm behandelt.

Man kann jedoch bei Normen für bestimmte Maschinen bzw. Maschinenteile folgende Reihenfolge erwarten:

Tab. 8-3 *(Fortsetzung)*

Norm/Ausgabe DIN EN ISO 11200/07.1996	Kurztitel Akustik – Geräuschabstrahlung von Maschinen und Geräten – Leitlinien zur Anwendung der Grundnormen zur Bestimmung von Emissions-Schalldruckpegeln am Arbeitsplatz und an anderen festgelegten Orten
Hinweise zum Inhalt	**Anwendungsbereich** Die Norm enthält Kurzbeschreibungen der internationalen Grundnormen zur Bestimmung der Emissions-Schalldruckpegel an Arbeitsplätzen und an anderen festgelegten Orten von allen Maschinen- und Gerätearten. Sie gibt Hinweise zur Auswahl einer dieser Normen, die für eine bestimmte Art geeignet ist. Die Hinweise gelten nur für Luftschall und dienen zur Verwendung bei der Erstellung von maschinenspezifischen Geräuschmessnormen sowie zur Geräuschmessung, falls keine maschinenspezifische Geräuschmessnorm existiert. **Wesentliche Inhalte** Die Norm liefert Definitionen für die in diesem Sachzusammenhang verwendeten Begriffe, wie z. B. „Emissions-Schalldruck“, „~ -Schalldruckpegel“, „zeitlich gemittelter Emissions-Schalldruckpegel“, „festgelegter Ort“, „Umgebungsindikator“. Die Norm behandelt die Themen „Auswahl der geeigneten Internationalen Norm zur Bestimmung der Emissions-Schalldruckpegel“ mit einer übersichtlichen tabellarischen Darstellung des Inhalts und der „Wahl der festzulegenden Orte“. Schematisch dient ein „Flussdiagramm als Leitfaden für die Auswahl der geeigneten Internationalen Norm zur Bestimmung der Emissions-Schalldruckpegel von Maschinen und Geräten“. Der normative Anhang enthält „Inhaltsangaben der Internationalen Grundnormen zur Bestimmung von Emissions-Schalldruckpegeln“ sowie „normative Verweisungen auf internationale Publikationen mit ihren entsprechenden europäischen Publikationen“.
	Kommentar Die Norm liefert übersichtlich dargestellt wichtige Literaturhinweise und bietet hierfür ein benutzerfreundliches Suchverfahren an.

Abschnitte 4 bis 6, ggf. bis 7: „Liste der Gefährdungen“, „Sicherheitsanforderungen und/oder Maßnahmen“, „Feststellung der Übereinstimmung mit den Sicherheitsanforderungen und/oder Maßnahmen“

Sie finden eine Aufstellung der für diese Maschine bzw. Maschinengattung ermittelten Gefährdungsarten, die sich an die Reihenfolge der „Liste der Gefährdungen“ im Anhang A der EN 414 (04.1992) anlehnt. Teilweise sind die Gefährdungsarten nach den einzelnen Maschinenarten gegliedert.

Teilweise werden den Gefährdungen auch Gefährdungssituationen und entsprechende Schutzziele bzw. Maßnahmen zugeordnet. Eine einheitliche Gestaltung dieser Abschnittsthemen kann nicht festgestellt werden.

Die folgenden Abschnitte lassen sich der angegebenen Themenreihenfolge zuordnen:

Abschnitt „Benutzerinformation“: Dieser Abschnitt ist zwingend vorgeschrieben und trägt eine eigene Abschnittsnummer. Er kommt aber nur in relevanten Sachverhalten zur Anwendung.

Hier erfahren Sie spezielle Anforderungen zu diesem Thema, seien es Hinweise am Arbeitsplatz oder in der Betriebsanleitung usw.

Gegebenenfalls ist der Abschnitt noch unterteilt in die Themen „Signale und Warneinrichtungen“, „Begleitende Dokumente“ (z. B. „Betriebsanleitung“, „Wartungsanleitung“ usw.), „Geräusch“, „Vibration“ und „Kennzeichnung“.

Abschnitt „Anhänge“: Hier ist zu unterscheiden zwischen „normativen Anhängen“ und „informativen Anhängen“.

Normative Anhänge finden dann Anwendung, wenn Teile der Norm auch auf andere Normen anwendbar sein könnten.

Informative Anhänge sind grundsätzlich Zusatzinformationen, die keine bestimmende Wirkung im Gegensatz zum Normentext haben. Diese Informationen sind z. B. als Hilfestellung für Maßnahmen zu verstehen, die sich aus der Umsetzung der Norm ergeben können. Im Unterabschnitt **„Literaturhinweise“** sind Normen oder Normenverweise von nicht öffentlich zugänglichen Normen zitiert, die nur der Information dienen oder die als Bezugsdokumente bei der Ausarbeitung der Norm gedient haben.

8.5 Module für die verschiedenen Phasen der EG-Konformitätsbewertungsverfahren

8.5.1 Das Neue Konzept für die Abfassung von EG-Richtlinien

Das Neue Konzept geht auf die Zielsetzung der vorbeugenden Sicherheitsmaßnahmen beim Bau von Produkten im EG-Vertrag zurück. Der wesentliche Vorteil dieses Neuen Konzeptes liegt darin, dass bereits bei der Abfassung von EG Produktrichtlinien ein einheitliches Gestaltungs- und Bewertungsmuster für die Anforderungen von vorbeugenden Sicherheitsmaßnahmen vorliegt. Auf diese Weise reichen kleine produktspezifische Anpassungen, damit die jeweilige Produktrichtlinie in angemessenem Umfang Sicherheitsanforderungen vorschreibt.

Es sind hierbei zwei rechtsverbindliche Dokumente von besonderer Bedeutung:

- der Beschluss des Rates vom 22. Juli 1993 „über die in den technischen Harmonisierungsrichtlinien zu verwendenden Module für die verschiedenen Phasen der Konformitätsbewertungsverfahren und die Regeln für die Anbringung und Verwendung der CE-Kennzeichnung (93/465/EWG)“
- die Richtlinie 98/34/EG des Europäischen Parlaments und des Rates vom 22. Juni 1998 über ein Informationsverfahren auf dem Gebiet der Normen und technischen Vorschriften.

Der Beschluss definiert relativ klar seinen Anwendungsbereich – es sind die Produktrichtlinien für Industrieerzeugnisse.

Bezüglich der praktischen Umsetzung der Konformitätsbewertungsverfahren sieht der Anhang in den Allgemeinen Leitlinien Abschnitt A wesentliche Aspekte vor, die teilweise auch auf die wirtschaftliche Angemessenheit bei der Umsetzung entsprechend Artikel 137 Absatz 2 (siehe oben) hinweisen.

Hier einige wichtige Zitate der Richtlinie 93/465/EG Anhang A, die dies belegen:

„Die wichtigsten Leitlinien für die Anwendung von Konformitätsbewertungsverfahren in technischen Harmonisierungsrichtlinien lauten folgendermaßen:

a) Hauptziel eines Konformitätsbewertungsverfahrens ist es, die Behörden in die Lage zu versetzen, sich zu vergewissern, dass die in den Verkehr gebrachten Produkte insbesondere in Bezug auf den Gesundheitsschutz und die Sicherheit der Benutzer und Verbraucher den Anforderungen der Richtlinien gerecht werden.

b) Die Konformitätsbewertung kann in Module unterteilt werden, die sich auf die Produktentwurfs- oder die Produktfertigungsstufe beziehen.

c) In der Regel sollte ein Produkt auf beiden Stufen kontrolliert werden. Bei positiven Ergebnissen kann es anschließend in den Verkehr gebracht werden.

e) Bei Festlegung der Wahlmöglichkeiten für den Hersteller muss in den Richtlinien insbesondere Folgendes berücksichtigt werden:

- Eignung der Module für die Produktart
- Art der Gefahren
- wirtschaftliche Infrastruktur des Sektors (z. B. Existenz oder Nichtexistenz neutraler Stellen)
- Produktionsweise
- Produktionsumfang usw.

Die berücksichtigten Faktoren müssen in den Richtlinien ausdrücklich genannt werden.

f) Bei der Festlegung der möglichen Module für ein Produkt oder einen Produktionssektor c in den Richtlinien muss versucht werden, dem Hersteller so viele Wahlmöglichkeiten zu lassen, wie mit der Gewährleistung der Erfüllung der Anforderungen zu vereinbaren ist.

In den Richtlinien müssen die Kriterien festgelegt werden, nach denen die Hersteller unter den in den Richtlinien niedergelegten Modulen die für ihre Produktion geeignetsten Module wählen.

g) Es sollte vermieden werden, in den Richtlinien unnötigerweise Module vorzuschreiben, die im Verhältnis zu den Zielen der betreffenden Richtlinien zu große Belastungen bedeuten.
h) Den benannten Stellen sollte empfohlen werden, die Module so anzuwenden, dass für die Unternehmen kein unnützer Aufwand entsteht.

Zum Zwecke einer einheitlichen technischen Anwendung der Module sorgt die Kommission im Benehmen mit den Mitgliedstaaten für eine enge Zusammenarbeit zwischen den benannten Stellen.

i) Zum Schutz der Hersteller soll den benannten Stellen nur die technische Dokumentation übermittelt werden, die ausschließlich zur Bewertung der Konformität notwendig ist. Vertrauliche Informationen müssen rechtlich geschützt sein.
j) Wenn die Richtlinien dem Hersteller die Verwendung von Modulen auf der Grundlage von Qualitätssicherungstechniken gestattet, so muss dieser auch die Möglichkeit haben, eine Kombination von Modulen unter Verzicht auf die Qualitätssicherung zu verwenden, und umgekehrt, es sei denn, dass zur Erfüllung der von den Richtlinien festgelegten Anforderungen ausschließlich die eine oder die andere Methode angewendet werden muss."

8.5.2 Die einzelnen Module des Konformitätsbewertungsverfahrens

Diese Module beschreiben die vom Hersteller zu erbringenden Prüf- und Bestätigungsmaßnahmen vor Inverkehrbringen des Produktes. Diese Module in dem Beschluss des Rates gelten zunächst als Vorgabe bei der Erstellung von Produktrichtlinien. Sie sind also als rechtswirksame Vorlage von den an der Erstellung beteiligten Interessenverbänden und öffentlichen Vertretern der nationalen und europäischen Behörden zu beachten.

Die Hersteller sind je nach rechtswirksamer Richtlinie den einzelnen Modulen unterworfen. Sie können aber während der Entstehungsphase einer Produktrichtlinie in Kenntnis der Module dieses Beschlusses auf die Gestaltung der Richtlinie hinsichtlich der Anwendung der Module Einfluss nehmen.

Die Module sind folgenden Anwendungsbereichen zugeordnet:

Modul A: Interne Fertigungskontrolle
Modul B: EG-Baumusterprüfung
Modul C: Konformität mit der Bauart
Modul D: Qualitätssicherung – Produktion
Modul E: Qualitätssicherung – Produkt
Modul F: Prüfung der Produkte
Modul G: Einzelprüfung
Modul H: Umfassende Qualitätssicherung

Diese Module sind teilweise in den Einzelrichtlinien näher beschrieben und in ihren Anforderungen genauer bestimmt.

Die folgenden Tabellen informieren für jedes Modul über die für die Entwurfsphase und Produktionsphase geforderten allgemeinen Maßnahmen. Diese Zusammenstellung entspricht, wie oben erwähnt, nicht den konkreten Anwendungen in den einzelnen Produktrichtlinien. Sie ermöglicht aber einen Überblick und eine erste Beurteilung bezüglich ihrer Anwendungsfolgen.

8

Tab. 8-4: *Kurzbeschreibung Konformitätsbewertungsverfahren Modul A Interne Fertigungskontrolle*

Kurzbeschreibung der Module zum Konformitätsbewertungsverfahren nach dem Beschluss des Rates 94/465/EWG		
Modul A: Interne Fertigungskontrolle		
Der Hersteller ...	Der Hersteller oder sein in der Gemeinschaft ansässiger Bevollmächtigter ...	Die benannte Stelle ...
ohne Zusatzbestimmungen		
erstellt technische Unterlagen über den Entwurf, die Fertigung und die Funktionsweise des Produkts, trifft alle erforderlichen Maßnahmen, damit das Fertigungsverfahren die Übereinstimmung der Produkte mit den technischen Unterlagen und mit den für sie geltenden Anforderungen gewährleistet.	stellt sicher und erklärt, dass die betreffenden Produkte die Anforderungen erfüllen, bringt an jedem Produkt die CE-Kennzeichnung an, gibt eine Konformitätserklärung ab, hält für die Überwachungsbehörden eine Kopie der Konformitätserklärung und der technischen Unterlagen zur Verfügung.	kommt nicht zur Anwendung.
mit Zusatzbestimmungen a1		
Es gelten die Anforderungen ohne Zusatzbestimmung und zusätzlich unterzieht jedes hergestellte Produkt einer oder mehreren Prüfungen oder lässt dies auf seine Rechnung tun, wählt eine benannte Stelle, unter deren Verantwortlichkeit die Prüfungen durchgeführt werden.	Es gelten die Anforderungen ohne Zusatzbestimmung und zusätzlich bringt hinter der CE-Kennzeichnung die Kennnummer der benannten Stelle an, wenn diese Stelle in den Fertigungsprozess eingegriffen hat.	überwacht die vom Hersteller durchgeführten Prüfungen, überwacht die Anbringung ihrer Kennnummer, wenn sie während des Fertigungsprozesses an der Konformitätsbewertung beteiligt war, bewahrt einschlägige Angaben auf, übermittelt den anderen benannten Stellen auf deren Anforderung die einschlägigen Angaben.
mit Zusatzbestimmungen a2		
erstellt technische Unterlagen über den Entwurf, die Fertigung und die Funktionsweise des Produkts, trifft alle erforderlichen Maßnahmen, damit das Fertigungsverfahren die Übereinstimmung der Produkte mit den technischen Unterlagen und mit den für sie geltenden Anforderungen gewährleistet, beantragt, dass in willkürlichen Abständen Produktprüfungen durchgeführt werden.	stellt sicher und erklärt, dass die betreffenden Produkte die Anforderungen erfüllen, bringt an jedem Produkt die CE-Kennzeichnung an, gibt eine Konformitätserklärung ab, hält für die Überwachungsbehörden eine Kopie der Konformitätserklärung und der technischen Unterlagen zur Verfügung, bringt hinter der CE-Kennzeichnung die Kennnummer der benannten Stelle an.	führt in willkürlichen Abständen Produktprüfungen durch oder lässt diese durchführen und entnimmt dazu Proben der Fertigprodukte, überwacht die Anbringung der Kennnummer, bewahrt eine Liste wichtiger Angaben auf, macht den anderen benannten Stellen auf deren Anforderung einschlägige Angaben.

Tab. 8-5: *Kurzbeschreibung Konformitätsbewertungsverfahren Modul B Baumusterprüfung*

Kurzbeschreibung der Module zum Konformitätsbewertungsverfahren nach dem Beschluss des Rates 94/465/EWG		
Modul B: EG-Baumusterprüfung		
Der Hersteller ...	Der Hersteller oder sein in der Gemeinschaft ansässiger Bevollmächtigter ...	Die benannte Stelle ...
ohne Zusatzbestimmungen		
erstellt technische Unterlagen über den Entwurf, die Fertigung und die Funktionsweise des Produkts.	beantragt eine EG-Baumusterprüfung, stellt der benannten Stelle ein (oder mehrere) für die beabsichtigte Produktion repräsentative(s) Muster zur Verfügung, unterrichtet die benannte Stelle über alle Änderungen an dem zugelassenen Produkt, hält für die Überwachungsbehörden eine Kopie der EG-Baumusterbescheinigung und die technischen Unterlagen zur Verfügung.	führt die entsprechenden Untersuchungen und erforderlichen Prüfungen durch oder lässt diese durchführen, um sicherzustellen, dass das (die) Muster die einschlägigen Anforderungen erfüllt (erfüllen) und in Übereinstimmung mit den technischen Unterlagen hergestellt wurde(n), überwacht die Anbringung der Kennnummer, stellt eine EG-Baumusterbescheinigung aus, bewahrt eine Kopie der Bescheinigung und eine Liste anderer wichtiger technischer Unterlagen auf, macht den anderen benannten Stellen auf deren Anforderung einschlägige Angaben über die EG-Baumusterprüfbescheinigungen.

8

Tab. 8-6: *Kurzbeschreibung Konformitätsbewertungsverfahren Modul C Konformität mit der Bauart*

Kurzbeschreibung der Module zum Konformitätsbewertungsverfahren nach dem Beschluss des Rates 94/465/EWG		
Modul C: Konformität mit der Bauart		
Der Hersteller ...	Der Hersteller oder sein in der Gemeinschaft ansässiger Bevollmächtigter ...	Die benannte Stelle ...
ohne Zusatzbestimmungen		
trifft alle erforderlichen Maßnahmen, damit der Fertigungsprozess die Übereinstimmung der hergestellten Produkte mit der in der EG-Baumusterprüfbescheinigung beschriebenen Bauart und mit den für sie geltenden Anforderungen gewährleistet, trifft alle erforderlichen Maßnahmen, damit das Fertigungsverfahren die Übereinstimmung der Produkte mit den technischen Unterlagen und mit den für sie geltenden Anforderungen gewährleistet.	stellt sicher und erklärt, dass die betreffenden Produkte der EG-Baumusterprüfbescheinigung entsprechen und die für sie geltenden Anforderungen erfüllen, bringt an jedem Produkt die CE-Kennzeichnung an, gibt eine Konformitätserklärung ab, hält für die Überwachungsbehörden eine Kopie der Konformitätserklärung und einschlägige technischen Unterlagen zur Verfügung.	kommt nicht zur Anwendung.
mit Zusatzbestimmungen a1		
Es gelten die Anforderungen ohne Zusatzbestimmung und zusätzlich unterzieht jedes hergestellte Produkt einer oder mehreren Prüfungen oder lässt dies auf seine Rechnung tun, wählt eine benannte Stelle, unter deren Verantwortlichkeit die Prüfungen durchgeführt werden.	Es gelten die Anforderungen ohne Zusatzbestimmung und zusätzlich bringt hinter der CE-Kennzeichnung die Kennnummer der benannten Stelle an, wenn diese Stelle in den Fertigungsprozess eingegriffen hat.	überwacht die vom Hersteller durchgeführten Prüfungen, überwacht die Anbringung ihrer Kennnummer, wenn sie während des Fertigungsprozesses an der Konformitätsbewertung beteiligt war, bewahrt einschlägige Angaben auf, übermittelt den anderen benannten Stellen auf deren Anforderung die einschlägigen Angaben.
mit Zusatzbestimmungen a2		
Es gelten die Anforderungen ohne Zusatzbestimmung und zusätzlich erstellt technische Unterlagen über den Entwurf, die Fertigung und die Funktionsweise des Produkts, trifft alle erforderlichen Maßnahmen, damit das Fertigungsverfahren die Übereinstimmung der Produkte mit den technischen Unterlagen und mit den für sie geltenden Anforderungen gewährleistet, beantragt, dass in willkürlichen Abständen Produktprüfungen durchgeführt werden.	Es gelten die Anforderungen ohne Zusatzbestimmung und zusätzlich stellt sicher und erklärt, dass die betreffenden Produkte die Anforderungen erfüllen, bringt an jedem Produkt die CE-Kennzeichnung an, gibt eine Konformitätserklärung ab, hält für die Überwachungsbehörden eine Kopie der Konformitätserklärung und der technischen Unterlagen zur Verfügung, bringt hinter der CE-Kennzeichnung die Kennnummer der benannten Stelle an.	führt in willkürlichen Abständen Produktprüfungen durch oder lässt diese durchführen und entnimmt dazu Proben der Fertigprodukte, überwacht die Anbringung der Kennnummer, bewahrt eine Liste wichtiger Angaben auf, macht den anderen benannten Stellen auf deren Anforderung einschlägige Angaben.

Tab. 8-7: *Kurzbeschreibung Konformitätsbewertungsverfahren Modul D Qualitätssicherung – Produktion*

Kurzbeschreibung der Module zum Konformitätsbewertungsverfahren nach dem Beschluss des Rates 94/465/EWG		
Modul D: Qualitätssicherung – Produktion		
Der Hersteller ...	Der Hersteller oder sein in der Gemeinschaft ansässiger Bevollmächtigter ...	Die benannte Stelle ...
ohne Zusatzbestimmungen		
unterhält ein zugelassenes Qualitätssicherungssystem für die Herstellung, die Endabnahme und Prüfung, das die Erstellung der technischen Unterlagen erfasst, beantragt eine Bewertung des Qualitätssicherungssystems für die betreffenden Produkte, stellt sicher und erklärt, dass die betreffenden Produkte der EG-Baumusterprüfbescheinigung entsprechen und die für sie geltenden Anforderungen erfüllen, verpflichtet sich, die Verpflichtungen aus dem Qualitätssicherungssystem in seiner zugelassenen Form zu erfüllen und dafür zu sorgen, dass es stets sachgemäß und effizient funktioniert, unterstützt die benannte Stelle bei ihrer Überwachung, hält für die Überwachungsbehörden die Unterlagen über das Qualitätssicherungssystem, Einzelheiten über dessen Aktualisierung sowie die Entscheidungen und Berichte der benannten Stelle zur Verfügung.	bringt an jedem Produkt die CE-Kennzeichnung an, bringt hinter der CE-Kennzeichnung die Kennnummer der benannten Stelle an, gibt eine Konformitätserklärung ab, teilt der benannten Stelle seine Absicht mit, das Qualitätssicherungssystem zu aktualisieren, hält für die Überwachungsbehörden eine Kopie der Konformitätserklärung zur Verfügung.	bewertet das Qualitätssicherungssystem, um festzustellen, ob es die geltenden Anforderungen erfüllt, und trifft danach eine Entscheidung, überwacht die Anbringung der Kennnummer, überwacht den Hersteller durch regelmäßige und unangemeldete Besuche, bewahrt eine Liste wichtiger technischer Unterlagen auf, teilt den anderen benannten Stellen auf deren Anforderung die einschlägigen Angaben über die ausgestellten bzw. zurückgezogenen Zulassungen für die Qualitätssicherungssysteme mit.
mit Zusatzbestimmungen a		
erstellt technische Unterlagen über den Entwurf, die Fertigung und die Funktionsweise des Produkts, unterhält ein zugelassenes Qualitätssicherungssystem für die Herstellung, die Endabnahme und Prüfung, das die Erstellung der technischen Unterlagen erfasst, beantragt eine Bewertung des Qualitätssicherungssystems für die betreffenden Produkte, stellt sicher und erklärt, dass die betreffenden Produkte die Anforderungen erfüllen, verpflichtet sich, die Verpflichtungen aus dem Qualitätssicherungssystem in seiner zugelassenen Form zu erfüllen und dafür zu sorgen, dass es stets sachgemäß und effizient funktioniert, unterstützt die benannte Stelle bei ihrer Überwachung, hält für die Überwachungsbehörden die Unterlagen über das Qualitätssicherungssystem, Einzelheiten über dessen Aktualisierung sowie die Entscheidungen und Berichte der benannten Stelle zur Verfügung.	bringt an jedem Produkt die CE-Kennzeichnung an, bringt hinter der CE-Kennzeichnung die Kennnummer der benannten Stelle an, gibt eine Konformitätserklärung ab, teilt der benannten Stelle seine Absicht mit, das Qualitätssicherungssystem zu aktualisieren, hält für die Überwachungsbehörden eine Kopie der Konformitätserklärung zur Verfügung.	bewertet das Qualitätssicherungssystem, um festzustellen, ob es die geltenden Anforderungen erfüllt und trifft danach eine Entscheidung, überwacht die Anbringung der Kennnummer, überwacht den Hersteller durch regelmäßige und unangemeldete Besuche, bewahrt eine Liste wichtiger technischer Unterlagen auf, teilt den anderen benannten Stellen auf deren Anforderung die einschlägigen Angaben über die ausgestellten bzw. zurückgezogenen Zulassungen für die Qualitätssicherungssysteme mit.

Tab. 8-8: *Kurzbeschreibung Konformitätsbewertungsverfahren Modul E Qualitätssicherung – Produkt*

Kurzbeschreibung der Module zum Konformitätsbewertungsverfahren nach dem Beschluss des Rates 94/465/EWG		
Modul E: Qualitätssicherung – Produkt		
Der Hersteller ...	Der Hersteller oder sein in der Gemeinschaft ansässiger Bevollmächtigter ...	Die benannte Stelle ...
ohne Zusatzbestimmungen		
unterhält ein zugelassenes Qualitätssicherungssystem für die Endabnahme und Prüfung, das die Erstellung der technischen Unterlagen erfasst, beantragt eine Bewertung des Qualitätssicherungssystems für die betreffenden Produkte, stellt sicher und erklärt, dass die betreffenden Produkte der EG-Baumusterprüfbescheinigung entsprechen und die für sie geltenden Anforderungen erfüllen, verpflichtet sich, die Verpflichtungen aus dem Qualitätssicherungssystem in seiner zugelassenen Form zu erfüllen und dafür zu sorgen, dass es stets sachgemäß und effizient funktioniert, unterstützt die benannte Stelle bei ihrer Überwachung, hält für die Überwachungsbehörden die Unterlagen über das Qualitätssicherungssystem, Einzelheiten über dessen Aktualisierung sowie die Entscheidungen und Berichte der benannten Stelle zur Verfügung.	bringt an jedem Produkt die CE-Kennzeichnung an, bringt hinter der CE-Kennzeichnung die Kennnummer der benannten Stelle an, gibt eine Konformitätserklärung ab, teilt der benannten Stelle seine Absicht mit, das Qualitätssicherungssystem zu aktualisieren, hält für die Überwachungsbehörden eine Kopie der Konformitätserklärung zur Verfügung.	bewertet das Qualitätssicherungssystem, um festzustellen, ob es die geltenden Anforderungen erfüllt, und trifft danach eine Entscheidung, überwacht die Anbringung der Kennnummer, überwacht den Hersteller durch regelmäßige und unangemeldete Besuche, bewahrt eine Liste wichtiger technischer Unterlagen auf, teilt den anderen benannten Stellen auf deren Anforderung die einschlägigen Angaben über die ausgestellten bzw. zurückgezogenen Zulassungen für die Qualitätssicherungssysteme mit.
mit Zusatzbestimmungen a		
erstellt technische Unterlagen über den Entwurf, die Fertigung und die Funktionsweise des Produkts, unterhält ein zugelassenes Qualitätssicherungssystem für die Endabnahme und Prüfung, das die Erstellung der technischen Unterlagen erfasst, beantragt eine Bewertung des Qualitätssicherungssystems für die betreffenden Produkte, stellt sicher und erklärt, dass die betreffenden Produkte die Anforderungen erfüllen, verpflichtet sich, die Verpflichtungen aus dem Qualitätssicherungssystem in seiner zugelassenen Form zu erfüllen und dafür zu sorgen, dass es stets sachgemäß und effizient funktioniert, unterstützt die benannte Stelle bei ihrer Überwachung, hält für die Überwachungsbehörden die Unterlagen über das Qualitätssicherungssystem, Einzelheiten über dessen Aktualisierung sowie die Entscheidungen und Berichte der benannten Stelle zur Verfügung.	bringt an jedem Produkt die CE-Kennzeichnung an, bringt hinter der CE-Kennzeichnung die Kennnummer der benannten Stelle an, gibt eine Konformitätserklärung ab, teilt der benannten Stelle seine Absicht mit, das Qualitätssicherungssystem zu aktualisieren, hält für die Überwachungsbehörden eine Kopie der Konformitätserklärung zur Verfügung.	bewertet das Qualitätssicherungssystem, um festzustellen, ob es die geltenden Anforderungen erfüllt und trifft danach eine Entscheidung, überwacht die Anbringung der Kennnummer, überwacht den Hersteller durch regelmäßige und unangemeldete Besuche, bewahrt eine Liste wichtiger technischer Unterlagen auf, teilt den anderen benannten Stellen auf deren Anforderung die einschlägigen Angaben über die ausgestellten bzw. zurückgezogenen Zulassungen für die Qualitätssicherungssysteme mit.

Tab. 8-9: *Kurzbeschreibung Konformitätsbewertungsverfahren Modul F Prüfung der Produkte*

Kurzbeschreibung der Module zum Konformitätsbewertungsverfahren nach dem Beschluss des Rates 94/465/EWG		
Modul F: Prüfung der Produkte		
Der Hersteller ...	Der Hersteller oder sein in der Gemeinschaft ansässiger Bevollmächtigter ...	Die benannte Stelle ...
ohne Zusatzbestimmungen		
trifft alle erforderlichen Maßnahmen, damit der Fertigungsprozess die Übereinstimmung der hergestellten Produkte mit der in der EG-Baumusterprüfbescheinigung beschriebenen Bauart und mit den für sie geltenden Anforderungen gewährleistet. Bei statistischer Kontrolle: legt seine Produkte in einheitlichen Losen vor und trifft alle erforderlichen Maßnahmen, damit der Herstellungsprozess die Einheitlichkeit aller produzierten Lose gewährleistet.	beantragt eine Konformitätsbescheinigung, gewährleistet und erklärt, dass die betreffenden Produkte der EG-Baumusterprüfbescheinigung entsprechen und die für sie geltenden Anforderungen erfüllen, bringt an jedem Produkt die CE-Kennzeichnung an, bringt hinter der CE-Kennzeichnung die Kennnummer der benannten Stelle an, gibt eine Konformitätserklärung ab, hält für die Überwachungsbehörden eine Kopie der Konformitätserklärung und technischen Angaben zur Verfügung.	nimmt die entsprechenden Prüfungen und Versuche entweder durch Kontrolle und Erprobung jedes einzelnen Produkts oder durch Kontrolle und Erprobung der Produkte auf statistischer Grundlage vor, um die Übereinstimmung des Produkts mit den dafür geltenden Anforderungen zu überprüfen, überwacht die Anbringung der Kennnummer, stellt eine schriftliche Konformitätsbescheinigung über die vorgenommenen Prüfungen aus, trifft bei Ablehnung eines Loses geeignete Maßnahmen, um zu verhindern, dass das Los in Verkehr gebracht wird, bewahrt eine Liste wichtiger technischer Unterlagen auf, macht den anderen benannten Stellen auf deren Anforderung einschlägige Angaben.
mit Zusatzbestimmungen a		
erstellt technische Unterlagen über den Entwurf, die Fertigung und die Funktionsweise des Produkts, trifft alle erforderlichen Maßnahmen, damit der Fertigungsprozess die Übereinstimmung der hergestellten Produkte mit den für sie geltenden Anforderungen gewährleistet. Bei statistischer Kontrolle: legt seine Produkte in einheitlichen Losen vor und trifft alle erforderlichen Maßnahmen, damit der Herstellungsprozess die Einheitlichkeit aller produzierten Lose gewährleistet.	beantragt eine Konformitätsbescheinigung, gewährleistet und erklärt, dass die betreffenden Produkte die für sie geltenden Anforderungen erfüllen, bringt an jedem Produkt die CE-Kennzeichnung an, bringt hinter der CE-Kennzeichnung die Kennnummer der benannten Stelle an, gibt eine Konformitätserklärung ab, hält für die Überwachungsbehörden eine Kopie der Konformitätserklärung, der technischen Unterlagen und der Konformitätsbescheinigung der benannten Stelle zur Verfügung.	nimmt die entsprechenden Prüfungen und Versuche entweder durch Kontrolle und Erprobung jedes einzelnen Produkts oder durch Kontrolle und Erprobung der Produkte auf statistischer Grundlage vor, um die Übereinstimmung des Produkts mit den dafür geltenden Anforderungen zu überprüfen, überwacht die Anbringung der Kennnummer, stellt eine schriftliche Konformitätsbescheinigung über die vorgenommenen Prüfungen aus, trifft bei Ablehnung eines Loses geeignete Maßnahmen, um zu verhindern, dass das Los in Verkehr gebracht wird, bewahrt eine Liste wichtiger technischer Unterlagen auf, macht den anderen benannten Stellen auf deren Anforderung einschlägige Angaben.

Tab. 8-10: *Kurzbeschreibung Konformitätsbewertungsverfahren Modul G Einzelprüfung*

Kurzbeschreibung der Module zum Konformitätsbewertungsverfahren nach dem Beschluss des Rates 94/465/EWG		
Modul G: Einzelprüfung		
Der Hersteller ...	Der Hersteller oder sein in der Gemeinschaft ansässiger Bevollmächtigter ...	Die benannte Stelle ...
ohne Zusatzbestimmungen		
erstellt technische Unterlagen über den Entwurf, die Fertigung und die Funktionsweise des Produkts, stellt sicher und erklärt, dass das betreffende Produkt die einschlägigen Anforderungen erfüllt.	beantragt eine Konformitätsbescheinigung, bringt an jedem Produkt die CE-Kennzeichnung an, bringt hinter der CE-Kennzeichnung die Kennnummer der benannten Stelle an, gibt eine Konformitätserklärung ab, hält für die Überwachungsbehörden eine Kopie der Konformitätserklärung und der technischen Unterlagen zur Verfügung.	untersucht das Produkt und unterzieht es dabei entsprechenden Prüfungen, um seine Übereinstimmung mit den einschlägigen Anforderungen zu überprüfen, überwacht die Anbringung ihrer Kennnummer, bewahrt eine Liste wichtiger technischer Unterlagen auf, stellt eine Konformitätsbescheinigung über die vorgenommenen Prüfungen aus, macht den anderen benannten Stellen auf deren Anforderung einschlägige Angaben.

8

Tab. 8-11: *Kurzbeschreibung Konformitätsbewertungsverfahren Modul H Umfassende Qualitätssicherung*

Kurzbeschreibung der Module zum Konformitätsbewertungsverfahren nach dem Beschluss des Rates 94/465/EWG		
Modul H: Umfassende Qualitätssicherung		
Der Hersteller ...	Der Hersteller oder sein in der Gemeinschaft ansässiger Bevollmächtigter ...	Die benannte Stelle ...
ohne Zusatzbestimmungen		
unterhält ein zugelassenes Qualitätssicherungssystem für den Entwurf, die Herstellung, die Endabnahme und die Prüfung, das die Erstellung der technischen Unterlagen umfasst, beantragt die Bewertung des Qualitätssicherungssystems für die betreffenden Produkte, stellt sicher und erklärt, dass die betreffenden Produkte die einschlägigen Anforderungen erfüllen, verpflichtet sich, die Verpflichtungen aus dem Qualitätssicherungssystem in seiner zugelassenen Form zu erfüllen und dafür zu sorgen, dass es stets sachgemäß und effizient funktioniert, unterstützt die benannte Stelle bei ihrer Überwachung, hält für die Überwachungsbehörden die Unterlagen über das Qualitätssicherungssystem, Einzelheiten über dessen eventuelle Aktualisierung sowie die Entscheidungen und Berichte der benannten Stelle zur Verfügung.	bringt an jedem Produkt die CE-Kennzeichnung an, bringt hinter der CE-Kennzeichnung die Kennnummer der benannten Stelle an, gibt eine Konformitätserklärung ab, teilt der benannten Stelle seine Absicht mit, das Qualitätssicherungssystem zu aktualisieren, hält für die Überwachungsbehörden eine Kopie der Konformitätserklärung zur Verfügung.	bewertet das Qualitätssicherungssystem, um festzustellen, ob es die geltenden Anforderungen erfüllt, und trifft danach eine Entscheidung, überwacht die Anbringung der Kennnummer, überwacht den Hersteller durch regelmäßige und unangemeldete Besuche, bewahrt eine Liste wichtiger technischer Unterlagen auf, teilt den anderen benannten Stellen auf deren Anforderung die einschlägigen Angaben über die ausgestellten bzw. zurückgezogenen Zulassungen für die Qualitätssicherungssysteme mit.
mit Zusatzbestimmungen a		
Es gelten die Anforderungen ohne Zusatzbestimmung und zusätzlich beantragt die Prüfung des Entwurfs, hält die benannte Stelle über Änderungen an dem zugelassenen Entwurf auf dem Laufenden.	bringt an jedem Produkt die CE-Kennzeichnung an, bringt hinter der CE-Kennzeichnung die Kennnummer der benannten Stelle an, gibt eine Konformitätserklärung ab, teilt der benannten Stelle seine Absicht mit, das Qualitätssicherungssystem zu aktualisieren, hält für die Überwachungsbehörden eine Kopie der Konformitätserklärung zur Verfügung.	Es gelten die Anforderungen ohne Zusatzbestimmung und zusätzlich prüft den Antrag, stellt eine EG-Entwurfsprüfbescheinigung aus, wenn der Entwurf die einschlägigen Vorschriften erfüllt, bewahrt eine Liste der EG-Entwurfsprüfbescheinigungen und der EG-Entwurfszulassungen auf, teilt den anderen benannten Stellen auf deren Anforderung die einschlägigen Angaben über die EG-Entwurfsprüfbescheinigungen und die EG-Entwurfszulassungen mit.

Teil 9

SID

—

Software zur Internen Dokumentation nach Maschinenrichtlinie

Das Programm ermöglicht die lückenlose Dokumentation der vom Hersteller getroffenen Anstrengungen bezüglich der Erfüllung der gesetzlichen Anforderungen nach der Maschinenrichtlinie Anhang I Grundlegende Sicherheits- und Gesundheitsanforderungen für Konstruktion und Bau von Maschinen, Teil 1 Grundlegende Sicherheits- und Gesundheitsanforderungen nach dem bis zum 28. Dezember 2009 gültigen Stand nach nationalem Recht.

Der Technische Autor ist ziemlich frei in seinen Eingabemöglichkeiten, ohne den Blick für das Wesentliche zu verlieren. Eine ständige Feststellung der bearbeiteten Formulare ist möglich. Eingabezwänge liegen nur bei Anwendung der Gefährdungsanalyse vor. Dies soll verhindern, dass lückenhafte Angaben gemacht werden, die später bei einer Prüfung der Eingaben zu Argumentationsproblemen führen könnten.

Die individuelle Aufnahme von Dokumenten und relevanten Bauteilen zu jedem Anforderungspunkt der Richtlinie erlaubt eine sorgfältige und umfangreiche Dokumentationsleistung, ohne dazu gezwungen zu sein.

Durch diese flexible Verwendbarkeit können sowohl einfache Dokumentationslösungen bearbeitet werden wie auch sehr komplexe und umfangreiche Projekte.

Die gespeicherten Daten werden separat abgelegt, sodass das Programm ohne Datenverlust aufgerüstet werden kann.

9.1 Allgemeine Problemlage

Die Erstellung der Internen Technischen Dokumentation nach Maschinenrichtlinie bereitet besonders kleineren und mittleren Unternehmen immer wieder Probleme. Oftmals ist es aus unterschiedlichen Gründen nicht möglich, alle Anforderungen von Anfang an zu beachten, das gesamte Gefährdungs- und Risikopotenzial zu ermitteln und die Archivierung von Aufzeichnungen und anderen Dokumenten so zu organisieren, dass auf Wunsch alle gesuchten Informationen zur Verfügung stehen.
Auch Großbetrieben kann die Interne Dokumentation Sorgen bereiten. Die vorgegebenen Organisationsstrukturen und die oft breite Produktpalette können den erforderlichen Datenaustausch erschweren und Kommunikationsbarrieren aufbauen.
Für diese und weitere Probleme, die bei der Planung, Erstellung und Durchführung der Internen Dokumentation auftreten, habe ich diese Softwarelösung entwickelt.

9.1.1 Zur Informationsflut verordnet

Jeder, der schon einmal mit der Erfüllung der Anforderungen der Maschinenrichtlinie zu tun hatte, weiß, dass das Verfahren der EG-Konformitätserklärung, wie es im Anhang V der Richtlinie 98/37/EG vorgeschrieben ist, vom Hersteller die Ermittlung und Erfassung vieler und auch vielerlei Informationen fordert.
Dabei sind nicht allein die Ermittlung und Erfassung der produktspezifischen Stammdaten gemeint, wie Benennung, Identnummer, Baujahr und gegebenenfalls Prüfnummer einer benannten Stelle.
Es sind vielmehr die einzelnen Hinweise und Leistungswerte zu bestimmten Bauteilen, die für Gefährdungen sorgen könnten. Ferner sind es die in diesem Zusammenhang ermittelten Informationen über die wirkenden gefährdungsrelevante Faktoren wie menschliches Verhalten, Maschinen- und Materialverhalten. Lassen sich doch mit diesen Daten oder Eingaben entdeckte Gefährdungs- und Risikopotenziale bestimmen.
Damit sind aber längst nicht die eigentlich produktgestalterischen Informationen erschlossen. Diese liegen erst nach Festlegung der erforderlichen Sicherheitsmaßnahmen fest, mit denen die ermittelten Gefährdungs- und Risikopotenziale beseitigt oder zumindest vermindert werden sollen.

9.1.2 Normen als Problemverstärker

Die zur Durchführung des Konformitätsbewertungsprozesses zur Verfügung stehenden Hilfen in Form von harmonisierten Sicherheitsnormen, nationalen und internationalen Normen und anderen technischen Spezifikationen können bei genauer Betrachtung ein weiteres Problem schaffen. Die Inanspruchnahme dieser Hilfen bedeutet, dass sie in ihrer ganzen Fülle zur Kenntnis genommen werden müssen und anschließend, bezogen auf den konkreten Einzelfall – also ihre Anwendung auf eine Maschine, auf eine Baugruppe, ein Bauteil oder einen sicherheitsrelevanten Sachverhalt – bewertet werden müssen.
Diese Aufgabe übernehmen teilweise externe Dienstleister. Ist dies der Fall, sind die entsprechenden Firmen und die handelnden Personen zu dokumentieren, sowohl mit ihren Namen und Kontaktierungsdaten wie auch mit ihren Verantwortlichkeiten und produktrelevanten Bezugsdaten.

9.1.3 QM und QS als Strukturgitter

Immer mehr Hersteller von Maschinen wenden ein Qualitätsmanagementsystem nach EN ISO 9001:2000 an. Um keine unnötige Dopplungen von Prüf-, Mess-, Überwachungs- und Dokumentationsprozessen entstehen zu lassen, beanspruchen Hersteller mit einem entsprechenden QM-System die Ausschlussmöglichkeiten, die von der Norm eingeräumt werden. Das wiederum bedeutet, dass das angewandte Qualitätssicherungsverfahren mit seinen Produktanforderungen der Maschinenrichtlinie mit dem angewandten Qualitätsmanagementverfahren und dessen Anforderungen gekoppelt sein muss – und zwar durch die Dokumentation.

9.1.4 Kommunikationsmodell – Maschinenrichtlinie

Der erforderlichen Fülle an Informationen ist relativ einfach beizukommen, wenn man sie in ihren kommunikativen Sachzusammenhang stellt. Dieser wird im Wesentlichen durch die Maschinenrichtlinie selbst vorgegeben. So werden sehr deutlich die Kommunikationspartner Hersteller, Bedienungsperson, gefährdete Person und Gesetzgeber festgelegt. Zwei weitere existenzielle Partner des geplanten Kommunikationsprozesses sind die Maschine in ihrer Gesamtheit sowie die Umwelt.

Das Kommunikationsthema ist vorrangig die Sicherheit im Umgang mit dem Produkt, hier mit der Maschine.

9.1.5 Kommunikationsthema Informieren

Betrachtet man die einzelnen „Grundlegenden Sicherheits- und Gesundheitsanforderungen“ unter diesem kommunikativen Gesichtspunkt, lassen sich folgende Kommunikationsthemen und damit auch Anforderungen an entsprechende vordefinierte Kommunikationsprozesse herauslesen:

- Informieren über die Maschine, Materialien, Stoffe, Dokumente und Funktionen;
- Informieren des Bedienpersonals;
- Informieren von gefährdeten Personen, Nutznießern und der Umwelt.

Diese „vorgegebenen“ Kommunikationsthemen verweisen unmittelbar auf die erforderlichen und möglichen Kommunikationsprozesse während der Ent-

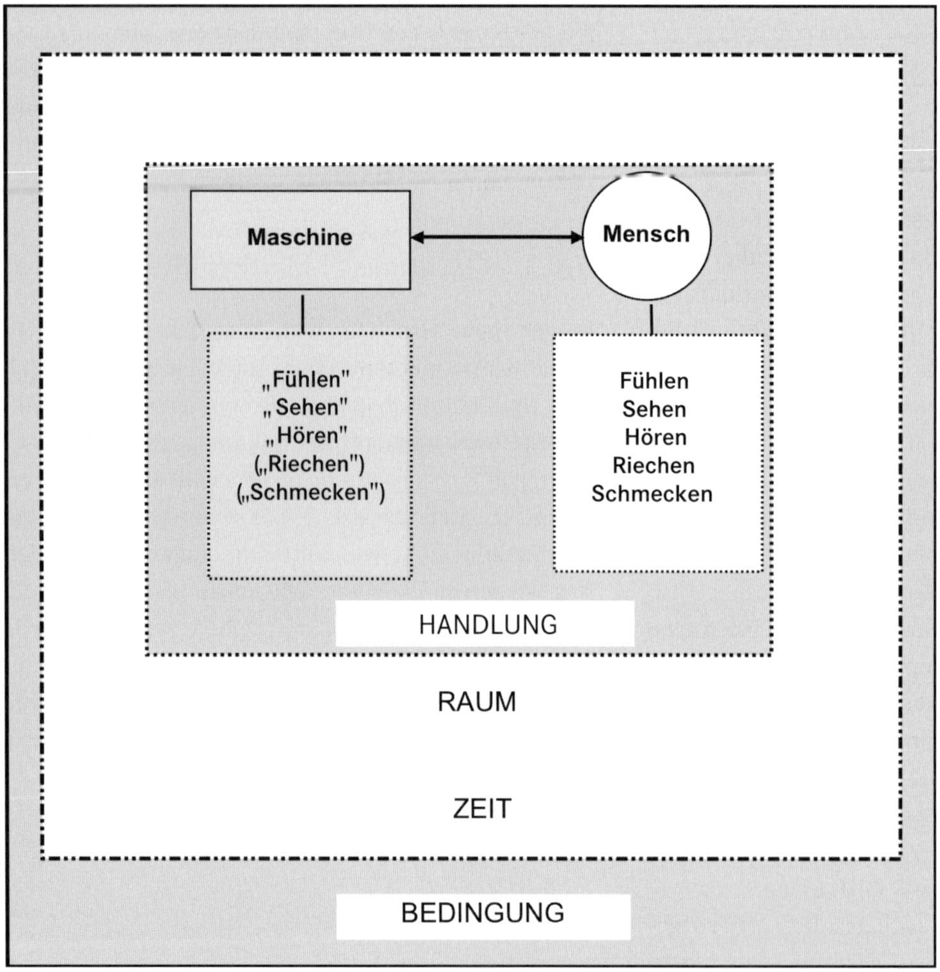

Abb. 9-1: *Kommunikationsmodell – Maschinenrichtlinie*

wicklungsphase, der Produktrealisierung und der Produktbeobachtungsphase. Diese Kommunikationsprozesse laufen im Allgemeinen weitestgehend innerhalb des produzierenden Unternehmens ab bzw. zwischen den an der Herstellung beteiligten Vertragsparteien.

9.1.6 Kommunikative Sachverhalte

Nun lassen sich implizite, das heißt den Anforderungen innewohnende, kommunikative Sachverhalte zuordnen. Diese Sachverhalte ergeben sich einerseits aus den Kommunikationsthemen und andererseits aus dem besonderen inhaltlichen Bezug des jeweiligen Anforderungstextes.
Auch hier lassen sich thematische Gruppen bilden. Es sind dies:

- Sachverhalt: Merkmal
- Sachverhalt: Gefahr/Gefährdung
- Sachverhalt: Schutzmaßnahme.

9.1.7 Kommunikative Verknüpfungen

Schon allein durch die Verknüpfung von einem Kommunikationsthema und einem der kommunikativen Sachverhalte wird deutlich, wie breit und gleichzeitig tief jeder der Anforderungstexte hinsichtlich seines Kommunikationsbedarfs wirken kann. Was aber zunächst als zusätzliche Belastung empfunden werden kann, birgt erheblich Vorteile.
Betrachtet man die Informationen, die durch Verknüpfung der Kommunikationsthemen mit den kommunikativen Sachverhalten „entstehen“, stellt man sofort den Nutzwert der gewonnenen Informationen fest.
Bindet man das Kommunikationsthema „Informieren über die Maschine, Materialien, Stoffe, Dokumente und Funktionen“ an einen kommunikativen Sachverhalt „Merkmal“, lassen sich entsprechende merkmalsbeschreibende oder merkmalsbestimmende Informationen einem ganz bestimmten, auf die jeweilige Anforderung bezogenen „Gegenstand“ zuordnen.
Verknüpft man dasselbe Kommunikationsthema mit dem Sachverhalt „Gefahr/Gefährdung“, lassen sich alle gefährdungsrelevanten Informationen zu diesem Gegenstand gezielt diesem Gegenstand zuordnen. Dies kommt in der Regel im Risikobeurteilungsprozess nach EN 1050 zur Anwendung.
Koppelt man das Kommunikationsthema „Informieren des Bedienpersonals“ mit dem kommunikativen Sachverhalt „Merkmal“, so sind jene Informationen herausgefiltert, die dem Bedienungspersonal zur Verfügung gestellt werden, damit es in ausreichendem und angemessenem Umfang über die Merkmale des „Gegenstandes“ unterrichtet ist.
Mit einer Kopplung des Kommunikationsthemas „Informieren des Bedienpersonals“ mit dem kommunikativen Sachverhalt „Gefahr/Gefährdung“ werden alle Informationen abgerufen, welche die Planung dieses Kommunikationsvorgangs belegen.

9.1.8 Feinfilter Sachverhaltskategorien

Für eine Feinfilterung von Informationen bezüglich einem der genannten kommunikativen Sachverhalte ist es erforderlich, eine weitere Unterteilung vorzunehmen. Auch hierzu liefern die einzelnen Anforderungen der Maschinenrichtlinie ausreichenden Stoff. So lassen sich für die Sachverhaltsgruppe „Merkmal“ u. a. die folgenden Kategorien festlegen:

- Allgemein
- Definition
- Standort
- Bedingung
- Art und Weise
- erwartbare betriebsbedingte Belastungen
- erwartbare Fremdeinflüsse
- erwartbare Folgen.

Der Sachverhaltsgruppe „Gefahr/Gefährdung“ lassen sich für eine genauere Informationsauslese zum Beispiel folgende Kategorien zuweisen:

- gefährdende Folgen
- Gefahrenbereiche
- gefährdete Personen
- gefährdete Nutztiere und Pflanzen

Auch die Sachverhaltsgruppe „Schutzmaßnahme“ ist in folgende Kategorien differenzierbar:

- definiert
- sicherstellen
- gefährdete Personen.

9.1.9 Vernetzung kommunikativer Einzelinformationen

Durch das Anbinden des Kommunikationsthemas „Informieren über die Maschine, Materialien, Stoffe, Dokumente und Funktionen“ an den kommunikativen Sachverhalt „Gefahr/Gefährdung“ und an die Kategorie „Gefahrenbereiche“ erschließt man alle Informationen zu Gefahrenbereichen, die im Zusammenhang mit einem Gegenstand vorhanden sind – sofern dem Gegenstand das Merkmal „Gefahr/Gefährdung“ zugeordnet worden ist.

Mit einer Kopplung des Kommunikationsthemas „Informieren des Bedienpersonals“ mit dem kommunikativen Sachverhalt „Gefahr/Gefährdung“ und der Kategorie „Gefahrenbereiche“ werden alle Informationen ermittelt, wo, wann und wie das Bedienungspersonal über die Gefahrenbereiche bezüglich eines „Gegenstandes“ informiert wird. Dabei ist es möglich, dass der oder die definierten Gefahrenbereiche unmittelbar der Standort des Gegenstandes ist. Es kann aber auch sein, dass zwischen Gegenstand und dem ihm zugewiesenen Gefahrenbereich mehrere hundert Meter oder eine noch größere Strecke liegen, wie das häufig bei Stellteilen und den zuzuordnenden Aktionsräumen im Bereich der Verfahrenstechnik der Fall ist.

9.1.10 Von der Informationsflut zur Informationsfülle

All diese Beispiele verdeutlichen ansatzweise die Fülle an Informationen, die sich mehr oder weniger zwangsläufig bei der Durchführung eines Konformitätsverfahrens nach der Maschinenrichtlinie ergibt. Die Beispiele zeigen aber auch, wie diese Informationen nach kommunikativen Merkmalen und Funktionen unterschieden werden können, damit sie zum Beispiel für Maschinenbewertungen und Prozessbewertungen zur Verfügung stehen.

Die Frage ist nun: „Wie kommt man gezielt zu diesen Informationen?“ und „Wie kann man diese Informationen so verknüpfen, dass sie bei Bedarf auf Knopfdruck zur Verfügung stehen?“.

9.1.11 Sprachanalytisches Frageverfahren

Die Antwort zur ersten Frage liefert ein sprachanalytisches Frageverfahren, das für die einzelnen Anforderungstexte von mir entwickelt und angewandt worden ist.

Dieses Verfahren ermittelt zunächst die im Text enthaltenen sachbezogenen bedeutungstragenden Bestandteile und setzt sie anschließend in Beziehung zum oben skizzierten Kommunikationsbezug.

Das Ergebnis ist eine vom Text und vom Kommunikationskontext, wie ihn die Richtlinie vorgibt, her definierte Abfolge von Fragen, die sich zum einen auf die konkrete Erfüllung der Anforderungen bezieht, zum anderen auf die Antworten der vorangegangenen Fragen.

9.1.12 Anwendungsgerechte Antworten

Anhand dieser Fragen wird der Konstrukteur so geführt, dass er am Ende durch seine Antworten die Informationen geliefert hat,

- mit welchen Mitteln
- aus welchem Grund
- für welche Bedingungen

er die von der Richtlinie geforderten Anforderungen erfüllt hat.

Eine Besonderheit der Fragen besteht darin, dass es informationsschöpfende Fragen sind, die keine „Ja/Nein“-Antworten zulassen, sondern immer nachprüfbare und belegbare Inhalte fordern. Diese Verfahrensweise ermöglicht die universelle Anwendbarkeit des Verfahrens auf alle möglichen Produkte, wie sie auch die Richtlinie vorgibt.

9.2 Problemlösung mit Programm

Die Antwort auf die zweite Frage liefert ein Datenbankprogramm – die beiliegende „Software zur Internen Dokumentation“. Dieses Programm basiert auf einer MSAccess-Anwendung und läuft unter Windows 98 und höher. Für den Anwender ist das Programm einfach zu bedienen. Er fügt nach Datenlage seine ermittelten Werte in Formulare ein.

Ein Teil der Formulare kann nur bei entsprechender Dateneingabe geöffnet werden, sodass die erforderliche Arbeitszeit auf das Recherchieren relevanter Informationen beschränkt bleibt. Sind die Informationen vom Anwender als erforderlich festgelegt, bieten die Formulare das Aufnehmen der Daten zu allen sicherheitsrelevanten Sachverhalten – und zwar unter den oben genannten kommunikativen Gesichtpunkten –, wie sie in der Maschinenrichtlinie gefordert werden.

9.2.1 Formular „Maschinenstammdaten“

Dieses Formular dient zur Aufnahme aller wichtigen Primärinformationen, die der verantwortliche Konstrukteur auf den „ersten Blick“ benötigt. Dazu zählen die Kenndaten der Maschine wie Benennung, Identnummer, Baujahr und gegebenenfalls Prüfnummer, die bei Einschaltung einer benannten Stelle zusätzlich hinzukommt.

Ferner sind Eingabefelder für Kontaktinformationen zu Hersteller, benannter Stelle und zuständiger Behörde vorhanden. Hierbei kann der Anwender seine Eintragungen nach hauptverantwortlichen und teilverantwortlichen Kommunikationspartnern differenzieren, wobei er den Letzteren noch bestimmte vorgegebene Fachbereiche zuweisen kann.

In einem zweiten Teil des Formulars können Eingaben zu der CE-relevanten Dokumentation vorgenommen werden. Bezüglich angewandter EG-Richtlinien, angewandter harmonisierter Normen, anderer angewandter Normen und technischer Spezifikationen stehen zur einfachen Übernahme Auswahldatensätze zur Verfügung.

Ein Buttonklick führt zum folgenden Formular.

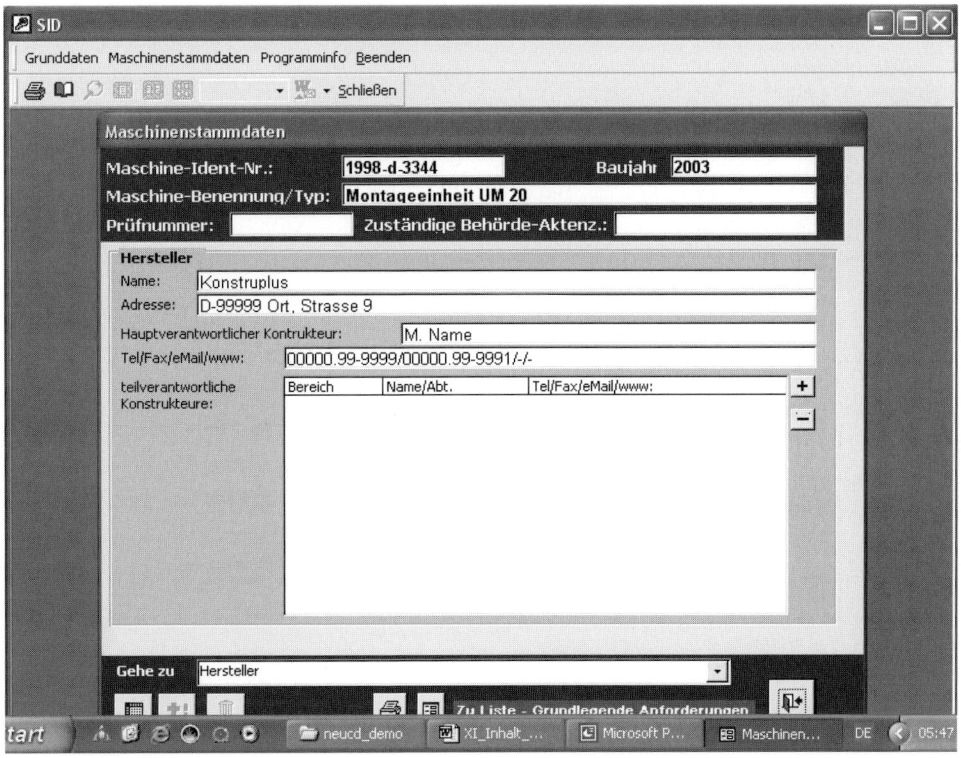

Abb. 9-2: *Screenshot – Formular „Maschinenstammdaten“*

9.2.2 Formular „Liste der grundlegenden Anforderungen“

Mit Öffnen des Formulars sind die Stammdaten Maschinen-Benennung, Maschinen-Identnummer und Baujahr bereits eingetragen.

Dieses Formular dient zur Festlegung der als relevant zu betrachtenden einzelnen Anforderungen der Maschinenrichtlinie. In der vorliegenden Programmversion können die Einzelanforderungen der „Grundlegenden Sicherheits- und Gesundheitsanforderungen bei Konzipierung und Bau von Maschinen“ bearbeitet werden. Diese enthalten die obligatorischen Einzelanforderungen „1.1.2 Grundsätze für die Integration der Sicherheit“, „1.7.3 Kennzeichnung“ und „1.7.4 Betriebsanleitung“.

Die weiteren besonderen Sicherheits- und Gesundheitsanforderungen, die nur eine begrenzte Anzahl von Herstellern zu beachten hat, sind in der bestehenden Programmfassung bereits vorgesehen.

Dem Anwender steht für jede einzelne Anforderung der Richtlinientext als Entscheidungsgrundlage zur Verfügung. Die obligatorischen Anforderungen sind bereits als „relevant“ festgelegt. Bei den anderen Anforderungen hat er selbst die Relevanz festzulegen. Ein Bemerkungsfeld bietet die Möglichkeit, die Entscheidung zu kommentieren.

Nachdem alle Anforderungen bezüglich ihrer Relevanz festgelegt sind, hat der Anwender automatisch ein wichtiges Dokument der technischen Unterlagen zur EG-Konformitätserklärung erstellt – die Liste der grundlegenden Anforderungen der Maschinenrichtlinie.

9.2.3 Formular „Fragen und Antworten“

Dieses Formular enthält alle Fragen zu der jeweils als relevant festgelegten Anforderung. Neben der Frage bieten „Empfehlungen“ bzw. „Hinweise“ Hilfestellungen bei der Beantwortung. Zu diesen Hilfestellungen gehören teilweise auch Querverweise auf andere Fragen, wenn zum Beispiel erwartbar ist, dass eine Antwort bereits die abgefragte Information enthält, sodass ein Querverweis als Antwort gegebenenfalls ausreicht. Da viele Antworten zum Kommunikationsthema „Informieren über die Maschine, Materialien, Stoffe, Dokumente und Funktionen“ Verweise auf verschiedene Rechtsgrundlagen, Normen, Vertragsunterlagen oder

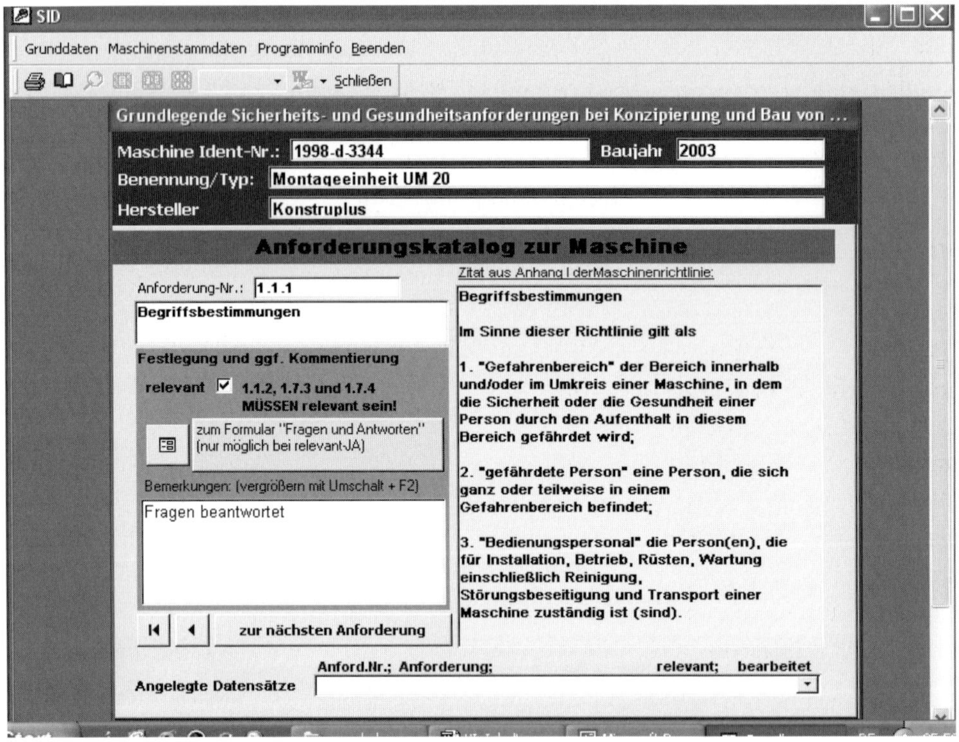

Abb. 9-3: *Screenshot – Anforderungskatalog zur Maschine*

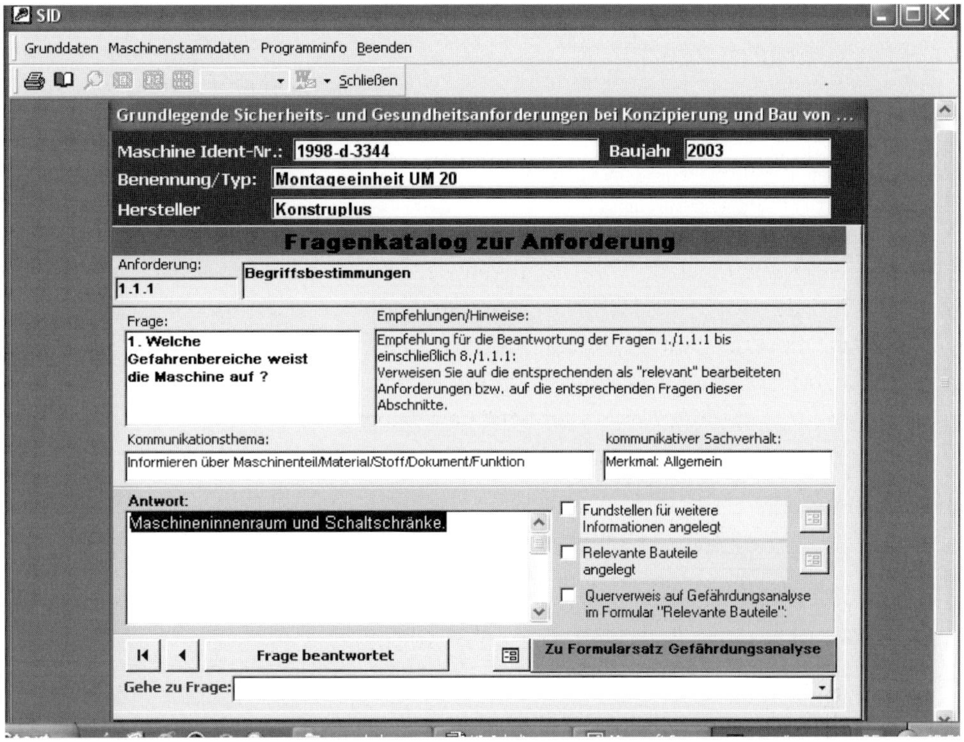

Abb. 9-4: *Screenshot – Fragenkatalog zur Anforderung*

Produktunterlagen sowie Unterlagen zu Baugruppen und Bauteilen fordern, hat der Anwender die Möglichkeit, zum einen die Informationen zu Dokumenten in einem speziellen Formular „Fundstelle für weitere Informationen" einzutragen und zum anderen auch Informationen zu „Relevanten Bauteilen" in einem entsprechenden Formular zu dokumentieren. Tauchen relevante Bauteile im Rahmen einer Gefährdungsanalyse auf, wird dies automatisch angezeigt.

9.2.4 Formular „Fundstelle für weitere Informationen"

Wie beschrieben, dient das Formular zum Dokumentieren der Unterlagen, welche die Antwort einer Frage belegen. Lautet zum Beispiel die Frage „Welche Gefahrenbereich weist die Maschine auf?", so können hier die Dokumente bzw. Aufzeichnungen angegeben werden, die entsprechende Informationen enthalten. Bei der vorliegenden Frage könnte das sowohl eine Typ C-Norm sein, also eine harmonisierte Sicherheitsnorm für Maschinen, wie auch eine Typ A-Norm, wie sie die „EN 1050 Risikobeurteilung" darstellt, oder auch einzelne Entscheidungsprotokolle und Untersuchungsaufzeichnungen oder Produktunterlagen, wie sie einem Kaufteil beilagen usw.

Damit bei der späteren Recherche nicht nur das verwendete Dokument, sondern auch die angewandte Textstelle zielsicher ausgemacht werden kann, hat der Anwender die Möglichkeit, die Quellenart nach einer vorgegebenen Kennzeichnungsmöglichkeit festzulegen sowie Abschnitts- und Seitenangaben zu dokumentieren. Dies ist besonders dann wichtig, wenn nach mehreren Jahren Entscheidungsgrundlagen vorzuweisen sind und der bloße Hinweis auf ein Dokument, zum Beispiel auf eine angewandte Norm, nicht ausreicht, sondern genau die verwendete Ausgabe und die verwendete Textstelle anzugeben sind, um einer ungerechtfertigten Vermutung wirkungsvoll zu begegnen.

9.2.5 Formular „Relevante Bauteile"

Hier hat der Konstrukteur die Möglichkeit, die jeweilige Bauteil-Identnummer, die Benennung des Bauteils sowie Angaben zu den entsprechenden Zeichnungen einzugeben. Ferner können noch getrennt Hinweise zu Positionsangaben in Dokumenten eingefügt wer-

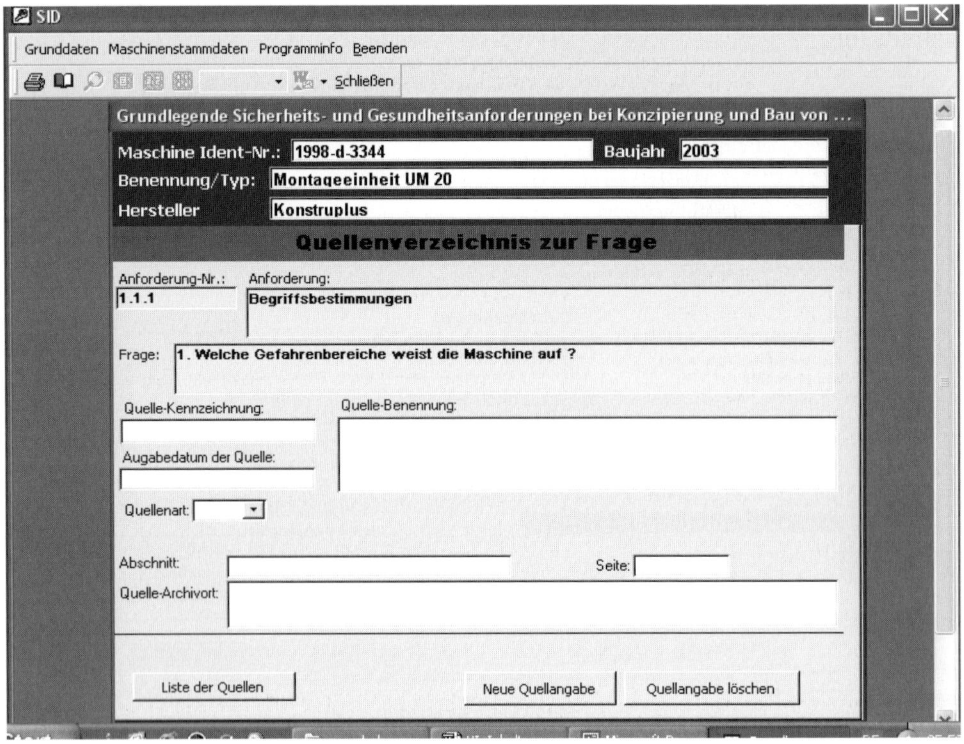

Abb. 9-5: *Screenshot – Quellenverzeichnis zur Frage*

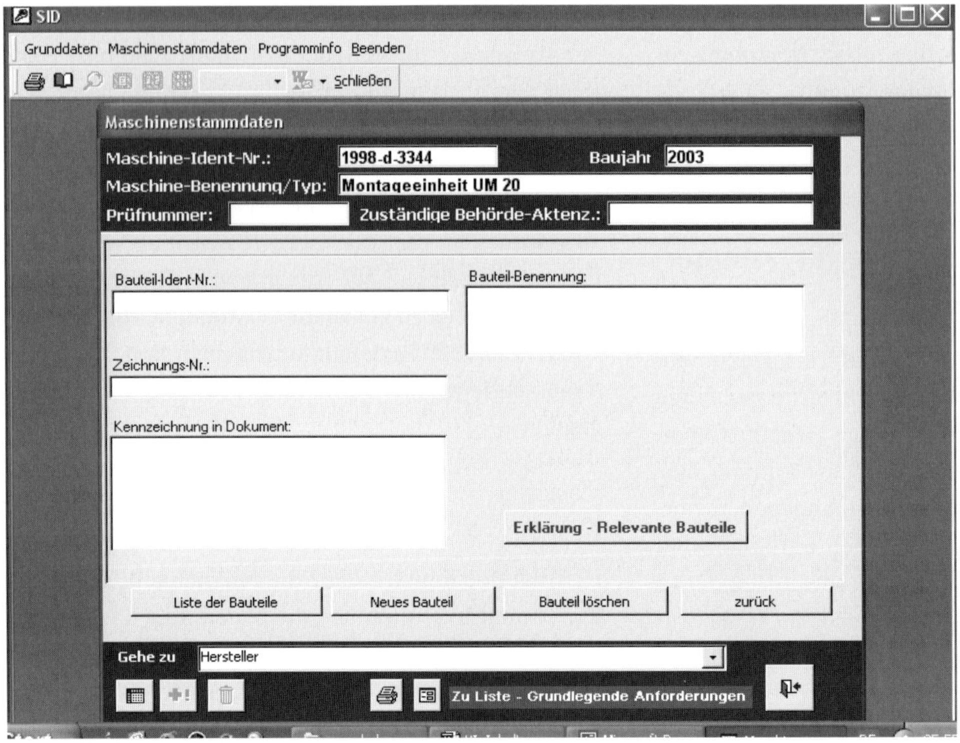

Abb. 9-6: *Screenshot – Bauteilaufnahme*

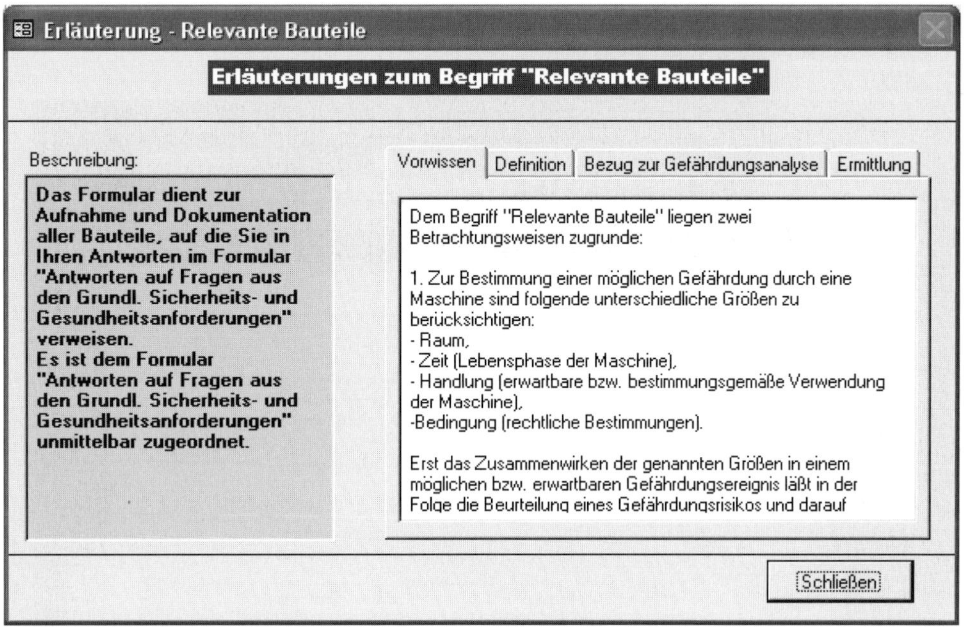

Abb. 9-7: *Screenshot – Erläuterungen zum Begriff „Relevante Bauteile“*

den. Dies ist dann vorteilhaft, wenn Bezüge zu Produktdokumenten, seien es Betriebsanleitungen oder Prospekte, hergestellt werden sollen.
Zusätzlich kann der Anwender Querverweise zur Gefährdungsanalyse angeben. Die sind dann erforderlich, wenn das Bauteil dort als sicherheitsrelevantes Moment auftaucht. Das kann sowohl sicherheitsfördernd als auch gefahrbringend sein.
Da der Begriff „Relevantes Bauteil“ erklärungsbedürftig ist, hat der Anwender über einen Buttonklick Zugang zu entsprechenden erklärenden Texten.

9.2.6 Gefährdungsanalyse inbegriffen

Ausgehend von den Fragen zum kommunikativen Sachverhalt „Erwartbare Folgen“ kann sich, als Voraussetzung für eine qualifizierte und belegbare Antwort, die Notwendigkeit für die Durchführung einer Gefährdungsanalyse ergeben.
Für diesen Fall stehen dem Anwender spezielle Formulare zur Verfügung, anhand derer er auf der Grundlage der EN 1050:1997, der EN 12100-1:2004 und der EN 414:1992 eine Gefährdungsanalyse durchführen und die ermittelten Daten dokumentieren kann.

9.2.7 Formular „Gefährdungen und Lebensphasen“

Der Konstrukteur kann eine Gefährdungsart auswählen und anschließend per Mausklick festlegen, zu welcher „Lebensphase“ seiner Erfahrung bzw. seine Einschätzung nach diese Gefährdungsart wirksam werden könnte.
Daraufhin kann er per Buttonklick das Formular „Gefährdungsereignisse“ öffnen, um dort möglichst differenzierte Angaben hinterlegen zu können.

9.2.8 Formular „Gefährdungsereignisse“

Mit Öffnen des Formulars werden die bekannten Stammdaten übernommen. Um dem Anwender unnötige Bezugsnennungen möglichst abzunehmen, hat er die Möglichkeit, wiederum per Mausklick, zu entscheiden, welche Auslösefaktoren zu einem Gefährdungsereignis führen könnten. Er kann differenzieren zwischen „Menschlichem Verhalten“, „Maschinenverhalten“ und „Materialverhalten“. Zusätzlich kann er zu jedem der genannten Faktoren zwischen zwei Möglichkeiten auswählen. So kann er zum Beispiel zwischen „Bedienperson“ und „Nicht-Bedienperson“ unterscheiden.

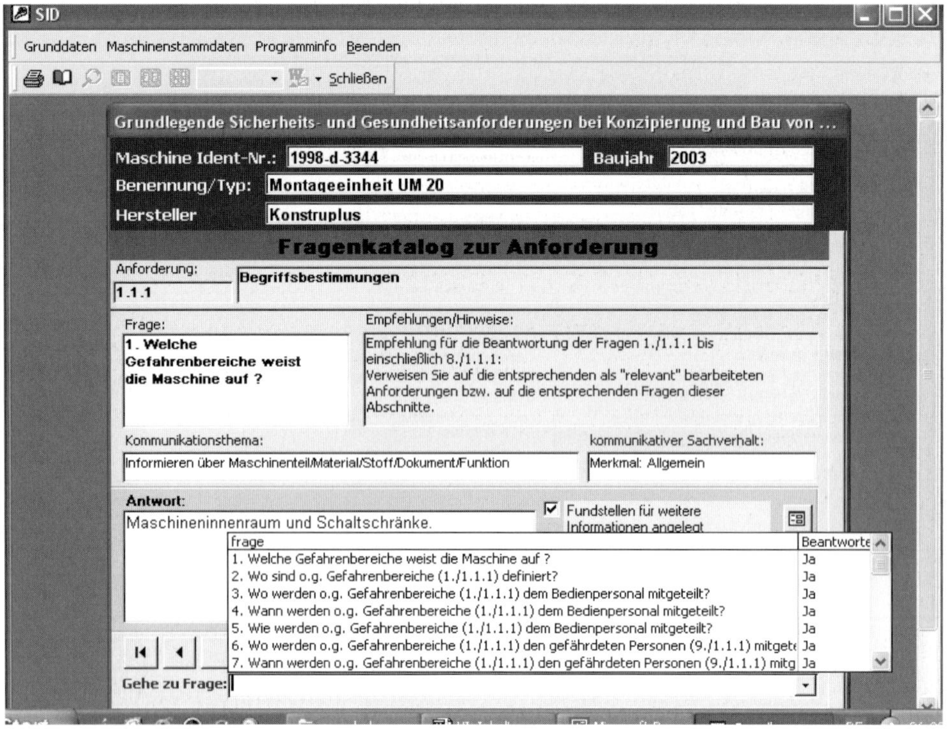

Abb. 9-8: *Datenbestand und Gefährdungsanalyse*

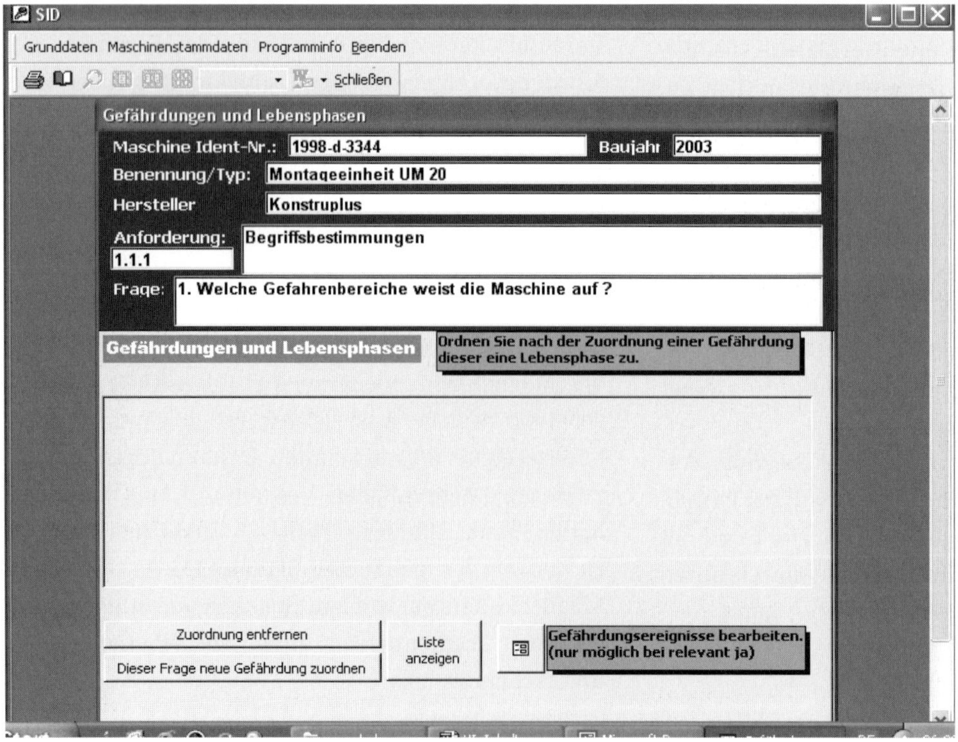

Abb. 9-9: *Screenshot – Gefährdungen und Lebensphasen*

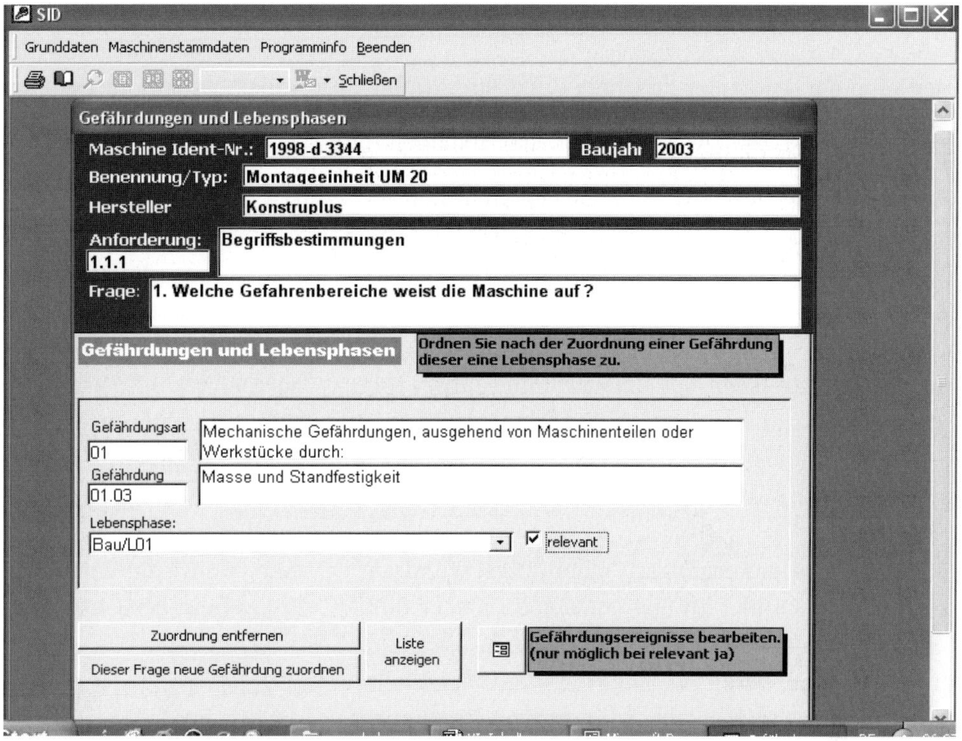

Abb. 9-10: *Screenshot – Gefährdungen zuordnen*

Er kann zu jedem der ausgewählten Faktoren beschreibende Angaben zu bekannten oder erwartbaren Gefährdungsereignissen machen. Wiederum kann der Anwender per Mausklick zum nächsten Formular gelangen, um dort das Risikopotenzial des Gefährdungsereignisses zu beurteilen.

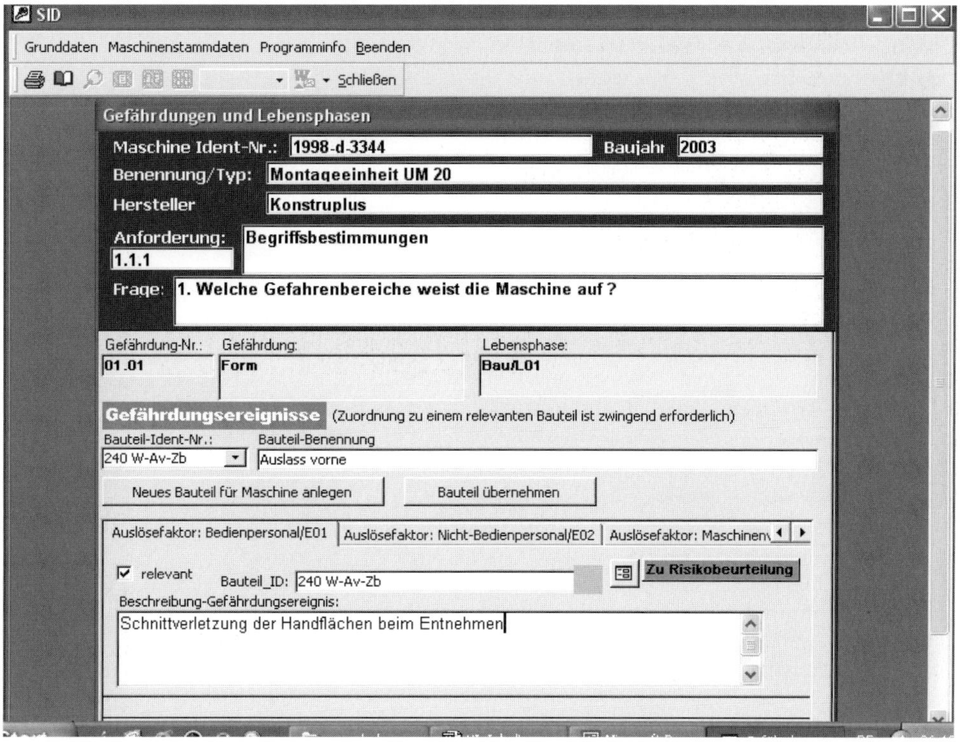

Abb. 9-11: *Screenshot – Gefährdungsereignisse*

9.2.9 Formular „Risikobeurteilung“

Hier kann der Anwender zu jedem Gefährdungsereignis eine Analyse nach Schadenart, Schadenschwere, Schadensexposition sowie Schadenwahrscheinlichkeit und Mangel an Ausweichmöglichkeiten durchführen. Innerhalb jeder der genannten Kriterien hat er die Möglichkeit, nach drei Bewertungsstufen zu entscheiden, wobei auch Mehrfachbelegungen pro Kriterium möglich sind.

Auf diese Weise bleibt der Entscheidungsaufwand in einem überschaubaren Bereich. Erklärungsbedürftige Rechenoperationen bzw. Zahlenschlüssel entfallen und das Ergebnis ist unmittelbar verständlich und vermittelbar.

Ähnlich wie beim Formular „Gefährdungsereignisse“ lassen sich auch hier zu den einzelnen Entscheidungen Kommentare anfügen. Auf diese Weise kann zum Beispiel auf bereits vorliegende Analyseergebnisse verwiesen werden oder es können die Bedingungen beschrieben werden, die für die festgelegte Entscheidung gelten.

Mit der vollständigen Erstellung des Formulars ist auch der Risikobeurteilungsprozess nach EN 1050 abgeschlossen, denn diese Norm sieht keine weitergehende Problemlösung vor.

Mit einem Buttonklick kann dann auf das folgende Formular „Schutzziel – Lösung“ weitergeschaltet werden.

9.2.10 Formular „Schutzziel-Lösung“

Dieses Formular enthält die Gefährdungs- und Risikodaten der vorgeschalteten Formulare. Der Anwender legt in diesem Formular die erforderlichen Schutzmaßnahmen fest und ordnet diese dem jeweiligen Schutzziel, das heißt der entsprechenden Anforderung zu. Bei der Festlegung hat er die Möglichkeit der Unterscheidung nach konstruktiven Maßnahmen, Einsatz von Schutzeinrichtungen und informativen Maßnahmen, wobei die vorgeschriebene Reihenfolge bei der Eintragung berücksichtigt ist.

9.2.11 Formular „Durchführungsprotokoll – Erforderliche Maßnahmen“

Hier hat der Anwender die Möglichkeit, die Abnahmeergebnisse zur jeweiligen festgelegten „erforderlichen

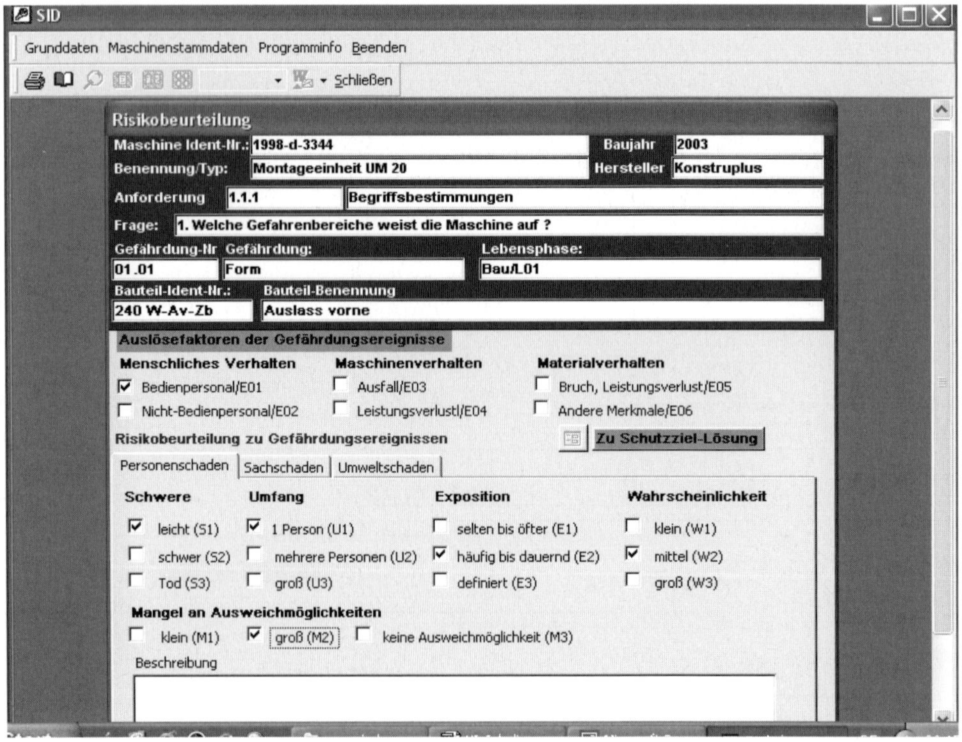

Abb. 9-12: *Screenshot – Risikobeurteilung*

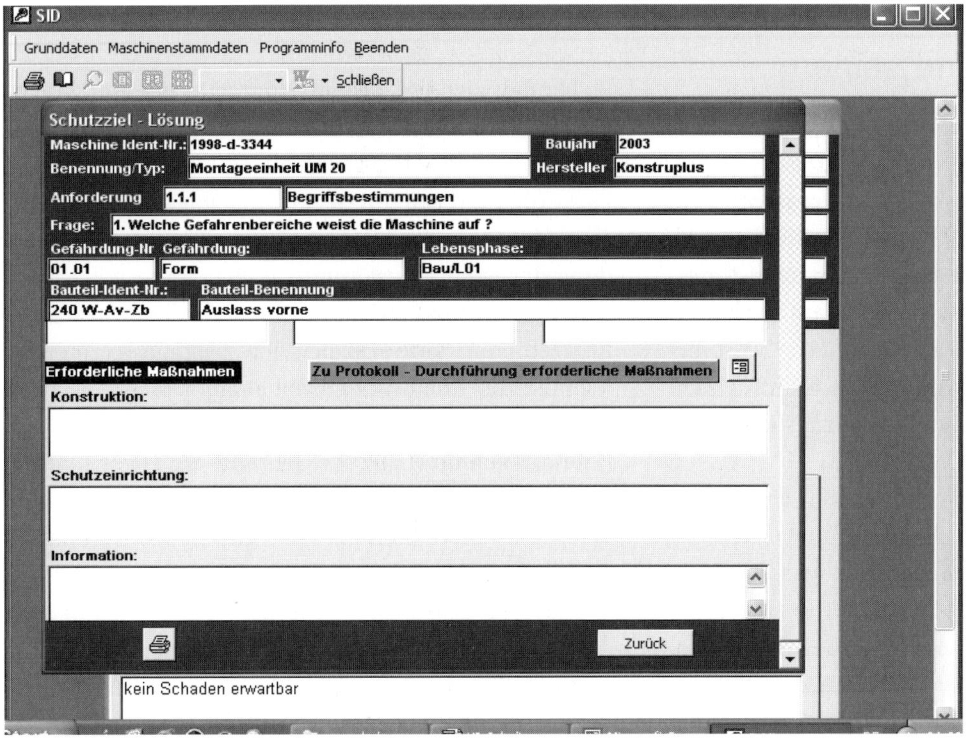

Abb. 9-13: *Screenshot – Schutzziel-Lösung*

Maßnahme" zu protokollieren und zu kommentieren. Das heißt, auch Maßnahmen, die nicht realisierbar sind oder modifiziert realisiert worden sind, können hier entsprechend dokumentiert werden.

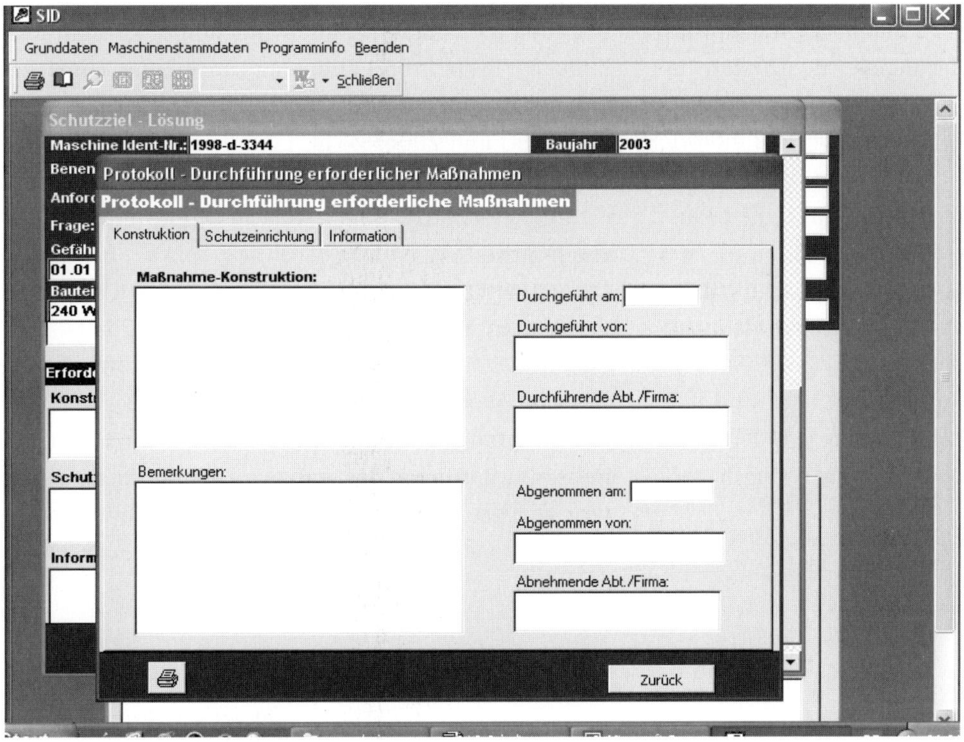

Abb. 9-14: *Screenshot – Protokoll – Durchführung erforderlicher Maßnahmen*

9.3 Allgemeine Hinweise zum Programm und seinem Anwendungsbereich

Der Button „Allgemeine Hinweise zum Programm und seinem Anwendungsbereich“ öffnet ein Registerfenster mit den Tafeln „Zum Programm“, „Anwendungsgrenzen“, „Formulare – Aufbau und Zusammenhang“, „Berichte“ und „Allgemeines zur Bedienung“. Mit diesen Hinweisen kann der Benutzer einfach und schnell das Programm zur Erstellung seiner Internen Dokumentation nutzen.
Bezüglich der Anwendungsgrenzen, die sich in der vorliegenden Fassung des Inhalts auf den Teil I der Maschinenrichtlinie beziehen, ist Folgendes anzumerken:
Die „Grundlegenden Sicherheits- und Gesundheitsanforderungen“ sind so allgemein gehalten, dass ihre Erfüllung in hohem Maße auch die Erfüllung vieler und elementarer Anforderungen der Betriebssicherheitsverordnung sicherstellt. Gerade der Fragenkatalog und die daran anschließenden Formulare erlauben eine lückenlose Darstellung der verwirklichten Maßnahmen und damit auch eine Kontrollmöglichkeit ihrer aktuellen Gültigkeit.
Werden aufgrund veränderter Produktdaten oder veränderter rechtlicher Anforderungen Änderungen im Gesamtsystem, das heißt konzeptionelle Änderungen, bauteilbezogene, fertigungsbezogene, verfahrenbezogene Änderungen usw. vorgenommen, so können diese Änderungen ohne großen Aufwand in die bestehende Dokumentation eingepflegt werden.
Das bedeutet aber nicht, dass Bestehendes überschrieben oder kopiert werden muss, denn dies würde ja gerade gegen das Dokumentationsprinzip verstoßen. Es genügt, wenn eine neue Datei angelegt wird und nur die geänderten Aspekte aufgenommen werden. Auf die unveränderten Bereiche wird einfach durch entsprechende Textverweise hingewiesen.

9.3.1 Zum Programm

Es handelt sich bei diesem Programm um eine Microsoft® Access 2003 Anwendung als Komponente von Microsoft ® Office 2003 und auch als Runtimeversion. Es werden die von Microsoft ® festgelegten erforderlichen Kenntnisse beim Umgang und bei der Verwendung des Programms vorausgesetzt.
Auf die Verknüpfung mit anderen Anwendungen und Programmen wurde absichtlich verzichtet, um den technischen Ablauf möglichst sicher und zuverlässig zu halten.
Eine Ausnahme stellen die Berichte da: Diese können auch als WORD.rtf-Dateien geöffnet und gespeichert bzw. bearbeitet werden.
Die vorliegende Version beschränkt sich auf die Kapazitätsbedingungen und gegebenenfalls auch -beschränkungen von Access 2000 in der oben genannten Ausführung.

9.3.2 Anwendungsgrenzen

Das Programm ist in der vorliegenden Form, bezogen auf die EU-Richtlinie 98/37/EG vom 22. Juni 1998, als Maschinenrichtlinie bekannt. Diese Richtlinie ist als nationale Rechtsgrundlage noch bis zum 28. Dezember 2009 wirksam. Anschließend gilt die EU-Richtlinie 2006/37/EG in ihrer nationalen Umsetzung. Hinsichtlich der Entsprechungen zwischen den EU-Richtlinien 98/37/EG und 2006/37/EG gibt die Entsprechungstabelle im Kapitel 7 „Hinweise zu Rechtsgrundlagen für die Technische Dokumentation und relevante rechtliche Begriffe“ Auskunft.
Die enthaltenen Anforderungen und Fragen sind eingeschränkt auf die „Grundlegenden Sicherheits- und Gesundheitsanforderungen bei Konzipierung und Bau von Maschinen“ nach Anhang I.
Die weiteren grundlegenden Sicherheits- und Gesundheitsanforderungen des Anhanges I sind für eine spätere Ausgabe vorgesehen. Damit wird auch eine Aktualisierung nach der EU-Richtlinie 2006/37/EG verbunden sein.

9.3.3 Formulare – Aufbau und Zusammenhang

Die inhaltliche Konzeption dieses Programms basiert auf drei grundsätzlichen Überlegungen:

1. Der Gesetzgeber (im weiteren Sinne die Europäische Union) schreibt unter Bezug auf ein Schutzziel (Art. 95) die Kommunikation sowie die Kommunikationsbezüge und -inhalte zwischen Hersteller, Verwender, Produkt und Exekutivorgan vor und fest.
Als Informationsträger dienen die festgelegten Dokumente.
2. Alle als erforderlich festgelegten Maßnahmen zum Erreichen des Schutzziels müssen in einem räumlichen, zeitlichen und handlungsorientiertem Bezug stehen zu Teilen (Bauteile und Informationsträger) der Maschine und zu den Anforderungen (Bedingungen).
3. Die Erfüllung der grundlegenden Sicherheits- und Gesundheitsanforderungen kann über ein spezielles Frageverfahren geplant und erreicht werden. Dieses Frageverfahren bezieht sich zum einen auf die Anforderungen selbst und zum anderen auf den Konzeptions- und Herstellungsprozess der Maschine sowie auf den erwartbaren Verwendungsprozess der Maschine durch den Menschen.

Hinweis zur Gefährdungsanalyse:

Der hier vorgelegte Prozess der Gefährdungsanalyse bzw. seiner Dokumentation ist auf dem Verfahrensablauf der EN 1050:1997 aufgebaut. Die Aufstellung der Gefährdungen entspricht der „Liste der Gefährdungen" aus dem Anhang A der EN 414:1992, die Aufstellung der Lebensphasen entspricht im Wesentlichen den Angaben der EN 12100-1:2004.

Berichte

Durch Klicken der Befehlsschaltfläche „Drucker" erscheint der Bericht in der Seitenansicht.
Sie können die Berichte für Ihre Interne Dokumentation als Access-Reports ausdrucken.
Darüber hinaus können Sie Ihre Berichte auch als WORD.rtf-Dateien abspeichern.
Hierbei sollten Sie allerdings berücksichtigen, dass das Druckbild nicht dem des Access-Reports entspricht.
Ferner ist zu beachten, dass sich mein Copyright auch auf diese WORD.rtf-Dateien erstreckt und von Ihnen sowie Dritten entsprechend zu beachten ist.
Leider bietet das Programm von sich aus keine zuverlässige Einhaltung der eingestellten Seiteneinrichtungswerte, sodass Sie vor dem Ausdruck im Menü SEITE EINRICHTEN die unten genannten Werte überprüfen und gegebenenfalls korrigieren sollten.
Für ein befriedigendes Druckergebnis sind folgende Eingaben zur Seiteneinstellung zu beachten:
Registermarke: Ränder (Millimeter):
oben: 11
unten: 11
links: 25
rechts:11
Registermarke: Spalte
Breite: 17 cm
Spalte: 3 cm
Registermarke: Seite
Hochformat

9.3.4 Allgemeines zur Bedienung

System – Menüleiste

Menüpunkt Grunddaten: Mit diesem Menüpunkt öffnen Sie das Formular Bearbeiter. Die hier eingegebenen Daten werden den bearbeiteten Maschinendatensätzen zugeordnet und, ausgenommen der Personalnummer, mit dem aktuellen Bearbeitungsdatum auf den Berichten ausgedruckt.
Werden mehrere Bearbeiter für das Arbeiten mit dem Programm angewiesen, sind die entsprechenden Personen hier aufzunehmen. Letztendlich ist es eine Frage des Vertrauens, wer in welchem Namen Eintragungen und Änderungen der Daten vornimmt. Im Programm sind diesbezüglich keine Sicherheitsbarrieren vorgesehen.
Menüpunkt Maschinenstammdaten: Mit diesem Menüpunkt öffnen Sie das gleichnamige Formular Maschinenstammdaten.

Menüpunkt Programminfo: Mit diesem Menüpunkt öffnen Sie die Formulare Lizenzvertrag, Lizenzierung und Allgemeine Hinweise.
Wenn Sie das Formular Lizenzvertrag mit dem Button Ablehnen schließen, wird das Programm geschlossen.
Im Formular Lizenzierung können Sie Ihre Lizenznummer einsehen bzw. eingeben.
Menüpunkt Beenden: Hiermit schließen Sie das Programm.

Allgemeiner Hinweis

Die Formulare sind so aufgebaut und gestaltet, dass die erforderlichen Bedienungsschritte aus dem jeweiligen Text in den Formularen und den Befehlsschaltflächen ableitbar sind.

Grundsätzlich ist bei der Verwendung der einzelnen Formulare folgendes zu beachten:

Formular Maschinenstammdaten

a) Im Formular Maschinenstammdaten können über den Button unten links alle Datensätze in der Datenblattansicht angesehen werden. Dieses Datenblatt wird durch Doppelklicken auf ein Datenfeld der ersten Spalte (Maschine-Ident-Nr.) geschlossen und es erscheint der Datensatz im Formular.
b) Die teilverantwortlichen Konstrukteure bzw. Kommunikationspartner können nach Bedarf hinzugefügt und gelöscht werden.
c) Wenn Sie den Datensatz einer Maschine löschen, werden **alle Daten** zu dieser Maschine **endgültig gelöscht!**
d) Durch die Auswahl Gehe zu können Sie die entsprechenden Fenster öffnen.
Zurück zum Ausgangsfenster Hersteller gelangen Sie durch entsprechende Auswahl in der Liste.
e) Die Tabellen zu Angewandte EG-Richtlinien, Angewandte harmonisierte Sicherheitsnormen und Angewandte andere Normen und Spezifikationen beinhalten für die Tabellenfelder Titel, Anwendung und Bemerkungen die Möglichkeit, das jeweils aktive Feld durch Doppelklicken zu zoomen.
Es können jeweils aus der Auswahl-Tabelle die gewünschten Datensätze in die oberen Tabellen übernommen und wieder gelöscht werden. Übernahmen von den ausgewählten Tabellen in die Auswahltabelle sind nicht möglich.
Die Inhalte der Datenfelder Anwendung werden im Bericht nicht ausgedruckt.
f) Wenn Sie das Formular mit dem Button geschlossen haben, können Sie es über die Menüleiste Maschinenstammdaten wieder öffnen.
g) Zum nächsten Formular gelangen Sie nur über den Button Zu Liste – Grundlegende Anforderungen (Anforderungskatalog nach Maschinenrichtlinie).
h) Durch Klicken auf den Button (Drucker-Icon) öffnen Sie die Seitenansicht. Bitte beachten Sie die Hinweise „Berichte“, siehe oben.

Formular Anforderungskatalog zur Maschine

a) Sie erhalten über die Liste „Angelegte Datensätze“ im unteren Bereich des Formulars Auskunft darüber, welche Anforderungen Sie bereits bearbeitet haben. Als „Bearbeitet“ gilt, wenn Sie den Button „Anforderung bearbeitet“ geklickt haben – unabhängig von einer Eingabe zu „relevant“ oder „Bemerkungen“.
Sie können direkt über die Liste die gewünschte Anforderung aufrufen.
b) Zum folgenden Formular „Fragenkatalog zu Anforderungen“ können Sie nur dann gelangen, wenn Sie „relevant“ mit einem Häkchen versehen haben und anschließend den Button zum Formular anklicken.
Wenn Sie das Häkchen löschen, werden alle folgenden Datensätze zu dieser Anforderung gelöscht!
c) Eine Eingabe zu zu „relevant“ oder „Bemerkungen“ ist nicht zwingend.
d) Durch Klicken auf den Button (DruckerIcon) öffnen Sie die Seitenansicht. Im Bericht erscheinen nur die bearbeiteten Anforderungen. Bitte beachten Sie die Hinweise oben zu „Berichte“.
e) Durch Klicken des Buttons (SchließenIcon) wechseln Sie zum Formular „Maschinenstammdaten“ und schließen alle anderen Formulare.

Formular Fragenkatalog zur Anforderung

a) Sie erhalten über die Liste „Gehe zu Frage“ im unteren Bereich des Formulars Auskunft darüber, welche Fragen Sie bereits beantwortet haben. Als „Beantwortet“ gilt, wenn Sie Frage beantwortet geklickt haben.

Sie können direkt über die Liste „Gehe zu Frage“ die gewünschte Frage aufrufen.

b) Zu den folgenden Formularen „Quellenverzeichnis zur Frage“ bzw. „Relevante Bauteile“ können Sie nur dann gelangen, wenn Sie das entsprechende Häkchen gesetzt haben und anschließend den Button zum Formular anklicken.

Wenn Sie das Häkchen löschen, werden alle folgenden Datensätze zu dieser Frage gelöscht!

Das Eingabefeld „Querverweis auf Gefährdungsanalyse im Formular „Relevante Baueile““ wird systemintern ausgefüllt, sobald Sie das erste Formular des Formularsatzes „Gefährdungsanalyse“ ausgefüllt und angelegt haben. Ist ein Häkchen sichtbar, gibt es ein bearbeitetes Formular „Gefährdungsereignisse“ zu dieser Frage der gewählten Anforderung.

Zu dem „Formularsatz Gefährdungsanalyse“ gelangen Sie durch Anklicken des entsprechenden Buttons

c) Sie können bei jeder Frage zum „Formularsatz Gefährdungsanalyse“ durch Klicken des Buttons gelangen.

Dieser Formularsatz umfasst die Formulare „Gefährdungen und Lebensphasen“, „Gefährdungsereignisse“, „Risikobeurteilung“, „Schutzziel-Lösung“ sowie „Protokoll- Durchführung erforderliche Maßnahmen“. Mit diesen Formularen können Sie sowohl Ihre vollständige Risikobeurteilung nach EN 1050 dokumentieren wie auch die Festlegungen und Realisierungen Ihrer Schutzziel-Lösungen – bezogen auf die jeweilige Anforderung der Richtlinie.

d) Durch Klicken auf das Feld Zurück zu Anforderungen gelangen Sie wieder zum Formular „Fragenkatalog zur Anforderung“.

e) Durch Klicken auf den Button (DruckerIcon) öffnen Sie die Seitenansicht. Im Bericht erscheinen nur die bearbeiteten Fragen. Bitte beachten Sie die Hinweise oben zu „Berichte“.

f) Durch Klicken des Feldes Schließen gelangen Sie zum Formular „Maschinenstammdaten“ und schließen alle anderen Formulare.

Formular Quellenverzeichnis zur Frage

a) Sie haben die Möglichkeit, eine oder mehrere Quellen einzutragen und bei Bedarf wieder zu löschen.

b) Durch Klicken des Feldes Zurück zu Fragen kehren Sie zum Formular „Fragenkatalog zur Anforderung“ zurück.

c) Ihre Eingaben können Sie nicht in dem Listen-Layout vornehmen. Klicken Sie für die Eingabe neuer Quelldaten auf das Feld Neue Quellangaben. Wenn Sie alle Quellen zu der Frage sehen wollen, klicken Sie auf das Feld Liste der Quellen.

d) Durch Klicken auf das Feld Zurück zu Fragen gelangen Sie wieder zum Formular „Fragenkatalog zur Anforderung“.

e) Durch Klicken auf den Button (DruckerIcon) öffnen Sie die Seitenansicht. Im Bericht erscheinen nur die bearbeiteten Fragen. Bitte beachten Sie die Hinweise oben zu „Berichte“.

f) Durch Klicken des Feldes Schließen gelangen Sie zum Formular „Maschinenstammdaten“ und schließen alle anderen Formulare.

Formular relevante Bauteile

a) Sie können dieses Formular entweder über das Formular „Maschinenstammdaten“ und dort über die Auswahl „Gehe zu“ öffnen und Sie können dieses Formular auch über das Formular „Fragenkatalog zur Anforderung“ öffnen. Sie haben die Möglichkeit, eine oder mehrere Bauteile anzulegen – zusätzlich zur Maschine oder bezogen auf die Frage.

b) Neu angelegte Bauteile werden automatisch der Maschine zugeordnet. Die Zuordnung eines Bauteils zur Frage erfolgt durch Klicken auf das Feld gewähltes Bauteil der Frage zuordnen.

Diese Zuordnung kann durch Klicken auf das Feld ausgewählte Zuordnung löschen wieder rückgängig gemacht werden.

c) Durch Klicken auf das Feld Erklärung – Relevante Bauteile öffnen Sie ein gleichnamiges Fenster mit ausführlichen Hinweisen und Erklärungen zu dem Begriff und Empfehlungen für die Bewertung und Aufnahme von entsprechenden Bauteilen. Sie müssen dieses Fenster Schließen, bevor Sie weiterarbeiten.

d) Durch Klicken auf das Feld Zurück zu Fragen gelangen Sie wieder zum Formular „Fragenkatalog zur Anforderung“.

e) Durch Klicken auf den Button (DruckerIcon) öffnen Sie die Seitenansicht. Im Bericht erscheinen nur die bearbeiteten Fragen. Bitte beachten Sie die Hinweise oben zu „Berichte".

f) Durch Klicken des Feldes Schließen gelangen Sie zum Formular „Maschinenstammdaten" und schließen alle anderen Formulare.

Formular Gefährdungen und Lebensphasen

a) Diese Formular ist das erste Formular von 5 Formularen, mit denen Sie die Ergebnisse Ihrer Gefährdungsanalyse sowie Ihre erbrachten Leistungen zur Einhaltung der gesetzlichen Anforderungen der jeweiligen Anorderung der Maschinenrichtlinie auf die Frage genau dokumentieren. Vollständig durchgeführt können Sie den Anspruch einer lückenlosen Dokumentation erheben!

b) Sie beginnen das Ausfüllen durch Anklicken des Feldes Dieser Frage neue Gefährdung zuordnen. Es öffnet sich darauf hin das Fenster „Gefährdungen zuordnen". Hier treffen Sie für die Gefährdungsart und die Gefährdung eine Auswahl (Anklicken des Pfeilsymbols und des gewählten Begriffs). Anschließend sichern Sie Ihre Eingaben durch Klicken auf das Feld Zuordnen. Das Fenster „Gefährdungen zuordnen" schließt und es erscheint eine Aufforderung, eine Lebensphase zuzuordnen. Schließen Sie dieses Fenster mit OK.

c) Wählen Sie nun die entsprechende Lebensphase aus Anklicken des Pfeilsymbols und des gewählten Begriffs).

Wenn Sie keine weiteren Schritte dokumentieren wollen oder müssen, endet hier zu der fragenbezogenen Dokumentation das Verfahren. Sie können nun den Bericht bei Bedarf ausdrucken.

d) Wenn Sie das Analyse- und Dokumentationsverfahren vervollständigen wollen, erhalten Sie durch Klicken auf das Eingabefeld „relevant" die Zugangsmöglichkeit zum Formular „Gefährdungsereignisse". Drücken Sie auf den Button.

e) Durch Klicken auf den Button (DruckerIcon) öffnen Sie die Seitenansicht. Im Bericht erscheinen nur die bearbeiteten Fragen. Bitte beachten Sie die Hinweise oben zu „Berichte".

f) Durch Klicken des Feldes Schließen gelangen Sie zum Formular „Fragenkatalog zur Anforderung" zurück. Ihre Eintragungen bleiben gespeichert!

Formular Gefährdungsereignisse

Gefährdungsereignisse können nur in Bezug zu einem Bauteil und einem oder mehreren Auslösefaktoren definiert und dokumentiert werden.

a) Sie können entweder über das Feld Bauteil-Ident-Nr. ein bereits angelegtes Bauteil auswählen. Klicken Sie anschließend auf das Feld Bauteil übernehmen. Erst jetzt können Sie mit der weiteren Bearbeitung fortfahren.

Falls Sie das oder die relevanten Bauteile noch nicht angelegt haben, können Sie durch Klicken auf das Feld Neues Bauteil für Maschine anlegen das Formular „Relevante Bauteile" öffnen und hier ein entsprechendes Bauteil anlegen, siehe oben. Wenn Sie dort ein neues Bauteil angelegt haben, gelangen Sie durch Drücken des Feldes Zurück wieder zum Formular „Gefährdungsereignisse".

b) Sie haben die Möglichkeit, **mehrere Bauteile** zu übernehmen und jeweils ein Bauteil einem AUSLÖSEFAKTOR zuzuordnen oder ein Bauteil **mehreren Auslösefaktoren** zuzuordnen.

Sie können **aber nicht mehrere Bauteile einem Auslösefaktor zuordnen** – das heißt, **Sie müssen über die Relevanz der Bauteile als Auslösefaktor eines Gefährdungsereignisses entscheiden!**

c) Beschreiben Sie nun für die relevanten Auslösefaktoren die Gefährdungsereignisse. Sie sind in Ihren Eintragungen völlig frei. Und Sie müssen auch nicht zu allen Auslösefaktoren Eintragungen vornehmen. Es ist jedoch empfehlenswert, wenn sie keine Gefährdungsereignisse erkennen können oder die erwartbaren Gefährdungsereignisse für nicht relevant für eine weitere Risikobeurteilung einschätzen, dies auch wörtlich zu dokumentieren.

d) Bei relevanten Gefährdungsereignissen klicken Sie auf das Eingabefeld „relevant". Sie haben jetzt die Möglichkeit das nächste Formular „Risikobeurteilung" zu öffnen. Klicken Sie hierzu auf den entsprechenden Button.

e) Durch Klicken auf den Button (DruckerIcon) öffnen Sie die Seitenansicht. Im Bericht erscheinen nur die bearbeiteten Fragen. Bitte beachten Sie die Hinweise oben zu „Berichte".

f) Durch Klicken auf das Feld Zurück zu Gefährdungen und Lebensphasen gelangen Sie wieder zum entsprechenden Formular und können zum Beispiel einen andern Gefährdungsaspekt bearbeiten oder auch den gleichen Gefährdungsaspekt in Bezug auf ein anderes Bauteil aufnehmen.

g) **Durch Klicken des Feldes Schließen gelangen Sie zum Formular „Fragenkatalog zur Anforderung" zurück. Ihre Eintragungen bleiben gespeichert!**

Formular Risikobeurteilung

a) Mit dem Öffnen des Formulars erhalten Sie sofort den Überblick über die bisherigen Eintragungen: die Frage, die Angaben zur Gefährdung, das Bauteil, die Auslösefaktoren. Auf dieser Datengrundlage nehmen Sie nun Ihre Risikobeurteilung entsprechend der EN 1050 wie folgt vor.

b) Sie müssen nun für die drei Schadensarten: Personenschaden, Sachschaden und Umweltschaden (Registerkarten) zu allen 5 Beurteilungspunkten eines möglichen Schadens ((Schadens-)Schwere, (Schadens-)Umfang, (Schadens-)Exposition [das bedeutet dem Schadensrisiko ausgesetzt sein], (Schadens-)Wahrscheinlichkeit und Mangel an Ausweichmöglichkeiten (eines Schadens) mindestens eine Eintragung durch Klicken in das entsprechende Eingabefeld vornehmen.

Es ist nicht immer nur eine Bewertung möglich. Deshalb sollten Sie durchaus auch unterschiedliche Risikobedingungen in Betracht ziehen. Im Feld „Beschreibung" argumentieren Sie Ihre Bewertungseingaben. Dies sollten Sie gewissenhaft tun, denn diese Argumente bzw. Beschreibungen sind die Grundlage für die an der Maschine geplante bzw. verwirklichte Schutzziel-Lösung.

Wenn Sie zu allen drei Schadensarten Bewertungen vorgenommen und beschrieben haben, klicken Sie auf eine beliebige Registerkarte. Sie stellen fest, dass der Button zum Öffnen des folgenden Formulars „Schutzziel-Lösung" aktiviert ist.

c) Durch Anklicken des Buttons für das Formular „Schutzziel-Lösung" öffnen Sie das entsprechende Formular.

e) Durch Klicken auf den Button (DruckerIcon) öffnen Sie die Seitenansicht. Im Bericht erscheinen nur die bearbeiteten Fragen. Bitte beachten Sie die Hinweise oben zu „Berichte".

f) Durch Klicken auf das Feld Zurück gelangen Sie wieder zum Formular „Gefährdungsereignisse" und können zum Beispiel ein anderes Gefährdungsereignis bearbeiten. **Ihre Eintragungen bleiben gespeichert!**

Formular Schutzziel-Lösung

a) Mit dem Öffnen des Formulars erhalten Sie sofort den Überblick über Ihre Beschreibungen zu den drei Schadensarten. In den weiter unten auf dem Formular befindlichen Eingabefenstern beschreiben Sie die festgelegten Schutzziel-Lösungen je nach Art Ihrer Lösung. In das Eingabefenster „Konstruktion" tragen Sie die entsprechenden konstruktiven Lösungen, z. B. die Verringerung der Senkgeschwindigkeit. In das Eingabefenster „Schutzeinrichtung" tragen Sie die entsprechenden Lösungen ein, z. B. die Installation einer Zweihandschaltung. In das Eingabefenster „Information" tragen Sie die entsprechenden Lösungen ein, z. B. das Anbringen eines Piktogramms „Schutzhelm tragen".

Die Eingaben sind nicht zwingend um zum nächsten Formular zu gelangen.

b) Um zum folgenden Formular „Protokoll – Durchführung erforderliche Maßnahmen" zu gelangen, klicken Sie den entsprechenden Button.

c) Durch Klicken auf den Button (DruckerIcon) öffnen Sie die Seitenansicht. Im Bericht erscheinen nur die bearbeiteten Fragen. Bitte beachten Sie die Hinweise oben zu „Berichte".

f) Durch Klicken auf das Feld Zurück gelangen Sie wieder zum Formular „Risikobeurteilung". **Ihre Eintragungen bleiben gespeichert!**

Formular Protokoll – Durchführung erforderliche Massnahmen

a) Beim Öffnen des Formulars sehen Sie auf der linken Formularhälfte Registerkarten zu den drei Schutzzielarten „Konstruktion", „Schutzeinrichtung" und „Information". Die Registerkarten enthalten im oberen Fenster Ihre Eintragungen. Das darrunterliegende Eingabefenster „Bemerkungen" ist leer. Hier können Sie weitere Informationen aufnehmen, die z. B. in Bezug zur Nichtdurchführbarkeit der geplanten Lösungen stehen, zu Änderungen usw. Diese Angaben sind oft sehr bedeutsam, wenn es später um die Untersuchung eins Schadensfalles geht. Auch die Nichteinhaltbarkeit einer normgerechten Lösung kann an dieser Stelle dokumentiert werden. Ebenso Reklamationen der beauftragten Prüforganisation.

b) Auf der rechten Formularhälfte finden Eingabefenster zur Durchführung der Schutzziel-Lösung und zur Abnahme der durchgeführten Schutzziel-Lösungen. **Die Eingaben sind nicht zwingend.**

Auf diese Weise können Sie später eindeutige Zeitangaben und Angaben zur Verantwortlichkeit nachweisen – **vorausgesetzt, Ihre Angaben sind wahr! Das aber obliegt Ihrer Verantwortung.**

c) Durch Klicken auf den Button (DruckerIcon) öffnen Sie die Seitenansicht. Im Bericht erscheinen nur die bearbeiteten Fragen. Bitte beachten Sie die Hinweise oben zu „Berichte".

f) Durch Klicken auf das Feld Zurück gelangen Sie wieder zum Formular „Schutzziel-Lösung". **Ihre Eintragungen bleiben gespeichert!**

Empfehlungen zur Bearbeitungsweise

1. Legen Sie zunächst die Stammdaten zu einer Maschine an. Wechseln Sie dann zum Formular „Liste der grundlegenden Anforderungen" und bearbeiten Sie nacheinander ALLE Anforderungen. Damit haben Sie ein erforderliches Dokument des Konformitätsverfahrens erstellt.

2. Beginnen Sie nun mit der Beantwortung der Fragen der als „relevant" festgelegten Anforderungen. Auch hierbei sollten Sie soweit wie möglich der Reihe nach vorgehen.

Hinweise auf weiterführende Dokumente bzw. zu Bauteilen können Sie entweder direkt in Ihrer Antwort unterbringen oder in dem Formular „Fundstellen für weitere Informationen" bzw. im Formular „Relevante Bauteile".

3. Nachdem Sie mit einem Formulartyp zu einer Maschine fertig sind – oder Ihre Bearbeitung beenden möchten, sollten Sie die angelegten Formulare als Access-Reports ausdrucken – nicht als Word.rtf-Dateien. Dies ist eine kleine aber oft entscheidende Archivierungshilfe und auch Arbeitshilfe. Dadurch, dass nur die bearbeiteten Datensätze gedruckt werden, haben Sie auch einen Überblick über den Stand Ihrer Arbeit.

9.4 Ein System für viele

Grundsätzlich sind alle diejenigen, die im konkreten Fall mit einem Konformitätsverfahren nach der Maschinenrichtlinie zu tun haben, von dem Problem der zwangsläufigen Informationsflut betroffen – seien es die Hersteller, die benannten Stellen, die Behörden oder in indirekter Weise die Betroffenen von Schadensfällen.

Für alle ist eines erforderlich und von allen wird eines erwartet: Es ist die lückenlose, zielsichere und rasche Informationsermittlung. Dabei ist zu berücksichtigen, dass jede Partei den einzelnen Informationen einen anderen Stellenwert zumisst.

So sind Hersteller daran interessiert, den Prozess der Informationsermittlung für die unterschiedlichen Produkte möglichst rationell zu gestalten. Die Rationalität sollte sich sowohl auf den Bearbeitungsaufwand wie die Bearbeitungszeit reduzierend auswirken. Ferner sollten sich die gewonnenen Informationen in Produktneuentwicklungen und -weiterentwicklungen nutzbringend verwenden lassen.

Benannten Stellen geht es erfahrungsgemäß darum, möglichst umfangreich und detailliert über die vom Hersteller verwendeten richtlinienbezogenen Unterlagen informiert zu werden. Im Vordergrund steht sachbezogen die Anwendung erforderlicher Rechtsgrundlagen und harmonisierter Normen. Darüber hinaus sind es vor allem die durchgeführten Prozesse der Gefahren- und Gefährdungsermittlung sowie die daraus gezogenen Schlüsse und Festlegung erforderlicher Sicherheitsmaßnahmen.

Die Behörden sind an einer geordneten und vollständigen Dokumentation interessiert. Diese Ordnung muss gewährleisten, dass einzelne Informationsstränge lückenlos offengelegt werden können.

Die Kombination von kommunikativem Modellansatz und konsequenter Umsetzung in anwendungsbezogenen Dokumentationsobjekten bietet für alle Genannten die Möglichkeit, ihren speziellen Informationsbedarf berücksichtigt zu finden.

9.5 Beispieldatensatz

Das Programm enthält bereits einen Datensatz zu einer fiktiven Maschine. Es ist eine automatische Werkstück-Bearbeitungsanlage, wie sie häufig im allgemeinen Maschinenbau anzutreffen ist.

Ein grundlegendes Problem bei automatisch gesteuerten Maschinen ist der Einrichtungs- bzw. Umrüstungszustand. Trotz vielfacher Sicherheitsvorkehrungen kommt es gerade in diesen Lebensphasen der scheinbar sicheren technischen Produkte zu leichten bis schweren, in Einzelfällen sogar zu tödlichen Unfällen. Und dies meist durch menschliches Versagen, das oft durch mangelnden Informationsfluss, sprich fehlende oder mangelhafte Einweisung durch die produktbegleitenden Dokumente oder durch Schulungen hervorgerufen wird.

Diesem Umstand trägt das Beispiel Rechnung. Es wird gezeigt, dass gerade im Einrichtungs- bzw. Umrüstbetrieb zwangsläufig die bei Normalbetrieb wirksamen Sicherheitseinrichtungen unwirksam geschaltet werden müssen bzw. erwartbar von dem entsprechend autorisierten Bedienpersonal unwirksam geschaltet werden.

In dem Beispiel geht die besondere Gefahr von scharfen Kanten bzw. Messerschneiden aus.

Die direkte Zuordnung dieser Gefahrenart und der Gefährdungsmöglichkeiten zu definierten Lebensphasen sowie der genauen Bestimmung der gefährdeten Personen, ihres Gefährdungsrisikos und der aufgrund der Risikobeurteilung festgelegten und verwirklichten Schutzmaßnahmen lässt eine lückenlose Dokumentation zu, die als Nachweis für die Erfüllung der Anforderung nach der Betriebssicherheitsverordnung verwendet werden kann.

Die Dokumentation der in den Formularen eingegeben Daten erfolgt in „Reports“ bzw. Berichtsausdrucken. Diese Berichte sind, anders als die Formulare, ihrem praktischen Zweck entsprechend gestaltet. Das Layout der Formulare wiederum ist so gewählt, dass es den kommunikativen Anforderungen am Bildschirmarbeitsplatz gerecht wird. Das heißt einerseits, dass Daten einfach eingegeben werden können. Das heißt aber auch, dass die Daten in ihrem Zusammenhang dargestellt sind, um in fernmündlichen Gesprächen eine möglichst breite und detaillierte Informationsgrundlage zur Verfügung zu haben.

9

10 Empfehlenswerte Links

Der Technische Autor ist ständig auf aktuelle Informationen angewiesen. Das heißt in erster Linie, er ist auf ertragreiche Informationsquellen angewiesen.
Bei der aktuellen Informationsfülle bzw. Informationsüberfülle kommt es vermehrt darauf an, die doch relativ wenigen bedeutsamen, weil originalen, uninterpretierten Informationen zu finden.
Diese originalen Informationen sind besonders auf dem Gebiet der rechtlich relevanten Sachverhalte für den Technischen Autor von Wichtigkeit. Und da kommen dann auch relativ wenige Informanten infrage: Es sind die Einrichtungen des Gesetzgebers auf Länderebene, Bundesebene und auf EU-Ebene. Hinzu kommen noch die entsprechenden Normenorganisationen – und auch die Branchenverbände und Berufsverbände dürfen nicht übersehen werden.

Die folgende Aufstellung von Web-Links vermittelt einen entsprechenden Überblick über wichtige Informationsquellen dieser Art. Sie kontinuierlich zu nutzen lohnt sich und schützt vor der unreflektierten Übernahme vorverdauter Erkenntnisse und Schlussfolgerungen zu Sachthemen. Die Auswahl der Adressen ist absolut willkürlich, aber durch Erfahrung begründet. Das heißt, Sie als Leser sollen diese Auswahl auch so verstehen und konsequent Ihre eigenen Erfahrungen machen, sprich auch alle anderen möglichen Informationsquellen nutzen.
Da sich die Adressen und Präsentationsweisen im Internet schnell ändern, beschränke ich mich auf die Angabe von sogenannten Homelinks. Diese sind relativ beständig und von ihnen aus gelangt man im Allgemeinen schnell zu den gewünschten Inhalten.

Web-Link	Kommentar
Europäische Union	
www.europa.eu.int	Es ist die Home-Site der Europäischen Union. Von hier aus hat man einen bequemen Zugang zu allen europäischen Institutionen wie z. B. den Rat, die Kommission, das Parlament und die Mitgliedsländer. Von hier aus kommt man auch schnell zu amtlichen Dokumenten wie das Amtsblatt oder zu allgemeinen Stellungnahmen aktueller Sachthemen.
www.europa.eu.int/eur-lex http://eur-lex.europa.eu/de	Diese Sites sind der direkte Zugang zu allen Rechtsdokumenten der Europäischen Union. Besonders bedeutsam ist der aktuelle Zugriff zu dem Amtsblatt L, weil dort die EU-Richtlinien veröffentlicht werden. Nicht minder bedeutsam ist das Amtsblatt C, weil hier über die Wirksamkeit und die durch Schutzklauseln betroffenen harmonisierten europäischen Normen informiert wird. Will man sich zum Stand der Diskussion zu Änderungen von Richtlinien informieren oder zu Trends auf dem Gebiet der Maschinensicherheit sowie des Arbeitsschutzes oder zu Konzeptionen auf dem Gebiet der Normung, so bietet sich die Rubrik *Dokumente von öffentlichem Interesse* an.
www.newapproach.org	Diese Adresse ist für den Technischen Autor fast ein Muss, wenn er sich über die Verknüpfung von EU-Produktrichtlinien und harmonisierten europäischen Normen informieren will. Zum einen hat er über diese Site Zugang zu den Europäischen Normenkommissionen CEN und CENELEC, zum anderen gelangt er auch zu den weiteren namhaften europäischen und internationalen Organisationen wie ETSI und den Mitgliedstaaten der EFTA, einschließlich ihrer nationalen Normenorganisationen. Der Name New Approach bezieht sich auf die Zielsetzung des umfassenden Schutzes von Menschen, Tieren, Pflanzen und der Umwelt, festgelegt in Artikel 95 sowie Artikel 137 und Artikel 138 des Vertrags von Amsterdam, das heißt der entsprechenden Ausführung des EU-Vertrags.

Web-Link	Kommentar
Einrichtungen des Bundes	
www.bund.de	Es ist die Homepage der Bundesregierung Deutschland. Über diese Site gelangt man zu allen Gesetzen, zu den einzelnen Ministerien und zu den Homepages der Bundesländer. Der Vorteil dieser Site liegt eben darin, dass sie den Zugang zu allen nationalen öffentlichen Einrichtungen ermöglicht und dass man sich über die aktuellen politischen Trends und Aussagen informieren kann. Der Nachteil dieser Site liegt genau in dieser Offenheit der Möglichkeiten. Die Website wirkt auf den ungeübten Nutzer leicht unübersichtlich und es ist empfehlenswert, die einmal gefundenen Informationsziele als Favoriten zu speichern, um nicht von Neuem das Suchen zu beginnen.
www.bmas.bund.de	Mit dieser Adresse gelangt man direkt auf die Homepage des Bundesministeriums für Arbeit und Soziales. Von hier aus kommt man zu relevanten Rechtsdokumenten, sprich Gesetzen und Verordnungen des Bundes zum Bereich Arbeitsrecht und Arbeitsschutz. Wichtig ist auch, dass man von hier aus einen bequemen Zugang zu den Berufsgenossenschaften erhält. Diese wiederum informieren über die Anwendungserfahrungen mit nationalen und harmonisierten europäischen Normen und internationalen Normen sowie über Anwendungserfahrungen zu EU-Produktrichtlinien. Ferner sind sie auch eine Informationsquelle für Verwenderverhalten.
www.baua.de	Es ist die Homepage von der Bundesanstalt für Arbeitsschutz und Arbeitsmedizin. Diese Einrichtung ist eine untergeordnete Behörde des Bundesministeriums für Arbeit und Soziales. Diese Stelle ist besonders für Hersteller eine K. o.-Adresse, sollten sie mit einem ihrer technischen Produkte auf die Liste der Untersagungsverfügungen gelangen. Für den Technischen Autor ist diese Liste ebenfalls wichtig. Kann er doch daraus ersehen, inwiefern die Technische Dokumentation bei dem einen oder anderen Produkt zu einer Untersagungsverfügung geführt hat. Diese Homepage ist auch bezüglich der aktuellen Informationen zu EU-Richtlinien und deren nationale Umsetzungen in Gesetzen und Verordnungen von Bedeutung. Ferner erfährt man Wichtiges zur Produktsicherheit und zu Forschungen auf diesem Sachgebiet. Nicht zu unterschätzen sind das Normenverzeichnis und die diversen Downloadmöglichkeiten. Darüber hinaus werden auch Hilfsmittel zu Prüfungen und Aufzeichnungen in Form von Listen und Tabellen angeboten.
www.bfr.bund.de	Es ist die Homepage des Bundesinstituts für Risikobewertung. Diese Einrichtung ist eine untergeordnete Behörde des Bundesministeriums für Ernährung, Landwirtschaft und Verbraucherschutz. Der Technische Autor und der Hersteller finden hier hauptsächlich Hinweise zu Gefahrstoffen, zu Verpackungsrichtlinien und zu verbraucherbezogenen Risikothemen.
www.ptb.de	Es ist die Homepage der Physikalisch-Technischen Bundesanstalt. Diese Einrichtung ist eine untergeordnete Behörde des Bundesministeriums für Wirtschaft und Technologie. Der Technische Autor und der Hersteller finden hier hauptsächlich Hinweise zu Zulassungen von Geräten, Verfahren und Laboren. Ferner bietet diese Einrichtung eigene Prüf- und Gutachterdienstleistungen an. Sie ermöglicht auch den Bezug von Publikationen und weitere Dienstleistungen.

Web-Link	Kommentar
Normenorganisationen	
www.kan.de/nora	Die Homepage gehört zur Kommission Arbeitsschutz und Normung. Für den Technischen Autor bietet sich diese Adresse zum schnellen und gezielten Auffinden von Normen an. Man kann z. B. nach Anwendungsfeldern, Gefährdungen und Sachbegriffen suchen.
www.din.de	Es ist die Adresse des Deutschen Normungsinstitutes. Neben den Bezugsmöglichkeiten von Normen bietet diese Organisation viele Hinweise zu Veranstaltungen mit aktuellen Themenstellungen rund um die Normung an. Für den Technischen Autor von besonderer Bedeutung sind die Hinweise zu den Technischen Arbeitsgruppen bezüglich der Produktnormen und der zu normenden Sachverhalte. Hier findet man auch die relevanten Gesprächspartner.
www.iso.ch	Es ist die Adresse der Internationalen Organisation für Normung. Man kann nur zwischen englischer und französischer Sprache wählen. Für den Technischen Autor könnte diese Seite für die Normenrecherche wichtig sein. So kann man über das Intentionale Klassifikationssystem das relevante Sachgebiet suchen und anschließend die korrespondierende ISO-Nomenklatur ermitteln. Darauf lassen sich dann die Technischen Komitees finden und hier wiederum kann man den aktuellen Bearbeitungsstand einzelner Normen erfahren.
www.ansi.org	Es ist die Adresse des Nationalen Amerikanischen Institutes für Normung. Diese Website ist nur für den ergiebig, der auch Mitglied ist bzw. der Normen bestellt. Allerdings bestehen gute Möglichkeiten, zu anderen Mitgliedsfirmen und Organisationen zu gelangen
www.dke.de www.etsi.org www.iec.ch	Diese Adressen beziehen sich auf den Sachbezug Elektrik und Elektronik sowie Telekommunikation. DKE steht für die Deutsche Kommission Elektrotechnik Elektronik Informationstechnik im DIN und VDE. Diese Kommission ist für die elektrotechnischen Belange bei der Normenverfassung im DIN verantwortlich. ETSI steht für das Europäische Normungsinstitut für Telekommunikation. Man kann sich über aktuelle Themen zu diesem Sachgebiet informieren. Es ist nur Englisch oder Französisch als Sprache verfügbar. Nach Anmeldung lassen sich auch Normen downloaden. IEC steht für die Internationale Elektrotechnische Kommission. Diese Kommission ist auch an der Bearbeitung von harmonisierten europäischen Normen beteiligt. Man erhält zahlreiche Informationen zu den aktuellen Normprojekten, zu deren Aufteilung nach Sachgebieten und zu Arbeitsgruppen.

Web-Link	Kommentar
Branchen- und Berufsverbände	
www.vde.de	Es ist die Adresse des Verbands der Elektrotechnik Elektronik Informationstechnik e. V. Der Verband ist besonders bekannt als benannte Stelle. Er ist deshalb häufig ein direkter Ansprechpartner im Rahmen von Baumusterprüfungen und anderen Zertifizierungsverfahren. Über die Homepage erhält man aktuelle Informationen zu Veranstaltungen, Produktsicherheitsinformationen und zur Normenarbeit.
www.vdma.de	Es ist die Adresse des Verbands Deutscher Maschinen- und Anlagenbau e. V. Diese Adresse ist für den Technischen Autor, der in diesem Bereich oder für diesen Bereich arbeitet, ergiebig. Zum einen erhält er alle relevanten Informationen zur Normung und entsprechende Normenlisten. Dann wird er über die aktuellen Trends und Stellungnahmen rund um das Thema Europäischer Binnenmarkt und zur Globalisierung im Sachbezug Normung, Produktgestaltung und Produktanforderungen informiert. Zusätzlich stehen VDMA-Entwürfe als Download zur Verfügung, die oft eine Konkretisierung zu bestehenden Normen darstellen.
www.vdi.de	Es ist die Adresse des Vereins Deutscher Ingenieure. Vergleichbar mit dem VDMA bietet auch diese Informationsquelle ein reichhaltiges Angebot an Informationen zu Normen, zur Produktgestaltung und zu dokumentationsrelevanten Themen. Man erfährt Kontakte zu Fachgruppen und Normenausschüssen. Besonders wertvoll können für den Technischen Autor die Weiterbildungsangebote und „Stammtische“ sein.
www.tekom.de	Es ist die Adresse der Gesellschaft für technische Kommunikation e. V. Hier bekommt der Technische Autor Fachliteratur sowie Weiterbildungsangebote und hat die Möglichkeit, sich mit Fachkollegen auszutauschen. Die Verbandszeitschrift informiert sachkundig und enthält Beiträge zu Themenreihen, die sich zum Sammeln eignen. Der intensive und enge Kontakt zum DIN und den Fachverbänden der Industrie sowie das internationale Engagement sichern eine ertragreiche Informationsbreite und Informationstiefe auf dem Gebiet der Technischen Dokumentation.

Literaturverzeichnis

Böge, Alfred (Hrsg.): Das Techniker Handbuch. Wiesbaden 1992[13]

Brandl, Thomas: Anlageninformationssystem – Informationsmodell und Erstellungssystematik. Diss. ISW Institut für Steuerungstechnik der Werkzeugmaschinen und Fertigungseinrichtungen. Verlag Jost-Jetter, Heimsheim 1999

Brendl, Erich: Sichere Gebrauchsanleitungen erstellen und erkennen. Verlag Rudolf Haufe, Freiburg i. Br. 1991

Brüggemann, Bernhard Markus: Dynamische interaktive Technische Dokumente. Institut für Bauinformatik. Brandenburg University of Technology at Cottbus. Cottbus 2000

Deutsches Institut für Normung: Technische Produktdokumentation und rechnergestützte Bearbeitung und Archivierung von Dokumenten. DIN Deutsches Institut für Normung e. V. Berlin 1998

Europäische Gemeinschaften: Vertrag von Amsterdam. Zur Änderung des Vertrags über die Europäische Union, der Verträge zur Gründung der Europäischen Gemeinschaften sowie einiger damit zusammenhängender Rechtsakte. Amt für amtliche Veröffentlichungen der Europäischen Gemeinschaften. Luxemburg 1997

Grupp, Josef: Interne Dokumentation – Mehr als ein Muss. In: Konstruktion 11/12 – 1999. Springer-VDI-Verlag Düsseldorf. S. 43 ff.

Grupp, Josef: Gefahren- und Gefährdungsanalyse in der Steuerungstechnik. In: A & D Kompendium. Automation & Drives 2001. publish-industry Verlag, München. S. 72 ff.

Grupp, Josef: CE-Kennzeichnung nach Maschinenrichtlinie. (Diverse Beiträge.) WEKA-Praxishandbuch. Kissing 2002

Grupp, Josef: Interne Dokumentation nach Maschinenrichtlinie. Sicherheit und Maschine. Weka Media GmbH, Kissing 2002

Grupp, Josef: Interne Dokumentation nach Maschinenrichtlinie. In: Technische Überwachung Juli/August 2002. Springer-VDI-Verlag, Düsseldorf. S. 38 ff..

Heinrich, Lutz J.: Informations- und Kommunikationstechnik für Betriebswirte und Wirtschaftsinformatiker. Verlag Oldenbourg, München 1994

Heinrich, Lutz J.: Informationsmanagement: Planung, Überwachung und Steuerung der Informationsinfrastruktur. Verlag Oldenbourg, München 2002

Hering, Lutz/Hering, H.: Technische Berichte – Gliedern – Gestalten – Vortragen. Verlag Friedr. Vieweg & Sohn, Wiesbaden 2003

Hennig, Jörg/Tjarks-Sobhani, M.: Verständlichkeit und Nutzungsfreundlichkeit von technischer Dokumentation. Verlag Schmidt-Römhild, Lübeck 1999

Henning, Jörg/Tjarks-Sobhani, M.: Qualitätssicherung von technischer Dokumentation. Verlag Schmidt-Römhild, Lübeck 2000

Hennig, Jörg/Tjarks-Sobhani, M.: Visualisierung in Technischer Dokumentation. Verlag Schmidt-Römhild, Lübeck 2003

Hitzges, Arno: Referenzmodell für die Technische Dokumentation. Vorgehensweise, Methoden und Produktion technischer Produktinformationen. Diss. Fraunhofer Institut Arbeitswirtschaft und Organisation, Heimsheim 1999

Hoffmann, Walter: Erfolgreich beschreiben – Praxis des technischen Redakteurs; Organisation, Textgestaltung, Redaktion. MC&D Marketing – Communication & Design GmbH, München 1990

Mertens, Peter: Integrierte Informationsverarbeitung 1: Administrations- und Dispositionssysteme in der Industrie. Betriebswirtschaftlicher Verlag Dr. Th. Gabler GmbH, Wiesbaden 1995

Presse und Informationsamt der Bundesregierung: Vertrag von Amsterdam – Texte des EU-Vertrags und des EG-Vertrages mit den deutschen Begleittexten. Europa Union Verlag, Bonn 1999

Reinke, Helmut/Schiecke, D./Kommer, I.: Unternehmensdaten visualisieren mit Microsoft Office. Microsoft Press Deutschland, Unterschleißheim 2004

Tekom – Gesellschaft für technische Kommunikation: Rahmencurriculum zur Aus- und Weiterbildung Technischer Redakteure. Tekom – Gesellschaft für technische Kommunikation e. V., Stuttgart 1994

Tekom – Gesellschaft für technische Kommunikation: Literatur rund um das Arbeitsfeld „Technische Kommunikation". Tekom – Gesellschaft für technische Kommunikation e. V., Stuttgart 1995

Tekom – Gesellschaft für technische Kommunikation: Leitfaden – Betriebsanleitungen. Tekom – Gesellschaft für technische Kommunikation e. V., Stuttgart 2001

Tekom – Gesellschaft für technische Kommunikation: Technische Dokumentation beurteilen. Tekom – Gesellschaft für technische Kommunikation e. V., Stuttgart o. A.

Wächter, Hartmut/Vedder, G.: Qualitätsmanagement in Organisationen. Betriebswirtschaftlicher Verlag Dr. Th. Gabler GmbH, Wiesbaden 2001

VDMA – Verband Deutscher Maschinen- und Anlagenbau: Grundlegende Sicherheitshinweise für stationäre Maschinen – Checkliste – deutsch, englisch, französisch, italienisch, spanisch, portugiesisch, dänisch, niederländisch, griechisch, russisch. VDMA – Verband Deutscher Maschinen- und Anlagenbau e. V., Frankfurt a. M. 1993

VDMA – Verband Deutscher Maschinen- und Anlagenbau: Sicherheitsgerechte Betriebsanleitungen. VDMA – Verband Deutscher Maschinen- und Anlagenbau e. V., Frankfurt a. M. 1994

Index